세계
노동
운동
사 2

# 세계노동운동사 2

1판 1쇄 | 2013년 1월 10일
1판 3쇄 | 2014년 8월 10일

지은이 | 김금수

펴낸이 | 박상훈
주간 | 정민용
편집장 | 안중철
책임편집 | 최미정
편집 | 윤상훈, 이진실, 장윤미(영업 담당)
업무지원 | 김재선

펴낸 곳 | 후마니타스(주)
등록 | 2002년 2월 19일 제300-2003-108호
주소 | 서울 마포구 합정동 413-7번지 1층 (121-883)
전화 | 편집_02.739.9929 제작·영업_02.722.9960 팩스_02.733.9910
홈페이지 | www.humanitasbook.co.kr

인쇄 | 천일_031.955.8083 제본 | 일진_031.908.1407

값 25,000원

ⓒ 김금수 2013
ISBN 978-89-6437-166-4 04300
    978-89-6437-164-0 (전 3권)

이 도서의 국립중앙도서관 출판시도서목록(CIP)은 e-CIP홈페이지(http://www.nl.go.kr/ecip)와
국가자료공동목록시스템(http://www.nl.go.kr/kolisnet)에서 이용하실 수 있습니다.(CIP제어번호: CIP2012005580)

세계
노동
운동
사

김 금 수 지 음

2

후마니타스

# 세계 노동운동사 1 차례

책머리에

# 세계노동운동사 3  차례

# 제8부 제1차 세계대전과 대중적 노동자계급 운동

# 1장
# 제1차 세계대전의 기원

그들은 하얀 드레스를 입고 칵테일을 나누어 주며 병사들을 전송했다.

어느 누구도 전쟁이 무엇인지 알지 못했고 두려워하지도 않았다.

낭만적 영웅심리가 거리마다 넘쳐흘렀다.

그들은 이 전쟁이 단 며칠 안에 끝날 것이라고 믿었다.

그러나 현대식 무기 앞에서 돌격전은 무의미했고,

양측은 '참호'라는 깊은 무덤을 파기 시작했다.

이윽고 전선 전체에 걸쳐 수천 킬로미터에 이르는 참호가 만들어졌다.

그리고 …… 날마다 새로운 전쟁이 시작되었다.

전쟁은 결코 끝나지 않았다.

_존 엘리스(엘리스 2005, 표지)

자본주의의 발전은 불가피하게 세계를

국가경쟁, 제국주의적 팽창, 갈등,

그리고 전쟁 방향으로 몰고 갔다.

_에릭 홉스봄(Hobsbawm 1989b, 549)

# 1. 제1차 세계대전의 배경

제1차 세계대전은 1914년 6월 28일 오스트리아-헝가리제국 왕위 계승자인 프란츠 페르디난트 황태자 부부가 보스니아헤르체고비나 수도 사라예보를 방문하던 중, 세르비아 청년 가브릴로 프린치프[1]가 쏜 총탄에 맞아 죽은 사건으로 7월 28일 오스트리아-헝가리제국이 세르비아에 대해 선전포고를 함으로써 발단되었다. 8월 들어 유럽 대부분의 국가들은 3국 동맹국(독일, 오스트리아-헝가리제국, 이탈리아)과 3국 협상국(영국, 프랑스, 러시아) 진영 사이의 교전 속으로 말려들었다.

인류 역사상 최초의 세계전쟁이었던 제1차 세계대전 배경부터 살펴본다. 1870~1871년의 프로이센-프랑스전쟁은 유럽 정치 정세에 큰 변화를 가져왔다. 전쟁의 결과로서 프랑스에서는 나폴레옹 3세의 제2제정이 무너지고 공화정이 수립되었으며, 전쟁에서 승리한 프로이센은 독일제국의 통일을 이끌었다. 1871년 5월의 프랑크푸르트조약에 따라 프랑스는 50억 프랑의 배상금과 함께 알자스로렌 지방을 독일에 할양했다(르마크 1976, 9).

이와 같이 유럽 국제정치가 격변을 겪는 가운데 독일 국내 정치뿐만 아니라 유럽 외교를 주도한 사람이 바로 비스마르크였다. 비스마르크는 유럽 여러 국가 간의 미묘한 갈등과 이해관계를 적절히 조정하면서 국제정치를 좌지우지했는데, 그가 조종해 처음으로 출범시킨 동맹 체제가 1873년 10월 독일, 오스트리아-헝가리제국, 러시아로 구성되는 '삼제연맹'三帝聯盟이었다. 이들 국가는 상호 이해관계와 관련한 문제들에 대해 서로 협의할 것을 약속

---

[1]_보스니아를 세르비아에 합병시키려는 비밀결사 '블랙 핸드'(Black Hand)의 일원이었다(르마크 1976, 176).

했고, 연맹에 속한 어느 한 국가가 제3국의 공격을 받을 경우, 다른 국가들은 우호적인 중립을 지키고 나아가 적극적인 지원을 행사하기로 했다. 그러나 삼제연맹을 구성한 3개국 가운데 러시아와 오스트리아-헝가리제국은 동남부 유럽에서 서로 경쟁 관계에 있었으며, 1875~1878년 동남부 유럽에서 일어난 분쟁으로 동맹 체제는 유명무실해졌다(배영수 2000, 505~506).

1875년, 보스니아와 헤르체고비나에서 오스만제국의 지배에 항거하는 민족 반란이 일어났고, 반란은 오스만제국 지배에서 해방되기를 바랐거나 이미 확보한 독립된 영토를 확장하기를 갈망했던 발칸반도 국가들, 즉 그리스, 알바니아, 불가리아, 몬테네그로, 세르비아, 루마니아 등에도 파급되었다. 이에 범汎슬라브주의를 명분삼아 러시아가 진출하는 것을 두려워한 열강은 오스만제국에 내정 개혁을 권고했다. 그러나 오스만제국은 이를 거부했으며, 1877년 러시아는 드디어 오스만제국을 상대로 선전포고를 했다.

러시아는 지난 몇 세기 동안 다르다넬스해협의 탈취를 열망했는데, 그것은 러시아가 평화 시에 지중해로 나갈 수 있는 확실한 출구를 확보해 세계시장에 진출하고, 또 전시에는 위력을 발휘할 수 있는 함대를 내보낼 방도를 확보하기 위해서였다. 러시아는 오스만제국과 벌인 전쟁에서 승리해 이듬해 산스테파노조약²을 체결할 수 있었다. 이런 사태를 맞아 수에즈운하 주식 매수에 성공한 영국과 범슬라브주의 운동의 전개를 우려한 오스트리아-헝가리제국이 강경한 태도를 취했다.

이런 상황에서 '충실한 중개인'을 자처한 비스마르크가 조정에 나섰고,

---

**2**_콘스탄티노플 근교의 마을에서 맺어진 러시아-오스만제국 전쟁의 평화조약을 말한다. 이 조약 체결로 러시아가 영토를 확장하고, 루마니아, 세르비아, 몬테네그로가 독립했으며, 불가리아가 오스만제국령 내의 자치국으로서 러시아의 보호를 받게 되었고, 러시아 남하 정책이 진전되었다.

이를 위해 1878년 여름 베를린에서 국제회의가 열렸다. 비스마르크가 회의를 주재했지만, 실제로는 은밀하게 영국의 디즈레일리 수상과 협상을 벌여 산스테파노조약을 파기하고 베를린 조약을 성립시켰다. 이 조약은 산스테파노조약을 인정했던 루마니아, 세르비아, 몬테네그로의 독립을 그대로 승인하고, 불가리아를 오스만제국 치하의 자치국으로 남겼다. 영국은 키프로스를 얻게 되었고, 프랑스는 알제리로부터 튀니지로 팽창할 수 있었다. 한편, 오스트리아-헝가리제국이 보스니아와 헤르체고비나를 관리하게 됨으로써 러시아의 남진 정책은 좌절되고 말았다.

이 회의에서 아무것도 요구하지 않은 국가는 독일뿐이었고, 요구는 했으나 아무것도 얻지 못한 국가는 이탈리아였다. 그리고 베를린회의 결과에 대해 가장 큰 불만을 나타낸 국가는 러시아와 발칸반도 국가들이었다.

이와 같이 불안정한 정세에 대응하기 위해 비스마르크는 삼제연맹을 이변조약二邊條約으로 대치해 1879년 오스트리아-헝가리제국과 동맹을 맺고, 러시아가 침공할 경우에 상호 군사 지원을 하기로 약속했다.[3] 한편, 이탈리아는 북부 아프리카의 튀니지에 진출할 기회를 노리고 있었으나, 1881년 프랑스가 이 지역을 병합하자 크게 분개했다.

비스마르크는 이 기회를 놓치지 않고 이탈리아를 끌어들여 1882년 상호원조 의무를 갖는 군사동맹으로서 '삼국동맹'Triple Alliance을 결성하는 데 성공했다. 이 동맹은 5년마다 갱신되어 1915년까지 유지되었으며, 프랑스에

---

**3**_비스마르크는 특유의 순발력을 발휘해 1887년 러시아와 협정(재보장 조약)을 맺고, 두 당사자 가운데 한 쪽이 전쟁에 휘말리면 다른 한 편은 중립을 지킬 것을 약속했다. 다만, 독일이 프랑스를 공격하거나 러시아가 오스트리아를 공격하는 경우는 예외로 한다는 단서가 붙어 있었다. 1890년 이 협정의 갱신을 둘러싸고 비스마르크와 빌헬름 2세 사이에 의견이 엇갈려 비스마르크는 오래도록 지켜온 권좌에서 물러나야만 했다.

대한 견제를 의도한 비스마르크 외교의 성공작이었다. 한편, 1884~1885년 베를린에서 15개 유럽 국가들의 국제회의가 열렸는데, 비스마르크는 이 회의를 통해 아프리카 분할에 대한 '기본 계획'을 마련함으로써 유럽 제국주의 국가들 사이의 전쟁이라는 파국을 피하면서 좀 더 효율적인 식민지 쟁탈을 할 수 있는 조건을 만들었다(르마크 1976, 10~12).

1890년 비스마르크가 실각하고 빌헬름 2세가 직접 외교정책을 펴면서 독일 외교정책은 큰 변화를 가져왔다. 빌헬름 2세는 '세계 정책'이라 부르는 적극적인 제국주의 정책과 이를 뒷받침할 군비 확장 정책을 추진했는데, 이것은 그동안 다른 나라들이 구축해 놓은 세력권이나 기득권에 대한 도전 성격을 지니고 있었다. 빌헬름 2세는 발칸반도와 오스만제국에 큰 관심을 기울여 그곳을 직접 방문하는 등 적극적인 태도를 취했고, 그 결과 비잔티움에서 바그다드까지의 철도 부설권을 획득할 수 있었다. 그는 이 노선을 토대로 베를린과 연결하는 '3B 정책'[4]을 강력히 추진했다. 독일의 이와 같은 대외 팽창 정책은 신흥 부르주아지와 구지배 집단의 식민지 이윤 추구를 반영하는 것이었으며, 한편 노동운동과 사회주의운동의 발흥을 억제하고 사회민주당의 반제국주의 노선을 봉쇄한다는 목적을 내포하고 있었다.

빌헬름 2세의 외교정책은 결과적으로 영국과 프랑스의 기득권에 대한 도전이자 위협이었다. 이런 가운데 1890년 독일과 러시아 사이에 비밀 재보장조약의 만기가 돌아왔는데, 러시아는 이 조약의 갱신을 원했으나 빌헬

---

4_빌헬름 2세의 이 정책은 아프리카 남단 케이프타운 식민지와 이집트의 카이로, 인도의 캘커타를 연결해 지배하려는 영국의 3C 정책과 정면으로 충돌했고, 오스만제국과 지중해로 남진히려는 러시아의 전통적인 외교정책과도 갈등을 빚을 수 있는 것이었다. 빌헬름 2세의 이런 정책은 유럽 열강들 사이의 대립을 국제적 차원으로 확산시킨 결정적 요인이 되었고, 한편으로 오랫동안 대립 관계를 유지했던 영국과 러시아가 서로 접근해 타협을 모색하게 되는 계기가 되었다.

름 2세는 이를 거부했다. 러시아는 차관과 무기 때문에 그동안 프랑스에 대해서는 유화적 태도를 취해 왔고, 프랑스도 외교적 고립에 대해 고심하면서 동맹의 대상을 찾고 있었던 차에 양국은 1891년 마침내 '평화'를 목적으로 한 정치협상을 맺는 데 성공했으며, 1894년에는 군사동맹 관계로까지 나아갔다.

이런 일들은 비스마르크가 그토록 우려했던 상황, 즉 프랑스 고립화 정책이 무너지고, 삼각동맹에 대항하는 프랑스와 러시아의 군사 동맹이 형성되었음을 의미했다. 분명 국제질서가 새로운 단계로 접어들었다.

국제질서의 이런 변화 속에서 세계 최대의 식민 제국인 영국은 유럽 대륙 국가들과 어느 정도 거리를 두면서 동맹을 맺지 않고 전통적인 독자 외교정책을 유지해 왔다. 영국의 이런 정책은 유럽 열강들이 세력 균형을 유지하면서 유럽이라는 틀 속에 안주하는 동안, 영국 자신은 '세계의 공장'으로서 또 세계의 제국으로서 웅비하겠다는 외교 전략의 표현이었다.

영국은 1878년 베를린회의에서 유럽의 다른 국가들과 협력하기도 했고, 1880년대에 이탈리아, 오스트리아-헝가리제국과 은밀히 협약을 맺기도 했으나 동맹 체제에 공공연하게 참여하기를 주저했다. 그러나 1890년대에 일어난 일련의 사태는 영국의 외교정책 변화를 촉구했다. 1895년의 베네수엘라 국경선을 둘러싸고 미국과 벌인 충돌, 이듬해인 1896년의 '제임슨 습격' 사건[5], 1898년의 파쇼다 사건[6] 등을 거치면서 영국은 국가 사이의 동맹에

---

5_ 영국 남아프리카회사 간부인 제임슨 박사는 트랜스발을 전복하기 위해 특공대를 조직해 습격을 감행했다가 실패했고 특공대는 포로가 되었다. 습격이 실패한 바로 뒤에 독일의 빌헬름 2세가 트랜스발의 폴 크루거 대통령에게 승리를 축하한다는 전문을 보냈는데, 이 전문은 많은 영국인의 반독일 감정을 부채질했다.

6_ 수단의 파쇼다에 프랑스의 마르샹 부대와 영국의 키치너 군이 도착해 영국과 프랑스가 대치한 사건으

대해 이전에 비해서는 훨씬 더 큰 관심을 갖게 되었다(김주한 1998, 245).

이런 상황에서 영국은 동맹을 유럽에서가 아닌 동남아시아에서 찾았다. 1902년 영국은 프랑스가 러시아의 동아시아 진출을 지원할 것에 대비해 일본과 '영국-일본 동맹'을 맺고, 필요하다면 다른 나라들과 상호 협력을 체결할 방침을 세웠다. 1904년에는 영국과 프랑스 사이의 교섭이 성공적으로 진행되어 '영국-프랑스 협정'이 체결되었다. 이 협정의 핵심은 양국이 소유하고 있던 당시의 식민지를 상호 인정하는 외교상의 일대 전기를 의미했다 (르마크 1976, 71~81).

영국과 프랑스의 '상호 이해'는 1905~1906년에 일어난 제1차 모로코사건[7]을 거치면서 더욱 공고한 협력 체제로 변했다. 1907년에는 러시아와 영국이 식민지 문제와 이해 대립 해결을 위한 협상을 타결함으로써 이전에 체결된 프랑스-러시아 동맹, 영국-프랑스 협상과 결합해 영국, 프랑스, 러시아 사이의 '삼국협상'Triple Entente이 성립되었다. 이로써 유럽의 국제정치는 열강들이 상호 적대적인 동맹 체제에 들면서 서로 대치하는 국면으로 접어들었다.

삼국동맹과 삼국협상이라는 대립적인 동맹 체제에서 국제적 긴장을 더욱 고조시킨 것은 군비경쟁 심화와 복잡한 국제분쟁 발발이었다. 보호무역 강화와 잦은 국제적 충돌은 군사력 증강을 촉진했다. 특히 막강한 육군을 보유한 독일이 영국과 맞먹을 정도의 해군력을 보유하겠다는 계획을 세웠

---

로서 결국 프랑스가 양보해 수단이 영국과 이집트 양국의 지배 아래 들어갔다.

**7_**아프리카 진출의 거점인 모로코의 지배를 둘러싸고 독일과 프랑스가 충돌한 사건으로서, 모로코를 보호령으로 만들려는 프랑스의 의도에 도전한 독일의 외교적 공세는 영국이 프랑스를 강력히 지지함으로써 무산되었다.

고, 독일의 이런 움직임에 대해 영국은 기존 해군의 전면적인 재편성과 새로운 전함의 건조를 서둘렀다. 그리하여 제1차 세계대전 발발 직전에 드레드노트Dreadnought라는 신형 전함을 영국은 18척, 독일은 13척, 프랑스와 미국은 각각 8척, 일본은 5척을 보유하게 되었다.

군비경쟁과 더불어 국제적 분쟁도 더욱 확대되었다. 오스트리아-헝가리제국은 1878년 베를린회의에서 '점령과 행정권'을 인정받았던 보스니아와 헤르체고비나를 1908년에 합병했다. 이 조치에 대해 러시아는 반대했고, 영국과 프랑스는 러시아를 지지했다. 독일은 동맹국인 오스트리아-헝가리제국의 편을 들었다. 이와 같은 외교적 위기는 전쟁으로까지 확대되지는 않은 채 1909년에 해소되었으나, 이제 국제분쟁은 동맹 체제의 틀 속에서 다루어질 수밖에 없다는 사실이 점점 더 분명해졌다(김주한 1998, 246~248).

보스니아와 헤르체고비나 합병 위기 이후 얼마 동안 국제 관계는 비교적 평온한 듯했으나, 1911년 모로코를 둘러싸고 다시 위기가 닥쳐왔다. 1911년 모로코에서 토착민들의 반란이 일어났는데, 이를 계기로 프랑스는 모로코에 군사 개입을 단행했다. 독일은 프랑스의 모로코 합병에 대한 대가로 프랑스령領 콩고를 넘겨주기를 요구하며 모로코 아가디르 항에 그들의 전함을 파견해 무력시위를 감행했다. 그리하여 독일은 프랑스령 콩고의 일부를 넘겨받고 모로코에 대한 프랑스의 지배를 인정하는 수준에서 타협함으로써 전쟁은 모면했지만, 두 동맹 체제 사이의 대립 양상은 더욱 악화되었다.

제2차 모로코사건 이후, 유럽의 국제정치는 발칸 지역의 분쟁으로 다시 소용돌이를 맞았다. 오스만제국의 약화를 틈타 이 지역 국가들 — 세르비아, 몬테네그로, 루마니아, 불가리아, 그리스 — 은 제각기 영토 요구를 했고, 그 결과 제1·2차 발칸전쟁[8]이 발발했다. 이 전쟁으로 세르비아는 상당한 영토를 확보할 수 있었으나, 곧 오스트리아-헝가리제국의 압력 때문에 그 가운데 일정 부분을 포기해야만 했다. 1908년의 보스니아헤르체고비나에 대한 합병과 더불어 오스트리아-헝가리제국의 간섭은 이 지역 국가들의 민족주의적 감정을 자극해 오스트리아-헝가리제국을 배척하는 분위기를 더욱 고조시켰다. 이런 상황에서 1914년 6월 28일 보스니아헤르체고비나의 수도 사라에보에서 울린 총성은 세계대전의 신호탄이 되었다(배영수 2000, 510~511).

지금까지 제1차 세계대전의 정치적 배경을 살펴보았거니와, 이 세계대전은 결국 자본주의가 제국주의 단계로 이행하면서 내부 모순이 세계적 규모에서 폭발한 것으로 볼 수 있다. 자본주의는 20세기 초두에 제국주의 체제를 확립했으며, 선진 공업 국가들이 지구에서 인구의 압도적 다수가 살고 있는 국가들을 식민지로 삼아 지배하고 억압하는 세계 체제를 형성했다. 그런 가운데 제국주의 국가들 사이에도 발전의 불균등은 더욱 심화되었으며, 이에 따라 국가들 사이에 또는 국가군群 사이의 대립이 격화되어 세계전쟁 발발 가능성이 커졌다.

---

**8_**제1차 발칸전쟁은 1912~1913년 오스만제국에서 영토를 쟁취하기 위해 발칸동맹국들이 오스만제국을 상대로 벌인 전쟁을 가리킨다. 전쟁은 오스만제국의 패배로 끝났으며, 1913년의 런던 조약으로 오스만제국은 이스탄불 부근을 제외한 유럽의 모든 영토를 상실했다. 그러나 발칸동맹 국가들도 획득한 영토의 배분을 둘러싸고 서로 대립했다. 제2차 발칸전쟁은 제1차 발칸전쟁으로 불가리아가 획득한 영토에 대해 불만을 품은 세르비아, 몬테네그로, 그리스가 불가리아에 맞서 일으킨 전쟁을 말한다. 루마니아와 오스만제국도 대(代)불가리아 전에 가세했다. 불가리아는 8월의 부카레스트조약으로 일부 영토를 잃은 뒤, 독일과 오스트리아에 접근했다. 두 차례에 걸친 이 발칸전쟁은 제1차 세계대전의 불씨가 되었다.

## 2. 제1차 세계대전의 경과

1914년 6월 28일 오스트리아-헝가리제국 황태자 암살 사건이 발생한 뒤, 7월 23일 독일로부터 '백지위임장'의 전쟁 지원 약속을 받은 오스트리아-헝가리제국은 세르비아 정부에 강경한 내용을 담은 최후통첩을 보냈다. 최후통첩은 세르비아 내에서 발간되는 반反오스트리아 출판물 금지, 반오스트리아 단체 해산, 반오스트리아 선전 금지 등을 요구했다. 이런 최후통첩에 대해 세르비아 정부는 황태자 암살 관련 조사에서 오스트리아 관리의 참여를 인정하는 조항 말고는 거의 대부분의 내용을 받아들인다는 회신을 보냈다. 그러나 협상의 결렬은 이미 예정되어 있었고 최후통첩은 전쟁 돌입을 위한 구실에 불과했으며, 1914년 7월 28일 마침내 오스트리아-헝가리제국은 세르비아에 선전포고를 했다.

이런 상황에서 8월 1일 러시아가 총동원령을 내리고 전쟁 태세에 돌입했다. 러시아로서는 흑해 진입로에 걸린 전략·경제적 이해관계도 중요했지만, 1911년 이후 점점 증가되는 대규모 파업과 봉기, 농민 반란, 차르 타도를 목표로 하는 혁명운동에 따른 국내 상황을 반전시키기 위해서라도 전쟁을 도발할 필요가 있었다. 이에 독일은 예정대로 러시아에 대해 전쟁을 선포했다. 드디어 국제전이 시작된 것이다.

독일과 러시아 사이의 전쟁 발발은 곧 독일과 프랑스의 전쟁 개시를 의미했으며, 8월 3일, 독일은 프랑스에 대해 선전포고를 하고 기다렸다는 듯이 프랑스 국경을 넘었으며, 8월 4일 벨기에와 룩셈부르크를 침공했다. 영국은 외교적 조정으로 전쟁을 막고자 했으나, 독일이 벨기에의 중립을 깨뜨리자 독일에 대해 선전포고를 하지 않을 수 없었다.

독일은 속전속결을 계획했으나, 서부전선에서 강한 저항에 부딪치면서 전쟁은 교착 상태에 빠져들었다. 독일은 프랑스 침공을 위한 관문인 벨기에에서 의외로 완강한 저항을 받았으며, 프랑스에 대한 영국군의 지원 또한 힘을 받게 되면서 서부전선에서 빠른 승리를 거둔 뒤 러시아를 집중 공격하려던 독일의 계획은 난관에 부딪혔다. 독일과 오스트리아-헝가리제국 군대는 동부전선에서는 어느 정도 성과를 거두었으나, 러시아군의 집요한 반격을 받았다. 전선은 양측 병력의 치열한 대치 상태에서 참호전으로 양상이 바뀌었고, 전쟁은 장기·소모전으로 접어들었다(배영수 2000, 511).

유럽 대륙은 이제 전쟁터로 변했고, 이탈리아를 제외한 유럽 대륙 모든 강대국은 전쟁의 소용돌이 속으로 휘말려 들어갔다. 얼마 지나지 않아 전쟁은 제국주의적 이해관계의 무력행사를 반영해 전 세계로 확산되었다. 이런 상황에서 군사적 요충지였던 오스만제국이 주요 관심의 대상으로 떠올랐다. 8월 2일 오스만제국은 독일과 비밀리에 동맹 조약을 체결했다. 오스만제국은 영국과 프랑스 그리고 러시아의 중립 요구를 뿌리치고 10월 29일 러시아 함대를 공격했으며, 11월 5일 영국은 오스만제국에 대해 선전포고를 하는 동시에 키프로스 섬 병합을 선언했다.

제1차 세계대전은 동아시아에도 큰 변화를 몰고 왔다. 일본과 중국이 독일을 상대로 전쟁을 선포하고 교전 당사국으로 등장했다. 이 두 국가의 참전은 형식상으로는 영국·프랑스·러시아 삼국협상 측에 가담한 것이었으나 유럽 동맹 체제의 대결과는 사실상 무관한 것이었다. 특히 일본의 당면 목표는 중국에서 독일의 군사·경제적 근거지를 빼앗는 것이었다.[9] 일본 육군

---

9_ 영국은 전쟁 초기부터 일본에 대해 중국의 산둥반도에 있던 독일의 근거지와 독일 해군력을 대상으로 군사적인 타격을 가할 것을 요구했다. 일본의 참전은 유럽의 전쟁 상황에 어느 정도 도움을 줄 수 있었기 때문이었다.

은 선전포고를 한 지 두 달 뒤에 중국 칭다오에 있는 독일의 근거지를 공격해 점령했고, 해군은 독일의 동양 함대를 추격해 남태평양 제도를 차지했다. 한편, 유럽의 전세戰勢가 교착상태에서 장기적인 소모전 양상을 띠자, 중립 위치에 있는 국가들의 동향이 전쟁 판세를 좌우할 수 있는 요소로 부각되었다. 1915년 5월에 이르러 당시까지 중립을 지키던 이탈리아가 영토 확장 보장을 조건으로 드디어 협상국 쪽에 편들어 전쟁에 가담했다. 당시 동부전선에서 수세에 놓여 있던 러시아로서는 이탈리아 병력 75만 명은 구원병과도 같은 존재였다. 또 영국과 프랑스로서도 이탈리아 참전은 중대한 의미를 지니는 것이었다(김주한 1998, 256~258).

세계대전은 교전국들로 하여금 막대한 전쟁 비용을 치르게 했으며, 인민대중의 생활을 극도의 곤궁 상태로 몰아넣었다. 또 지배계급의 재산과 안위를 위협했을 뿐만 아니라 사회혁명 조건을 조성하기도 했다. 이런 상태에서 벗어나기 위해 1916년 8월 이후 각국은 전시체제를 더욱 강화했는데, 독일은 '무제한 잠수 함전'을 선언했고 1917년 4월 미국이 '평화와 정의의 회복'을 명분 삼아 독일을 상대로 선전포고를 하고 나서 본격적으로 전쟁에 뛰어들었다. 미국의 참전은 삼국협상 측을 결정적으로 유리하게 만들었다.

미국은 전쟁 초기에 중립적 태도를 고수함으로써 협상국 측과 동맹국 측을 가리지 않고 무기와 군수품을 수출해 경제적인 이익을 얻었고, 이에 따라 국내 산업은 호황을 누릴 수 있었다. 그러나 영국이 제해권을 장악해 독일 해상을 봉쇄하자 미국의 무기 거래는 자연히 협상국 측에 한정되게 되었고, 또 미국은 유럽 국가들의 전시 채권을 사들이는 방식으로 협상국 측에 막대한 자금을 빌려 주고 있는 형편이어서, 전쟁이 지속되는 국면에서 협상국 측에 서지 않을 수 없었다.

이와 같은 정세에서 1917년 10월의 러시아 사회주의혁명은 전세를 크게 바꾸어 놓았다. 혁명이 발발하자 러시아는 전선에서 이탈했고, 이에 따라 협상국 측은 크게 불리해졌다. 더욱이 러시아와 독일이 1918년 3월 브레스트리토프스크조약을 체결함으로써 독일은 동부전선에서 전쟁을 멈추고 서부전선 쪽에 병력을 집중시킬 수 있었기 때문이었다. 협상국 측은 동부전선의 재구축을 위해서도 러시아의 혁명을 막을 필요가 있었다. 1918년 들어 러시아에 대한 유럽 열강의 무력간섭이 본격적으로 진행되었다. 러시아 지역에 상륙한 협상국 측 군대는 그 지역에서 벌어지고 있는 러시아 반혁명군의 활동을 지원하는 한편, 스스로도 반혁명전쟁을 전개했다. 이들과 러시아혁명 정권을 지지하는 소비에트군 사이의 싸움은 거의 3년을 끌었다(김주한 1998, 261).

1918년 8월 이후, 독일 측의 열세가 굳어지기 시작했고, 1918년 9월 15일 시작된 마케도니아 전선에서 벌어진 전투가 협상국 측의 승리로 끝났다. 이 전투에서 불가리아 군이 완전히 궤멸됨으로써 발칸 전선에 큰 구멍이 뚫리게 되었다. 그러나 동맹국 측으로서는 그 구멍을 메울 수 있는 힘이 없었다. 이제 남아 있는 것은 휴전 조약 체결과 황제 퇴위 문제였다.

1918년 10월 말과 11월 초, 독일에서 군사 반란과 노동자계급의 총파업이 발생함으로써 '밑에서 수행된 해결'이 단행되었다. 10월 24일 독일 해군 사령부는 최후의 결전을 감행하기로 결정하고 킬 군항에 정박해 있던 함대에 출동 명령을 내렸다. 그러나 해군 병사들은 휴전 교섭이 진행되고 있는 데다, 무모한 해전을 벌여 죽음을 감수하고 싶지 않았으므로 군함 두 척의 동력을 차단한 채 명령을 거부했다. 이에 군 당국은 명령을 어긴 죄를 물어 병사 600명을 체포했다. 병사들은 11월 3일, 체포된 동료의 석방을 요구하며 시위를 벌였고 많은 시민과 노동자가 여기에 가세했다. 군은 발포 명령을 했고, 병사 8명이 총에 맞아 쓰러졌으며 시민 29명이 부상당했다. 병사들은 발포를 명령한 장교를 사살했다.

다음 날인 11월 4일, 시 전체가 반란에 휩싸였는데, 무장한 혁명군 4만여 명이 킬 시를 점령했으며, 모든 군함에는 붉은기가 나부꼈다. 그다음 날에는 북부 독일의 모든 항구에서 해군 병사들이 반란에 참가했으며, 서부와 남부 도시들에서는 노동자·병사 소비에트가 구성되어 전권을 장악했다. 11월 7일에는 뮌헨에서 혁명이 일어났으며, 8일에는 베를린을 제외한 중부 독일과 서부 독일의 거의 모든 대도시를 혁명파가 장악하게 되었다.

11월 9일, 마침내 베를린 전역에서 총파업이 일어났다. 무장한 노동자 시위대가 시내 중심부로 진입했고, 수많은 시민이 여기에 합류했다. 이날 빌헬름 2세는 퇴위해 네덜란드 쪽을 향한 망명길에 올랐다. 왕정이 물러난 자리에 프리드리히 에베르트를 당수로 하는 사회민주당이 정권을 장악하고 임시정부를 수립했다. 그리하여 독일은 공화정을 선포했고, 11월 11일 파리 북쪽에 위치한 콩피에뉴 숲 열차 안에서 독일 임시정부와 협상국 측이 휴전 조약을 체결함으로써 제1차 세계대전은 드디어 막을 내렸다.

제1차 세계대전은 당시까지는 역사 이래 가장 잔인한 전쟁이었다. 전쟁은 네 개 제국, 즉 독일, 오스트리아-헝가리제국, 오스만제국, 러시아의 정치체제를 무너뜨리거나 해체시켰으며, 가공할 만한 물적 피해와 더불어 사망자 900만 명, 부상자 2,200만 명을 낸 엄청난 인적 손실을 가져왔다.

제1차 세계대전 종식에 따라 유럽 대륙의 정치적 판도와 아울러 제국주의·식민지 세력 관계가 크게 바뀌었으며, 전후 세계는 '베르사유 체제' 성립으로 특징지어졌다.

세계대전이 종료된 뒤 1919년 1월 18일 프랑스 베르사유궁전에서 강화회의가 열렸다. 회의는 약 5개월이 지난 뒤인 6월 28일 평화조약인 베르사유조약이 조인되었다. 조약은 독일과 그 동맹국들이 제1차 세계대전을 도발했기 때문에 동맹국 측이 모든 책임을 져야 한다는 내용으로 일관되었다.

첫째, 승전국에 대한 배상금 지불이었는데, 그 금액은 1,320억 마르크였다.

둘째, 독일은 모든 식민지를 포기하고 본국 영토의 일부를 승전국에게 넘겨주었다. 예컨대 알자스로렌을 프랑스에 도로 내주고, 자르 탄전 지대에 대한 관리를 15년 동안 국제연맹에 위임하며, 서프로이센을 폴란드에 할양했다.

셋째, 패전국 독일에 대한 완전 무장해제였다. 독일은 육군 10만 명, 해군 1,500명, 군함 36척만 보유할 수 있고, 잠수함과 군용비행기에 대해서는 보유 자체가 금지되었다.

넷째, 독일의 식민지는 부당한 합병을 막고 국제주의 원리를 보존한다는 명목으로 국제연맹으로 넘겨졌고, 국제연맹은 다시 '위임통치'를 내세워 독일 식민지에 대한 관리권을 승전국들에 위임했다.

한편, 제1차 세계대전이 끝난 뒤, 독일이나 제정러시아의 지배를 받고 있던 국가들이 잇달아 독립을 성취했다. 핀란드가 자치화되었고, 발트 해의 국가들, 즉 에스토니아, 라트비아, 리투아니아가 러시아의 지배에서 독립했다. 새로이 창건된 국가로는 유고슬라비아와 체코슬로바키아가 있었다. 오스트리아와 헝가리가 분리되어 지난날의 힘과 영향력을 상실한 대신, 루마니아가 확대되어 그 빈 공간을 메웠다.

전승국인 협상국 측은 '평화로운 세계'를 유지한다는 명목으로 동유럽의 신생국들을 독일 포위를 위한 방패막이 구실로 삼고자 했으며, 동시에 러시아 볼셰비즘의 팽창을 막기 위한 '방역선'으로 이용하고자 했다. 이처럼 베르사유조약은 독일과 화해를 부르기에는 너무 가혹했고, 독일의 침략 의도를 깨뜨리기에는 지나치게 너그러운 것이었다(김주한 1998, 280~282).

요컨대 제1차 세계대전이 진행된 4년 동안 자본주의 모순은 격화되었고 인민대중의 생활은 감내하기 어려울 정도로 피폐해졌으며, 자본주의의 전반적 위기는 심화되었다. 그 결과, 세계 제국주의의 가장 약한 고리였던 러시아에서 1917년 2월 혁명이 발발해 차리즘이 타도되었고, 10월에는 세계 최초의 사회주의혁명이 승리해 세계는 자본주의와 사회주의라는 두 체제로 나뉘게 되었다.

또 세계대전의 종료와 더불어 체결된 베르사유조약은 제국주의 국가들 사이의 세계 재분할을 촉진했다. 베르사유 체제는 전승국에 대해서는 안정적 자본주의 세계 체제를 추구할 수 있는 유리한 터전을 제공했지만, 전승국과 패전국 사이의 모순을 오히려 증대시켰을 뿐만 아니라 전승 국가들 사이의 대립도 키웠다. 그리고 제국주의와 식민지·종속 국가 사이의 모순도 크게 키웠다.

# 전시경제와 노동자 상태

자본주의는 마치 먹구름이 폭풍우를 몰고 오듯

전쟁을 몰고 온다고 조레스는 말한 바 있다.

자본주의는 무엇보다도 먼저 불황의 위기를 가져오고

새로운 영토 정복의 필요성을 절박하게 만든다.

그리고 자본주의로 하여금 전쟁을 가져오게 하는 것은

각국 사회 구성 내의 자본주의 발전,

각국 자본주의의 대결이다.

_미셸 보(보 1987, 218)

# 1. 전시경제

제1차 세계대전이 대규모적인 진지전으로 바뀌어 장기화되면서 전쟁은 전선에 국한되지 않고 국가 총력전 형태를 취했다. 총력전은 엄청난 물량과 병력을 소모하는 전쟁을 의미한다. 전시경제의 운용은 어디서나 국가의 경제에 대한 개입을 비약적으로 키웠다. 독일은 1915년 육군부 안에 전시 원료국을 설치해 대규모의 공업동원 체제를 확립했다. 1916년 말에는 군복무를 하지 않은 16~60세의 모든 남자를 공장에 동원하는 빈덴부르크 계획이 실시되었다. 영국과 프랑스도 1915년 이후 군수품부를 중심으로 강력한 공업동원 기구를 설치했다. 이런 전시경제 체제는 어디서나 독점자본의 초과 이윤과 국비 지출을 기동력으로 해 구축되었고, 독점자본의 국가독점자본주의 전화를 촉진했다(大阪市立大學經濟研究所 1965, 737).

영국의 경우, 제1차 세계대전에 참가하면서 세계무대에서 지위 강화를 노렸다. 영국은 다른 유럽 국가들보다는 경제적인 타격을 덜 받았지만, 전쟁으로 입은 피해는 엄청나게 컸다. 국가 부채는 전쟁 기간에 열두 배 이상 증가했다. 전쟁 기간 영국은 미국의 재정 원조에 계속 의존했으며, 그 결과 영국은 채권국에서 채무국으로 전락했다(Alexandrov 1986, 116).

이와 같은 경제의 군사적 동원과 국제경제의 정상적 운용 체계 파행은 경제 운동의 기초를 근본적으로 변형시켰다. 세계경제는 1913~1914년 사이에 많은 국가에서 주기적 공황 시작을 나타냈으나, 여러 국가의 공업 활동은 군수품의 주문으로 고양되었다. 그러나 전쟁이 장기화하면서 교전국들에서는 민간소비 억제, 고정자본 손모損耗, 비군수 부문 생산제한, 전쟁에 따른 각종 파괴 등으로 공황상태가 재현되었다. 이런 가운데 교전국들은 모름지기 막대한 전쟁 비용을 지불해야 했으며, 여기에다 재정적 빈곤, 국민

생활의 궁핍, 해외시장 상실, 대외투자 감소 등으로 심각한 경제적 곤란을 겪었다.

한편, 비교전국들은 군수품 주문이나 세계시장에서 벌어진 경쟁국의 탈락 등으로 급속한 발전 기회를 장악하게 되어 세계 자본주의 구조는 전쟁을 치르는 가운데 크게 변모했다. 이를테면 미국의 경우, 전쟁 초기에는 동맹국 측과 협상국 측을 막론하고 병기창 역할을 수행했으며 공업의 급속한 발달에 따라 세계 최대 공업국이 되었고, 대외투자를 확대함으로써 채무국에서 채권국으로 바뀌었다. 일본의 경우, 1914년 8월 일찌감치 참전해 산둥성과 남양제도南洋諸島에 대한 독일의 권익을 넘겨받았다. 또 일본은 전선에서 멀리 떨어져 있어 수출을 세 배 정도로 늘릴 수 있었고, 공업의 규모와 생산고도 배로 키웠다. 이런 가운데 은행의 지위도 두드러지게 강화되었고, 본격적인 독점자본주의 체제가 형성되었다. 중국과 인도의 공업화가 급속하게 진행된 것도 제1차 세계대전 진행 과정에서였다.


## 2. 노동자의 상태

제1차 세계대전은 그 규모나 결과 면에서 일찍이 볼 수 없었던 전쟁이었다. 이 전쟁에 관여한 국가는 34개국에 이르렀고, 직접적인 군사비는 2,080억 달러였으며 전쟁에 동원된 교전국들의 군대는 7천만 명 이상이었다. 그 가운데 약 1천만 명이 사망했고, 2천만 명 이상이 부상을 당하거나 불구가 되었다. 이것이 제국주의가 일으킨 인민 살육전의 대가였다.

전쟁은 많은 나라에서 막대한 경제적 손실을 가져왔고 오랫동안 유지되어 온 경제 관계를 깨뜨렸다. 또 많은 산업부문과 교통기관을 황폐화했으며, 농업생산을 크게 저하시켰고 금속·연료·전력·면화 등 주요 자원들이 비생산적인 군사 목적에 수용되었고, 사람들을 살상하는 데 이용되었다 (The USSR Academy of Sciences 1983, 570).

제국주의 전쟁으로 생긴 무거운 짐은 근로인민에게 전가되었고, 반면에 지배층은 민주주의적 자유를 박탈하고 노동자들이 그동안 획득해 왔던 사회적 성과들을 무위로 돌리는 데 전쟁을 이용했다. 그뿐만 아니라 전쟁은 지배계급에 대해서는 유례없는 부의 축적 원천이었다.

한편, 전쟁은 자본의 집적과 집중을 촉진했고 독점체의 힘을 더욱 강화하는 동시에 독점자본을 국가독점자본으로 전화하는 과정을 촉진했다. 또 제국주의 전쟁이 진행되는 조건에서 부르주아국가의 힘과 금융과두제 힘의 결합을 바탕으로 전시 국가자본주의가 성립했다. 전시 국가자본주의는 생산·에너지·원료·인적 자원 등 모든 잠재력을 전쟁 목적에 동원했으며, 노동과 자본의 관계를 규제했다. 독점자본과 국가의 거대한 힘이 결합됨으로써 형성된 국가독점자본주의는 자본에 대해서는 이윤을 보장한 반면, 노동자계급과 피억압 민족의 투쟁에 대해서는 통제와 탄압으로 대응했다.

전쟁 기간에 노동자계급 상태가 그 이전의 평상시에 비해 훨씬 더 악화된 것은 여러 가지 요인이 상호작용한 결과였다. 수백만 명의 노동자들이 전쟁에 동원되어 죽거나 불구가 되기도 했고, 그들의 가족은 가장을 잃게 됨으로써 곤란한 상태에 빠져들었다. 기본 생산력이라고 할 수 있는 18~50세 연령의 노동자, 농민, 그 밖의 근로인민에 대한 강제 동원은 공업·운수·농업 부문에 최악의 영향을 끼쳤으며, 그렇지 않아도 가난했던 인민의 상태를 더욱 궁핍하게 만들었다. 그리고 특별히 전쟁 피해가 컸던 경우는 군사행동이 직접 행해졌던 곳이나 붉은 군대가 점령한 지역의 경제적 황폐였다.

군사행동에 따른 생산력 파괴, 국민경제 기본 부문을 군수 부문으로 대체, 그리고 생산 저하는 먼저 식료품 부족 사태와 물가 상승을 가져왔다. 이에 따라 인민들은 반半기아 또는 기아 상태에서 극심한 고통을 겪었다(The USSR Academy of Sciences 1983, 572).

그리고 현대전은 광대한 농촌과 도시를 전장戰場으로 바꾸었고, 더욱이 장기에 걸친 점령·공습·해상 봉쇄 등으로 인민대중의 생활을 극도의 궁핍 상태로 몰아넣었다. 전쟁은 전선에서만 싸우는 것이라는 과거의 상식 따위는 이제 통용되지 않게 되었다. 군 병력 동원은 매우 광범위했고, 그것은 후방의 공장과 농촌에서 많은 일손을 징발했다. 민수 공업에서 종사하던 노동력이 급속히 팽창하는 군수공업으로 대량 이동을 했을 뿐만 아니라 농촌에서 행해지는 인구 유출도 점점 가속화되었다. 그런 이유로 농촌의 노동력 부족은 심각한 상태였고, 거기에 비료 부족까지 겹쳐 식량 생산은 급격히 감소했다. 굶주림이 전쟁 혐오와 사회불안을 키우는 중요한 요인으로 작용했다.

전쟁으로 가장 심한 고통을 받은 쪽은 러시아, 독일, 오스트리아-헝가리 제국, 이탈리아, 세르비아, 그 밖에 발칸반도 여러 나라의 노동자들이었다.

독일에서는 한 사람당 하루 배급 식품의 칼로리량이 1916년 가을까지는 전쟁 이전 수준에 비해 40퍼센트로 저하되었으며, 연말에는 더욱 악화되었다. 빵은 한 사람당 하루에 평균 250그램이었고, 식육은 1주일에 250그램, 지방은 주 60~90그램이었다(*Die Ursachen des Deutschen Zusmmenbruchs im Jahre 1918*, 1928, 137; The USSR Academy of Sciences 1983, 572에서 재인용).

오스트리아-헝가리제국에서는 1915년부터 식료품에 대한 엄격한 할당 제가 실시되었으며, 전쟁이 시작되고 난 뒤 1년 동안 대중 소비제 가격은 무려 60퍼센트 상승했다. 몇몇 직종에서는 임금이 대폭 삭감되기도 했고, 군수생산을 위한 '예비'부대에 동원된 사람들의 일부는 노역 수행을 강제당했다.

이탈리아 노동자 상태는 이미 이탈리아 참전 이전부터 악화되기 시작했는데, 그것은 주로 실업자 급증에 따른 결과였다. 1915년 1월 당시 이탈리아에는 150만 명 이상의 실업자가 존재했다. 이탈리아 참전 이후 인민의 생활수준 저하는 급속하게 진행되었고, 실업 상태는 많은 인원의 군대 동원에도 불구하고 좀처럼 변화를 보이지 않았다. 기업주들은 노동자의 기득권을 깨뜨리기 위해 공세를 취했으며, 거의 대부분의 기업에서 단체협약 이행을 중지하고 임금·노동 조건을 저하시켰을 뿐만 아니라 '불만분자'를 해고했다. 생계비는 전쟁 기간에 서너 배가량 상승했고 주택 위기와 연료 위기가 심각한 상태를 나타냈다.

제1차 세계대전 기간에 가장 큰 곤란을 겪은 경우는 러시아의 인민들이었고, 그 가운데서도 노동자와 농민을 중심으로 한 근로인민이었다. 농촌경제는 대량의 노동력과 소·말 따위의 역축을 빼앗긴 상태에서 경작 면적이 줄어들고 식량 투기가 횡행해 극도로 피폐해졌다. 인플레이션이 극심하게 진행되었는데, 1917년에는 빵 가격이 약 2배, 식육은 3배 이상, 소금은 약 6배, 면직물은 약 5배, 신발은 9배가량 상승했다. 1917년 초에는 실질임금이 평균으로 계산해 전쟁 전 수준의 약 절반 정도였다. 노동자계급의 소비는 1913년 수준에 비해 1915~1916년의 경우는 약 57퍼센트이고, 1916~1917년의 경우는 47퍼센트에 지나지 않았다. 만성적인 식료 부족과 기아가 러시아 인민대중이 감당해야 할 운명처럼 되었다(The USSR Academy of Sciences 1983, 572~573).

영국과 프랑스의 경우, 근로인민의 상태 악화가 다른 나라들에 비해 그다지 심각하지는 않았다. 영국과 프랑스의 지배층은 가혹한 식민지 수탈과 거기서 획득한 식료품과 원료 공급으로 식량 위기를 완화했다. 그런데도 근로인민의 상태는 전쟁 이전에 비해서는 역시 두드러지게 악화되었다. 영국의 경우, 1915년 말에 식료품의 소매가격이 1914년 7월에 비해 45퍼센트 상승했으며, 1917년 여름에는 102퍼센트로 높아졌다. 그 가운데 빵과 식육의 가격 상승이 더 빨랐다. 노동자의 실질임금은 1914년 7월을 기준으로 1916년에는 약 20퍼센트 저하했다. 프랑스의 노동자 상태도 많은 점에서 영국과 비슷했다. 1914~1917년 사이에 화폐임금은 평균 30퍼센트 상승했으나 생계비는 약 75퍼센트 증가했다(March 1925, 297; 301; The USSR Academy of Sciences 1983, 574에서 재인용).

미국의 경우, 1914~1915년에 노동자계급 상태가 다른 무엇보다 실업자의 증가로 악화되었다. 유럽 국가들과 사이에 무역이 축소됨으로써 1915년 당시 650만 명이 일자리를 갖지 못했다. 실업자 가운데 가장 많은 층은 불숙련 이민노동자, 흑인, 중·고 연령층이었다. 미국이 세계대전 참가를 적극적으로 준비하기 시작한 것은 1917년 초였는데, 이때부터 취업률이 빠르게 증가했다(The Committee on Elimination of Waste in Industry of the Federated American Engineering Societies 1921, 274; The USSR Academy of Sciences 1983, 574에서 재인용).

전쟁 동안 노동자계급 구성에도 큰 변화가 일어났고, 노동자들에 대한 수탈도 더한층 강화되었다. 전쟁에 동원된 노동자들의 일자리를 노동자가 아닌 다른 계층 사람들과 여성·청소년들이 메우게 되었고, 광산업과 기계 제조 그리고 화학 등의 산업부문에서 일하는 여성·아동 노동자 수가 나라에 따라서는 4~8배까지 증가했다. 또 점령 지역에서 피난 온 난민, 외국인 노동자, 군사 포로, 군인 노동 등이 널리 활용되었는데, 이들은 매우 낮은 임금으로 고용되었다.

영국 노동자계급 구성에도 큰 변동이 생겼다. 고도 숙련노동자 비율은 기계제조·조선 부문에서 감소했고 비숙련노동자 수가 50퍼센트나 증가했다. 철강과 탄광을 포함한 생산 부문에 여성노동자 약 150만 명이 일하고 있었고, 1917년 가을 당시 군수부 관할 기업에만 12~16세 미성년 노동자가 25만 명에 이르렀다. 노동시간은 통상 12~16시간이었고, 때로는 18~20시간으로 늘어났다. 여성노동자들은 성인 남성노동자 임금의 절반 또는 3분의 1 정도 받았으며, 아동노동자는 여성노동자 임금의 절반 정도 받았다. 1915년 당시 영국 탄광에서는 식민지에서 도입한 노동자 25만 명이 아주 낮은 임금으로 일하고 있었다.

다른 여러 나라의 경우도 상태는 비슷했다. 프랑스 군수산업에 일하는 여성노동자 수가 약 서너 배 증가했고, 경우에 따라서는 유해·위험 작업에 종사했다. 독일에서는 1916년 당시, 여성노동자 430만 명이 지하 작업도 함께 수행하는 기업에 고용되어 있었다. 오스트리아-헝가리제국에서는 여성노동자가 전체 노동자의 40~50퍼센트를 차지하는 때도 있었으며, 여성노동자들이 탄광이나 광산, 주물 공장에서 일하는 경우도 많았다. 또 독일과 오스트리아-헝가리제국에서는 군사 포로의 노동이 광범하게 이용되었으며, 노동시간과 노동조건에 대한 규제는 그들에게는 적용되지 않았고 임금은 턱없이 낮았다(The USSR Academy of Sciences 1983, 576).

전쟁 기간에는 모든 교전국에서 노동조건이 두드러지게 악화되었다. 기업주들은 '애국'이라는 슬로건을 내걸고 노동시간을 연장하고 노동강도를 강화했다. 만성적 식량 부족으로 기아 상태가 지속되는 가운데서도 노동강화와 장시간 노동이 일상적으로 행해졌다. 여성·아동 노동자와 난민 또는 군사 포로들이 산업부문에 활용됨으로써 산업재해는 급증하게 되었으며, 노동자들의 건강과 생명이 일상적으로 위협받았다.

1917년 무렵 근로인민의 궁핍은 극심해졌다. 일찍이 경험하지 못했던 생활수준 악화, 수십 년에 걸친 투쟁으로 획득한 권리와 자유의 박탈, 수백만 명에 이르는 인명 손실 등은 사회적인 모순을 확대했다. 많은 나라에서 노동자들은 전쟁이 가져다준 폐해와 고통에서 벗어나기 위해 다양한 형태의 투쟁을 전개했다.

# 3장
# 세계대전 시기
# 노동자계급의 투쟁

모든 전쟁에서 싸운 노동자계급이, 엄청난 희생을 치른 노동자계급이,
그들의 피를 거리낌 없이 뿌리고 기꺼이 죽은 노동자계급이 전쟁 선포나
평화협정에 목소리를 낸 적은 한 번도 없습니다. 언제나 이 모든 일을 한
사람은 지배계급입니다. 지배계급이 단독으로 평화협정을 맺습니다.
'왜냐고 이유를 묻지 말고 나아가 죽어라,' 이것이 바로 그들의
좌우명입니다. 우리는 우리나라의 의식 있는 노동자들을 대신하여 이에
항의합니다. 전쟁이 정당하다면, 인민이 이를 선포하게 합시다.
그 누구도 아닌, 전쟁에서 목숨을 건 사람이야말로
전쟁과 평화라는 중대한 문제를 결정할 권한을 지닙니다.

_유진 뎁스(진·아노브 2011, 508~509에서 재인용)

고난, 혼란, 방향감각 상실, 그리고 전통적인 노동·생활 방식을 방어할 수
없는 상태 등 바로 이러한 것들이 제1차 세계대전 초기에 노동자계급이
맞닥뜨린 조건이었다. 생활수준은 저하되고 노동시간은 길어졌으며, 공장의
노동조건은 더욱 위험해졌고 파업 횟수도 두드러지게 감소하였다. 그러나
1915년과 1916년에 이르러 그러한 절망은 또 저항도 키워내고 있었다.
전쟁으로 고통받는 노동자계급 공동체에서, 주로 여성들을 중심으로
자생적인 저항이 일어났다. 1915년에 글래스고에서 일어난 대규모의
임대료 파업이나, 1916년 겨울과 1917년에 많은 독일 지역에서 식량
부족을 둘러싸고 벌어진 지역 저항들이 전형적인 움직임들이었다.

_크리스 하먼(Harman 2008, 410)

제1차 세계대전이 진행되는 과정에서 조성된 여러 가지 해악적 조건은 노동운동 발전을 크게 제약했으며, 노동자계급 내부에서 복합적인 문제들을 만들어 냈다. 전쟁 기간에 언론·집회 자유는 심하게 억압당했고, 파업·시위·집회 참가자와 반전 문서의 필자·출판자·배포자는 흔히 투옥되거나 전선으로 징집되었다. 이런 일들은 러시아와 같은 군국주의 국가에서뿐만 아니라 영국과 같이 부르주아 민주주의 전통을 유지한 국가들에서도 마찬가지였다.

배타적 애국주의자들이 지지한 노동자-자본가 '국내 평화' 정책은 형태나 방법 그리고 강도에서는 국가에 따라 달랐지만, 전쟁에서 승리하기 위해 노동자들을 전쟁 목적에 동원했다는 점에서는 공통적인 현상이었다. 많은 노동자 조직의 지도자들이 '자국' 부르주아지의 이익을 옹호함으로써 노동자들에게 큰 혼란과 동요를 불러일으켰다.

1889년 창립 당시부터 전쟁 반대를 선언했던 제2인터내셔널은 1907년 슈투트가르트 대회에서 반전 결의문을 통해 "효과적인 모든 방법을 동원해 전쟁의 발발을 막고 그래도 전쟁이 일어날 경우에는 가능한 빠른 시일 안에 그 전쟁을 종결시킬 것"을 천명했다. 또 그 뒤에도 사회주의자들은 이런 '전쟁에 대한 전쟁'을 여러 차례 확인했으며, 1912년 발칸전쟁이 발발했을 때는 전쟁 방지를 위해 바젤 임시 대회를 여는 등 반전운동을 강화했다. 세계대전이 일어나기 전까지 사회주의자들은 제국주의적 팽창이 반드시 전쟁으로 귀결될 것으로는 판단하지 않았으며, 또 전쟁이 발발할 경우에도 중재재판을 통해 해결될 수 있을 것으로 전망했다. 이런 상황에서는 총파업을 비롯한 반전운동이 논리와 행동에서 힘을 얻을 수 있었다.

그러나 1914년 제1차 세계대전이 발발하자, 사회주의자들은 '방어 전쟁'을 명목으로 전시공채를 의회에서 통과시키는 데 찬성하고 전시 내각에 참여하는 등 전쟁 승리를 위한 정책을 지지함으로써 프롤레타리아트 국제주의는 한순간에 무너지고 말았다. 사회주의정당들이 전쟁 참여로 전환하게 된 원인에 대해서는 대체로 세 가지 측면에서 접근이 이루어졌다(송충기 1992, 2~3). 첫째, 제2인터내셔널은 제1인터내셔널과 달리 거대한 대중정당으로 조직되어 있었기 때문에 강력한 중앙 조직을 갖추기 어려웠으며, 그 때문에 각국의 사회주의 조직은 인터내셔널 결정을 존중했으나 결국에는 자국의 상황에 따라 전쟁에 대한 방침을 스스로 결정할 수밖에 없었다는 주장이다. 둘째, 사회주의자들의 민족주의 경향 때문이었다. 사회주의자들은 당시 계급보다는 민족을 더한층 중시하는 경향이 있었는데, 전쟁이라는 위기 상황이 닥치자 이런 민족 우위의 자세가 유감없이 발휘되었다는 것이다. 셋째, 사회주의자들이 정치·사회적으로 부르주아국가 내로 통합되는 경향을 강하게 보여 주었다는 사실이 논거의 하나다.

사회주의자들의 행동과 사회주의정당의 방침은 인민대중의 반전운동이나 노동운동의 반전투쟁을 약화시켰고, '조국을 위해, 공화국을 위해, 혁명을 위해 자신들의 모든 의무를 다해야 한다'는 자기모순에 빠져들었다.

그러나 노동자들은 엄격한 전쟁 조건에서 깊은 불만과 분노를 갖지 않을 수 없었고, 반전투쟁과 반자본주의적 투쟁을 지속적으로 전개했다. 이런 투쟁이 진전되면서 노동자들은 맹목적 애국주의에서 점점 벗어나게 되었고, 전쟁의 진정한 원인과 성격을 이해하게 됨으로써 계급적 자각을 높일 수 있었다. 근로인민의 반전 의식과 투쟁의 자연발생적 고양은 사회민주주의적 정치 역량 강화로 이어졌다. 이것은 노동운동의 변혁적 사고와 행동을 촉진했다.

제1차 세계대전 시기 주요 각국에서 전개된 노동자계급 투쟁을 살펴본다.

# 1. 러시아

노동자투쟁의 고양은 러시아에서 두드러지게 나타났다. 전쟁이 발발한 직후에는 대중 동원과 탄압 때문에 노동운동은 일시적 후퇴를 경험했다. 많은 합법적 노동자 조직이 금지되었고, 그나마 잔존한 노동조합 활동도 '특별 감시'를 받았다. 군사행동이 벌어진 최초의 5개월 동안 파업이 70건 발생했고, 파업 참가 노동자는 4만 명에 조금 못 미쳤다. 그러나 1916년 2~3월에는 노동운동이 활성화되기 시작했고, 같은 해 봄과 여름에는 차리즘의 탄압이 강화되었는데도 노동운동은 급속히 성장했다.

전쟁이 발발한지 반년이 지난 1915년 2~7월까지 파업은 574건에 이르렀고, 파업 참가자는 24만1천 명에 이르렀다. 전쟁 시작부터 1916년까지 파업 건수는 606건에 이르렀고 참가자 수는 43만2천 명이었다. 이 가운데 파업 건수의 36퍼센트는 정치적 파업이었으며, 정치 파업에 참가한 노동자 수는 전체 참가자의 45퍼센트 정도였다(The USSR Academy of Sciences 1983, 579).

노동자들의 이와 같은 파업투쟁 고양은 전국적으로 큰 정치적 반향을 불러일으켰다. 1915년 이후에 일어난 파업은 전선에서 차르 군대가 크게 패배한 시기와 때를 같이했으며, 특히 농업이 황폐화한 조건에서 결행된 파업투쟁은 차리즘과 전쟁에 대한 병사와 농민대중의 투쟁을 촉발시켰다.

노동자계급의 과감한 투쟁은 농민들의 자각을 일깨웠고, 전쟁에 대한 군인의 의식을 변화시켰다. 전선에서 벌어진 어려운 조건, 전쟁에 따른 막대한 희생, 물가 폭등, 기아와 궁핍, 곡물과 가축 사료의 태부족 등은 농민들과 군인의 불만과 정치적 의식을 일깨운 요인으로 작용했으며, 노동자들의 투쟁에 적극적인 관심을 갖게 했다. 그 결과 1915년에는 177건이었던 농민투쟁이 1916년에는 294건으로 증가했다.

노동자계급의 투쟁 규모가 점점 커지고 완강한 양상을 나타내며 정치적 성격을 띠게 되는 한편, 농민운동이 고양되고 군인의 불만이 갈수록 고조되는 가운데 1916년 이후에는 러시아에 혁명적 기운이 감돌기 시작했다.

1916년 10월에는 세 건의 강력한 정치적 파업이 발생했다. 그 첫 번째는 식량 위기와 생활필수품값 폭등, 그리고 부당이득에 저항한 파업이었다. 이 파업에는 6만7천 명이 참가했는데, 노동자와 경찰대의 충돌에서 군인은 오히려 노동자 편에 섰다. 두 번째는 차르 정부가 볼셰비키 조직에 속한 해군 병사를 탄압한 데 대한 항의였다. 세 번째는 약 50개 공장에서 일하는 노동자 12만 명이 주축이 되고, 거기에 중소기업 노동자와 학생들이 파업에 참가한 경우다. 10월 파업은 전쟁 중에 일어난 대규모 대중적 정치투쟁으로서 부르주아민주주의혁명의 서막이었다.


## 2. 독일

독일의 경우에는 다른 대부분의 나라들과 마찬가지로 군사행동이 시작되면서 노동자계급의 투쟁은 크게 위축되었다. 배타적 애국주의자들을 비롯한 전쟁 옹호론자들이 자국의 전쟁 승리를 위해 '국내 평화'를 강조한 결과이기도 했다. 그러나 노동자들은 점점 계급 이익을 추구하는 방향에서 투쟁을 준비했다. 일부 노동자와 몇몇 노동조합 조직이 전쟁 분위기에서 박탈당한 권리 회복을 위해 투쟁을 시작했고, 반전투쟁에 참가했다.

독일 사회민주주의 운동 내의 국제주의 경향 강화와 반전운동 발전에서 큰 의의를 갖는 것은 1914년 12월 2일 제국 의회에서 행한 칼 리프크네히트의 신新군사 예산 반대였다. 그의 행동은 베를린, 드레스덴, 브라운슈바이크, 고타, 프랑크푸르트암마인 등 여러 도시의 사회민주당 조직으로부터 지지를 받았다. 리프크네히트를 비롯해 로자 룩셈부르크, 클라라 체트킨, 프란츠 메링, 줄리안 말흐레브스키(칼스키), 빌헬름 피크를 중심으로 사회민주주의자 중심 그룹이 형성되었으며, 이들은 제국주의 전쟁 정책을 막기 위해 정력적으로 노력했다. 1915년 봄부터 대중적 반전 행동이 조직되기 시작했다. 3월에는 국회의사당 앞에서 여성들이 평화와 물가 억제를 요구하며 시위를 벌였고, 5월에는 시위대 약 1,500여 명이 제국 의회에 몰려가 전쟁 반대를 외쳤다.

1915년 가을에는 반전투쟁이 더한층 활성화되었다. 1915년 11월 베를린에서 시민 1만여 명이 '빵과 자유', '전쟁 반대' 슬로건을 내걸고 제국 의회 의사당 앞에서 시위를 벌였다. 기마경찰대가 칼을 빼들고 군중들을 해산시키려 했으나 시위는 여러 시간 동안 계속되었고, 다음 날에도 되풀이되었다. 많은 도시에서는 물가 폭등에 항의하는 저항이 일어났는데, 이것은 전쟁에 반대하는 대중집회·시위와 함께 진행되었다. 켐니츠에서는 이런 성격의 투쟁이 경찰대와 충돌을 빚을 정도로 확대되어 몇 주 동안 계속되었다. 라인 지방의 광산노동자, 함부르크의 조선·섬유 노동자들도 저항행동을 벌였다.

정부는 대중의 점점 높아 가는 불만을 억누르기 위해 경찰 감시를 확대했으며, 반전운동 활동가들을 체포했다. 그리고 정부는 반전·저항 운동 참가자들을 전선으로 보내기도 했다. 1916년 말에 채택된 '조국을 위한 보조적 봉사에 관한 법률'은 노동능력을 가진 모든 남자(17~60세까지)의 강제적 노동의무를 규정함으로써 노동의 자유를 박탈했으며, 사실상 기업주가 노동자들을 통제할 수 있었다.

그러나 권력은 대중적 반전운동의 진전을 결코 막을 수는 없었다. 노동자의 새로운 세력이 투쟁에 참여했으며, 여기서 적극적 역할을 담당한 것은 여성과 청년들이었다. 1916년 4월 칼 리프크네히트의 주도로 예나 근방에서 혁명적 청년 그룹 회의가 열렸는데, 이 회의는 '허구적인 계급 평화'를 거부하고 '국제 연대와 계급투쟁'을 첫 번째 의무로 제기했다. 또 이 회의는 "모든 힘과 수단을 동원해 전쟁 반대를 위해 투쟁할 것이며, 전쟁이 조성한 정세를 자본주의사회의 붕괴를 앞당기는 데 이용할 것"을 요구하는 결의를 채택했다(The USSR Academy of Sciences 1983, 588).

스파르타쿠스단[1]은 1916년의 메이데이를 예정해 국제 연대와 제국주의 전쟁 반대를 위한 시위를 준비했다. 메이데이를 맞아 베를린에서는 보병과 기마경찰대의 경계선이 강화되었는데도 1만 명에 이르는 사람들이 거리로 쏟아져 나왔다. 포츠담 광장에 모인 사람들은 칼 리프크네히트가 외친 '전쟁 반대', '정부 타도' 구호에 맞춰 소리를 높였다. 리프크네히트가 경찰에 체포되었을 때도 군중들은 구호를 계속 외쳤다.

같은 날 독일에서는 여러 도시에서 반전 시위가 일어났다. 이 시위운동은 그 뒤로 약 2개월 동안 계속된 반전운동의 서막이었다. 이와 함께 여러 도시에서 '기아 폭동'이 빈발했는데, 몇몇 곳에서는 정부가 계엄을 선포해 폭동을 억눌렀다. 이런 여러 형태의 투쟁에 대해 새로운 탄압이 시행되었다. 칼 리프크네히트는 4년 1개월의 징역형을 언도받았고, 룩셈부르크와 메

---

1_1916년에 결성된 독일공산당의 전신으로서 고대 로마에서 일어난 노예 반란의 지도자 스파르타쿠스의 이름을 딴 정치조직이다. 사회민주당 좌파에 속한 칼 리프크네히트와 로자 룩셈부르크 등이 반전과 사회주의혁명의 실현을 주장하며 비합법 활동에 들어갔다. 스파르타쿠스단은 공산당을 조직해 1919년 1월 무장봉기를 시도했으나 가혹한 탄압을 받았다.

링 등은 구금당했다.

이런 상황에서도 대중투쟁은 점점 고양되었다. 여름이 되자 반전투쟁은 최고조에 이르렀는데, 베를린에 사는 노동자 5만5천 명이 정치 파업을 벌였다. 이 파업은 1916년 6월 28~30일 사이에 일어난 것으로서 칼 리프크네히트의 재판과 전쟁에 대한 항의의 표시였던 것이다. 스파르타쿠스단은 이 파업을 노동운동 발전의 전환점으로 평가했다.

1916년 여름 마지막 무렵부터 가을 사이에 독일 전역에서 반전 시위와 파업, 그리고 정부와 노동자계급 사이에 격렬한 충돌이 일어났다. 8월에는 함부르크에서 '전쟁 반대', '정부 타도', '빵을 달라'는 구호를 내건 대중시위가 벌어졌다. 같은 해 11월 2일에는 드레스덴에서 노동자 7천~8천 명이 참가한 대중시위가 일어났는데, 시위대는 지방정부로 몰려가서 식량 배급 개선을 요구했다.

1916년 초, 베를린에서 몇몇 군수공장 노동자들이 정치 파업을 일으켰다. 이 파업은 전쟁 참화에 반대한 행동으로서 기계제조공장, 병기·장비공장, 항공기공장 등에서 일하는 노동자들이 파업에 참가했다. 이 파업에 참가한 노동자 수는 6천 명 이상이었다. 1916년 한 해 동안 독일에서 일어난 파업 총건수는 240건이었고, 파업 참가자 수는 12만4천 명에 이르렀다(The USSR Academy of Sciences 1983, 590).


## 3. 프랑스

1914년 8월과 9월 독일군이 프랑스 영토를 침입해 국내 여러 지역을 점령하고 수도 파리를 위협하자, 프랑스의 지배 세력은 '국가 방위'를 강력히 선전했다. 국방정부는 '신성한 거국일치', '계급 평화'를 슬로건으로 내걸었고, 프랑스노동총동맹 지도자들은 노동자 조직의 활동을 부상병과 포로 그리고 난민 등에 대한 사회적 원조에 한정하려 했다.

프랑스 노동자들의 물질적 상태는 크게 악화되었는데도, 그들의 경제투쟁은 1914년 후반에서 1915년 초에 이르기까지 그다지 활발하게 진행된 편은 아니었다. 전쟁 동원으로 노동조합 조합원은 절반 이상 감소했다. 이와 같은 조건에서 노동자 파업도 위력을 나타내지 못했다. 1914년 8~12월 사이에 모두 18건의 소규모 파업이 일어났는데, 노동자 1천 명이 파업에 참가했다. 1915년에는 파업 건수가 98건이었고, 파업 참가자 수는 9,300명이었다(The USSR Academy of Sciences 1983, 598).

그러나 이런 상태가 오래 유지되지는 못했다. '국가 방위', '계급 평화' 등의 선전은 위력을 잃었고, 전쟁에 따른 고통과 실제 참상이 인민들의 저항을 불러일으켰다. 1915~1916년에는 반전운동이 점점 확산되면서 대중적 성격을 띠게 되었다.

프랑스 반전운동 발전에서 중요한 역할을 담당한 것은 노동조합 조직 내의 좌파세력이었는데, 주로 생디칼리즘 신봉자들이었다. 프랑스에서 최초로 제국주의 전쟁에 대한 항의를 공공연하게 벌인 사람도 그들이었다. 1915년 5월 금속노동조합연맹 사무총장 A. 메르하임은 언론을 통해 '이 전쟁은 우리의 전쟁이 아니다'라고 명백히 밝혔다. 한편, 금속노동조합연맹은 '인민 살육을 그만 두라'는 독일 사회민주주의자의 슬로건에 찬성하는 결의를 채택했다. 금속노동조합연맹은 건설·토목 노동자 노동조합과 더불어 1915년 5월 1일 파리에서 집회를 열었는데, 이 집회는 국제 연대와 병합이나 배상 없는 강화를 촉구했다.

1916년 봄에 결성된 생디카방위위원회는 프랑스노동총동맹의 '계급 평화' 노선에 반대해 노동자계급의 대중적 투쟁 방침을 선언하고 파업 행동에 적극 참여했다. 1916년 들어서는 파업투쟁이 활발하게 전개되었다. 파업 건수는 전년에 비해 3배 이상 증가했고(315건), 파업 참가자 수는 4배 이상 (4만1천 명)에 이르렀으며 파업에 따른 노동손실일수는 5배 이상(23만6천 일)이었다. 파업 양상도 더한층 완강해졌다(The USSR Academy of Sciences 1983, 599).

1916년 말 무렵에는 파업투쟁이 확대되어 총파업으로 전화되는 경우도 있었다. 파업투쟁을 주도한 부문은 섬유·운수·금속·화학 부문 노동자들이 었다. 파리의 군수품 공장에서 금속노동자들이 중심이 된 12월 파업은 1916년에 일어난 최대의 파업이었다. 종업원 6천 명이 종사한 이 기업에서 노동자 절반 이상이 파업에 참가했고, 이 파업으로 임금 인상을 획득할 수 있었으며 반전 요구도 제기했다.

1916년 들어 전쟁과 지배 세력의 전쟁 정책에 반대하는 움직임이 전국 적으로 일어났고, 전쟁에 대한 항의는 노동자투쟁뿐만 아니라 농민, 병사들 의 대중적 행동까지 겹쳐 더욱 확대되고 강화되었다.


## 4. 영국

영국 노동당과 노동조합 지도자 대부분은 전쟁 승리를 성취하기 위해 거국 일치 정책과 계급협조 정책의 적극적인 주도자 역할을 수행했다. 영국노동 조합회의는 1914년 8월 24일 기업주 측과 이른바 '산업 강화'에 조인했는 데, 이에 따라 노동조합은 전쟁 종료 때까지 파업을 하지 않기로 결정했다. 영국 노동당 집행위원회는 전쟁 전全 기간에 부르주아 정당들과 더불어 선거 휴전에 동의하고, 병사 모집 캠페인에 참여할 것을 약속했다.

노동조합운동은 비록 이론적으로는 국제주의에 동조하고 국내외의 '군국주의'에 적극적으로 반대했지만, 막상 전쟁이 선포되었을 때 전쟁 지지 방침을 세웠다. 철두철미하게 운동의 총력은 — 가장 열렬하고 정력적인 노동당원을 포함해 독립노동당으로 알려진 사회주의 단체의 일원이기도 하고 노동조합 분파의 정력적인 선전의 지지를 받는 비교적 소수파의 평화주의에 대한 확신에도 불구하고 — 국가의 노력 쪽으로 투입되었다. 모든 산업으로부터 노동자가 노동조합의 최대 격려와 원조를 받으며 군기 아래 집결했다(Webbs 1920, 636~637).

이와 같이 노동자 조직의 지도자들은 그들이 제2인터내셔널의 반전 결의를 받아들이지 않는 이유로서 '독일이 승리한다면, 유럽의 민주주의와 자유의 패배와 일소를 가져오게 될 것이다'는 논거를 내세웠다. 1915년 3월 노동조합운동 지도자들은 노동쟁의 해결의 주요 방책으로서 정부의 조정調停을 승인했으며, 여성과 청년의 고용 통제 문제에서 노동조합 권리의 대폭적인 축소와 더 나아가 시간외노동, 심야 작업, 일요일 노동 제한 폐지 등에 동의했다.

국가 비상사태라는 명분으로 정부는 노동조합의 애국심을 강력하게 요구했고, 노동조합도 전쟁 사업에 관한 한 구인 광고나 다른 지역 노동자와 고용계약을 맺는 것을 금지함으로써 업무를 둘러싼 고용주의 경쟁을 법적으로 폐기하는 것 — '공급과 수요의 법칙'에 대한 유례없는 간섭 — 을 계속 받아들였다(Webbs 1920, 639).

영국의 지배층은 노동당과 노동조합 지도자의 이런 적극적인 양보를 충분히 평가했다. 노동당 사무총장 아더 핸더슨은 연합 정부의 일원으로 입각했으며, 또 노동당 간부 두 사람이 정부 내부의 책임 있는 자리에 들어갔다.

배타적 애국주의자들도 노동자들을 전쟁 봉사의 길로 이끌기 위해 열성을 보였다. 노동당 집행위원회와 영국노동조합회의는 1916년 크롬웰 시대 이후 처음으로 국민개병제도를 골간으로 하는 병역법 제정에 동의했다.

이런 계급협조 방침은 얼마 지나지 않아 노동자들의 저항에 부딪쳤다. 1915년 초부터 파업이 급증했다. 1916년 말부터 1917년 초에 걸쳐 현장위원shop steward과 노동자위원회[2]가 전국 차원에서 조직되어 '현장위원·노동자위원회전국운동'이 결성되었다. 이 운동의 목적은 조직의 규약에 명기된 바와 같이 "직장의 노동조건에 대한 통제와 고용 환경에 대한 규제를 획득하고, 노동자계급의 이익을 노동자들이 승리하는 그날까지 지키기 위해 계급적 기초에 바탕을 둔 노동자 조직을 결성한다"는 것이었다.

1915년 영국의 파업운동은 매우 큰 규모로 확대되었다. 1914년 후반 6개월 동안 151건의 파업이 일어났고 노동자 2만5천 명이 파업에 참가했으며, 파업으로 인한 노동손실일수는 14만7천 일이었다. 1915년에는 627건의 파업이 일어났고 노동자 44만8천 명이 파업에 참가했으며, 노동손실일수는 295만3천 일이었다. 많은 파업이 승리로 마무리되었다. 1916년에는 파업이 다소 약화되었는데, 파업 건수는 532건이었고 파업 참가자 수는 27만6천 명이었으며, 노동손실일수는 244만6천 일이었다(The USSR Academy of Sciences 1983, 601~602).

1915~1916년에 일어난 대부분의 파업은 노동조합의 통제를 받지 않은

---

2_공식적·비공식적 현장위원을 포함하는 노동자위원회는 대부분의 주요 기계공업 중심지에 설치되었는데, 파업을 지휘했던 파업위원회가 쟁의가 마무리된 뒤 현장위원 조직과는 별도로 지역 차원에서 '노동자위원회'로 존속했다. 이 위원회는 전국위원회든 지방위원회든 간에 공식적인 노동조합 집행부와 끊임없이 충돌했다. 이것은 직종별 노동조합의 배타성을 극복하고자 하는 움직임과도 일맥상통했다.

파업이었다. 이와 같은 성격의 파업에 대해 정부는 일련의 엄격한 정책을 시행했는데, 1915년 7월에 발효되고 1916년 1월에 보완된 '군수생산법'으로 노동쟁의에 대한 강제 조정을 단행했다. 노동조합 권리를 크게 제한한 이 법령은 파업을 사실상 금지했다. 애초 이 법은 기계공업과 조선업에만 적용되었으나, 전쟁이 확대되면서 중요 공업 부문 전반까지 확장되었다.

이런 노동운동 탄압과 노동조합 지도부의 노자협조 정책이 결코 노동운동과 민주주의 운동을 저지하지는 못했다. 1915년 봄부터 대중적 반전 행동이 일기 시작했다. 도시의 집회에서는 전쟁을 침략·제국주의 전쟁으로 규정해 이를 비난하는 결의를 채택하기도 했다. 1915년 겨울에서 1916년 봄 사이에 전개된 노동자의 반전투쟁은 병역의무제 시행을 반대한 데서 발단되었다. 전시 상태에서 행해진 이 캠페인에서 노동자의 반전투쟁은 정치적 성격을 띠지 않을 수 없었다.

영국의 많은 공업 중심지에서 '반징병제위원회'가 설치되었는데, 이 위원회의 역할은 1916년 초 의회에 상정된 병역의무 법안에 반대하는 대중운동을 조직하는 일이었다. 이 투쟁에 많은 노동조합이 적극 참가했고, 1916년 1월에는 '반징병제운동전국협의회'가 결성되었다.

징병제 반대 운동은 1916년 2월에 병역법이 채택된 뒤에도 계속되었다. 전국에서 집회와 시위가 일어났으며, 스코틀랜드에서는 영국노동조합회의가 총파업을 행사하겠다고 압력을 가했다.


## 5. 오스트리아-헝가리제국

다민족국가인 오스트리아-헝가리제국에서는 전쟁 발발에 따라 사회·민족적 모순이 더욱 심화되었다. 장기에 걸친 전쟁을 치르기에는 자원이 턱없이 부족했고, 지역에 따라 경제 발전의 불균등이 격심했다. 그 결과, 국내 여러 부문 사이의 정치적 불균형이 커지고 전쟁에 따른 피해와 손실이 막대해지면서 국민의 불만은 점점 커졌다. 그러나 오스트리아-헝가리제국 노동자계급은 '국내 평화' 선전과 민족적 반목, 그리고 군사·관료적 강제 제도의 영향을 크게 받지 않을 수 없었다. 이런 상황에서 오스트리아사회민주당 지도자들은 '외국 제국주의에 예속화되지 않기 위해' 조국 방위 전쟁을 적극 지지해야 한다고 선전했다. 한편, 노동조합 간부들은 기업과 '국내 평화'에 관한 형식상의 협정은 체결하지 않았지만, 노동자들의 권익 투쟁에 대해서는 부정적 태도를 취하면서 계급협조를 위해 노력을 기울였다.

그런데도 전쟁이 발발한 바로 뒤, 오스트리아 몇몇 지역에서는 소규모 파업과 집회, 시위가 일어났다. 1914년 말과 1915년 초에 걸쳐 임금 인하와 노동일의 연장에 반대하고 물가 폭등에 항의하는 파업이 체코와 오스트리아의 광업, 체코의 섬유산업, 빈의 금속노동자 사이에서 일어났다. 1916년 봄부터 파업은 더욱 빈번해지고 대중적으로 확산되었으며, 이전에 비해서는 노동자들의 요구 관철 정도가 증가했다. 이와 같은 투쟁들은 종종 경찰이나 군대와 충돌을 빚은 경우가 많았으며, 점점 전쟁 반대 성격을 더해 갔다.

헝가리에서는 이미 1915년 봄에 파업과 물가 폭등에 항의하는 투쟁이 활발하게 진행되었다. 파업투쟁을 주도한 쪽은 군수산업 노동자들이었다. 1916년 봄 헝가리에서 일어난 파업은 열기에 차 있었다. 부다페스트에서 시작된 파업은 이전까지 비교적 평온했던 지방으로 확산되었다. 같은 해 여름에는 농업노동자들이 파업을 벌였다. 이처럼 전쟁이 발발한 지 3년째 되는 해부터 오스트리아-헝가리제국에서는 사회적인 모순이 첨예화되고 반전 분위기가 고조되었다.

전쟁이 진행되는 가운데, 오스트리아와 헝가리 사이의 대립도 날카로운 양상을 드러냈다. 헝가리 의회에서는 이 양국을 결합시키고 있는 이중 제국의 조건을 약화시켜야 한다는 야당 측의 발언이나, 헝가리와 제국 전체 사이의 동맹 즉 독일과 맺은 동맹의 파괴를 요구하는 목소리가 점점 커졌다. 게다가 1916년 말에는 군사적인 큰 패배가 있었고, 정치·경제적 위기가 격화되었다. 이와 같은 상황은 오스트리아-헝가리제국의 해체를 부른 직접적 요인으로 작용했다.

## 6. 이탈리아

1914년 8월부터 이탈리아가 참전한 1915년 5월까지 노동자들의 격렬한 투쟁은 끊이지 않았다. 1914년 8월에는 실업과 물가 상승, 그리고 임금 인하에 반대하는 저항행동이 전국으로 확대되었으며, 토리노의 자동차공장 노동자와 카탄차로 전차 종업원이 파업을 벌였다. 1914년 가을에는 '전쟁을 중지하라', '빵과 일을 달라'는 요구를 내세운 대규모 집회와 시위가 토리노, 베네치아, 피사, 밀라노, 플로렌스, 그 밖의 도시들에서 일어났다. 그리고 1914년 9월에 열린 이탈리아 노동조합대회는 모든 교전국과 중립국 노동자들에게 전쟁이 초래한 위기를 자본주의 제도와 군주제도 철폐의 계기를 만들자고 선언했다.

노동자의 저항과 반전 움직임에 대해 정부는 단호하게 대응했다. 1915년 초 이탈리아의 참전 계획에 항의해 렉지오 에밀리아 노동자 시위에 대해 경찰이 공격을 가했다. 시위 참가자들이 완강하게 저항했고, 그 결과 쌍방에서 사상자가 발생했다. 정부는 이 사건을 빌미 삼아 집회와 시위가 '사회질서에 위협'을 줄 경우, 이를 금지할 수 있는 권한을 경찰서장에게 부여하는 법령을 제정했다. 이에 따라 노동자의 민주주의적 권리는 경찰의 전횡에 맡겨졌다. 각지의 경찰 당국은 이 법령에 따라 반전 집회뿐만 아니라 공동체 조직과 노동조합 집회까지 금지했다.

1914년 8월 4일 이탈리아 이탈리아사회당과 이탈리아노동총연맹이 이탈리아 노동조합연맹 지도 기관 합동회의를 열었는데, 이 회의에 참가한 사람들은 이탈리아의 참전에 반대했으며 오히려 중립을 지키기 위해 투쟁해야 한다고 주장했다.

그러나 1915년 여름 막상 이탈리아가 참전했을 때, 사회개량주의자들과 노동조합 온건파 간부들은 전쟁을 저지한다는 이전의 결정을 뒤집기 위해 온갖 노력을 쏟았다. 그들은 서유럽 다른 나라의 배타적 애국주의자들과 마찬가지로 '국내 평화' 정책을 열심히 실행하려 했다. 또 그들은 이탈리아의 참전을 지지했으며, 노동조합 지도자들은 정부·기업 측과 협력하면서 '산업위원회'에 참가했다.

이탈리아가 참전을 결정한 뒤 정부는 곧이어 '산업동원' 포고를 발표했고, 이에 따라 군부의 주문을 수행하는 공장노동자와 직원들에게는 징병 면제 대신 군 의무가 부여되었다. 노동자들은 파업권을 상실했고 일을 그만둔다든지 또는 자기 마음대로 다른 기업으로 이동할 수 없게 되었으며, 내부 질서 위반은 전시법규로 규율되었다. 그들이 취득한 징병 유예도 기업관리부의 결정으로 취소될 수 있었다. 더욱이 군수공장 시스템은 일반 기업에 비해 훨씬 엄격했는데, 사소한 과실에 대해서도 벌금이 부과되었는가 하면 구속되기도 했다.

그러나 이런 억압정책이 대중운동의 성장을 멈추게 할 수는 없었다. 공장위원회와 같은 새로운 노동자 조직이 생겨나 투쟁의 거점이 되었다. 이런 위원회는 노동자들이 직접 선출해 구성되었으므로 대중적이고 적극성을 지닌 조직이었으며, 이 조직의 활동은 노동운동의 변혁 지향을 잘 반영했다.

1915년 후반에는 베네치아, 밀라노, 시칠리아, 그 밖의 지역에서 전시공채에 반대하는 격렬하면서도 자연발생적인 시위와 집회가 열렸다. 파업도 빈번하게 일어났는데, 1915년 6~7월 사이에 일어난 파업은 거의 모든 산업에 파급되었다. 1915년 1년 동안 발생한 파업은 53건, 파업 참가자는 13만2천 명, 노동손실일수는 63만3천 일이었다. 1916년에는 파업 건수와 파업 참가자 수는 다소 줄었으나 노동손실일수는 증가했다(73만7천 일). 혹심한 궁핍, 광범한 실업, 식료품 부족과 가격 폭등, 노동강화 등으로 이탈리아 노동자들은 '계급적 휴전'을 고수할 수만은 없었다(The USSR Academy of Sciences 1983, 606).

노동자계급 내부에서 반전과 변혁 지향 그룹이 형성되기 시작했고, 다양한 형태의 저항운동이 일어났다. 이탈리아노동총연맹 내의 많은 노동자가 이런 움직임에 동조하고 나섰다.


## 7. 미국

미국에서는 세계대전이 발발하면서 반전 분위기가 조성되었으나, 이것은 어디까지나 평화주의적 성격을 띠었다. 미국 노동운동에서 반전 분위기가 고조된 것은 다른 나라 노동자들에 대한 연대감에서 비롯되었고, 자본주의 그 자체에 대한 투쟁 필요성과 관련된 것은 아니었다.

미국이 중립적인 위치를 유지하는 가운데 반전 분위기가 고조된 사실은 미국노동총연맹의 정책에 큰 영향을 끼쳤다. 그러나 미국의 참전 준비가 진행되면서, 미국노동총연맹 지도부는 온건한 부르주아적 평화주의 노선에서 군사력 증강을 주장하는 부르주아지와 적극적 협력을 취하는 군국주의 방향으로 방침을 바꾸었다.

미국노동총연맹 지도부의 이와 같은 방침 전환은 지방조직의 강한 반발을 불러일으켰다. 그러나 1915년 열린 미국노동총연맹 대회는 군국주의적 캠페인에 동의했다. 많은 대의원의 강력한 요구에 따라 대회는 징병제와 학생 군사훈련 도입에 반대하는 결의를 채택했다.

미국에서 반전운동을 추진한 세력은 주로 사회당의 일부 그룹과 세계산업별노동조합이었다. 이들은 미국의 참전과 전쟁에 대한 '국민적 준비' 캠페인에 반대해 집회와 시위 등을 조직했다. 정부는 파업투쟁과 반전운동을 주도한 사람들에 대해서뿐만 아니라 세계산업별노동조합 활동에 대해서도 엄격한 통제를 가했다.

전쟁이 진행되고 전쟁 붐이 일어나자, 파업은 증가했다. 경제성장은 생활상태를 개선하기 위한 노동자투쟁에 유리한 조건으로 작용했다. 1915년에 미국에서는 1,405건의 파업이 일어났고 노동자 50만4천 명이 파업에 참가했는데, 1916년에는 파업 건수가 3,786건으로 증가했고, 파업 참가 노동자 수는 160만 명으로 불어났다. 이와 같은 파업투쟁의 진전에 따라 기업 측에서는 노동시간 단축과 임금 인상 등의 양보를 단행했다(The USSR Academy of Sciences 1983, 612).

파업투쟁은 반전 시위, '참전 준비 퍼레이드' 참가자들과 충돌, 의용병 참가 거부, 병역의무제 도입 반대 등을 수반했다. 파업투쟁과 반군국주의 투쟁은 미국의 참전 준비를 방해했으며, 전쟁 '준비' 일정을 지연시키기도 했다.

## 8. 유럽의 중립국들

스웨덴, 스위스, 노르웨이, 덴마크, 네덜란드, 에스파냐, 포르투갈에서도 1915년 말에는 여러 가지 형태의 반전운동이 성장했다. 스웨덴의 노동자계급은 반동 세력과 군부가 독일 측에 참전해 핀란드를 침탈하려 기도하는 가운데 자국의 참전을 저지하기 위해 완강한 반대 투쟁을 벌였다. 1915년 한 해 동안에 반전운동은 1천여 건에 이르렀고, 참가자는 10만 명 이상이었다. 이 운동의 전개에서 주도적 역할을 담당한 것은 사회주의 청년 조직이었다 (The USSR Academy of Sciences 1983, 609).

노르웨이에서는 사회주의 세력이 반전투쟁을 물가 폭등 반대 투쟁과 노동쟁의 해결을 위한 특별 중재재판소 창설 요구와 결합시키고자 했다. 1916년 전쟁 분위기에서 억압이 강화되고 생활 상태가 악화됨으로써 20만 명 이상이 파업에 참가했다.

1916년 가을 스칸디나비아 국가들에서는 영국의 경제봉쇄와 독일의 잠수함 공격으로 물가가 오르고 공급이 악화되면서 파업이 자주 발생했다.

## 9. 제1차 세계대전 중의 노동조합

1916년 당시 주요 전선은 교전국 쌍방 병력 수천만 명이 동원되었는데도 어느 쪽도 결정적인 승리를 거두지 못하는 형세를 보였다. 전선과 후방에서 수백만 명이 사망했고 식량 부족과 기아 사태가 심각한 양상을 드러냈다. 생필품 부족과 물가 폭등이 계속되었으며, 열악하기 그지없는 노동조건이 노동자들의 고통을 가중시켰고 각종 노동 탄압이 강화되었다. 이와 같은 현실은 노동자와 병사 그리고 농민들의 분노를 불러일으켰으며 반정부적 저항을 불러일으켰다.

전쟁이 발발하자, 몇몇 교전국 자본가들은 노동자계급의 정치 지도자와 노동조합 지도자들을 자국 정부의 전쟁 기구 속으로 끌어들이기 위해 계급협조 정책을 적극 강구했다. 그들은 노동자 대표를 협력자 지위에 계속 눌러 앉히기 위해 다양한 방법을 동원했다. 또 노동운동이 전쟁에 반대하거나 사회변혁을 지향하기 위해 전쟁을 이용하고자 하는 일체의 행동에 대해 경계를 놓치지 않았다(Foster 1956, 229).

1916년 들어 교전국들에서는 계급투쟁이 격화되었고, 각지에서는 파업이 고양되었다. 러시아, 프랑스, 영국의 군수공장에서는 장기 파업이 벌어지기도 했다. 또 파업이 총파업으로 전화된 경우도 있었다. 1917년 초에는 거의 모든 교전국에서 대중적 반전운동이 일어났으며, 제국주의 전쟁을 사회변혁 투쟁으로 전화시키려는 움직임마저 일었다.

전쟁 기간에 변혁을 지향하는 노동자들은 사회개량주의자들이 무너뜨린 인터내셔널과 전쟁 반대 투쟁을 되살리려고 노력했다. 이런 노력을 반영해 전쟁이 진행되는 가운데 사회주의자들이 스위스의 짐머발트(1915년 9월)와 키엔탈(1916년 4월)에서 회의를 열었다.

1915년 9월 5일 몇 달 동안의 준비 끝에 반전 사회주의자들의 국제회의가 스위스의 산골 마을 짐머발트에서 열렸다. 몇 년 뒤 트로츠키는 다음과 같이 회상했다.

각국 대표들은 마차 네 대에 나눠 타고 산으로 출발했다. 지나가는 사람들이 이 낯선 행렬을 호기심 어린 눈으로 쳐다보았다. 대표들은 제1인터내셔널 창설 이후 50년이 지났는데도 국제주의자들이 모두 마차 네 대에 탈 수 있을 만큼 소수에 불과하다고 농담을 주고받았다(Trotsky 1960, 236; 클리프 2009, 29에서 재인용).

짐머발트 회의에 참석한 대표들은 11개국에서 온 38명이었고, 그 가운데 일부는 표결권이 없는 참관인들이었다. 대표들은 세 그룹으로 구분되었다. 19명 또는 20명이 우파로서 다수였다. 그들은 '평화'라는 일반적 요구를 지지했지만, 사회주의 애국주의자들과 결별하거나 제2인터내셔널이 분열하는 것에 대해서는 반대했다. 독일 대표단의 대다수와 프랑스 대표단, 이탈리아 대표단의 일부, 폴란드 대표단, 러시아 멘셰비키가 그런 태도를 보였다. 이와 같은 주장에 대해서는 반대하면서 '계급 화해'를 비난하고 사회주의 애국주의자들과의 결별과 혁명적 계급투쟁을 주장한 사람들이 좌파였다. 레닌이 이끄는 8명의 좌파는 그리고리 지노비예프, 리투아니아 대표 1명, 폴란드의 칼 라데크, 스웨덴 대표 2명, 독일의 국제사회주의자 1명 등이었다. 좌파와 우파 사이에는 트로츠키, 그림, 발라바노프, 롤란트홀스트 등 대여섯 명의 중간파가 있었다.

짐머발트 회의에서 레닌은 결의안을 제출했다. 결의안은 제2인터내셔널과 결별하고 새로운 인터내셔널을 창설해야 하며, 모든 전쟁 대부금을 거부하고 참호에 있는 병사들로 하여금 총부리를 자기 나라 부르주아지에게 돌리게 하자고 역설했다. 레닌의 주장은 큰 동조를 얻지 못해 부결되었다. 레닌의 결의안이 '유치하고 위험하며 터무니없는 주장'이라면서 반대한 대다수 대표자들은 새로운 혁명적 구호보다는 평화를 위한 캠페인만이 노동자들의 사기 저하를 극복할 수 있을 것이라고 주장했다. 또 이들은 제2인터내셔널을 부활시키고 평화 정착을 위해 헌신적으로 노력해야 한다는 추상적인 내용에 대체적인 합의를 했다. 그리고 이 회의에서 국제사회주의위원회가 형성되었다.

대회가 채택한 선언문은 트로츠키가 제출한 초안과 거의 같았다.

우리의 투쟁은 자유를 위한, 각국 국민의 형제애를 위한, 사회주의를 위한 투쟁이기도 하다. 우리의 과제는 영토 합병이나 전쟁배상금 없는 평화를 위한 이 투쟁을 시작하는 것이다. 그러한 평화는 각국 국민의 권리와 자유를 침해할 수 있다는 생각을 철저하게 배격할 때만 가능하다. 영토의 전부나 일부를 점령당한 나라를 강제로 통합하는 것은 결코 허용될 수 없다. 영토 합병과 강압적 경제통합 — 노골적이든 은밀하든 — 은 정치적 권리 탄압과 마찬가지로 참을 수 없는 고통이다. 국민이 스스로 정부를 선택할 수 있는 권리가 국제 관계의 확고한 근본 원칙이 되어야 한다(Gankin & Fisher 1940, 59; 클리프 2009, 31에서 재인용).

선언문은 모호한 자유주의나 평화주의 정서를 표현하는 말들로 채워졌고, 제국주의 전쟁을 내전으로 전환시키는 방침에 대해서는 한마디도 없었다. 또 전쟁 예산에 찬성할 것인가, 아니면 반대할 것인가에 대해서도 견해를 밝히지 않았으며, 제3인터내셔널의 필요성에 대해서도 언급하지 않았다.

회의가 끝날 무렵 레닌과 그의 동조자들은 선언문을 비판하는 다음과 같은 성명을 발표했다.

우리는 회의에서 채택된 선언문에 완전히 만족하지 않는다. 선언문은 노골적인 기회주의나 급진적 문구로 은폐된 기회주의의 특징을 전혀 비판하지 않고 있다. 인터내셔널을 붕괴시킨 주범일 뿐 아니라 그러한 붕괴를 영속시키려 애쓰는 기회주의자들을 비판하지 않았다. 또 선언문은 전쟁에 반대하는 투쟁 방식도 분명히 표현하지 않고 있다.

지금까지와 마찬가지로 앞으로도 우리는 사회주의 언론과 인터내셔널의 여러 회의에서 제국주의 시대 프롤레타리아의 과제에 대한 마르크스주의적 견해를 단호하게 옹호할 것이다(클리프 2009, 32에서 재인용).

그다음 해인 1916년 4월 24~30일까지 짐머발트에서 선출된 위원회가 소집한 후속 회의가 키엔탈에서 열렸다. 이 회의에는 각국의 대표 44명이 참석했는데, 회의에 대표를 보낸 정당이나 단체들은 짐머발트 회의 때와 거의 비슷했다. 회의에 참석한 많은 대표들은 어떤 대가를 치르더라도 전쟁은 끝내야 한다고 주장하면서 평화주의를 비판했다.

이 회의에서 레닌은 다시 한번 명확한 강령을 제출했다. 레닌의 주장은 이러했다.

사회주의자들이 전쟁 패배의 전망으로 자국 정부를 위협할 태세가 되어 있지 않는 한, 전쟁이 지속되는 동안 혁명적 행동이 불가능할 것이다. 그리고 반동적 전쟁에서 어느 정부가 패배하든지 간에 그것은 혁명을 앞당기는 데 도움이 될 것이고, 그러한 혁명만이 지속적이고 민주적인 평화를 정착시킬 수 있다. 따라서 사회주의적 국수주의자들에 대항하는 투쟁이 결정적으로 중요하다. 사회주의 깃발을 들고 부르주아 정책들을 추구하는 자들과 단호하게 갈라서야 한다는 사실을 대중에게 일깨우는 것이 사회주의자들의 과제다(Braunthal 1967, 47~48; 클리프 2009, 33~34에서 재인용).

레닌은 여전히 소수파에 속했다. 그러나 짐머발트 회의에서 레닌을 지지한 사람이 8명이었던 데 비해 이번에는 12명이 레닌의 견해를 지지했다. 더욱이 키엔탈 회의에서 통과된 최종 결의안은 짐머발트 회의 결의안보다 레닌의 노선에 더 가까워졌다.

키엔탈 회의에 참가한 대표들은 합병 없는 즉각적 평화라는 일반적인 요구를 넘어서야 한다는 데 마침내 동의했다. 그래서 사회주의정당 의원들은 전쟁 정책에 대한 지지를 철저히 거부하고 전쟁공채 발행에도 반대해야 한다고 주장했다. 그러나 제2인터내셔널과 결별하는 문제에 대해서는 언급하지 않았다(클리프 2009, 34~35).

이 회의는 국제사회주의위원회 사무국 집행부를 비교전국 정당 중심으로 개편할 것과 소속 정당들은 아직 정부 관직에 남아 있는 사회주의자들을 퇴진시킬 것, 그리고 전쟁공채를 거부할 것과 국내의 휴전을 깨뜨릴 것 등을 결의했다. 키엔탈 회의에서는 짐머발트 회의에서와는 다르게 레닌의 주장이 혁명주의를 자처하는 대표들의 지지를 얻었으며, 많은 대표들에게 활기를 불어넣었다(일리 2008, 248~252).

# 제9부  러시아 사회주의혁명과 국제 노동자계급

# 1장
# 1917년 러시아
# 부르주아민주주의혁명

승리하기 위해 우리들에게 필요한 것은
조직이며 운동의 지도적 중심체다.
즉각 공장에서 공장파업위원회를 선출하라.
파업위원회의 대표가 노동자 대표 소비에트를 구성하고,
이 소비에트가 운동의 조직적 역할을 맡아
임시 혁명정부를 만들어야 한다.

_1917년 2월 혁명 당시 뿌려진 볼셰비키의 전단 내용
(황인평 1985b, 119)

# 1. 혁명 전야의 러시아

1917년 초, 러시아는 제2차 부르주아민주주의혁명의 들머리에 놓여 있었다. 혁명의 명확한 경제·사회적 전제 조건은 이미 20세기 초에 형성되었는데, 그것은 제1차 세계대전 상황에서 비롯된 것이었다. 1871년 파리코뮌을 탄생시킨 배경이 부르주아국가 사이의 전쟁이었다면, 1917년 2월 혁명의 배경은 제1차 세계대전이었다. 말하자면 전쟁 때문에 혁명적 정세가 도래한 것이다.

1914~1918년의 제1차 세계대전은 제8부에서 본 바와 같이 제국주의의 내적 모순에서 그 기원을 갖는다. 이 전쟁은 자본주의 발전의 불균등성과 세계 재분할을 둘러싼 독점자본 사이의 투쟁, 그리고 인민의 혁명적 저항을 억누르려는 지배 세력의 통치 방식에서 나온 결과로 발생했다(황인평 1985, 124).

차르가 지배하는 러시아는 교전국들 가운데 심대한 경제적 황폐와 기아를 겪은 국가였다. 러시아에서는 금속, 석탄, 석유 등의 생산이 대단히 위축되었고, 연료와 전력 부족으로 공장 생산이 축소되었으며 철도 수송이 혼란에 빠져 도시로 들어오는 식량 공급마저 제대로 운반되지 못했다. 당시 수도였던 페트로그라드[1]에서는 식료품 가게 앞에 물건을 사려는 사람들이 줄을 서서 긴 행렬을 이루었다.

러시아에서는 1916년부터 극심한 기아 현상이 빚어졌다. 무리하게 전쟁

---

1_제정러시아의 수도다. 1914년 이전까지는 상트페테르부르크로 부르다가 독일과 전쟁이 시작되면서 페트로그라드로 이름을 바꾸었다. 1924년에는 레닌그라드로 이름을 바꾸었다가 1991년 소련 붕괴와 더불어 다시 상트페테르부르크로 바꾸어 부르게 되었다. 이 도시는 19세기 말 이후 혁명운동의 중심지였다.

을 수행한 결과, 국가경제가 군수산업에 집중되었기 때문에 국민에게 필요한 생활필수품 생산은 자연히 경시될 수밖에 없었다. 공업 제품은 턱없이 부족했으며, 수백만 명에 이르는 농민들이 징집을 당해 농업생산은 심각할 정도로 위축되었고 식량은 절대량으로도 부족했다. 이런 가운데서도 차르 체제는 군사 기구와 행정 기구의 무능과 부패, '빈번한 각료 경질극', 그리고 공금횡령 등을 여지없이 드러냈다. 당시 러시아는 전쟁 수행을 위한 재정 문제를 자력으로 해결할 수 없는 처지에 놓여 있었다. 그래서 차리즘은 대략 80억 루블의 대외 차관을 들여오지 않을 수 없었고, 이 때문에 영국, 프랑스 등 강대국에 대한 대외 의존도가 크게 높아졌다.

한편, 전쟁 발발과 더불어 노동자계급 수가 증대했다. 1917년 당시 러시아의 임금노동자 수는 총 1천850만 명이었으며, 그 가운데 약 350만 명이 대공업에 종사했다. 러시아 총인구에서 노동자계급이 차지하는 비율은 약 20퍼센트였다. 노동운동과 혁명운동의 선두에서 중추 역할을 맡았던 페트로그라드의 노동자 수도 급증했는데, 1914년 당시 20만 명이던 것이 1916년에는 40만 명으로 크게 불어났다(The USSR Academy of Sciences 1983, 616).

이런 조건을 배경으로 노동운동은 고양 국면을 나타냈다. 1916년 한 해 동안에 파업이 1,500건 이상 발생했으며, 파업 참가 노동자 수는 100만 명에 이르렀다. 이와 같은 양상은 노동운동이 제1차 세계대전 시기에 당한 탄압으로 심한 침체를 겪은 끝에 고양 국면으로 전환되었음을 나타내는 것이었다. 노동자들의 요구는 극심한 경제적 곤궁에 따른 절박한 생활 개선과 관련되는 내용이었지만, 전쟁 반대와 같은 정치적 요구도 함께 제기되었다.

러시아 노동자계급은 전제 국가가 조성한 정치 환경에서 이미 정치투쟁의 걸음마를 배웠다. 불법 파업, 지하 서클, 불법 성명서 배포, 거리 시위, 경찰·군대와 벌인 대치 등은 노동자들을 단련시킨 학교 구실을 했다. 이런 정치학교는 급격하게 발전하는 자본주의와 서서히 자신들의 진지를 내주고 있던 절대주의 틈새에서 만들어졌다. 거대 기업에 고용된 노동자의 집중 현상, 무자비한 국가 탄압, 젊고 패기 넘치는 노동자계급의 추진력 등을 배경으로 한 대단히 희귀한 정치 파업이 러시아에서는 노동자투쟁의 기본 방식이 되었다(Trotsky 1961, 55).

이와 같은 노동자투쟁의 영향을 받아 행해진 군인의 저항행동도 더욱 빈번해지고 규모도 점점 커졌다. 전선에서 병사들이 상관의 명령을 거부하는 사태가 종종 벌어졌다. 또 부대에서 이탈하는 병사들이 속출하고, 전선 지구에서 붉은 군대와 교류하고 협조하는 일이 자주 일어났다. 농촌에서는 농민들이 지주들의 곡물이나 농기구를 약탈하는 일이 잇달아 발생했다. 지주의 저택에 불을 질러 자신들의 증오심을 불태우는 일도 생겼다. 한편 피압박 민족도 행동에 나섰는데, 1916년 중반기에는 중앙아시아와 카자흐스탄에서 민족 차별에 반대하는 피압박 민족 수백만 명이 참가한 봉기가 돌발했다. 혁명적 위기가 바로 눈앞에 다가서고 있었다(황인평 1985, 116).


## 2. 차르 전제에 대한 혁명적 투쟁

1917년 1월, 전국에 걸쳐 노동자 25만여 명이 파업을 벌였고, 2월에는 파업 참가 노동자 수가 40만 명을 넘어섰다. 정세는 극도로 긴박해졌다. 대규모 파업은 이제 혁명으로 전화할 기세를 나타냈다. 수도 페트로그라드의 정세는 혁명적 분위기로 팽배해 있었다. 페트로그라드 최대 공장으로서 이미 1905년 혁명 당시 1월 봉기에 불을 붙였던 푸틸로프 공장에서 2월 17일, 노동자들이 임금 인상을 요구하며 파업을 벌였다. 2월 21일 회사 측이 파업 노동자들을 해고 조치하자, 다른 노동자들이 동조 파업을 벌였고 경영진은 2월 22일 공장 전체를 무기한 폐쇄하기로 결정했다.

2월 23일(신력 3월 8일), 페트로그라드 노동자들은 '국제 여성의 날'을 기념하는 행사를 조직했고, 푸틸로프 공장노동자들은 시위대를 조직해 수도 중심부를 향해 행진했다. 다른 공장의 많은 노동자가 여기에 동조해 합류했으며, 식료품을 구입하기 위해 줄을 지었던 여성들까지 시위에 가세했다. 이날 시위 대열에는 '빵을 달라', '전쟁을 중지하라', '차르를 타도하자'는 등의 플래카드가 등장했다. 이날 파업에 참가한 노동자는 12만8천 명에 이르렀다(황인평 1985, 118).

사태가 차리즘과 대적하는 투쟁으로까지 진전되면서, 볼셰비키[2] 지도부는 노동자들의 파업투쟁과 대중적 정치 시위를 발전시키고, 병사들에게 노동운동 지원을 촉구하며 그리고 노동자 부대의 무장을 확보할 것 등을 결정했다(The USSR Academy of Sciences 1983, 619~620).

2월 24일(3월 9일), 파업은 페트로그라드 전역으로 확대되었으며, 파업과 시위 규모도 더욱 확대되었다. 수도에서 노동자 20만여 명이 파업에 참가했는데, 이 숫자는 페트로그라드 전체 노동자의 거의 절반에 육박했다. 아침부터 열린 큰 규모의 집회는 곧바로 정치적 시위로 바뀌었다. 볼셰비키는 파업과 시위를 '최대 규모'로 발전시키고, '전제 타도'를 슬로건으로 내걸어 정치적 총파업으로 전환시킴과 동시에 병사들의 적극적인 투쟁 참가를

---

2_1903년 러시아사회민주노동당이 분열할 때 레닌이 이끌던 '다수파'다. 부르주아지와 타협하는 것을 배제하고 무장 혁명을 주장하며 멘셰비키와 대립했다. 1917년 혁명 때는 소수파였으나, 4월에 레닌이 귀국한 뒤로 세력이 더욱 확대되었으며, 1918년 러시아공산당으로 이름을 바꾸었다.

조직하기로 방침을 결정했다.

2월 25일(3월 10일), 파업은 드디어 정치적 총파업으로 발전했다. 페트로그라드 전체 노동자 39만여 명 가운데 30만 명 이상이 파업에 참가했다. 이날 노동자와 경찰 사이에 충돌이 발생해 사상자가 발생했다. 차르 정부는 사태가 확대되는 것을 우려해 전선에 나가 있는 군부대의 지원을 요청했다. 니콜라이 2세는 모든 형태의 소요를 금지한다는 포고를 발표했다. 이날 밤, 경찰은 노동자 주거지역에 대해 대대적인 수색 작전을 벌여 볼셰비키 상트페테르부르크위원회 지도부 5명을 포함해 파업 참가 노동자 100명을 체포했다.

2월 26일(3월 11일), 아침부터 감행된 노동자투쟁은 정치 파업에서 무장봉기로 전환했다. 노동자들은 경찰대를 무장해제시키는 한편, 스스로 무장을 갖추었다. 사태가 이와 같이 진전되면서, 페트로그라드 군사 당국은 차르의 명령에 따라 전술을 바꾸어 경찰의 경고가 있고 난 후에도 해산하지 않는 시위대에 대해서는 발포하라고 명령했다. 도심 한복판 네 곳에서 시위 군중을 향한 발포가 행해졌다. 이 과정에서 노동자 40여 명이 죽고 비슷한 숫자의 사람이 부상당했다. 수도의 길거리는 붉은 피로 물들었다. 이 사건으로 페트로그라드에 주둔한 병사들이 동요하기 시작했다.

볼셰비키는 병사들을 향해 노동자투쟁에 합류하라고 다음과 같이 호소했다.

노동자계급과 혁명적인 군대의 형제적인 동맹만이 노예화된 인민에게 자유를 가져다줄 것이며, 형제를 살육하는 무의미한 전쟁을 끝장낼 것이다(김영식 1989, 243~244에서 재인용).

드디어 파블로프스크 경비 연대[3]의 4중대 병사 1천여 명이 노동자 측에 합류했고, 병사들은 경고에 따르지 않는 시위대에 발포하라는 상부의 명령을 거부했다.

2월 27일(3월 12일), 노동자 파업은 봉기로 바뀌었고, 봉기는 전 도시를 휩쓸었다. 노동자들은 무기고를 점령해 스스로 무장했다. 병사들이 혁명 진영으로 합류했다. 혁명의 정직한 목격자이자 탁월한 연대기 작가인 니콜라이 수하노프에 따르면, 병사들 약 2만5천 명이 병영을 이탈해 시위 군중 쪽에 합류했고, 나머지 수비대 약 16만 명도 노동자들을 진압할 의사가 없었다는 것이다(Sukhanov 1955, 36; 클리프 2009, 123에서 재인용). 또 다른 자료에 따르면, 2월 27일 파업 노동자 38만5천 명과 합류한 병사들은 7만 명이었다(Aluf 1967; 클리프 2009, 123에서 재인용).

길 네거리와 광장에서는 집회가 열렸고, 여러 곳에서 경찰서가 불탔으며, 형무소가 점령되었고 정치범들이 석방되었다. 수도는 드디어 봉기에 앞장선 노동자와 병사들이 장악했다. 전제적인 차르 정권은 실제로 타도된 것이나 다름없었다.

혁명은 아직 자신의 얼굴에 묻은 피와 땀을 닦아 내지 못했다. 타우리데 궁전은 혁명의 임시 야전 사령부, 정부 청사, 무기고, 그리고 감옥 구실을 하는 요새가 되었다. 이 소용돌이 속으로 '대담한 적'이 잠입했다. 변장한 헌병 대위가 구석에서 메모하는 장면이 우연하게 적발되었다. 물론 그는 역사를 위해서가 아니라 군법회의를 위해 메모를 했다. 병사들과 노동자들은 그를 당장 처치하고자 했다. 그러나 '참모부'의 한 사람이 나서서 손쉽게 이 헌

---

**3_**2월 혁명 당시 이 연대에 소속한 한 중대가 노동자 쪽으로 돌아서 경찰대를 향해 발포를 함으로써 군대와 노동자 동맹의 대표적 사례를 연출한 근위 연대였다.

병을 군중이 없는 곳으로 데려갔다. 이때까지도 혁명은 마음씨가 선량했다. 일련의 긴 배신, 피비린내 나는 시련을 겪은 후에야 혁명은 무자비해졌다(Trotsky 1961, 152~153).

한편, 볼셰비키는 차리즘의 종식과 임시 혁명정부 수립[4]을 호소하는 선언문을 발표했다. 이 임시정부 역할은 민주적인 공화제를 수립해 하루 8시간 노동일제를 실시하고, 지주의 토지를 농민에게 분배하기 위해 몰수하는 동시에 전 세계의 노동자와 협력해 제국주의 전쟁을 곧바로 중지시키는 일로 설정했다(황인평 1985, 119).

이날 볼셰비키는 노동자들에게 '노동자 대표 소비에트'[5]를 창설하라고 주장했다. 페트로그라드의 가두와 광장에서 탄생한 노동자와 병사의 전투적 동맹은 단일한 혁명적 조직인 '노동자·병사 대표 소비에트'[6]의 결성으로 나타났는데, 이것은 노동자 소비에트와 병사 소비에트가 별도로 존재한 1905년의 혁명운동과는 크게 다른 양상이었다.

페트로그라드에서 감행된 봉기는 전국적인 운동으로 확대되면서 넓은 지지를 획득했다. 모든 대도시와 대부분의 군청 소재지에서 노동자·병사 대표 소비에트가 설치되었다. 많은 공업지역에서 소비에트는 하루 8시간

---

[4]_1917년 2월 20일 볼셰비키 당 중앙위원회는 노동자·병사 대표로 구성되는 혁명정부 수립 구상을 선언했다.

[5]_러시아의 자치 촌락공동체 경험의 바탕에 뿌리를 두고 있는 것으로 추정되는 소비에트는 1905년 혁명 동안에 공장노동자들이 정치적 실체로서 형성한 조직 형태였다. 직접선거로 뽑힌 대표들의 모임은 어디서나 조직된 노동자들에게 친숙했고 그들의 뿌리 깊은 민주주의 관념에 호소하는 것이었으므로 소비에트라는 단어는 국제적으로 강한 호소력을 지니게 되었다(Hobsbawm 1996, 61).

[6]_1917년에 결성된 노동자와 병사의 대중적 대표 기관이었다. 1905년 혁명 때의 체험을 바탕으로 2월 혁명 전야에 자연발생적으로 만들어졌는데, 2월 27일 페트로그라드를 필두로 3월 초 모스크바, 사마라, 사라토프, 니즈니노브고로드, 토베리 등 각 도시에서 잇따라 결성되었다.

노동일제를 실시했고, 기업의 보안과 혁명 수호를 위해 적위대[7]를 창설했으며 차르 정부의 판사들을 내쫓고 새로운 인민재판관을 선출했다. 또 소비에트는 노동자들을 가혹하게 부렸던 공장 관리자들을 추방하는 동시에 그런 기업에 대해서는 노동자관리[8]를 실시했다. 이런 사실들에 비추어 볼 때, 소비에트는 봉기의 지도 기관이었으며, 혁명에서 승리한 노동자와 농민의 권력기관이었다(황인평 1985, 120).

이와 같은 혁명적 사태에 대해 속수무책으로 있었던 골리친 내각은 2월 27일(3월 12일) 결국 총사퇴했으며, 사퇴한 정부 고위 관리들은 봉기한 인민들 손에 체포당했다. 두마(의회)는 이미 차르가 해산시킨 상태였다. 정부와 의회가 전선에서 진압군을 동원하려 해도 철도노동자들이 수송을 거부함으로써 사실상 어렵게 되었으며, 겨우 수도에 도착한 부대조차도 곧 혁명운동에 가담해 버리는 실정이었다. 내각도 총사퇴한 상황에서 권력 중심은 무너졌으며, 차르 권력은 여지없이 타도되었다.

2월 혁명의 승리가 분명하게 확인되었을 때, 사람들은 희생자 수를 헤아리기 시작했다. 페트로그라드에서 발생한 사상자는 1,443명이었다. 이 가운데 869명이 군인이었으며, 군인 사상자 가운데 60명이 장교였다. 제1차 세계대전의 어느 전투와 비교해 봐도 사상자 숫자는 결코 많은 편이 아니었다. 자유주의 언론은 2월 혁명을 무혈혁명이라고까지 표현했다(Trotsky 1961, 152~153).

2월 28일(3월 13일), 봉기한 병사의 수는 아침에 7만2,700명, 낮에는 11

---

**7**_1917년 2월 혁명 후 볼셰비키 중앙위원회의 결의에 따라 창설되었으며, 반혁명 음모에 대한 투쟁을 목적으로 하는 인민 예비군이었는데, 이 적위대는 1918년 1월에 조직된 노동자·농민 붉은 군대에 흡수되었다.

**8**_공장에서 지배인을 추방하고 노동자 스스로가 공장을 경영·관리하는 방식을 말한다.

만2천 명, 밤에는 12만7천 명으로 늘어났다. 3월 1일(3월 14일) 아침에는 14만4,700명, 낮에는 17만 명으로 증가했다. 2월 28일 아침, 니콜라이 2세가 전선 대본부에서 차르스코예셀로를 향해 이동을 시도했으나 이미 통로가 막혀 갈 수가 없었다. 그는 부득이 프스코프에 있는 북부전선 사령부로 갈 수밖에 없었으며, 1917년 3월 2일(3월 15일) 거기서 퇴위했다(The USSR Academy of Sciences 1983, 624).

이로써 차리즘은 민주주의혁명을 지향하는 정치부대의 힘으로 붕괴되었다. 이 부대는 노동자계급과 병사의 결합으로, 노동자와 병사의 대표 조직을 꾸린 가운데 농민과 맺은 동맹을 형성했다. 이 혁명군을 이끈 주력은 프롤레타리아트였으며, 정치적으로 막강한 영향력을 행사한 조직은 볼셰비키였다.

그러나 외형상으로 보아, 혁명은 완전히 자생적이었고 전혀 계획되지 않았다. 트로츠키가 지적했듯이 "2월 23일이 절대왕정을 무너뜨리는 결정적 공세의 시작이 될 것이라고는 어느 누구도 상상하지 못했다. 이 점은 모든 자료를 바탕으로 분명히 단언할 수 있다. 명확하지는 않았지만, 어쨌든 제한된 전망을 가진 시위 논의가 기껏해야 전부였다"(Trotsky 1961, 122). 수하노프도 다음과 같이 설명했다. "어떤 정당도 대격변을 준비하고 있지는 않았다"(Sukhanov 1955, 36; 클리프 2009, 123에서 재인용).

혁명이 외형상 자생적이었다고 해서 혁명에 참가한 사람들이 사회변혁에 대한 요구를 전혀 제기하지 않았다거나, 혁명을 지도한 지도부가 혁명을 위한 전략이나 방침을 전혀 세우지 않고 있었다는 것은 아니다. 트로츠키는 "누가 2월 혁명을 지도했는가?"라고 물은 뒤 다음과 같이 대답했다.

그렇다면 누가 2월 혁명을 지도했는가?라는 질문에 대해 우리는 아주 명확히 이렇게 대답할 수 있다. 대부분 레닌의 당이 교육시킨 의식적이고 훈련된 노동자들이 혁명을 지도하였다. 그러나 여기서 다음과 같은 사실을 곧바로 덧붙이지 않으면 안 된다. 이 지도력은 봉기의 승리를 보장하기에는 충분했지만, 혁명의 지도력을 즉시 프롤레타리아 전위에게 넘겨주기에는 부족하였다(Trotsky 1961, 171).

1917년 2월 혁명은 제국주의 시대 최초의 인민혁명으로서 통상적 의미의 부르주아혁명의 한계를 넘어선 부르주아민주주의혁명이었다. 그것은 전 세계적 해방운동에 새로운 활력을 불어넣었고 사회주의 단계로 나아가는 데 필요한 정치·사회적 전제 조건을 만들었다(이인호 1992, 7).


## 3. 노동자·병사 대표 소비에트 창설과 이중권력의 성립

인민 봉기가 전 도시를 휩쓸어 혁명의 첫 승리를 이룩한 2월 27일(3월 12일)에는 소비에트가 출현했다. 이것은 멀리는 파리코뮌을 계승한 것이면서 가깝게는 1905년 혁명에서 이미 경험한 조직 형태였다. 정치 파업에서 인민 봉기로 전환하도록 호소했던 볼셰비키는 "파업위원회의 대표가 소비에트를 구성하고, 이 소비에트가 운동의 조직적 역할을 맡아 임시 혁명정부를 만들어야 한다"고 주장했다(The USSR Academy of Sciences 1983, 627).

혁명정부가 내놓은 활동 강령의 핵심 내용은 다음과 같았다. 첫째, 인민의 모든 권리와 자유를 옹호하는 임시 법규의 제정, 수도원·지주·내각·황실 소유지를 몰수해 인민들에게 인도, 8시간 노동일제의 도입, '비밀투표를 통한 보통·직접·평등 선거권으로 헌법 제정 회의 소집', 둘째, 차르 정부와 시 자치체가 조달해 온 모든 가능한 식량 공급 권한 몰수와, 주민과 군대를 위한 식량 공급 체계를 새 정부로 빠르게 이양, 셋째, 일체의 반혁명적인 행동과 책동 금지, 넷째, 모든 교전국의 노동자계급에 대해 '자국의 억압자와 독재 권력 그리고 자본가 집단에 반대하고, 피억압 인민대중에 가해지는 살육을 곧바로 종식시키기 위해 만국 인민의 혁명적 투쟁을' 호소하는 일이 그것이었다(The USSR Academy of Sciences 1983, 626).

소비에트 결성 초기에 중심적인 역할을 한 것은 멘셰비키[9]와 사회혁명당[10]이었다. 소비에트 회의는 2월 27일(3월 12일) 밤 국회의사당인 타우리데 궁전에서 열렸는데, 여기에는 멘셰비키와 사회혁명당의 두마 의원과 노동자·병사·주민 대표들이 참가했다. 당시 볼셰비키 소속 두마 의원들은 대부분 유형지에 머물고 있었다. 그래서 멘셰비키와 사회혁명당을 중심으로 노동자 대표 소비에트 임시 집행위원회가 구성되었다. 이 위원회는 노동자 1천 명당 1명, 군대 각 중대당 1명씩 대표 선출을 호소했고, 이날 오후 9시에 첫 회의를 소집했다. 이날 회의에는 연락이 제대로 되지 않아 50명 정도밖에 참석하지 못했다. 이처럼 복잡한 상황에서 열린 수도의 노동자 대표 소비에트에서 멘셰비키는 소비에트 의장 후보로 니콜라이 치헤이제를, 부의장 후보에 마트베이 이바노비치 스코벨레프를 추천했고, 사회혁명당은 부의장 후보에 알렉산드르 케렌스키를 추천해 모두 그대로 선출되었다.

그런데도 임시 집행위원회는 정력적으로 활동했다. 차르 군대가 전선에

---

**9**_사회민주노동당 내의 '소수파'다. 점진주의를 취해 부르주아민주주의혁명을 완수한 후 사회주의혁명을 실현하려고 했다.

**10**_1901년에 결성된 혁명적 소부르주아 정당이다. 2월 혁명 후 멘셰비키·입헌민주당과 손잡고 케렌스키 내각에 참여해 볼셰비키를 견제했으며, 10월 혁명 때는 좌파와 우파로 분열되었다.

서 파견될 것에 대비해 장교와 병사들로 참모진을 조직하고 수도의 주요 전력 요충지를 급습해 점령했다. 노동자의 무장 의용군을 조직하기 위해 수도 각 지구에 집행위원들이 파견되었다.

한편, 2월 28일 대부분의 공장에서 대표가 선출되었고, 병사 대표 수도 늘어나 총회에 참석한 대표 수는 3월 첫째 주에는 1,200명, 중순에는 거의 3천 명으로 증가했다. 4월 중순께는 회의의 효율성을 높이기 위해 노동자와 병사가 각각 절반씩 참여하도록 해 대표 600명으로 구성된 축소판 노동자·병사 소비에트가 운영되었다(김영식 1989, 248).

러시아의 정치 중심지 페트로그라드에서 일어난 혁명 사태는 차리즘 타도를 목표로 한 전全 러시아 무장봉기의 발단 구실을 했다. 모스크바, 볼가 연안 지방, 우크라이나, 발트 연안 지역 등에서 봉기가 일어났고, 혁명적 소비에트 운동이 전국으로 확산되었다. 1917년 3월에는 소비에트 운동이 전국으로 널리 퍼져, 393개 도시와 지역에 513개에 이르는 노동자·병사 대표 소비에트가 출현했다(The USSR Academy of Sciences 1983, 639).

이들 소비에트는 페트로그라드 소비에트를 중심으로 상호 교류를 확대했고, 1917년 3월 29일~4월 3일까지 전국 조직 틀로서 '제1차 전全 러시아 노동자·병사 대표 소비에트 협의회'가 열렸다. 여기에는 138개 지방의 노동자·병사 대표 소비에트와 46개 병사 소비에트를 대표하는 480명의 대표가 참석했다. 이 회의에서 중요한 정치적 결정이 이루어졌는데, 소비에트 통제를 받는 임시정부를 구성할 것과 혁명적 방어 전쟁을 지지한다는 것이 결정 내용이었다. 소비에트 협의회는 체계적이고 확고한 조직을 구축해야 한다는 요구에 따라 '제1차 전全 러시아 노동자·병사 소비에트 대회'가 6월 3~24일까지 열렸다.

이와 같은 구조와 성격을 갖춘 소비에트와 더불어 의회는 곧 임시위원회[11]를 선출했고, 이 임시위원회가 '질서 확립' 임무를 위임받았다. 의회 임시위원회는 페트로그라드 노동자·병사 대표 소비에트와 교섭하기 시작했다. 소비에트 특히 소비에트의 간부회 구성에서는 멘셰비키와 사회혁명당 당원이 다수를 차지했다.

소비에트는 모든 권력을 장악하고 있었지만, 소비에트 지도자들은 권력을 부르주아지에게 넘겨주어야 한다고 생각했다. '그들의 마르크스주의'에 따르면, 이것은 변하지 않는 역사법칙에 따라 예정된 운명이었다. 부르주아지의 패배는 곧 혁명의 패배로 귀결될 것이고, 또 부르주아지만이 외교정책을 다룰 수 있다는 것이 그들의 논거였다.

이와 같은 논리에 따라 소비에트 지도자들은 부르주아 지도자들에게 권력을 담당해 달라고 간청했다. 그들은 부르주아지가 권력을 장악하지 않으면 끔찍한 재앙이 일어날 것이라고 으름장을 놓았다. 그들은 또 자신들이 대중의 과도한 행동을 제지하겠다고, 그리고 소비에트 자체에도 엄격한 제약을 가하겠다고 약속했다(클리프 2009, 132).

소비에트와 임시정부 사이의 관계를 토니 클리프는 매우 적절하게 표현했다.

임시정부와 소비에트 사이에는 처음부터 아무런 애정도 없었다. 둘의 결합은 순전히 정략결혼이었다. 임시정부는 자신에게 국가권력을 넘겨준 소비에트를 혐오하면서도 이를 갈며 소비에트의 지지를 받아들였다(클리프 2009, 136).

---

**11**_2월 혁명 후 만들어진 의회 의원 특별위원회로서, 임시정부가 세워질 때까지 소비에트와 함께 수도를 지배했던 이중권력 가운데 하나였다. 로드쟌코, 밀류코프, 슈리긴, 리보프, 케렌스키, 치헤이제 등 12명이 그 구성원이었다. 수도의 질서 회복을 주된 임무로 하고 있었지만 그것을 수행하지 못한 채, 소비에트의 동의를 얻어 임시정부가 만들어진 후 3월 15~16일에 해산했다.

그렇다면 왜 소비에트 지도자들은 권력을 자유주의 부르주아지에게 넘겨주었을까? 당면한 혁명의 성격을 부르주아혁명으로 규정한 멘셰비즘 이데올로기만으로는 충분한 설명이 되지 않는다. 사회혁명당이 ― 그들과 함께 멘셰비키도 마찬가지였지만 ― 혁명적 민주주의(부르주아혁명도 아니고 사회주의혁명도 아닌)를 주장하면서 정치체제의 사회적 내용을 공백으로 비워 두었다는 사실로도 그런 역설을 설명할 수 없다. 그 답은 혁명 초기에 지식인이 이끄는 프티부르주아 대중 ― 주로 농민들 ― 이 우세했다는 사실과 혁명의 미숙함에 있었다(클리프 2009, 137).

소비에트의 대의원 선출 방식은 병사들 ― 군복을 입은 농민들 ― 에게 더 유리했다. 병사들은 각 중대별로 1명씩 대의원을 선출한 데 비해 노동자들은 1천 명당 1명씩 대의원을 선출했다. 그 결과, 페트로그라드 수비대 병사 15만 명의 대의원이 노동자 45만 명의 대의원보다 그 수에서 갑절이나 많았다. 소비에트의 병사 대의원은 2천 명이었고, 노동자 대의원은 800명이었다. 그리고 소비에트에서 가장 큰 정당이었던 사회혁명당은 프티부르주아 대중과 심지어 일부 부르주아들까지 포괄했다(Sidorov 1927, 16; 클리프 2009, 137에서 재인용).

이런 정세와 세력 관계를 배경으로 3월 2일 부르주아 임시정부[12]가 수립되었다. 로보프를 총리로 해 대부분의 각료는 사회혁명당과 입헌민주당 소속 사람들이었다. 임시정부의 실세는 자유주의 대자본가계급 정당인 입

---

12_2월 혁명 후 니콜라이 2세가 폐위한 뒤부터 10월 혁명 때까지 권력을 행사한 정부였다. 페트로그라드 소비에트와 행한 교섭을 마지막으로 의회의 임시위원회가 3월 2일 임명했다. 자유주의자와 온건 사회주의자들로 이루어졌으며, 로보프(수상), 케렌스키(법무 장관, 나중에 수상이 됨), 밀류코프, 구츠코프 등이 주요 각료였다. 국민이 바라지도 않은 전쟁을 계속하고, 국민이 바라는 헌법 제정 회의 선거를 미루다가 점점 국민의 지지를 잃게 되었으며, 끝내 볼셰비키가 주동해 임시정부를 해산시켰다.

헌민주당의 지도자 파벨 니콜라예비치 밀류코프였다. 입헌민주당의 전망은 미하일 로마노프가 섭정을 하면서 황태자 알렉세이 니콜라예비치가 성인이 될 때까지 입헌군주정을 유지하는 것이었다(세르주 2011, 63).

그리하여 러시아에는 임시정부와 노동자·병사 대표 소비에트가 병존하는 이중권력이 성립했다. 소비에트 내의 멘셰비키와 사회혁명당 지도자들은 부르주아지 측에 자발적으로 권력을 양도하고 부르주아 임시정부를 지지했다. 그리하여 두 개의 독재, 즉 부르주아 독재와 프롤레타리아트와 농민의 혁명적 민주주의 독재가 매우 독특한 형태로 얽혀 병존하게 되었다. 이런 이중권력의 출현과 존재는 혁명이 과도기에 위치하고 있음을 말해 주는 것이었다(황인평 1985, 122).

임시정부는 의회제 헌법을 통해 미래의 정통성을 추구한 반면, 소비에트는 더욱 거칠고 즉각적인 거리의 정통성을 주장했다. 소비에트는 명백한 계급투쟁을 강조하면서 군대의 민주화를 전제로 군대에 대한 권한을 선포했다. 실제적인 권력 — 인민을 동원하고 도시를 방어하며 사태를 진전시키거나 무력화할 수 있는 권력 — 은 정부가 아니라 소비에트에 있었다. 이런 제도적 분리는 자산계급의 특권 사회를 한편으로 하고, 인민의 평등주의적인 희망을 다른 한편으로 하는 사회의 양극화와 일치하는 것이었다(일리 2008, 270).

이중권력이 대두해 병존하게 된 배경은 무엇이었던가. 부르주아지가 실질적인 정권을 장악한 것은 일련의 정세와 상황 때문이었다. 당시 국민의 압도적 부분이 부르주아지와 프롤레타리아트 사이에서 동요하고 있던 프티부르주아지층에 속해 있었다. 이에 따라 프티부르주아지는 소비에트 내에서 사회혁명당원과 멘셰비키가 우위를 차지하도록 역량을 행사해 소비에트의 성격을 부르주아적인 것으로 이끌었다. 또 노동자계급과 농민들의 조직과 자각이 미처 성숙되지 못했고 부르주아지에 대한 외국 자본가의 지원이 유력했다는 사실이 부르주아 정권 수립을 가능하게 한 요인으로 작용했다.

러시아 부르주아혁명은 전 세계에 걸쳐 인민의 곤궁이 극심한 상태에서 반전운동과 혁명운동이 성장하는 가운데 일어났다. 차리즘에 대항한 투쟁의 승리는 모든 나라의 노동자계급과 피압박 민족의 해방 투쟁에 큰 영향을 끼쳤다. 러시아에서 수행된 군주제의 타도는 전 세계적으로 계급 세력들 사이의 대립 관계를 심화시켰고, 국제노동운동 내의 혁명적 경향을 강화했을 뿐만 아니라 전투적 노동운동 세력의 국제적 결합을 유리하게 했다.

## 4. 사회주의혁명의 예비 단계

1905~1917년의 시기는 그다지 길지 않은 기간이었지만, 그동안에 세계사 발전에서나 국제노동운동의 발전에서 매우 중대한 사건들이 발생했다. 특히 이 시기에는 부르주아지와 프롤레타리아트 사이의 대결이 새로운 양상을 드러냈다. 이 대결의 성패를 규정한 요소는 두 세력 사이의 역량과 조직상의 차이뿐만 아니라 그들이 '중간적' 계급들과 계층 — 도시와 농촌의 광범한 프티부르주아지 대중, 사회생활에 눈뜬 수천만 명의 피압박민족 — 을 자기편으로 끌어들일 수 있는 역량이었다.

20세기 들어 부르주아지와 프롤레타리아트 사이의 투쟁은 새로운 국면에 돌입했다. 부르주아지의 보수성과 반인민적 성격이 점점 분명한 형태로 드러났고, 역사의 진보에 대한 부르주아지의 반동적 행동이 노골적으로 행해졌다. 1914~1918년의 제1차 세계대전이 이와 같은 사실을 극명하게 보여 주었다. 반면, 노동자계급은 독점자본의 억압과 전횡에 맞서 봉건제 잔재 청산과 정치 생활의 민주주의 확립을 위해 투쟁했다. 또 노동자계급은 제국주의의 식민지 팽창에 반대하고 군국주의와 전쟁 억제를 위해 맹렬하게 투쟁했다.

반제국주의와 반군국주의 그리고 민주주의 실현을 위한 투쟁은 국제노동운동 전체의 공통적인 임무였다. 그리고 사회주의를 지향하는 노동자계급의 투쟁은 자본주의의 정치·경제적 발전의 불균등성이라는 특성 때문에 모든 나라에서 동시적으로나 동일한 양상으로 진행되지는 않았다. 사회주의로의 이행은 우선 한 나라, 즉 러시아에서 시작되었는데, 이것은 제국주의 체제가 안고 있는 모순이 20세기 초에 이곳에 집적되어 가장 첨예한 형태를 취했기 때문이었다.

러시아에서는 이미 전제 체제에 대한 투쟁의 전개 과정에서, 특히 전제 체제가 무너진 뒤 권력을 둘러싼 두 개의 중심 세력 — 부르주아지와 프롤레타리아트 — 의 대립이 두드러지게 표출되었다. 투쟁의 귀결은 어느 세력이 더 조직적이고 더 단결되었으며, 또 어느 쪽이 동요하는 프티부르주아지, 즉 농민들과 병사 집단으로 형성된 수백만 명에 이르는 인민대중을 자기편으로 끌어들이느냐에 달려 있었다.

당시 러시아에서는 노동자계급의 세력 강화가 두드러지게 진행되었다. 물론 이런 과정은 숱한 곤란을 수반했으며, 매우 복잡한 양상을 나타냈다. 지배 세력이 여전히 권력과 조직력, 부와 지식을 휘두르고 있었기 때문이었다. 이런 가운데서도 노동자계급은 2월 혁명의 결정적 시기에 이미 그들의 역량과 조직 그리고 혁명적 에너지를 놀라울 정도로 발휘했다. 1917년 2월 부르주아민주주의혁명 이후 몇 달 동안에 노동조합은 급속히 성장했다. 솔로몬 로좁스키에 따르면, 1917년 혁명 초기 기껏 노동조합 세 군대에 조합원은 1,500명이었으나, 1917년 6월에는 조직노동자 수는 147만5,429명으로, 1918년 7월에는 253만2천 명으로, 그리고 1920년 4월에는 432만6천 명으로 크게 늘어났다(Foster 1956, 240).

1917년 러시아에서는 노동자계급이 쌓은 혁명적 경험과 사회주의 지향의 이념적 목표 그리고 노동조합과 정당 사이의 조직적 결합 등이 다음 단계 혁명의 튼튼한 기반이 되었다. 2월 부르주아혁명으로 시작해 10월 사회주의혁명으로 끝난 1917년은 러시아 역사뿐만 아니라 세계 역사에서 하나의 중대한 전환점이 되었다(The USSR Academy of Sciences 1983, 681~682).

# '이중권력 시기' 혁명의 성장·전화

오늘날 러시아의 특징은
혁명적 제1단계에서 제2단계로 나아가는 이행기라는 점이다.
요컨대 프롤레타리아트의 자각과 조직력이 미숙하기 때문에
부르주아지에게 권력을 넘겨준 혁명의 제1단계에서
프롤레타리아트와 빈농층이 권력을 장악하지 않으면 안 되는
제2단계로 나아가는 이행기다.

_레닌의 "4월 테제"(황인평 1985, 135)

새로운 사회체제를 수립하도록 부름받은 계급은
준(準)혁명적 시기에 사회의 주인은 아니지만,
국가권력의 상당 부분을 실질적으로 장악하고 있어야 한다.
이렇게 해서 혁명이 준비된다.
물론 이때 공식 국가기구는 여전히 지배계급의 손아귀에 있다.
이것이 모든 혁명에서 나타나는 이중권력의 초기 모습이다.

_레온 트로츠키(Trotsky 1961, 224)

# 1. 차리즘 붕괴 이후의 국내외 정세

1917년 2월 혁명은 통상적인 부르주아민주주의혁명의 틀을 뛰어넘었다. 몇 해 전에 3백 주년을 맞이했던 로마노프왕조는 인민대중의 봉기로 무너졌다. 차르 전제의 붕괴는 무엇보다 러시아 노동자계급의 혁명적 동력과 정치적 성장에 따라 급격하게 이루어졌다. 2월 혁명의 근본 특징은 종래의 혁명과는 달리 혁명의 권력기관인 노동자·병사 대표 소비에트가 설치된 데 있었다. 중앙과 지방에서 형성된 이중권력은 두 개의 독재 ── 부르주아 임시정부 권력과 노동자계급과 농민의 혁명, 민주주의 독재인 소비에트 권력 ── 라는 독특한 결합이었다.

입헌민주당의 게오르기 로보프 공을 수반으로 하는 임시정부는 입헌민주당(카데츠당, 후에 국민자유당으로 이름을 바꾸었다)과 사회혁명당 소속 인사들로 꾸려졌다. 부르주아지가 정권을 장악하게 된 것은 일련의 정세와 계급관계에서 나온 결과였다. 2월 혁명은 차리즘의 무법적 통치와 억압에서 벗어나 자유를 쟁취하고자 한 급격한 변혁운동이었다. 그때까지 정치에 참여하지 못했던 광범한 인민들이 혁명을 전후해 돌연 정치의 장으로 등장했다. 러시아 국민의 압도적 부분은 부르주아지와 프롤레타리아트 사이에서 동요하고 있던 프티부르주아지였다. 이들은 광범한 노동자 집단에 의식이나 행동 면에서 큰 영향을 끼쳤다. 프티부르주아지의 영향은 소비에트 내에서도 유감없이 발휘되어 사회혁명당과 멘셰비키의 지위를 공고하게 해주었으며, 이들은 부르주아 임시정부를 적극 지지했다.

부르주아지가 권력을 장악한 또 하나의 원인은 프롤레타리아트와 농민 조직의 자각이 불충분했던 점이다. 부르주아지는 전쟁을 거치면서 정치·경제적으로 역량을 강화했으나, 프롤레타리아트는 차리즘의 혹심한 탄압을 받아 조직적인 힘을 축적하지 못했다. 그리고 부르주아지가 정권을 장악한 데는 외국 자본가들의 지원도 크게 작용했다.

부르주아 임시정부가 선언한 정치 강령은 대단히 보수적인 것이었고, 그것은 혁명에 참여했던 노동자계급의 절실한 요구, 즉 평화·토지·빵·자유를 온전하게 실현할 수 있는 것이 아니라, 오히려 그것을 거스르는 것이었다. 임시정부는 차르 정권이 협상국과 맺었던 조약들을 확인하고, '최후의 승리 때까지' 전쟁을 계속한다는 방침을 밝혔다. 입헌민주당원으로서 외무부 장관직을 역임했던 밀류코프는 4월 초 '전 국민은 결정적인 승리를 쟁취할 때까지 전쟁을 계속할 것이다'는 성명을 발표하고, 6월에는 실제로 모든 전선에 총공세를 지시했다. 이것은 혁명을 일으킨 인민의 요구에 대한 배반 행위였으며, 그 이면에는 부르주아지가 전쟁을 계속 수행함으로써 이중권력 상태를 제거하고 자신들이 완전한 형태로 권력을 장악하겠다는 의도가 도사리고 있었다. 이런 전쟁 계속 정책을 실행함으로써 임시정부는 연합국의 승인과 지지를 획득할 수 있었다. 미국은 제일 먼저 임시정부를 승인하고 1억 달러의 재정 원조를 약속했다(김영식 1989, 253~254).

또 임시정부는 토지문제를 해결할 의지를 보이지 않았다. 임시정부는 지주 소유 토지를 무상으로 분배하기를 바라는 농민의 절실한 요구를 결코 수용하지 않았다. 그것은 지주의 파산을 의미할 뿐만 아니라 자본주의적 소유제에 대해서도 큰 타격을 준다고 판단했기 때문이었다. 당시 토지의 대부분은 은행에 저당 잡혀 있었기 때문에, 이런 토지를 몰수한다는 것은 은행 자본 수십억 루블의 손실로 이어질 수 있다는 데 근거했다. 임시정부는 토지문제의 해결을 헌법 제정 의회[1]가 열릴 때까지 연기한다고 밝혔다(황인성 1985, 128~129).

그리고 입헌민주당은 '단일·불가분의 러시아'라는 차리즘의 원칙을 존중했으며, 피압박민족의 민족해방운동에 대한 탄압 정책을 그대로 답습했다. 그들은 비러시아계 민족에 대해서는 경제·문화적 자치권 허용 약속마저 거부했다(The USSR Academy of Sciences 1984, 31).

한편, 임시정부는 노동자들의 노동·생활 조건 개선에 대해서는 매우 소극적이었다. 그래서 노동자계급의 불만이 점점 커졌다. 반면, 부르주아 정부는 은행의 발전, 주식회사 창설, 독점기업의 사업 발전 등을 규제하던 구법률들을 모두 폐기했다.

임시정부의 이런 정책들은 사회혁명당과 멘셰비키의 지지를 받았다. 사회혁명당과 멘셰비키의 강령과 정책은 서로 달랐지만, 정책의 프티부르주아적 정책 기조가 두 당을 결합시켰다. 두 당은 노동자계급의 역량을 신뢰하지 않은 채 소비에트 지도부를 장악하고 있었으며, 임시정부의 위상을 강화하고 대중 속에서 임시정부 거점을 마련하고자 노력했다. 입헌민주당과 볼셰비키 사이에서 '제3세력'의 역할을 주장했던 사회혁명당과 멘셰비키는 혁명의 모든 기본 논점에서 동요하는 태도를 취했으며, 실제로도 부르주아지와 직접 협조하는 경향을 보였다(The USSR Academy of Sciences 1984, 33).

사회혁명당과 멘셰비키는, 이제는 차리즘이 타도되었고 부르주아지가 권력을 장악하게 된 이상, 혁명은 종결되었고 혁명의 목적은 성취되었으며 당장 사회주의혁명으로 이행한다는 것은 바람직하지 않다고 주장했다. 그들은 혁명 승리로 전쟁의 성격이 변화되어, 현재 진행되는 전쟁은 이미 제

---

1_니콜라이 2세 퇴위 후, 모든 혁명 정당이 요구한 임시정부의 권력 승계를 위한 대의기관이었다. 실제로는 임시정부가 구성한 기관이 아니라 임시정부를 무너뜨린 볼셰비키가 러시아 역사상 가장 민주적인 방법으로 구성한 기관이었다. 그러나 사회혁명당이 이 기관에서 우위를 차지하자 볼셰비키는 회기 중에 이를 해산시켰다.

국주의 전쟁이 아니라고 선전하면서 2월 혁명과 새로운 조국의 방위를 위해 싸울 것을 주장했다. 그들은 이와 같은 주장을 두고 스스로 '혁명적 조국 방위파'라고 불렀다.

이와 같은 상황에서 볼셰비키는 어떤 정책을 내세우고 활동을 전개했던 가를 살펴본다. 1914년 전쟁 발발과 더불어 행해진 극심한 탄압으로 볼셰비키 주요 지도자들과 간부들은 시베리아 유형 상태에 놓여 있었거나, 국외로 탈출함으로써 국내의 지도 중심은 전쟁 직후부터 1916년 여름까지 제자리를 잡지 못하고 있었다. 스위스에 있던 중앙위원회 본부가 1916년 여름 본국에 파견한 페트로그라드의 중앙위원회 러시아 집행국도 1917년 2월 혁명 이후 볼셰비키 지도자들이 유형지와 국외에서 복귀할 때까지는 고립된 채 활동했다.

볼셰비키 당은 2월 혁명 이후에야 지하에서 공개적으로 모습을 드러내 드디어 자유롭게 활동을 펼칠 수 있었다. 3월 5일 『프라우다』*Pravda* 지 — 볼셰비키 당 중앙위원회와 페트로그라드위원회의 공동 기관지 — 를 발행했으며, 이를 통해 임시정부를 '자유주의적 부르주아지와 지주 귀족 정부'라고 규정하고, 임시정부의 정책 활동을 감시한다고 스스로 주장했던 사회혁명당과 멘셰비키의 슬로건을 비판했다. 1917년 3월 9일자 『프라우다』는 이렇게 썼다.

임시정부에 대한 감시? 그것이 그들(노동자)에게 무엇을 가져다줄 것인가? 명백한 사실이지만, 부르주아지는 설령 노동자의 감시 아래 있다 하더라도 프롤레타리아 강령을 수행하는 책임을 지려 하지 않을 것이다. 노동자는 부르주아지와 손을 잡고 남의 힘을 빌려 싸우려 하지 말고 자신의 힘으로 행동해야 한다 (황인평 1985, 131에서 재인용).

볼셰비키는 페트로그라드와 다른 중심 도시에서 노동자들을 조직하고 규합하기 위한 대규모적인 활동을 작업장과 공장들에서 우선적으로 추진했다. 볼셰비키는 가능한 한 많은 노동자를 통합하기 위한 대중조직으로서 노동조합 결성을 서둘렀다. 또 노동조합이 프롤레타리아트의 정치·사상적 지도부인 당과 긴밀하게 힘을 합쳐 활동하도록 독려했다. 그리고 볼셰비키는 사회주의혁명을 위한 정치적 군대 편성을 시작했고, 무장투쟁까지를 포함한 여러 형태의 투쟁을 노동자들로 하여금 대비하도록 했다.

한편, 볼셰비키 당은 군대 내에서도 활발하게 활동을 전개했으며, 농민 대중 속으로 깊이 파고들기 위해 온갖 노력을 기울였다. 볼셰비키 당의 하부 조직들은 대단히 어려운 여건에서도 전국 차원에서 활동을 펼쳤으며, 혁명 기간에도 대중투쟁의 최전선에 자리하고 있었다. 그러나 그들은 폭풍과도 같은 혁명의 흐름 전체를 그들의 영향력 아래 두기에는 충분한 힘을 갖지 못했다(The USSR Academy of Sciences 1984, 32).

2월 혁명으로 차리즘이 타도됨으로써 러시아 역사의 한 시대가 끝나고 새로운 시대가 도래했다. 이런 새로운 정세는 당의 새로운 전략계획, 새로운 전술, 그리고 새로운 방침 수립을 요구했다.


## 2. 레닌의 "4월 테제"

스위스에 망명 중이던 레닌은 3월 7~26일 사이에 다섯 통의 "먼 곳으로부터의 편지"를 썼다(다섯 번째 편지는 미처 완성되지 않았다). 그 가운데 『프라우다』에 실린 내용은 첫 번째 편지뿐이었다. 이 편지에서 레닌은 다음과 같이 주장했다.

현재의 전쟁에 관한 한, '영국과 프랑스'라는 거대 '기업'의 대리점에 불과한 이 정부(임시정부)와 나란히 노동자 정부가 성장했다. 이 노동자 정부는 가장 중요하고 비공식적이고 아직 충분히 발전되지 않았고 상대적으로 취약하지만, 프롤레타리아와 도시·농촌의 빈민 전체의 이익을 대변한다. 그것은 바로 페트로그라드 노동자 대표 소비에트다. …… 노동자 대표 소비에트는 노동자들의 조직이고 노동자 정부의 맹아이며, 평화·빵·토지를 얻으려고 애쓰는 가난한 주민 대중 전체, 즉 주민 10분의 9의 이익을 대변하는 기구다. …… 차르의 반동에 맞서 투쟁하려면, 노동자들이 새 정부를 지지해야 한다고 말하는 사람은 …… 노동자들에 대한 배신자, 프롤레타리아의 대의와 평화·자유에 대한 배신자다. …… 자유를 보장하고 차르 체제의 철저한 파괴를 보장할 수 있는 길은 프롤레타리아를 무장시키고 노동자 대표 소비에트의 구실, 중요성, 힘을 강화·확대·발전시키는 것뿐이다. …… 이제 혁명의 두 번째 단계에서 승리하려면 (노동자) 여러분은 조직화, 프롤레타리아와 전체 인민의 조직화라는 기적을 이루어 내야 한다. …… 프롤레타리아의 동맹 세력은 둘이다. 첫째는 광범한 반(半)프롤레타리아 대중과 일부 소농이다. 수천만 명이나 되는 이들은 러시아 인구의 압도적 다수이다. …… 둘째는 모든 교전국과 모든 나라의 프롤레타리아이다(Lenin 1914-1915, 304~307; 클리프 2009, 164~165에서 재인용).

레닌은 두 번째 편지에서 2차 혁명과 노동자 정부 수립의 필요성을 밝혔다. 세 번째 편지에서는 "1871년 파리코뮌과 1905년 러시아혁명의 경험이 보여 준 길을 따라 프롤레타리아는 가난하고 착취당하는 사람들이 스스로 국가권력 기구들을 직접 장악하고 그들 스스로 국가기구를 구성하도록 그들을 모두 조직하고 무장시켜야 한다"고 천명했다.

네 번째 편지에서 레닌은 어떻게 평화를 달성할 것인가 하는 문제를 다루었다. 그는 "차르 정부가 시작하고 지속해 온 현재의 전쟁은 약소민족들을 약탈하고 억압하는 제국주의 약탈 전쟁"이라고 규정하고, 평화 강령에 포함되어야 할 사항들을 제시했다. 차르 왕정이나 부르주아 정부들이 체결한 어떤 조약에도 구속되지 않는다고 선언할 것, 차르 왕정이나 부르주아 정부들이 체결한 조약들을 모두 즉시 공개할 것, 소비에트는 교전 중인 모든 열강이 즉시 휴전협정을 체결할 것을 공개적으로 요구할 것, 소비에트는 모든 식민지 해방과 억압받고 차별받는 모든 예속 민족해방 등의 강화 조건을 모든 사람에게 알릴 것, 모든 나라의 노동자들에게 자국 정부를 전복하고 모든 정치권력을 노동자 대표 소비에트로 이양하라고 호소할 것, 소비에트는 부르주아 정부들이 범죄적 약탈 전쟁을 벌이기 위해 끌어다 쓴 막대한 부채를 자본가들이 스스로 갚아야 한다고 선언하고 노동자·농민은 이 부채를 인정하지 않는다고 선언할 것 등이 그것이었다(Lenin 1914-1915, 337~338; 클리프 2009, 167~168에서 재인용).

다섯 번째 편지는 러시아 프롤레타리아의 과제들과 관련해 앞의 편지들을 요약한 뒤 다음과 같이 덧붙였다.

가장 시급한 과제는 농촌 지역에서 특별한 노동자 대표 소비에트와 구분되는 농업 임금노동자들의 소비에트를 즉시 조직하는 것이다(Lenin 1914-1915, 340~341; 클리프 2009, 168에서 재인용).

레닌은 4월 3일(신력 4월 16일) 9년 동안의 망명 생활을 청산하고 드디어 페트로그라드에 도착했다. 레닌이 스위스에서 '봉인열차'를 타고 독일을 통과해 러시아에 귀환하는 과정은 결코 순탄하지 않았다. 레닌은 혁명의 발전을 위해 대담하게도 독일 최고사령부와 영국·프랑스·러시아 동맹 사이의 갈등을 이용했다. 당시 독일의 군사 정책과 전략을 주도한 독일군 참모차장 에리히 루덴도르프는 러시아에서 혁명이 일어나 군대가 해체되기를, 그래서 독일의 군사 전략에 숨통이 트이기를 바라면서 레닌의 독일 통과를 허용하기로 작정했다. 레닌은 루덴도르프의 계획을 역이용했다.

레닌의 계획과 독일 최고사령부의 계획이 교차하는 역사적 사건을 적극 주선한 사람은 한때 혁명가였던 알렉산드르 파르부스였다. 러시아 태생의 이 독일사회민주당 당원은 1905년 혁명에 적극 가담했으나, 그 뒤 군수산업에 뛰어들어 큰돈을 벌었고, 당시에는 독일 외무부의 러시아 담당 비공식 고문 노릇을 하고 있는 사람이었다. 2월 혁명 며칠 뒤에 코펜하겐 주재 독일 대사이자 파르부스의 친구인 브로크도르프란차우는 파르부스의 조언에 따라 독일 외무부에 다음과 같은 전보를 보냈다. "독일은 러시아에서 최대한 많은 혼란을 조성해야 한다."

두 가지 상반된 역사적 계획, 즉 레닌의 계획과 루덴도르프의 계획이 맞물렸다. 두 사람 가운데 누가 더 멀리 내다보고 있었는지, 그리고 누가 이겼는지는 분명하다. 그해 10월 25일 볼셰비키는 권력을 잡았고, 1년 뒤 러시아혁명의 영향을 받은 독일 인민은 루덴도르프를 무너뜨렸다.

레닌은 봉인열차 이용에 따른 정치적 위험 — 독일 첩자로 몰릴 수 있었는데, 실제로 레닌이 독일 첩자라는 비난이 러시아혁명 과정에서 중요한 구실을 했다 — 을 무릅씀으로써 원대한 통찰력과 정치적 용기를 모두 보여 주었다. 이런 복잡한 과정을 거쳐 3월 27일 볼셰비키 32명이 봉인열차를 타고 독일을 통과하는 모험 길에 올랐다(클리프 2009, 171~173).

레닌이 페트로그라드 핀란드역에 도착하자, 수많은 군중이 그를 열광적으로 환영했다. 레닌을 환영하는 자리에 수도의 모든 지구에서 다수의 노동자 대표들이 파견되었고, 수비대의 각 연대는 병사 대표들을 내보냈다. 볼셰비키 당에서는 중앙위원회 러시아 집행국과 페트로그라드 당위원회, 『프라우다』의 편집진으로 이루어진 많은 당원이 레닌을 맞았다. 레닌은 핀란드역 앞에서 장갑차 위에 올라가 역사적인 연설을 했다.

> 친애하는 동지, 병사, 수병, 노동자 여러분! 승리한 러시아혁명을 여러분과 함께 맞게 되어, 그리고 전 세계 프롤레타리아 군대의 전위인 여러분을 뵙게 되어 기쁩니다. …… 제국주의 약탈 전쟁은 유럽 전역에 걸친 내전의 시작입니다. …… 우리의 동지 카를 리프크네히트의 호소에 따라 각국의 인민이 자신의 손에 든 무기를 자국의 자본주의 착취자들에게 돌릴 날이 멀지 않았습니다. …… 전 세계 사회주의혁명의 여명이 이미 밝았습니다. …… 독일이 들끓고 있습니다. …… 이제 유럽의 자본주의는 언제 무너질지 모릅니다. 여러분이 승리로 이끈 러시아혁명이 그 길을 닦았고 새 시대를 열었습니다. 전 세계 사회주의 만세! (클리프 2009, 175에서 재인용).

다음 날인 4월 4일 레닌이 당 중앙위원회, 당 페트로그라드 시 위원, 노동자·병사 대표 소비에트 전국회의의 볼셰비키 대의원들 앞에서 "현재의 혁명에 있어서 볼셰비키의 임무에 대해"라는 보고를 했다. 4월 7일, 이 보고의 테제를 『프라우다』가 발표했는데, 이것이 이른바 "4월 테제"로서 부르주아민주주의혁명을 사회주의혁명으로 성장·전환하는 데 대한 당 방침을 담은 중요한 문서가 되었다.

레닌은 "4월 테제"에서 현재 상황을 "오늘날 러시아의 특징은 혁명적 제1단계에서 제2단계로 나아가는 이행기"라고 진단했다. "4월 테제"의 주요한 내용을 간추리면 다음과 같다.

(1) 로보프 일당의 새로운 정부는 그들의 자본주의적 속성 때문에 의심

할 여지 없이 제국주의 전쟁을 계속하려 들 것이다. 전쟁에 대한 우리의 태도는 '혁명적 방위주의'에 대해 한 치의 양보도 허용하지 않는 것이어야 한다.

(2) 러시아에서는 현재 차리즘이 타도되었으나, 정세는 프롤레타리아트의 계급의식과 조직이 불충분해 권력을 부르주아지의 손에 넘겨준 혁명의 제1단계에서 프롤레타리아트와 빈농의 손에 권력을 넘겨줄 혁명의 제2단계로 이행하고 있다.

(3) 임시정부에 대해 어떤 협력도 하지 말아야 한다. 부르주아 정부인 현 정부에 대해 더 이상 제국주의 정부이기를 중단하라고 호소하는 따위의 요구나 도저히 용납될 수 없는 환상을 불러일으키는 등의 요구를 더는 주장해서는 안 된다.

(4) "모든 권력을 소비에트로"라는 슬로건은 노동자 대표 소비에트만이 실제로 유일한 혁명적 정부임을 대중들에게 인식시키기 위한 것이다. 그러나 여전히 우리가 소수로 있는 한, 우리의 과업은 대중에게 체계적으로, 끈기 있게 그리고 지속적으로 대중의 실제적인 요구와 결합시켜 설명할 필요가 있다.

(5) 의회제 공화국이 아니라 ― 노동자 대표 소비에트에서 의회제 공화국으로 복귀하는 것은 일보 후퇴다 ― 전국에 걸친, 상부에서 하부에 이르기까지, 노동자·고용노동자[2]·농민 대표 소비에트 공화국으로 이행해야 한다.

(6) 토지문제에 대해서는 지주의 토지를 몰수하고, 이를 토대로 국내의

---

[2] 지주로부터 토지를 빌어 경작하며 차지료를 지불하는 한편, 지주의 직영 농지에서 일하는 농민을 말한다. 농민과 노동자의 두 가지 성격을 모두 갖고 있다.

모든 토지를 국유화하며, 농민·고용농민 소비에트에 그 사용·관리를 위임한다.

(7) 국내의 모든 은행을 하나의 국립은행으로 즉각 통합하고, 그 활동을 소비에트가 통제한다.

(8) 우리의 긴급한 임무는 사회주의를 어디에서 '도입하는 것'이 아니라, 현재의 사회적 생산과 생산물 분배를 소비에트의 통제 아래 둔다.

(9) 당의 임무와 관련해,

1) 당대회의 즉각적인 소집

2) 당 강령의 변경: ① 최초의 당 강령이 채택되었던 1903년 이래 혁명운동의 경험이 준 모든 새로운 교훈과 1917년 2월 혁명 후 당이 직면한 새로운 임무를 고려한 내용, ② 제국주의와 제국주의 전쟁에 대한 내용, ③ 국가에 대한 우리의 태도와 '코뮌 국가'에 대한 우리의 요구 내용, ④ 시대에 뒤떨어진 최소 강령의 개정.

3) 당 명칭 변경: 전 세계 사회민주당 지도자 대부분이 사회주의를 배반하고 부르주아지 쪽으로 넘어간 사회민주당 전철 때문에 당명을 공산당으로 개칭해야 한다.

(10) 새로운 인터내셔널 창설: 기회주의나 배타적 애국주의chauvinism와 관련이 없는 혁명적인 새로운 인터내셔널을 창설하는 데 주력해야 한다(The USSR Academy of Sciences 1984, 34~40).


레닌의 "4월 테제"는 부르주아민주주의혁명에서 사회주의혁명으로 이행하는 투쟁의 모든 측면을 다루었다. 이 테제는 프롤레타리아혁명의 추진력에 대해 지적하고 이행의 각 단계를 규정했으며, 당의 경제 행동 강령 특히 농업 행동 강령을 제시했다. 그리고 이 테제에는 소비에트 공화제라는 프롤레타리아독재의 정치형태가 규정되어 있다. 그뿐만 아니라 이 테제는 사회주의혁명으로 이행하는 데 대한 구체적 계획까지 제시했다(황인평 1985, 140).

레닌의 "4월 테제"는 1917년 4월 24~29일 페트로그라드에서 열린 볼셰비키 당 제7회 전국협의회에서 논의되었으며, 레프 보리소비치 카메네프나 루이코프 등이 반대 의견을 제시했으나, 당 협의회는 "4월 테제"의 내용을 수용한 결의안을 만장일치로 채택했다.

전국협의회가 채택한 "모든 권력을 소비에트로"라는 슬로건은 비록 그것이 곧바로 혁명적 행동 지침으로 되지는 않았다 할지라도, 혁명에 대한 볼셰비키 전략의 구체적 표상이자 특징적 전술 목표가 되었다(Carr 1951, 84).

레닌이 기초한 "현재 정세에 대한 결의"는 세계 자본주의의 현재 상태에 대한 설명부터 시작했으며, 결의는 다음과 같은 내용을 담았다.

사회주의혁명을 위한 객관적 조건은 선진 국가들과 한층 발달한 국가들의 경우에는 의심할 여지 없이 전쟁 전부터 이미 존재하고 있었지만, 전쟁 결과로서 그러한 조건은 매우 빠른 속도로 성숙했다. 자본의 집적과 국제화는 거대한 성장을 이룩했다. 독점자본주의가 국가독점자본주의로 이행하고 있는 것이 그것이다(The USSR Academy of Sciences 1984, 38에서 재인용).

레닌은 이런 경향이 서로 대립하는 두 가지 결과를 초래할 수 있다고 주장했다. 생산수단의 사적 소유가 유지되는 경우, 이와 같은 경향은 불가피하게 착취·억압·반동·군사적 전제의 강화, 그리고 자본가의 이윤 증대 등을 이끌게 된다고 했다. 그는 또 "그러나 생산수단의 사적 소유가 폐지되고 국가권력이 완전히 프롤레타리아트의 손에 이양될 경우, 이런 조건은 인간에 대한 인간의 착취는 폐절되고 모든 사람의 행복을 보장하는 사회변혁의 성공을 담보하게 될 것이다"라고 했다(The USSR Academy of Sciences 1984, 38에서 재인용).


## 3. 권력을 향한 노동자계급의 투쟁

### 노동자 구성과 상태

러시아는 자본주의 발전에서 보면 평균적인 수준에 위치하고 있는 국가였지만, 다른 제국주의 국가들과는 달리 원래 독점자본주의와 국가독점자본주의 요소들과 아울러 극히 후진적이고 반半가부장제적 토지 관계를 유지하고 있었다. 레닌은 러시아 현실의 특징을 매우 깊이 있게 고찰했는데, "가장 후진적인 토지소유 제도, 한편의 가장 야만적인 농촌과 다른 한편의 가장 선진적인 산업·금융 자본주의 사이의 모순"이라고 표현했다. 낡은 억압 형태와 새로운 억압 형태가 결합된 결과로 도시와 농촌의 노동자 대중은 이중의 고통을 당해야만 했다는 것이다(The USSR Academy of Sciences 1984, 26).

러시아가 지닌 다른 하나의 특징은 몇몇 주요 산업부문을 지배하고 있는 외국자본의 존재와 그것에 대한 종속이었다. 남러시아의 철강업과 석탄 부문을 지배하고 있는 프랑스와 벨기에 자본, 석유 부문을 지배하고 있는 영국 자본, 전기 부문을 지배하고 있는 독일 자본이 그것이었다. 제1차 세계대전 발발 직전, 이들 산업부문에 투자된 외국자본 비중은 52퍼센트에 이르렀으며, 전 산업 평균으로는 약 3분의 1 정도였다. 활용 가능한 원료와 값싼 노동력의 존재는 외국 독점체가 러시아에서 막대한 이윤을 획득할 수 있는 요소였다.

1917년 당시 상태로 볼 때, 러시아는 여전히 농업이 우세한 국가였다. 당시 러시아의 총인구는 1억5천920만 명이었는데, 그 가운데 18퍼센트가 도시에 살고 있었고 82퍼센트가 농촌에 살고 있었다. 1917년 당시 임금노동자 수는 1천850만 명이었으며, 그 가운데 핵심 범주인 산업노동자 수는 354만5천 명이었다. 운수 부문에는 126만5천 명, 건설 부문에는 125만 명, 농업 부문에는 노동자 450만 명이 취업하고 있었다(The USSR Academy of Sciences 1984, 26).

러시아 노동자계급은 사회적 관계에서 균등한 성격을 보이지는 않았다. 출생으로 보면, 그들 대다수는 농민 출신으로 제1세대 노동자들이었으며, 제2세대 노동자는 소수에 지나지 않았다. 많은 노동자는 토지 보유라는 특성 때문에 혈연관계뿐만 아니라 경제적으로도 농민층과 밀접한 결합을 유지하고 있었다. 이것은 한편으로는 노동자계급 본래의 계급의식 발달을 지체하게 만들었으나, 다른 한편으로는 이런 결합이 매우 광범한 빈농 대중을 혁명적인 투쟁으로 끌어들이는 데 도움이 되었다. 세계 제국주의 전쟁 기간에 노동자와 농민의 공통적인 이해관계에 대한 의식은 군대 내에서뿐만 아니라 후방에서도 점점 확대되었다(The USSR Academy of Sciences 1984, 26).

이런 상황에서 노동자들의 노동·생활 조건은 매우 열악했고 기본 권리 보장을 위한 법 제도도 확립되지 않았다. 이와 같은 조건에서 혁명적 투쟁을 전개한 선진 노동자 부대의 중심은 중화학산업 대기업에 종사하는 숙련 노동자들이었다. 이들은 다른 사람들에 비해 상대적으로 나은 조건에서 생활하고 있었지만, 자신들의 이익을 위해서뿐만 아니라 노동자계급의 사회적 지위 향상을 위해 투쟁했고 무권리 상태와 억압 그리고 권력자의 전횡에 반대해 저항했다.

러시아의 정치·경제적 발전은 다른 나라에 비해서는 훨씬 더 분명한 형태로 제국주의 단계 특유의 모순을 드러냈다. 그렇기 때문에 러시아는 제국주의 연쇄連鎖의 약한 고리로 전화했으며, 하나의 결절점結節点으로 집적된 이와 같은 모순들은 세계전쟁을 통해 극도로 첨예화했다. 이 전쟁은 러시아 인민에게 특히 견디기 힘든 곤경과 궁핍을 안겨다 주었다.

러시아 노동자계급은 제1차 러시아혁명 시기에도 정치적으로 각성된 모습을 보였으며, 다른 계급·계층에 대한 지도에서도 풍부한 경험을 축적할 수 있었다. 그 이후 러시아 프롤레타리아트는 혁명이 퇴조하고 반동이 기승을 부리던 매우 어려운 시기에도 차리즘에 대한 투쟁을 멈추지 않았으며, 대중투쟁에서 지도적 역할을 강화하기 위한 활동을 계속 전개했다.

이런 과정에서 볼셰비키는 근로인민의 모든 층을 투쟁의 대열로 끌어들이기 위해 노력했고, 다양한 혁명적 조류들을 자본주의에 반대하고 사회주의를 지지하는 단일의 투쟁으로 집약시켰다(황인평 1985, 146). 또 볼셰비키는 오랜 기간에 노동자계급이 차리즘 전제에 반대하는 투쟁에서 정치·사상·조직적 준비를 갖출 수 있도록 지원하고 지도했다.

그 결과, 노동조합은 빠르게 성장했다. 1917년 3~4월에는 노동조합원의 수가 50만 명이던 것이 10월에는 이미 300만 명을 넘어섰다. 노동조합은 전 산업에 걸쳐 조직되었다. 가장 크고 가장 잘 조직된 노동조합으로는 금속노조와 섬유노조였는데, 노조원 수는 각각 52만6천 명과 57만1천 명이었다(The USSR Academy of Sciences 1984, 44).

### 공장위원회와 노동자관리

1917년 3월에는 소비에트와 병행해 많은 기업체에서 공장위원회가 설치되었다. 이것은 대중의 혁명적 창의력이 만들어 낸 새로운 조직이었다. 공장위원회는 파업위원회에서 성장한 것이었으나, 공장위원회 기능은 파업위원회보다는 훨씬 컸다. 공장위원회는 공장 또는 각 직장에서 열리는 노동자 집회에서 선출되었고, 노동자가 어떤 노동조합에 가입해 있든 상관없이 기업 내 모든 노동자의 요구를 결집해 노동자의 직접적인 이익을 지키는 일을 자기 임무로 했다. 공장위원회는 독자적인 기능을 수행했는데, 공장 운영에 적극 개입하고 혁명적 질서를 강력히 지켜 나가며 기업가와 경영진의 활동을 통제했다. 그리고 자본가의 생산 방해 기도를 저지하며, 또 때로는 기업 경영을 인수하기도 했다. 공장위원회는 바로 볼셰비키의 확고한 거점이 되었다(The USSR Academy of Sciences 1984, 44).

공장위원회의 조직 규모는 노동조합과 비교할 수 없을 만큼 커졌다. 3월 들어 전국적으로 약 200만 명이 여기에 가입했다. 이것은 공장노동자의 75퍼센트에 해당했다. 공장위원회는 국영기업이나 대기업의 경우에 더한층 빨리 조직되었다. 당시 공장위원회가 설치된 공장은 전국적으로 920개에 이르렀다. 공장위원회 활동 내용은 시기에 따라 변했지만, 근본적으로 가장 큰 관심사는 혁명을 수호하고 공장가동을 지속하는 것이었다(이정희 2003, 43~58).

한편, 노동자관리 또는 통제[3]를 요구하는 운동이 점점 확대되었다. 1917년 여름에는 노동자 280만 명 정도가 참여했는데, 이것은 러시아 산업노동자의 4분의 3에 해당하는 수치였다. 공장위원회와 관리·경영위원회는 통제

---

**3**_처음에는 '노동자관리'(rabochii kontrol)라고 표현했는데, 러시아 용어로 'control'은 두 가지 뜻을 내포하고 있었다. 하나는 '감시' 또는 '감독'(checking)의 의미로서, 경영인이 경영권을 가지고 경영에 대해 책임지고 노동자는 사후에 감독한다는 간접적인 관리의 의미이며, 또 다른 하나는 '경영'(management)의 의미로서 경영인을 선출하거나 직접 경영한다는 직접적인 관리의 의미였다(이정희 2003, 44).

와 관리를 시행했다. 노동자관리위원은 원료와 연료의 재고를 점검하고, 기계와 완제품의 공장 반출을 감시하며, 금융 활동을 감찰하는 동시에 임금과 해고 문제에 개입하고 기업에 대한 감시를 조직했다. 노동자 통제·관리의 의의는 자본가의 전횡을 막고 기업에 대한 파괴 행위를 저지하는 데만 한정되는 것은 아니었다. 노동자 통제 또는 관리를 요구하는 투쟁과 그것을 시행하는 운동 속에서 노동자 자신들이 경영상의 기법과 정치적 경험을 획득하고, 이를 통해 그들의 계급적 자각을 높여 나감과 동시에 혁명적 창의성을 확대할 수 있었다(The USSR Academy of Sciences 1984, 45~46).

노동자 통제·관리 운동의 의의는 발생 배경에 따라 더욱 분명하게 나타났다. 1870~1914년에 진행된 러시아의 산업화는 대기업 위주로 진행되었고, 대기업의 70퍼센트가 국영기업이었다. 이들 기업의 경영자들은 전제 정부가 파견한 고위직 관리나 군대 장교들이었으며, 외국에서 초빙된 경우도 간혹 있었다. 이런 경영 구조 속에서 자본과 노동 사이의 관계는 지배와 굴종만 존재할 뿐, 노동자의 기본 권리는 전혀 보장되지 않았다. 노동자에 대한 탄압과 수탈 행위는 전제 정치의 직접적 반영이었다. 그래서 노동자계급의 저항이 제기될 경우, 그 형태는 매우 격렬하고 정치적 성격을 띨 수밖에 없었다.

한편, 공장위원회와 병행해 또는 그 산하 기구로서 노동자 민병대가 생겨났다. 민병대는 1917년 2월 혁명 직후 차리즘의 반격에 대항하고 공공질서와 치안을 유지하기 위해 자연발생적으로 만들어진 무장 시민의 자원경찰을 가리킨다. 차르 정권의 반격 위험이 줄어들고 그 대신 계급 갈등이 더욱 첨예화하자 부르주아지와 임시정부는 노동자 민병대가 해산되기를 바랐고, 이에 반해 노동자들은 이것을 자신의 자유를 수호하는 군사적인 조직 기구로 만들고자 했다. 이에 따라 노동자 민병대는 적위대로 이름을 바꾸었고, 적위대는 공장위원회 산하로 개편되어 강한 정치적 경향을 띠게 되었으며, 계급 지향적이며 공격적인 무장 조직으로 변화했다(이정희 2003, 42~43).

10월 봉기 직전에 적위대는 2만 명에 이르렀고, 400~600명 규모의 각 대대 산하에 기관총 중대, 연락 중대, 의무 중대 등 세 개 중대씩 편재되어 있었다. 일부 대대는 장갑차도 보유하고 있었다. 근무는 당번제로 실시되었고, 전체 노동자 3분의 2는 공장에서 작업을 하고 나머지 3분의 1은 당번을 섰다. 적위대의 규율은 사회주의정당, 공장위원회, 노동조합의 감독과 승인을 받아야 했다(세르주 2011, 83).

노동자들은 적위대를 발판으로 공장을 경비하고 도시의 질서를 유지하며, 식량의 공정한 분배를 감시했다. 소비에트는 적위대의 도움을 받아 자신들의 결정을 시행할 수 있었다.


## 권력에 다가선 노동자계급

부르주아민주주의혁명과 사회주의혁명 사이의 7개월이라는 기간은 대단히 첨예한 계급투쟁의 시기였다. 당시 노동자들은 이런 투쟁에 대비하기 위해 재빨리 당과 노동조합 건설에 착수했다. 한편 기업주들은 결정적인 사태가 닥쳐오고 있음을 깨닫고 그들 자신의 결사체를 만들어 전반적으로 정치·경제적인 통제력을 강화하려 했다(Foster 1956, 239).

그 기간에도 노동자계급은 격렬한 투쟁을 지속적으로 전개했다. 1917년 2~10월까지에는 부르주아지에 대항해 정치권력을 획득하기 위한 노동자들의 투쟁이 여러 고비를 겪으면서 이어졌다. 노동자계급의 투쟁이 전개되는 가운데서 볼셰비키는 대중조직의 중심인 노동자·병사 대표 소비에트와 농민 대표 소비에트, 그리고 병사위원회 사이에서 지도적인 활동을 전개했다.

노동자 대표 소비에트는 1917년 3월 무렵에는 벌써 전국 각지에 구성되었다.

노동조합과 공장위원회 그리고 노동자 대표 소비에트는 4월 18일(신력 5월 1일)의 무장 시위 투쟁과 6월 18일(7월 1일)의 대규모 시위를 전개했다. 그리고 7월 4일(7월 17일)의 '임시정부 타도'와 '모든 권력을 노동자·병사 대표 소비에트로'라는 슬로건을 내건 투쟁을 전개했으며, 1917년 10월 25일 (11월 7일) 드디어 노동자·병사·농민 대표 소비에트가 중심이 되어 권력을 장악했다. 세계 최초로 사회주의혁명이 승리를 거두게 된 것이다.

10월 혁명은 국제 노동자계급이 사회의 운명을 자신들의 손에 거머쥐고 사회주의 건설이라는 전인미답의 길을 향해 나아갈 정도로 성숙한 단계에 이르렀음을 실제로 보여 주었다. 또한 10월 혁명의 승리는 국제 노동자계급의 지위를 더한층 강화했으며, 국제노동운동의 발전에서 새로운 단계를 펼치게 되었다.

## 4. 혁명의 평화적 시기와 무장봉기 방침

2월 혁명과 전제 타도를 계기로 광범한 대중들이 투쟁 전선에 참가하게 되었고, 그들은 정치적 사건들에 적극적이고도 자주적으로 개입했다. 이런 현상을 두고 레닌은 다음과 같이 설명했다.

> 러시아는 지금 들끓고 있다. 차리즘의 무서운 압제와 지주나 기업주의 비인도적 억압으로 10년 동안 정치적인 활동을 멈추고 억눌려 있었던 수백만 또는 수천만에 이르는 사람들이 이제 자각해 정치 국면에 열성적으로 나서게 되었다 (The USSR Academy of Sciences 1984, 42에서 재인용).

인민대중의 자주적 행동은 수많은 대중집회, 회의, 토론, 시위 등으로 나타났다. 볼셰비키가 내걸었던 '모든 권력을 소비에트로'라는 슬로건은 당시의 구체적인 조건에서는 임시정부의 타도를 겨냥한 것은 결코 아니었고, 당의 '혁명의 평화적 발전' 방향을 견지한 것이었다. 혁명의 평화적 발전 가능성을 위한 객관적 조건은 임시정부가 폭력을 행사하지 않는 데 있었다.

로마노프왕조가 타도된 후 1917년 3월 3일(3월 16일) 임시정부 수립으로부터 10월 25일(11월 7일) 볼셰비키 혁명의 승리에 이르는 기간은 임시정부와 소비에트라는 두 개의 권력이 병존하면서 대립하던 '이중권력'의 시기였다. 사실상 부르주아 정부와 프롤레타리아의 '합법적 반대파' 사이의 입헌적 협력 관계로 간주된 이중권력은 본질적으로 멘셰비키적인 것이었다 (Carr 1951, 71). 2월 혁명이 부르주아혁명이었고 소비에트도 사실상 멘셰비키가 주도권을 행사하고 있었기 때문이었다. 이런 가운데서도 볼셰비키는 대중조직 가운데 가장 핵심 조직이었던 노동자·병사 대표 소비에트와 농민 대표 소비에트, 그리고 병사위원회 내에서 적극적인 활동을 전개했다. 그리고 '혁명의 평화적인 시기'에도 크고 작은 투쟁들이 이어졌다.

1917년 4월 18일(5월 1일) 러시아 노동자들은 메이데이를 축하하는 행사를 벌였다. 이날 임시정부 외상 밀류코프는 영국 정부와 프랑스 정부에 보낸 각서에서 임시정부는 차르 정부가 체결한 모든 조약을 지킬 것이며, 승리할 때까지 전쟁을 계속 수행할 것을 확인했다. 이것은 전쟁 때문에 고통당하고 있던 러시아 인민들에게는 임시정부에 대한 실망과 격분을 불러일으킨 중대 요인이 되었다. 노동자와 병사들은 이틀 뒤인 4월 20일에야 밀류코프 각서의 내용을 알게 되었고, 이날 오후에는 페트로그라드 수비대 병사들이 가두로 진출해 임시정부가 위치한 마리아 궁전으로 향했다. 병사들은 '모든 권력을 소비에트로', '전쟁을 중지하라', '밀류코프를 타도하라'는 요구를 담은 플래카드를 앞세우고 행진했다. 노동자들이 여기에 합세했고, 시내에서는 대중집회가 열렸다.

4월 20~22일 사이에 볼셰비키는 당 중앙위원회를 개최했는데, 특히 22일 열린 중앙위원회는 시위 때 내걸었던 '임시정부를 타도하라'는 슬로건은 모험주의적 성격을 띤 것이라는 레닌의 결의를 채택했다. 이 슬로건은 봉기에 대한 호소를 의미하며, 이것은 혁명의 평화적 발전[4]을 지향하는 당의 노선에 배치되기 때문이라는 것이 그 이유였다.

4월 시위는 평범하면서도 일상적인 성격을 띤 것은 아니었고 권력 위기의 발단이 되었으며, 부르주아민주주의혁명을 사회주의혁명으로 성장·전화하는 데서 분명한 계기가 되었다. 4월 폭풍은 소비에트와 2월 체제, 더욱이 대중들 스스로에게 큰 영향을 끼쳤다. 비록 끝까지 밀어붙이지는 못했지만 노동자와 병사들의 거대한 개입은 정세를 변화시켰고 혁명운동 전반에 추진력을 불어넣었으며, 불가피한 세력 재편을 가속화했다. 또 살롱과 밀실의 정치인에게 어제의 계획을 단념하고 새로운 상황을 받아들이도록 강제했다.

4월 위기를 겪고 난 뒤 임시정부는 5월 초 새로운 조각組閣을 하게 되었는데, 6명의 소비에트 대표자 즉 사회혁명당 2명, 멘셰비키 2명, 독립사회주의자 2명을 입각시켰다.

6월에는 제2의 정치적 위기가 발생했다. 1917년 6월 18일(7월 1일) 페트

---

4_"모든 권력을 소비에트로"라는 슬로건을 내세우면서도 레닌이 그 당시에 임시정부를 무력으로 타도하는 데 반대한 것은 첫째, 임시정부가 아직 폭력을 행사하지 않았으며, 둘째, 노동자·병사 대표 소비에트가 아직 임시정부를 지지하고 있고, 셋째, 노동자·병사 대표 소비에트 내에서 볼셰비키가 소수파라는 엄연한 사실 때문이었다. 이런 상황 인식에 바탕을 두고 레닌은 다수파가 되어야 노동자 대중이 임시정부의 지지 기반을 흔들어 놓을 수 있다고 주장했다(황인평 1985, 149에서 재인용).

로그라드에서 시민 50여만 명이 참가하는 규모가 매우 큰 대중시위가 벌어졌다. 시위 참가자들은 '모든 권력을 소비에트로', '대독對獨 단독강화 반대, 영국·프랑스 자본가와 맺는 비밀조약 반대' 등 볼셰비키가 내세운 슬로건을 공공연하게 주장했다. 이런 대규모 시위 성격은 노동자 세력과 수비대가 점점 볼셰비키 쪽으로 기울고 있다는 사실을 보여 주는 한편, 인민대중이 임시정부를 불신할 뿐만 아니라 사회혁명당과 멘셰비키 측의 부르주아에 대한 협조 정책에 대해서도 신뢰하지 않고 있음을 반영하는 것이었다 (Trotsky 1961, 364).

1917년 여름에는 많은 종류의 대회가 열렸다. 5월 22일에 열린 제1회 전소 러시아 농민 대표자 대회는 사회혁명당이 지배하는 분위기를 연출했고, 대회는 투표를 통해 임시정부를 지지했다. 다른 한편, 같은 달 말에 열린 페트로그라드 공장노동자 대회는 볼셰비키가 다수를 획득한 최초의 대표 조직체였다. 이것은 앞으로 다가올 정세 변화를 예고했다.

6월 3~24일까지 제1회 전소 러시아 노동자·병사 대표 소비에트 대회가 열렸다. 대회에서 투표권을 가진 대의원 822명 가운데 사회혁명당 소속은 245명, 멘셰비키 소속 248명, 볼셰비키 소속 105명이었다(Carr 1951, 89). 대회에서 다수를 차지했던 사회혁명당과 멘셰비키 진영은 부르주아지와 행한 연립을 인정하고, 임시정부의 정책이 올바르다는 결의를 통과시켰다.

1917년 7월 4일(7월 17일)에는 다시 페트로그라드에서 '모든 권력을 소비에트로'라는 슬로건을 내걸고 시민 50여만 명이 참가한 대규모 시위가 전개되었다. 이 7월의 대중봉기는 전선에서 러시아군의 공세가 실패하면서 입헌민주당이 정부에서 탈퇴하고, 노동자의 무장을 해제시킴과 동시에 군대를 수도에서 축출하려 한 결정에 반대하는 행동 표현이었다. 시위는 4일 동안 계속되었고, 규모 면에서도 매우 강대했다. 시위대는 54개 기업 소속 대표

90명을 선출했으며, 이들 대표는 '소비에트중앙집행위원회'와 '농민대표소비에트집행위원회합동회의'를 상대로 모든 권력을 장악할 것을 제안했다.

그러나 사회혁명당과 멘셰비키 지도자들은 대중의 이런 요구를 거부했고, 시위를 '볼셰비키의 음모'라고 규정했다. 시위대가 궁전을 향해 행진하는 도중에 혁명을 반대하는 세력이 도발적인 총격을 가했으며, 수도의 거리는 노동자와 병사들의 피로 물들었다. 56명이 죽고 650명이 부상당했다. 정부는 페트로그라드에 계엄령을 선포했고, 전선으로부터 동원된 군대가 노동자와 혁명적 병사·수병에 대해 무장해제를 단행했다. 체포가 시작되었으며, 『프라우다』 편집국과 인쇄소가 점거되었다(The USSR Academy of Sciences 1984, 50).

7월 시위 사태는 러시아의 정세와 각 진영 사이의 역학 관계에 큰 변화를 가져왔다. 멘셰비키와 사회혁명당은 결국 반혁명 진영으로 옮겨 감으로써 부르주아 진영과 협조 정책을 굳혔다. 이중권력은 종지부를 찍었고, 부르주아 진영이 권력을 단독으로 장악했다. 사회혁명당과 멘셰비키가 주도하는 소비에트는 부르주아 정부에 협조하는 기구로 전락되었다(황인평 1985, 155).

그러나 임시정부는 혁명 세력을 결정적으로 약화시킬 수는 없었다. 볼셰비키는 적절한 시기에 물러서면서 당의 기간요원들을 위험한 상태에서 벗어나게 했다. 권력을 동원해 단독 정권을 수립한 임시정부는 혁명의 평화적 발전 가능성을 깨뜨리고 말았다.

이와 같은 정세에서 볼셰비키 당 제6회 대회가 1917년 7월 26일~8월 3일까지 페트로그라드에서 열렸다. 대회는 반합법 또는 비합법으로 개최되었다. 레닌은 대회에 참석할 수 없었으나, 그는 "정치 정세에 대해"라는 테제와 "슬로건에 대해", 그리고 "혁명의 교훈" 등의 문건을 보냈는데, 이런 문서들은 대회 결의의 기초가 되었다. 대회 결의는 "현재 권력이 사실상 이미 반혁명 부르주아지의 손으로 넘어갔기 때문에, 혁명의 평화적인 발전과 소비에트로의 순조로운 권력 이양은 불가능하게 되었다"고 밝혔다(The USSR Academy of Sciences 1984, 61).

대회는 "모든 권력을 소비에트로"라는 슬로건을 일시적으로 사용하지 않을 것에 대한 레닌의 제안을 논쟁 끝에 채택했다. 이것은 멘셰비키와 사회혁명당이 주도하는 소비에트가 임시정부에 대해 순응하는 도구로 전화했다는 이유 때문이었다. 그러나 이것은 소비에트 일반에 대한 거부를 의미하는 것은 아니었다. 볼셰비키는 노동자의 모든 대중조직, 특히 소비에트·공장위원회·병사위원회·농민위원회를 반혁명의 공격으로부터 방어하지 않으면 안 된다고 주장했다. 프롤레타리아 중심 지역에서는 소비에트는 여전히 혁명적 권력기관이었다. 대회는 국가적인 위기와 대중투쟁의 심화가 무장투쟁의 성공을 위한 조건들을 마련하는 계기가 될 수 있도록 모든 혁명 세력을 조직하고 준비한다는 방침을 채택했다(The USSR Academy of Sciences 1984, 61). 볼셰비키 당은 드디어 무장봉기 방침을 결정하게 된 것이다.

한편, 반혁명 세력은 군사독재를 실시하기 위한 준비를 갖추었다. 임시정부는 미국, 영국, 프랑스 등 각국의 대표들과 협의해 라브르 코르닐로프 장군을 통치자로 지목했다. 그는 7월에 최고사령관으로 임명되었다. 반혁명 쿠데타의 준비가 시작된 것이다. 임시정부는 이 반혁명 쿠데타를 은폐하기 위해 국정 회의[5] 소집을 결정했다. 국정 회의가 열린 8월 12일 모스크바

---

5_1917년 8월 12일 케렌스키 임시정부가 모스크바에서 소집한 심의·자문 기관이다. 국가협의회로 표현되기도 했다. 의석 2,414석은 좌우 양 세력에 주의 깊게 배분되었으나 결국 케렌스키파와 코르닐로프파로 나뉘었다. 거기에 참가하지 않은 볼셰비키는 이 기관을 두고 반혁명 모임이라고 비난하면서 개회 당일

에서는 노동자 40만 명 이상이 파업을 벌였으며, 이 파업은 반혁명 계획을 좌절시켰다. 이에 따라 군사독재 계획을 실행하기 위해서는 무력 동원 이외에는 다른 방법이 없다는 사실을 인식한 코르닐로프 장군은 8월 25일 제3 기병 군단을 남서 전선에서 페트로그라드로 이동시켰으며, 군사軍事와 민정民政의 전 권력을 자신에게 인도할 것을 요구했다.

임시정부 수반 케렌스키는 처음에는 코르닐로프의 음모 준비에 동조했으나 최후 순간에는 이탈해 코르닐로프를 최고사령관직에서 해임했다. 이처럼 복잡한 정세 속에서 볼셰비키 당은 코르닐로프에 대한 투쟁을 벌이면서 임시정부와 그 주축인 사회혁명당과 멘셰비키에 대응해 반격을 조직했다. 각지에서 소비에트 활동이 다시 활발하게 전개되었다. 특히 8월 31일에는 페트로그라드 소비에트는 '권력에 대해'라는 볼셰비키의 결의안을 채택했고, 9월 8일에는 모스크바와 페트로그라드에서 멘셰비키와 사회혁명당 집행부가 물러났다. 볼셰비키가 소비에트의 지도권을 장악하게 되었다. 코르닐로프의 반혁명 시도는 저지되었다.[6]

당시 대중투쟁은 전례를 찾기 어려울 정도로 방대한 규모였으며, 그 선두에 노동자들이 자리 잡고 있었다. 1917년 상반기 중에는 파업이 주로 경제적 이유 때문에 제기되었고 분산적이었던 데 비해, 가을에는 산업 전반에 걸쳐 파업이 일어났고 정치적 성격을 명확하게 드러냈다. 9월 1일, 노동자 11만 명 이상이 참가한 우랄 지역 정치적 총파업의 슬로건은 '전全 러시아

---

항의 스트라이크를 조직했고, 노동자 40만 명이 여기에 참가했다. 이 때문에 국정 회의는 국민 통합의 결집점이 되지 못했다(황인평 1985, 162).

6_코르닐로프는 케렌스키에게 보낸 전보에서 "전반적 상황으로 보아 강력한 정부가 구성될 것"이 확실하다는 조건에서 총사령관직을 순순히 내놓을 의향이 있다고 말했다(트로츠키 2004, 326에서 재인용).

소비에트 대회 즉시 소집', '반혁명 독재 타도', '프롤레타리아혁명 만세'였다. 바로 뒤이어 철도·유전·탄광 노동자 등이 파업을 일으켰다(The USSR Academy of Sciences 1984, 64).

한편, 농민들도 점점 적극적으로 혁명운동에 참가했다. 그들의 불만이나 분노가 커진 것은 임시정부가 결코 그들이 바라는 대로 토지문제를 해결할 수는 없을 것이라는 사실을 깨달았기 때문이었다. 9월과 10월에 걸쳐 러시아의 여섯 개 지역에서 3,500건 이상의 농민 쟁의가 일어났으며, 그 투쟁은 매우 대중적이고 격렬해서 마치 농민전쟁을 방불하게 했다. 또 군대 내에서 특히 페트로그라드와 모스크바에 인접한 전선에는 볼셰비키에 대한 지지가 급속히 확대되었다. 그리고 러시아에 사는 비러시아계 민족들의 해방 투쟁도 고양되었다.

프롤레타리아 운동이 보편적인 민주주의혁명 조류, 이를테면 지주에 대한 농민투쟁과 그리고 피억압 민족들의 민족해방투쟁과 결합되었다는 사실은 이제 노동자계급의 투쟁이 전국적 차원의 투쟁으로 확대되어 억누르기 어려운 지경에 이르렀음을 말해 주는 것이었다. 한편, 부르주아 권력은 국가를 통치할 수 있는 능력을 점점 잃게 되었고, 입헌민주당은 정치적으로 파탄지경을 맞았다. 사회혁명당과 멘셰비키는 혼란 상태에 빠져들었다. 경제적 파국이 임박해졌고, 침체와 기아 그리고 인플레이션이 갈수록 악화되었다(The USSR Academy of Sciences 1984, 66).

이런 가운데 레닌은 1917년 가을 볼셰비키 당이 노동자계급 내에서 압도적 다수를 차지하고 있다는 점과 군대 내에서 거의 반수를 차지하고 있다는 점, 그리고 결정적 시기에 또 결정적 지점 — 페트로그리드와 모스크바 양 수도와 중앙에 가까운 전선 — 에서 세력의 압도적 우위를 차지하고 있다는 점을 근거로 해 인민 봉기 문제를 실천적으로 제기했다. 레닌은 9월 12~

14일 사이에 러시아사회민주노동당 중앙위원회와 페트로그라드위원회, 그리고 모스크바위원회 앞으로 보낸 글("볼셰비키는 권력을 장악해야 한다"[7])에서 "볼셰비키는 양 수도의 노동자·병사 대표 소비에트에서 다수를 차지하고 있기 때문에, 국가권력을 자신들의 손에 장악할 수가 있으며 또 장악하지 않으면 안 된다"고 밝혔다(The USSR Academy of Sciences 1984, 68).

당시 레닌은 봉기를 어떻게 준비할 것인가에 대한 실천적 제안을 당에 보냈다. 그의 논문 "국외자의 조언"에서는 전투술의 주요한 규칙을 강조했다. 첫째, 결코 봉기를 즐겨서는 안 될 것이며, 봉기를 개시했을 경우 끝까지 확고하게 결말짓지 않으면 안 된다. 둘째, 결정적인 지점에, 결정적인 순간에 극히 우세한 병력을 집결시켜야 한다. 그렇지 않으면 준비와 조직 면에서 유리한 상대방은 봉기군을 분쇄할 것이기 때문이다. 셋째, 일단 봉기가 개시되면 최대의 결단을 가지고 행동해야 하고, 반드시 실패 없이 공격을 감행해야 한다. '수세는 모든 무장봉기의 죽음이다.' 넷째, 적을 기습할 태세를 갖추고 적의 군세가 분산되어 있을 때 좋은 기회를 포착하지 않으면 안 된다. 다섯째, '사기의 우월'을 유지하기 위해 아무리 적은 것이라 할지라도 매일매일 일정한 성공을 거두어야 한다(The USSR Academy of Sciences 1984, 68).

10월 10일(10월 23일) 볼셰비키 당 중앙위원회가 열렸는데, 이 자리에서 핀란드에서 페트로그라드로 막 돌아온 레닌이 현재 정세에 관한 보고를 했으며, 위원회는 이를 기초로 봉기 준비에 대한 결의를 채택했다.

---

**7_**부제 "러시아사회민주노동당 중앙위원회에 보내는 편지". 이 편지를 기초로 9월 15일에 열린 볼셰비키 당 중앙위원회에서 무장봉기 방침이 토의되었다(황인평 1985, 169).

러시아혁명을 둘러싼 국제 정세(전 유럽에 세계 사회주의혁명이 성장하고 있다는 사실을 단적으로 표현한 것으로서, 독일 해군에서 일어난 반란과 더욱이 러시아혁명의 압살을 목적으로 제국주의자가 강화를 체결하려는 점)와 군사 정세(러시아의 부르주아지와 케렌스키파가 페트로그라드를 독일에게 넘겨줄 결의를 했다는 의심할 수 없는 사실), 더욱이 프롤레타리아 당이 소비에트에서 다수를 획득한 점, 이 모든 사실은 농민 봉기나 민중의 신뢰가 우리 당으로 모아진 점(모스크바의 선거)이나 최후로 제2의 코르닐로프 음모 준비가 진행되고 있다는 명백한 사실(페트로그라드로부터 행해진 군대의 이동, 코사크의 페트로그라드 진주, 코사크의 민스크 포위 등) 등을 충분히 고려해 무장봉기를 일정으로 올린다(황인평 1985, 173에서 재인용).

또 결의는 이런 정세 분석을 토대로 무장봉기는 불가피해졌으며, 그런 조건이 성숙해졌다는 사실을 인정하면서 중앙위원회는 이에 따라 모든 당 조직에 대해 결의 내용을 지침 삼아 모든 실천적 문제(북부 지방 소비에트 대회, 페트로그라드에서의 군대 철수, 모스크바와 민스크 주민의 행동 등)를 토의하고 해결할 것을 제안했다.

봉기 준비는 결정적 단계에 돌입했다. 봉기를 실제로 지도하기 위해 페트로그라드 소비에트 아래에 특별 기구 군사혁명위원회[8]가 설치되었다. 군사혁명위원회는 중앙위원회, 페트로그라드 당위원회, 소비에트 공장위원회, 노동조합, 수비대, 발트함대, 그 밖의 조직 대표로 구성되었으며, 이 위

---

8_볼세비키 당 중앙위원회 결정으로 1917년 10월에 창설되어 12월 5일에 해산되었는데, 군사혁명위원회는 혁명 수행과 반혁명을 상대로 한 투쟁, 그리고 혁명적 질서 유지를 중심 임무로 한 기관이었다(황인평 1985, 174).

원회는 당 중앙위원회의 직접 지도를 받아 활동을 벌였다.

전국의 주요 지역에서 무장 행동을 위한 계획적 준비가 진행되었다. 페트로그라드에서는 당원 5만 명을 대표하는 제3회 볼셰비키 전시全市협의회가 10월 11일 열렸다. 전시협의회는 봉기에 관한 결의를 채택했다. 또 당원 약 7만 명을 대표하는 모스크바 지방 분국이 봉기에 찬성했다. 9월과 10월에는 당원의 대부분을 대표하는 30개 이상의 지방·군·시·관구의 협의회가 열렸다(황인평 1985, 174).

전국 도처에서 노동자 적위대가 편성되었는데, 이것은 혁명 무장력의 골간이 되었다. 페트로그라드와 그 근교의 노동자 적위대는 약 2만3천 명에 이르렀으며, 거의 대부분이 노동자들이었고 주로 금속노동자들이었다. 적위대를 위한 무기는 군수공장의 노동자들이 제조하고 수리했으며, 각 공장에서는 적위대가 혁명적 병사의 지도에 따라 군사훈련을 받았다. 볼셰비키의 확실한 지주는 페트로그라드 수비대 병사, 양 수도에 가까운 북부전선 군대와 서부전선 군대의 병사, 그리고 발트함대의 수병들이었다. 군사혁명위원회는 봉기를 일으키는 데서 3대 주요 세력 — 적위대를 비롯해 30만 명 이상의 전사를 배치한 육군과 해군 — 의 연합작전을 계획했다. 혁명 세력들은 수도에서 권력 탈취를 위한 결정적인 전투를 목표로 준비했다. 이 세력들은 전국에 걸쳐 수백만 노동자 대중의 지지를 받고 있었다. 전국 각지에서 볼셰비키 협의회가 열렸고, 노동자 적위대의 편성이 진행되었다(The USSR Academy of Sciences 1984, 71). 이와 같은 봉기 계획은 혁명적 실천을 향해 구체적으로 다가가고 있었다.

# 3장

# 10월 사회주의혁명의 승리와 그 의의

1917년 러시아혁명은 역사상의 전환점이었다.
또 후세의 역사가들이 이 혁명을
20세기 최대의 사건으로 평가하는 것은
당연한 일인지도 모른다.
프랑스혁명과 마찬가지로
그것은 한편으로는 인류를
과거의 억압으로부터 해방시킨
하나의 이정표로서 찬양받기도 하며,
다른 한편으로는 범죄나 재난으로서 비난받기도 하는
평가의 양극화가 오랫동안 지속될 것이다.
러시아혁명은
19세기 말에 유럽에서 최고 절정에 달했던
자본주의사회에 대한
최초의 공공연한 도전이었다.

_E. H. 카(Carr 1979, 1)

# 1. 10월 사회주의혁명의 승리

## 10월 봉기

1917년 7월 봉기 이후, 인민대중의 불만은 점점 커졌다. 이런 가운데 정부는 10월 들어 중대 위기를 맞았다. 정부의 권위는 여지없이 실추되었고, 북부전선에서 벌어진 군사적 상황은 극단적인 위기 상태에 놓였다. 수도에서는 수비 부대가 정부에 반기를 들 여러 가지 징후가 나타났다. 최악의 사태를 예고한 것은 연료와 식료품의 만성적 부족 현상과 극심한 물가 상승이었다. 노동자와 농민들이 폭동과 소요를 일으킬 조짐들이 여기저기서 목격되었다(가이어 1990, 172).

1917년 10월 10일 볼셰비키 당 중앙위원회가 처음으로 '무장봉기'를 의사일정으로 올렸으며, 10월 16일에는 페트로그라드 소비에트 회의가 군사혁명위원회(혁명방위위원회) 조직 계획을 승인했다. 10월 16~21일 사이에 군사혁명위원회는 구체적인 자기 모습을 갖추었다. 여기에는 볼셰비키를 비롯해 사회혁명당 좌파, 페트로그라드 소비에트, 농민 대표 소비에트, 첸트로 발트(발트 해군 중앙위원회), 공장위원회, 노동조합 등의 대표들이 참가했다.

이렇게 구성된 군사혁명위원회는 10월 21~23일 사이에 페트로그라드 수비대 대부분을 장악했다. 주요 수비대 연대는 수비대의 상당 부분을 전선으로 이동시키려는 임시정부의 군사 계획에 대해 격렬하게 반발하면서, 임시정부와 관계를 끊고 페트로그라드 소비에트를 지지한다고 선언했다. 이리하여 군사혁명위원회는 소비에트와 혁명 수호를 위해 수비대를 동원할 수 있었고(라보노비치 2008, 392), 페트로그라드 수비대에 소속된 병사 6만여 명은 혁명에서 결정적 역할을 수행할 수 있었다. 2월의 정세를 변화시켜

'위대한 날들'을 가져온 것도, 병사 소비에트를 만들어 낸 것도, 그리고 코르닐로프를 페트로그라드 밖으로 쫓아낸 것도 바로 그들이었다(리드 2005, 71~72).

이런 상황에서 1917년 10월 24일(신력 11월 6일), 드디어 10월 혁명의 서막이 올랐다. 이날 동이 트기도 전에 케렌스키가 볼셰비키를 직접 공격하기 시작했다. 케렌스키는 사관생도와 경찰들로 구성된 부대를 동원해 『노동자의 길』을 발행하는 트루드 인쇄소를 습격해 공식적으로 폐쇄 조치를 취했다. 또 수도 바깥에 주둔하고 있던 친정부 부대를 불러들였다.

이런 사태를 맞아 군사혁명위원회는 다음과 같은 선언문을 발표하고, 매우 신속하게 대응했다(클리프 2009, 522~523에서 재인용).

병사, 노동자, 시민 여러분!

인민의 적들이 지난밤에 공세를 시작했습니다. 사령부의 코르닐로프 추종자들은 교외에서 사관생도들과 돌격대를 끌어들이려 하고 있습니다. 오라니엔바움의 사관생도들과 차르스코예셀로의 돌격대들은 이동을 거부했습니다. 페트로그라드 노동자·병사 대표 소비에트에 타격을 가하려는 반역 음모가 진행되고 있습니다. 『라보치 푸트』(노동자의 길)와 『솔다트』 신문이 폐간되었고, 인쇄소가 봉쇄되었습니다. 반혁명 음모꾼들의 목적은 개막이 임박한 전(全) 러시아 소비에트 대회를 반대하고, 제헌의회를 반대하고, 인민을 반대하는 것입니다. 페트로그라드 노동자·병사 대표 소비에트는 혁명을 확고하게 방어하고 있습니다. 군사혁명위원회가 음모꾼들의 공격에 맞선 저항을 지도하고 있습니다. 페트로그라드의 모든 수비대와 모든 프롤레타리아가 이미 인민의 적들에게 결정타를 가했습니다.

군사혁명위원회는 다음과 같이 명령합니다.

1. 모든 연대와 중대, 수병 위원회들은 소비에트 지도 위원들, 모든 혁명 조직들과 함께 끊임없이 회의를 열고, 음모꾼들의 계획과 행동에 대한 모든 정보를 입수하는 데 집중할 것.

2. 군사혁명위원회의 허가 없이는 병사 단 한 명도 소속 부대를 떠나지 말 것.

3. 각 부대별로 2명, 각 구별로 5명씩 대표를 뽑아 즉시 스몰니 학원으로 보낼 것.

4. 음모꾼들의 모든 행동을 즉시 스몰니 학원으로 보고할 것.

5. 페트로그라드 소비에트의 모든 성원과 전(全) 러시아 소비에트 대회에 참석하러 온 모든 대의원들은 즉시 스몰니 학원으로 와서 비상회의에 참석할 것.

반혁명이 그 범죄적 고개를 쳐들었습니다.

병사·노동자·농민의 모든 성과와 희망이 중대한 위험에 처해 있습니다.

그러나 혁명 세력이 적들보다 압도적으로 강력합니다.

인민의 대의는 굳건히 지켜지고 있습니다. 음모꾼들은 분쇄될 것입니다.

절대 동요하거나 의심하지 마십시오. 인내심을 갖고 확고하고 침착하고 단호한 태도를 유지하십시오. 혁명 만세!

_군사혁명위원회


10월 24일 오후 볼셰비키 당 중앙위원회와 군사혁명위원회는 즉각적인 무장봉기보다는 25일에 열릴 소비에트 대회의 결정으로 케렌스키 정부를 무너뜨리고 소비에트 정부를 수립해야 한다는 데 의견을 모았다. 군사혁명위원회는 그런 가운데서도 24일 내내 유혈 사태 없이 수도의 주요 거점들을 하나씩 공략했다. 오후 5시에는 군사혁명위원회의 스타리슬라프 페스트코프스키가 위원회 명령에 따라 중앙 전신국 통제권을 장악했다. 오후 8시 이후, 군사혁명위원회가 페트로그라드 전신소를 장악했다. 수도에서 정부군과 군사혁명위원회의 첫 전투가 벌어지는 가운데, 핀란드 헬싱키와 크론슈타트에서는 군사혁명위원회 요청에 따라 함대와 수병들이 페트로그라드로 진출했다.

혁명 부대는 임시정부가 들어 있는 겨울 궁전을 포위했으며, 전선에서 임시정부를 구원하려고 들어오는 군대를 저지하기 위해 수도의 길목 곳곳을 굳게 지켰다. 인민들이 혁명적 봉기를 지지했고, 봉기는 신속하고도 계획대로 큰 차질 없이 실행되었다.

10월 25일(11월 7일) 새벽 2시 무렵부터 군사혁명위원회 행동이 매우 공격적으로 변했다. 이것은 소비에트 대회가 열리기 전에 임시정부를 전복해 이를 소비에트 대표들이 기정사실로 받아들일 수밖에 없게 만들려는 노력이었다(라비노비치 2008, 581). 이날 오전 2시 제6공병 대대 제1중대가 알렉산드르 3세의 육중한 청동 기마상이 우뚝 솟아 있는 즈나멘스카야 광장 옆의 니콜라예프스키 철도역을 점령했다. 또 같은 시간에 군사혁명위원회 지도 위원인 미하일 파이예르만이 페트로그라드 발전소 통제권을 장악했다. 같은 시간대에 봉기한 병사들이 중앙 체신국을 점령했다.

오전 6시 무렵 군사혁명위원회의 명령으로 병사들이 국립은행을 장악했으며, 한 시간 뒤에는 페트로그라드 중앙 전화국을 점령하고 곧바로 임시정부가 들어 있는 겨울 궁전과 군사령부로 가는 전화선을 끊었다. 이로써 10월 25일 아침에 정부 청사는 대부분 전기가 끊기거나 전화가 통하지 않는 상황을 맞았다.

오전 9시 무렵 스몰니에서는 군사혁명위원회 지도자들이 정오에 겨울 궁전을 점령하고 정부 각료들을 체포할 계획을 세웠다. 오전 10시 무렵에는 스몰니에서 레닌이 정치권력은 케렌스키 정부에서 군사혁명위원회로 이전되었음을 선포하는 "러시아 시민에게"라는 선언문을 작성했다. 이 선언문은 인쇄물이나 전신으로 전국에 배포되었다.

한편, 10월 25일 아침 무렵 페트로그라드 군관구 사령관 코로넬 폴코브니코프 장군은 케렌스키에게 보내는 보고서에서 '상황이 위급하다'고 분석하고, '사실상 정부 예하의 군대는 전혀 없다'고 했다. 이런 상황에서 케렌스키는 자신이 살아남을 수 있는 유일한 희망은 전선에 있는 군대로부터 확고한 지원을 성공적으로 동원해내는 데 있다고 판단하고, 11시께 자동차를 타고 겨울 궁전을 빠져나갔다.

오후 1시 무렵 이반 슬라드코프가 지휘하는 수병 부대가 겨울 궁전에서 얼마 떨어져 있지 않은 해군 본부를 점령하고 해군 사령부 요원들을 체포했다. 같은 시각에 파블로프스키 연대원들은 미리온나야 거리, 모흐바야 거리, 볼샤야 코뉴센나야 거리와 예카테린스키 운하에서 모이카에 이르는 (네프스키 대로로 둘러싸인) 겨울 궁전 주변 지역을 점령했다.

오후 2시께 크론슈타트로부터 함대가 도착하면서 군사혁명위원회 예하 병력이 크게 불어났다. 아므르 호 갑판 위를 꽉 채운 수병 1천 명 가운데 한 사람이었던 파블로프는 훗날 10월 25일의 페트로그라드 인근 바다 풍경을 이렇게 묘사했다.

12시에 크론슈타트 지역과 페트로그라드의 핀란드만이 어떤 모습이었는지는 당시 유명했던 노래 가사가 말하는 것으로 충분할 것이다. '크론슈타트 섬에서 온 수많은 배가 볼셰비키를 태우고 드넓은 네바 강 위에 떠간다'(라비노비치 2008, 465~466에서 재인용).

오후 6시 무렵, 날은 저물고 부슬비가 내리고 있었다. 원래 정오에 결행하기로 했던 겨울 궁전 점령 계획이 오후 3시로, 다시 오후 6시로 늦춰졌다. 이 무렵 겨울 궁전 광장에는 사관생도들이 최고사령부 청사에서 가져온 통나무로 육중한 바리케이드와 기관총 받침대를 세우고 있었다. 그 시각 겨울 궁전 안에는 장교를 비롯해 사관생도, 카자크, 여성 병사 등 약 3천 명이 있었는데, 이들에게는 보급품도 전달되지 않았고 지원군도 오지 않아 이탈자가 속출했다.

군사혁명위원회가 겨울 궁전 공격을 늦춘 이유에 대해서는 니콜라이 포드보이스키의 회고에서 잘 드러난다.

이미 승리를 확보했으므로 우리는 임시정부의 굴욕적인 종말을 기다렸다. 우리는 그 순간 우리가 대표하고 있던 혁명의 힘 앞에 임시정부가 무기를 내려놓도록 만들려고 애썼다. 우리는 더 막강한 우리의 무기가, 즉 계급투쟁이 겨울 궁전의 벽 뒤에서 작용하도록 내버려둔 채 포격을 개시하지 않았다(라비노비치 2008, 472~473에서 재인용).

오후 9시 40분에 페트로파블로프스크 요새에서 군사혁명위원회는 드디어 겨울 궁전 공격 명령을 내렸다. 곧이어 아브로라 호(오로라 호)의 뱃머리에 있는 함포가 겨울 궁전을 향해 공포탄 한 발을 발사했다. 아브로라 호가 행동을 개시한 뒤, 페트로파블로프스크 요새의 포병들은 겨울 궁전을 떠나기를 원하는 정부 군대 장병들에게 그렇게 할 수 있는 시간을 주었다. 밤 11시쯤 본격적인 포격이 행해졌다.

다음 날인 10월 26일 오전 2시께 군사혁명위원회가 겨울 궁전을 점거하고 각료 전원을 체포했다. 볼셰비키 세력의 압도적 우위와 군사 봉기를 이끈 확고한 지도는 신속하면서도 무혈에 가까운 승리를 보장할 수 있었다. 2월 혁명 때는 사상자가 1,300명을 넘었으나, 10월 혁명에서는 수도의 경우 사망자 6명, 부상자 50명 정도였다(The USSR Academy of Sciences 1984, 73).

1917년 10월 25일(11월 7일), 이날은 '러시아 10월 사회주의혁명 승리의 날'로 역사에 남게 되었다. 이날 아침 부르주아 권력의 붕괴와 혁명의 승리를 알리는 내용의 "러시아 시민들에게"라는 선언문이 발표되었다(라비노비치 2008, 462에서 재인용).

임시정부는 타도되었다. 국가권력은 페트로그라드 노동자·병사 대표 소비에트 산하 기관이며 페트로그라드의 프롤레타리아와 수비대의 선두에 선 군사혁명위원회의 손으로 넘어왔다.

인민이 쟁취하려던 대의였던 민주주의적 강화의 지체 없는 제안, 지주 토지소유 폐지, 노동자 생산관리, 소비에트 정부 창출, 이런 대의는 확보되었다. 노동자, 병사, 농민의 혁명 만세!

_페트로그라드 노동자·병사 대표 소비에트 산하 군사혁명위원회

한편, 10월 25일 밤늦게 스몰니에서 제2회 전全 러시아 노동자·병사 대표 소비에트 대회가 열렸는데, 대회는 각 지역 단위 소비에트 402개 이상을 대표했다. 대의원 650명 가운데 약 400여 명이 볼셰비키에 속한 대의원이었다. 나머지 대부분은 사회혁명당 좌파 소속이었다. 6월에 열린 제1회 대회 대의원들은 대부분 프티부르주아 출신의 지식인과 군 장교였다. 그러나 10월의 제2회 대회 대의원들은 이전보다 더 젊어졌을 뿐만 아니라 프롤레타리아의 비중이 훨씬 더 커졌다. 존 리드는 이와 같은 현상을 다음과 같이 묘사했다.

나는 그곳에 서서, 새 대의원들 — 수염을 기른 건장한 병사들, 검은 작업복 차림의 노동자들, 머리가 긴 농민들 — 이 들어오는 것을 지켜보았다. 행사 책임

자인 여성 — 플레하노프가 이끄는 예딘스트보(Edinstvo, 단결) 그룹의 회원 — 이 그들을 비웃으며 말했다. "이들은 제1회 대회 때의 대의원들과는 전혀 다른 사람들입니다. 보세요! 얼마나 거칠고 무식해 보입니까? 정말 우매한 사람들입니다. ……" 그것은 사실이었다. 러시아는 밑바닥부터 흔들리고 있었고, 그래서 이제는 최하층 사람들이 최상층으로 올라오고 있었던 것이다(Reed 1961, 97; 클리프 2010, 15~16에서 재인용).

이제까지 소비에트를 지배했던 멘셰비키와 사회혁명당 우파는 제2회 대회에서는 70~80여 명의 소수파가 되었으며, 이들은 대회에서 '실행되고 있는 음모의 비극적인 결과'에 대해 책임이 없다고 정식으로 선언하고 대회장을 뛰쳐나갔다. 대회는 이틀에 걸쳐 중대한 결의들을 채택했다.

대회 첫날에는 "노동자, 병사, 농민 여러분들에게"라는 선언문이 채택되었다.

대회는 다음과 같이 결정한다. 모든 지역의 전全 권력은 노동자·병사·농민 대표 소비에트로 이관된다. 이들 소비에트는 진정한 혁명적 질서를 확보하지 않으면 안 된다(The USSR Academy of Sciences 1984, 73).

10월 26일, 대회 이튿날 회의에서는 '평화에 관한 포고', '토지에 관한 포고', '권력 조직에 관한 포고'가 채택되었다. 평화에 관한 포고는 전쟁을 '인류에 대한 최대의 범죄'라고 규정하고, 모든 인민에 대해 평등하고 공정한 조건으로 영토 병합과 배상금 없는 평화조약을 즉시 체결한다는 결의를 천명했다.

토지에 관한 포고는 '토지의 사적 소유는 영원히 폐지한다'고 선언하고,

지주 소유지 무상몰수, 토지 사유권의 폐지, 토지 매매의 금지, 사유지와 교회령의 소비에트와 토지위원회로 이양 등을 선언했다. 이 토지에 관한 포고는 사회혁명당이 작성한 농민 요망서 내용을 포괄했는데, 이 요망서는 토지 사유제의 폐지, 지주 토지의 무상몰수와 더불어 평등한 토지이용을 강조했다. 이것은 토지 집단화를 목표로 하는 볼셰비키의 방침과는 어긋나는 것이었으나, 당시의 정세에서는 소비에트 새 정권에 대한 농민의 중립 또는 지지가 필요했기 때문에 일정한 타협 자세를 취했다(황인평 1985, 179). 권력조직에 대한 포고는 국가권력의 최고 기관이 전全 러시아 소비에트 대회이고, 대회 기간에는 전全러시아소비에트중앙집행위원회가 국가권력기관이라고 규정했다.

이런 결정과 함께 10월 26일 제2회 소비에트 대회는 레닌을 수반으로 하는 인민위원회[1]를 창설했다. 자본주의국가의 '장관'이라는 명칭을 피해 트로츠키가 제안한 '인민위원'이라는 명칭이 채택되었는데, 그 구성은 다음과 같다. 의장: 레닌, 내무: 리코프, 농업: 밀류틴, 노동: 시랴프니코프, 육해군: 안토노프-오프세옌코, 크루이렌코, 두이벤코로 이루어진 위원회, 상공: 노긴, 교육: 루나차르스키, 재무: 스크보르초프(스테파노), 외무: 트로츠키, 사법: 오보코프(모로프), 식량: 테오도로비치, 체신: 아비로프(그레보프), 민족: 스탈린, 철도: (공석) 등이다. 1946년에 각료(장관)회의로 바뀌었다(포노말료프 1991a, 220).

제2차 전全 러시아 노동자·병사 대표 소비에트 대회가 채택한 소비에트의 '정치적 권위의 근원'이 되는 선언문의 내용은 이렇다(라비노비치 2008,

---

1_제2회 소비에트 대회에서 소비에트 새 정권의 최고 집행기관이다.

504~505).

노동자·병사·농민에게!

제2차 전(全) 러시아 노동자·병사 대표 소비에트 대회가 열렸습니다. 압도적 다수의 소비에트가 대회에 대표를 보냈습니다. 농민 소비에트의 대의원들도 본 대회에 참석하고 있습니다. 타협을 일삼던 소비에트 중앙집행위원회의 권력은 끝났습니다. 노동자와 병사와 농민의 압도적 다수의 의지에 바탕을 두고, 페트로그라드에서 일어나 승리를 거둔 노동자와 수비대의 봉기에 바탕을 두고 본 대회는 권력을 장악하고 있습니다.

임시정부는 타도되었습니다. 임시정부 각료 대다수가 이미 체포되었습니다.

소비에트 정부는 모든 나라의 인민에게 민주적 강화를, 모든 전선에 휴전을 지체 없이 제안하겠습니다. 소비에트 정부는 지주와 귀족과 수도원이 소유한 토지를 농민위원회의 관할로 무상 양도하고, 철저한 군대 민주화를 수행하여 병사의 권리를 지키고 노동자 생산관리를 확립하고 헌법 제정 회의를 알맞은 시기에 반드시 소집하고 도시에 곡물이, 농촌에 생활필수품이 공급되도록 배려하고 러시아에 사는 모든 민족에게 진정한 자결권을 보장하겠습니다.

본 대회는 다음과 같이 결의합니다. 모든 지방 권력은 노동자·병사·농민 대표 소비에트로 이전되며, 소비에트는 진정한 혁명적 질서를 확보해야 합니다.

본 대회는 참호에 있는 병사들에게 경계를 늦추거나 동요하지 말라고 호소합니다. 본 소비에트 대회는 새 정부가 모든 나라의 인민에게 직접 제안할 민주적 강화가 체결될 때까지 혁명 군대가 제국주의의 모든 음해 시도로부터 혁명을 지켜낼 수 있으리라고 믿습니다. 새 정부는 유산계급을 상대로 단호한 징발과 과세 정책을 펴서 혁명 군대에 필요한 모든 것을 확보하는 모든 조처를 취하고 병사 가족의 처우도 개선하겠습니다.

케렌스키나 칼레딘 같은 코르닐로프 추종자들이 군대를 페트로그라드로 보내려고 시도하고 있습니다. 케렌스키에게 속아 넘어갔던 일부 부대가 봉기한 인민의 편으로 넘어왔습니다.

병사여, 코르닐로프와 같은 편인 케렌스키에게 적극 저항하십시오! 경계하십시오! 철도노동자여, 케렌스키가 페트로그라드로 보내는 모든 열차를 멈춰 세우십시오! 병사, 육체노동자, 사무 노동자여, 혁명의 운명과 민주적 강화의 운명이 여러분의 손에 있습니다!

혁명만세!

_전(全) 러시아 노동자·병사 대표 소비에트 대회, 농민 소비에트 대표단

이로써 프롤레타리아트가 통치자로 등장한 국가 체제가 역사상 최초로 출현하게 되었고, 이 국가가 수행해야 할 최초의 행위는 모든 노동자계급의 가장 깊은 열망 — 평화, 토지, 소비에트 권력 — 에 부응하는 프로그램을 채택하는 일이었다(The USSR Academy of Sciences 1984, 74).

## 사회주의 건설 계획

페트로그라드와 모스크바에서 성취된 혁명의 승리와 소비에트 정권의 성립, 그리고 평화와 토지에 대한 포고는 러시아의 모든 노동자를 혁명 수행에 나서게 했다. 또 1917년 11월 2일(11월 15일) 채택된 "러시아 제 민족의 권리 선언"은 모든 민족의 동등권과 주권, 분리와 독립국가 수립을 내용으로 하는 자결의 권리, 일체의 민족·종교적 특권과 제한의 폐지, 모든 소수민족과 인종 그룹의 자유로운 발전을 선언했다. 2개월 뒤에 나온 "노동과 피착취 인민의 권리 선언"은 "모든 권력은 전면적이고 독점적으로 근로인

민과 그 전권 대표인 노동자·병사·농민 대표 소비에트에 속한다"고 강조해 사회주의국가의 근본원칙과 기본 임무를 선언했다(The USSR Academy of Sciences 1984, 76).

3~4개월 동안에 전국의 소비에트 권력이 자리를 잡아가기 시작했다. 러시아의 광대한 영토와 개별 지역에 존재하는 정치·사회적 상황의 다양성을 고려한다면, 이 기간은 결코 긴 편은 아니었다. 어쩌면 소비에트 권력의 '개선 행진'이라고도 할 수 있을 것이다. 혁명의 거점은 애초부터 노동자계급의 주요 집결지인 산업 중심지였지만, 몇 개월 동안에 러시아의 대도시 97개 가운데 80개 시에서 소비에트 권력이 평화적인 방법으로 수립되었다.

전국 각지의 소비에트는 혁명적 질서의 경호를 임무로 하는 상설적인 노동자 민병대를 편성했다. 11월에는 새로운 재판제도의 조직 — 소환권이 부여된 재판관의 직접민주주의적인 선거제, 피고인의 변호권과 재판의 공개제 — 에 관한 법령이 채택되었다. 12월 7일(12월 20일)에는 반혁명 행위를 단속하기 위한 특별 기관인 '전全러시아비상위원회'(체카[2])가 창설되었다.

사회주의국가 건설에서 가장 복잡한 과제의 하나는 관리 기관들을 창설하는 일이었다. 혁명을 반대하는 측에서는 노동자계급이 주축이 된 권력 기구의 관리능력 부족과 경험 부재 때문에 혁명은 종국적으로 실패할 것이라는 논리를 폈다. 소비에트는 노동자들이 국가관리에 필요한 교육을 받지도 않았고 실제적인 경험도 없다는 사실을 결코 부정하지 않았다. 그런데도 교육 시설을 통해 전국 규모에서 인재를 양성하는 데는 일정한 시간이 필요했

---

**2_**체카(Cheka)는 '반혁명·태업·투기단속 전(全)러시아비상위원회'의 약칭이다. 인민위원회(정부)에 직속되어, 빈발하는 반혁명 음모를 적발하고 단속했다. 내전이 끝난 1922년에 폐지되었으며, 그 이후에는 게페우(GPU)가 이를 계승했다.

으며, 해결책은 한 가지밖에 없었다. 이런저런 오류를 두려워하지 않으면서 실제적인 활동을 수행하는 가운데 노동자들과 농민들이 관리에 필요한 기술을 습득하는 일이었다. 노동자들은 교육을 충분히 받지 못했지만, 무진장한 힘의 원천을 보여 주었고 몸 바쳐 일했으며, 지도적인 활동을 벌일 능력을 가진 사람들도 많이 발견되었다.

이런 사실을 두고 세르주는 다음과 같이 설명했다.

러시아에서 노동자계급은 권력을 행사하고 경제를 조직해 나갈 수 있으며, 대내외의 적을 무찌르고 굽힘 없이 자신의 역사적 사명을 감당할 수 있음을 보여 주었다. 그리고 이 모든 일은 아주 절망적인 상태에서 이루어졌다. 사람들의 온갖 변덕, 오류, 불화, 정치적 분쟁은 이 위대한 사실을 흠집 낼 수 없고, 오히려 그 사실을 더한층 부각시키는 것이 되어야 한다. 프롤레타리아혁명은 계속되고 있다(세르주 2011, 27).

1918년 1월 제3회 소비에트 대회는 "소비에트연방은 소비에트 민족 공화국의 연방으로서 자유로운 민족들의 자유로운 동맹 바탕 위에서 확립된다"는 규정에 대해 법적 효력을 부여했다(포노말료프 1991a).

러시아 노동자계급이 권력을 장악한 뒤, 가장 먼저 부딪친 문제는 경제 분야에서 사회주의 방식의 개조를 실시하는 일이었다. 그러나 러시아 노동자계급은 매우 어려운 조건에서 그 일을 수행하지 않으면 안 되었다. 상대적으로 후진적인 러시아 경제는 4년 동안의 전쟁으로 심하게 피폐해졌고, 세계 최초의 프롤레타리아국가는 자본주의국가들의 적대적 포위망에 둘러싸여 있었다. 게다가 혁명 이전의 낡은 관리 방식과 기관들을 철폐하고, 새로운 경제 장치와 관리 조직을 설치하지 않으면 안 되었다.

소비에트 공화국이 물려받은 국민경제는 다원적 구조였다. 그것은 사(私)경영자본주의, 국가자본주의, 소상품생산, 심지어는 현물경제의 가부장제 경영까지 복합적으로 존재했다. 다양한 경제구조가 존재한다는 것은 사회주의로 이행하기 위한 일정표·속도·방법을 규정하는 데서 또 국민경제 운용의 형태와 방법을 끌어내는 데서 더할 수 없는 신중성을 요구했다(The USSR Academy of Sciences 1984, 115).

새로운 경제관리 조직 형성을 위한 과도적 조치 가운데서도 가장 중요한 것은 생산과 분배에 대한 노동자 통제였다. 1917년 11월 14일(11월 27일) 소비에트 정부가 채택한 조례는 기업의 전체 활동에 대한 통제 권한을 중앙과 지방의 '노동자 통제위원회'에 부여했다. 노동자 통제는 혁명을 가로막는 낡은 경제관리 장치의 개선과 기업 활동의 조정을 촉진했으며, 국민경제 전체를 지도하기 위한 인재 양성의 학교이자 관리를 위한 학교 구실을 했다(The USSR Academy of Sciences 1984, 100~101).

경제문제 해결을 위해 각급 소비에트 집행위원회 안에 경제부가 설치되었으며, 노동조합과 공장위원회가 참가하는 '국민경제회의'Sovnarkhoz가 설립되었다. 1917년 12월 2일(12월 15일) 전(全)러시아중앙집행위원회 법령은 인민위원회 산하에 '최고국민경제회의'Vesenkha의 창설을 규정했다. 국민경제회의 체계의 창설은 은행과 주요 산업의 국유화 조치를 가장 중요한 과제로 설정했으며, 이것은 사회주의적 경제개조 실시에서 필수적인 전제 조건이었다.

소비에트 권력은 성립하자마자 일찌감치 노동자계급의 물질 상태와 노동조건의 빠른 개선을 위한 방책을 실시했다. 1917년 10월 29일(11월 11일) 인민위원회는 '8시간 노동일제'에 대한 결정을 채택했다. 18세 이하 미성년자에 대해서는 6시간 노동일제가 정해졌고, 야간노동이나 지하노동 그리고 시간외노동에는 여성과 미성년 노동의 이용을 금지했다.

1917년 12월 22일(1918년 1월 4일) 전全러시아중앙집행위원회의 포고는 모든 노동자에 대해 질병과 일시적 노동능력 상실의 경우 금전상의 부조 지급에 대한 국가보험을 설치하고, 여성 노동에 대해서는 출산시의 유급휴가제와 육아 여성에 대해서는 6시간 노동일제를 도입했다. 그리고 국가는 불구·질병·노령으로 생활 수단을 잃은 모든 노동자에 대해 연금, 부조금, 의료를 보장한다고 밝혔다.

산업부문에서 사회주의적 개조를 위한 준비와 수행을 추진하고 있는 동안, 농촌 영역에서는 무엇보다 먼저 부르주아 민주주의적 임무를 해결하는 것이 필요했다. 사회주의혁명은 곧바로 봉건적 관계, 즉 농노제적 관계의 청산을 결행했다. 토지에 관한 포고는 농민들의 오랜 소망을 실현하기 위한 것이었으며, 토지의 사적 소유에 대한 권리를 폐지하고 토지를 경작자들이 직접 이용할 수 있도록 했다. 지주·황실·수도원·교회의 토지는 보상 없이 몰수되었다. 이와 같은 조치들에 대해 지주들은 격렬하게 저항했으며, 빈농과 부농 사이의 갈등도 격화했다. 그런 가운데서도 농민들은 토지 1억5천만 헥타르를 수취했으며, 지주들에게 매년 지불했던 지대와 7억 루블 이상의 토지 매입 자금 지출, 그리고 농민 토지은행 채무(13억 루블 이상)에서 해방되었다. 지주 소유의 농기구가 농민들에게 인도되었으며, 그 가격은 약 13억 루블 정도였다(The USSR Academy of Sciences 1984, 105~106).

한편, 평화를 위한 소비에트의 투쟁은 특별한 양상을 보였다. 10월 혁명과 소비에트 권력이 행한 최초의 법 절차는 평화에 관한 포고였다. 포고는 모든 국가의 동등권과 주권, 타국 내정에 대한 불간섭, 무병합과 무배상의 강화, 비밀외교나 비밀조약 없는 그리고 민족자결에 바탕을 둔 당장의 전반적 강화를 선언했다. 그러나 협상국 열강들은 소비에트 공화국의 강화 제안을 거부했으며, 소비에트 권력을 무너뜨리기 위한 직접적인 군사행동을 조직했다.

소비에트 정부는 12월 2일(12월 15일) 브레스트리토프스크[3]에서 독일을 비롯한 그 동맹 국가들과 휴전협정을 체결했다. 휴전협정이 체결되기까지의 과정은 자못 복잡했다.[4] 강화 교섭이 진행되는 동안에도, 독일 제국주의는 소비에트러시아에 대해 약탈과 굴욕에 찬 강화를 강요하려는 의도를 드러냈다. 독일은 자신들의 군대가 점령하고 있던 폴란드, 리투아니아, 라트비아, 그리고 벨라루스 일부 지역을 예속하려 했다. 또 독일은 우크라이나의 라다[5]와 비밀 협정을 체결해 소비에트러시아로부터 우크라이나를 탈취하려 기도했다.

독일 제국주의의 이런 의도에도 불구하고, 소비에트러시아는 조국 방위와 혁명 사수를 위한 여유 기간을 가져야 했으며, 소비에트 권력을 강화하고 제국주의로부터 국가를 수호할 강력한 군대를 창설하기 위해 독일과 평화조약을 체결할 계획을 세웠다.

1918년 1월 8일 레닌은 볼셰비키 당 중앙위원과 제3회 소비에트 대회의 볼셰비키 대의원 합동회의에서 '병합주의적 단독강화의 즉시 체결 문제에 관한 테제'를 제출했다. 그러나 레닌은 다수파의 지지를 얻지 못했다. 트로츠키와 부하린, 그리고 그들의 지지자들은 독일 측의 강화 조건 수락을 반

---

**3_** 벨라루스 지방의 도시로 러시아가 독일과 단독으로 제1차 세계대전 평화조약을 체결했던 곳으로 유명해졌다.

**4_** 평화조약 체결 과정에 대해서는 황인평(1986, 30~34; 38~40) 참조.

**5_** 2월 혁명 후 키예프에 세워진 민족주의적인 우크라이나 의회를 일컫는다. 우크라이나는 우크라이나의 특수성을 강조하면서 중앙 소비에트 권력으로부터 독립을 주장하고 1917년 11월 7일 우크라이나 인민공화국을 선언했으나, 1918년 1월, 붉은 군대가 장악했다.

대하면서, 독일군은 공격해 오지 못할 것이라든가 또는 곧 독일에서 혁명이 성공할 것이라는 주장을 폈다.

　1918년 1월 27일 독일 대표는 독일군 점령 지역을 러시아에서 분리시킬 것을 인정하는 평화조약에 조인하라는 최후 통고를 했다. 당시 소비에트러시아 측 대표는 트로츠키였다. 레닌은 트로츠키에게 수단과 방법을 가리지 않고 교섭을 지연시키다가 최후 통고를 받을 경우에는 곧 평화조약에 조인할 것을 지시했다. 그러나 트로츠키는 1월 28일(2월 10일 이후에는 모두 신력으로 통일함), 독일 대표에게 소비에트 정부는 독일 측에서 제시한 조건으로는 평화조약에 서명할 수 없다는 성명을 발표했다. 트로츠키는 또 소비에트 국가는 독일과 벌이는 전쟁을 중지하고 자국의 군대를 동원 해제한다고 통고했다.[6]

　　모든 나라의 노동자계급이 권력을 장악할 시간이 다가오기를 기대하면서 ……
　　우리는 우리의 군대와 인민을 전쟁에서 철수시키겠습니다. …… 우리는 독일과
　　오스트리아-헝가리 정부가 우리에게 제안한 조건은 모두 인민의 이익과 근본적
　　으로 어긋난다고 선언합니다. …… 우리는 독일과 오스트리아-헝가리 제국주의
　　가 살아 있는 민족들의 살 위에 칼로 쓰고 있는 조건에 찬성하기를 거부합니다.
　　우리는 무수한 인간에게 억압, 비탄, 불행을 가져다주는 강화조약에 러시아혁
　　명의 이름으로 서명할 수 없습니다(도이처 2005, 504~506에서 재인용).

　트로츠키의 선언이 발표되자마자, 독일 군사령부는 휴전 조건을 파기하

---

[6]_이것은 트로츠키의 이른바 '강화도 하지 않고 전쟁도 하지 않는다'는 의사를 표현한 것이다(도이처 2005, 504).

고 1918년 2월 18일 모든 전선에서 다시 공격을 시작했다. 독일군은 며칠 만에 라트비아, 에스토니아의 전 영토, 우크라이나 대부분 지역, 두빈스크, 민스크, 보로크, 프스코프 등의 도시를 점령했고 페트로그라드까지 위협했다.

독일군이 공세를 계속하고 있는 가운데, 레닌은 당 중앙위원회가 평화조약 체결 결정을 채택하도록 이끌기 위해 최대한의 노력을 기울였다. 그 결과 1918년 2월 18일 중앙위원회는 평화조약에 조인할 용의가 있다는 결정을 채택해 독일 정부에 통보했다. 그러나 독일 정부는 새로이 더욱 가혹한 요구를 제시했다.[7] 독일은 라트비아, 에스토니아의 전 영토에 대한 통치권을 요구한 것이다. 또 소비에트 국가가 거액의 배상금을 지불하고 군대를 동원 해제하지 않으면 안 된다는 조건을 제시했다. 그리고 우크라이나는 독일의 종속국가로 편입되어야 한다는 것이었다. 독일의 새로운 최후 통고를 심의하기 위해 중앙위원회가 열렸는데, 레닌은 최후 통고의 조건을 즉시 수락하자고 제안했다. 레닌의 주장은 다음과 같았다.

우리는 우리 자신의 의도와는 정반대로 혁명전쟁을 치르고 있다. 전쟁은 장난이 아니다. 여러분이 이런 끔찍한 태도를 계속 유지한다면, 이 도박 때문에 혁명이 필연적으로 붕괴되는 위기가 닥칠 것이다. 게다가 이오페가 브레스트에서 보고한 바에 따르면, 독일에서 혁명이 시작될 조짐이 전혀 없다는 것이다. 독일이 우리의 상점과 철도를 장악하는 동안 우리는 여기서 탁상공론만을 일삼고 있다. 즉, 우리는 무너지고 있다. …… 역사는 여러분이 혁명을 포기했다고 기

---

7_2월 23일 독일이 제시한 새로운 강화 조건은 폴란드, 리투아니아, 벨라루스 일부를 점유할 뿐만 아니라 에스토니아, 라트비아, 핀란드에서 적위군이 철수할 것과 카르스와 바투미를 오스만제국에 분할 양도할 것, 그리고 우크라이나에 라다 권력을 부흥시켜 독일의 보호 아래 둘 것 등이었다.

록할 것이다. 우리는 강화를 체결하고 전쟁을 교묘히 피할 수도 있었다. 그러나 우리에게는 아무것도 남아 있지 않고, 게다가 우리는 아무것도 할 수 없다. …… 혁명전쟁은 말로 하는 것이 아니다. 전쟁을 준비할 수 없다면, 강화조약에 조인해야 한다. 우리가 독일군에게 핀란드, 라트비아, 에스토니아를 넘겨준다고 해서 혁명이 끝나는 것은 아니다(세르주 2011, 225에서 재인용).

레닌의 제안에 대해 좌파 공산주의자들(부하린, 우리츠키, 오포코프, 부브노프)은 맹렬히 반대했으나, 제안은 7 대 6으로 채택되어 결국 1918년 3월 3일 독일과 소비에트러시아 사이에 평화조약이 조인되었다.[8]

독일과 벌이는 강화문제를 최종적으로 결정짓기 위해 제7회 긴급 당대회가 소집되었다. 이 대회는 1918년 3월 6~8일까지에 걸쳐 페트로그라드에서 열렸다. 대회에서는 브레스트리토프스크조약에 대한 찬성파와 반대파 사이에 격렬한 논쟁이 벌어졌고, 전쟁과 평화에 관한 레닌의 결의안은 찬성 30표, 반대 12표, 기권 4표로 채택되었다.

제7회 당대회는 당 강령의 개정과 당명 변경에 관한 결의를 채택했다. 대회는 새로운 강령을 작성하기 위한 위원회를 선출했다. 대회는 또 '러시아공산당(볼셰비키)'[9]이라는 새로운 당명을 채택했다.

---

8_소비에트러시아는 '휴식을 취할 기간'을 얻은 대가로 주민 6,200만 명이 사는 토지 126만7천 평방마일의 토지, 경작면적의 3분의 1, 석탄과 철 생산의 4분의 3, 공장 시설의 2분의 1을 잃었다(황인평 1986b, 35).

9_이것은 이전의 '러시아사회민주노동당 볼셰비키파' 이름을 바꾼 것이다. 1925년 전(全)연방공산당(볼셰비키)으로 개칭하기까지 사용되었던 당명이다. '볼셰비키' 부분은 1925년 멘셰비키가 없어질 때까지 사용되었는데, 1903년 제2회 당대회에서 분열되어, 12년 동안 별개의 당을 형성하고 있었기 때문이었다.

## 내란의 격화

10월 혁명이 승리해 노동자·병사·농민 대표 소비에트가 권력을 장악하자, 빼앗긴 권력을 되찾으려는 반혁명이 곧이어 일어났다. 북부전선 사령부의 관할 지역으로 도주했던 케렌스키는 표트르 크라스노프 장군이 이끄는 코사크 부대 몇 개 중대를 앞세우고 페트로그라드로 진격했다. 같은 시간에 수도에서는 사관학교 생도들의 반란이 일어났고, 코사크 부대는 카치나와 차르스코예셀로를 점령한 뒤 풀코보 언덕으로 육박해 들어갔다. 정세는 위험해 보였다. 그러나 페트로그라드에는 계엄령이 선포된 상태였고, 소비에트 정부의 요청에 따라 노동자, 병사, 발트함대 수병 등 수만 명이 수도 방위에 나섰다. 그리하여 반란은 빠르게 진압되었다.

1918년 들어서도 안팎에서 반혁명 공격이 계속 가해졌다. 모스크바에서 소비에트 대회가 브레스트리토프스크조약을 비준한 1918년 3월 15일, 영국 런던에 모인 영국, 프랑스, 이탈리아의 수상·외상 회의는 이 조약을 인정하지 않은 채, 협상국 군대의 러시아 침입을 즉시 개시한다는 결정을 채택했다. 협상국 측은 소비에트 공화국에 대한 경제봉쇄를 실시하고, 소비에트 권력을 반대하는 세력에 대해 무기나 자금을 제공하기로 했으며, 그들의 대사관이나 사절단을 통해 반反소비에트 세력을 지지하는가 하면 러시아 내의 내란을 부추겼다.

한편, 소비에트러시아와 독일 사이의 관계도 악화되었다. 독일군은 우크라이나를 점령한 후 크리미아반도에 침입했으며, 소비에트의 흑해함대를 나포하려 기도했다. 독일군은 돈 지역에 침입해, 5월 8일 백위군 코사크와 더불어 로스토프-나-돈을 점령했다. 1918년 5월 말에는 러시아 영내에 있었던 체코슬로바키아 군단[10]이 반소비에트 폭동을 일으켰다. 이 반란은 국내 반혁명 무장 행동의 신호가 되었다. 볼가 지역 왼쪽 기슭에서 부농과 백위군의 봉기가 시작되었으며, 입헌민주당과 사회혁명당 그리고 멘셰비키는 중앙 러시아의 많은 도시에서 반란을 준비했다.

1918년 여름, 소비에트 공화국은 전선의 포위망 속에 놓이게 되었다. 협상국 간섭군이 무르만스크와 아르한겔스크를 점령했으며, 체코슬로바키아 군단과 백위군은 동부에서 전선을 형성했다. 블라디보스토크에는 일본군과 미국군이 상륙했다. 투르케스탄은 백위군 코사크가 지배하고 있었다. 우크라이나, 벨라루스, 발트 해 연안 지방은 독일 점령군이 지배했고, 이 점령군은 돈의 크라스노프군을 지지했다. 가을에는 독일군 대신 영국군이 트란스카우카시아에 도착했다.

소비에트 권력이 통치하고 있는 지역은 이제 인구 6천1백만 명이 사는 중앙 부분뿐이었다. 혁명의 운명은 군사 문제에 달려 있었다. 1918년 7월 29일 전全러시아중앙집행위원회, 모스크바소비에트, 모스크바공장위원회, 모스크바노동조합합동회의는 '사회주의 조국이 위험에 처해 있다'고 선언하고, '죽음인가, 승리인가'를 슬로건으로 내걸었다(The USSR Academy of Sciences 1984, 131).

외국 군사 간섭과 내전 격화는 수백만 명에 이르는 붉은 군대의 창설을 불가피하게 했다. 지원자 가운데 특히 노동자의 붉은 군대 참가는 이미 독일군이 1918년 2월 후반 페트로그라드를 위협할 때부터 늘어나기 시작했다. 그 당시 페트로그라드에서는 2만2천 명, 모스크바에서는 약 2만 명의 노동자 지원자가 군 입대를 신청했다. 5월 후반 들어 붉은 군대는 벌써 32

---

**10_**이 군단은 제1차 세계대전 중 오스트리아-헝가리제국군 출신의 체코인과 슬로바키아인 군사 포로들로 편성(3만5천 또는 4만 명)되었으며, 대독(對獨) 전쟁에 참가하기 위해 해로를 경유해 프랑스로 이동할 예정을 잡고 극동으로 향하고 있었다(The USSR Academy of Sciences 1984, 128).

만 명 이상의 전사를 확보했다. 그러나 이것으로는 불충분했다. 1918년 5월 29일 전^러시아중앙집행위원회는 지원제로부터 병역의무제로 이행하는 결정을 채택했다.

붉은 군대의 건설·강화에서 큰 역할을 수행한 것은 군사인민위원commissars 이었다. 1918년 4월에 군사인민위원 전^러시아국局이 창설되었는데, 군사 인민위원은 군대 내에서 당을 대표하고 당의 사상을 견지堅持하며 사회주의 를 위한 투쟁에서 규율과 용기와 견고함을 보였다. 1918년 9월에는 공화 국·전선·군 규모의 군사혁명위원회가 창설되었으며, 이 위원회는 당 중앙 위원회의 통제를 받으며 당의 지시에 따라 활동했다.

당은 국내 전쟁과 외국 간섭이 행해지는 대단히 어려운 시기에, 국가를 전쟁 수행을 위한 진지로 삼고 수만 명에 이르는 당원을 전선으로 내보냈 다. 가을에는 붉은 군대가 백위군 체코 군단의 공격을 격퇴하는 데 성공했 다. 9월 10일에는 카잔이 해방되었으며, 9월 12일에는 P. A. 슬라벤과 M. N. 투카체프스키가 지휘하는 군대가 레닌의 고향인 심빌스크를 해방시켰 다. 11월에는 동부전선군이 우랄 강 쪽으로 진격했다. 북부전선에서는 볼로 그다를 향해 진격한 간섭군의 공격을 저지하는 데 성공했고, 남부전선에서 는 차리츠인의 방위에 성공했다. 혁명 1주년을 맞아 소비에트 정권은 국내 전쟁과 외국 간섭을 제압하고 물리치는 데서 일정한 고지를 점령했다.


## 2. 10월 사회주의혁명의 승리와 그 의의

### 10월 사회주의혁명의 의의

10월 사회주의혁명의 승리는 러시아에서 최초로 사회주의 정권 수립을 가능하게 했으며, 이 혁명은 유럽 여러 나라에서뿐만 아니라 다른 대륙 여러 나라에서 혁명운동 고양을 촉진했다.

세계를 뒤흔든 러시아혁명은 레닌이 구상했던 패턴에서 크게 벗어나지는 않았다. 러시아에서 혁명적 사건의 전개를 통해 매우 극적으로 실현된 레닌 구상의 주요 내용은 다음과 같았다(Foster 1956, 237).

첫째, 혁명의 첫 단계는 부르주아민주주의혁명이었으며, 그것은 레닌이 주장한 대로 대중의 요구에 따라 더욱 높은 차원의 사회주의 단계로 이행했다. 둘째, 혁명은 레닌이 예견한 대로 3월 혁명(2월 혁명)에서 노동자계급과 농민대중의 광범위한 동맹을 매개로 수행되었으며, 11월 혁명(10월 혁명)에서는 빈농층을 포함한 동맹을 통해 성취되었다. 셋째, 혁명은 폭력을 수반했는데, 그것은 레닌이 말한 바와 같이 지주와 자본가들이 무력과 내전이라는 기본적인 방식으로 인민의 요구에 대응했기 때문이었다. 넷째, 총체적 운동은 레닌의 유명한 조항들, 즉 1907년 슈투트가르트 반전 결의, 제국주의 전쟁을 자본주의 전복과 사회주의 건설을 위한 전쟁으로 전화하는 명제를 실현했다. 다섯째, 노동자계급은 당과 더불어 혁명에 앞장섰으며, 혁명의 모든 단계에서 주도적인 세력으로 등장했다.

러시아 사회주의혁명을 승리로 이끈 요인에 대해서는 다양한 견해들이 제시되고 있으나, 여기서는 혁명 주체의 주장과 홉스봄의 견해를 살펴본다.

혁명의 주체인 볼셰비키는 10월 사회주의혁명이 승리한 근본 원인을 다음과 같이 밝혔다. 첫째, 러시아 노동자계급이 혁명의 선두에 섰다는 사실이다. 노동자계급은 전제에 반대하고 부르주아 독재에 반대하는 전 인민적 투쟁의 지도 세력으로 행동했다. 둘째, 착취자의 저항을 분쇄했던 사회 세력, 즉 프롤레타리아트와 근로 농민의 동맹이 러시아에서 이루어졌기 때문이었다. 셋째, 노동자계급 자신이 권력기관을 창설한 것이 무엇보다 중요한 데, 노동자 대표 소비에트가 그것이었고 노동자·병사·농민 대표 소비에트도 사실상 노동자가 지도했다. 넷째, 러시아 부르주아지가 혁명을 가로막기에는 그 역량이 비교적 취약했다. 러시아 자본주의의 역사적 발전 과정과 선진 자본주의국가에 비해 후진적이고 외국자본에 종속해 있던 것이 러시아 부르주아지의 취약한 저항력, 겁 많음, 경험 부족을 설명한다. 다섯째, 혁명이 승리한 결정적 조건은 인민대중의 선두에 경험이 풍부하고 전투적이며 혁명적인 볼셰비키 당이 있었다는 점이다(포노말료프 1991a, 221~222).

10월 혁명을 승리로 이끈 군사혁명위원회 의장 트로츠키는 러시아혁명의 특징과 의의를 그의 저작 『러시아혁명사』*The History of the Russian Rovolution* 결론 부분에서 다음과 같이 서술하고 있다.

> 혁명은 살아 있는 인간들을 불행으로 몰아넣지 않았는가? 내전으로 발생한 온갖 유혈 사태는 어찌할 것인가? 혁명의 결과가 혁명으로 생긴 희생을 전반적으로 정당화시킬 수 있는가? 이러한 문제 제기는 목적론적이기 때문에 쓸데없는 일이다. 난관과 일신상의 큰 슬픔에 직면해 이렇게 묻는 것이 더 나을 것이다. 태어난 것이 가치가 있는가? 그러나 이 질문에 대해 지금까지 우울하게 생각에 잠기더라도 사람들은 애를 낳고 새 생명은 태어났다. 도저히 참을 수 없는 고통이 난무하는 이 시대에도 지구상 인구의 극히 사소한 비율만이 자살한다. 사람들은 혁명을 통해 참을 수 없는 어려움을 헤쳐 나갈 길을 찾고 있다. ……
> 혁명으로 파멸한 러시아의 유산계급들은 혁명이 러시아의 문화 수준을 퇴락시켰다고 주장한다. 그러나 이 주장을 곰곰이 생각해 봐도 별 소득이 없을 것이다. 10월 혁명이 타도한 러시아 귀족문화는 결국 서방세계의 더 고상한 모델을 피상적으로 모방한 것에 지나지 않는다. 러시아 인민은 이를 향유하지도 못했으며, 이 문화는 인류의 문화 보고에 근본적으로 기여한 것은 하나도 없었다. 10

월 혁명은 모든 사람을 배려하는 새로운 문화의 기초를 놓았다. 바로 이 때문에 곧바로 국제적 의의를 획득한 것이다. 불리한 조건과 적대 세력의 공격 때문에 소비에트 체제가 일시적으로 타도될 수 있다고 잠시 가정해 볼 수는 있다. 그러나 10월 혁명의 지울 수 없는 자취는 인류의 미래 발전에 그대로 남아 있을 것이다.

문명국들의 언어는 러시아의 발전 과정을 두 시대로 확연히 구분 지었다. 귀족 문화가 세상에 차르, 소수민족 학살(pogrom), 매질(knout) 등과 같은 야만적 단어를 남겼다면, 10월 혁명은 볼셰비키, 소비에트, 5개년 계획(piatiletka) 등과 같은 단어들을 국제적으로 통용시켰다. 노동자계급의 혁명을 정당화할 필요가 있다고 생각한다면, 이것만으로도 충분하다(Trotsky 1961, 1193~1194).

홉스봄은 러시아혁명이 승리한 이유를 세 가지로 요약했다. 첫째, 혁명은 강력하고도 실질적인 국가 건설 도구로서 60만 당원의 중앙집권화되고 규율이 잡힌 당이 이끌었다. 1902년 이래 레닌이 집요하게 선전하고 옹호해 온 이런 조직 모델은 혁명 이전의 역할이 어쨌든 간에, 혁명 이후에는 그 진가를 충분히 발휘했다. 둘째, 혁명은 애국적 러시아인의 상당한 지지를 받았는데, 이것은 러시아를 하나의 국가로 단결시킬 능력과 의지를 가진 정부를 수립했기 때문이었다. 셋째, 혁명의 결과로서 농민층이 토지를 얻을 수 있게 되었다는 사실이다. 이것은 1918~1920년의 내전에서 볼셰비키에게 결정적으로 유리하게 작용했다(Hobsbawm 1996, 64~65).

특히 혁명을 주도한 볼셰비키의 역할이 강조될 수밖에 없는데, 1917년 볼셰비키가 가진 힘과 권위의 주요 원천은 '평화, 토지, 빵'과 '모든 권력은 소비에트로'라는 슬로건으로 구체화한 당 강령이 발휘한 힘이었다. 볼셰비키는 페트로그라드의 공장노동자들과 병사, 크론슈타트 수병의 지지를 얻기 위한 운동을 아주 힘차고 능숙하게 벌인 사실이 높게 평가될 수 있다(라비노비치 2008, 515).

러시아 10월 혁명은 국제노동계급 운동의 발전에 대해서도 매우 중대한 의의를 갖는 것으로 평가되었다.

첫째, 10월 혁명의 결과로서 러시아 노동자계급이 역사상 처음으로 지배하는 계급, 통치하는 계급으로 등장했다는 사실이다. 혁명은 모든 일하는 대중과 대다수 인민을 역사적 창조의 과정 속으로 끌어들였다. 소비에트 노동자계급은 국제적으로도 노동자계급의 지지와 공감을 상당한 정도로 획득했으며, 자본주의국가들로 포위된 소비에트 공화국의 독립과 존재를 지키면서 자국을 노동자계급을 위한 해방 투쟁의 전선 기지로 만들고자 했다.

둘째, 10월 혁명의 승리는 국제 노동자계급의 처지를 근본적으로 강화했으며, 그들에게 혁명적 변화를 위한 새로운 지렛대를 제공했다. 노동자계급의 국제적 행동이 이만큼 규모가 컸던 것은 역사상 처음이었으며, 프롤레타리아 국제주의는 슬로건이나 이론 원칙일 뿐만 아니라 노동자계급의 모든 민족 부대에 대해 힘의 적극적인 원천이 되었다.

셋째, 10월 혁명 후의 혁명적 고양 국면에서, 국제 노동자계급의 투쟁 형태와 이데올로기 변화가 혁명 지향의 계급적 자각 성장과 결합되면서 일어났다. 10월 혁명 이전에는 국제 노동자계급의 혁명의식은 주로 자본주의 착취와 억압에 대한 저항 의식에 따라 형성되었으며, 사회주의에 대한 확신은 대개는 사회민주주의 선전과 마르크스주의 문헌에 따라 이루어졌다. 그러나 이제는 사회주의가 추상적 이상에서 실재로 전화했으며, 세계혁명 과정과 국제 관계들에서 점점 유력한 요소로 등장했다.

넷째, 부르주아지의 반격, 파시즘과 새로운 전쟁의 위험 증대, 대중의 혁명적 행동 침체 등의 상황에서 노동자계급의 공동 행동과 통일된 운동의 필요는 더욱 커졌다. 사회민주주의 정당과 제2인터내셔널이 개량주의적이고 배타적 애국주의 자세를 취하면서 노동운동이 대부분의 나라들에서 혁명적 부대를 조직하지 못한 조건에서는 더욱 그러했다. 국제 노동자계급의 반파시즘 투쟁, 세계사회주의 체제의 창설, 식민주의로부터 해방, 평화·민주주의·사회주의를 이룩하기 위한 투쟁에서 매우 중요한 정책 바탕은 20세기 초 노동자계급의 공동 행동·통일 운동의 필요에 따라 형성되었다.

다섯째, 10월 혁명의 승리와 더불어, 혁명투쟁에서 주체 요소의 중대한 역할이 더욱 명확하게 부각되었다(The USSR Academy of Sciences 1984, 17~21).


## 국제적 반향

10월 혁명이 당시 세계에 던진 직접적인 반향은 실로 다양하면서도 다면적인 것이었다. 모든 진보 세력은 10월 혁명의 영향을 실감할 수 있었다. 그러나 국가나 지역의 구체적인 역사적 조건에 따라, 또 여러 가지 사회계층의 정치적 성숙 수준과 성격에 따라 10월 혁명의 여러 측면이 크게 혹은 작게 반향을 불러일으켰다.

소비에트 권력 수립과 그것의 대외적 포고에 대한 다른 나라 진보 세력의 최초 반향은 이미 시작된 정치·사회적 변혁 규모와 깊이에 대한 감동 그것이었다. 그리고 이 방대한 국가의 수백만에 이르는 피억압·피착취 대중을 이끌었던 소비에트 지도자들의 대담성에 대한 감명의 표현이었다. 10월 혁명 직후 각국에서 나타난 반향을 살펴본다(The USSR Academy of Sciences 1984, 139~147).

당시 독일에서 배포된 비합법 전단은 이렇게 표현했다.

러시아의 영웅적인 형제들은 자국 악당들의 저주받은 보루를 쓸어 없앴다. …… 그대들의 행복, 그대들의 구원은 그대들이 러시아 형제들의 사례를 따를 결심과 역량을 가지고 있는가, 없는가에 달려 있다. …… 승리한 혁명은 미치광이 같은 전쟁이 지배하는 전장에서 단 하루의 전투가 요구하는 정도의 희생도 필요로 하지 않는다(The USSR Academy of Sciences 1984, 139~140).

오스트리아사회민주당 기관지는 이렇게 밝혔다.

오늘날 매우 의의 깊은 사건이 벌어졌다. 프롤레타리아독재가 페트로그라드에서 현실로 나타났다. …… 우리는 오늘 우리의 러시아 형제들에게 따뜻한 소망을 보낸다. 만일 그들이 대담하게 벌여 놓은 이 투쟁에서 승리를 거둔다면, 국제 프롤레타리아트의 해방 투쟁에서 새로운 시대가 열릴 것이다. 러시아에서 그들은 우리의 공통적인 목적을 위해서, 그리고 다른 무엇보다 평화를 이룩하려는 목적을 위해서 투쟁하고 있는 것이다(The USSR Academy of Sciences 1984, 140).

1917년 12월 2일 체코 프라하에서 일어난 노동자 시위는 소비에트 정부의 강화 제의를 환영하면서 "체코의 사회민주주의적 프롤레타리아트는 세계 최초의 사회주의 공화국을 방위하기 위해 위대한 투쟁을 벌이고 있는 러시아 노동자들과 함께한다"고 선언했다.

러시아군의 포로 상태에서 벗어나 빈으로 막 돌아온 오스트리아의 저명한 사회주의자 오토 바우어는 이렇게 썼다.

유럽 프롤레타리아트의 모든 미래는 러시아혁명의 승리에 달려 있다. …… 독일 노동자들이 독일 영토 합병주의자의 권력을 깨뜨리지 않는 한, 또 영국, 프랑스, 이탈리아, 미국의 노동자들이 자기 나라 정부에 대해 강화 체결을 강제하지 않는 한, 러시아혁명만으로 전쟁을 종식시킬 수는 없을 것이다(The USSR Academy of Sciences 1984, 141에서 재인용).

프랑스에서는 당시 평화를 위해 전력을 다해 투쟁해야 한다는 결의들이 노동자들로부터 나왔다. 한 급진적인 신문은 이렇게 적었다.

러시아에서 노동자계급이 주도한 혁명이 발발했다. …… 프랑스에서도 러시아처럼 격렬하지는 못해도 유사한 운동이 전개되고 있다. 부르주아지가 세운 건물의 벽에는 지금까지 한 번도 나타나지 않았던 균열이 보이고 있으며, 우리는 이 건물이 눈에 띌 정도로 흔들리는 광경을 목격하게 될 것이다(The USSR Academy of Sciences 1984, 142에서 재인용).

영국에서는 이미 1917년 여름에 '러시아를 따르자'는 슬로건을 내걸고 노동단체와 사회주의 단체의 협의회가 리즈에서 열렸으며, 이 협의회는 결의에서 노동자·병사 소비에트 결성을 분명하게 지지했다. 사회주의 신문 『워커스 드래드노트』 *The Workers' Dreadnought*는 "볼셰비키의 승리는 모든 나라 인민들에게 자유를 위한 문을 열게 되었다"고 썼다. 영국사회당이 발간한 주간지 『콜』 *The Call*은 "러시아에서는 노동자계급과 근로 농민대중 그리고 병사들이 혁명적 사회민주당의 지도로 권력을 획득하고, 자본주의 사회 제도를 근본적으로 변화시키기 위한 일련의 조치들을 실시해 사회주의 지배를 확립하려 하고 있다"고 밝혔다(The USSR Academy of Sciences 1984, 142~143).

미국의 노동자계급도 러시아혁명을 경이의 눈으로 바라보았다. 미국 사회당 좌파 기관지 『계급투쟁』Class Struggle은 "러시아혁명은 전 세계에 대해 놀라울 정도의 중대한 일로서 사회주의혁명에 대한 갈망이 눈앞의 현실로 전환된 것이다"고 밝혔다. 또 1917년 12월 공업도시 시애틀에서 열린 집회에서 노동자들은 "자본에 대한 승리를 최초로 쟁취한 러시아 노동자들"에게 찬사를 보냈다. 그들은 러시아 노동자들에게 공감을 표시하고 실제로 프롤레타리아 연대를 입증하게 될 것이라고 선언했다(The USSR Academy of Sciences 1984, 143).

일본 노동자들도 10월 혁명의 승리에 대해 깊은 관심을 나타냈다. 도쿄와 요코하마의 사회주의자단 실행위원회는 "러시아 동지들"에게 보내는 인사에서 다음과 같이 밝혔다.

러시아혁명의 초기 단계에서부터 우리는 여러분의 용감한 행동을 대단한 열광을 가지고 지켜보았다. 여러분이 성취한 것은 우리 국민의 정서에 지대한 영향을 던져 주었다. 우리는 일본 군대를 시베리아에 보내는 것에 대해 분연히 반대하고 있다. 그 이유는 러시아 파병이 러시아혁명의 자유로운 진전을 방해할 수 있기 때문이다. 우리는 일본 정부가 여러분을 위협할 수 있는 위험을 막을 만한 힘을 갖추지 못한 것을 매우 유감스럽게 생각한다. 그러나 우리는 혁명의 붉은 깃발이 머지않아 일본 전국에도 휘날리게 될 것을 여러분들에게 확신하도록 할 것이다(The USSR Academy of Sciences 1984, 143에서 재인용).

10월 사회주의혁명이 아시아의 식민지·종속 국가들의 피압박 민족에 대해 각별한 중요성을 갖는 것은, 역사상 처음으로 모든 민족 — 강대국이나 약소국을 막론하고, 선진국이나 후진국을 막론하고 — 의 평등을 명확히 선언했다는 사실이다. 혁명을 성취한 러시아는 유럽뿐만 아니라 아시아 국가들과도 경제·지리·역사적인 관계들을 갖고 있었다. 이것은 아시아 여러 국가에서 추진되는 반제국주의 운동의 고양을 크게 촉진하게 되었고, 이런 운동은 혁명으로 세워진 소비에트 정부에 대해서는 신뢰할 수 있는 동맹자가 되었다.

중국의 지도자 쑨원은 1918년 레닌과 소비에트 정부 앞으로 서신을 보냈다. "귀국의 혁명당이 벌이고 있는 힘든 투쟁에 대해 깊은 경의를 표합니다"라고 했고, 동시에 그는 "중국과 러시아의 혁명 정당이 공동 투쟁을 위해 단결할 것을 희망합니다"라고 표명했다(The USSR Academy of Sciences 1984, 145~146).

인도의 독립운동 지도자 자와할랄 네루는 이렇게 회상했다.

위대한 레닌이 지도한 10월 혁명과 거의 동시에 우리는 인도에서 자유를 위한 투쟁의 새로운 국면을 시작했다. …… 이 투쟁은 마하트마 간디가 지도한 것이었지만, 우리는 그것과는 다른 길을 가고 있다. 우리는 레닌을 존경하고 있으며, 그가 이룩한 모범적 사례가 우리에게 큰 영향을 끼쳤다(The USSR Academy of Sciences 1984, 145에서 재인용).

터키의 민족해방지도자 무스타파 케말 아타튀르크는 소비에트 정부 앞으로 보낸 메시지에서 "자기 나라의 족쇄를 끊는 데 만족하지 않고 전 세계의 해방을 위해 유례를 찾기 어려운 투쟁을 2년 넘게 감행하고 있으며, 그런 가운데 지상에서 억압을 영구히 일소하기 위해 미증유의 고통을 기꺼이 감내하고 있는 러시아 인민에게 터키 인민들이 품고 있는 감탄의 마음"을 보낸다고 했다(The USSR Academy of Sciences 1984, 146).

이 밖에도 라틴아메리카와 남아프리카 나라들에서도 러시아혁명에 대해 찬사를 표시하면서 민족해방투쟁의 새로운 전환을 모색하는 경우들이 많았다.

각국의 이런 반향에도 불구하고, 러시아 10월 혁명이 다른 국가들의 혁명운동이나 민족해방투쟁의 발전에 끼치는 영향이 아무리 크다고 할지라도 각국에서 이루어지는 혁명의 성숙은 그 국가 특유의 국내 조건에서 진전되는 것이며, 사회 발전의 수준과 계급 사이의 정치 세력 관계에 따라 규정될 수밖에 없는 것이다.

| 연도 | 월 | 일 | |
|---|---|---|---|
| 1853~1856 | | | 크림전쟁 |
| 1861 | | | 차르 알렉산드르 2세 농노해방령 |
| 1873~1874 | | | 브나로드운동 |
| 1881 | | | 알렉산드르 2세 암살 |
| 1885 | | | 러시아 최초의 마르크스주의 단체인 노동자계급해방투쟁동맹 결성 |
| 1898 | | | 러시아사회민주노동당 창당 |
| 1901~1902 | | | 사회혁명당 창당 |
| 1903 | | | 사회민주당이 볼셰비키와 멘셰비키로 분열 |
| 1904 | | | 러일전쟁 |
| 1905 | 1 | | '피의 일요일 사건', 1905년 혁명 시작 |
| | 10 | | 차르 니콜라이 2세의 10월 선언 |
| 1906 | | | 스톨리핀의 농업개혁 |
| 1911 | | | 스톨리핀의 암살 |
| 1914 | | | 러시아 제1차 세계대전 참가 |
| 1917 | 2 | | 페트로그라드 인민 시위. 노동자·병사 대표 소비에트 수립 |
| | 3 | | 니콜라이 2세 퇴위. 임시정부 구성 |
| | 4 | | 레닌의 "4월 테제" 발표. 임시정부의 전쟁 지속 정책에 항의하는 시위 발생. 4월 위기 |
| | 5 | | 제1차 연립내각 수립 |
| | 6 | | 제1차 전(全) 러시아 노동자·병사 대표 소비에트 대회 개최. 6월 총공세 시작 |
| | 7 | | 7월 무장봉기 발생. 7월 위기로 제2차 연립내각 수립, 케렌스키가 새로운 총리로 임명 |
| | 8 | | 코르닐로프의 반동 쿠데타 시도. 코르닐로프 해임 |
| | 9 | | 제3차 연립내각 구성. 볼셰비키가 페트로그라드 소비에트에서 다수파가 됨 |
| | 10 | 10 | 볼셰비키 당 중앙위원회가 '무장봉기'를 의사일정으로 상정 |
| | | 16~21 | 군사혁명위원회 설치 |
| | | 21~23 | 군사혁명위원회가 페트로그라드 수비대 대부분을 장악 |
| | | 24 | '10월 혁명'의 서막이 오름 |
| | | 25 | 겨울 궁전 공격, 제2차 전(全) 러시아 소비에트 대회 개최 |
| | | 26 | 군사혁명위원회가 겨울 궁전 점령, 임시정부 각료 체포, 혁명정부 창출 합법화 선언 |
| | | 27 | 전(全) 러시아 소비에트 대회가 평화와 토지에 관한 포고령 인준, 인민위원회 수립 선포 |
| | 11 | 12~14 | '헌법 제정 회의' 선거 실시 |
| 1918 | 1 | | '헌법 제정 회의' 해산 |
| | 3 | | 중부 유럽 제국들과 브레스트리토프스크조약 체결 |
| 1918~1920 | | | '적색' 노동자 및 농민 군대와 '백색' 연합의 전투 발발 |
| 1919~1921 | | | 볼가, 북부 카우카수스, 우크라이나 등에서 농민 반란 발생 |
| 1919 | 3 | | 모스크바에서 제3차 인터내셔널(코민테른) 창립총회 |
| 1920 | 4 | | 소비에트와 폴란드 사이의 전쟁 발발 |
| 1921 | 3 | | 크론슈타트에서 일어난 선원 반란 실패. 제10차 공산당 전당대회 개최 |

# 제10부 세계 노동자계급의 투쟁 전선 확대

# 1장

# 반전투쟁 고양과
# 각국에서 진행된 혁명
# : 반혁명 정세

볼세비즘은 사회주의 전통의 틀을 깨면서
유럽 마르크스주의자들의 숙명론을 뒤흔들었다.
이제 사회주의는 자본주의의 불가피한 위기에서 빠져나오는
필연적인 출구가 아니었다.
그 대신 혁명을 만들어 내야만 했다.
단순히 역사법칙의 객관적인 결과가 아닌 까닭에
혁명을 위해서는 창의적인 정치 행동이 필요했다.
유럽 사회주의정당의 급진주의자들과 1917~1918년의 노동자계급 투사들,
그리고 좌파의 새롭고 많은 젊은 지식인들에게
러시아혁명은 정치적 가능성의 의미를 넓혀주었다.
러시아혁명은 새로운 지평을 만들어 냈다.

_제프 일리(일리 2008, 292)

## 1. 반전투쟁과 사회적 요구 투쟁의 고양

러시아 10월 혁명은 근로인민의 반전투쟁을 더욱 강화했으며, 이 투쟁을 새로운 단계로 끌어올렸다. 소비에트 권력이 밝힌 평화에 관한 포고는 모든 나라에서 전개된 반전운동의 구체적이고 명확한 강령 구실을 했다. 핵심적인 내용은 무병합·무배상을 주요 내용으로 하는 민주적 강화, 민족자결의 존중, 강화 교섭에 대한 노동자 대표 참가였다(The USSR Academy of Sciences 1984, 153).

1918년 들어 전쟁 때문에 쌓인 노동자계급의 극심한 불만은 격렬한 대중 파업의 형태로 표출되었다. 노동자계급의 반전투쟁과 사회적 투쟁을 동맹국에 속한 국가들과 협상국에 속한 국가들로 크게 나누어 살펴본다.

먼저 오스트리아-헝가리제국에서 일어난 투쟁부터 살펴본다. 1918년 1월 13일, 오스트리아의 지지를 받고 있던 독일군 수뇌부가 소비에트러시아에 대해 영토 병합을 요구하는 최후통첩을 보냈다는 사실이 빈에 알려졌다. 이와 같은 사실은 조속한 평화조약 체결을 바라는 오스트리아-헝가리제국 노동자의 모든 기대를 송두리째 무너뜨렸다. 더욱이 그 전날인 1월 12일에는 그나마 부족한 밀가루 배급량마저 줄인다는 발표가 있었다. 1월 14일에는 다임러 군수공장 노동자들이 파업에 돌입했고, 그다음 날에는 오스트리아 빈과 남쪽 공업도시 기업들 대부분이 이 조업 중단에 들어갔다.

파업은 점점 확대되어 1월 18일에는 총파업으로까지 진전되었으며, 노동자 70만 명 이상이 파업에 참가했다. 헝가리 주요 도시들에는 공장 가동이 정지되었으며, 철도 운행이 중단되었다. 파업이 진행되는 가운데 주요 도시들에서 '노동자평의회'가 창설되었다.

파업의 전개 방식은 오스트리아 사회민주당(이 당은 사회민주노동당, 사회민주당, 사회노동당으로 여러 차례 당명을 바꾸었다)이 창설한 노동자평의회가 1918년 1월 19일에 개최한 회의에서 결정했다. 당의 우익 지도자들은 파업을 중지하도록 하기 위해 모든 수사법을 동원했다. '분별력'에 호소한다든지, 군대의 탄압이나 독일 점령과 관련한 위협을 강조한다든지 또는 정부 측이 양보할 용의가 있다든지 하는 주장이 그것이었다. 말하자면 정부는 강화 교섭을 결렬하지 않을 것이고 러시아 점령을 포기할 것이며, 폴란드 독립을 승인하는 동시에 식량 제도를 개선하고 지방자치제를 도입할 것이라고 주장했다. 이런 설득은 실제로 효과를 발휘해 결과로서 파업은 중지되었다(The USSR Academy of Sciences 1984, 155).

오스트리아-헝가리제국에서 파업이 수그러들 무렵, 독일 노동자계급의 투쟁이 고조되었다. 독일군 총사령부와 팽창주의자들은 1917~1918년 겨울에 온건한 평화조약 가능성이 있었음에도 불구하고, 만족할 만한 성과가 있어야만 대내 문제를 해결할 수 있고 사회주의도 제압할 수 있다는 믿음에 따라 과대망상적인 정복 계획을 고수했다. 이런 무모한 계획은 노동자들의 분노를 자아냈다(풀브룩 2000, 225~226).

베를린에 위치한 기업들의 현장위원 대표자들은 1918년 1월 28일 회의를 열어 정치적 파업을 단행하기로 결정했다. 수도의 군수공장에서는 총파업 첫날, 노동자 약 40만 명이 일손을 놓았다. 파업은 함부르크, 브레멘, 킬, 루르 공업지대와 그 밖의 중심 도시로 확대되었다. 곧이어 50개 도시에서 노동자 100만 명 이상이 파업에 참가했다. 베를린의 현장위원 414명은 '대<sub>大</sub> 베를린 노동자평의회'를 조직했으며, 이 평의회는 민족자결에 기초한 무병합·무배상의 즉시 강화 체결 요구를 제기했다. 나아가 파업 노동자들은 모든 나라 노동자 대표를 강화 교섭에 참가시킬 것과 정치범 석방, 군부독재와 계엄 상태 폐지, 식량 공급 개선 등을 요구했다(The USSR Academy of

Sciences 1984, 156).

정부의 금지 조치에도 아랑곳없이 1월 30일과 31일, 베를린에서는 많은 시민이 참가한 가운데 집회와 시위가 열렸다. 시위대와 경찰 사이에 충돌이 일어났고, 바리케이드가 구축되는 사태가 벌어졌다. 한편, 계엄이 강화되었고 노동자평의회는 해산명령을 받았고 대량 검거가 시작되었으며, 야전 군법회의가 활동을 개시했다(Barltel 1957, 141~183; The USSR Academy of Sciences 1984, 157에서 재인용).

이런 상황에서 노동자들은 조직적인 저항을 계속할 만한 준비 태세를 갖추지 못했다. 게다가 독일사회민주당과 자유노조 우익 지도부 개입으로 현장위원들은 동요했으며, 파업투쟁은 점점 힘을 잃었다. 조직을 훼손당한 노동자들의 저항은 분쇄되었으며, 노동자들은 2월 4일 직장으로 복귀했고 활동가 약 5만여 명이 참호로 보내졌다.

협상국에 속했던 프랑스에서는 1917년 말부터 1918년 초까지 파업이 발생했는데, 루아르 강 유역에 위치한 사업장에서 일하는 금속노동자들이 정치적 탄압에 항의하면서 즉각적인 강화를 요구했다. 모든 군수공장에서 작업이 중지되었고, 석탄과 금속 그리고 전력 생산이 중단되자, 정부는 부분적 양보를 하지 않을 수 없었다.

1918년 봄에는 파리와 쉬렌느 항공기공장, 클리쉬 병기공장과 브레스트 병기창, 오뎅쿠르와 난 베르 군수공장 노동자를 비롯해 기계·제강·섬유 노동자들이 파업에 돌입했다. 정부는 곧바로 파업 현장에 군대를 투입해 파업을 깨뜨리고 파업 참가 노동자들을 전선으로 징집해 보냈다. 그 뒤 5월에는 르노의 빌랑크르 공장노동자들이 작업을 멈추었고 루아르 강 유역 노동자들이 파업을 벌였다. 파업은 군대와 충돌을 빚은 끝에 종결되었다.

영국에서는 전쟁 말기에 계급투쟁이 격화되었다. 1917년 파업 건수는

730건, 파업 참가자 수는 87만2천 명(전년 대비 3.2배였음)이었던 데 비해 1918년에는 1,223건 파업에 111만6천 명이 참가했고, 노동손실일수는 587만5천 일이었다(Ministry of Labour 1927, 144~145; The USSR Academy of Sciences 1984, 163에서 재인용). 노동조합원 수는 1913년 당시 400만 명에서 1918년에는 650만 명으로 급증했다. 1916년에 설립된 노동자위원회와 전국 현장위원 운동이 영향력을 강화했으며, 이 운동은 기본적 생산수단의 사회화와 기업에 대한 노동자 통제 확립을 목적으로 한다고 선언했다. 때로는 현장위원과 노동자위원회가 파업의 발의자 또는 지도자로 행동했다. 주요 운동 중심지는 스코틀랜드 공업지구 클라이드였다.

영국 노동자들은 러시아 10월 혁명을 환영했으며, 반전운동에 대해서도 열성적인 태도를 보였다. 1918년 1월 27일, 런던에서 수천 명이 참가한 반전 시위행진이 거행되었다. 영국 노동자계급은 부르주아지의 정치사상과 정치조직의 영향에서 벗어나 노동당 노선을 지지했다. 1918년 당시 노동당원 수는 300만 명을 넘어섰고(전쟁 이전에 비해 100만 명 이상 증가했다), 1918년 2월에 열린 노동당 대회에서 새로운 규약이 채택되었으며, 처음으로 간접적인 형태로나마 당의 목표를 사회주의로 선언했다(The USSR Academy of Sciences 1984, 163~164).

노동당 강령은 1918년 6월에 채택되었는데, 그것은 "노동과 새로운 사회질서"Labour and the New Social Order라는 문서로 공식화되었다. 노동당이 채택한 이 최초의 강령은 정치 분야에서 언론, 출판, 주소 선택, 직업 자유에 대한 일체의 전시 제한 철폐를 규정했다. 강령은 또 보통선거권 획득과 하원 폐지를 요구했다. 경제 분야에서는 철도·석탄광·발전소 국유화를, 그리고 조건이 허용되는 범위에서 행하는 토지국유화를 주장했다. 이 새로운 규약과 최초의 이런 강령 채택은 노동당이 급진적 자유주의에서 사회민주주의 형식의 개량주의로 이행하는 장기적이고 복잡한 과정의 완료를 의미했다.

이탈리아의 경우, 전쟁 참가가 정치·경제적인 측면에서 큰 혼란을 불러일으켰다. 군수공업의 발흥은 전통 산업의 쇠퇴를 가져왔다. 1918년 들어경제적 황폐가 두드러지게 나타났다. 철도와 해운은 운송 업무를 제대로 수행하지 못했으며, 농업은 군사 동원에 따른 노동력 부족으로 큰 어려움을겪었다. 연료, 원료, 식료 등의 부족이 심각해졌고, 물가가 상승했으며 투기와 실업이 증대했다. 카포레토 전투에서 당한 대패배 이후, 삼각 공업지대(밀라노, 제노바, 토리노) 노동자들과 전쟁과 궁핍에 대한 불만을 표시한 로마와 나폴리 그리고 그 밖의 다른 도시들의 노동자들에 대해 정부는 일관되게억압으로 대응했다. 또 대토지소유에 대해 분배를 요구한 농민운동을 대상으로 엄격한 탄압이 가해졌다. 1918년에는 파업 건수가 전년보다 다소 감소했지만(정부 당국 통계로는 477건에서 313건으로 감소), 파업 노동자들은 오히려 더욱 완강한 기세를 나타냈다(The USSR Academy of Sciences 1984, 162).

미국에서 행해진 노동자의 반전투쟁은 미국이 협상국의 '공급업자' 역할에서 '직접적 참가자'의 역할로 이행하면서부터 시작되었다. '전 세계가 민주주의를 수호하기 위해' 전쟁에 개입한다는 우드로 윌슨 대통령의 방침에반대해 세계산업별노동조합과 아메리카사회당 좌파가 반전 선전 활동을 활발하게 진행했다.

1916년 초 세계산업별노동조합은 전쟁 반대 방침을 명확히 밝혔다. "우리는 모든 전쟁을 저주하며, 그런 전쟁을 막기 위해 평화 시에는 반군사적인 선전을 해 전 세계 노동자들의 단결을 촉진하고, 전시에는 모든 산업에서 총파업을 단행한다"(보이어 외 1981, 241에서 재인용). 이와 같은 활동은새뮤얼 곰퍼스를 대표로 하는 미국노동총연맹 지도부가 강력하게 반대했지만 대중으로부터는 넓은 반향을 불러일으켰다.

전쟁은 미국 독점자본에 대해 엄청난 이익을 가져다주었으며, 자본의 집적을 촉진했다. 전쟁 말기에 미국에서는 4만2,554명의 백만장자가 존재했으며, 인구 1퍼센트가 국부의 절반 이상을 소유하고 있었다(The USSR Academy of Sciences 1984, 162).

미국 부르주아지는 노동자계급의 정치조직 취약성을 빌미로 정치적 요구를 내건 파업투쟁을 적극 억제했다. 그런 가운데 1918년 2월 세계산업별 노동조합에 대한 본격적인 검거 선풍이 단행되었고, 간부 2천여 명이 구속 기소되었으며 지도자 101명에 대한 재판이 1918년 4월 1일부터 시카고에서 시작되어 약 5개월 동안 계속되었다. 그들의 죄목은 음모, 전쟁 노력 방해 행위, 동원에 대한 저항 등이었다. '주범'에 대해서는 20년형이 언도되었다. 이와 같은 탄압 속에서도 대중적 노동운동과 사회주의운동은 계속 전개되었다.

협상국에 속했던 일본에서는 세계대전이 진행되는 동안 자본주의 발전이 급속하게 이루어졌는데, 특히 중공업(전기, 강철 제품, 기계제조)을 포함한 모든 생산 부문과 무역 그리고 금융 부문이 크게 확장되었다. 사회적 계급 구성도 근본적인 변화를 드러냈고, 이것은 계급 사이의 내부 모순을 더욱 격화시켰다. 전쟁 말기에는 노동자 수가 250만 명에 이르면서 노동자계급은 자립적인 세력을 형성했다. 노동자계급의 구성도 변했다. 이전에는 노동력의 60퍼센트가 경공업(주로 섬유산업)에 계절노동자로 고용된 농촌 여성이었던 데 비해, 전쟁 말기에는 농촌에서 떠나온 숙련 남성노동자들이 기간 부문 공업의 노동자층을 형성하게 되었다(The USSR Academy of Sciences 1984, 166).

일본 자본가와 지주들은 전쟁 경기에 따른 큰 이익을 취하기 위해 근로인민에 대한 착취와 수탈을 더욱 강화했다. 노동자들은 물가고와 노동·생활의 어려움 때문에 경제투쟁을 활발하게 전개했고, 노동조합 조직화 노력을 더욱 강화했다. 정부 통계에 따르면, 1918년에 107개였던 노동조합 수가 1919년에는 187개, 1920년에는 272개, 1921년에는 300개(조합원 수 10만3천 명)로 빠르게 증가했다(시오다 1985, 56).

1918년 봄, 일본 정부는 러시아에 간섭군을 출병시켰다. 군인을 위한 대량의 쌀 비축이 요구되었고, 대人미곡상들은 지주와 결탁해 창고에 쌀을 쌓아 두고서도 쌀값을 인위적으로 올렸다. 이와 같은 상황에서 인민대중은 더는 고통을 감내하지 못했고, 일본 전역에 걸쳐 '쌀 소동[1]'이 일어났다. 이 쌀 소동은 혹심한 탄압을 받기는 했지만, 광범한 노동자들의 호응을 불러일으켰으며 계급적 자각과 성장을 촉진시킨 계기가 되었다.

스칸디나비아 여러 나라에서는 전쟁 말기 협상국들이 선언한 봉쇄와 그것에 따른 식량난으로 인민들이 고통받고 있었다. 이런 조건에서 노동운동은 급진적인 경향을 나타냈다. 전통적으로 이들 나라에서는 개량주의적인 사회민주주의 정당의 영향력이 강했지만, 물가등귀와 투기 그리고 생활 곤궁에 반대하는 파업투쟁이 점점 확대되었다. 스웨덴에서는 1917년에 약 1,800건의 노동쟁의가 일어났고, 그다음 해에는 파업이 3천 건에 이르렀다(Segall 1927, 58~59; The USSR Academy of Sciences 1984, 167에서 재인용). 덴마크에서는 1916년에는 파업이 75건 일어났는데, 1919년에는 504건을 기록했다. 스칸디나비아 국가들에서 발생한 파업에서는 8시간 노동일제와 보통선거권의 확립(스웨덴), 보통선거권 개정(노르웨이) 등 정치·사회적 요

---

1_1918년 초에 1되당 15전 정도였던 쌀값이 여름에는 1되당 50전까지 오르게 되자, 8월 초 도야마 현의 어촌 주부들이 '쌀을 달라'고 외치면서 관공서로 몰려갔는데, 이 소식이 전해지자 그것이 도화선이 되어 전국적으로 '쌀 소동'이 벌어졌다(시오다 1985, 55~56).

구가 제기되었으며, 스웨덴 좌파 사회민주당은 일원제 의회 공화국의 슬로 건을 내걸었다.

1917년 4월 스웨덴의 베스테르비크에서 식량 소동이 일어났는데, 이 사 건은 '감자 혁명'으로 불리기도 했다. 노동자들은 위원회를 결성해 이 위원 회로 하여금 시의 식량 창고 배급 상황을 감시하게 했다. 이 소식이 전해지 자, 전국에서 집회와 파업, 청원서 제출, 저장 식량 제공 요구 등의 움직임 이 고조되었다. 많은 도시에서 노동자위원회가 조직되었으며, 4월 24일 스 톡홀름에서 시위가 행해졌을 때는 병사들이 노동자들의 투쟁에 연대를 표 시했다. 또 6월 6일에는 스톡홀름 국회의사당 앞에서 노동자 3만 명이 집결 해 의회 제도 개혁 실시를 요구했다. 노동자와 경찰대 사이에서 벌어진 충 돌로 많은 노동자가 다치거나 체포되었다. 좌파 사회민주주의자는 이날을 '진정한 계급투쟁 최초의 날'로 불렀다(The USSR Academy of Sciences 1984, 167-168).

## 2. 유럽에서 조성된 혁명과 반혁명의 정세

러시아혁명이 승리한 이듬해인 1918년 가을, 제1차 세계대전 진행 양상에 서 큰 변화가 일어났다. 유럽 중앙 열강 국가들에서 인적 자원과 물적 자원 의 고갈이 표면화했다. 경작 면적과 가축 두수頭數 감소, 협상국(연합국)[2]들 이 벌인 엄격한 경제봉쇄는 열강 국가 국민에게 극심한 궁핍을 안겨 주었

---

2_3국 협상의 영국·프랑스·러시아에 이어 1914년 세르비아·몬테네그로·일본 등이 가세했으며, 1915년 에 이탈리아, 1916년에 루마니아, 1917년에 미국·중국 등이 더 가담해 총 27개국이 되었다.

다. 또 거의 대부분의 국가들에서 원료 부족이 극심해졌으며, 동원과 소모, 식량 부족, 전염병 등의 결과로서 노동생산성이 저하되었을 뿐만 아니라 석탄과 철강 생산도 감소되었다. 동맹국[3] 가운데 가장 발달한 독일의 산업생산고는 전전戰前 수준의 57퍼센트 정도까지 떨어졌다. 전쟁 피해와 경제적 황폐화는 오스트리아-헝가리제국과 불가리아에서 특히 심각했다.

광범한 빈곤층 대중들의 생활수준 저하와 수백만 명에 이르는 근로인민의 빈궁은 단순히 기아와 생활 빈곤에 그치는 것이 아니라 조세 부담 가중, 화폐가치 하락, 집세 상승, 물가 등귀, 투기 횡행으로도 이어졌다. 전쟁에 따른 각종 물자의 고갈, 참호 생활에 대한 공포, 전장戰場 후방의 궁핍과 빈곤은 기업 내에서 이루어지는 노역 제도와 군사·경찰의 박해 ─ 제국주의 전쟁의 약탈적 성격을 폭로한다든지, 배타적 애국주의의 허식虛飾을 벗긴다든지 또는 노동자의 기본 권리 옹호를 위해 싸우는 모든 사람에 대한 탄압 ─ 때문에 더욱 가중되었다. 이런 상황에서 지배 권력이 인민대중의 분노와 저항을 억누르기는 어려울 수밖에 없었고, 경제적 요구와 반전反戰을 포함한 정치적 요구가 쉽게 결합되었다(The USSR Academy of Sciences 1984, 183~184).

1914년에 시작된 제1차 세계대전은 4년 넘게 지속되면서 엄청난 피해를 가져왔다. 세계전쟁이 종료될 무렵, 유럽 전역에서는 혁명적 위기가 조성되었다. 1917년에 혁명이 러시아를 휩쓸었듯이 1918년 가을에는 혁명이 중부 유럽과 남동부 유럽을 휩쓸었다. 프랑스 국경과 동해the sea of japan 사이에 있는 어떤 기존 정부도 무사하지 못했다. 승리한 쪽의 교전국들조차 안정을 유지하기 어려웠으며, 더욱이 패전국들 가운데는 거의 모든 나라가

---

**3**_3국 동맹의 독일·오스트리아(이탈리아는 런던밀약에 따라 1915년 연합국 측으로 참전)에 1914년 11월 오스만제국, 1915년 불가리아가 가세해 총 4개국이 되었다.

혁명적 위기를 피할 수 없었다(Hobsbawm 1996, 29).

이런 혁명적 위기는 기대한 것처럼 그렇게 동일한 궤도에서 성숙된 것은 결코 아니었다. 유럽은 여러 국가와 민족의 복합적인 집합체였다. 구체적인 조건들의 차이가 여러 가지 측면에서 존재하고 있었으며, 때로는 그것들이 교차하고 있었다. 교전국과 중립국, 패전국과 전승국, 미해결된 역사적 과제에서 짐이 큰 국가와 작은 국가, 정치·경제적 갈등이 상대적으로 큰 국가와 작은 국가, 노동자계급의 조직성과 의식성이 높은 국가와 상대적으로 낮은 국가, 노동자계급이 혁명적 지도성을 발휘할 능력이 큰 국가와 작은 국가, 사회 세력들 사이의 다양한 역량 관계 등이 그와 같은 조건들이었다.

이렇게 상이한 조건에 따른 혁명적 위기가 각 지역이나 국가들에서 어떻게 조성되고 성숙되었는지를 살펴본다.


## 핀란드에서 전개된 노동자혁명

핀란드는 러시아 10월 혁명의 즉각적이고 직접적인 영향을 받았다. 핀란드는 러시아에 인접해 있을 뿐만 아니라 제정러시아에 편입되어 있었다는 사실이 그 배경으로 작용했다. 핀란드는 1세기를 넘는 동안 제정러시아 구성 안에 들어 있었지만, 일정한 자치제와 서유럽에 가까운 정치 조건을 유지해 왔다.

핀란드는 전형적인 농업국가였다. 인구의 3분의 2가 농업에 종사하고 있었고, 산업노동자는 불과 12퍼센트에 지나지 않았다. 공장노동자 수는 10만 명을 약간 넘을 정도였고, 농업노동자는 30만 명 정도였다. 15만 명에 이르는 소작인(영세 자치농)과 빈농의 생활 상태는 농업노동자와 크게 다르지 않았다(The USSR Academy of Sciences 1984, 147).

1917년에는 핀란드 거의 대부분의 도시·농업 노동자 일부가 파업투쟁에 적극적으로 참가했다. 핀란드 사회민주당은 노동조합 발전을 바탕으로 1899년에 창설되었는데, 의회 의석 200개 가운데 92석을 차지하고 있었다. 러시아 전제가 무너진 뒤 우파 사회민주당원 6명이 연립정부에 참가했으며, 사회민주당 소속의 토코이가 정부 수반이 되었다. 그러나 1917년 가을에는 사회민주당이 정부에서 탈퇴했으며, 10월 혁명 전야에는 노동조합과 더불어 정치·경제적 개혁을 목표로 한 급진적 강령을 표방했다.

1917년 페트로그라드에서 승리한 러시아 10월 혁명의 직접적인 영향을 받아 핀란드에서도 혁명적 정세가 이루어졌다. 11월 12일에 열린 노동조합 대회는 식량 위기와 실업 극복을 위한 긴급 대책, 8시간 노동일의 법제화, 사회보장제 도입, 지주 권력으로부터 소작인 해방, 부르주아지 측 반혁명 부대 무장해제와 해산을 요구하는 결의를 채택했다.

의회 내의 부르주아 다수파가 이런 노동조합 요구를 거부한 11월 14일, 총파업이 시작되었다. 적위대를 주축으로 한 노동자계급은 전투를 벌이면서 사회민주당 좌파와 더불어 러시아혁명과 비슷한 형태의 혁명을 수행하기 위한 준비를 행했다. 그러나 파업을 지도하던 '중앙혁명평의회'는 동요를 나타냈다. 이 평의회는 권력을 장악할 결심을 확고히 하지 못했으며, 의회가 대중의 압력에 못 이겨 8시간 노동일 법제화와 지방자치기관의 선거 민주화법을 채택하자 곧바로 파업을 멈추게 했다.

1917년 12월 6일 의회는 핀란드 독립을 선포했다. 의회에서 겨우 과반수를 차지했던 부르주아 정당들은 페르 에빈드 스빈후부드를 수반으로 하는 내각을 구성했다. 그러나 도시의 산업노동자들과 소작 농민들은 전면적인 사회주의혁명을 지향했으며, 핀란드에 아직 남아 있는 러시아 볼셰비키 혁명군의 도움을 얻어 이를 실현하려 했다(변광수 2006, 301).

스빈후부드 정부는 자본주의국가들에 대해 핀란드의 독립 승인을 요청했다. 그러나 자본주의국가들이 러시아보다 먼저 승인하기를 거부함으로써 이번에는 스빈후부드 정부가 독립 승인을 러시아 정부에 요청했다. 12월 31일 러시아 인민위원회의는 핀란드 공화국의 국가 독립을 승인하는 결정을 채택했다. 소비에트 권력은 핀란드 노동자들에게 러시아의 근로인민과 자유의지에 따른 동맹을 제안했다.

그러나 스빈후부드 정부는 '민족통일'을 구실 삼아 노동운동에 대한 탄압을 준비했다. 이런 가운데 슈츠콜 무장 부대가 스스로 정부군임을 선언하고 사령관에는 차르 시대 장군직에 있었던 만네르헤임을 임명했다. 한편, 정부는 북부에 식량을 비축하면서 독일과 군사원조에 관한 비밀 교섭을 시작했다.

스빈후부드 정부의 이와 같은 내전 준비에 대응하기 위해서 노동자계급의 무장투쟁이 불가피해졌다. 이런 상황에서 핀란드사회민주당협의회는 1918년 1월 23일 노동자집행위원회를 창설했는데, 이 위원회는 권력 장악 준비를 지령했다. 위원회는 1월 27일 "핀란드 인민에게 보내는 혁명적 호소"에서 이 나라 모든 권력은 '조직된 노동자계급과 그 혁명 기관'에 속한다고 선언했다. 그다음 날인 1월 28일 새벽에 적위대는 헬싱키 정부 청사를 점거했다. 곧이어 노동자들이 모든 공업 중심지와 핀란드 남부 주요 도시들을 장악했다(The USSR Academy of Sciences 1984, 149).

이와 같은 혁명적 상황에서 정부의 일부 각료들은 헬싱키를 탈출해 바사 시에서 백색 정부 역할을 시작했다. 이 정부는 핀란드 북부 전체와 중부 일부에까지 권력을 확대했다. 백위대는 1월 28일부터 핀란드 북부에 남아 있던 러시아군 수비대를 대상으로 공격을 가함으로써 드디어 내전이 시작되었다. 이로써 핀란드는 '적색'과 '백색'의 양대 진영으로 나뉘게 되었다.

1월 28일에 성립한 혁명정부(인민전권대표회의)는 사회민주당이 주도했으며, 혁명정부 활동은 노동자평의회가 통제했다. 인민전권대표회의는 사회주의혁명의 길로 나아갈 방침을 선언했으며, 민주개혁에 관한 강령을 우선적으로 내세웠다. 또 혁명정부는 1월 31일 포고를 통해 소작인과 토지 없는 농민은 그들이 지금까지 임차해 경작했던 토지에 대해 보상 없이 그 소유자가 된다고 포고했다. 그리고 핀란드 은행을 국유화하고 민간은행을 폐쇄했다. 도망친 기업주나 사보타주한 사람의 기업은 노동자나 정부 관리의 통제에 따라 기업 활동이 재개되었다.

1918년 2월 23일 헌법 초안을 발표했다. 이에 따라 핀란드는 민주공화국으로 바뀌었다. 헌법은 인민 대의기관의 완전한 주권을 명확히 규정하고, 인민의 창의성을 발휘할 수 있는 넓은 가능성을 열어 둠과 동시에 권력 남용 방지와 인권 옹호를 위한 체제를 도입했다.

그러나 이런 혁명적 강령과 방책들은 백색 핀란드 정부와 벌이는 국내 전쟁 정세에서 그다지 용이하게 실현되기는 어려웠으며, 그것은 부르주아지에 대한 통제와 탄압 형태를 취했고 실제로는 프롤레타리아독재 성격을 띠었다.

적색 핀란드와 소비에트러시아 사이에는 대단히 우호적인 관계가 형성되었다. 러시아는 적색 핀란드에 대해 식량 지원 말고도 사료, 석유, 섬유, 피혁, 의료품 등을 제공했다. 또 러시아는 핀란드 적위대 측에게 장비, 병기, 탄약 등을 공급했으며, 적위대 체계에서 러시아인 의용병 수천 명과 에스토니아인 수백 명이 전투에 참가했다. 그러나 러시아는 혁명 직후의 국내 형편 때문에 핀란드 측에 군사원조를 하는 데는 아주 제한적일 수밖에 없었다.

한편, 백색 핀란드 정권 측은 적색 핀란드에 대한 내전을 준비하면서 독일 측에 지원군을 요청했다. 이에 독일 군부는 스빈후부드 요청을 기꺼이 받아들였다. 독일은 자기들 나름대로 정치·군사적 계획을 갖고 있었기 때문이었다. 독일 군부는 핀란드 혁명정부를 무너뜨린 뒤 거기에 소비에트러시아의 '볼셰비즘 절멸'을 위한 교두보를 구축하고 발트 해에서 독일의 입지를 굳혀 협상국을 상대한 전쟁에서 자국의 북부전선을 확보한다는 속셈을 갖고 있었다.

1918년 3월 5일 독일군은 올란드제도에 진격했으며, 4월 3일에는 발트사단이 항구에 상륙했다. 곧 뒤이어 상륙부대를 증가했는데, 간섭군 병력은 1만5천 명에 이르렀다. 빌풀라 부근 전선이 붕괴되었고, 4월 6일에는 탐페레가 함락되었다. 4월 11일 간섭군은 헬싱키 공격을 시작했고, 전투 3일 만에 수도는 반혁명군의 손에 장악되었다. 비보르크로 이동한 인민전권대표회의는 무력 저항을 계속했다. 그러나 수도에 남아 있던 사회민주당 우파 지도부는 4월 16일 노동자들에게 당장 무기를 내려놓을 것을 호소하는 성명을 발표했다. 그런데도 핀란드 노동자들은 거의 4월 말까지 격렬한 저항을 계속했다. 4월 29일 적위대의 마지막 보루였던 비보르크가 함락된 뒤에야 투쟁이 끝났다.

핀란드 혁명 패배의 결정적 원인은 독일의 군사적 간섭이었지만, 국내에서 행해진 가공할 만한 백색테러 자행도 큰 원인으로 작용했다. 테러의 직접적 희생자만 해도 약 2만5천 명에 이르렀다. 비보르크에서만 적위병 4천 명과 많은 러시아·폴란드인이 재판 없이 총살당했다. 약 9만 명이 감옥과 강제수용소에 갇혔으며, 그 가운데 수천 명은 기아와 궁핍으로 사망했다 (Smirnov 1933, 183~192; The USSR Academy of Sciences 1984, 151~152에서 재인용). 국내 전쟁이 끝난 뒤 핀란드는 독일 예속국이 되었다.

적위대의 패배와 더불어 러시아로 망명한 혁명 지도자와 참가자들은 1918년 8월 29일 모스크바에서 핀란드 공산당 창립 대회를 열었다. 핀란드

공산당은 창립 이후 25년이 넘는 동안 비합법이어서 대단히 어려운 상태에서 투쟁을 전개해야만 했다.


## 독일 11월 혁명

독일에서 일어난 11월 혁명은 유별나게도 수도에서가 아니라 독일 북서 지방에서 시작되었다. 1918년 초 서부전선에서 독일군 주력이 크게 패배했다. 그래서 절망적인 심정으로 독일의 전쟁 지도부는 킬에 주둔한 주력함대로 하여금 영국의 최고 함대를 공격하도록 명령했다. 이미 독일의 패배가 어느 정도 예상되고 있던 때에 독일 해군을 제압하려는 영국의 기도를 막는다는 것은 아마도 가망 없는 계획처럼 보였다(Foster 1956, 247).

1918년 11월 3일, 킬 항에 정박해 있던 군함 소속 수병들이 영국 함대를 상대로 전투에 출항하라는 명령을 거부하고 봉기를 감행했다. 전쟁에서 패배를 눈앞에 둔 상황에서, 수병들 사이에 전쟁에 대한 혐오감과 병영 조건 악화에 대한 분노, 그리고 장교들의 특권적 지위에 대한 증오심 등이 한꺼번에 고조되었으며, 수병들의 이런 불만과 분노는 군대 상층부의 무모한 출동 명령과 억압적인 대응 조치 때문에 폭발했다. 봉기한 수병은 적기를 내걸었으며, 노동자들은 곧바로 그들을 지지하고 나섰다. 수병평의회와 노동자평의회가 자연스럽게 결합했다.

혁명운동은 킬에서 연안을 따라 빠르게 확산되면서 결국은 전국으로 파급되었다. 거의 동시에 남부 독일에서도 혁명의 불길이 타올랐다. 1918년 11월 8일 뮌헨에서는 혁명이 승리해 비데르스바흐 왕조가 붕괴되었고, 노동자·병사·농민 임시평의회가 '바이에른 공화국'을 선포했다. 혁명이 서부 독일과 중부 독일 공업 중심지를 관통하면서 곳곳에서 노동자·병사 위원회가 창설되었으며, 11월 9일에는 혁명의 물결이 마침내 베를린에 당도했다.

베를린에서 혁명이 일어나기 약 1개월 전인 10월 3일, 이미 게오르크 헤르틀링 수상은 사직하고 에리히 루덴도르프 군사독재 체제는 무너졌다. 새롭게 성립된 막스 폰 바덴 내각은 최초로 의회 다수파가 되었다. 이 내각에는 독일사회민주당 소속 프리드리히 에베르트와 필리프 샤이데만이 입각했다. 당초 사회민주당 지도부는 군주제를 폐지하고 공화제를 수립한다는 구상을 세우지는 않았다.

반면, 혁명적 인민위원회 지도부, 스파르타쿠스단, 독립사회민주당은 회합을 갖고 제정 타도와 사회주의 공화국 건설을 위한 무장봉기를 최종적으로 11월 11일 결행한다는 방침을 결정했다. 그러나 혁명은 계획했던 것보다 이틀 일찍 베를린에서 일어났다(광민사편집부 1981, 26~27).

11월 9일 아침, 베를린 노동자들은 스파르타쿠스단과 혁명적 평의회의 궐기 호소에 따라 '평화, 자유, 빵'을 요구하며 가두로 몰려나왔다. 병사들도 여기에 합류했고, 몇 시간 뒤 수도는 봉기자들의 수중에 장악되었다. 막스 수상은 독단으로 황제의 퇴위를 선언하는 한편, 정권을 사회민주당의 에베르트에게 이양했다. 새로운 '제국 수상' 에베르트는 대중들에게 가두에서 물러갈 것을 호소했으나, 그의 동료인 샤이데만은 혁명파의 손에서 주도권을 빼앗기 위해 '민주공화국'을 선포했다.[4]

공화국 선포 직후 두 가지 결정적인 타협이 성사되었다. 첫 번째가 '그뢰너-에베르트 협약'이었다. 국방부 장관 빌헬름 그뢰너는 공화국을 지원하는 대가로, 에베르트는 공화국을 온건한 방향으로 이끌어 가는 동시에 급진적

---

[4]_이는 칼 리프크네히트가 왕궁에서 연설하고 있다는 소문을 듣고 혁명파를 빼돌리기 위한 행위였으나, 실제로는 리프크네히트가 '자유로운 사회주의 공화국'을 선언했던 것은 두 시간 후인 오후 4시였다.

인 평의회 운동을 저지한다는 명분이었다. 그뢰너는 이 협약을 계기로 볼셰비키 혁명과 같은 사태를 막을 수 있었다고 큰소리 쳤다.

두 번째 타협은 '스티네스-레기엔 협약'이었다. 자유노동총연맹 의장 칼 레기엔은 제철 기업가인 후고 스티네스와 협정을 체결했는데, 하루 8시간 노동일 제도를 도입하고 '황색 노조'(어용노조)에 대한 기업가들의 지원을 중단하는 등 노동조합의 지위를 공고히 한다는 내용이었다.

한편, 공화국이 선포된 다음 날 11월 10일에 구성된 정부, 즉 인민대표 자평의회Rat der Volksbeauftragten 역시 타협의 산물이었다. 이 임시 중앙 권력은 사회민주당 대표 3인(에베르트, 샤이데만, 란즈베르크)과 독립사회민주당 대표 3인(하제, 디트만, 바르트)으로 구성되었다. 임시정부는 베를린 노동자·병사 평의회 대표자들의 승인을 받음으로써 어느 정도 정통성을 확보할 수 있었다(풀브룩 2000, 234).

독일혁명은 독일 황제를 포함해 군주들을 몰아내고, 지배층으로 하여금 휴전에 서명하게 하는 동시에 유혈 전쟁을 끝내고 공화국을 선포하게 했다. 혁명의 원동력은 도시노동자와 혁명적 수병, 그리고 병사들이었다. 말하자면 산업 프롤레타리아트와 수병 또는 병사의 외투를 걸친 도시와 농촌의 프티부르주아지 일부였다. 이 혁명은 인민혁명이었으며, 혁명 과정에서 인민 대중은 그들 자신의 요구를 제기했고 파괴된 구체제 대신 새로운 사회제도를 자주적으로 창출하려 했다. 그리고 노동자·병사 평의회는 새로운 혁명 권력의 맹아 구실을 했다. 그러나 권력이 바로 프롤레타리아트의 손으로 이양되지는 않았다.

11월 독일혁명은 이미 두 가지 특징을 드러내고 있었다. 그 하나는 전국에 걸친 자연발생적 인민 봉기라는 성격을 띠었다는 특징이었고, 다른 하나는 운동의 중심 지도부가 존재하지 않았다는 사실이 그것이었다(The USSR

Academy of Sciences 1984, 192~193).

　인민대중이 혁명적 활동을 펼쳤지만, 11월 혁명의 기본 목표는 해결되지 않았다. 제국주적 기초는 그대로 잔존하고 있고, 부르주아 국가기구는 존속하고 있으며 부르주아 민주혁명도 미완성으로 끝났을 뿐만 아니라 사회주의로 이행하기 위한 혁명은 실행되지 않았다(Warnke 1954(일본어판), 62).

　사실상 정치권력을 장악했던 독일 노동자계급이 혁명적 지도력을 갖고 있었다면, 능히 자본주의를 극복하고 러시아 노동자계급이 수행했던 것처럼 사회주의혁명을 승리로 이끌 수 있었을 것이다. 노동자들의 혁명적 열정, 그들의 군사적 행동, 그들이 시도한 소비에트 조직 등은 이런 가능성을 충분히 입증해 주었다. 그러나 사회민주주의 지도자들은 자본주의 체제를 그대로 유지하면서 어느 정도의 개혁을 추진함으로써 노동자계급의 혁명적 저항을 누그러뜨리려 했다(Foster 1956, 247~248).

　정치적으로나 산업정책 면에서 사회민주주의자들로부터 배반당한 독일 노동자계급은 사회주의 실현을 위한 소망을 결코 포기하지 않았다. 그들의 공개적인 투쟁은 총파업을 계기로 촉발했다. 1918년 12월 베를린 노동자들은 스파르타쿠스단의 지도에 따라 무기를 확보했으며, 독립사회민주당도 노동자투쟁을 지지했다. 며칠 사이에 봉기자들은 베를린 철도역, 전화국, 가스, 수도, 전기 공장, 그리고 다른 주요한 건물들을 점거했다. 투쟁은 다른 도시로 확산되었다.

　그러나 사회민주주의를 신봉하는 임시정부는 구스타프 노스케 장군 지휘로 군 병력을 동원해 혁명운동을 분쇄하는 데 성공했다. 무장투쟁은 2주일 동안 계속되었으나 결국 실패로 끝났다.

　이와 같이 무장투쟁은 실패했는데도 사회민주당과 노동조합 간부들의 처지에서는 혁명은 이미 11월 말에 종료된 것으로 간주한 반면, 스파르타쿠스단이나 독립사회민주당 등의 처지에서는 혁명은 바야흐로 시작되었다고 판단했다. 그런 점에서 전자의 경우에는 질서 회복이 최대의 과제였지만, 후자의 경우에는 계속적인 혁명 전개가 필수 과제였다.

1918년 12월 30일부터 1919년 1월 1일까지 베를린에서 독일공산당 창립 대회가 열렸는데, 여기에는 스파르타쿠스단을 중심으로 브레멘, 함부르크, 그 밖의 지역 좌파 세력이 참가했다. 대회는 사회주의혁명을 지향하는 강령을 채택했다.

독일혁명은 1919년 1월 초에 극적으로 발전했다. 1월 4일 독립사회민주당 당원인 베를린 경찰서장 에밀 아이호른의 해임이 투쟁을 촉발시킨 발단이 되었다. 다음 날인 1월 5일 노동자 약 15만 명이 일손을 멈추고 수도의 가두로 진출했다. 혁명적 평의회 집회에서 혁명위원회가 꾸려졌으며, 이 혁명위원회는 총파업을 선언하고 '에베르트·샤이데만 정부 타도'를 슬로건으로 내걸었다. 1월 6일 노동자 50만 명이 거리로 몰려나오자 혁명위원회는 동요했고 대중은 지도부 없이 방치 상태에 놓이게 되었다.

1월 11일 정부는 군대를 동원해 봉기를 진압하기 시작했다. 1월 15일 봉기가 진압되고 노동자 수천 명이 검거되었는데, 이때 로자 룩셈부르크와 칼 리프크네히트도 함께 체포되었다. 경찰에 구금되어 감옥으로 이송되는 도중에 그들은 잔인하게 살해당했다. 살인자들은 밝혀졌지만 처벌되지 않았다(Foster 1956, 250).

1919년 1월에 전개된 베를린 투쟁[5]은 전국적으로 큰 반향을 불러일으켰다. 1월 10일 브레멘의 노동자·병사 평의회는 '브레멘 소비에트 공화국'을

---

5_레닌과 스베르들로프는 베를린 투쟁을 페트로그라드에서 일어났던 1917(7월 3일 "모든 권력을 소비에트"라는 슬로건을 앞세운 시민 50만 명이 참가한 대규모 시위 사건)과 비교했다.

선언했다. 부르주아 정당과 우파 사회민주당 대표는 평의회에서 배제되었으며, 평의회는 몇 가지 급진적인 개혁 — 노동자 군사 대대의 편성, 실업자에 대한 보조금 증액, 새로운 임금률표의 작성 등 — 을 실시했다. 반혁명에 대한 비상조치는 부르주아지와 장교의 무장해제, 부르주아 신문에 대한 검열 등을 포함했다. 쿡스하펜에서는 브레멘에서 일어난 사태와 유사한 일이 벌어졌으며, 함부르크와 그 밖의 도시들에서도 평의회 활동이 활발하게 전개되었다. 그러나 얼마 지나지 않아 노스케 무장 징벌대가 브레멘 소비에트를 무력으로 진압했다.

1월 전투의 결과로서 독일혁명의 근본 문제 — 평의회 권력인가, 부르주아 의회 권력인가 — 는 의회 권력 쪽으로 유리하게 돌아갔다. 1919년 1월 19일 실시된 국민의회 선거에서 부르주아와 융커 정당이 총투표자의 54퍼센트를 획득했고, 사회민주당은 38퍼센트, 독립사회민주당은 8퍼센트를 획득했으며, 공산당은 선거 보이콧 전술을 택했다. 2월 6일 헌법 제정 국민의회가 바이마르에서 개원되었으며, 2월 11일에 에베르트가 대통령으로 선출되었고, 샤이데만을 수상으로 하고 사회민주당, 가톨릭 중앙당, 민주당으로 구성된 '바이마르 연립내각'이 구성되었다. 그 결과로서 7월 31일 바이마르 헌법이 성립됨으로써, 11월 혁명은 의회제 민주주의 노선의 확립이라는 방향으로 일단 마무리되었다(광민사편집부 1981, 33).

바이마르 체제는 혁명적 위기 속에서 성립된 위기관리 체제였고, 자본주의 체제 유지를 위해 노동자계급에 대해서는 여러 가지 타협책을 내놓기도 했다. 그런데도 근로인민의 불만을 증대시키는 근본적인 요인은 쉽사리 해결되지 않았다. 군수생산은 크게 축소되었고, 군대에서 많은 인력이 노동시장으로 복귀하면서 실업이 크게 증가했다. 1919년 2월 당시 실업자 수는 100만 명을 넘어섰고, 베를린에서만도 30만 명 이상을 헤아리게 되었다. 이런 상황에서 자연발생적인 파업이 일어났고, 그것은 빠르게 대중 파업으로 발전했다(The USSR Academy of Sciences 1984, 203).

2월 중순에는 독일 중공업의 심장부라 할 수 있는 라인-베스트팔렌 지방에서 파업투쟁이 일어났다. 루르 노동자·병사 평의회는 절반이 넘는 광산에서 파업을 결행했다. 투쟁의 정점을 이룬 2월 22일에는 노동자 18만 명이 파업에 참가했다. 노동자들은 기업 '사회화'(국유화)의 즉시 실시와 생산수단에 대한 자본가적 소유를 사회적 소유로 바꿀 것을 요구했다. 이에 정부는 평의회와 지도부 승인을 거부하고 군사 개입 방침을 취했다. 노동자 수천 명이 정부군 부대를 상대로 무장 저항을 단행했으나 노동자투쟁은 분쇄되었다.

2월 말에는 중부 독일에서 파업투쟁이 벌어졌고, 3월 초에는 파업 물결이 베를린에까지 파급되었다. 정부는 노동자들의 이와 같은 파업투쟁을 군대를 동원해 진압했고, 이 과정에서 1,200명 이상을 사살했다. 파업투쟁에서 제기된 주요 요구 사항은 노동자평의회 제도의 승인, 6시간 노동일제, 의용군의 무장해제와 노동자 무장 허용 등이었다.

1919년 봄에 전개된 노동자의 혁명투쟁에서 가장 정력적으로 제기된 것은 '생산 또는 경영 평의회'(공장위원회)에 대한 기업가와 정부의 승인이었다. 생산 통제에 관한 권리와 경영관리에 대한 공동참가 요구는 당시 노동자투쟁의 '공통적인 기본 축'이 '사회화', '평의회 체제', '평의회 권력'이었음을 말해 주는 것이었다.

노동자계급의 평의회 체제와 사회화에 대한 갈망은 대단히 뿌리 깊은 것이었기 때문에 정부나 노동조합 지도부는 평의회에 대한 종래의 태도를 수정하지 않을 수 없었다. 말하자면 평의회에 대한 적대적 태도에서 평의회 포섭 태도로 전환하게 된 것이다. 결국 평의회의 조기 해산과 배제라는 샤이데만을 비롯한 사회민주당 지도부와 그것에 동조한 노동조합 집행부의 종래 방침은 아무런 수정 없이 온전하게 그대로 관철되기는 어려웠다. 그리하여 1918년 제정된 바이마르헌법 제165조에 노동자의 단결권에 관한 규정이 설치되었고, 1920년 경영협의회법Betriebsrätegesetz[6]이 제정되었다. 그러나 그것은 협의회Räte라는 명칭을 사용하고는 있으나 노동자투쟁에서 제기된 평의회 체제와는 본질적으로 다른 것이었다. 법에서 규정한 평의회는 노동자의 생산 통제권과 '평의회 권력'을 담당하는 조직이 아니라 종업원 이익대표 기관으로서 노동자계급을 자본주의 체제 안으로 포섭하기 위한 제도적 장치였다.

결국 독일혁명은 부르주아민주주의혁명에 머문 채, 사회주의혁명으로 성장·전화하지 못했다. 그러나 독일혁명은 노동자계급이 주도함으로써 노동자계급을 단련시키고 인민대중에게 중요한 투쟁 성과들을 가져다주었다. 민주(공화제) 바이마르헌법에 규정된 사회·민주적 권리들은 프랑스 헌법이나 미국 헌법보다는 훨씬 더 큰 활동 가능성을 제공해 주었으며, 일반 시민들에게도 보통선거권과 일정한 민주적 자유를 영위할 수 있도록 보장했다. 이런 사회·민주적 자유와 권리들은 노동자계급의 혁명투쟁의 결과로서 획득한 중대 성과였다(The USSR Academy of Sciences 1984, 208).


## 오스트리아 혁명

오스트리아에서는 1918년 10월 30일 빈에서 일어난 노동자와 병사들의 자

---

6_Betriebsrätegesetz은 종업원평의회법 또는 노동자평의회법으로도 번역한다.

연발생적인 대규모 시위와 더불어 혁명이 시작되었다. 시민 대중은 임시 국민의회가 열리고 있던 의사당을 향해 행진했다. 시위운동은 공화제 선언을 요구했으며, 평의회 권력의 수립을 요구하는 사람도 있었다. 그러나 오스트리아 의회는 공화제를 선언할 만한 조건을 갖추고 있지 않았다. 의회는 단지 일시적으로 입법 기능을 수행했을 뿐이었고, 집행 권력은 사회민주당 칼렌너를 수반으로 한 3당 대표 구성의 국가회의가 장악하고 있었다.

그다음 날인 11월 1일에는 혁명적 활동이 전국에 걸쳐 전개되었으며, 각지에서 노동자·병사 평의회가 설치되었고 병영과 광장에서 열기 띤 집회가 열렸다. 11월 12일 빈에 있는 거의 모든 기업이 가동을 중단했으며, 수만 명에 이르는 군중이 의사당 앞으로 집결했다. 노동자와 병사들의 반란이라는 현실적인 위협 때문에 렌너를 수반으로 하는 국가회의는 더 이상 군주제를 유지할 수 없게 되었다. 임시 국민회의는 국가의 정치체제를 민주공화국으로 선언하고, 제헌의회와 지방 기관 선거를 보통선거권에 따라 실시할 것을 공포했다.

오스트리아에서도 평의회 권력인가, 제헌의회인가 하는 문제가 제기되었다. 이 문제 해결은 아무래도 사회민주당의 결정에 크게 의존할 수밖에 없었다. 사회민주당은 평의회를 곧바로 실제적인 권력기관으로 전화하는 데 대해 '공산주의적 모험'이라는 근거를 내세워 반대 주장을 폈다. 사회민주당 지도부는 평의회 권력에 대한 거부 방침을 설명하면서 여러 가지 논거를 제시했으나, 그 진정한 동기는 인민대중의 자주적 행동에 대한 공포 때문이었다.

1918년 11월 당시 오스트리아 노동자계급은 정치권력을 장악하기 위한 꽤 유리한 조건에 놓여 있었다. 오스트리아 부르주아지는 합스부르크 제국 붕괴에 따라 크게 위축되었고, 군대는 완전히 붕괴하다시피 되어 독일에서

처럼 반혁명 부대를 편성한다는 것도 불가능한 상태였다. 이런 상황에서도 사회민주당 지도부는 부르주아적 의회주의 바탕 위에서 부르주아지와 협력 유지만을 추구했다(The USSR Academy of Sciences 1984, 211).

연립정부를 주도했던 사회민주당(칼 렌너 수상, 오토 바우어 외상)은 낡은 국가기구와 자본의 경제적 지위에 대한 불가침을 유지하는 데 협력했다. 그 대신 기업가는 일정 정도의 양보를 해야만 했다. 8시간 노동일제가 도입되었고, 생산(경영) 평의회가 일정한 권리를 획득하게 되었으며, 실업자와 전쟁 부상자에 대한 급부금 제도, 질병보험, 유급휴가제도 등이 도입되었다. 또 전쟁 시기에 제정된 법률들은 폐지되었다.

1919년 2월 16일 실시된 국민의회 총선거에서는 부르주아 정당이 다수를 차지했다. 부르주아 정당은 총투표의 60퍼센트 정도를 획득했으며, 사회민주당은 40퍼센트를 약간 상회하는 표를 얻었다. 그러나 부르주아 정당은 대통령의 지위를 사회민주당 당원인 칼 자이츠에게 위임했으며, 연립정부 수반에는 렌너가 다시 선임되었다.

이와 같이 정세 변화가 진행되는 가운데 오스트리아 노동자들은 심각한 식량난과 실업 그리고 생활 빈곤 때문에 자연발생적인 항의 소동을 계속해서 일으켰다. 노동자평의회를 혁명적 기관으로 전화해야 한다는 주장도 점점 무게를 더해 갔다.

3월 1일, 린츠 노동자평의회의 제안으로 빈에서 전오스트리아노동자평의회대회가 열렸다. 지금까지 평의회에서 독점적 지위를 지녔던 사회민주당은 재선거 실시를 받아들이지 않으면 안 되었다. 대회에서 채택된 결의는 평의회의 목적을 '자본주의적 생산방식 철폐를 포함한 혁명성과의 통합 강화'로 설정해 더한층 발전된 내용을 담았고, 평의회의 임무를 '정치에 대한 직접 참가'로 규정했으며 근로인민의 해방 수단을 계급투쟁이라고 밝혔다.

이 무렵 헝가리에서는 '소비에트 공화국'이 선언되었는데, 이것은 오스트리아 노동자들에게도 큰 반향을 불러일으켰다. 3월 22일 빈에서는 헝가리와 연대를 표방하면서 4만 명에 이르는 사람들이 시위를 벌였으며, 4월 초 빈의 노동자와 인민군 병사들로 구성된 파견단 약 1,200명이 헝가리에 들어가 간섭군과 치열하게 투쟁을 벌였다.

이런 상황에서 오스트리아사회민주당 지도부는 중립주의 강령을 중심으로 당의 통일을 유지하면서 최소한의 유연성을 발휘하고 있었다. 한편으로는 혁명적 행동 방침을 표명하면서도, 다른 한편으로는 사회주의로 이행하는 길은 점진적이면서도 신중하지 않으면 안 된다고 주장했다. 또 '수탈자에 대한 수탈'은 국유화 또는 '자본가와 지주 소유에 대한 난폭한 몰수 방식'으로서 실현될 수는 없는 것이며, 오로지 '질서 정연한 조세제도' 실시를 통해서만 가능하다고 했다. 5월에는 경영 평의회에 관한 법률을 채택했는데, 실제로 이것은 평의회를 '기능적 민주주의'의 궤도에 편입시키려는 의도에서 행한 것이었다(The USSR Academy of Sciences 1984, 213).

이와 같은 조치에 이어 6월에는 혁명 세력에 대한 정부의 강경 방침이 그 실체를 드러냈다. 6월 14일 무장 경찰대가 오스트리아공산당 건물을 습격해 지도적 활동가 130명을 체포했다. 이런 탄압이 겨냥한 것은 다음 날로 예정된 대중적 시위를 막기 위한 것이었다. 정부의 탄압 조치에도 불구하고 다음 날 시위는 감행되었고, 시위에서는 '평의회 독재 수립', '기아와 착취 반대', '사회혁명' 등의 슬로건이 표명되었다. 이날 경찰대가 시위대를 습격했는데, 이 습격으로 12명이 죽고 80명이 중상을 입었으며 중상자 가운데 8명은 얼마 지나지 않아 사망했다(Reisberg 1974, 97~100; The USSR Academy of Sciences 1984, 214에서 재인용).

혁명의 파고가 퇴조를 보이면서, 부르주아 정당은 연립정부를 파기하고 사회민주당 지도부를 권력에서 배제시킬 방침을 정했다. 1920년 10월 17일 실시된 의회 선거에서 사회민주당은 종전 선거에서 획득했던 것보다 20만 표나 적게 얻었고 의석 세 개를 잃었으며, 사회민주당은 결국 내각에서 배제당했다.

혁명의 공포에서 벗어난 부르주아지는 '사회화'의 모든 계획과 '기능적 민주주의' 관련 프로젝트 일체를 거부했다. 그리하여 부르주아 지배의 완전한 복권이 이루어지게 된 것이다. 노동자평의회는 파괴되었고 사회민주당이 구상했던 '인민공화국' 건설은 결코 실현되지 못했다. 혁명은 승리에서뿐만 아니라 패배에서도 중요한 교훈을 남기게 마련이었다. 혁명의 전개에서 혁명을 바르게 이끌 진정한 혁명적 지도부가 불가결한 요건이라는 사실이 그것이었다.


## 헝가리 소비에트 공화국

헝가리에서 일어난 부르주아민주주의혁명은 오스트리아 혁명과 거의 같은 시기에 전개되었다. 1918년 10월 31일 밤, 좌파 사회민주당원과 혁명적 사회주의자들이 이끈 무장 노동자와 병사는 부다페스트의 주요 전략 거점과 정부 관청을 점거하고 정치범들을 석방했다. 도시는 봉기자들의 손에 장악되었다. 이런 상황에서 국왕은 연립정부의 조각을 국가회의(의회) 지도자 미하이 카로이 백작에게 위임했다.

연립정부에 참가한 부르주아 정치가와 우파 사회민주주의자는 미처 군주제 폐지를 결정하지 못했다. 그러다가 1918년 11월 16일 국가회의가 헝가리를 '인민공화국'으로 선언하게 된 것은 혁명적 노동자와 병사들의 강력한 공격이 행해진 데 따른 결과였다. 수세기에 걸친 합스부르크가의 억압이 종말을 고했고, 헝가리는 국가적 독립을 획득했다. 그러나 정부는 인민들에게 정치적 권리를, 민족들에게 동등한 권리를, 농민들에게 토지를, 노동자들에게 노동·생활 조건 개선 등을 제공하고 보장하는 일을 서두르지 않았다.

이런 상황에서 혁명적인 새로운 노동자 조직이 결성되었다. 11월 2일 헝가리사회민주당과 노동조합 중앙위원회, 그리고 노동조합 지방조직 지도자들로 구성된 '부다페스트노동자평의회'가 창설되었다. 그다음 날에는 군 단위 대표자 회의에서 부다페스트병사평의회가 재편·확대되었다. 또 몇몇 주(州)에서는 농민평의회가 출현했다. 이들 평의회는 지주 또는 자본가의 억압과 사회적 불공정의 일소, 기업에 대한 노동자 통제 확립, 농민들에게 토지를 제공할 것 등을 요구했다(The USSR Academy of Sciences 1984, 215~216).

한편, 1918년 11월 24일 헝가리공산당이 창립되었다. 이 무렵 30만 명에 이르는 이전의 전쟁 포로들이 소비에트러시아에서 귀국했는데, 이들 가운데는 쿤 벨라를 중심으로 한 러시아공산당 헝가리인 그룹이 있었다. 이들은 헝가리공산당의 중핵을 구성했는데, 여기에 사회민주당 좌파 일부와 혁명적 사회주의자들이 참가했다. 당 중앙위원회 의장에는 벨라가 선출되었고, 12월 7일에는 기관지『붉은 신문』*Vörös Ujság*이 발행되었다.

공산당은 노동자들에게 스스로 무장할 것과 평의회를 건설하고 강화할 것, 평의회에서 협조주의자를 배제할 것, 적위대를 편성할 것 등을 호소했다.

자유주의 부르주아지와 사회민주당으로 구성된 연립정부는 정치·경제적 곤경을 극복하기 위해 많은 노력을 기울였으나 결코 성공을 거두지는 못했다. 한편, 지주 소유지를 점거한 영세 토지소유 농민들에 대해 무장 징벌대가 공격을 가했는가 하면, 공산당의 영향력 증대를 막기 위해 정부는 강압적인 방법을 동원했다. 1919년 2월 21일 경찰은 당 중앙위원을 비롯한 활동가 57명을 체포했다.

정부의 이와 같은 조치들에도 불구하고 3월 초에는 농업노동자와 영세 토지소유 농민이 코포슈바르 시 부근에서 거대 지주들의 토지를 점거하는 일이 벌어졌다. 3월 18일 수도의 최대 공업지구에서 파업이 발발했으며, 같은 날 파리코뮌을 기념하는 대중적 시위가 전국 각지에서 거행되었다. 3월 20일, 인쇄노동자들의 파업으로 대부분의 신문이 발행되지 못했다. 노동자 평의회와 병사평의회는 대중행동에 참가했다(A Magyar Munkásmozgalom történek válogatott dokumentumai 5, 1959, 559~594; 626~654; The USSR Academy of Sciences 1984, 217에서 재인용).

3월 15일 이전에 이미 낡은 국가기관들이 파괴되기 시작했다. 몇몇 주에서는 노동자들이 주를 관할했던 지방행정관을 추방하고 노동자·농민·병사 평의회 권력을 수립했다. 평의회가 미처 설치되지 않은 주에서는 임시 혁명 권력기관으로서 집정부執政部, Direktorium가 창설되었다. 수도에서는 부다페스트노동자평의회와 병사평의회가 사실상 정세의 주도권을 행사했다. 이런 가운데 소비에트 공화국 수립에 대한 요구가 전국으로 확산되었고, 바야흐로 혁명적 분위기가 성숙되었다.

1919년 3월 11일 공산당 지도부는 사회민주당과 통합을 위한 기초적 조건 10개항을 정식화했다. 공산당과 사회민주당 좌파 사이에서는 양당 통합과 소비에트 공화국 수립에 대한 교섭이 이전에도 진행된 바 있었다. 공산당이 제기한 조건은 이러했다. 부르주아 정부에서 헝가리사회민주당 대표의 탈퇴, 지배계급과 협력 중지와 노동자·병사·빈농 평의회 권력 수립 방침 채택, 타민족에 대한 지배 철폐, 부르주아 의회제 공화국의 소비에트 공화국으로 대체(이 공화국 체제에서는 부르주아지의 군사력을 폐지하고 무장한 프롤레타리아트의 계급적 군대를 창설하며, 낡은 국가관리 기관 대신 새로운 소비에트 기관을 설치한다는 내용을 담았다) 등이 그것이었다(The USSR Academy of

Sciences 1984, 216에서 재인용).

1919년 3월 21일, 이런 방침에 따라 공산당과 사회민주당은 두 정당이 즉시 통합해 사회당을 창설한다는 협정을 체결했다. 같은 날 무장한 노동자 부대가 수도의 주요 거점을 재빨리 점거했으며, 나머지 경찰과 군부대에 대해 무장해제를 단행하는 동시에 수도에 대한 완전한 통제를 확립했다.

이날, '헝가리 소비에트 공화국'이 선포되었다. 정부 — 혁명정부 평의회 또는 인민위원회의 — 수반은 사회민주당 산도르 가르바이가 추대되었고, 쿤 벨라는 외무 인민위원으로 취임했다. 프롤레타리아혁명이 피 흘리지 않고 평화적인 방법으로 승리한 것이다. 이런 일이 가능했던 것은 군대를 포함해 헝가리 인민의 광범한 층이 사회주의혁명을 지지했고, 국가 통치에서 무능력을 스스로 인정한 부르주아와 지주 진영이 고립되어 무력 저항을 할 수 없었기 때문이었다(Liptai 1968, 4~5; The USSR Academy of Sciences 1984, 218~219에서 재인용).

1919년 4월에는 헝가리 역사상 처음으로 권력기관인 평의회 선거가 보통·비밀 선거로 치러졌고 6월에는 평의회 대회가 열렸는데, 여기서 '헝가리 사회주의 연방 소비에트 공화국' 헌법이 채택되었다. 헌법은 "권력을 장악한 프롤레타리아트는 소비에트 공화국 내에서 모든 자유와 권리를 향유한다. 프롤레타리아트는 자본주의 제도와 부르주아지 지배를 폐지하고, 사회주의적 생산양식과 사회주의적 사회제도로 대체한다"고 규정했다.

헝가리 소비에트 공화국은 몇 가지 급진적인 경제·사회적인 개혁을 단행했다. 노동자 20명 이상의 공업 기업, 은행, 저축 금고, 상업 기업과 운수 기업, 대도시의 임대주택이 국유화되었고, 그것은 공장노동자평의회의 관리로 이관되었다. 또 57헥타르를 초과하는 토지소유가 무상으로 국유화되었고, 지주의 토지소유가 일소되었다. 또 소비에트 정부는 8시간 노동일제

도입을 비롯해 사회보험제도 시행과 교육제도 개선 등을 준비했다(The USSR Academy of Sciences 1984, 219~220).

헝가리 소비에트 공화국의 창의적이고 변혁적 활동이 전개되면서 국내외 반동과 압력이 강화되었다. 협상국 최고회의는 부다페스트에 비밀 사절단을 파견했는데, 그 임무는 정부에서 공산당원을 '평화적으로' 축출하는 것이었다. 드디어 헝가리는 경제봉쇄를 당했다. 프랑스는 공공연하게 군사적인 간섭을 취했으며, 4월 16일 루마니아 왕국 군대는 트란실바니아에서 공세를 취했고, 4월 27일 체코슬로바키아 군대가 북동쪽에서 침입했다.

이런 외국의 군사 개입에 대비해 5월 초 붉은 군대가 개편되었다. 노동자 10만 명이 입대했으며 헝가리 노동자 대대 외에도 오스트리아·폴란드·러시아·루마니아·체코·슬로바키아인 등으로 구성되는 국제 부대가 편성되었다.

6월 초 헝가리 붉은 군대는 간섭군의 포위망을 뚫을 수 있었고, 북쪽으로 진격하면서 카르파티아산맥으로 진출했다. 이것은 슬로바키아에서 전개된 혁명운동 고양을 위해 아주 유리한 조건을 조성했다. 6월 16일, 슬로바키아 소비에트 공화국이 선언되었다.

6월 중순 들어 헝가리 소비에트 공화국에 대한 위협이 강화되었다. 협상국은 티샤 강 동쪽을 점령하고 있던 루마니아군과 슬로바키아를 점령하고 있던 헝가리군의 상호 철수를 주장해 헝가리 소비에트 공화국 정권은 이 제안을 수락했다. 헝가리군이 슬로바키아에서 철수했으나, 루마니아군은 철수에 동의하지 않고 타샤 강을 넘어 다시 공격을 가했다. 이에 따라 헝가리군의 사기는 크게 저하했고, 협상국이 헝가리 정권과 교섭을 기부하고 게다가 농민들이 헝가리 소비에트 공화국 정부에 냉담한 태도를 취함으로써 헝가리 소비에트 공화국 정부는 위기에 몰렸다(이정희 2005, 413).

이 무렵, 헝가리 국내에서는 반혁명 책동이 활발해졌다. 그것은 부농의 반란, 수도와 지방에서 진행된 군주주의파와 사관들의 활동을 통해 구체화되었다. 이와 같은 정황을 두고 쿤 벨라는 공화국이 "권력의 위기, 경제의 위기, 정신의 위기에 빠졌다"고 표현했다(Kun 1962, 218; The USSR Academy of Sciences 1984, 223에서 재인용).

한편, 파리의 협상국 최고사령부는 헝가리에 대한 군사 개입 계획을 작성했다. 다른 한편, 사회민주당 지도부는 빈에서 헝가리 소비에트 공화국의 항복에 대한 비밀 교섭을 벌이고 있었다.

8월 1일 루마니아군이 부다페스트에 돌입한 가운데 헝가리 소비에트정부는 사퇴를 강요당했다. 우파 노동조합 지도자 G. 페이들을 수반으로 하는 '노동조합' 정부가 프롤레타리아독재 기관의 일소와 자본가적 소유의 부활에 착수했다. 그러나 이 정부는 며칠 동안 존재했을 뿐 반혁명적 군주주의자들에 의해 구축되었다. 곧이어 군사독재 체제가 수립되고 백색테러가 헝가리 국내를 휩쓸었다. 수많은 사람이 희생당했는데, 7,500명이 살해되었고 7만여 명이 감옥이나 수용소에 갇혔으며, 10만여 명이 모국을 등져야만 했다. 헝가리 소비에트 공화국은 협상국들과 국내 반혁명 음모가들이 연합해 행한 타격으로 결국 붕괴되고 말았다(The USSR Academy of Sciences 1984, 224).

헝가리 소비에트 정권이 물러난 뒤 헝가리는 극도의 혼란을 겪게 되었다. 실제적인 힘을 보유한 정권이 수립되지도 못했고, 또 루마니아군이 일정 기간 부다페스트를 점령하고 있는 상황에서, 지난날의 '오스트리아-헝가리제국' 군대의 장교 출신들을 중심으로 한 여러 극우 군사 집단이 발흥해 혁명 세력에 대한 피의 보복을 저질렀다(이상협 1996, 241).

헝가리 소비에트 공화국은 끝내 패배했지만, 133일 동안에 걸쳐 인민

권력을 수립하고 중요한 경제·사회·문화적 개혁을 실시했다는 점에서 국제노동운동에서 중요한 경험을 남겼다.


## 중유럽과 동남유럽 국가들에서 전개된 투쟁

독일, 오스트리아, 헝가리에서 일어난 혁명투쟁은 인접한 국가들의 해방 투쟁에도 큰 영향을 끼쳤다. 중유럽과 동남유럽에서 진행된 새로운 국가 출현은 노동자계급 주도의 혁명적 투쟁이 고양되는 가운데 이루어졌다.


### 폴란드

18세기 말 이후 3개 열강 구성에 편입되었던 폴란드는 러시아 사회주의 혁명 승리에 따라 민족자결권을 획득했고, 소비에트 정부가 특별 포고를 통해 폴란드 분할에 관한 제정러시아의 모든 조약을 폐기함으로써 독립을 위한 현실적 기반을 갖게 되었다.

폴란드 국토에서 혁명운동의 중심이 된 곳은 독일과 오스트리아 군대가 점령하고 있던 폴란드 왕국이었다. 1918년 10월 돈부로바 탄광 광산노동자들이 파업을 벌였는데, 이것이 총파업으로까지 전화했다. 파업에서 제기된 요구는 점령 군정과 그들이 설치한 섭정 회의 폐지, 의회 소집, 사회당 지도자 석방 등이었다.

오스트리아-헝가리제국에 편입되었던 폴란드 지역에서는 1918년 10월 말 주민들이 가두에 진출해 시위와 파업을 벌였으며, 11월 7일에는 루블린에서 혁명운동이 고양되는 가운데 좌파 정당 대표들로 구성되는 임시 인민정부가 수립되었다. 이 정부는 폴란드 국가의 창설을 선언했고, 헌법 제정의회의 소집과 광범한 민주적 개혁의 실시를 약속했다.

11월 11일 바르샤바에서는 주민들이 독일 점령군 병사의 무장을 해제하는 일이 벌어졌고, 며칠 뒤 바르샤바에서 '노동자·농민 정부'가 수립되었다. 폴란드 인민의 요구는 통일·독립 민족국가의 형성과 민주주의적 개혁 실시를 위한 헌법 제정 의회 소집 그리고 정치·경제·사회적 개혁으로 집약되었다.

노동자계급은 독자적으로 '노동자 대표 소비에트'를 창설했다. 이들 소비에트는 8시간 노동일제를 비롯해 사회적 권리의 시행을 이룩했다. 노동자 대표 소비에트의 결의를 지지하는 파업운동이 고양되었다. 1918년 10개월 동안 바르샤바에서 파업 28건이 일어났으며, 1918년 12월과 1919년 1월 두 달 동안에 파업투쟁 12건이 발생했다. 노동자들은 기업에 대한 통제 방법을 시도했다. 이런 파업투쟁이 진행되는 과정에서 구舊노동조합이 부활하고 조합원이 급증했는가 하면, 새로운 노동조합이 출현하기도 했다(The USSR Academy of Sciences 1984, 226).

이와 같은 정세에서 1918년 12월 16일 폴란드-리투아니아 왕국 사회민주당과 폴란드사회당 좌파의 합동대회에서 공산주의노동자당PPS이 창립되었다. 이 대회에서 채택된 당 강령은 소비에트 권력, 프롤레타리아독재, 그리고 사회주의를 지향하는 투쟁 임무를 제기했다. 그러나 이 당은 사회주의 실현을 위한 투쟁 전략과 구체적 전술들을 내놓지 않았으며, 의회 선거 보이콧을 선언함으로써 당 강령과 정책 목표를 대중들에게 널리 선전할 수 있는 기회를 스스로 포기했다.

1919년 1월 26일 헌법 의회 선거가 실시되었는데, 제헌의회에서 우파를 형성하는 국민민주당, 기독교 민주당이 다수파를 차지했고, 중도파에 속하는 폴란드농민당(피아스트파), 좌파 진영에 속하는 폴란드사회당, 폴란드농민당(해방파)이 소수이기는 했으나 각각 일정한 의석을 차지했다. 당시 폴란드 정당 제도의 특징은 군소 정당의 난립 현상이었는데, 정당 수가 20여개에 이르렀다. 1919년 2월 제헌의회는 헌법 제정에 착수했고 새롭게 제정된 헌법에 따라 요제프 피우수트스키를 수반으로 하는 부르주아 정부가 수립되었으며, 정부는 진보적 노동입법을 비롯해 각종 사회적 법률과 토지개혁 등에 관한 초안을 작성, 실행했다(이정희 2005, 383~384).

이런 과정을 통해 정치적 입지를 굳힌 부르주아 정부는 여러 지역에서 일어난 노동자 파업을 엄격하게 통제했으며, 4월 1일 전국에 걸쳐 계엄령을 선포했다. 같은 해 여름 정부는 소비에트를 해산했으며, 노동자 중심 지역에서는 백색테러를 행했다.

### 체코슬로바키아

1918년 10월 31일, '국민위원회'의 대표 카렐 크라마르와 '체코슬로바키아국민의회'를 대표하는 에드바르트 베네시가 제네바에서 회담을 갖고 토마시 마사리크를 대통령으로, 크라마르를 수상으로 하는 임시 정권 수립을 결정했다. 이로써 '체코슬로바키아 공화국'이 탄생했다. 임시 국민의회는 11월 13일 임시 헌법을 승인하고, 그다음 날 체코슬로바키아 공화국을 선언했다. 이것은 몇 세기 동안에 걸쳐 외세의 억압을 받아 왔던 체코와 슬로바키아 인민대중이 벌인 줄기찬 해방 투쟁의 결과였다.

노동자계급은 1918년 말 일련의 경제 파업을 단행해 승리를 거두었다. 파업투쟁을 통해 그들은 8시간 노동시간제 쟁취, 노동조합 권리 승인, 임금 인상, 사회보장 확충 등의 성과를 포함한 새로운 단체협약을 체결했다. 한편, 국민의회는 출판·집회·파업의 자유를 선언하고 생산에 대한 노동자 통제의 확립까지도 약속했다.

이런 정책을 두고, 부르주아 통치자들은 근로인민의 '공정한' 요구를 실현시켜 주려는 의지의 표현이라고 주장했다. 이와 같은 주장에 동조해 사회민주당의 우파 지도자들은 사회주의를 향해 큰 폭으로 한 걸음 내딛었다고 평가했다. 또 계급협조 정책을 취한 체코슬로바키아 사회민주노동당의 우파 지도부는 새 공화국 강화의 필요성과 사회주의 실현을 위한 점진적 이행의 중요성을 강조했다. 1918년 12월에 열린 당대회는 "부르주아 정당들과 협력해 사회개혁을 실시하는 것이 당의 가장 중요한 임무다"라고 밝혔다 (The USSR Academy of Sciences 1984, 228).

1919년 6월에 실시된 의회 선거에서는 사회민주노동당이 의회 의석의 30.1퍼센트를 획득했고, 농민당이 20.5퍼센트를, 체코슬로바키아 사회당이 15.6퍼센트를, 국민민주당이 8.2퍼센트를 각각 차지했고, 그 밖에 국가사회당과 성직자당이 나머지를 차지했다. 사회민주노동당의 블라스티밀 투사르가 '적과 녹' 연립(사회민주노동당과 농민당, 그리고 국가사회당) 내각의 수반이 되었다(The USSR Academy of Sciences 1984, 228).

이와 같은 사회민주노동당 노선과 정치 방침에 대해 당내 반발과 불만이 차츰 커졌으며, 혁명적 그룹이 형성되었다. 혁명주의자들은 "노동자의 계급의식을 육성하기 위한 신문"이라는 부제를 단 주간지 『사회민주주의자』를 발간했다.

이런 정세에서 새로운 혁명적 고양이 시작된 것은 1919년 봄 무렵이었다. 당시 최대 사건으로 꼽을 수 있는 것은 클라드노 광산 지역 노동자투쟁이었다. 이 지역에서는 전투적인 사회민주주의 조직이 활동하고 있었는데, 활동가들에 대한 체포와 집회 금지 등에 항의해 집회와 시위 그리고 대중적 파업이 행해졌다. 노동자들은 생활 개선뿐만 아니라 기간산업 국유화도 요구했다.

1919년 4월 19일, 산업부문 노동자 대표 350명과 다른 근로인민 대표 150명이 '노동자 소비에트'를 결성했다. 노동자 소비에트는 광산노동자의 토요 6시간 노동일제 도입을 비롯해 임금 인상 요구에 직접 관여했다. 그러나 부르주아 민주주의 체제에서 소비에트 활동 가능성은 극히 제한될 수밖에 없었으며, 이에 따라 소비에트 활동은 점점 활기를 잃어 갔다.

이런 가운데서도 사회민주노동당의 분화 과정은 계속되었다. 1919년 12월 혁명적 분파가 형성되어 이들은 마르크스주의 원칙을 이론적으로나 실천적으로 실행할 것을 목표로 내세웠다. 그러나 체코슬로바키아 정당 정치가 민족·국가적 차원에서 정당들의 연립을 바탕으로 사회적 개혁을 포기할 것인가, 아니면 민족·국가적 목표 대신 사회적 목표를 추구할 것인가 하는 문제를 두고 이합집산을 거듭하는 과정에서, 혁명적 분파가 정치적으로 큰 영향력을 발휘하기는 어려운 처지가 되었다(이정희 2005, 402).


### 유고슬라비아

제1차 세계대전 이후 유고슬라비아가 합스부르크가 전제에서 해방되어 단일국가를 형성하는 데는 매우 복잡한 과정을 밟았다. 이것은 유고슬라비아 국가가 서로 다른 기원과 역사적 배경을 가진 연방으로 구성된 데에서 비롯되었다. 슬로베니아와 달마티아는 이전부터 오스트리아령이었고, 크로아티아는 헝가리의 자치적 속주였으며, 자치주 보이보디나 역시 헝가리 지배권에 있었다. 또 보스니아헤르체고비나는 오스트리아와 헝가리의 공동 통치를 받았으며, 세르비아와 몬테네그로는 독립 왕국 상태였다. 그리고 제1차 세계대전 이후 세르비아는 마케도니아 일부를 획득했다(이정희 2005, 451).

이와 같은 복잡한 정세에서 부르주아지가 세르비아 왕제파의 비호를 받아 유고슬라비아 국토의 통일을 실현했다. 1918년 12월 1일, '세르비아·크로아티아·슬로베니아(연방) 왕국' 창설이 선언되었다. 새로운 국가 형성은 유고슬라비아 인민대중의 생활에 획기적인 변화를 가져왔으며, 정치·경제·

사회·문화 전반에 걸친 발전에서 장해 요인을 제거하는 중대한 계기가 되었다. 그러나 부르주아지가 지배권을 행사함으로써 유고슬라비아 왕국에서는 새로운 형태의 민족 억압이 행해지게 되었고, 외국 제국주의가 활동을 전개하는 데 유리한 조건이 조성되었다.

유고슬라비아 인민이 합스부르크가 제정 체제에서 해방되어 새로운 국가를 창설하는 과정에서 중요한 역할을 수행한 것은 공업 중심지에서 발생한 노동자 파업투쟁과 농민 봉기 그리고 병사들의 무장투쟁이었다. 노동자계급은 투쟁을 통해 8시간 노동일제, 단체협약 체결, 노동조합 합법화, 임금 인상 등을 요구했으며, 민주주의적 개혁을 목표로 적극적인 투쟁을 전개했다.

1919년 7월, 노동자계급은 협상국 측과 왕당파가 유고슬라비아군을 소비에트 헝가리 공격에 투입하려는 기도를 저지했다. 러시아와 헝가리에 대한 협상국 측의 간섭에 반대하는 항의 파업이 여러 산업에 걸쳐 감행되었다. 노동자투쟁의 영향을 받아 군대 내에서도 동요가 발생했는데, 7월 22일과 23일에는 바라주딘과 마리보르에서 병사들의 자연발생적인 봉기가 일어났다(The USSR Academy of Sciences 1984, 230).

한편, 제헌 의회 성립 이후, 유고슬라비아에서는 수많은 군소 정당이 탄생했다. 정당들 가운데 정치적으로 가장 크게 영향력을 발휘했던 정당은 급진당과 크로아티아농민당이었다. 유고슬라비아공산당은 전쟁 이전에 사회민주당에서 분리되어 나왔는데, 제1차 세계대전 기간에는 불법화되어 정부의 가혹한 탄압을 받았다.

1919년 4월에는 베오그라드에서 세르비아사회민주당과 보스니아헤르체고비나사회민주당의 주도로 통일 대회가 열렸다. 여기에 세르비아·보스니아·달마티아의 사회민주당 대표와 크로아티아·보이보디나 좌파 사회주의자 대표도 참가했으며, 유고슬라비아공산당은 20명의 대표권을 갖고 있었다. 대회는 '통일의 기초'라는 강령 결의를 채택했는데, 이것은 유고슬라비아사회주의노동당(공산당)의 결성을 선언한 것이었다.

이 시기 노동자계급의 당과 노동조합은 빠르게 성장했다. 1919년 후반에 사회주의노동당은 당원 5만 명 이상을 포괄했으며, 노동조합원 수는 25만 명에 이르렀다. 1919년 말에는 유고슬라비아공산주의청년동맹이 결성되었다. 정부는 노동자계급이 벌이는 파업투쟁의 압력과 국제 정세의 영향을 받아 8시간 노동일제를 도입하는 것을 비롯해 양보의 자세를 취했다.

## 서유럽과 미국에서 전개된 사회적 투쟁

### 이탈리아

협상국 측 전승국 가운데 가장 약한 고리는 이탈리아였다. 제1차 세계대전 종료와 더불어 이탈리아에서는 혁명적 분위기가 막 성숙되고 있었다. 자유주의 부르주아국가 체제가 거의 마비 상태에 놓였고, 종래 방식대로 국가를 통치하기에는 불가능한 상태였다. '빈자의 이탈리아'는 내부 취약성을 드러내고 있었다. 풍요롭던 북쪽 지역의 황폐, 공업과 운수 부문 붕괴, 농업 쇠퇴, 생계비 상승과 인플레이션, 대량 실업 등은 정치·경제·사회적 갈등을 크게 고조시켰다. 더욱이 자본과 이윤을 크게 증대시킨 일바Ilva, 안살다Ansalda, 피아트FIAT 등의 거대 기업은 전시 생산 체제를 평상 생산 체제로 전환하는 데 따른 모든 부담을 노동자들에게 지우려 했다(The USSR Academy of Sciences 1984, 235).

이런 위기 상황에서 1918년 말 인민대중이 격렬한 투쟁을 전개하기 시작했다. 산업노동자들뿐만 아니라 농업노동자, 영세 토지소유 농민, 토지 없는 농민들이 투쟁에 참가했다. 1919년 봄 공업 삼각지대(밀라노, 제노바, 토리노)에서 일어난 파업은 특히 완강했는데, 여기서는 경제적 요구와 정치적 요구가 겹쳐 제기되었다.

산업노동자들의 파업투쟁과 더불어 '적색 연맹'에 조직되어 있던 북이탈리아의 농업노동자도 파업투쟁을 벌였다. 남이탈리아와 라치오 주에서 농민의 자연발생적 운동이 일어났고, 특히 지난날 출병했던 병사로서 당시에는 미개간지 또는 불량 경지에 취업하고 있던 농민들 사이에서도 자연발생적인 운동이 확대되었다.

정부 통계에 따르면, 1919년에 일어난 파업 건수는 1,871건(1918년 대비 6배), 파업 참가자 수는 155만5천 명(1918년 대비 약 10배 증가), 노동손실일수는 2,200만 일(1918년 대비 거의 25배)을 상회했다. 공업 부문에서는 파업의 53.6퍼센트, 농업 부문에서는 48.6퍼센트가 노동자 측 승리로 마무리되었다. 파업을 주도한 측은 섬유·철강·금속·조선 산업노동자들이었다(*Annuario statistico del lavoro 1949*, 386~387; The USSR Academy of Sciences 1984, 236에서 재인용). 파업투쟁이 진행되는 가운데 노동조합도 성장세를 나타냈는데, 1919년 말에는 노동조합원 수가 전년 대비 4배나 증가해 100만 명을 넘어섰다.

한편, 정부는 인민의 불만을 누그러뜨리기 위해 노동·고용 조건 개선을 위한 대책을 내놓았다. 또 농민협동조합이 공한지 또는 불경작지를 점거한 경우, 구소유자에게 보상을 하는 조건으로 협동조합 소유로 전환하는 내용의 포고가 발표되었다. 그런가 하면, 빵 가격이 인하되고 선거권이 확장되었다. 그러나 전후 이탈리아의 혁명적 정세에서 정부의 이런 개혁이 인민들에게 결코 만족을 가져다주지는 못했다. 선거 결과가 그와 같은 사실을 잘 반영해 주었다.

1919년 시행된 의회 선거에서 전통적인 부르주아 정당이 크게 패배해 압도적 다수를 차지했던 의석을 상당수 잃게 되어 전체 의석의 36퍼센트를 획득하는 데 그쳤다. 민주주의적 개량을 표방했던 가톨릭 인민당은 의석의 약 20퍼센트를 차지했다. 최대의 성과를 거둔 정당은 이탈리아사회당으로서 175만6천 표를 획득해 의석의 30퍼센트 이상(499석 가운데 156석)을 차지했다(The USSR Academy of Sciences 1984, 237). 이런 선거 결과는 노동자계급이 사회개혁적 요구를 제기하는 데 유리한 조건으로 작용했다.

그런데 노동자와 인민대중의 투쟁을 이끌고 지원해야 할 진보 정당 또는 좌파 정당은 통일적이지 못했다. 가장 큰 영향력을 발휘했던 아마데오 볼디가 그룹은 개량주의자의 즉시 추방을 줄기차게 요구하면서 노동자·농민·병사 소비에트를 선전하는 동시에 의회 보이콧과 소수의 '순수한' 정당 창설을 요구했다. 젠나리-마라비니-미시아노 그룹은 개량주의와 투쟁을 전개하는 과정에서 좌파의 통일을 달성하기 위해 노력했다.

또 다른 그룹으로는 안토니오 그람시가 주도하는 좌파 사회주의자 그룹으로서 당시로는 큰 영향력을 발휘했다. 여기에는 팔미로 톨리아티와 움베르토 테라치니 그리고 안젤로 타스카 등이 참여하고 있었다. 이 그룹은 1919년 5월 1일부터 토리노에서 주간지 『신질서』*Ordine Nuovo*를 발간했다. 이 신문은 프롤레타리아 투쟁의 이론·실천적 문제들을 제기했고, 레닌의 논문이나 코민테른 자료를 게재했다.

그람시는 1919년 6월에 쓴 논문 "노동자 민주주의"(톨리아티와 공동 집필)에서 이탈리아의 경우, '직장의 모든 권력을 공장 평의회에!', '국가의 모든 권력을 노동자·농민 평의회에!'라는 슬로건을 내세우고 투쟁을 전개할 것을 제안했다. 그람시는 공장 평의회를 목표로 한 투쟁을 전면에 배치함으로써,

노동자들이 이 투쟁을 통해 스스로 '진정한 노동자민주주의'를 실현할 수 있다고 주장했다.

그람시는 공장 평의회가 세 가지 임무를 수행해야 한다고 역설했는데, 생산에 대한 노동자 통제, 노동자 대중의 자기 관리, 권력 획득이 그것이었다. 그는 또 공장 평의회의 발전이 이탈리아에서 노동자계급의 헤게모니 확보와 사회당 내에서 프롤레타리아·혁명적 요소의 우위 장악으로 이어져야 한다고 강조했다.

그리고 그람시는 권력을 추구하는 계급인 프롤레타리아트는 낡은 이데올로기적 관계 내부에서 자신의 선진적인 이데올로기를 주장하고, 한 나라의 정치·경제 생활 내에서 이 이데올로기의 영향력을 강화시켜 정치권력을 장악한 이후에 맡겨질 자신의 지도적 역할을 준비하지 않으면 안 된다고 했다(한국철학사상연구회 1989, 183).

### 프랑스

프랑스가 제1차 세계대전에서 승리를 거두자, 전쟁 때문에 발생한 여러 가지 현안은 조속히 해결될 것이고 파괴된 것은 별 어려움 없이 복구될 것이며, 인민의 물질적 상태는 패전국 독일의 희생을 바탕으로 개선될 것이라는 환상이 프랑스 전역에 널리 확산되었다.

그러나 이런 환상은 그리 오래 유지되지 못했다. 공업과 농업의 생산 회복은 완만하게 진행되었고 대내외 채무는 증대되었으며, 프랑의 환시세는 떨어졌고 인플레이션은 경제 상태를 악화시켰다. 식료품을 비롯한 생활필수품 가격은 1919년 초에 전쟁 이전 수준의 세 배 또는 네 배 정도 상승한 반면, 노동자의 임금은 1913년 수준에서 동결되었다. 조세가 두드러지게 증가했는가 하면, 여성들의 실업이 특히 급증했다.

이런 상황을 배경으로 1919년 봄에는 대중투쟁이 격화되었다. 노동자들은 임금 인상과 8시간 노동일제의 확립을 강력히 요구했다. 로렌에서 광산 노동자 1만 명이 파업을 결행했고, 3월 29일에는 장 조레스 암살범에 대한 무죄 판결에 항의해 파리 시민 15만 명이 시위를 벌였다. 4월에는 파리의 봉제노동자들이 일손을 멈추었고 은행원들이 파업을 단행했다. 지배층은 이런 사태를 해결하기 위해 일정한 양보를 수행하지 않을 수 없었는데, 3월에 의회가 단체협약에 관한 법률을 채택했고 4월에는 8시간 노동일제를, 7월에는 직업교육법을 통과했다(The USSR Academy of Sciences 1984, 239).

1919년 메이데이 때는 모든 대공업 중심지에서 노동자들이 24시간 파업투쟁을 전개했다. 파리에서는 정부 당국의 금지 조치가 내려졌는데도 시민 50만 명이 가두시위에 참가했으며, 경찰대와 충돌 과정에서 양쪽에서 수백 명의 부상자가 생겼다. 5월 25일 파리코뮌을 기념해 페르 라셰즈 묘지를 향한 대규모 행진이 결행되었다.

파업 물결이 전국으로 확대되어 7월에는 최고조에 이르렀고, 파업 참가자 수는 50만 명을 넘어섰다. 농업노동자들도 투쟁에 참가했다. 정부 통계에 따르면, 1919년에는 파업 건수 2,026건, 파업 참가자 수 115만1천 명, 노동손실일수 1,500만 일 이상으로 사상 최고 기록을 나타냈다. 파업투쟁에서 앞장선 노동자는 기계제조, 금속노동자였으며, 건축·운수·광산 노동자가 그 뒤를 이었다. 파업은 절반가량이 타협을 통해 종결되었고, 4분의 1 조금 모자라는 정도로 노동자 측이 승리를 거두었으며, 그 나머지는 패배로 끝났다. 노동자들은 평균 20~25퍼센트 정도의 생계비 인상분을 획득했다(*Annuaire Statistique*, 1952, 102; The USSR Academy of Sciences 1984, 240에서 재인용).

이와 같이 노동자계급의 과감한 파업투쟁이 전개되었는데도 1919년 시행한 의회 선거에서는 부르주아 정당들이 압도적인 승리를 거두었다. 새로운 선거제도는 연합을 구성할 수 있는 정당에 유리하게 작용했다. 이것은 부르주아 정당에게는 성공적인 영향을, 반면에 좌파에게는 절망적인 영향을 끼쳤다. 사회당은 1917년 '신성동맹'과 결별한 이후 고립되었고, 내부적으로도 볼셰비키 혁명에 대한 방침을 둘러싸고 분열되어 부르주아 정당들과는 어떤 종류의 타협도 거부했다. 선거 결과를 보면, 사회주의자들이 차지한 득표 비율은 17퍼센트에서 21퍼센트로 증가했지만, 이들이 차지한 의석수는 102석에서 68석으로 줄어들었다. 중도 우파 정당들은 총 616개 의석 가운데 450석을 차지했다(프라이스 2001, 292~293).

사회주의정당이나 노동조합운동 내부에서는 이념과 노선 대립과 갈등이 점점 확대되는 양상을 나타냈다. 이와 같은 정파 사이의 분열과 대립은 1920년대 초기 노동운동의 침체를 심화시킨 주요 요인으로 작용했다.

### 영국

제1차 세계대전이 끝난 뒤 영국 부르주아지는 전쟁에서 승리했다는 사실을 교묘히 활용했다. 데이비드 로이드 조지 연립내각은 몇 가지 개혁 조치를 단행했다. 선거권의 재산제한 철폐, 선거 연령 낮추기, 여성의 상당 부분에 대한 참정권 부여, 교육제도 개선 등이 그것이었다.

전후 1918년 실시된 의회 선거에서는 보수당과 자유당 연합 세력이 승리를 거두었다. 연합 세력은 500만 표 넘게 획득해 보수당 338석, 자유당 146석을 차지했다. 노동당은 250만 표를 획득해 상당한 성공을 거두었으나, 선거제도의 불합리성과 불공정성 때문에 하원에서 57석밖에 차지하지 못했다(Miliband 1961, 64; The USSR Academy of Sciences 1984, 241에서 재인용).

이와 같은 정치 정세 변화와 더불어 계급 사이의 갈등이 첨예화했다. 1919년 1월 스코틀랜드 공업지구 클라이드 기계제조노동자 10만 명 이상이 노동조합 지도부의 승인 없이 현장위원과 노동자위원회의 지도에 따라 파업을 결행했다. 1월 31일 글래스고의 조지 스퀘어에서 행해진 시위에서는 파업 노동자와 경찰대 사이에서 본격적인 전투가 벌어졌는데, 노동자들은 바리케이드를 치고 대항했으며 정부 당국은 파업 지도자들을 체포하는 동시에 전차와 포병대를 시내에 투입했다.

한편, 탄광노동자 100만 명이 투쟁 채비를 갖추고 있었다. 그들은 임금 인상과 노동시간의 단축뿐만 아니라 탄광 국유화와 노동자 통제 확립을 요구했다. 로이드 조지 정부는 몇 가지 책략을 동원했는데, '산키위원회'(산키 판사를 위원장으로 하는 국가위원회)를 설치해 이미 계획되어 있었던 파업을 연기시켰고 결국은 노동조합 삼자 동맹 — 탄광, 철도, 운수 세 노동조합의 연합 — 지도부의 도움을 받아 파업을 중지시켰다.

정부 통계에 따르면, 1919년의 파업 건수는 1,352건, 파업 참가자 수는 259만1천 명, 노동손실일수는 3,500만일이었다. 파업의 압도적 부분이 노동자 측의 완전 또는 부분적 승리로 끝났다(*The Eighteenth Abstract of Labour Statistics of the United Kingdom*, 1927, 144~145; The USSR Academy of Sciences 1984, 241~242에서 재인용).

노동운동이 고양되는 가운데 영국에서 활동하고 있던 여러 혁명 조직이 조직적 통일을 모색했다. 1919년 여름, 이들 조직은 단일의 공산당 결성에 대한 협의를 시작했다. 이런 조직들 가운데 가장 유력했던 정당은 영국사회당이었는데, 이 당은 혁명적 마르크스주의 노선을 견지했다. 사회주의노동당은 혁명적 생디칼리스트들이 주도한 정당으로서 현장위원 운동을 지도했는데, 이 운동은 가장 전투적이고 계급의식을 갖춘 노동자와 개량주의에 대해 적대적이었던 노동자들의 호응을 받았다. 노동자사회주의연맹은 노동여성 참정권 조직으로 출발해 성장했다. 남웨일스사회주의협회는 혁명적 노동조합이 지도하는 대중적 혁명투쟁을 주장했다.

조직 통일에 관한 협의에 참가한 조직들은 혁명 조직의 원칙과 목적에 대해서는 대체로 일치된 견해를 보였으나, 전략과 전술에 대해서는 특히 노동당과 의회주의에 대한 방침에서는 서로 다른 태도를 나타냈다.

영국사회당은 노동당에 가입하는 것은 불가결한 조건이라는 견해를 밝히면서 혁명적 의회주의를 주장했다. 사회주의노동당은 의회 내에서 활동을 펴는 데에는 동의하지만, 노동당 가입은 반대했다. 노동자사회주의연맹과 남웨일스사회주의협회는 단호한 반의회주의 주장을 폈다. 이런 의견의 불일치를 극복하는 데는 1년이라는 세월이 필요했다(The USSR Academy of Sciences 1984, 242).

### 미국

제1차 세계대전이 끝나자 미국 노동자계급은 노동·생활 조건 개선을 위한 투쟁을 더욱 강화했다. 사회적 격차의 첨예화, 착취의 증대, 실업, 물가 등귀는 러시아와 서유럽 여러 나라에서 발생한 혁명투쟁의 영향과 맞물려 새로운 계급 갈등을 촉발시킨 원천이 되었다. 이와 같은 조건을 배경으로 파업운동이 급증했다. 1919년의 파업 건수는 3,630건이었고, 파업 참가자 수는 416만 명으로서 피고용자 총수의 20.8퍼센트였다(U.S. Govt. Printing Office 1951; 1949, 73; The USSR Academy of Sciences 1984, 244에서 재인용).

파업에 참가한 노동자들은 때로 종래의 틀을 뛰어넘는 요구와 슬로건을 제기했는데, 이를테면 작업 제도나 작업 조직, 고용과 해고, 직장장 임명, 경영합리화 등에 관한 사항 결정에 대해 노동자 참가를 요구했다.

1919년 초에는 전국적으로 총파업 기세가 고조되었다. 1월에 시애틀 항조선노동자들이 임금 인상과 8시간 노동시간, 그리고 주 44시간 노동을 요구해 파업을 벌였다. 다른 직종 노동자들이 그들을 지지했으며 파업 참가자는 6만 명으로 증가했고, 2월 6일부터는 시 전체에 걸친 파업이 감행되었다. 총파업위원회가 이 투쟁을 지도했으며, 급수·조명·병원 확보, 급식소 조직, 사회질서 유지 등의 문제들도 위원회가 해결하지 않으면 안 되었다. 시애틀 노동자 총파업에 대해 정부, 의회, 미국노동총연맹 지도자들이 강력한 압력을 행사했고, 그 결과 2월 11일 총파업은 중지되었으나 조선노동자 3만5천 명은 약 한 달 동안 파업을 계속했다. 많은 노동자와 노동조합 활동가가 체포되었다.

이 시기에 일어난 또 하나의 대규모 파업은, 미국 최강 독점체의 하나였던 유에스 스틸사 노조 결성 방해에 대한 철강노동자의 완강한 파업투쟁이었다. 이 파업은 1919년 9월에 시작해 70군데로 확대되었고, 파업 참가자는 36만5천 명에 이르렀으며, 철강·탄광·화부·기계 노조의 대표들로 구성된 시카고 전국위원회가 이 파업을 지도했다. 파업에서 제기된 주요 요구는 임금 인상과 노동조합 승인이었다(The USSR Academy of Sciences 1984, 244-245).

정부는 철강노동자 파업에 대해 공권력을 동원해 파괴하려 했고, 펜실베이니아 주에서는 노동자와 경찰대·회사고용폭력단 사이에 유혈 충돌이 벌어졌다. 전국위원회는 1920년 1월에 열린 회의에서 파업 중지를 선언하지 않을 수 없었다. 그 이유는 미국노동총연맹 지도자 곰퍼스와 직종별 노동조합 지도부가 파업 노동자에 대한 지원을 거부했기 때문이었다. 탄광·철도 노조도 철강노동자 파업에 대해 충분한 연내를 실행하지 못하면서 파업은 결국 패배로 끝났다(The USSR Academy of Sciences 1984, 245).

1919년 여름과 가을, 탄광노동자들은 탄광 국유화 요구를 내걸고 파업을 단행했다. 미국통일탄광노조대회Convention of the United Mine-Workers of America는 탄광주의 소유를 '민주적 통제' 체제에 두어야 한다는 결의를 만장일치로 채택했다. 1919년 11월 결행된 총파업에는 탄광노동자 40만 명 이상이 참가했다. 파업 노동자들은 60퍼센트의 임금 인상과 주 30시간 노동, 시간외수당 지급 등을 요구했다. 연방 재판소는 파업을 위법으로 규정했고, 곰퍼스를 비롯한 노조 간부들도 파업 중지를 종용했다. 그러나 파업이 끝난 것은 14퍼센트의 임금 인상에 이어 타협적 협정이 체결된 1920년 1월 7일이었다(The USSR Academy of Sciences 1984, 245).

제1차 세계대전이 종료된 이후 1918~1922년 사이에 감행된 노동자 파업투쟁은 독점자본가와 정부 탄압으로 절망적일 정도의 패배를 경험했다. 이 과정에서 미국노동총연맹 지도자들은 노동자계급을 철두철미 배반했다. 그들은 특정 산업 노동조합들이 맹렬한 기세로 파업을 진행하고 있는 동안에도 자신들의 직종별 노동조합 활동을 체계적으로 고수했다. 그들이 취한 정책은 퇴각 정책으로서 그 하나하나가 자신들을 위한 것이었고, 그들은 고용주의 맹공 앞에 비굴하게 무릎을 꿇었다(Foster 1956, 258).

### 비참전국

제1차 세계대전에 참가하지 않은 국가들에서도 전쟁에 따른 큰 변화들이 노동자계급의 투쟁을 촉진했다. 몇몇 나라에서는 러시아 10월 혁명의 사상과 유럽 중앙부의 혁명운동 영향을 받아 자립적인 정치투쟁이 전개되었다.

중립국 네덜란드에서는 노동조합과 병사평의회가 경제·사회적 개혁을 요구했으며, 임금 인상과 노동시간 단축, 사회보험제도 개선, 여성에 대한 선거권 보장 등의 요구를 제기하면서 파업을 벌였다. 에스파냐에서는 에스파냐사회주의노동당과 무정부주의적 생디칼리즘 계열의 전국노동연합이 소비에트러시아에 대한 제국주의적 봉쇄에 반대했으며, 파업운동을 강화했다.

포르투갈에서는 정부와 노동자 조직 사이에 갈등이 점점 커지는 가운데, 포르투갈노동조합연합이 총파업을 선언했다. 많은 노동조합 활동가, 주로 철도·농업 노동자가 투옥되거나 아프리카 식민지로 추방되었다. 파업은 실패로 끝났지만, 파업투쟁은 파이스 독재를 무너뜨리는 데 크게 기여했다. 또 1919년 겨울의 군주주의자 반란을 격파하는 데도 노동자들이 결정적인 역할을 수행했다. 리스본에서 벌어진 대중적 시위와 군주주의자들에 대항한 전투에서 노동자들의 직접 참가는 군주제 부활을 저지하고 부르주아 민주주의를 일시적이나마 구제했다.

제1차 세계대전 이후 1919년 스칸디나비아 3국에서는 파업투쟁이 강화되었다. 스칸디나비아 노동자들이 벌인 대중운동의 결과로서 몇 가지 정치·경제적 성과가 실현되었다. 8시간 노동일제 제정이 대표적인 것이었다. 스웨덴에서는 산업재해에 대한 기업주 부담 방식 강제보험 제도가 도입되었고, 노르웨이에서는 연 2주간의 휴가제가 시행되었다. 덴마크에서는 공적 대부를 조건으로 토지를 소유하지 못한 농민에게 경영 용지의 무상 인도가 법률로서 행해졌다(The USSR Academy of Sciences 1984, 252).

# 2장

# 코민테른 창립

새로운 시대가 탄생했다.

자본주의의 해체, 그 내부 분해의 시대,

프롤레타리아 공산주의 혁명의 시대가.

제국주의 체계는 붕괴되어가고 있다.

식민지에서의 격동,

이전에는 자립하지 못했던 소수민족 사이의 격동,

프롤레타리아의 봉기,

몇몇 나라에서의 프롤레타리아혁명 승리,

제국주의적 군대의 해체,

지배계급이 국민의 운명을 계속 이끌어 갈 능력을 완전히 상실한 것

— 이것이 오늘날 전 세계의 상태다.

인류의 문화 전체는 바야흐로 폐허화되었고,

완전한 멸망의 위험이 인류를 위협하고 있다.

인류를 구할 수 있는 힘은 오직 하나밖에 없다.

그 힘은 프롤레타리아다.

_코민테른 제1회 대회에서 채택된 '지침'
(동녘편집부 1989a, 34)

# 1. 제3인터내셔널의 창립

러시아에서 10월 사회주의혁명이 승리를 거두고, 제1차 세계대전이 종료된 바로 뒤 유럽 여러 나라에서 혁명운동이 고양되었다. 이런 상황에서 사회관계의 근본적 변혁을 요구하는 방대한 인민대중의 투쟁을 지도하기 위해 새로운 형태의 프롤레타리아 당과 전투적인 국제 연대 설립이 주요 임무로 제기되었다.

이것은 제국주의 모순이 갈수록 격화되고 프롤레타리아 계급투쟁이 발전하면서 혁명주의 프롤레타리아 정당과 사회쇼비니즘[1]을 극복한 프롤레타리아 국제조직 설립의 객관·주체적 조건이 성숙되었음을 의미하는 것이었다.

10월 혁명 승리와 최초의 프롤레타리아국가 탄생은 새로운 형태의 인터내셔널 창설을 가능하게 했으며, 러시아는 많은 국가의 프롤레타리아 혁명가들과 상호 결합과 상호 원조를 확보하는 데 매우 유리한 조건을 갖추었다.

새로운 혁명적 인터내셔널을 창립하는 문제는 제1차 세계대전 초기 제2인터내셔널 파산이 확인된 바로 뒤, 레닌과 볼셰비키가 이미 제기했던 것이다. 제1차 세계대전이 진행되는 동안 국제노동운동과 사회주의운동 내부에는 세 갈래의 조류가 형성되었는데, 사회쇼비니즘 조류와 중앙파 조류 그리고 혁명적 국제주의 조류가 그것이었다(김성윤 1986, 38~40).

---

1_국제 사회주의운동의 기회주의적 경향을 말한다. 사회주의와 쇼비니즘(chauvinism)이 결합된 사회쇼비니즘은 사회주의를 표방하면서도 실제로는 제국주의적 처지에서 다른 민족에 대한 침략을 지지하는 우파 사회민주주의자들의 사상과 행동을 일컫는다. 레닌은 이것을 사회쇼비니즘이라 부르고, 기회주의의 계급협조 사상이 자국의 제국주의적 부르주아지와의 동맹으로까지 전락했다고 보았다. 요컨대 사회쇼비니즘은 제국주의적 부르주아지와 그들이 육성한 노동귀족 및 노동관료와의 동맹 사상으로 평가된다.

사회쇼비니즘은 노동자계급과 자본가계급 사이의 '국내 평화'를 강조하고 '조국 옹호'의 필요성을 역설하면서, 전쟁 승리를 위해 노동자들을 전쟁 목적에 동원하는 것을 원조했다. 주요 국가의 사회민주주의 지도자들 대부분이 사회쇼비니즘을 지지했다.

중앙파 조류는 전쟁에 반대하는 태도를 취하면서도 행동으로는 사회쇼비니즘 주창자들과의 통일을 지지함으로써 대중들에게 그들의 영향력을 유지하면서 기회주의적 실천을 정당화했으며, 혁명의 시기상조론을 제시해 우파 지도자들을 도덕·정치적 파산으로부터 구출했다. 칼 카우츠키를 이론적 지주로 하는 중앙파의 주장은 세계대전이 진행되는 동안 사회쇼비니즘의 실체를 폭로해 혁명적 노선으로 노동대중을 결집하는 데서 오히려 중요한 장애로 등장했다.

혁명적 국제주의 조류는 사회주의혁명 노선에 따라 '자국'의 제국주의적 부르주아지에 대한 혁명적 투쟁을 수행해야 한다고 주장했으며, 사회쇼비니즘과 중앙파 조류의 주장과 행동에 대해 반대했다.

이런 세 갈래 조류가 노선 투쟁을 전개하는 가운데 제1차 세계대전이 종료되고 러시아에서 사회주의혁명이 승리를 거두게 되자, 혁명적 국제주의 조류가 중심이 되어 제3인터내셔널 창설 움직임을 구체적으로 보였다.

1918년 1월 페트로그라드에서 혁명적 국제조직 건설을 준비하기 위한 첫 국제회의가 열렸다. 이 회의에는 볼셰비키, 좌파 사회혁명당[2], 스웨덴·노르웨이·영국·미국의 좌파 사회민주주의자 등과 그 밖에 폴란드·루마니

---

**2** 러시아 10월 혁명 후 사회혁명당에서 좌파가 떨어져 나와 결성한 당이다. 1918년 이후에는 좌파 사회당 일부는 소비에트 권력에 대항해 무장투쟁에 참가했고, 볼셰비키와 협력을 주장했던 분파는 결국에는 공산당에 입당했다.

아·체코슬로바키아·크로아티아의 국제주의자 대표가 참가했다. 회의는 각 당과 조직이 본국 정부에 반대하고 즉시 강화를 목표로 혁명투쟁의 길로 나아가는 데 동의할 것과, 러시아 10월 혁명과 소비에트 권력을 지지한다는 결의를 기초로 국제회의를 소집할 것을 결정했다. 이 결정은 여러 나라의 좌파 정당과 그룹에 전달되었다(김성윤 1986, 71~72).

한편, 당시 사회쇼비니즘 주창자와 중앙파는 공산주의운동에 대응하기 위해 제2인터내셔널 부활[3]을 명분 삼아 국제적 연합체 설립을 서두르고 있었다. 이런 상황 때문에 혁명적 국제주의자들은 제3인터내셔널 창립을 미루기는 어려운 형편에 놓여 있었다.

이와 같은 조건들을 고려해 1918년 12월 24일 러시아공산당은 독일·오스트리아·헝가리 혁명가들에게 제3인터내셔널(코민테른)의 창립을 서둘러야 한다고 호소했다.

1919년 1월 모스크바에서 새로운 국제협의회가 열렸다. 국제협의회는 가능한 한 빨리 제3인터내셔널 창립 대회를 소집하자는 레닌의 제안을 채택했다. 이 취지문에는 폴란드·헝가리·오스트리아·라트비아·핀란드 공산주의자들과 발칸혁명적사회민주주의연합,[4] 그리고 미국사회주의노동당[5]

---

**3**_제2인터내셔널은 1919년 2월 스위스 베른에서 재건되었다. 이 회의에는 26개국 102명의 대표가 출석했으며, 카우츠키, 리데부르, 롱게 그 밖의 중앙파 인사들이 참가했다. 이 회의의 다수파는 전쟁에 대한 책임을 독일 쪽에 덮어씌우고, 국제연맹을 승인했으며, 민족자결권을 형식상 존중했다. 그러나 소비에트 러시아에 대해서는 적대시했다.

**4**_1910년 베오그라드에서 불가리아, 세르비아(후에 유고슬라비아에 병합됨), 루마니아, 살로니카(후에 그리스에 병합됨) 사회민주당이 결성한 연대 기구다. 제1차 세계대전 중에 이 연합은 반전적 태도를 견지하고 짐머발트 연합에 참가했다. 1920년 소피아 회의에서 발칸공산주의연합으로 이름을 바꾸어 코민테른에 가맹했다.

**5**_제1인터내셔널 미국 지부와 그 밖의 사회주의 단체가 합동으로 1878년 필라델피아에서 창립한 정당이

대표가 서명했다. 호소문은 러시아공산당과 독일 스파르타쿠스단 강령[6]에 기초해 앞으로 창립될 인터내셔널의 정치·사상적 노선을 간결하게 공식화했으며, 국제공산주의운동의 목표·전술, 그리고 조직 원칙을 개략적으로 밝혔다. 국제협의회는 39개 당과 그룹, 그리고 조직에 대해 공산주의 인터내셔널 창립 문제를 토의하고 창립 대회 활동에 참가하도록 호소했다(김성윤 1986, 72~73).

1919년 2월 말 각국의 대표들이 여러 가지 장애와 봉쇄 그리고 전선을 뚫고 모스크바에 도착했다. 이탈리아사회당 대표, 프랑스·영국·미국 좌파 사회주의 그룹 대표는 국내의 제약으로 참가하지 못했다. 헝가리공산당 대표와 독일의 한 대의원은 러시아로 오는 도중에 체포되기도 했다.

1919년 3월 2일 크렘린에서 국제공산주의자회의가 열렸다. 의장단으로는 레닌, 휴고 에벨라인(독일), 프리츠 플라텐(스위스)이 선출되었다. 당시 러시아공산당과 다른 소비에트 공화국의 공산당 외에 유럽에 존재했던 공산당은 6개국뿐이었고, 유럽 대부분의 국가에서 활동하고 있는 조직은 좌파 사회주의 그룹이나 공산주의 그룹들이었다.

국제공산주의자회의에는 유럽, 아메리카, 아시아에 걸친 21개국, 35개 조직(19개 조직이 의결권을 갖고, 16개 조직이 심의권을 가졌다)을 대표해 대의원 총 52명이 참가했다. 대의원들은 오스트리아, 불가리아, 영국, 헝가리, 독일, 세르비아, 크로아티아. 슬로베니아 왕국, 네덜란드, 노르웨이, 폴란드,

---

다. 제1차 세계대전 때는 국제주의 노선을 취했으나, 1917년 이후에는 러시아혁명의 영향을 받아 이 당의 혁명적인 분파는 미국공산당 창립에 적극 참가했다.

6_ 스파르타쿠스단의 강령은 로자 룩셈부르크가 쓴 "스파르타쿠스단은 무엇을 희망하는가?"(Was will der Spartakusbund?)를 말한다.

루마니아, 소비에트러시아, 핀란드, 프랑스, 체코슬로바키아, 스위스, 스웨덴, 미국 등 자국의 공산주의와 좌파 사회주의 당·그룹을 대표했다. 우크라이나, 라트비아, 리투아니아 및 벨라루스, 에스토니아, 아르메니아, 볼가 연안 독일인, 투르키스탄, 그루지야, 아제르바이잔 공산주의 조직들은 각각 독자적인 대표단을 파견했다. 한편 이란, 중국, 조선,[7] 오스만제국 등 피억압 민족 대표들도 참가했는데, 이런 종류의 회의에서는 처음 있는 일이었다(김성윤 1986, 75).

국제공산주의자회의는 3월 4일 공산주의 인터내셔널(코민테른) 제1회(창립)대회로서 성립했다. 의사일정의 주요 사항 가운데 하나는 '국제공산주의운동의 지침'에 관한 것이었는데, 토의 결과 나온 지침은 10월 혁명의 승리와 다른 여러 나라에서 일어난 혁명운동 고양과 더불어 새로운 시대, 즉 '자본주의 해체의 시대, 그 내부적 붕괴의 시대, 프롤레타리아트 공산주의 혁명의 시대'가 도래했다고 밝혔다.

이와 함께 지침에서 중심적인 임무로 제기된 것은, 노동자계급이 주도해 정치권력을 획득하고 부르주아국가기관을 철폐하는 동시에 부르주아 민주주의를 소비에트 체제로 대치하는 일이었다. 그리고 지침은 승리를 향한 길은 대중투쟁을 통해 열릴 수 있고, 그 필수적인 전제 조건은 혁명의 직접적인 적이나 사회민주주의자뿐만 아니라 중앙파(카우츠키파)와 결별하는 것이라고 강조했다(동녘편집부 1989a, 33~40).

---

**7**_조선인 대표로는 '모스크바한인노동자회'의 강상주가 참가했다. 강상주는 러시아 블라디보스토크에서 태어나 1918년 모스크바 조선인 노동단체 결성에 참여했고, 1919년 러시아공산당에 입당했다. 1919년 12월 붉은 군대에 입대해 1924년 제대했으며, 1930년 이후 모스크바공산대학(극동공산대학이라고도 함)에서 수학했고 1967년 러시아 정부로부터 레닌 훈장을 받았다(강만길·성대경 1996, 12).

그리고 지침은 프롤레타리아 국제주의 원칙을 확인하고 혁명적 프롤레타리아트가 그 행동을 국제적인 규모로 결합·조정해, 일국 내의 계급투쟁 승리와 세계혁명의 임무를 결합하는 일이 필요하다고 강조했다. 코민테른은 제국주의 각국의 프롤레타리아트 투쟁과 식민지·반식민지 민족해방투쟁과의 밀접한 결합을 끊임없이 실현하고, '제국주의 세계 체제의 종국적인 붕괴를 촉진하기 위해' 피억압 민족의 투쟁을 지지할 것을 자신의 의무로 내걸었다(김성윤 1986, 76).

지침에서 밝힌 노동자계급의 정치권력 획득 구상은 대회의 활동과 결의의 중심 문제였다. 당시 이런 구상은 혁명투쟁의 단계적 목적으로 이해되었을 뿐만 아니라 몇몇 국가들의 프롤레타리아트에 대해서는 직접적인 행동 슬로건으로 이해되었기 때문이었다. 전 세계 노동자계급 앞으로 보낸 공산주의 인터내셔널의 선언은 "제3인터내셔널은 열려 있는 대중행동의 인터내셔널, 혁명적 실현의 인터내셔널, 행동의 인터내셔널이다"라고 했다. 선언은 또 "노동자평의회의 깃발 아래, 권력과 프롤레타리아독재를 목표로 한 혁명투쟁의 깃발 아래, 제3인터내셔널의 깃발 아래, 만국의 프롤레타리아트여 단결하라!"로 끝맺고 있다(The USSR Academy of Sciences 1984, 269).

국제공산주의자회의는 또 레닌의 "부르주아민주주의와 프롤레타리아독재에 관한 테제와 보고"를 청취했다. 레닌은 "'민주주의 일반'과 '독재 일반'을 계급 바깥에서 또는 초계급적으로 마치 전 인민적인 문제처럼 제기하는 것은 사회주의의 기본 학설, 즉 계급투쟁의 학설을 노골적으로 비웃는 것이다"라고 강조했다. 그는 또 "역사의 교훈은 무릇 피억압계급이 독재의 시기 ― 즉, 정치권력을 획득하고, 착취자가 늘 그러했듯이 어떤 범죄도 꺼리지 않는 필사적이고 흉포한 반항을 무력으로 탄압하는 시기 ― 를 거치지 않고 지배의 지위에 올랐던 예는 이제까지 한 번도 없었거니와, 또 있을 수도 없다는 것을 가르쳐 준다"고 했다(동녘편집부 1989a, 283~292에서 재인용).

프롤레타리아독재와 관련해 레닌은 착취자를 타도하고 그들의 반항을 탄압하는 수단으로서 정당할 뿐만 아니라 부르주아 독재에 대한 유일한 방위수단으로서 노동대중 전체에게 절대로 필요하다고 역설했다. 그리고 레닌은 "프롤레타리아독재는 모든 독재가 그러하듯이 정치적 지배력을 상실해가고 있는 계급의 폭력적인 반항을 탄압할 필요에서 생겨난다는 점에서 다른 계급의 독재와 유사하다. 그러나 프롤레타리아독재가 다른 여러 계급 독재 — 중세 지주의 독재, 모든 자본주의적 문명국의 부르주아 독재 — 와 근본적으로 다른 점은 지주나 부르주아의 독재가 주민의 대다수, 즉 근로인민의 반항을 무력으로 탄압하는 것이었다는 점에 있다. 이에 반해 프롤레타리아독재는 착취자, 즉 주민 중에서 극소수인 지주와 자본가의 반항을 무력으로 탄압하는 것이다"라고 주장했다(동녘편집부 1989a, 289-290).

코민테른 제1회 대회에서 채택된 문서들은 국제 노동자계급에 대해 권력 획득을 위한 투쟁에서 전투적 강령을 제시하고, 공산당의 임무와 기본적인 전술 방향을 규정했다.

대회는 코민테른의 집행을 위해서 소비에트러시아, 독일, 오스트리아, 헝가리, 발칸혁명적사회민주주의연합, 스위스, 스칸디나비아의 각 공산당 대표로 구성된 집행위원회를 설치하기로 결정했다. 간부 5명으로 구성된 집행국에 조직 활동을 위임했고, 그리고리 지노비예프가 집행위원회 의장으로 승인되고, 서기에는 안젤리카 발라바노프, 클라라 체트킨이 승인되었다.

레닌은 코민테른의 창립에 대해 다음과 같이 평가했다.

코민테른의 창립은 러시아의 프롤레타리아 대중뿐만 아니라 독일, 오스트리아, 헝가리, 핀란드, 스위스의 프롤레타리아 대중, 한마디로 국제 프롤레타리아 대중이 획득한 것을 기록으로 남긴 것이었다. 따라서 공산주의 인터내셔널 창립은 확고한 사실인 것이다(김성윤 1986, 82에서 재인용).

레닌은 또 제3인터내셔널의 역사적 위치를 다음과 같이 규정했다.

제1인터내셔널은 사회주의를 위한 국제적인 프롤레타리아 투쟁의 토대를 마련했다. 제2인터내셔널은 많은 나라에서 운동이 광범하게 대중적으로 확산될 수 있는 기반을 준비했다. 제3인터내셔널은 제2인터내셔널 활동의 성과를 이어받아 그들의 기회주의적, 사회쇼비니즘적, 부르주아·프티부르주아적인 오류를 제거하고 프롤레타리아독재를 실현하기 시작했다(김성윤 1986, 82에서 재인용).

이런 평가가 있었지만, 코민테른 창립에서 드러난 한계와 문제점은 결코 부정하기 어려울 뿐만 아니라 동시에 몇 가지 특징적 사실을 나타냈다(일리 2008, 339~348). 코민테른 창립은 러시아 10월 혁명의 승리와 1918년 가을에 중부 유럽에서 일어난 격변, 그리고 이탈리아를 비롯한 여러 나라에서 나타난 정치적 변화 등이 세계사적 전환점이 임박했다는 분위기를 조성하는 가운데 진행되었다.

이런 혁명적 열정이 고조된 가운데 열린 코민테른 창립 대회는 우선 참가자의 대표성이 문제될 수 있었다. 제국주의 열강의 소비에트러시아 봉쇄와 내전, 소비에트 정부의 외교적 고립 등이 1919년 말까지 이어진 상황에서 초청장을 정확히 전달하기도 어려웠을 뿐만 아니라 각국의 혁명적 정당과 노동조합 전국 중앙 조직의 체계도 미처 확립되지 못한 조건에서 대표가 선정되었기 때문이었다. 대표자 가운데는 상당수가 소비에트 공화국 내에 살고 있는 사람이었다는 것이 그와 같은 사실을 반영하고 있다.

다음으로 코민테른 대회에 참가한 대표들 대부분이 노동자계급의 전폭적인 지지를 받고 있지 못했으며, 스스로는 혁명주의 당원으로 자처했지만 사실상 체계화된 공산당 당원은 아니었고 소규모 좌파 그룹에 속한 경우가 많았다.

그리고 코민테른의 혁명적 활기와 유럽 노동운동의 코민테른에 대한 지속적이고 적극적인 지지 사이에는 커다란 간극이 있었다. 그런데도 코민테른이 식민지·종속 국가에 대해 대폭 문호를 개방한 것은 매우 특징적인 일이었다. 코민테른 창립 대회에 참가한 대표자 52명 가운데 12명이 아시아에서 온 사람들이었는데, 이런 점에서 러시아혁명은 반식민주의라는 신선한 물결을 좌파의 심장부에 안겨 주었다. 이 밖에도 코민테른 창립 대회는 젊은 활동가 세대의 도래를 특징적으로 보여 주었다(핼러스 1994, 19).

던컨 핼러스는 코민테른이 혁명적인 조직으로 성장하기 위해서는 일정한 시간이 필요했다면서 다음과 같이 지적했다.

러시아에서 10월 혁명이 일어난 지 18개월이 지난 지금 새로운 인터내셔널에 대한 요구는 현실로 나타날 수 있었다. 진실로 혁명적인 인터내셔널 탄생에 필요한 조건들이 마련되기까지는 전쟁과 사회적 위기의 심화, 그리고 노동자투쟁과 혁명들로 점철된 5년의 세월이 흘러야 했던 것이다(핼러스 1994, 19).


## 2. 코민테른 제2회 대회

코민테른 제1회 대회 이후 여러 나라에서 혁명운동이 잇따라 일어났으며, 국제공산주의운동이 커다란 진전을 나타냈다. 이에 따라 많은 나라의 혁명적 당과 그룹 그리고 노동조직이 코민테른에 참가했다. 한편, 코민테른 집행위원회는 성립 초기부터 프롤레타리아 국제주의 선전과 각국의 혁명운동에 대해 여러 가지 효과적인 지원을 수행했다.

코민테른 제2회 대회는 국제공산주의운동이 한 걸음 성장·강화된 상황에서 열리게 되었는데, 이와 같은 사실을 반영해 대회에는 37개국 67개 조직을 대표하는 217명의 대의원이 출석했다. 대회는 1920년 7월 19일에 페트로그라드에서 개최되었다. 이날 우리츠키 광장에 수천 명의 군중이 모인 가운데 칼 리프크네히트와 로자 룩셈부르크 기념비의 초석이 놓여졌다. 대회는 7월 23일~8월 7일까지 모스크바에서 열렸다. 이 대회에는 조선,[8] 중국, 인도, 인도네시아, 이란, 오스만제국 대표들도 참가했다.

이 대회에서 중심적인 의제로 제기된 것은 '코민테른의 기본적 임무에 관한 테제'였다. 이 테제는 먼저 혁명적인 프롤레타리아의 세 가지 임무 실현을 강조했다. 첫째 임무는 착취자의 정치·경제적 대표자인 부르주아를 타도하는 일, 둘째 임무는 프롤레타리아 전체 또는 압도적 다수, 방대한 다수만이 아니라 노동하고 자본 착취를 당하고 있는 모든 대중을 프롤레타리아혁명적 전위의 배후에 끌어들여 이에 따르게 하고, 이들을 계몽하고 조직하며 교육하고, 혁명적 전위의 지도적 역할에 대해 신뢰감을 불어넣는 일, 셋째 임무는 농업·공업·상업에 종사하는 소경영 계층과 이들 주위에 몰려

---

8_조선의 대표로는 한인사회당 대표 박진순이 참가했다. 박진순은 러시아 연해주 올긴스크 니콜라예프카에서 태어나 1916년 학교를 졸업한 뒤 조선인 학교에서 교사로 일했다. 1917년 혁명 승리 이후에는 한인 적위대 조직과 소비에트 활동에 가담했다. 1918년 4월 한인사회당 창립 대회에서 중앙위원 겸 제2비서로 선출되었다. 1919년 5월 올긴스크 파르티잔·근로자 대회에 대의원으로 참가했고, 7월 코민테른 제2회 대회에 한인사회당 대표단의 일원으로 선임되었다. 1922~1925년 모스크바대학교에서 철학을 전공했으며, 졸업 후에는 코민테른에서 조선 문제에 관한 보고자의 자격으로 일했다. 그 뒤에도 모스크바의 고등교육기관들에서 강의 활동을 했다(강만길·성대경 1996, 209~210).

있는 지식인·사무직층의 동요를 막고 중립화시키는 일이 그것이었다.

기본적 임무에 관한 테제는 또 "자본주의에 대응해 완전하게 승리를 거두기 위해서는 지도당인 공산당, 혁명적 계급인 프롤레타리아와 대중, 즉 노동 피착취자 전체 사이의 올바른 상호 관계가 필요하다"고 밝혔다. 그리고 이 테제는 "오늘날 공산당의 당면임무가 혁명을 촉진하는 것이기는 하지만, 그러나 충분한 준비 없이 인위적으로 혁명을 일으킬 수는 없다"면서 "혁명을 위한 프롤레타리아의 준비는 행동으로 강화하지 않으면 안 된다"라고 주장했다(동녘편집부 1989a, 42~57에서 재인용).

코민테른 제2회 대회 의제 가운데 또 하나의 중요한 것은 '프롤레타리아 혁명에서 공산당 역할에 관한 테제'였다. 당 역할에 관한 테제는 "세계 프롤레타리아는 결정적인 전투의 전야를 맞이했다. 우리는 직접 내란의 시대에 살고 있다. 결정의 시간이 가까이 왔다. 유력한 노동운동이 존재하는 거의 모든 나라에서 노동자계급은 가까운 장래에 무기를 들고 수많은 격렬한 전투를 치르게 될 것이다"라는 것으로 시작한다(동녘편집부 1989a, 147~156에서 재인용).

이 테제는 새로운 형태의 당과 노동자계급 그리고 근로인민의 상호 관계를 규정하면서 "공산당은 노동자계급의 일부분이며, 그것도 가장 선진적이고, 가장 자각한, 따라서 가장 혁명적인 부분이다. 공산당은 선발을 통해 가장 뛰어나고 가장 의식 있는, 또 가장 헌신적이고 가장 선견지명이 있는 노동자들이 만든다. 공산당은 노동자계급 전체의 이해와 다른 자신의 이해를 갖지 않는다. 공산당이 전체 노동자 대중과 구별되는 것은 당이 전체 노동자계급의 역사적인 도정 전체를 바라보고, 이 도정상의 모든 전환점에서 개별 집단과 개별 직업의 이익이 아니라 전체 노동자계급의 이익을 지키려고 노력한다는 점에서다. 공산당은 노동자계급의 가장 선진적인 부분이 프롤레타리아와 반#프롤레타리아의 전체 대중을 올바른 길로 이끌기 위해서 사용하는 조직·정치적 지렛대다"라고 했다(동녘편집부 1989a, 148에서 재인용).

그리고 당의 역할에 관한 테제는 프롤레타리아의 다양한 운동 형태들을 하나의 중심으로 통합해 총체적으로 지도할 수 있는 것은 정당뿐이며, 어떤 형태의 정당이든 정당이 중심이 되지 않고는 정치권력을 장악하고 조직하고 이끌어 갈 수가 없다고 강조했다. 이 테제는 또 당은 민주적 중앙집권제 기초 위에서 건설되어야 한다고 밝혔다.

공산당의 역할에 관한 테제는 노동운동의 형태와 관련해 정당과 노동조합 그리고 협동조합이라는 노동운동 형태의 고전적인 구분이 시대에 뒤떨어진 것이라고 규정하면서, 가까운 장래에는 당, 소비에트, 산업별 노동조합이라는 새로운 구분이 확립될 것이라고 주장했다.

대회가 채택한 또 다른 문서의 하나는 '코민테른의 가입 조건'이었다. '21개조'로 불리는 가입 조건은 새로운 형태의 프롤레타리아 당을 건설하기 위한 사상·조직적 원칙을 집약했다. 코민테른에 가입하기 위한 기본 조건의 주요 내용은 이렇다. 일상적인 선전과 선동은 코민테른의 강령과 결정에 부합될 것, 노동운동 내의 책임 있는 부서에서 개량주의자와 '중앙파' 지지자들을 배제할 것, 합법적인 투쟁 방법과 비합법적인 투쟁 방법을 결합시킬 것, 농촌에서, 군대에서, 노동자 대중 조직 내에서, 의회에서 체계적이고 계획적으로 활동할 것 등이다(동녘편집부 1989a, 58~64).

또 코민테른에 가입하고자 하는 각 당은 사회배외주의뿐만 아니라 사회평화주의의 거짓과 위선을 폭로하고, 개량주의와 '중앙파'의 정책과 단절할 것, 식민지와 피억압 민족문제에 대해 정확하고 명백한 방침을 정할 것, 어용 노동조합인 암스테르담인터내셔널(국제노농조합연맹)과 투쟁할 것, 당은 민주적 중앙집권제 원칙에 따라 건설되어야 하고 프티부르주아 분자들을 당에서 배제할 것, 소비에트 공화국의 반혁명 세력에 대한 투쟁을 지지할 것, 사회민주주의 강령을 짧은 시간 안에 개정할 것, 각 당은 공산당이라는 명칭을 사용할 것, 각 대회의 모든 결정과 집행위원회의 모든 결정은 코민테른에 가입한 모든 당을 구속한다는 것, 당의 기관지는 중요한 공식 문서를 전재全載할 것, 코민테른에 가입해 있거나 가입하고자 하는 모든 당은 가입 조건을 갖추기 위해 임시 당대회 소집 등 노력을 취할 것 등을 규정했다. 가입 조건 결정과 관련해 코민테른과 집행위원회는 각 당이 처한 다양한 조건과 다양한 활동을 충분히 고려해, 전체를 구속하는 결정은 그 결정이 가능한 문제에 한정하지 않으면 안 된다고 밝혔다(김성윤 1986, 104).

코민테른 제2회 대회는 제1회 대회에서 결정하지 못했던 코민테른 규약[9]을 채택했다. 규약은 "코민테른은 전 세계 근로인민의 해방을 자기 임무로 한다"고 규정하면서 "코민테른의 대열에는 백색, 황색, 흑색 피부를 가진 사람들, 전 지구의 근로인민이 형제와 같이 결합되어 있다"고 밝혔다. 코민테른은 규약 제1조에서 "코민테른은 모든 나라의 공산당이 단일한 공산주의 세계당으로 결합한 것이다. 프롤레타리아 세계혁명운동의 지도자이자 조직자로서, 공산주의의 원칙과 목적의 담지자로서 코민테른은 노동자계급의 다수와 광범위한 무산 농민층을 획득하기 위해, 프롤레타리아의 세계 독재를 수립하기 위해, 소비에트사회주의공화국연방을 창설하기 위해, 계급을 완전히 폐지하고 공산주의사회의 제1단계인 사회주의를 실현하기 위해 투쟁한다"고 규정했다(동녘편집부 1989a, 65~72에서 재인용).

조직 체계상 코민테른에 가입한 각 당은 코민테른 지부가 되며, 지부인

---

**9**_코민테른 규약은 1920년 제2회 대회에서 제정되었고, 1928년 제6회 대회에서 개정되었다.

당은 각국에 하나만 존재할 수 있다고 해 일국일당 체제를 취했다. 당 조직의 기초는 경영(공장, 광산, 사무실, 상점, 농장 등)의 세포이며, 그 경영에서 일하는 모든 당원은 이 세포로 결합된다고 했다.

코민테른 최고 기관은 코민테른에 속하는 모든 당(지부)과 조직의 대표가 참가하는 세계대회이고, 세계대회는 코민테른과 각 지부의 활동에 관련이 있는 강령과 전술, 그리고 조직상의 문제들을 토의하고 결정한다고 규약은 명시했다. 세계대회는 2년마다 한 번씩 열리고,[10] 코민테른 집행위원회와 국제통제위원회를 선출하는 기능을 갖는다고 규정했다.

규약상, 대회에서 다음 대회까지의 기간에 코민테른의 지도 기관은 집행위원회이고, 집행위원회의 결정은 코민테른 모든 지부를 구속하고, 지부들은 그 결정을 지체 없이 실행하도록 되어 있다. 또 집행위원회는 각 지부의 강령을 승인하고, 각 지부에 수임자를 파견할 권리를 갖는다고 규정했다. 그리고 집행위원회는 월 1회[11] 이상 개최하도록 했다.

이와 함께 코민테른 규약은 국제통제위원회 설치를 규정하고, 국제통제위원회는 코민테른 소속 지부의 통일과 단결, 그리고 여러 지부의 당원 개개인에 대해 공산주의자로서 행동을 평가하는 것에 관한 문제들을 검토한다고 했다. 그리고 코민테른 지부의 당원 개인이 한 나라에서 다른 나라로 옮기는 것은 소속 지부 중앙위원회의 허가를 받아야 한다고 코민테른 규약은 규정했다.

코민테른의 '가입 조건'과 규약에 따라 여러 나라의 정당들이 공산당으로 개편하는 경우가 많았다. 코민테른 창립을 전후한 각국 공산당의 창설은

---

10_ 실제로는 매년 열렸나.

11_ 1928년 제6회 대회에서 6개월에 1회로 개정했다.

〈표 1〉에서 보는 바와 같다.

제2회 코민테른 대회는 '농업 문제에 관한 테제'를 채택했다. 테제는 토지와 농촌의 근로자들이 갖는 이익의 상호관련을 중시하면서, 노농동맹의 필요성을 강조했다. 농업 문제에 관한 테제를 둘러싸고 각국의 특수성을 반영해 많은 논란이 제기되었다. 테제는 레닌의 '테제 원안'을 기초해 각국 대표의 다양한 견해를 수렴해 채택되었다.

농업 문제에 관한 테제는 "프롤레타리아와 동맹을 맺어, 지주(대토지소유자)와 부르주아의 멍에를 타파할 것을 목표로 하는 프롤레타리아혁명 투쟁을 끝까지 지지하는 것 이외에 농촌의 근로

| 표 1 | 각국의 공산당 창립 상황 | | |
|---|---|---|---|
| 국가 | 당명 | 연도 | 당원 수 |
| 오스트리아 | 게르만오스트리아공산당KPÖ | 1918 | 3,000 |
| 벨기에 | 벨기에공산당PCB | 1921 | 517 |
| 불가리아 | 불가리아공산당BKP | 1919 | - |
| 체코슬로바키아 | 체코슬로바키아공산당KSC | 1921 | 170,000 |
| 덴마크 | 덴마크공산당DKP | 1920 | 25,000 |
| 핀란드 | 핀란드사회주의노동당SSTP | 1920 | 2,500 |
| 프랑스 | 프랑스공산당PCF | 1920 | 109,000 |
| 독일 | 독일공산당KPD | 1918 | 106,656 |
| 영국 | 영국공산당CPGB | 1920 | 3,000 |
| 그리스 | 그리스사회주의노동당SEKE | 1918 | |
| 헝가리 | 헝가리공산당KMP | 1918 | |
| 아이슬란드 | 아이슬란드공산당KFI | 1930 | - |
| 아일랜드 | 아일랜드공산당CPI | 1921 | - |
| 이탈리아 | 이탈리아공산당PCI | 1921 | 70,000 |
| 룩셈부르크 | 룩셈부르크공산당CPL | 1921 | 500 |
| 네덜란드 | 네덜란드공산당CPH | 1918 | 1,799 |
| 노르웨이 | 노르웨이공산당NKP | 1923 | 16,000 |
| 폴란드 | 폴란드공산주의노동당KRPP | 1918 | - |
| 포르투갈 | 포르투갈공산당PCP | 1921 | - |
| 루마니아 | 루마니아공산당PCR | 1921 | 2,000 |
| 에스파냐 | 에스파냐공산당PCE | 1919 | 1,000 |
| 스웨덴 | 스웨덴공산당SKP | 1921 | 14,000 |
| 스위스 | 스위스공산당KPS | 1921 | - |
| 유고슬라비아 | 유고슬라비아공산당KPJ | 1919 | - |

자료: 일리(2008, 337).

인민이 구출받을 길은 없다"고 밝혔다. 또 테제는 "공업노동자는 편협한 동직조합적 이익이나 협소한 직업적 이익에 사로잡혀 자신의 상태, 때로는 비교적 좋은 소시민적 상태를 개선하는 데만 주의를 기울이고 자기만족에 빠져 버린다면, 인류를 자본의 압제나 전쟁으로부터 해방시킬 그 세계사적 사명을 이룰 수 없다"고 했다(동녘편집부 1989b, 217~227에서 재인용).

농업 문제 테제는 농촌의 피착취 근로인민을 투쟁으로 이끄는 데서 농민 내부의 여러 사회계층적 지위에 대한 분석을 바탕으로 농업정책의 기초를 세웠다. 말하자면 농민의 어떤 계층이 자본에 반대하는 투쟁에서 노동자의 동맹자로 될 수 있을 것인지에 대한 해답이다. 첫째, 농업 프롤레타리아,

임금노동자(1년 단위 고용, 계절 고용, 1일 단위 고용)이다. 둘째, 반‡프롤레타리아 또는 영세농, 즉 생활 수단의 절반을 자본주의적 농업 기업이나 공업 기업에서 노동하고 나머지 절반을 자작 또는 차지에서 노동함으로써 소득을 획득하는 사람들이다. 셋째, 소농, 즉 다른 사람의 노동력을 고용하지 않고서도 자신의 가족과 더불어 경영의 필요를 충족할 수 있을 만큼, 그다지 크지 않은 경지를 소유권˙또는 차지권에 기초해 보유하고 있는 소농 경작자다. 이들 세 집단을 합하면 농촌 주민의 대다수를 차지하는데, 그 때문에도 프롤레타리아적 변혁의 최종 성공은 도시뿐만 아니라 농촌에서도 보장된다는 것이다.

또 농업 문제 테제는 '중농'에 대한 방침도 제시했다. 여기서 말하는 중농이란 보통 가족 경영을 겨우 유지하는 데 그치지 않고, 적어도 풍년에는 자본으로 전화할 수 있는 약간의 잉여 수치가 가능한 정도의 경지를 소유권 또는 차지권에 기초해 보유하고 있어서 자주 타인의 노동력을 고용해야 하는 소농 경작자다. 이들 중농에 대해서 프롤레타리아는 이들을 직접 자신의 편으로 끌어들이는 것보다는 중립화하는 것으로 그 임무를 한정해야 한다고 했다.

농업 테제는 중농에 대해서는 차지료나 저당을 폐지하고, 그들에게 기계를 인도하고 농업생산에 전력을 응용하는 등의 방법으로 그들의 상태를 개선해 줄 필요가 있다고 밝혔다. 그리고 프롤레타리아 권력은 중농 계층을 위해 소유권에서 비롯되는 모든 채무의 폐지를 실행할 것이며, 소농이나 중농에 대해서는 그들의 경지를 유지할 뿐만 아니라 그들이 평소 빌렸던 땅만큼은 그대로 경지로서 포함하도록(차지료의 폐지) 보장할 것이라고 했다.

한편, 농업 테제는 대농 또는 부농에 대한 방침도 세시했는데, 여기서 말하는 대농이란 보통 임금노동자를 몇몇 고용해서 경영하는 자본주의적 농업기업가다. 테제는 승리한 프롤레타리아는 대농의 소유에 대해서조차 즉각 탈취하는 임무를 수행할 수는 없다고 했다. 왜냐하면 이런 경영을 사회화하기 위한 물질적 특히 기술적 조건과 사회적 조건이 아직 존재하지 않기 때문이라는 것이다.

끝으로 농업 테제는 혁명적 프롤레타리아는 지주, 대토지소유자, 즉 자본주의국가에서 직접적으로 또는 차지 농업자를 통해 고용 노동력이나 주변의 소농, 때때로 중농까지 체계적으로 착취하면서 육체노동에는 전혀 참가하지 않았던 사람들의 모든 토지를 예외 없이 즉시 무조건 몰수해야 한다고 강조했다. 농업 테제에서 제시된 과제들을 해결하기 위해 프롤레타리아당은 농촌에 대표 소비에트, 우선 임금노동자와 반半프롤레타리아 대표로 구성되는 소비에트를 만드는 데 가능한 한 빨리 착수하도록 모든 노력을 기울여야 한다고 밝혔다.

코민테른 제2회 대회에서 가장 큰 비중을 차지한 의제는 민족·식민지 문제였다. 대회에서 새로운 역사적 시대에 민족해방운동은 세계 사회주의 혁명의 불가결한 구성 요소라는 관점에 기초해 발전한 자본주의국가의 프롤레타리아트와 피억압 민족의 민족해방투쟁을 단일한 반제국주의적 조류로 융합할 임무를 제기했다(김성윤 1986, 109).

코민테른 제2회 대회가 열리기 직전에 레닌은 '민족·식민지 문제에 대한 테제 원안'을 토론용으로 제출해, 그것에 대한 대의원들의 의견을 구했다. 몇몇 대의원들이 의견과 자료를 제공했고, 레닌을 의장으로 하는 특별위원회가 이를 참조해 토의를 벌였다. 또 레닌의 의뢰를 받아 인도 대표 마나벤드라 나트 로이가 민족해방운동을 개괄한 '보완 테제'를 제출했다. 위원회는 전면적 토의를 거친 뒤 레닌의 테제를 몇 군데 수정해 만장일치로 채택했으며, 이와 함께 로이의 보완 테제를 레닌의 수정을 거쳐 이 역시 만장

일치로 채택했다.

'민족·식민지 문제에 대한 테제'는 "부르주아 민주주의는 본성적으로 민족의 평등을 포함한 평등 일반의 문제를 추상적 또는 형식적으로 제기하는 것이 그 고유한 특징이다"로 시작한다. 테제는 민족문제도 추상·형식적 원칙에 중점을 둘 것이 아니라, 다음 세 가지를 주안점으로 해야 한다면서 첫째, 역사·구체적인 정세, 특히 경제 정세를 정확하게 고려할 것, 둘째, 피억압계급·근로자·피착취자의 이익과, 지배계급의 이익을 의미하는 전 국민의 이익이라는 일반적인 개념을 명백하게 구별할 것, 셋째, 금융자본과 제국주의 시대에 고유한 특질 — 극소수의 가장 부유한 선진 자본주의국가가 세계 인구의 대다수를 식민지 상태에서 지배하고 있고, 금융상으로 예속화하고 있다는 것 — 을 은폐하고 있는 부르주아 민주주의의 허위에 대항하기 위해 권리가 불평등한 피억압·종속 민족과 완전한 권리를 가지고 있는 억압·착취 민족을 명백하게 구별할 것을 강조했다(동녘편집부 1989c, 223~245).

또 민족문제 테제는 식민지와 피억압 민족이 혁명적 프롤레타리아와 동맹하는 일 이외에는, 또 소비에트 권력이 세계 제국주의를 제압하는 일 이외에는 자신들을 구원할 길은 없다고 밝혔다. 요컨대 새로운 시대에 있어서는 세 가지의 주요한 혁명 세력 — 소비에트러시아, 자본주의국가들에서 전개되는 노동운동, 식민지·반식민지 피압박 인민의 민족해방운동 — 이 제국주의에 대한 투쟁을 긴밀한 상호작용을 통해 추진할 필요가 있다는 것이다.

그리고 민족문제 테제는 "코민테른은 식민지나 후진국의 부르주아 민주주의파[12]와 일시적 협정을 때로는 동맹도 맺어야 하지만, 그것과 융합해서

---

12_'부르주아 민주주의적 (해방)운동'이라는 용어를 개량주의적 민족운동과 혁명적 민족해방운동을 구별하기 위해 다른 말로 바꿀 것을 위원회가 결정했는데, '혁명적 민족해방운동', '민족혁명운동', '민족해방

는 안 되며, 비록 맹아적 형태일지라도 프롤레타리아 운동의 자주성을 무조건 유지해야 한다"고 강조했다.

한편, 마나벤드라 나트 로이의 '민족·식민지 문제에 대한 보완 테제'는 '동양 민족'의 현실을 분석하면서, 부르주아 민주주의적 민족주의 운동과 식민지에서 전개되는 혁명운동 사이의 관계에 대해 서술했다. 로이의 테제는 "동양 민족들 위에 군림하고 있는 외국 제국주의는, 동양 민족들이 유럽이나 아메리카 국가들과 동등한 수준으로 경제·사회적으로 발전하는 것을 저지했다. 식민지의 공업 발전을 저지하는 제국주의 정책 때문에 그곳에서는 엄밀한 의미에서의 프롤레타리아 계급은 최근까지 성립할 수 없었다. 토착 수공업은 파괴되어 제국주의 국가들의 집중화된 공업생산물에 자리를 빼앗겼다. 그 결과 인구의 대다수는 외국으로 수출할 곡물이나 원료를 생산하기 위해 농촌으로 몰려 들어갔다. 그 결과 다른 한편으로는 대지주, 금융자본가, 국가의 수중에 토지가 급속히 집적되고, 이에 따라 엄청난 수의 토지 없는 농민이 창출되었다"고 설명했다(동녘편집부 1989c, 238~245에서 재인용).

또 로이의 테제는 종속국가들에서는 두 가지 상이한 운동이 존재하는데, 그 하나는 부르주아 체제하에서 정치적 독립이라는 강령을 내세우는 부르주아 민주주의적인 민족주의 운동이며, 다른 하나는 모든 종류의 착취로부터 해방을 목표로 하는 가난하고 무식한 농민과 노동자의 대중행동이 그것이라고 했다.

식민지에서 혁명을 수행하기 위한 첫 단계 과제인 외국 제국주의를 타도하기 위해서는 부르주아 민족주의적인 혁명 분자와 협력을 하는 것도 유

---

운동', '혁명적 해방운동', '혁명적 해방 조류' 등으로 표현했다.

익하다면서, 그러나 가장 필요한 임무는 농민과 노동자를 조직해 혁명과 소비에트 공화국 수립을 향해 그들을 인도할 수 있는 전위당을 창설하는 것이라고 테제는 주장했다.

로이의 테제는 "대부분의 동양 국가들에서는 순수 공산주의 원칙에 기초해 농업 문제를 해결하려는 것은 상당한 오류일 것이다. 식민지에서 수행해야 할 혁명은, 그 초기 단계에서는 토지 분배 등과 같은 프티부르주아·개량적 조항을 많이 포함하는 강령에 기초해서 수행되어야 한다. 그러나 그렇다고 해 혁명의 지도권을 부르주아 민주주의자에게 양도해야 한다는 것은 결코 아니다. 오히려 그 반대로 프롤레타리아 당들은 소비에트 사상을 강력하게, 체계적으로 선전하고, 가능한 한 빠르게 농민·노동자 소비에트를 조직해야 한다"고 밝혔다(동녘편집부 1989c, 241에서 재인용).

코민테른 제2회 대회는 이 밖에도 몇 가지 중요한 문제를 심의했다. 선언을 비롯해 소비에트 창설 조건에 관한 결의, 만국의 프롤레타리아에게 보내는 호소문, 모든 나라의 노동조합에게 보내는 호소문, 프랑스사회당의 전체 당원과 프랑스의 자각한 노동자에게 보내는 호소문, 러시아 소비에트사회주의공화국연방의 적색 육해군에 보내는 호소문, 헝가리의 사형집행에 반대하는 격문 등이 채택되었다.

코민테른 제2회 대회의 결정들은 전체적으로 보면 코민테른의 강령을 이루는 것들이었다. 또 이런 결정들은 전략과 전술, 그리고 조직 방침을 집단적으로 토의하고 채택한 결과들이다(The USSR Academy of Sciences 1984, 403). 특히 이 대회의 의의는 무엇보다도 반제국주의 투쟁을 세계 프롤레타리아운동의 정치 방침으로 설정한 데 있었다. 이와 함께 대회는 혁명적 프롤레타리아트와 근로 농민 그리고 피익압 민속의 민족해방투쟁과 긴밀한 동맹을 성취하기 위한 지침을 마련했고, 사회배외주의와 기회주의자들과 결별하는 방침을 설정했을 뿐만 아니라 각국 프롤레타리아 당의 조직·사상적 강화를 위한 임무를 강조했다는 점을 코민테른 스스로 대회의 의의로 평가했다. 이 밖에도 대회는 21개조의 가입 조건과 규약을 채택해 코민테른의 조직적 결성을 확립하고 국제적인 프롤레타리아 규율의 강고한 원칙을 확정했다(김성윤 1986, 115~116).

그러나 코민테른 제2회 대회에서 제4회 대회까지 코민테른의 조직 구조에서 일어난 변화는 러시아의 지배 경향 강화였다는 주장이 제기되었다. 1920년과 1922년 사이에 코민테른은 볼셰비키 당 모델을 복제한 코민테른의 조직 틀 안에서 차츰 중앙집권화되었다는 사실에 근거한 주장이다. 더욱이 재정 자원의 금고가 볼셰비키 지도자들이 열쇠를 틀어쥐고 있었던 소비에트 국가의 국고였다는 사실은 코민테른과 각국의 지부들이 경제적으로 러시아공산당 중앙위원회와 소비에트 국가에 종속될 수 있다는 것을 의미했다(맥더모트·애그뉴 2009, 52).

코민테른이 러시아 사회주의 발전과 자본주의국가들에서 전개되는 노동운동의 고양, 그리고 식민지·종속 국가들에서 진행되는 민족해방투쟁의 고양을 위해 어떤 역할과 임무를 수행했는가는 시대별 노동운동의 전개와 관련지어 제2부 2장, 제16부 2장, 제19부 3장에서 살펴보기로 한다.

AND THE SOLDIER IN THE LEFT OF THE SECOND LINE HAVE A
MARTINI-HENRY SYSTEM SNIPER-RIFLE

# 제11부  노동자계급과 민족해방투쟁

# 1장

# 아시아 국가 노동자계급과 민족해방투쟁

나는 공장에서 두들겨 맞으면서 부당하게 대접을 받았죠.

나는 그런 나쁜 작업 조건에 대항해서 싸우기로 결심했습니다.

나는 대부분의 공장노동자들보다 좀 더 많이 글자를 보고 쓸 줄 알았죠.

19살 때 러시아혁명이 일어났는데, 그 사건에 대한 관심이 많았습니다.

그때까지만 해도 공산당이라든가 마르크시즘에 대해서 전혀 아는 바가

없었는데, 1919년의 5·4운동 기간 중에 혁명에 관한 많은 선전이 있었고,

혁명적인 구호에 흥미가 깊었던 것으로 생각됩니다.

_님 웨일스(웨일스 1981, 275)

* 님 웨일스 책의 "샹잉 소전"(項英 小傳)에 실린 샹잉의 얘기다.

아시아 대부분의 국가들은 제국주의 침략에 따라 자본주의의 정상적인 발전을 제약당했고, 이에 따라 파행적인 경제구조를 조성했다. 그런 상황에서도 자본주의는 '위로부터'도 — 제국주의 영향에 따라 — '아래로부터'도 — 경제구조상 절대적 우위를 차지하고 있는 전前 자본주의 구조의 자연적인 발전 결과로서 — 발전을 진행했다.

아시아 국가들에서 추진된 토착 프롤레타리아트의 형성은 다음과 같은 몇 가지 공통적인 특성을 나타냈다.

첫째, 자본주의의 발전 수준이 낮고 경제구조상 반봉건적·봉건적 유제遺制가 강하게 잔존하고 있는 상태에서 총인구에서 차지하는 노동자계급의 비중이 상대적으로 낮다. 둘째, 산업화 수준이 낮은 결과로서 전체 노동자계급 가운데 공장노동자가 차지하는 비중이 낮고, 소상품생산·수공업·매뉴팩처 생산과 결합된 노동자계급 비중이 우세하다. 셋째, 비숙련·저숙련 노동력 비율이 높고 상용常用 노동자 비율이 낮으며, 토지와 개인 경영에 결합된 노동자와 노동력의 유동성이 높다. 넷째, 여성·아동 노동자 비중이 높아 노동자계급의 상용 부분이 불안정한 상태에 놓여 있다. 다섯째, 전반적인 저소득과 열악한 생활 조건에서 조성된 노동자 계층 사이의 심한 임금격차가 지속되고 있다. 여섯째, 자본주의적 착취 방식과 반봉건적 착취 형태가 병행해서 사용되고 있다. 일곱째, 민족·종교·씨족에 따른 다양성이 프롤레타리아트의 조직성과 계급의식 성장을 가로막고 있다. 여덟째, 노동자계급의 주변을 둘러싸고 있으면서 그들의 상태와 계급의식에 대해 크게 영향을 끼치고 있는 대량의 반半프롤레타리아·프티부르주아 주민층이 존재하고 있다(The USSR Academy of Sciences 1984, 442~443).

아시아 국가들에서 이루어진 노동자계급 형성의 이런 특수성은 노동자계급의 열악한 상태를 규정하는 주요한 요인으로 작용했다. 더욱이 제1차 세계대전 기간에 아시아 국가들의 노동자 상태는 더한층 악화되었다. 이 기간에 식민지·종속 국가의 민족은 제국주의 열강의 방대한 군대를 먹여 살리지 않으면 안 되었다. 식민주의자들은 전략 자원과 군사 목적에 사용되는 물자들을 강제로 싼 가격에 획득했다. 또 일상생활 물자의 부족과 투기 행위 성행으로 물가가 폭등했다. 이런 상황에서 몰락한 농촌 주민들은 도시로 유입되었고, 이에 따라 실업 예비군이 크게 증가했다. 이와 같은 조건에서 명목임금 인상은 거의 기대하기 어려웠다.

이와 같은 조건과 상황에서도 러시아 사회주의혁명의 승리는 아시아 지역 프롤레타리아트의 계급적 자각을 촉진했을 뿐만 아니라, 민족해방투쟁과 사회변혁 운동의 결합이라는 새로운 전망을 제시했다. 아시아 주요 각국의 노동운동 전개 양상을 살펴본다.

## 1. 중국

중국에서는 1911년의 신해혁명 발발 시기와 제1차 세계대전 기간에 근대 산업노동자의 수는 증가했고, 노동자투쟁도 고양되었다. 민주주의 실현과 민족해방투쟁의 영향을 받은 노동자 대중은 독자적인 조직을 형성하기 시작했고, 점점 계급의식을 높일 수 있었다. 이에 따라 노동자들의 새로운 조직 형태가 생겨났는데, 이 조직들은 노동자계급의 대중조직, 즉 노동조합의 맹아였다고 할 수 있다(중화전국총공회 1999, 49~50).

먼저 신해혁명 기간에 상하이의 강남제조국江南製造局과 한양漢陽의 병기 공상 노동자들은 일찍이 제조노농자동맹회를 차례로 조직했다. 해운업에 종사하는 노동자들은 중국연해해원회中國沿海海員會를 결성했다. 그리고 상하이-

난징, 상하이-항저우, 상하이-우쑹의 기관차 노동자들은 각각 동인회同人會, 진덕회進德會, 원공협진회員工協進會를 조직했다. 이 밖에도 한양의 주물 노동자들도 비교적 규모가 큰 사방연합회砂枋聯合會를 결성했다.

이어 제1차 세계대전 기간과 5·4운동 발발 전까지 중국 노동자들이 설립한 노동조합 조직들은 이전에 비해 훨씬 활발한 활동을 전개했다. 상하이 상무인서관商務印書館의 식자 노동자들이 집성동지사集成同志社를 조직해 자본 측과 격렬한 투쟁을 벌였다. 1914년에는 상하이에서 선원 6천 명이 염영사焱盈社를 조직했다(중화전국총공회 1999, 50).

1910년대에 들어와 이런 노동자 조직을 토대로 해 중국의 노동자들은 본격적인 투쟁을 전개했다. 1911년의 신해혁명은 노동자투쟁의 발전을 촉진하는 동시에 노동운동 발전을 본궤도에 진입하도록 재촉했다.

신해혁명의 배경과 경과를 살펴본다. 1911년 5월, 청 왕조 정부는 당초 국영기업으로 계획했던 후광湖廣 철도 건설을 외국 열강에게 이양한다는 결정을 발표했다. 정부는 철도를 담보로 열강의 금융자본 연합체인 4국 차관단으로부터 거액의 자금을 빌려 재정난을 해결하려고 획책했다. 이런 정부 방침에 대해 후난, 후베이, 광둥 등지에서 광범위한 반대 운동이 일어났으며, 1911년 9월에는 쓰촨 성에서 대규모 무장투쟁이 전개되었다. 이 투쟁은 신해혁명의 서막이 되었다(*The Xinhai Revolution of 1911~1913 Nauka*, 1968; The USSR Academy of Sciences 1983, 421에서 재인용).

1911년 10월 10일에 드디어 신해혁명이 시작되었는데, 이날 혁명적인 경향이 강했던 우창 부대가 다른 수비대의 지원을 받아 시를 점거했다. 봉기는 1개월에 걸쳐 중국의 남부와 중부 지역 전체를 휩쓸었다. 11월에는 15개 성省이 청 왕조에 반기를 들었다. 이 혁명에서 조직의 주축 역할을 한 것은 동맹회와 혁명 조직이 지휘한 '새로운 군대' 부대들이었다.[1]

그러나 자유주의파가 동맹회나 혁명 조직보다 훨씬 더 잘 조직되어 있었고, 더한층 나은 준비를 갖추고 있었다. 그들은 많은 성에서 자신들의 조직 — 자문위원회 — 을 설치하고 있었는데, 지방에서 권력을 장악하고 있는 것은 이들 자문위원회였다. 1912년 1월 1일 난징 정부가 수립되었으며, 쑨원이 초대 임시 대총통으로 취임해 중화민국 성립을 선포했다. 그렇지만 사실상의 권력은 자유주의 부르주아지가 장악했으며, 더욱이 그들은 제국주의 열강의 지지를 받고 있었다.

이보다 앞서 청 왕조는 베이양 군벌 위안스카이를 기용해 혁명군을 토벌하라고 명령했으나, 영국의 중재로 화평이 진행되었다. 열강들이 압력을 가했고, 혁명정부 내부에 침투한 입헌파의 책동이 행해지고 있었으며 그리고 혁명파 내부의 대립이 존재하는 상황에서, 혁명군은 북벌을 중지하고 남북 화의를 진행했다.

이런 정세에서 쑨원은 위안스카이에게 그가 청의 황제를 퇴위시키고 공화국 체제를 받아드린 뒤 수도를 난징으로 옮긴다면, 자신의 대총통 직위를 그에게 이양할 수 있다고 제안했다. 쑨원의 제안이 있은 뒤 위안스카이는 황실에 압력을 가했고, 2월 12일 황제 푸이가 퇴위했다. 중국 최후의 왕조 청은 그렇게 막을 내렸다. 2월 13일, 쑨원은 약속대로 대총통 자리에서 물러났고, 3월 10일, 위안스카이가 새로운 대총통으로 취임했다. 그리하여 제국주의 열강의 이해관계에 충실했던 위안스카이 독재 정권이 중국의 권력

---

1_주로 중농 출신이면서 현대 병기를 갖춘 신정규군은 1901년 칙령에 따라 창설되었고, 중세기적인 8기군을 대체한 부대였다. 중국의 혁명가들은 새로운 군대에 침투해 그들의 주요한 거점으로 삼고자 했다(*China from Ancient Times Till the Present Day* 1974, 241; The USSR Academy of Sciences 1983, 421~422에서 재인용).

을 휘두르게 되었다(The USSR Academy of Sciences 1983, 422).

이와 같은 정치적인 격변이 진행되는 가운데, 중국의 근대 공업과 노동자계급의 형성·성장이 본격적으로 진행되었다. 구체적으로는 1840~1919년까지 대체로 세 단계를 거치면서 이루어졌다. 여기에 관해서는 제1부 2장에서 자세히 살펴보았듯이, 1919년 5·4운동 직전 시기의 노동자 구성은 산업노동자층의 확대에서 그 특징을 드러냈다. 정부 통계가 불완전하기는 했지만, 전국의 산업노동자는 250만 명으로 추산되었고, 대규모 기계공업의 도입과 함께 형성·발전해 온 근대적 산업노동자 집단은 당시 중국 노동자계급의 주체이자 핵심 세력으로 대두됐다. 산업노동자 이외에도 전국 소도시에는 수공업자, 상점 직원, 짐꾼, 운수노동자, 농촌의 수예 노동자, 농업·임업·목축업, 어업 등에 고용된 노동자들이 1,800만 명 또는 2천만 명 정도 존재하고 있었다(중화전국총공회 1999, 37)

중국에서는 제1차 세계대전 이전 시기 비교적 규모가 큰 공장제 기업은 692개였으나, 1920년에는 1,759개로 크게 증가했다. 주요 공업 부문이었던 섬유산업의 경우, 전쟁 이전에는 방적공장이 9개(그 가운데 8개가 외자기업이었다)였던 것이 1922년에는 106개(그 가운데 37개 공장이 외자기업이었다)로 늘어났다. 외국자본계 공업이든 민족계 공업이든 대부분이 몇몇 연안 도시, 즉 상하이, 톈진, 칭다오, 광저우 등과 일본 자본이 지배하고 있었던 만주에 집중해 있었다. 주요한 상공업과 금융 산업의 중심지는 상하이였는데, 전체 공업노동자의 절반 이상이 이 도시에 집중해 있었다.

중국 경제구조의 뿌리 깊은 복합 구조에 따라 노동자계급 구성도 매우 다양한 형태를 나타냈다. 노동자의 압도적 부분은 자본주의적 생산의 가장 단순한 형태와 결합되어 있었다. 도시에는 가내노동자가 800만 또는 1천만 명가량 존재했고, 매뉴팩처 부문에 노동자 200만 명이 종사하고 있었으며

1920년대 초에 공장제 공업에 종사하는 노동자 수는 60만 명을 넘지 않았다. 공업노동자 가운데 임시 노동자, 계절노동자, 계약직 노동자가 압도적인 부분을 차지했고, 여성노동자(50퍼센트)와 아동노동자(10퍼센트)가 많은 비중을 차지했다. 그리고 노동자 대부분이 제1세대 노동자였다(*The Working Class of China(1949~1974)*, 1978, 7~9; The USSR Academy of Sciences 1984, 447~448에서 재인용).

제1차 세계대전 기간과 전후에 공장노동자와 매뉴팩처노동자들의 수는 크게 증가했는데도, 자립적인 노동자 조직은 초보적인 단계에 놓여 있었다. 1919년에 발발한 5·4운동 이전에는 중국 노동자계급은 생성·발전의 제1단계에 있었고, 기본적으로 즉자적인 단계에 있었다. 당시의 노동자계급은 부분적으로 반제·반봉건 투쟁에 참가했으나 정치적으로는 주로 부르주아지를 추종했고, 노동자계급의 독자적인 요구나 강령을 설정하지는 못했다. 조직 측면에서도 안정되고 강대한 대중조직을 창설하지 못한 상태였다. 그런데도 노동자계급의 초기 투쟁과 조직의 발전은 그들이 독립적으로 정치 무대에 등장하면서 노동조합 조직을 설립하기 위한 조건을 마련했다는 점에서 중요한 의의를 갖는 것으로 평가되었다(중화전국총공회 1999, 50~51).

1919년에 일어난 5·4운동은 중국 신민주주의혁명[2]의 시발점이면서 동시에 현대 노동운동의 발전을 위한 중대한 계기였다. 5·4운동은 제1차 세계대전과 러시아 사회주의혁명이 승리한 뒤, 국제 노동자계급의 혁명운동이 폭풍처럼 일어났던 시기에 전개되었다.

5·4운동의 직접적인 발단은 1919년 4월에 영국, 프랑스, 미국, 일본, 이

2_마오쩌둥이 제창한 혁명 이론이다. 제국주의 단계의 식민지·반식민지 혁명을, 농민층을 동맹자로 해 노동자계급이 지도하는 새로운 민주주의혁명으로 설정했다.

탈리아 등을 중심으로 한 협상국이 제1차 세계대전을 종결하기 위해 소집했던 파리평화회의에서 중국 대표가 제기한 요구들(중국에서 제국주의 열강의 특수 권익과 특권 일체를 폐지할 것, 일본이 점령한 산둥 성을 중국에 반환할 것, 21개조[3]를 철회할 것 등)을 거부한 데서 비롯되었다. 더욱이 이 회의에서 채택된 평화조약에는 일본이 무력으로 탈취했던 산둥 성 관련 이권이 명문화되었다. 이런 굴욕적인 결정에 대해 당시 중국을 대표했던 베이징 군벌 정부는 이를 인정하고 승인하려 했다. 이와 같은 외교적 실책과 매국적인 타협 소식이 전해지자, 중국 인민들이 갖는 충격과 분노는 대단히 컸다.

5월 4일, 베이징의 대학생 3천여 명이 톈안먼天安門 앞에 모여 항의 집회와 시위를 벌이고 '국권을 쟁취하자', '21개조를 취소하라', '파리 평화조약을 거절하라' 등의 구호를 외쳤다. 베이징에 이어 전국의 많은 도시에서 학생이 궐기해 베이징 학생들의 애국 투쟁에 호응하고 이를 지지했다.

베이징과 각지의 군벌 정부는 대규모 군대와 경찰을 동원해 학생들의 집회와 시위를 진압했고, 6월 3일과 4일에는 1천여 명에 가까운 학생들을 체포했다. 정부의 이와 같은 조치는 인민대중의 큰 분노를 불러일으켰고, 각지에서 학생을 비롯해 노동자, 농민, 민족 자산계급이 앞장서 수업 거부, 파업, 동맹휴업 등의 항의 운동을 전개했다.

---

3_제1차 세계대전 중인 1915년 1월 18일 일본이 자국의 권익 확대를 위해 중국에 제출한 강압적 요구를 가리킨다. 1914년 8월 독일에 선전포고를 한 일본은 독일의 조차지였던 자오저우 만을 점령하고, 10월 산둥 성의 독일 이권을 몰수했다. 이듬해 일본은 중국의 대총통 위안스카이에게 비밀문서로 광범한 이권의 요구를 제출했다. 내용은 모두 5호, 21개 조항인데, 제1호는 산둥 성의 독일 권익 양도와 철도 부설권 요구 등의 4개조, 제2호는 관둥저우의 조차 기간 연장을 포함한 남만주와 동부 네이멍구에서 일본의 특수 권익 승인 등 7개조, 제3호는 한예핑매철공사(漢冶萍煤鐵公司)의 철·석탄 사업에 관한 이권 이양 등 2개조, 제4호는 중국 연안과 도서 지역의 불할양(不割讓) 요구 1개조, 제5호는 중앙정부의 일본인 고문 초빙, 경찰의 공동관리, 병기 구입과 철도 부설에 관한 요구 등 7개조였다.

6월 3일 이후에는 상하이를 중심으로 노동자들의 파업투쟁이 발생했다. 본격적인 파업투쟁은 6월 5일부터 시작되었다. 이날 상하이 일본인 소유의 내외 면사공장 노동자 5천~6천여 명이 최초로 일손을 놓고 거리로 진출함으로써 상하이 노동자의 정치 파업 신호를 알렸다. 같은 날 다른 일본인 소유 방적공장 노동자 2만여 명과 방사공장 노동자들이 파업 대열에 참가했다. 6월 6일에는 중국인 소유 전차회사, 프랑스인 소유 전차회사, 영국인 소유 제철소 등의 노동자들이 파업을 벌였다. 6월 9일에도 파업은 크게 확대되어 상하이 시 전체가 파업 사태를 맞았다. 6월 10일는 파업이 더한층 고조되어 철도노동자를 비롯한 운수노동자들과 짐꾼, 목수, 마부, 청소부, 선원 등이 파업에 동참했다(중화전국총공회 1999, 52).

상하이의 파업 물결은 빠른 속도로 전국 각지로 파급되었다. 난징, 톈진, 샤먼, 닝보, 우시, 그 밖의 도시 상인, 난징의 인력거꾼과 하역노동자, 주장의 항만노동자, 탕산의 광산노동자, 창신뎬의 철도노동자를 위시한 전 인민적인 거대한 항의 투쟁이 벌어졌다. 전국에 걸친 맹렬한 항의 투쟁의 압력을 받은 베이징 군벌 정부는 어쩔 수 없이 체포된 학생들을 석방하고 친일파 각료들을 물러나게 했으며, 파리평화회의에 참석한 대표들에게 조약의 서명을 거부하도록 명령했다. 이로써 5·4운동이 제기했던 직접적인 목표는 실현되었고, 반제 애국 투쟁은 전례 없는 승리를 거두었다.

5·4운동은 중국의 노동자계급이 독자적인 정치 세력으로 대두하게 된 중요한 계기가 되었다. 그 근거는 운동의 다음과 같은 특징에서 찾을 수 있다. 첫째, 전국 각지에서 발발한 노동자 파업은 반제·반봉건을 목표로 한 정치적 성격의 투쟁이었다. 둘째, 정치 파업을 통해 노동자들은 낡은 형태의 동업회나 향토회 등의 울타리를 뛰어넘어 노동자 대중의 계급적 단결과 통일적 행동을 수행할 수 있었다. 셋째, 파업의 초기 단계에서는 노동자들

이 애국적 부르주아의 영향을 받았지만, 파업이 본격적으로 진행되면서 많은 노동자의 실제 행동은 부르주아나 프티부르주아의 통제와 영향에서 벗어나 노동자 본래의 계급성을 나타냈다. 넷째, 노동자계급이 처음으로 정치투쟁에서 차지하는 역할과 그 역량을 보여 줌으로써 정치 세력으로 대두하게 되었다(중화전국총공회 1999, 55).

한편, 5·4운동은 마르크스주의가 중국에 광범위하게 전파되고 노동운동이 혁명적 사상과 결합되는 계기를 만들었다. 1920년에는 상하이, 베이징, 광저우, 창사, 우한 등에서 사회주의 서클이 생겨났고, 리다자오, 천두슈, 덩중샤, 마오쩌둥 등 마르크스주의 선전가와 중국공산당 조직가들이 일선에 등장했다. 1921년 초에는 프랑스에 유학하고 있던 중국인 학생들 사이에 '사회주의청년단'이 결성되었는데, 이 조직 구성원들 가운데는 뒷날 중국공산당의 지도적 활동가들이 있었다. 저우언라이, 리리싼, 천이, 리부춘, 덩샤오핑 등이 그들이었다.

이들 혁명적 지식인은 마르크스주의를 전파하고 공산당의 설립 준비에 착수하는 과정에서 노동자들을 대상으로 선전·조직 사업을 전개했다. 1920년 11월과 12월에 상하이 기계·인쇄·방직 노동조합 등이 차례로 설립되었다. 1921년 상반기에는 베이징과 광둥에서 많은 노동조합이 건설되었다.

이 밖에도 후난 성 창사에서 후난노공회湖南勞工會가 설립되었고, 홍콩에서는 중화해원공업연합총회中華海員工業聯合總會가 건설되었다. 이와 함께 전국의 많은 지역에서 노동자들이 자주적으로 대중조직을 건설했다(중화전국총공회 1999, 57~58).

마오쩌둥은 "5·4운동"(1939년 5월 작성)이라는 제목의 글에서 5·4운동을 다음과 같이 평가하면서, 5·4운동을 새로운 시대를 이끄는 반제·반봉건 자산계급 민주주의혁명의 시발점으로 규정했다.

5·4운동은 중국의 반제·반봉건적 자산계급 민주주의혁명이 이미 새로운 단계로 발전했음을 보여 주었다. 5·4운동이 문화 혁신 운동이 된 것은 중국의 반제·반봉건적 자산계급 민주주의혁명의 표현 형태에 지나지 않는다. 그 시기의 새로운 사회 역량이 성장·발전하면서 중국의 반제·반봉건적 자산계급 민주주의혁명에는 유력한 진영, 즉 중국의 노동자계급, 학생 대중과 신흥 민족 자산계급으로 구성된 진영이 나타나게 되었다. 5·4 시기에 이 운동의 선두에 선 것은 수십만 명의 학생들이었다. 이것은 5·4운동이 1911년의 신해혁명에 비해 일보 전진한 운동이라는 점을 말해 주고 있다(마오쩌둥 2002, 261).

1940년에 작성한 마오쩌둥의 "신민주주의론"에서는 5·4운동을 낡은 민주주의혁명과 새로운 민주주의혁명의 분계선으로 설정했다.

1919년 5·4운동 이전에 있어서 중국 자산계급 민주주의혁명의 정치 지도자는 중국의 소자산계급과 자산계급(지식 계층)이었다. 당시 중국 무산계급은 아직 각성한, 독립적인 계급 역량으로서 정치 무대에 진출하지 못하고 소자산계급과 자산계급의 추종자로서 혁명에 참가했다. 예를 들면 신해혁명 때의 무산계급이 바로 이런 계층에 속하는 것이다. 5·4운동 이후에 중국의 민족 자산계급이 계속 혁명에 참가하기는 했지만, 중국 자산계급 민주주의혁명의 정치 지도자는 중국의 자산계급이 아니라 중국 무산계급이었다. 이때의 중국 무산계급은 벌써 자기 성장과 러시아혁명의 영향으로 말미암아 각성한 독립적인 정치 역량으로 신속히 전환되었다(마오쩌둥 2002, 382~383).

5·4운동은 중국 노동운동이 자연발생적 투쟁에서 의식적인 투쟁의 새로운 단계로 전환하는 역사적 분수령이 되었으며, 마르크스주의가 중국에 넓

게 전파되고 노동운동의 전개와 결합되는 계기가 되었다. 그리고 5·4운동은 중국공산당 출현을 촉진하는 요인으로 작용했다(중화전국총공회 1999, 55).

1921년 7월 23일에는 마르크스주의 보급과 노동운동 고양을 기초로 상하이에서 중국공산당 창립 대회가 열렸다. 중국공산당 최초 강령은 당의 기본 임무가 무산계급을 지도해 혁명을 전개하는 일이며, 최종 목표는 중국에 계급적 차별 없는 공산주의를 실현하는 것이라고 규정했다.

중국공산당 제1차 대회는 당이 건설된 뒤 일정 기간 당의 역량을 노동운동 발전에 집중해야 한다고 결정했다. 대회에서 통과된 '결의'는 노동자의 '산업별 노동조합 조직화'와 '계급투쟁 정신'의 강화를 강조했다. 또 결의는 당원을 노조에 파견해 활동하게 하고, 노조에 대한 당의 지도를 강화해야 한다고 주장하면서도 결코 노동조합이 당파의 노리개가 되거나 다른 정치 노선을 수행하게 해서는 안 된다고 지적했다. 그리고 노동자 학교의 설립과 노동조합 연구 기구 설치를 강조했다(The USSR Academy of Sciences 1984, 450~451).

이런 결의를 실행하기 위해 1921년 8월 11일 당 중앙위원회는 노동운동을 공개적으로 지도하는 대표 기구로서 '중국노동조합서기부'를 상하이에 설치하고, 간행물 『노동자 주간』을 발간하기로 결정했다. 중국노동조합서기부의 최초 주임은 장궈타오였고 비서는 리치한, 간사는 리젼잉이었다. 중국노동조합서기부는 1922년 전국에 걸친 파업이 고조되었을 때 후난, 후베이, 상하이 등지에 소재한 공업 기업과 북방 철도에서 노동조합을 조직하고 몇 건의 파업을 지도했으며 노동입법을 요구하는 투쟁을 전개했다(鄧中夏 1952, 25~28; The USSR Academy of Sciences 1984, 450~451에서 재인용).

## 2. 인도

인도에서는 제1차 세계대전 발발에 따라 정치·경제·사회적으로 큰 변화가 일어났다. 전쟁 기간에 대부분의 정치 지도자들은 영국에 대해 적극적인 협조 자세를 취했다. 국내 정치 활동에 처음으로 등장한 마하트마 간디는 대영제국의 방어에 참여하도록 국민에게 호소하면서 "인도의 장래는 전쟁터에서 결정될 것이지, 심라(영령 인도의 여름철 수도)나 화이트홀에서 결정되지는 않는다"라고 말했다(Ghose 1989, 327; 조길태 2000, 490에서 재인용). 급진파의 지도자인 틸락도 전쟁 기간에 영국을 지지해 협조하는 것이 인도인의 의무라고 강조했다. 이들 지도자와 일반 국민이 영국을 지지하고 나선 것은 그 반대급부로서 자치, 즉 스와라지를 실현하고자 했기 때문이다. 그래서 전쟁 기간에 인도 내에서는 자치 운동이 활발하게 전개되었다.

제1차 세계대전이 진행되는 동안에 인도는 영국을 지원하기 위해 대규모 의용병과 전쟁 물자를 제공했다. 인도인 120만 명이 모병되었으며, 그 가운데 80만 명은 전투 요원이었다. 전쟁이 발발하기 전에는 통상 연간 1만 5천 명 정도가 모병되었으나, 전쟁 기간에는 매년 평균 30만 명이 모집되었다. 또 전쟁 발발과 더불어 전쟁 비용으로 인도는 1억 파운드를 영국에 제공했으며, 거기에다 2천만 또는 3천만 파운드를 해마다 추가로 지불했다.

전쟁이 발발했을 때 곧바로 인도가 부담했던 1억 파운드는 인도의 연간 총세수액을 초과하는 것이어서, 이로 말미암아 인도의 국채는 30퍼센트나 증가했다. 그리고 전쟁에서 발생한 인도인 사상자 수는 10만 명을 넘었다(조길태 2000, 491).

제1차 세계대전이 종료되자, 영국 정부는 인도에 책임 정부를 점진적으로 수립하기 위해 인도인과 연합하고 자치제도를 단계적으로 발전시킨다는 명목으로 1919년 '인도통치법'Government of India Act을 공포했다. 이 법은 중앙정부의 지방행정에 대한 통제를 완화하고, 지방 업무를 '유보'와 '양도'로 구분해, 전자는 각 주의 지사와 지사 집행위원회가 다루며, 후자는 주 입법 참사회參事會 의원 가운데 지사가 선임한 지방장관들이 다루도록 하고, 입법 참사회를 확대해 양원제를 구성하도록 규정했다. 인도통치법에 따라 중앙정부와 지방정부의 업무가 명확히 구분되고, 총독 집행위원회 위원 6명 가운데 3명은 인도인으로 구성되었으며, 입법 참사회도 확대되어 양원제로 개편되었다.

이와 같은 내용의 인도통치법에 대해 인도 국민은 전쟁 협조에 대한 보상으로서는 너무나 보잘것없는 것이라고 보고 큰 불만을 나타냈다. 더욱이 1920년에 참정권을 갖게 된 인도인은 총인구 약 2억4,200만 가운데 오직 530만 명에 지나지 않았으며, 전체 인구의 2퍼센트 조금 넘는 정도였다. 게다가 1915년 전시 비상조치로서 채택되었던 계엄법인 '인도국방법'이 평화 시에도 존속되었다. 그리고 1919년 3월에 제정된 '롤래트 법'Rowlatt Act[4]은 소요를 진압하기 위해 법규를 강화하는 조치로서, 전시의 정부 비상대권을 영속화하려는 의도에서 나온 것이었다.

영국 식민 정부의 이와 같은 억압 조치들은 인도 국민의 광범하고 거센 저항을 불러일으켰다. 간디는 롤래트 법을 정의롭지 못하고 억압적인 법으로 규정하고 이 법 준수를 거부하도록 호소하면서 전국적인 사티아그라하[5]

---

4_ 광범한 소요를 진압하기 위해 법규를 강화하려는 조치로서 전시에 가졌던 정부의 비상대권을 영속화 하려는 것이었다. 언론에 대한 강력한 통제를 규정했으며, 정치적 범법자에게는 배심원 없이 재판에 회부하고 파괴 및 선동 혐의자에 대해서는 재판 없이 구금할 수 있도록 하는 법이었다(조길태 2000, 509~510).

5_ '사티아'는 진리를 뜻하는 산스크리트어이며, '아그라하'는 노력·열정을 의미한다. 사티아그라하라는 말 자체는 "진리를 찾으려는 노력"으로 해석될 수 있다. 사티아그라하는 간디가 시작한 비폭력 저항운동

운동의 첫 행동으로 4월 첫 주는 일을 하지 않는 날로 선포했다.

영국 제국주의에 반대하는 분위기가 고조되는 가운데, 펀자브 지방의 암리차르에서 롤래트 법을 반대하는 집회가 열렸고, 이 집회를 조직했던 지도자들이 체포되자 대중들이 거세게 저항했다. 4월 13일에는 암리차르 시 광장에 시민 수만 명이 몰려들자, 영국군 파견대가 광장 출구를 막고 경고도 없이 발포했다. 군중 가운데 약 2천 명이 사살되었고, 그보다 더 많은 사람이 부상당했다. 다음 날에도 영국군은 암리차르의 거리에서 잔혹한 진압을 계속했다. 암리차르에서 자행된 학살은 인도 인민들의 분노를 격발시켜 펀자브 지방 전체가 반영 투쟁으로 들끓게 만들었다. 이와 같은 상황에서 노동자계급도 영국 식민주의에 반대하는 투쟁에 적극 참가했다.

제1차 세계대전 이후 인도 노동자계급의 구성과 상태, 그리고 투쟁을 통해 노동운동의 전개 양상을 살펴본다.

인도의 경우, 19세기 말부터 1919년 사이에 공장 수는 5.5배, 거기에 고용된 노동자 수는 3.5배 증가했다. 1921년의 국세조사에 따르면, 총인구는 3억2천만 명이었고 소득이 있는 일에 종사하는 취업자는 1억4,640만 명이었으며, 제조업에는 1,570만 명(공장 기업에는 150만 명), 광산업에는 34만7천 명, 운수업에는 190만 명이 취업하고 있었다. 농업 부문에서는 노동자 약 3천만 명이 고용되어 있었으며, 그 가운데 약 100만 명이 대규모농장에 종사하고 있었다. 영세기업을 포함해 공업 부문에 종사하는 인구는 약 10.7퍼센트 정도였고, 농업노동자는 농촌인구의 26.2퍼센트를 차지했다(Levkovsky 1956, 103~105; The USSR Academy of Sciences 1984, 444에서 재인용). 인도

---

의 철학이다.

산업노동자 형성의 중심지는 봄베이로서 여기에 노동자 40만 또는 45만 명이 집중되어 있었으며, 그 가운데 절반가량이 공장에서 일하고 있었다.

인도의 노동자 상태는 극도로 열악했다. 노동시간은 10~12시간을 상회했고, 임금은 최저생계비의 절반에도 미치지 못했다. 노동자와 가족들은 기아에 허덕여야 했으며, 의료 혜택이나 노동보호를 받지 못한 채 고통받아야만 했다. 평균 수명은 정부 통계에 따르더라도 28세였으며, 실업자군은 취업자 수를 훨씬 능가했다.

러시아 10월 혁명 이후, 인도 노동자계급은 강력한 파업투쟁을 통해 스스로의 역량을 드러냈다. 1918년 12월부터 1919년 1월까지 진행된 파업투쟁으로 봄베이 방적노동자 12만5천 명의 임금이 인상되는 성과를 거두었다. 1918년에는 아마다바드, 칸푸르, 캘커타(현재 콜카타), 마드라스에서 파업이 발생했다. 1919년 4월에는 암리차르에서 영국 군인이 비무장 주민들에 대해 총격을 가한 사건(약 1천 명이 죽고 2천 명 이상이 부상했다)이 벌어졌는데, 이 사건으로 반제국주의 투쟁이 촉발되었다. 당시의 노동자투쟁은 대부분 대단히 궁핍한 경제 상태에서 비롯되었지만, 파업이 정치적 성격을 띤 경우도 적지 않았다. 투쟁 형태에서도 연대 파업을 비롯해 정치적 무권리와 식민지 당국의 전횡에 대한 항의 파업, 경찰의 폭압과 박해에 대한 저항 투쟁 형태를 취한 경우도 있었다.

당시에 전개된 인도 노동자계급 투쟁을 두고, 인도의 민족해방운동가 틸락은 "노동자 조직의 권위는 갈수록 더욱 높아져 노동자야말로 사회를 통치하는 주체가 될 것이다"라고 했다(Sadesai 1967; The USSR Academy of Sciences 1984, 445에서 재인용).

한편, 도시와 농촌의 광범한 근로인민이 참가한 민족해방운동은 갈수록 조직적으로 전개 되었고, 더욱 목표 지향적 성격을 띠었다. 이미 제1차 세계대전 이전부터 존재해 왔던 해외의 혁명적 인도인 망명조직과 결합된 비합법·반합법 조직의 활동이 차츰 활발해졌다. 이런 망명자 단체가 자리 잡았던 주요 중심지는 프랑스, 독일, 아프가니스탄, 스웨덴, 미국 등이었으며, 10월 혁명 이후에는 중앙아시아, 그 가운데서도 주로 타슈켄트에서 인도인 망명자의 수가 급증했다. 그러나 1920년 말에 여기서 결성된 인도공산당은 곧 해산되었다.

이 무렵 인도 국내에서는 민족혁명가들이 지하에서 밖으로 나와 공개적으로 대중들과 결합하기 시작했다. 1919년 3월 민족해방운동의 지도자 간디는 롤래트 법안에 반대하는 항의 표시로 시민불복종civil disobedience 캠페인을 호소했다. 전국적으로 노동자 파업과 영국에 반대하는 시위가 시작되었으며, 어떤 지역에서는 봉기가 일어났다.

암리차르에서 열린 '인도국민회의' 대회는 간디가 제안한 비폭력 투쟁 강령을 적극적으로 지지했으며, 1920년 9월 캘커타에서 열린 임시대회는 수십 년에 걸쳐 인도 민족해방운동의 주요 기조가 된 사티아그라하satyagraha (진리 파악) 강령 ― 비폭력·비협력[6]·불복종(상업, 교육 시설 기타 시설의 활동 정지, 집회 및 시위의 실행 등) ― 을 공식으로 채택했다.

1920년 12월에 열린 국민회의 정기대회는 간디의 사티아그라하 운동을 압도적 지지로 통과시켰는데, 국민회의의 강령이 합법적이고 평화적인 모든 방법을 통한 인도 국민의 스와라지(자치) 달성의 길이라고 선언했다. 국민회의의 전폭적인 지지를 배경으로 해 간디는 1921년 말까지 1년 안에 스

---

6_비폭력·비협력의 목표는 쌍방이 투쟁하는 동안에 상대편의 견해를 존중하는 태도를 배워 이에 따르는 동의(同意)였다. 개화되고 지성적인 여론은 사티아그라하에서 추구하는 가장 힘 있는 무기가 될 수 있었다(조길태 2000, 509).

와라지를 이룩하겠다고 공언하기도 했다(조길태 2000, 513~514).

이와 같이 영국 제국주의에 대한 반대 운동이 고양되는 가운데, 노동자 계급의 저항운동도 점점 조직적인 형태를 갖추어 나갔다. 1920년 1월 2일~2월 5일까지 봄베이 섬유노동자들이 총파업을 단행했고, 2월 24일에는 잠셰드푸르의 금속노동자들이, 그리고 5월에는 아마다바드의 섬유노동자들이 파업을 일으켰다. 1920년 봄베이에서 노동조합 전국 중앙 조직인 전인도노동조합회의가 60개 조직, 대의원 800명이 참가한 가운데 창설되었다. 같은 해에 인도공산당이 로이를 중심으로 결성되었고, 거의 같은 시기인 1920년 8월 1일 간디의 시민불복종운동이 시작되었다. 이리하여 민족해방운동과 노동운동이 본격적으로 전개되는 동시에 한 단계 높은 차원으로 발전했다(Alexandrov 1986, 368).

1921년에도 파업운동이 고양되었다. 1년 동안 발생한 파업은 369건이었고 참가 인원은 60만 명 이상에 이르렀다. 1921년 11월에는 최초의 전국적 정치 파업이 발발했는데, 파업에 참가한 노동자들은 웨일스 공의 인도 방문에 항의하면서 독립 인정을 요구했다(The USSR Academy of Sciences 1984, 447).

식민지 당국은 민족해방운동과 파업투쟁에 대해 탄압으로 대응했는데, 노동자 수천 명이 체포되었고 수십 명이 죽거나 부상당했다. 그러나 이런 식민주의자의 탄압이 독립 투쟁을 지속하고자 하는 인도 인민의 결의를 결코 꺾을 수는 없었다.

노동운동의 고양은 봄베이, 캘커타, 마드라스, 라호르, 칸푸르, 베나레스를 중심으로 진행되었으며, 그것은 혁명 지향 그룹의 형성을 촉진했다. 이 그룹의 대표자는 코민테른 제3회 대회 활동에 적극적으로 참가했다.

## 3. 인도차이나

제1차 세계대전 기간과 이후, 프랑스 식민주의자들은 인도차이나 지역에 막대한 자본을 투자했는데, 광업 분야를 비롯해 고무·쌀·커피·차를 생산하는 대규모농장에 집중했다. 제1차 세계대전 말에 이들 지역에 투자한 프랑스 자본은 10억 프랑을 넘어섰으며 1920년대에도 계속 증가했다. 식민지적 공업화 진행에 따라 노동자의 증가도 두드러졌다. 제1차 세계대전이 시작되었을 무렵, 베트남과 라오스 그리고 캄보디아의 노동자 수는 5만 명가량이었으나 1929년에는 22만 명을 상회했다. 노동자계급은 광산, 시멘트, 섬유, 대규모농장, 그리고 항만과 도로 건설 산업에 집중되었다(Alexandrov 1986, 383~384).

프랑스의 식민지정책이 강화되면서 1910년대 중반 이후에 전개된 반제국주의 민족해방운동은 점점 사회혁명 전략과 무장투쟁 전술을 취했다. 1916년 2월 코친차이나의 반란군이 사이공 교도소에 복역 중이던 민족운동 지도자 판 펏 싸인을 구출하려다 실패했다. 1917년 9월에는 타이응우옌 지방에서 무장봉기가 일어났다. 이런 무장봉기는 지도부 내의 격심한 의견 대립과 프랑스 군대의 신속한 대응으로 성공을 거두지는 못했다. 1918년에는 라오스에서도 인민 봉기가 발생했다.

제1차 세계대전이 끝난 뒤, 베트남에는 새로운 혁명 이데올로기가 유럽에서 거침없이 들어왔다. 세계대전 기간에 프랑스 식민 당국의 시책에 따라 강제 징집되어 유럽 전선으로 동원되었던 베트남인은 자유주의와 사회주의 사상의 영향을 받고 돌아왔다.

이들 젊은 지식인은 새롭게 등장한 중소 상공인, 즉 프티부르주아지와 손잡고 프랑스 식민 정책에 반대하면서 베트남의 독립을 추구했다. 이들 프티부르주아지가 증가한 것은 제1차 세계대전 기간에 프랑스로부터 물자 유입이 격감하면서 베트남의 국내 산업이 활기를 띠었기 때문이었다. 프티부르주아지는 점점 정치 활동의 전면에 등장했다. 이들의 불만은 시민권 제약, 교육 기회 부족, 민족적 차별, 과중한 세금 부과 등에 집중되었다. 그러나 이들의 요구는 이와 같은 불만 해결에 거치지 않고 민족해방의 실현에까지 확대되었다(유인선 2002, 336).

한편, 프랑스령 인도차이나 농촌 지역에서는 극심한 식민지적 착취의 결과로 많은 농민이 토지를 빼앗겼다. 1920년대 말에는 절반이 넘는 농가가 프랑스인 소유 대규모농장에서 일하거나, 수확의 5분의 4를 소작료로 내는 대단히 가혹한 조건으로 소작에 얽매여 있어야만 했다.

이와 같은 상황에서 1922년에는 고무공장 노동자들을 비롯해 섬유산업·철도 노동자들이 파업투쟁을 전개했으며, 농민 봉기가 곳곳에서 전개되었는가 하면 반제 민족해방투쟁이 점점 고양되었다. 반제운동의 고양은 민족 세력 조직화와 공산주의 그룹의 형성을 촉진했다(Alexandrov 1986, 384).


## 4. 필리핀

필리핀은 1902년 미국 식민지로 편입되어 미국 독점자본의 혹독한 수탈을 당해 왔다. 이런 정황에서 필리핀 인민들은 미국의 지배 체제에서 독립을 쟁취하기 위해 지속적인 투쟁을 전개했다.

필리핀을 식민지 형태로 통치했던 미국은 1912년 민주당 집권으로 필리핀 식민 정책의 일정한 변화를 시도했다. 1912년부터 5년 동안의 복잡한 과정을 거쳐 미국 우드로 윌슨 대통령은 1916년 8월 29일 '존스 법'Jones Act, 이른바 필리핀 자치법에 서명했다. 이 법은 권력분립주의를 바탕으로 해 필리핀에 자치 정부를 인정할 목적으로 제정되었다.

존스 법은 권력구조의 기본 요소를 규정했는데, 권력구조는 입법·사법·행정 삼부로 구성되었다. 행정권은 미국 상원의 동의를 얻어 미국 대통령이 임명한 총독이 행사하도록 했고, 입법권은 선출되는 양원에서 관장하도록 했다. 사법권은 대법원과 1심 재판소, 그리고 치안 재판소로 구분했다. 그 밖에도 존스 법은 인권 조항과 필리핀 시민권 등에 관한 조항을 설치했다.

존스 법은 필리핀 독립 가능성을 제시했으며, 이에 따라 미국과 필리핀 국민 사이의 입법적 약속 형식을 취했다. 필리핀 국민은 비록 일시적이기는 하지만 '미국인의 지배권 실행을 손상시키지 않는 조건'에서 나름대로 자치권을 행사했다. 그러나 이 법은 해석상 다양한 임의성을 지니고 있었기 때문에 시행 과정에서 여러 가지 혼란을 불러일으켰고, 특히 필리핀에 '안정된 정부'가 수립되면 독립을 인정한다'는 규정을 두고도 그 기준마저 애매해 해석을 달리하는 결과를 빚었다(양승윤 외 2007, 53).

1920년 미국 대통령 선거에서 공화당이 승리해 워런 하딩이 대통령에 당선되었다. 총독으로 취임한 레너드 우드는 통치 전반기에 필리핀 지도자들에게 위임했던 각종 정치적 권한과 행정권을 회수하려 했다. 이런 정책 집행은 필리핀 지도자와 국민의 강한 반발을 불러일으켰다.

이와 같은 미국 식민정책의 강화에 따라 필리핀 민족운동도 점점 고양되었다. 민족주의 경향의 여러 정당은 필리핀 독립을 위한 선전·선동을 주요 강령으로 채택했다. 이들 정당들은 국내 민족운동의 전개와 함께 부단하게 독립청원사절단을 미국에 파견해 필리핀의 독립 관련 사안들을 청원·토론함으로써 미국 여론을 환기하려 했다. 그러나 미국 행정부와 의회는 필리핀의 정치적 자치능력, 경제적 안정도, 그리고 사회적 환경 등을 내세워 독립을 결코 승인하지는 않았다.

　미국의 이와 같이 특이한 식민지정책이 시행되는 가운데, 필리핀 노동 운동은 조직과 투쟁을 지속적으로 강화했다. 1913년 5월 필리핀 노동조합 지도자들이 민족주의 정당과 긴밀한 관계를 갖고 새로운 전국 중앙 조직인 필리핀노동자회의를 결성했다. 이 전국 중앙 조직은 곧이어 노동자 조직 36 개를 포괄했다. 이전부터 활동을 전개해 왔던 몇몇 노동조합, 이를테면 1906~1909년에 산업별 원칙에 따라 재편된 인쇄노동조합과 담배제조노동 조합은 노동자회의와 함께 존재하면서 조직을 강화했다(Levinson 1972, 76; The USSR Academy of Sciences 1983, 439~440에서 재인용).

　1910년대에 들어 필리핀에서는 파업운동이 고양되었는데, 1914~1917 년 사이에 연평균 22건의 파업이 발생했다. 이것은 1909~1913년 사이에 일어난 파업에 비해 두 배 정도의 수치였다(The USSR Academy of Sciences 1983, 440).

　한편, 이 시기에 필리핀에서도 사회주의사상이 보급되기 시작했다. 에 스파냐에 오랫동안 망명했던 이사벨로 데 로스 레예스가 귀국한 뒤에 마르 크스, 엥겔스, 바쿠닌 등의 저작을 노동자 조직의 지도자들에게 소개했다.


## 5. 인도네시아

제1차 세계대전과 러시아 사회주의혁명 이후 인도네시아에서 고양된 노동 운동은 네덜란드 제국주의에 대한 민족해방투쟁과 어쩔 수 없이 결합되었 다. 민족해방운동의 전개에서 중요한 역할을 수행한 것은 1914년에 창립된 동남아시아 최초의 마르크스주의 조직인 인도네시아사회민주연합과 1912

년에 창립된 전 민족적 대중조직인 이슬람동맹이었다(양승윤 2005, 303).

이들 조직의 성격은 제국주의와 식민지적 억압, 그리고 인종차별에 반대하는 민족통일전선의 초기 형태였다. 인도네시아사회민주연합 좌파는 노동자 조직 내에서 활발하게 활동했으며, 노동자들이 다수를 차지하고 있던 이슬람동맹은 조직 확대 운동을 편 결과, 1916년 당시의 회원 36만 명이 얼마 지나지 않아 80만 명으로 늘어났다(Zakaznikova 1971, 11; The USSR Academy of Sciences 1984, 454에서 재인용).

이와 같이 반제국주의 민족운동이 차츰 고양되면서 네덜란드 총독부는 1916년 12월에 대의 기구로서 인민평의회 설립에 관한 법률을 채택했다. 의석 39석 가운데 15석이 인도네시아인에게 배정되었다. 평의원의 반수는 총독이 지명하고 나머지 절반은 인도네시아 상층 집단의 간접선거로 선출되었다. 이슬람동맹의 좌파는 인민평의회 참가를 반대했고, 1917년 10월 말에는 혁명적 투쟁으로 인도네시아 독립을 쟁취하겠다고 선언했다. 이에 반해 이슬람동맹의 온건파 지도자들은 인민평의회가 인도네시아의 의회로 전환될 수 있을 것으로 기대해 인민평의회 참여를 주장했다.

1918년 9~10월 초 사이에 열린 이슬람동맹 대회는 '민족정부' 수립을 주장했고, 노동운동의 활성화와 단결을 옹호했으며 노동법 제정(최저임금 보장, 노동일 단축, 여성·아동 노동자 보호 등)을 요구했다. 대회는 또 제국주의 식민지정책과 자본주의적 착취에 맞서 싸울 것을 호소했다. 대회 바로 뒤인 1918년 11월 16일에는 이슬람동맹과 인도네시아사회민주주의협회, 그리고 그 밖의 다른 조직들을 포괄하는 '급진파 연합'Radical Concentratia이라는 대중조직이 결성되었다.

반제국주의 민족운동 발전과 더불어 노동운동도 고양 국면을 맞았다. 당시 인도네시아 인구 약 5천만 명 가운데, 약 150만 명이 상용노동자였으며, 300만 명 이상이 계절노동자였다. 사탕공장 200군데에서 노동자 15만 명이 일했으며, 노동자 약 30만 명 이상이 사탕수수 대농장에서 일했다. 1916년 당시에는 2,511개 기업에 노동자 약 12만6천 명이 취업했으며, 1920년에는 공장노동자의 수가 34만 명으로 증가했다.

노동자 상태는 아주 열악했으며, 특히 계절노동자와 비숙련노동자의 상태는 대단히 참혹한 편이었다. 노동시간에 대한 법적 규제는 없었으며, 임금은 반기아적인 상태를 유지할 정도였다. 이와 같은 노동자 상태의 개선과 권리 보장을 위한 노동자계급의 자주적인 활동이 전개되었는데, 당시 인도네시아에는 철도노동자, 전차 종업원, 교원, 전신 노동자 등을 포괄한 상당수 노동조합이 존재했으며, 노동조합원은 2만4,300명 정도였다.

1917년에는 공업과 제조업 부문에서 노동조합이 결성되었는데, 설탕제조공장노동조합이 그 대표적인 조직이었다. 1918년에는 자카르타에서 'VVL' Verbond van Landsdienaren이라는 공공 부문 노동조합연맹이 결성되었고, 1919년에는 22개 노동조합으로 구성된 'PPKB'Persatuan Pergeraken Kaum Buruh라는 전국연맹체가 조직되었다. 당시 노동조합이 주요하게 요구했던 사항은 8시간 노동시간제(야간 6시간 노동시간제), 연간 14일의 유급휴가제, 노동조합권 보장, 법률상 동등한 권리를 보장하는 노동법원 설치, 사회보장·연금제·질병휴가제, 언론 자유, 은행 국유화 등이었다(ICEM Asia MNC 2011, 1~2).

노동조합 조직이 다양한 형태로 결성되는 가운데, 1919년 말에는 인도네시아사회민주연합의 제안으로 이슬람동맹과 협력해 단일의 노동조합 전국 중앙 조직인 '노동자운동연합'이 결성되었다. 노동자운동연합은 노동조합 22개, 조합원 7만2천 명을 포괄했다. 노동자운동연합의 규약은 자본주의사회의 폐절, 공업 기업·은행·운수의 국유화 또는 사회화, 노동법규의 제정, 노동자계급의 역사적 사명 수행을 위한 준비의 필요성 등을 규정했다

(The USSR Academy of Sciences 1984, 455).

1917년 말부터 1918년 초에 노동자 조직을 비롯한 민족통일전선이 중심이 되어 노동자투쟁을 조직했다. 이 무렵 자와 섬에서 수천 명이 집회와 시위를 벌였는데, 참가자들은 식민지 당국에 대해 실효가 있는 물가 대책과 임금 인상, 긴요한 정치·경제적 요구의 실현을 촉구했다. 봉건적 착취에 반대하는 농민운동 지지의 노동자 집회도 열렸다. 1918년에는 일찍이 볼 수 없었던 광범한 파업운동이 전개되었다. 철도·인쇄·건축 노동자가 중심이 되었고, 다른 직종의 노동자들도 파업에 참가했다. 노동자투쟁은 전국으로 확대되었다. 스마랑, 말랑, 바타비아(현재 자카르타), 수라바야, 반둥 등지에서 특히 완강했다. 1918년 노동자 7천여 명이 참가한 몇몇 파업은 노동자의 승리로 끝났다. 그리고 수라바야와 말랑에서는 3천여 명이 참가해 소비에트나 적위군을 창설하려는 시도가 있었으나, 당국의 탄압으로 무산되었다 (Zakaznikova 1971, 51~57; 72; The USSR Academy of Sciences 1984, 454~455에서 재인용).

1919~1920년에도 노동자투쟁은 계속되었다. 1919년에는 중부 자와와 술라웨시의 농민들이 노동자의 파업투쟁에 합류했다. 그들은 식민주의자에 대해서뿐만 아니라 토착 봉건 지주에 대해서도 투쟁을 전개했으며, 사탕 산업에 종사하는 노동자의 노동조합이 이 파업을 주도했다. 그 밖에도 석유·인쇄·항만 노동자 등이 파업을 일으켰다.

한편, 1920년 5월 인도네시아사회민주연합은 동인도공산주의자연합으로 명칭을 바꾸고, 이어 1925년에는 인도네시아공산당으로 개편했다. 이 당의 대표는 코민테른 제2회 대회와 제1회 극동민족대회 활동에 참가했다. 인도네시아공산당은 합법적 가능성을 이용해 큰 영향력을 발휘할 수 있었다. 1921~1922년에 걸쳐 공산당은 반제 운동과 노동운동의 결합을 위한 투쟁을 전개하는 동시에 당 세력 확대를 추진한 결과, 1922년에는 당원 1,300명을 확보할 수 있었다. 그러나 인도네시아공산당의 영향력이 강화되는 가운데, 한편으로는 민족부르주아지에 대한 식민주의자의 양보에 힘입어 이슬람동맹의 우익 지도자들이 1923년 초부터 조직에서 공산당원을 축출했다. 이에 대응해 인도네시아공산당과 많은 노동조합, 그리고 사회단체들이 참가해 인민연맹Sarekat Rakyat을 결성했다. 이 조직은 인도네시아공산당의 대중적 기반이 되었다.

　1923년 5월에는 인도네시아공산당이 지도한 철도노동자의 파업이 발생했다. 여기에는 철도노동자 2만여 명 가운데 1만3천여 명이 참가했으며, 많은 공업·운수·통신 부문 노동자가 이 파업을 지지했다. 특히 대규모적이고 완강하게 투쟁을 벌였던 곳은 동부 자와, 수라바야, 스마랑 등이었다. 식민지 당국은 노동자 파업을 무력으로 제압했으며, 민주주의 조직에 대해 강압적으로 공격했다. 파업이 금지되었으며, 회의·집회·시위는 엄격히 제한되었고, 공산당원과 노동조합운동 활동가들은 가혹한 탄압을 받았다(Guber 1976, 79~81; The USSR Academy of Sciences 1984, 456에서 재인용).

# 6. 조선

일본 제국주의는 1910년에 조선을 강제로 병합해 본격적으로 경제적 수탈을 자행했다. 일본은 조선을 제국주의 일반의 수탈 방식인 원료 공급, 상품 판매, 값싼 노동력 확보 등을 위한 기지로 삼았다. 1910년대 일제는 농업 부문에서는 토지 약탈과 지세 부과를 목적으로 한 '토지조사사업'을 실시했고, 상공업 부문에서는 회사 설립에 대한 허가제를 명시한 '회사령'을 시행함으로써 민족 기업의 성장을 가로막았다. 이런 식민지 경제정책의 추진에 따라 농민층은 토지를 빼앗기고 소작농이나 농업노동자로 전락했으며, 조선인 상공업자는 자본축적을 위한 기반을 잃었다. 이처럼 1910년대는 일제가 식민지 수탈을 위해 물적 기초를 닦은 때였으며, 조선의 경제구조를 식민지 체제에 맞도록 개편한 시기였다(강만길 2004, 209).

토지조사사업은 신고주의를 채택해 규정대로 신고하지 못한 농민들의 토지는 물론이고 궁장토宮庄土, 역둔토驛屯土, 목장토牧場土 등이 조선총독부 소유가 되었다. 조선인 지주보다는 자작농, 소작농의 토지가 주로 약탈 대상이 되었고, 조선총독부 소유가 된 많은 토지는 일본인에게 불하됨으로써 일본인 소유지가 급격히 증가되었다.

또 일제는 1910년 12월 회사령을 공표했는데, "회사의 설립은 조선 총독의 허가를 받아야 한다. 조선 밖에서 설립한 회사가 조선에 본점 또는 지점을 설치하고자 할 때에도 조선총독부의 허가를 받아야 한다"고 규정해 회사 설립 허가제를 도입했다. 이것은 민족자본의 발전을 억제하고 일본 자본주의의 식민지 조선에 대한 진출을 용이하게 하기 위한 것이었다.

회사령이 실시된 직후부터 일본 독점자본 계열의 조선피혁주식회사, 왕자제지, 오노다小野田시멘트회사 등이 조선총독부의 지원으로 1910년대에 조선에 진출했다.

일본 자본의 조선 진출이 점점 증가하기는 했으나, 1910년대 전 기간에 걸쳐 조선의 공업 부문이 전체 산업에서 차지하는 비중은 매우 적은 편이었다. 예컨대 1917년도의 산업별 인구 구성을 보면, 농림수산업이 86.4퍼센트로 압도적 비중을 차지했으며, 상업·교통업이 5.4퍼센트, 공무·자유업이 2.3퍼센트, 광공업이 2.0퍼센트였다.

〈표 1〉에서 보는 바와 같이 공장 수는 1911년 252개소였으나 1919년에

표 1 | 1910년대 공장 수와 종업원 수

| 연도 | 공장 수 | 자본금<br>(원) | 공장당<br>자본금 | 공장당 생산액<br>(1만 원) | 종업원 수<br>(조선인) | 공장당<br>종업원 수 |
|---|---|---|---|---|---|---|
| 1911 | 252(100) | 10,613,830 | 42,286.1 | 7.8 | 14,575<br>(12,180) | 58.0 |
| 1912 | 328(130) | 13,121,481 | 40,004.5 | 8.0 | 17,376<br>(14,974) | 52.9 |
| 1913 | 532(211) | 17,478,146 | 32,853.6 | 5.7 | 21,032<br>(17,521) | 39.5 |
| 1914 | 654(259) | 17,371,832 | 26,562.4 | 5.0 | 20,963<br>(17,325) | 32.0 |
| 1915 | 782(310) | 21,113,608 | 26,999.4 | 5.9 | 24,539<br>(20,310) | 31.3 |
| 1916 | 1,075(426) | 24,613,500 | 22,896.2 | 5.5 | 28,646<br>(23,787) | 26.6 |
| 1917 | 1,358(539) | 39,038,966 | 28,747.3 | 7.3 | 41,543<br>(35,189) | 30.5 |
| 1918 | 1,700(675) | 48,309,485 | 28,417.3 | 9.2 | 46,749<br>(40,036) | 27.4 |
| 1919 | 1,900(754) | 129,378,761 | 68,094.0 | 11.9 | 48,705<br>(41,873) | 25.6 |

주: 노동자 5인 이상 공장 통계이며, 관영 노동자는 포함되지 않았다.
자료: 조선총독부(1924, 206-207).

는 1,900개소에 이르러 무려 7.5배 증가했고, 자본금도 1,061만 원에서 1억 2,937만 원으로 약 열두 배 증가했다. 그러나 공장당 생산액은 5만 원에서 12만 원 미만 사이였고, 공장당 종업원 수도 60명 미만으로서 규모 면에서는 소규모에서 벗어나지 못했다.

공업의 업종별 구성을 보면, 1910년도에는 염직업, 제면업, 제지업, 피혁·피혁제조업, 요업, 금속공업, 제재업, 제곡업, 제분업, 연초제조업, 양조업, 제염업, 통조림제조업, 인쇄업, 정련업精鍊業, 가스 및 전기업 등 열여섯 종류에 지나지 않았으나, 1919년에는 대규모의 일본 자본이 투하되고 근대적 공업으로 분류되는 차량제조업, 펄프제조업, 제사업, 그 밖의 각종 화학공업 등 새로운 업종이 등장해 그 종류가 34종으로 증가했다(성대경 1977,

표 2 | 1910년대 노동자 내부 구성

| 연도 | 공장노동자 | 광산노동자 | 철도·해운 노동자 | 항만·육운 노동자 | 토목·건축 노동자 | 계 |
|------|-----------|-----------|----------------|----------------|----------------|--------|
| 1911 | 14,000 | 10,000 | 12,000 | 10,000 | 20,000 | 66,000 |
| 1918 | 46,000 | 20,000 | 20,000 | 30,000 | 30,000 | 146,000 |

단위: 명

자료: 김인걸·강현욱(1989, 13).

187~193).

일제는 농업과 공업 부문 외에도 석탄을 비롯한 광산 지하자원도 철저하게 수탈했다. 1911~1917년에 일제는 '광산 조사'라는 명목으로 금은광과 철광 등 각종 지하자원 탐사를 실시했고, 1915년에는 '조선광업령'을 공포해 일본 자본이 조선의 광업 지배권을 확보할 수 있는 길을 터놓았다.

조선에 대한 일제의 식민지 지배가 본격적으로 진행되면서 농업·공업·광업 부문에서 임금노동자가 증가되었다. 1910년대 노동자 수 증가 실태와 그 내부 구성을 보면 〈표 2〉에서 보는 바와 같다.

1910년대 노동자계급 내부 구성을 보면, 공장노동자의 증가가 두드러졌는데 1918년 당시 공장노동자는 전체 노동자의 31.5퍼센트를 차지했다. 여기에 5인 이하 가내수공업과 관영 공장이라 할 수 있는 철도국, 평양광업소, 용산인쇄소 등에 종사하는 노동자까지 합치면, 공장노동자 수는 그보다는 훨씬 더 많았을 것으로 추정된다. 광산노동자도 1911년에 비해 1918년에는 두 배나 늘어났고 항만·운수 노동자는 같은 기간에 세 배 정도 증가했다.

임금노동자들이 증가하는 가운데, 조선 노동자들은 일제강점기 전 기간에 걸쳐 식민지 지배의 일반적 특성을 반영해 열악한 노동·생활 조건으로 혹심하게 고통당해야만 했다. 노동자들은 높은 식민지 초과이윤을 추구한 일제 자본의 탐욕적인 수탈 정책의 시행으로 자기 가족의 생계를 유지하는 것은 고사하고 자신의 굶주림을 해결하는 것도 어려운 형편이었다. 노동시

**표 3 | 1910년대 노동단체 현황**

| 창립일 | 단체명 | 소재지 | 회원 수 | 회비 |
|---|---|---|---|---|
| 1912. 3. 20. | 신노동조합 | 군산부 | 30 | |
| 1913. 3. 1. | 고량포노조 | 당장군 | 61(하역 인부) | |
| 1913. 5. 30. | 차호부두노조 | 함남 리원군 | 315 | |
| 1915. 1.10. | 노동조합 | 충청남도 | 100 | |
| 1915. 6. 10. | 고저노조 | 통천군 순령면 | 55(부두노동자) | 1인당 3원 |
| 1915. 10. 27. | 토목공사노조 | 개성 송도면 | 53(목수) | 1인당 30전 |
| 1917. 1. 16. | 신흥군 마계 | 함남 신흥군 | 131 | 입회 1원 |
| 1917. 2. 16. | 공흥조 | 군산부 | 70(부두노동자) | 수입의 10분의 1 |
| 1917. 8. 27. | 평양노조 | 평양부 | 1,300 | 수입의 100분의 5 |
| 1917. 11. 12. | 객주조합 | 군산부 | 100(부두노동자) | 수입의 10분의 1 |
| 1918. 1. 1. | 신흥조합 | 군산부 | 300(부두노동자) | 수입의 10분의 1 |
| 1918. 3. 15. | 고저노조 | 통천군 | 30(부두노동자) | 1인당 3원 |
| 1918. 8. 11. | 신환포부두노조 | 재령군 | | 수입금의 1할5푼, 기본금 3원 |
| 1919. 6. 14. | 영일노조 | 영일군 포항면 | 92(부두노동자) | 수입금 100분의 5 |
| 1919. 8. 19. | 신태인노조 | 정읍군 | 358 | 수입금2~5/100 |

자료: 細井肇(1921, 29~35).

간은 장시간이었고, 열악한 노동조건을 반영해 빈번하고도 강도 높은 산업 재해에 노출되어 있었으며 노동기본권은 전혀 보장되지 않았다(김광진 외 1988, 223~224).

이런 상황에서 노동자들은 자주적인 조직을 결성하고 파업을 비롯한 여러 가지 형태의 투쟁을 계속해서 전개했다. 노동자 조직은 제1장 1~2절에서 살펴본 바와 같이, 1910년대 이전부터 개항장과 광산 그리고 철도 공사장을 중심으로 조직되었다. 1910년대에 있어서도 노동단체는 전국에 걸쳐 60개 정도였으며, 〈표 3〉에서 보는 바와 같이 노동단체는 주로 부두 하역 노동자 사이에서 조직되었는데, 법적 승인을 받지도 않았으며 본래의 노동조합 기능을 갖추지도 않았다. 당시의 노동조직은 대부분 상호부조를 비롯한 공제 기능과 직업소개업을 행했으며, 파업을 전개하는 데서 중심 역할을 하기도 했다.

표 4 | 1910년대 파업 양상 단위: 명, 건수

| 연도 | 건수 | 참가 인원 | | | | 원인 | | | 결과 | | |
|---|---|---|---|---|---|---|---|---|---|---|---|
| | | 조선인 | 일본인 | 중국인 | 계 | 임금 문제 | 대우 개선 | 기타 | 성공 | 실패 | 타협 |
| 1912 | 6 | 1,573 | - | - | 1,573 | 6 | - | - | 3 | 3 | - |
| 1913 | 4 | 420 | - | 67 | 487 | 4 | - | - | 3 | 1 | - |
| 1914 | 1 | 130 | - | - | 130 | 1 | - | - | 1 | | - |
| 1915 | 9 | 828 | 23 | 1,100 | 1,951 | 6 | 1 | 2 | 3 | 3 | 3 |
| 1916 | 8 | 362 | 8 | 88 | 458 | 7 | 1 | - | 6 | 2 | - |
| 1917 | 8 | 1,128 | 20 | | 1,148 | 6 | 1 | 1 | 4 | 1 | 3 |
| 1918 | 50 | 4,443 | 475 | 1,187 | 6,105 | 43 | 2 | 5 | 18 | 18 | 14 |
| 1919 | 54 | 8,283 | 401 | 327 | 9,011 | 76 | 4 | 4 | 12 | 35 | 37 |
| 합계 | 170 | 17,167 | 927 | 3,669 | 21,933 | 149 | 9 | 12 | 50 | 63 | 57 |

자료: 조선총독부 경무국(1933, 143~144).

다음으로 1910년대 파업을 중심으로 한 노동자투쟁의 양태를 살펴본다. 1910년 일제강점기 이전에도 노동자 파업운동은 지속적으로 전개되었으며, 1910년대에 들어와 공장노동자들의 파업이 늘었고 1918년 이후에는 파업 건수나 파업 참가자 수가 급격하게 증가했다.

〈표 4〉에서 보는 바와 같이 1910년대 노동자 파업은 건수에서나 규모 면에서 그다지 활발하게 전개되지는 않았지만, 1918년을 기점으로 차츰 고양되었다. 이런 현상은 1910년대의 일제 '헌병경찰제'에 따른 무단통치, 일제 경제정책의 파탄, 제1차 세계대전 이후 전개된 경제 상황 등에서 비롯된 측면이 컸으며, 주체적 측면에서는 노동자들이 파업을 생존권을 지키기 위한 유력한 방편으로 인식해 저항의지를 표출했기 때문이었다.

1910년대 파업은 다음과 같은 몇 가지 점에서 그 특징을 나타냈다.

첫째, 파업의 원인에서 임금 문제가 주종을 이루고 있었다는 사실이다. 이것은 조선 노동자들이 일제 식민지 동치 상황에서 극심한 저임금으로 견디기 힘든 고통을 받았다는 현실을 반증한 것으로 볼 수 있다. 그리고 1910

년대 하반기 들어 대우 개선 문제도 파업의 주요한 원인으로 떠올랐다.

둘째, 파업 참가 인원이 증가하면서 파업의 규모가 커졌으며, 1918년 이후에는 급격히 증대되었다. 1916년 노동자 180명이 참가한 진남포 구원제련소 파업과 광부 144명이 참가한 함경북도 흑연광산 파업, 1917년 광부 400명이 참가한 경기도 직산금광 파업 등이 비교적 규모가 큰 파업이었다. 1918년 들어 노동자 1천여 명이 참가한 만철 경성관리국 용산공장 파업, 노동자 250~260명이 참가한 경성전기회사 파업 등이 발생했다. 1919년에는 노동자 454명이 파업에 참가한 조선피혁회사 파업, 노동자 600명이 참가한 용산 스탠다드 무역회사 파업, 광부 389명이 참가한 황해도 수안 홀동금광 파업, 노동자 320명이 참가한 조선총독부 용산 인쇄소 파업, 노동자 250명이 참가한 겸이포 미쓰비시 제철소 파업 등이 대표적인 것이었다.

셋째, 1915년 이후 발생한 파업에서 중국 노동자의 파업 참가자 수가 급격히 증가했다. 1915년 전체 파업 참가 노동자 가운데 중국 노동자의 비율이 56퍼센트에 이르렀으며, 1918년에도 약 20퍼센트를 차지했다. 이것은 당시 중국 노동자들이 사업장에 상당수 존재했음을 의미하며, 조선 노동자에 비해 임금이나 노동조건 면에서 차별 대우를 받았던 데 대한 저항행동 표출로 해석할 수 있겠다.

넷째, 파업의 결과를 통해 보면, 성공한 경우가 약 45퍼센트에 이르러 비교적 높은 편이었으나, 파업이 빈발했던 1917년 이후에는 타협 사례가 증가했다. 이것은 일제의 탄압과 통제 강화로 인해 요구 관철을 끝까지 추구하기가 어려웠던 상황을 반영한 것으로 보인다.

다섯째, 이 시기 파업투쟁은 광산·부두·하역·운수 노동자가 중심이었으나 점점 공장노동자가 제기한 파업이 증가하는 추세를 보였다(강만길 2004, 228~229).

**표 5 | 노동자계급의 3·1운동 참가 양상(1919년 3~4월)**

| 일시 | 발생 지역 | 운동 주체 및 인원 | 운동 형태 |
|---|---|---|---|
| 3월 2일 | 경성 | 노동자·학생 400명 | 시위 |
| 3일 | 겸이포 미쓰비시 제철소 | 노동자 200명 | 시위 |
| 4일 | 평양, 진남포 | 노동자 | 파업 |
| 4일 | 평북 선천 | 노동자 | 파업 |
| 7일 | 평북 동양합동광업회사 | 노동자 | 시위 |
| 8일 | 용산 조선총독부 인쇄소 | 노동자 220여 명 | 시위 |
| 9일 | 경성전기회사 | 차장·운전수 120명 | 파업 |
| 9일 | 경성 동아연초회사 | 아동노동자 | 시위 |
| 10일 | 경성 | 전차 종업원 200명 | 동맹파업 |
| 12일 | 평양 오전인쇄소 | 노동자 40명 | 파업 |
| 15일 | 평북 조선총독부 광무과 출장소 | 노동자 200명 | 시위 |
| 20일 | 충남 직산광업회사 | 노동자·학생 | 시위 |
| 20일 | 함북 회령 | 노동자 | 시위 |
| 21일 | 경남 사천·진주 | 농업노동자 약 300명 | 시위 |
| 22일 | 경성 | 노동자·민중 1천~1,200명 | 시위 |
| 25일 | 수원 장시 | 노동자·학생 20명 | 시위 |
| 27일 | 경성 만철경성관국 | 노동자 800명 | 시위·동맹파업 |
| 28일 | 충남 직산광업회사 | 광산노동자 약 200명 | 시위(헌병주재소 습격) |
| 4월 1일 | 충남 아산군 일본인 경영 광산 | 광산노동자 | 시위 |
| 8일 | 경성일보사 | 노동자 | 파업 |
| 16일 | 원산 제면(麵)소 | 노동자 60명 | 파업 |
| 16일 | 전북 군산항 | 부두노동자 300명 | 파업 |
| 20일 | 부산 조선와사전기회사 | 차장·운전수·수선공 60명 | 파업 |
| 25일 | 평북 대정수리조합 토목공사장 | 노동자 | 파업·태업 |

자료: 『한국민족운동사료(3·1운동편)』; 『한국독립운동사 2』; 조선총독부 내무국 사회과(1923).

1917년 러시아 10월 혁명이 승리하고 이듬해인 1918년 제1차 세계대전이 종결됨으로써 유럽을 중심으로 한 전 세계는 혁명운동을 비롯한 새로운 변화의 물결에 휩쓸렸다. 이런 변화의 요구는 식민지라고 해서 예외가 될 수는 없었다. 세계적 차원에서 일어난 일련의 변화들을 배경으로 조선에서 3·1운동이 일어났다(김경일 2004, 82).

3·1운동은 1919년 3월 1일부터 약 2개월 동안 전개되어 조선 인민 약 200만 명이 시위에 참가했고, 그 가운데 7천여 명이 사망했다. 이 운동을 거치면서 노동자계급을 선두로 한 인민이 민족해방운동의 주도 세력으로

대두했다. 1910년대 노동자 파업은 3·1운동 시기에 절정을 이루었다. 3·1운동 당시 노동자의 참여는 3월 2일 경성의 노동자·학생 400여 명, 3월 3일 겸이포 미쓰비시 제철소 노동자 200여 명이 시위를 벌인 것으로 시작되었으며, 이어 3월 4일에는 평안남도 진남포, 평안북도 선천의 노동자 파업으로 확산되었다. 〈표 5〉에서 보는 바와 같이 3·1운동 당시 노동자계급의 참가는 파업과 시위 형태로 전개되었다.

3·1운동 발발과 더불어 노동운동이 고양되었던 1919년도 노동자 파업의 특징은 다음과 같았다(강만길 2004, 239~243).

첫째, 3·1운동을 계기로 촉발된 노동자 파업은 총 84건으로 1년 내내 지속되었으나, 3·1운동이 소강상태에 들어간 7~10월 사이에 집중해 전개되었다. 둘째, 지역별로는 공장이 많았던 경기도, 경상남도, 평안남도에서 전체 파업의 75퍼센트가 발생했다. 셋째, 파업의 원인으로는 임금 문제가 압도적 비중을 차지했고, 노동자 대우 개선 문제와 일본인 감독자의 횡포 시정, 그리고 노동시간 단축 등이 주요 요구로 제기되었다. 넷째, 파업 참가 노동자 수가 이전에 비해 훨씬 증가했다. 다섯째, 파업 기간도 이전에 비해 점차 길어지는 경향을 나타냈는데, 평균 일수로는 3일이었고 동아연초회사 경우처럼 17일 동안 지속된 경우도 있었다. 여섯째, 파업의 결과를 보면, 승리한 경우는 17건으로 20퍼센트에 지나지 않았고, 패배한 경우가 37건으로 44퍼센트를 차지했다. 그리고 타협으로 마무리된 경우가 23건으로 27퍼센트였으며, 미해결된 경우는 7건으로 8퍼센트였다(성대경 1977, 197~201).

1910년대의 이런 노동단체의 조직과 파업투쟁의 전개는 1920년대의 근대적인 노동운동 발전을 위한 중요한 토대가 되었다.

# 2장

# 라틴아메리카 국가
# 노동자계급의 혁명투쟁

정의와 권리로 무장한
무시무시한 사파타가 왔다네.
그는 이렇게 명령을 내렸지: "도끼를 가져와
문을 부수라구!"

사파타가 진입하니
그날 지축이 진동했네.

그는 모두를 불러 모았다네 ― 시간은 11시였네!
큰 돌 앞에 그들을 꿇어 앉혔네.
십자가에 입 맞추고 청동 나팔을 부시게나
그리고 그대들은 이렇게 외치게 "에스파냐에 죽음을!"

사파타 장군 만세!
그의 신념, 사상 만세!
그가 조국을 위해서 기꺼이 몸 바치려고 하니
나도 민족을 위해서 몸 바치겠네!

_마르시아노 실바의 무훈시
(크라우세 2005, 85에서 재인용)

# 1. 제1차 세계대전과 노동자계급

20세기 초에 이르기까지 라틴아메리카 국가들은 제국주의 열강의 원료 공급지(주로 농업 부문)로 전락했다. 그렇지만 전前 자본주의적 잔재가 두텁게 존재하고 있는 상태에서 자본주의 경제구조가 이들 국가의 경제·사회 발전을 위한 결정적 바탕이 되었다. 19세기와 20세기의 경계 시점에서는 개별 국가 사이의 발전 수준과 발전 속도에서 두드러진 차이가 존재했다.

1910년대 초, 특히 제1차 세계대전 기간에 라틴아메리카 나라들에서는 새로운 공장, 항만, 도로, 시영市營 공익 기업이 빠른 속도로 건설되었으며, 큰 규모의 근대적 산업이 출현했다. 이 시기 몇몇 나라에서는 외국자본이 자동차 조립 공장이나 철도 차량 공장 등을 창설했는데, 이것은 제국주의 열강의 군사적 필요를 충족하기 위한 것이었다.

어떤 국가들에서는 부르주아사회를 특징짓는 계급 형성의 과정이 완료되었는가 하면(아르헨티나, 브라질, 멕시코, 칠레, 우루과이), 다른 국가들에서는 자본주의가 봉건적 또는 반봉건적 질서의 완강한 벽을 뚫고 자기 발전의 길을 헤쳐 나가고 있었다(볼리비아, 파라과이, 중앙아메리카 공화국들). 이런 경제·사회적 발전과 관련해 계급적 모순의 성숙이나 근로인민의 투쟁 형태는 다양하게 전개되었다.

제1차 세계대전 기간에 라틴아메리카 대륙의 주요 국가들에서는 프롤레타리아 계급 형성이 기본적으로 완료되었다. 아르헨티나에서는 공업노동자 수가 40만 명을 넘어섰고, 브라질에서는 30만 명, 멕시코에서는 공업과 운수 부문에 약 50만 명이 취업하고 있었다. 다른 국가들에서도 노동자 수가 급증했으며, 노동자계급의 구성도 변화했다. 이런 가운데 멕시코, 아르헨티나, 우루과이, 브라질, 쿠바 등에서 노동조합운동이 발전했고, 사회주의 지향의 정치조직이 대두했다(The USSR Academy of Sciences 1984, 433). 1910년대 라틴아메리카 주요 각국의 노동운동 전개 과정을 살펴본다.


## 2. 주요 각국의 노동운동

### 아르헨티나

아르헨티나에서는 20세기 초까지 라틴아메리카의 다른 국가들보다는 빠르게 자본주의가 발전했다. 자본 측면에서 지배적 지위를 차지한 것은 민족자본이 아니라 외국자본이었다. 제1차 세계대전 말기에는 미국 자본 소유 회사들이 아르헨티나 경제의 가장 중요한 부문인 식육가공도매업의 58.5퍼센트를 소유했고, 영국 자본이 29퍼센트를 소유하고 있었으며 토착자본가 소유는 겨우 12퍼센트에 지나지 않았다.

제1차 세계대전 시기에 노동자들은 극심한 착취와 궁핍을 겪어야만 했으며, 노동자투쟁이 격렬해지면서 노동조합운동도 점점 활발해졌다. 이런 가운데 사회주의자들을 비롯해 생디칼리스트, 무정부주의자들이 다투어 가면서 조직 확대 운동을 벌였다. 이들 정치 그룹은 때로는 동맹의 형태를 취하면서 협력 활동을 전개했고, 또 때로는 파벌 싸움을 벌이기도 했으며 새로운 조직을 창설하기도 했다(이계현 1996, 58).

결국 아르헨티나지역노동자연맹은 1915년에 사회주의자와 생디칼리스트를 포함한 '9차 총회 아르헨티나지역노동자연맹'과 본래 조직에서 이탈한 무정주의자 그룹 '5차 총회 아르헨티나지역노동자연맹'으로 양분되었다. 두 그룹 가운데 '9차 총회 아르헨티나지역노동자연맹'이 활동 면에서 우세했다 (Troncoso & Burnet 1962, 79).

제1차 세계대전 이후에는 노동자계급 투쟁이 매우 격렬한 양상을 드러냈다. 1918년에는 파업이 196건 발생해 노동자 13만3천 명이 파업에 참가했다. 1919년에는 파업이 367건 발생했고, 노동자 30만9천 명이 파업에 참가했다.

1919년 1월, 부에노스아이레스에 있는 영국인 소유 회사에서 파업이 발생했는데, 노동자들의 요구는 8시간 노동일제 도입과 노동조건 개선이었다. 파업 과정에서 기업주는 무장 부대를 동원해 파업을 깨뜨리려 했다. 이 과정에서 집회에 참가한 사람들 가운데 한 사람이 총에 맞아 죽고 여러 명의 노동자가 부상당하는 일이 벌어졌다. 죽은 사람의 장례식에는 20만 명이 참여했고, 이폴리토 이리고옌 정부 당국은 이 집회 참가자들에 대해 다시 무력을 행사했다. 이에 노동자들은 병기고를 점거해 무기를 들고 경찰과 군대에 대항해 바리케이드전을 벌였다. 정부는 포병을 동원해 봉기를 진압했으며, 그 과정에서 노동자 5천 명 이상이 죽거나 다쳤다. 이른바 '비극의 주간'Semana Trágica을 맞은 것이다(강석영 1996, 50).

노동조합 전국 중앙 조직 지도자들은 정부 측과 사태 해결을 위한 협상을 벌였으나, 포병 부대가 바리케이드를 부수고 파업 노동자들을 공격했다. 정부 당국은 수많은 사람을 체포했다. 그러나 파업은 결코 패배로 끝난 것은 아니었다. 체포당한 사람들은 석방되었고 노동조합의 건물은 반환되었으며, 파업 참가자에 대해 징벌을 규정한 법률의 몇몇 조항이 폐지되었다(*Esbozo de Historia del Partido Comunista de la Argentina*, 12; 15; The USSR Academy of Sciences 1983, 405에서 재인용). 아르헨티나에서는 1911년과 1914년에도 총파업이 일어났다(Alexandrov 1986, 559~560).

이와 같이 대중투쟁이 고양되는 가운데, 1918년 아르헨티나사회당 좌파는 '국제사회당'을 창립하고 1919년 4월에는 코민테른 가입을 선언했으며,

1920년 12월에는 '아르헨티나공산당'으로 이름을 바꾸었다.

한편, 1922년 3월에는 아르헨티나노동조합연맹이 결성되었다. 이 연맹에는 대부분의 노동단체가 참가했다. 그러나 아르헨티나노동조합연맹 지도부는 생디칼리스트 노선을 극복하지 못한 채, 통일전선 반대자를 지지했으며 정당과 국제적 센터로부터 '독립'을 강력히 주장했다(Ghioldi 1974, 36; The USSR Academy of Sciences 1984, 435에서 재인용). 이런 노선 때문에 노동자투쟁 지도에서 잘못된 경향이 빚어지기도 했다.


## 브라질

브라질은 제1차 세계대전을 계기로 수입 대체 산업화를 추진했고, 이에 따라 국내 수요 충족을 위한 섬유산업과 식료품 산업이 특히 번창했다. 이런 조건에서 1914~1916년 사이의 물가는 16퍼센트 증가했으나 임금은 겨우 1퍼센트 인상되었다. 노동자들의 불만과 분노가 쌓이지 않을 수 없었다. 특히 이민노동자들을 중심으로 한 노동자계급은 임금 인상을 비롯해 산업안전·산업보건의 충실, 의료 혜택, 여성노동자 보호 등 노동·생활 조건 개선과 기본 권리 보장을 요구했다. 이런 요구를 관철하기 위해 노동자들은 파업을 일으켰다.

제1차 세계대전 시기에 브라질 노동자계급은 매우 적극적으로 반전투쟁을 전개했다. 생디칼리스트들이 벌인 반전투쟁이 전국 차원으로 확대되었다. 1914년 8월의 대중적 반전시위, 1915년 3월에 열린 노동조합, 노동자연맹, 노동자 신문 대표의 반전회의, 1915년에 결성된 각국의 노동자 연대와 대중적 반전운동을 호소한 인터내셔널 반전위원회 활동, 리우데자네이루에서 1915년 10월에 열린 전 브리질 반전대회, 미국이 참전한 1917년 4

월에 열린 평화 옹호와 브라질 참전 반대회의 등을 통한 대중적 성격의 반제·반전 운동의 고양과 이 운동의 전개에서 발휘된 노동자계급의 적극적 역할이 1917년 10월까지 브라질 참전 저지를 달성했다(Koval 1963, 91~93; The USSR Academy of Sciences 1983, 413에서 재인용).

제1차 세계대전이 끝난 뒤, 브라질 노동조합운동은 고양기를 맞았다. 리우데자네이루뿐만 아니라 브라질 해안 지역의 팽창하는 도시들, 즉 상파울루, 포르투알레그리, 헤시피 등에서 노동조합운동이 비교적 활발하게 전개되었다. 산업별로는 인쇄·철도·직물 노동자들이 노동조합 조직에 앞장섰고, 파업은 점점 일반화되었다(Troncoso & Burnet 1962, 77).

1917년 6월 브라질에서 가장 중요한 공업지구인 상파울루 주에서 노동자 약 8만 명이 참가한 대규모 파업이 일어났다. 파업 노동자들은 단호한 행동 준비를 했으며, 노동자들을 혹심하게 착취한 대기업주들을 통렬하게 비난하는 선전 활동을 병사들을 상대로 펴기도 했다. 당시 노동자들은 20퍼센트의 임금 인상을 요구하면서 30일 동안 파업을 지속해 요구 조건을 달성했다(강석영 1996, 122~123).

1918년 말에는 파업의 새로운 물결이 브라질을 휩쓸었는데, 리우데자네이루를 비롯한 여러 도시에 바리케이드가 설치되고 수도의 노동자 밀집 지역에서는 노동자 공화국이 선언되기도 했다. 이런 노동자 파업을 저지하기 위해 정부는 계엄령을 선포했다. 이런 상황에서도 노동자투쟁은 몇 년 동안 끊이지 않았다. 1919년 10월에는 파업투쟁이 맹렬한 형태로 전개되었는데, 상파울루, 산투스, 캄피나스, 소로카바의 노동자들이 공동 행동을 일으켰다. 정부는 파업 노동자들에 대해 혹독한 탄압을 가했고, 노동자와 활동가 100명 이상이 국외로 추방되었다(Dias 1962; The USSR Academy of Sciences 1984, 437에서 재인용).

1917년의 러시아 사회주의혁명 승리는 브라질 노동운동과 사회주의운동에 큰 영향을 끼쳤다. 노동자계급은 여러 지역에서 집회와 시위를 열고 소비에트 지지를 표명했다. 1918년 11월, 무정부주의자들과 볼셰비즘 신봉자들이 리우데자네이루에서 봉기를 일으켜 노동자 공화국을 선포했다. 그러나 노동자 공화국은 며칠 만에 붕괴되었다. 준비는 불충분했고, 광범한 대중의 지지를 받지 못한 상태에서 정부 당국은 봉기를 쉽게 진압할 수 있었다. 인민 봉기를 구실로 정부는 비상사태를 선포했다. 그러나 노동자계급의 투쟁은 계속되었다.

1919년 5월 1일, 노동자들은 임금 인상과 8시간 노동일제를 내걸고 대중시위를 조직했다. 이와 같은 노동자투쟁은 노동조합의 성장을 촉진했다. 면직물, 제빵 공장, 부두, 전차 부문 종사 노동자들이 노동조합을 결성했다.

한편, 1919년부터 1922년까지 대통령직에 있었던 에피타시우 페수아는 비상사태를 해제했다. 그리고 정부는 국민경제 발전 대책, 교육과 공공 의료서비스 촉진 등 개혁적인 조치를 시행했다. 그리고 정부는 8시간 노동일제, 산업재해보상보험을 도입했고, 임금 인상을 인정했다(Alexandrov 1986, 549).

이런 가운데 1922년 3월 혁명적 생디칼리스트와 노동운동 지도자, 그리고 마르크스주의자들이 중심이 되어 브라질공산당을 창립했다. 브라질공산당은 결성과 더불어 곧바로 지하에 들어갈 수밖에 없었다. 그렇게 된 데는 그만한 이유가 있었다. 1922년 선거 과정에서 페수아 정부가 부당행위를 저질렀는데, 이에 반발해 소장파 장교들이 반란을 일으켰고 정부는 군인의 이와 같은 반정부 행동을 진압한 뒤, 곧바로 진보적 단체의 탄압에 나섰다.

1924년에도 포르투알레그리에서 소장파 장교들이 반란을 일으켰다. 이 반란에 가담한 장교들은 정부 측이 진압에 나서자 내륙 지방으로 도주해

2,500킬로미터를 전진하면서 2년 반 동안 게릴라 활동을 전개했다. 반란자들 가운데는 뒷날 30년 이상 브라질공산당을 이끈 카를로스 프레스치스도 포함되어 있었다(강석영 1996, 125).


## 칠레

1907년에 칠레에서 처음 결성된 노동조합 전국 중앙 조직 칠레노동자대연맹은 15년 넘는 동안 노동자계급의 주요 대변 기관으로서 역할을 수행했다. 1917에는 칠레노동자연맹으로 명칭을 바꾼 이 조직은 정부에 협력하면서 온건 노선을 견지했다. 칠레노동자연맹은 질병, 사망, 실업 위험에 대한 보장을 요구했고, 소비자협동조합과 생산자협동조합의 설립을 위해 노력했다. 이와 함께 칠레노동자연맹은 노사 분쟁에 대한 정부 개입, 8시간 노동일제, 최저임금제, 그리고 칠레노동자연맹의 직접 통제를 받는 직업 알선처로서 '노동사무국' 설치를 요구했다.

칠레노동자연맹은 1919년 12월에 열린 제3차 총회에서 개량주의적이고 노사협조주의적인 노선을 폐기하고 마르크스주의로 방향 전환을 결정했다. 칠레노동자연맹은 '노동조합을 통해 강력한 힘을'과 '노동자계급의 해방은 노동자 스스로 쟁취하자'를 슬로건으로 내세웠다. 칠레노동자연맹의 새로운 정책은 1921년 12월에 열린 제4차 총회에서 채택된 두 개의 결정에서 잘 반영되었다. 그 하나는 '국제공산주의노동동맹'에 가입할 것을 결정한 것이고, 다른 하나는 조직 체계를 직능별에서 산업별로 전환할 것을 결정한 것이었다(Troncoso & Burnet 1962, 60).

칠레노동자연맹은 이와 같은 노선에 따라 노동자투쟁을 적극적으로 주도했다. 특히 1909년과 1917년 사이의 질산 광산 지역 파업과 1918년과

1924년 사이에 일어난 광산노동자의 파업을 주도하고 지원했다.

제1차 세계대전이 종료될 무렵, 칠레에서는 광산 지역과 도시들에서 파업투쟁이 크게 고조되었다. 1918년 '굶주림의 해'에 극심한 고통을 당해야만 했던 광산노동자들은 격렬한 투쟁을 주도했으며, 몇몇 지역에서는 이들의 행동이 유혈 투쟁으로 전화하기도 했다. 정부는 노동자투쟁을 저지할 목적으로 1918년에는 사실상 외국인 출신 노동조합 활동가들의 추방을 위해 거주법Lev de Residencia을 제정했다(강석영 1996, 190).

1919년 1월 푸에르토 나탈레스에서 노동자들이 무기를 들고 봉기해 며칠 동안 도시를 장악했다. 또 1919년 8월에는 산티아고에서 10만 명에 이르는 군중이 기아와 궁핍에 항의해 시위를 벌였으며, 이 시위는 전국적으로 큰 파문을 일으켰다. 1920년 들어 빈곤과 실업이 만연되면서 대중 폭동이 빈번하게 발생했다. 그 이후에도 몇 년 동안 파업과 시위가 계속되었는데, 그 가운데서도 특히 관심을 모은 것은 1921년 산 그레고리오 광산 폐쇄에 반대해 일어난 초석硝石 노동자 파업이었다. 아르투르 알레산드리 팔마 정부는 무력으로 파업을 진압했으며, 이 과정에서 많은 노동자가 피를 흘려야만 했다.

이 무렵, 루이스 에밀리오 레카바렌(라틴아메리카 대륙 전체에 걸쳐 뛰어난 활동가로 평가된다)을 지도자로 하는 '사회주의노동당' 좌파의 지위가 한층 강화되었는데, 이 정파는 칠레의 주요한 노동조합 중앙 조직인 '칠레노동자대연맹'에 대해 큰 영향을 미치고 있었다. '사회주의노동당'은 1922년 1월 랑카과에서 열린 제4회 대회에서 '칠레공산당'으로 이름을 바꾸고 코민테른에 가입했다. 칠레공산당은 노동운동과 긴밀한 결합을 추구했으며, 노동운동 발전에 대해 두드러진 영향을 끼쳤다(The USSR Academy of Sciences 1984, 436).

제1차 세계대전 이후, 계급 모순의 격화와 러시아 사회주의혁명의 승리는 칠레 노동자계급의 투쟁과 반제국주의 운동의 고양을 촉진했다. 1918년부터 칠레 노동자계급은 기아에 반대하는 저항운동에도 참가했다. 1919년에는 칠레 중심 지역들에서 총파업이 일어나기 시작했다. 파업 과정에서 기아와 생계비 상승에 맞서 투쟁하기 위한 인민위원회가 구성되었다. 노동자들은 외국자본에 반대하는 투쟁도 전개했다(Alexandrov 1986, 564).


## 멕시코

1910년대에 전개된 멕시코 노동운동은 뒤에서 좀 더 자세히 살펴보겠지만, 1910년에 시작해 1917년에 끝난 멕시코혁명의 직접적인 영향을 받았다. 1911년 포르피리오 디아스가 권좌에서 물러난 뒤, 노동자의 단결권이 헌법으로 인정되었으며 직업별 노동조합이 잇따라 결성되었다.

1912년에는 멕시코 최초의 전국중앙노동자 조직인 '세계노동자회관'이 설립되었다. 세계노동자회관은 재단사·제화·기계수리·도장塗裝·미장·직조 노동자의 조합들을 포괄했다. 세계노동자회관은 결성 초기 독립적인 노동조합운동을 추진하기로 결의했으나, 1914년에 이르러서는 타협적이고 권력 추종적인 노선을 택했다. 세계노동자회관은 나중에 북부의 헌정파 장군 알바로 오브레곤과 혁명 완료 후 노동자 지위 개선에 관한 협약을 맺고, 농민 혁명군을 소탕하는 작전에 참가해 싸우게 되는 기묘한 운명을 맞이한다(이성형 2005, 21).

1916년에는 노동조합 활동가들이 베라크루스에 모여 '멕시코지역노동 총동맹'이라는 새로운 노동조직을 창설했다. 멕시코지역노동총동맹은 계급 투쟁과 생산수단의 사회화를 표방하고 부르주아지에 대항하는 직접적인 행동을 옹호했다. 세계노동자회관과 멕시코지역노동총동맹은 대규모적인 파업을 결행했고, 베누스티아노 카란사 정부는 파업투쟁에 대해 엄격한 탄압을 가했다.

1917년 10월에는 탐피코에서 새로운 노동자협의회가 열렸는데, 여기에는 온건파 사회주의자를 비롯해 급진적 생디칼리스트들까지 참가했다. 이들은 새로운 노동조합 전국 중앙 조직을 건설하기로 합의했다. 1918년 5월 '멕시코지역노동자총연맹'이 설립되었다. 멕시코지역노동자총연맹은 10년 이상 멕시코에서 가장 강력한 노동조합 전국 중앙 조직으로 인정받았다. 멕시코지역노동자총연맹 안에는 페온[1]과 연대를 추구해야 한다는 주장과 '정치적 민주주의파'와 연대를 강화해야 한다는 주장이 대립하고 있었다. 다수파인 정치적 민주주의 지지파는 '세계노동자회관'Casa dos Trabajadores del Mundo을 포괄하면서 카란사 측에 결집했으며, 소수파인 페온 지지파는 모렐로스의 사파타 측에 결정적으로 참가했다(巢山靖司 1981, 154~155).

1919년 7월, 멕시코지역노동자총연맹은 경영자들의 완강한 반대로 실행되지 못했던 단체교섭권을 확보하기 위해 대대적인 활동을 전개했다. 결국 이런 투쟁은 노동자들의 승리로 마무리되었다(Troncoso & Burnet 1962, 98~100).

1910년부터 1917년까지에 걸친 멕시코혁명[2]이 종료된 뒤에도 노동자계

---

1_나이트의 분석에 따르면, 페온은 세 가지 형태를 취했다. 첫 번째 유형은 임금을 선불로 받는 자유로운 임노동 형태의 프롤레타리아적 페온제, 두 번째 유형은 아시엔다의 노동에 자발적으로 참여하는 '전통적' 페온제, 세 번째 유형은 대략 1600~1850년까지 유지되어 온 고전적인 채무노예제가 그것이다. 첫 번째 유형은 노동력이 부족한 북부의 경제적 자유주의와 맞물렸고, 두 번째 유형은 노동력이 비교적 풍부한 중부 지역에서 두드러졌으며, 세 번째 유형은 남부 지역에서 우세했는데, 그것은 노예제와 유사했다(박구병 1994, 14에서 재인용).

급은 자기 권리를 확보하기 위한 투쟁을 계속하면서, 1917년 헌법 규정의 충실한 실시와 노동·생활 조건의 개선을 요구했다. 직물·석유 노동자들이 총파업을 벌였는데, 정부는 노동자 조직에 대해 엄격한 탄압을 가했다. 노동자들의 가장 권위 있는 조직이었던 세계노동자회관의 활동이 금지되었고, 그 지도자들은 투옥되거나 살해당했다.

한편, 1919년 8월 25일에 열린 제1회 사회주의자대회에서는 노동운동 내의 혁명 노선과 개량 노선 사이에 격렬한 논쟁이 벌어졌다. 사회주의자대회는 이런 논쟁이 전개되었는데도 결국 혁명적 사회주의 원칙을 채택했다. 1919년 9월 개별적인 마르크스주의 그룹이 '멕시코공산당'으로 통일되었으며, 공산당은 1922년 '노동총동맹'CGT 결성에 적극적으로 참가했다(The USSR Academy of Sciences 1984, 438).

## 쿠바

제1차 세계대전이 발발하자, 쿠바는 연합국 측에 가담해 대전에 참여했지만, 단지 의료진을 전선에 파견했을 뿐이었다. 전쟁으로 설탕 수요가 급증하고 설탕 가격도 크게 올랐다. 그러나 전쟁이 끝나자, 생산과잉으로 설탕 가격이 떨어지면서 또다시 경제 침체를 맞았다. 1913년에 대통령에 당선된 마리오 가르시아 메노칼은 미국 독점자본의 하수인이라 할 정도로 미국에 크게 의존했다. 메노칼의 재임 기간에 미국에 대한 종속은 더욱 심화되었

---

2_1910년에 일어난 멕시코혁명은 독립 이후 포르피리오 디아스 시대까지 멕시코에 계속 존재했던 크리올료(남북 아메리카의 에스파냐 식민지에서 태어난 백인) 과두 지배와 대토지소유 문제를 아래로부터 인민 운동으로 해결하려고 한 혁명으로서, 멕시코 근대사에서 커다란 분수령이 되었다(김윤경 1994, 39).

고, 경제는 파탄 지경에 이르렀다. 이런 상황에서 메노칼은 팔마의 전철을 그대로 답습했다. 1916년 부정선거를 통해 대통령 연임에는 성공했으나, 반정부 투쟁을 촉발시켰고 미국에 무력 진압을 요청했다(천샤오추에 2007, 138).

1917년 미국은 다시 군대를 파견했고, 국가경제 전반에 대한 미국 독점자본의 지배가 행해졌다. 사탕수수 재배, 설탕 제당, 그리고 수송 수단은 모두 미국 독점자본이 지배했다. 쿠바 인민들의 상태는 빈곤과 억압에서 벗어나지 못했고, 토지 없는 농민들은 미국의 노예와 다름없었다. 쿠바 노동자계급은 설탕, 담배, 그리고 다른 경공업 산업부문이 발전하면서 그 수가 증가해 1919년에는 95만 명에 이르렀다.

1918년에는 화부·주물·인쇄·담배제조·철도·부두 노동자 등이 8시간 노동일제와 임금 인상을 요구해 파업을 일으켰다. 민족부르주아지와 일부 자유주의적 지주들이 외국 제국주의 지배에 대항해 저항했다. 1920년 말 시행된 대통령 선거에서는 알프레도 사야스가 모든 음모를 동원해 당선되었다. 1921년 이후 쿠바는 경제 위기를 맞게 되었고 계급 사이의 대립은 격화되었으며, 노동자계급을 비롯한 민족 세력은 시위, 파업, 집회 등의 반제국주의 투쟁을 전개했다(Alexandrov 1986, 539~540).

쿠바의 대중운동은 다른 나라에 비해 반제국주의적인 성격을 더한층 짙게 띠었다. 노동자계급은 미군 철수, 독립적인 대외정책 실시, 경제를 지배하고 있는 미국 독점체 활동 제한 조치 시행 등을 요구했다. 1919년 3월 아바나에서 발생한 총파업은 대단히 전투적이었다.

1920년대 초 노동조합은 전국노동자대회에서 제3인터내셔널 라틴아메리카 집행국 활동에 참가할 것을 표명했다. 생디칼리스트들과 무정부주의자들이 노동지 신문을 통해 러시아 10월 혁명의 의의에 관한 논문을 발표하기도 했다.

## 3. 사회주의운동과 멕시코혁명

**사회주의운동**

라틴아메리카 국가들에서는 식민지·종속 국가 상태에서 벗어나 독립을 이룩하기 위한 반제국주의 투쟁이 다양한 형태로 전개되었다. 민족해방투쟁 전개에서 노동자계급은 농민과 더불어 중심 역할을 수행했다. 특히 미국 제국주의자가 부르짖는 '큰 지팡이' 정책, '달러 외교' 정책, 미국은 '서반구의 경찰'이라 선언한 루스벨트 외교정책 실시, 북아메리카와 유럽 독점자본의 지배에 따른 라틴아메리카 국가들의 채무노예화, 도미니카공화국(1905년, 1916년)·쿠바(1906~1909년, 1912년, 1917년)·아이티(1905년, 1915년)·멕시코(1914년, 1916년)·중앙아메리카에 대한 무력 개입, 그리고 라틴아메리카 국가들에 대한 내정 간섭 등이 불러일으킨 분노와 항의는 반제국주의 투쟁을 촉진했다. 미국 제국주의에 대한 저항 말고도 영국 자본의 압박, 독일 자본 침입, 프랑스·이탈리아·벨기에·일본의 확장에 대한 항의도 점점 커졌다 (The USSR Academy of Sciences 1983, 406).

이와 같은 상황에서 노동운동의 발전과 더불어 사회주의운동이 강화되었다. 일찍이 19세기에 창립된 아르헨티나사회당은 의회에서 소수이기는 하나 8~10석의 의석을 확보했다. 1907년 당시 아르헨티나사회당은 수도에서 14개의 다양한 조직(정치단체, 협동조합, 계몽 단체, 그 밖의 단체)과 20개의 지역 조직을 포괄했고, 큰 영향력을 발휘했다. 또 우루과이에서는 1910년에, 칠레에서는 1912년에 각각 사회당이 결성되었다. 브라질과 멕시코에서도 그 영향력은 그다지 크지 않았지만, 사회주의자 정치 그룹이 존재했다.

사회주의자들은 노동자교육 조직이나 학습 단체를 만들었으며, 노동해방은 노동자 자신의 계급적 임무라는 사실을 선전했고 노동자와 농민 그리고 수공업자들의 경제적 이익을 옹호했을 뿐만 아니라 소비조합이나 생산 협동조합을 결성했다. 또 그들은 교회 정치주의와 치열하게 투쟁하는 한편, 민주적 개혁을 요구하며 선거에 참여했다.

국제노동운동의 전반적인 경향과 마찬가지로 라틴아메리카 사회주의정 당들의 경우에도 한편에서는 수정주의파와 중앙파가 존재했고, 다른 한편 에서는 혁명파가 존재해 이들 분파들 사이에 끊임없는 대립과 갈등이 벌어 졌다. 이런 가운데서도 이들 사회주의정당 사이에는 긴밀한 연대를 확립하 고 활동 경험들을 적극적으로 교환했다. 연대의 전통과 정치·사회적 조건 의 유사성, 그리고 탄압받았던 지도자들이 자신들의 모국보다 민주적 제도 가 시행되고 있었던 대륙의 다른 나라에 망명을 해야만 했던 상황 등이 연 대 활동을 촉진했다(The USSR Academy of Sciences 1983, 398).

라틴아메리카 국가들 가운데 사회주의 조직이 존재하지 않았던 나라들 에서는 부르주아 급진주의나 혁명적 민주주의 정당과 그 사상이 노동자들 에게 상당한 영향을 끼쳤다. 또 무정부주의가 라틴아메리카 노동운동에 큰 영향을 끼쳤으며, 아나르코생디칼리즘도 라틴아메리카에서는 비교적 널리 보급되었다. 생디칼리스트들은 많은 사회주의자와는 다르게 활발하게 투쟁 했으며 투쟁을 요구하는 노동자들 가까이에서 구체적인 슬로건을 내걸고 적극적인 활동을 벌였다.

라틴아메리카에서는 아나르코생디칼리즘과 아나키즘이 노선에서 날카 로운 대립을 보이는 가운데, '혁명적 생디칼리즘'이라는 독특한 조류가 노동 운동 내에서 형성되었다. 혁명적 생디칼리즘 주창자들은 전투적 그리고 반 자본가적 태도를 취했다. 그러나 생디칼리스트의 기본 방침, 특히 프롤레타 리아트 혁명운동을 이끌기 위한 정당의 필요성 부정 방침은 불가피하게 그 들을 막다른 골목에 이르도록 했다.

1905~1917년 사이에 실현된 라틴아메리카 노동운동 고양은 이 대륙에서 진행된 프롤레타리아트 형성, 계급의식 발전, 그리고 노동조합과 프롤레타리아트 정당 창설에서 중요한 단계를 창출했다. 노동운동은 사회주의정당의 기회주의적 경향에 반대하고 아나키즘 영향을 극복하면서 좌익 사회주의 조류를 배격하기 위해 노력을 기울였다. 이 시기 노동자계급의 정치·경제 투쟁의 경험은 라틴아메리카 노동운동 발전의 다음 단계를 준비하는 계기가 되었으며, 노동자계급 중심의 정당 창설을 위한 큰 바탕이 되었다(The USSR Academy of Sciences 1983, 414)

## 멕시코혁명

1900년대 초기에 라틴아메리카에서 일어난 가장 큰 혁명운동은 1910~1917년의 멕시코혁명이라 할 수 있다.[3] 1876년 쿠데타로 집권한 포르피리오 디아스가 1911년까지 장기 집권하면서 대지주, 은행가, 성직자, 외국인 자본가와 연합한 전제적 독재 체제를 구축했다. 디아스 독재 체제는 외국자본을 바탕으로 국가 주도 경제개발정책을 추진해 경제성장을 이룩했으나, 국민의 압도적 다수를 차지한 농민들과 노동자, 그리고 일반 인민들은 예속과 착취, 그리고 생활 궁핍으로 혹심한 고통을 당했다.

디아스는 대토지를 소유하고 정치·경제 영역에서 큰 영향력을 행사한

---

3_ 멕시코혁명에 대해 다양한 시대 구분 주장이 있는데, 아구스틴 쿠에바는 1910~1940년을 부르주아민주주의혁명으로 규정했고, 에드윈 저스터스 메이어는 같은 기간을 군사적 투쟁 국면(1910~1920년)과 정부 주도에 따른 건설 국면(1920~1940년)으로 구분했으며, 그리고 몇몇 논자들은 1910~1920년을 혁명기로 설정한다(박구병 1994, 3).

카우디요caudillo라고 일컫는 지방 토호들에게 토지조사사업을 통해 수탈한 토지를 분배해 줌으로써 그들의 충성을 확보하고자 했다. 토지 독점의 과정은 이러했다. 즉, 정부는 1883년에 제정된 '구획 회사법'campañias deslindoras에 따라 공유지를 조사·구획한다는 명목으로 토지 구획 회사 29개로 하여금 공유지를 조사하도록 의뢰했고, 이들 회사에 조사 비용으로 토지의 3분의 1을 제공하고 나머지 3분의 2는 국가에 귀속하게 했다. 이것도 경매를 통해 소수의 투기꾼들과 토지 구획 회사에 싼값으로 매각했다. 아시엔도hacendado(대토지소유자)와 외국 기업은 경쟁을 벌이면서 토지 구획 회사를 설립해 인디오의 에히도ejido(토지공유제 또는 공유제 촌락)를 조사 대상으로 설정함으로써 인디오들은 토지소유권에 대한 법적 권리를 인정받지 못한 채, 조상 대대로 경작해 왔던 토지를 몰수당했고, 아시엔다hacienda(아시엔도 소유의 대농장 또는 목장)와 기업의 소유지는 독점적으로 확대되었다. 구획 회사법은 구획 회사의 설립을 외국인에게도 허용함으로써 미국 기업들이 북부 멕시코에 거대한 토지를 소유하게 되었다. 결국 세계 자본주의의 파고는 멕시코의 전통적인 공동체를 파괴되었다(巢山靖司 1981, 103).

구획 회사법의 실시로 극심한 토지 집중이 이루어졌다. 아시엔다 가운데 하나로 치와와 주의 테라사 가문 농장은 벨기에와 네덜란드를 합친 것보다 컸고, 그 땅을 횡단하는 데는 기차로 꼬박 하루가 걸릴 정도였다. 외국인이 소유한 땅도 광대했는데, 1910년 당시 미국인이 소유했던 토지는 거의 1억 에이커에 이르렀다. 그것은 멕시코 전체 면적의 22퍼센트였다. 멕시코의 아시엔다는 농업 노동의 전근대적 착취 형태인 페온péon 제도를 도입했다. 1910년을 기준으로 볼 때, 멕시코 농경지의 98퍼센트가 대토지소유자 소유였고, 농민의 90퍼센트는 토지를 소유하지 못했으며 전체 인구의 87퍼센트 정도가 농업에 종사했다(푸엔테스 1997, 369).

디아스가 계획한 경제정책의 시행에 따라 수많은 농민과 전통 수공업자는 농업노동자나 산업노동자로 바뀌었다. 디아스는 노동자들의 단결을 억누르고 파업을 분쇄하며 값싼 노동력 확보를 위해 강력한 보안군을 창설했다.

디아스 체제에 대한 저항과 더불어 혁명적 기운이 커지는 가운데, 사회적인 계급·집단 사이의 대항 관계도 점점 첨예화했다. 근본적이고 최대의 대항 관계는 아시엔도와 페온의 관계였다. 이 대항 관계는 아시엔도와 원주민인 인디오 사이의 모순을 포함했다. 두 번째 대항 관계는 민족부르주아지와 아시엔도·외국자본가 사이의 관계다. 세 번째 대항 관계는 외국자본가와 페온 사이의 관계다. 네 번째 대항 관계는 노동자와 외국자본가·멕시코 부르주아지 사이의 관계다(巢山靖司 1981, 140~141).

이와 같은 사회 세력 사이의 날카로운 대립을 비롯해 디아스 정권의 비민주성과 부정부패, 중앙집권화 고수, 그리고 외국자본에 대한 특혜 등은 멕시코 인민들의 분노와 저항을 크게 쌓게 만들었다. 더욱이 1910년 대통령 선거를 앞두고 디아스는 당시 부정부패로 국민의 지탄 대상이었던 부통령 라몬 코랄을 자신의 후계자로 내세워 부통령 후보로 결정했다. 한편 디아스는 국민의 높은 지지를 받고 있던 야당 대통령 후보 프란시스코 마데로에 대해 가혹한 탄압을 가했으며, 결국에는 선거 이전에 그를 반란 배후 조종 혐의로 체포했다. 마데로 없이 치러진 1910년의 대통령 선거는 디아스 대통령, 코랄 부통령의 재선으로 끝났다.

대통령 선거가 끝난 1910년 11월 10일 가석방 상태에 있던 마데로는 멕시코를 탈출해 미국 산안토니오에 머물면서 '산루이스포토 시 계획'Plan de la San Luis Potosi[4]을 발표해, 1910년 대통령 선거의 무효를 주장하고 디아스 체제를 반대하는 멕시코인에게 당일 오후 6시에 일제히 봉기할 것을 호소했다. 그리하여 멕시코혁명의 불길이 당겨졌다. 이에 호응해 치와 지역의

소小군벌 파스쿠알 오로스코, 북부 농민군 지도자 판초 비야 남부 농민군 지도자 에밀리아노 사파타등 반反디아스 세력이 봉기했다. 드디어 멕시코에서 혁명이 시작된 것이다.

멕시코혁명의 전개 과정은 대략 네 단계로 구분할 수 있다. 제1단계는 디아스 정권 말기로부터 마데로 정권의 탄생(1911년 11월)까지, 제2단계는 마데로 정권 탄생부터 붕괴까지(1913년 2월), 제3단계는 우에르타 반혁명정권 탄생부터 붕괴까지(1914년 7월), 제4단계는 카란사 정권 탄생으로부터 1917년 헌법 성립까지(1917년 2월)다.

### 멕시코혁명 제1단계

1876~1911년 동안 장기적인 전제 독재 권력을 구축한 디아스 정권은 여러 세력과 집단으로부터 격렬한 반대와 저항을 받았다. 우선 북부의 비야와 남부의 사파타를 지도자로 하는 농민군과 아직 미조직 상태에 있고 자각되지는 않았으나 폭동에 가까운 투쟁을 보인 노동자 집단, 정치적 민주주의를 강력히 주장하는 마데로의 자유주의 부르주아지 세력이 디아스 반대 세력이었다. 다음으로 농민 민중주의agrian populism 경향의 중간층 지식인, 정치적 자유주의를 표방한 '멕시코민주당' 세력, 그리고 아나키스트파 등이 디아스 권력에 맞섰다.

디아스는 그의 권력에 도전하는 세력을 결코 용납하지 않았다. 그러나 디아스 독재에 대한 대응은 먼저 자유주의 부르주아지 측에서 제기되었다. 마

---

4_산루이스포토 시 계획은 총 11개 조항과 임시 규정으로 구성되어 있는데, 3조의 수탈된 토지 반환 조항 외에 1910년 대통령 선거의 무효와 정부 관리들의 합법적 지위 부인, 고위 정부 관리들의 재임 반대, 마데로의 임시 대통령직 수행, 1910년 11월 20일 무장 궐기 등을 포함했다.

데로는 디아스 체제의 정당성을 부정하고 멕시코 정치체제의 새로운 개혁이 필요함을 역설했다. 마데로는 『1910년의 대통령 계승』*La Sucesión presidencial en 1910*이라는 책자에서 디아스의 재선을 반대하고 자유스러운 선거 보장을 요구하면서 무장봉기를 촉구했다. 합법적 수단은 더 이상 없었다. 북부에서는 비야가, 남부에서는 사파타가 이끄는 게릴라 부대가 한꺼번에 반란군에 합류해 연방군을 제압했다. 1911년 5월 10일, 연방군 총사령관은 텍사스 주 엘파소와 리오 그란데 강에 인접한 국경도시 후아레스에서 항복했다. 디아스는 1911년 5월 21일 대통령직을 사임했으며, 5월 25일 수도를 탈출해 가족을 데리고 파리를 향한 망명길에 올랐다. 디아스가 물러난 뒤, 마데로는 일련의 절차를 거쳐 대통령에 선출되었다(푸엔테스 1997, 372).

### 멕시코혁명 제2단계

1911년 11월에 마데로는 국민의 열렬한 기대를 안고 대통령직에 취임했다. 그는 언론의 자유를 보장했고, 의회에 행정부를 비판할 수 있는 독립적인 권한을 부여했으며 시민들의 정당 결성권을 허용했다. 그러나 마데로는 독재 정권 체제에서 유린당했던 1857년의 자유주의 헌법을 준수하는 데 그쳤다.

마데로는 대토지소유자로서 갖는 한계에서 벗어나지 못한 채, 인민이 요구하는 사회개혁 대신 기득권 세력과 타협을 시도했으며, 구체제를 유지하면서 디아스 시대의 관료와 군부를 동원해 혁명 세력을 힘으로 눌러 없애려 했다. 그는 대토지소유에 대해서는 아무런 조치도 취하지 않았고, 노동조합운동에 대해서는 무력을 동원해 억압했다. 농민들은 마데로의 정책을 비판하면서 '아시엔다를 쳐부수자, 푸에블로pueblo(인디오의 공동 촌락) 만세!'를 슬로건으로 내세웠다. 한편, 멕시코혁명이 시작될 당시 노동운동 양상은 취약한 편이었으나, 혁명이 진행되면서 비약적으로 발전했다. 1912년에는 파업이 70건 이상이나 발생했다(이성형 2005, 20).

디아스를 축출한 혁명 세력은 극심한 내부 분열을 겪었다. 1911년 11월, 사파타는 토지 재분배를 요구하는 '아얄라 강령'[5]을 발표하고 마데로와 결별했다. 혁명 세력의 분열을 이용해 빅토리아노 우에르타가 멕시코 주재 미국 대사인 헨리 레인 윌슨과 결탁해 반혁명 음모를 꾀했고, 마침내 1913년 2월 이른바 '비극의 열흘'Decena trágica이라는 쿠데타로 마데로 정권을 축출한 뒤, 반혁명 정권을 수립했다. 2월 18일, 우에르타파와 디아스파 병사들이 노상에서 마데로를 체포해 5월 22일 그를 살해했다.

### 멕시코혁명 제3단계

우에르타 반혁명 정권이 등장하자, '정치적 민주주의' 세력이 다시 결집하기 시작하였다. 코아우일라 주의 지사인 카란사가 1913년 3월 26일에 "과달루페 강령"Plan de Guadalupe을 발표하고, 우에르타 정권의 무효와 이것을 용인한 의회, 행정관, 일부 주지사를 비판하면서 스스로 입헌적 혁명 군부대의 제1통령이라 칭하였다.

1913년 초부터 우에르타 정권에 대항하는 카란사의 정치적 민주주의 파(입헌파)와 북부의 오브레곤과 비야 세력, 그리고 남부의 사파타 세력이 각

---

5_아얄라 강령은 '토지와 자유'(Tierra y Libertad)로 집약되는 사파타 운동의 투쟁 목표를 집약한 것으로서 사파타는 "산루이스포토 시 계획의 완수를 위해 반란군에 가담하고 조국 멕시코를 위해 추진해야 할 개혁들을 주장하는 모렐로스 형제들의 해방 강령"이라고 선언했다. 사파타는 플랜에서 마데로를 "혁명의 적들과 협력해 디아스 독재보다도 더 위협적이고 수치스러운 새로운 형태의 독재를 구축했다"고 비판하면서 마데로와 공식적으로 결별을 선언했다. 또 마데로에 대항해 북부 치와와를 중심으로 세력을 넓히고 있는 오로스코를 혁명의 수장으로 인정했다(박구병 1994, 21~22).

지에서 투쟁을 벌였다. 우에르타 정권에 대결하는 여러 혁명 세력은 우에르타 타도라는 목표에는 일치하지만, 그것 말고는 각기 다양한 요구와 주장을 펴고 있었다. 특히 정치적 민주주의파와 페온파 사이의 대립은 격화되었다. 카란사-오브레곤은 사파타의 토지개혁에 적의를 나타냈으며, 비야의 독자적인 토지개혁에 대해서도 자신들의 지배 지역인 북부를 주된 대상으로 하고 있다는 점에서 거부했다.

대항 세력의 구성을 보면, 사파타파는 대다수 촌락공동체 구성원들과 도시 출신의 일부 급진적인 지식인이 결합된 비교적 균질적인 세력이었던 반면, 입헌파와 비야의 북부 사단은 매우 이질적인 집단들이었다. 비야의 북부 사단은 혁명 세력 가운데 가장 강력한 군사 조직으로서 1913년 말 당시 토지 획득을 위해 무장한 농민 출신 민병대가 주축을 이루었고, 그다음으로 광산·철도 노동자, 목동, 비적 등이 참여했다. 카란사파는 북부 사단의 팽창을 막기 위해 북동과 북서에 사단을 설치했는데, 이들 사단은 주로 란체로ranchero(독립소농 또는 목장주), 상인, 차지농 출신들로 구성되었다. 일부는 마곤파에 가담했던 노동자들이었다(박구병 1994, 27).

우에르타 정권에 대항하는 세력들이 투쟁 태세를 갖추는 가운데 1914년 4월 말, 우에르타가 독일에 접근하게 될 것을 우려한 미국의 윌슨 정부는 해병대와 함대를 파견해 베라크루스 항을 장악했다. 그러나 멕시코 국민은 미국의 침략 행위에 대해 강력히 반발했다. 1914년 7월, 혁명 세력의 공세에 밀려 우에르타는 물러났으며, 혁명 세력은 카란사-오브레곤파와 비야-사파타파로 분열되어 같은 해 가을부터 내전에 돌입했다.

### 멕시코혁명 제4단계

비야-사파타 동맹 세력은 한때 거의 멕시코 전 국토를 지배하였으며, 카란사는 한때 사파타와 비야가 주도한 혁명 세력에 밀려 멕시코 시에서 축출당하였다. 비야와 사파타가 지휘하는 혁명군이 함께 수도로 입성하였다. 한편, 사파타와 모렐로스 주민들은 1년(1914~1915년) 만에 중앙 정부의 간섭 없이 자치를 이루어 이제까지 라틴아메리카에서 볼 수 없었던 사회를 만들었다. 토지는 각 촌락의 선택에 따라 공유지나 개인의 사유지로 분배되었다. 농업은 1883년 이전 상태로 회복되었을 뿐만 아니라 그것을 넘어서서 이전보다 더 풍요로워졌다. 모렐로스 주의 주민들은 사파타주의의 기치 아래 목숨을 걸고 싸워서 쟁취한, 그들이 그렇게도 바라던 소박한 꿈을 실현했다. 그러나 사파타의 정치적 목표와 모렐로스 주민의 이상은 카란사와 그의 야심에 찬 지휘관 오브레곤과 플루타르코 엘리아스 카예스를 중심으로 형성되었던 역동적이고 책임 능력이 크며 무절제한 중앙집권 세력의 힘으로 제압당하였다(푸엔테스 1997, 376).

카란사는 페온 세력의 분열을 노리고 1915년 농지개혁법을 발표했으며, 반환restitución과 증여danación를 통해 탈취당한 토지를 촌락공동체에 돌려줄 것을 약속했다. 또 일정한 범위 안에서 외국자본에 대한 규제를 시행할 것도 밝혔다. 그리고 노동자들에 대해서는 1915년 12월에 발표한 선언에서 노동조건의 개선을 비롯한 노동정책의 개혁을 발표했다. 그리하여 농지개혁법의 발표는 비야파의 분열을 유발했고, 노동자의 지위 개선에 관한 약속은 조직노동자의 결정적인 지지를 얻는 계기가 되었다. 특히 철도노동자와 운수 부문 노동자가 카란사파의 군사물자 수송에서 수행한 역할은 대단히 큰 편이었다.

1915년 3월에는 오브레곤이 지휘하는 카란사파 군대가 일부 페온을 비롯해 조직노동자, 부르주아지, 지식인, 학생 등의 지지를 받아 4월 6~7일, 그리고 4월 16~17일의 전투에서 비야의 북부군단을 분쇄해 승리를 굳혔다.

이어서 카란사 군대는 남부의 모렐로스 주를 봉쇄해 남부의 사파타 군을 격파했다. 1916년 말에 이르러서는 카란사 군이 전세를 완전히 장악했다(巢山靖司 1981, 157~158).

농민 혁명군 세력이 패퇴하면서 자신의 정치적 위상을 확고히 굳힌 카란사는 1917년 3월 대통령 선거에서 대통령으로 당선되었다. 1917년 2월에 소집된 제헌의회는 2개월이 지나 진보적인 경향의 새로운 헌법을 탄생시켰다. 이로써 멕시코혁명은 일단 막을 내렸다.

멕시코혁명을 대표하는 문서가 된 '1917년 헌법'은 대의제 민주주의와 막강한 권한을 지닌 대통령 중심제를 표방했고, 대통령과 상·하원 의원을 포함해 모든 선출직의 재선 금지를 명시했으며 교육에 관한 규정(3조), 토지개혁에 관한 규정(27조), 노동자의 지위 개선에 관한 규정(123조), 교회에 관한 규정(130조)과 같은 혁신적 조항들을 포함했다. 헌법 제123조는 1일 8시간 노동일제, 산전·산후 휴가제, 유급휴가제, 사회보장, 여성·아동 노동자 보호, 최저임금제, 동일직종 동일임금제, 단결권, 단체행동권 등의 노동자 권리와 경영자의 의무를 규정했다. 그리고 노사 분쟁 조정을 위해 알선 중재위원회의 설치를 명시했다.

1917년 헌법의 제정 시기가 러시아혁명 이전이었고 단결권과 단체교섭권을 보장한 노동자의 권리 조항은 미국에선 1930년대 중엽 뉴딜 시대에서야 등장했다는 점을 요량한다면 매우 혁신적인 성격을 지닌 것으로 평가할 수 있다.

그러나 카란사는 헌법 정신을 실현하려는 노력을 기울이지 않은 채, 오히려 분배된 토지를 회수해 대토지소유자들에게 분배하는 '거꾸로 토지개혁'의 시행, 외국자본의 기득권 보장, 디아스 시대를 방불하게 하는 측근 정치를 펴는가하면, 농민과 노동자에 대한 탄압 정책을 강도 높게 실행했다.

이런 상황에서 신헌법의 몇 가지 혁신적인 조항들은 1930년대 중엽까지 사실상 시행되지 않았다. 헌법 제정 이후 권력 승계를 둘러싸고 충돌이 발생했으며, 1920년 12월 오브레곤이 권좌에 오르면서 혁명의 무장투쟁 국면은 막을 내렸다. 혁명기 10년 동안 '나뭇잎이 허리케인에 날려 죽어가듯이' 멕시코의 인구 1,500만 명 가운데 100만 명 이상이 희생되었다. 다양한 저항 세력이 일어나고 쓰러졌지만, 혁명의 최종 열매는 북부 지역 출신의 독립소농과 상인 등 중소 부르주아지에게 돌아갔다. 한편 사파타 지지 세력은 1919년 4월 사파타가 암살당한 뒤 오브레곤의 세력에 흡수되어 혁명 후 체제의 농업개혁에 영향을 미쳤으나, 끝내 자치의 이상을 실현하지는 못했다.

이처럼 멕시코혁명이 추구했던 목표가 미처 실현되지 못한 채, 퇴조의 길을 걷게 된 원인은 무엇이었던가. 그것은 첫째, 혁명 후의 중앙 권력을 카란사-오브레곤에 이어 '정치적 민주주의 파'가 장악했고, 대토지소유자이면서 동시에 외국자본과 영합한 부르주아지가 그 배후에 존재했다는 사실, 둘째, 지방 정치기구에서 대토지소유자의 영향을 배제하는 데는 오랜 시간이 필요하다는 사실, 셋째, 노동자의 중심 부분이 토지개혁의 의미를 이해하지 못하고 체제에 순응했다는 사실, 넷째, 멕시코 농업생산력 단계에 대한 정확한 파악과 거기에 따른 개혁의 올바른 방향이 명확하게 설정되지 못했다는 사실 등이 지적될 수 있다(巢山靖司 1981, 167).

특히 조직노동자가 혁명 과정에서 오브레곤을 통해 카란사파에 동조해 사파타와 비요 혁명 세력에 대한 대결에 가담함으로써 부르주아 정치체제의 주요한 구성 부분이 된 것은 혁명의 결정적 한계로 지적될 수 있다. 혁명투쟁 이후에도 노동조합 조직은 1928년의 '국민혁명당'과 1936년에 이름을 바꾼 '멕시코혁명당', 1946년에 개편된 '제도혁명당'의 중심 부분을 구성했고 제도혁명당 독재에 참가했다. 멕시코지역노동자총연맹이 개편되어 성립된 멕시코노동총연맹은 전체 노동자의 10퍼센트를 포괄해 제도혁명당 체제 내의 삼부회 가운데 노동부회를 지배했다. 제도혁명당은 성립 이후 일당 독재 체제를 형성했고, 외국자본 특히 미국 자본과 결합해 종속적인 자본주의 발전을 추구했다.

그러나 멕시코혁명의 성과를 결코 과소평가할 수는 없다. 헌법에 토지개혁과 노동자 지위 개선을 규정한 것은 페온과 최하층 미조직 노동자들이 벌인 투쟁의 결과였다. 이른바 '혁명의 제도화'에 따라 대토지소유는 점점 해체되었고, 페온 제도는 폐지되었다. 멕시코혁명은 토지개혁을 요구한 농민과 노동자의 기본 권리 보장을 목표로 한 인민혁명이었고 민주주의 실현을 위한 사회혁명이었으며, 제국주의 특히 미국과 결합된 대지주, 거대 은행, 거대 상공업 부르주아지의 과두 독재 체제에 대한 항거였다.

1910년대 초두 라틴아메리카 국가들에서 전개된 노동자계급의 투쟁을 통해 알 수 있는 바와 같이, 이 시기 라틴아메리카 노동운동은 자신들의 계급적 이익의 옹호와 민족의 해방, 그리고 전체 인민의 요구를 실현하기 위해 투쟁했으며, 드디어 정치투쟁의 무대에 등장하기 시작했다. 그리하여 대중적 노동운동과 민주주의 운동의 고양은 라틴아메리카 국가들의 국내 정치 발전에 큰 영향을 끼쳤다. 그 결과 노동입법이나 최저임금법의 제정 등 사회 개량적 성과들이 성취되었다(The USSR Academy of Sciences 1984, 440~441).

# 3장

# 아프리카 국가 노동자계급의 반제국주의 투쟁

맨 먼저 상인과 모험가들이 왔다.

이어서 기독교 영혼의 구원자와 가난한 이들을 돕는 사람들이 찾아왔다.

한동안은 그 반대도 있었다.

어쨌든 핵심은 극소수의 예외를 제외하고는 아프리카의 세속 지배자와

정신적 지배자 사이에서 훌륭한 협동 작업이 이루어졌다는 점이다.

아프리카 사람들이 나라를 빼앗기고 가난해지고 권리를 잃어버리면,

선교사가 와서 유럽 사람들의 양심 가책을 달래주고 동시에

아프리카 사람들이 계속 가난할 뿐만 아니라

가난함 속에서도 평화를 지니고 살도록 도움을 주었다.

아프리카의 많은 지역에 널리 알려진 속담은 다음과 같다.

"백인들이 이곳에 왔을 때 그들은 『성서』를 갖고 있었고,

우리는 땅을 가졌다.

그런데 지금은 우리가 『성서』를 갖고 있고,

그들이 땅을 가졌다."

_루츠 판 다이크(다이크 2005, 150)

아프리카 대륙은 자본주의 열강의 식민지 팽창 역사에서 최초의 대상이었고, 동시에 식민주의자들이 영토를 '정복'한 최후의 지역 — 이전에는 점령되지 않았거나 또는 제1차 세계대전의 결과로서 재분할된 — 이었다. 제국주의 열강 국가들의 식민주의 지배는 그들 자의로 분할한 영유지의 정치·사회적 상황에 결정적 영향을 끼쳤다. 부족 관계와 봉건적 관계들의 다양성, 자본주의 세계경제체제로의 편입에 따른 불균등성, 그리고 착취의 여러 가지 형태와 방법의 차이는 이 거대한 대륙의 정치·경제·사회적 발전에서 매우 복합적이고도 다양한 유형을 만들어 냈다(The USSR Academy of Sciences 1984, 440~441).

아프리카 대륙의 북부 — 이집트와 마그레브 국가들 — 에서는 자본주의가 이미 20세기 초기에 분명한 형태로 자태를 나타냈다. 남아프리카에서는 선진 국가들로부터 '이식移植된' 자본주의가 주도적 생산양식이 되었다. 열대 아프리카에서는 가부장적이었고 부족·봉건적 관계가 여전히 지배적이었으며, 그 가운데 서아프리카 지역은 중앙아프리카나 동아프리카 지역보다는 더 발전된 경제구조를 나타냈다.

제1차 세계대전은 아프리카 오지에 이르기까지 상품-화폐 관계의 발전과 전前 자본주의 생산양식의 붕괴를 촉진했다. 제국주의 독점체들은 전쟁 수행에 필요한 유용광물, 인적 자원, 식량 자원을 찾아 구석진 곳에까지 침입했다. 또 남자 주민들의 상당한 부분을 교전 열강 국가들의 군대나 군수산업용 중요 원료 생산, 그리고 군대나 민생용 상품생산에 강제로 동원했는데, 이것은 자본주의 운용 영역을 강제로 확대하는 결과를 가져왔다. 이런 여러 가지 변화는 인민대중운동의 고양을 위한 전제 조건이 되었을 뿐만 아니라 이런 운동 추진에서 노동자들의 역할이 증대되었다.

북아프리카에서 전개된 노동운동의 주요 특징 가운데 하나는, 제1차 러시아혁명 영향에 따른 민족해방투쟁의 고양과 더불어 발전했다는 사실이다. 이집트에서 민족해방과 독립을 지향한 부르주아 민주주의 정당 와타니당이 결성된 것도 이 무렵이었다. 튀니지와 알제리에서는 청년튀니지당과 청년 알제리당의 부르주아 민족주의 운동이 대두했는데, 이 정당들이 내세운 목표는 아랍인과 프랑스인의 권리와 평등, 원주민의 교육·훈련 확대, 근대적 농업 방법 도입을 위한 국가 원조 등이었다(The USSR Academy of Sciences 1983, 454).

제1차 세계대전 직전에는 북아프리카 지역에서 전개된 노동운동과 민족해방운동은 다시 심한 탄압을 받았다. 이집트와 튀니지에서는 노동운동과 민족해방운동의 많은 지도자가 검거되었고, 국외로 추방되거나 망명한 사람도 많았다. 또 프랑스와 이탈리아 정복자들이 군사행동을 일으켰던 모로코와 리비아에서는 계엄 체제가 선포되었으며, 아랍인은 여러 형태의 혹독한 탄압을 받았다. 그러나 이 시기 민족해방운동의 후퇴는 제국주의자들의 일시적 승리였을 뿐이었다. 제1차 세계대전은 북아프리카 식민지에 존재했던 사회적 모순을 더욱 증대시켰다. 이것은 노동운동과 민족해방운동의 새로운 전개를 위한 기반이 되었다.

이집트와 알제리에서 진행된 민족 프롤레타리아트 형성 과정은 앞에서 본 아시아 국가들의 경우와 유사했다. 남아프리카연방과 열대 아프리카 식민지에서 진행된 프롤레타리아트 형성은 그것과는 달랐다. 이곳에서 널리 보급된 것은 강제 노역 제도와 임시(계약) 노동 제도였다. 식민주의자는 노동력의 여러 가지 강제 징모 방법 ─ 현지 부족과 토착민의 광대한 토지 수탈, 지불하기 어려운 중과세, 노역 ─ 을 사용했으며, 군대와 경찰 그리고 족장의 권력 등을 동원했다. 또 고용된 전문 청부업자의 중개 제도가 활용되었다. 이것은 뇌물 주기, 사기, 기만 등의 방법으로 토착 부족 상층으로 하여금 노동력을 '징모'하게 해 식민주의자들에게 인도하도록 하는 방법이었다(Braginsky 1974, 50~53; The USSR Academy of Sciences 1984, 462에서 재인용).

이와 같이 기형적인 형태로 진행된 사회 경제적 변화라 할지라도, 그와 같은 변화는 노동자들 사이에서 민족적 각성을 촉진했다. 1920년 3월에는 아크라에서 영국령 서아프리카(황금해안, 나이지리아, 시에라리온, 감비아) 식민지 조직 대표자 회의가 열렸는데, 여기서 조셉 에프레임 케이슬리-헤이포드를 의장으로 하는 '서아프리카민족회의'가 창립되었다. 회의에서 채택된 결의는 "대표자 회의는 아프리카인이 교육과 능력에 상관없이 유럽인에 비해 고용과 임금 그리고 포상 면에서 좀 더 낮은 지위에 있는 현실을 비난한다"고 밝혔다(History of the National Liberation Struggle of the Peoples of Africa in Recent Time, 1978, 210~211; The USSR Academy of Sciences 1984, 462~463에서 재인용).

열대 아프리카의 많은 나라에서도 이와 유사한 조직들이 결성되었다. 1919년 우간다에서 현지 지식인이 '청년부간다협회'를 결성했으며, 이 협회가 현지 권력기관의 민주화를 요구했다. 1921년 케냐에서는 '동아프리카협회'가 조직되었는데, 토착민의 정치적 권리 보장, 조세 감축, 강제 노역 제도 폐지, 아프리카인 노동자의 임금 인상 등을 요구했다. 니아살랜드(현 말라위)에서는 '토착인협회'가 설립되어 문화·교육 활동을 벌이는 동시에 아프리카인의 정치적 권리 보장, 아프리카인과 유럽인 사이의 평등, 권력기관에서 현지 주민 대표권 확장 등을 요구했다.

세네갈, 다호메이(옛 벨기에령 콩고, 현재 베냉), 그 밖의 식민지에서는 민족적 애국 조직이 결성되었고, 철도·사무직 노동자와 여러 기업에 종사하는 노동자들이 처음으로 파업을 일으켰다. 그리고 프랑스령 서아프리카에서 제1차 세계대전에 참가한 많은 사람이 프랑스공산당과 가진 협력을 통해 1921년 파리에서 '식민지간鬥동맹'을 결성하고 자신들의 신문 『파리아』 *Paria*를 발행했다(*History of the National Liberation Struggle of the Peoples of Africa in Recent Time*, 1978, 252; The USSR Academy of Sciences 1984, 463에서 재인용).

1920년대 초까지 전체적으로 아프리카 노동운동의 발생과 발전, 그리고 노동조합의 조직화는 사실상 모든 계급과 주민층의 대표가 포함된 민족해방투쟁의 틀 안에서 이루어졌다. 이 투쟁의 가장 적극적인 참가자는 민족부르주아지였으며, 운동의 원동력은 도시 중간층이었으나 노동자계급이 해방투쟁에 참가함으로써 민족·정치적 자각이 높아졌다. 그런데도 부족주의 사상과 이제 막 일기 시작한 보수적 민족주의 사상이 노동운동의 발전과 계급적 세계관의 성숙을 억제하고 왜곡했다.

1910년대와 1920년대 초 아프리카 여러 국가의 노동자투쟁의 전개 양상을 살펴본다.


## 1. 이집트

이집트의 노동운동은 부르주아 민족주의 조직인 와프드당 지도에 따라 전개된 민족해방운동과 긴밀한 연계를 갖고 발전했다.

당시 이집트는 면화 생산에 치중한 농업국가였다. 면화는 거의 영세경영에서 재배되었으며 경지면적에서 차지하는 비중은 28.9퍼센트였다. 대토지소유자는 토지의 40퍼센트를 소유하고 있었다. 토지와 생산수단을 빼앗긴 수많은 농민은 상시적인 농업노동자로 일했다(The Profintern Handbook

1927, 217; The USSR Academy of Sciences 1984, 467에서 재인용).

공업의 발전은 매우 취약했고, 수공업(매뉴팩처) 생산이 압도적이었다. 인구는 1924년 당시 1,390만 명이었고, 그 가운데 노동자는 약 55만 명이었다. 노동자들은 주로 제조업·운수업·건설업에 종사했고, 지역으로는 카이로, 알렉산드리아, 포트사이드, 수에즈에 집중되어 있었다. 노동자들 가운데는 여성·아동 노동자들이 많았고, 이들은 손작업의 섬유 생산과 양탄자 짜기 그리고 봉제업 부문에서 일했다. 노동관계법이나 노동보호정책 그리고 사회보험은 시행되지 않았고, 노동시간은 기업주의 자의적 결정에 맡겨져 있었다.

노동자계급은 가혹한 노동·생활 조건에 시달리면서 반제투쟁에 나섰으며, 영국에 반대하는 파업투쟁을 비롯해 시위, 무력 충돌까지 전개했다. 제1차 세계대전 이후 노동운동의 고양에 큰 영향을 끼친 것은, 1919년 3월 9일에 시작된 반反식민지 부르주아민주주의혁명 ─ 아랍 세계에서 처음으로 일어난 혁명 ─ 이었다. 여러 지역에서 일어난 인민 봉기는 이집트의 완전한 독립을 요구했고, 이집트 노동자들은 이 혁명에 적극적으로 참가했으며 몇 차례 파업과 시위를 조직했다. 같은 해 4월 초 영국 식민지 당국은 유혈 탄압으로 이 혁명적 저항을 진압했다. 지도부의 결단력 부족과 취약한 조직력 때문에 이집트 인민 봉기는 결코 성공하지 못했다(Alexandrov 1986, 430).

이집트에서는 1919년 8월~1921년 12월 사이에 파업이 81건 발생했고, 노동자 3만 명이 파업에 참가했는데, 주로 시市 전차 종업원, 수에즈운하와 카이로 가스공장·담배제조·섬유 노동자들이었다. 이 과정에서 현지 노동조합 95개가 결성되었다. 파업에서는 경제적 요구와 더불어 식민주의 축출, 노동조합과 민족주의 정치조직 권리 보장에 관한 요구가 제기되었다(The USSR Academy of Sciences 1984, 468).

1921년 말에는 이집트에 대한 영국의 예속적 조약 시행과 와프드당 지도부에 대한 탄압 시도에 항의해 대규모 시위가 감행되었고, 카이로에서는 총파업이 시도되었다. 식민지군은 전차와 항공기까지 동원해 저항운동을 진압하기는 했으나, 영국은 결국 1922년 2월 보호 통치를 폐지하고 이집트의 독립을 승인했다. 푸아드 1세가 국왕이 되었고, 정부는 민주적 개혁 실시를 약속했다.

이와 같은 정치적 변화가 진행되는 가운데, 1918년에 출범했던 카이로, 알렉산드리아, 포트사이드의 사회주의 조직들은 1921년 이집트사회당으로 통합했다. 사회당은 당내의 사상적 불일치에도 아랑곳없이 노동조합 내에서는 활발한 활동을 보였다. 1921년 3월 노동조합원 5만 명을 포괄하는 20개의 노동조합 대표자 회의에서 이집트노동총동맹이 결성되었다. 대표는 안토니오 마론이었다.

한편, 1923년 1월에 열린 사회당 제2회 대회는 당의 명칭을 '이집트공산당'으로 바꾸고 코민테른 가맹을 결정했다. 이집트공산당 강령은 이집트 독립, 제국주의자 간섭 중지, 수에즈운하 국유화, 노동자와 노동조합의 정치적 권리 보장, 노동자계급과 농민의 경제 상태 개선을 위한 투쟁 강화 등이었다(Fridman 1963, 352~353; The USSR Academy of Sciences 1984, 467에서 재인용).

노동운동과 사회주의운동의 영향력 증대에 위협을 느낀 푸아드1세 국왕 정부는 정규 군대를 동원해 목공노동자 파업을 진압한 뒤, 1923년 3월 공산당에 대한 탄압을 실행했다. 또 많은 부문과 업종에 속하는 노동자에 대한 파업 금지 조항을 형법에 규정했다. 이집트공산당은 비합법 상태에 들어갔고, 노동조합운동의 지도자 마론은 그 뒤 감옥에서 죽음을 맞았다.

## 2. 알제리

알제리는 프랑스의 가장 큰 식민지 국가 가운데 하나였다. 알제리의 산업 발전은 아직 낮은 단계에 머물러 있었으며, 광업·경공업 분야에 종사하는 노동자는 미처 10만 명에도 미치지 못했다. 알제리 부르주아지는 주로 소규모 생산을 영위하고 있었다. 농업은 비교적 잘 발달되어 있었으나, 식민주의자들이 토지의 막대한 부분을 소유하고 있었으며 여러 지역에서 봉건적 관계가 유지되고 있었다. 전체적으로 볼 때, 알제리의 정치·경제는 프랑스와 프랑스 독점자본의 지배를 받았다(Alexandrov 1986, 439).

알제리의 이와 같은 정치·경제적 상황들은 민족해방투쟁을 촉진했다. 더욱이 제1차 세계대전과 러시아 10월 혁명의 승리는 알제리 민족해방운동을 고양시킨 직접적인 계기가 되었다. 1920년에 설립된 '알제리청년당'은 알제리인과 프랑스인의 평등과 인종차별 폐지, 알제리인의 프랑스 의회 참여 등을 요구했다. 프랑스는 이런 요구 수용을 거부했다.

알제리 민족해방운동은 프랑스의 노동운동과 공산주의운동과는 긴밀한 연계를 갖고 있었다. 1920년 알제리에 거주하고 있던 프랑스인 노동자들이 공산당의 '알제리연맹'을 결성했다. 알제리연맹 결성 초기에는 연맹과 알제리 인민대중들과의 연계가 미약했으나, 1920년 말에는 아랍인과 베르베르인이 연맹에 참여하기 시작했다(Alexandrov 1986, 440).

알제리에서 민족해방운동이 고양되면서 노동운동도 자기 발전을 진행했다. 알제리 노동자계급의 형성은 제1차 세계대전 기간에 촉진되었다. 1920년대 알제리에는 광산노동자 2만5천 명, 운수노동자 2만5천 명, 기계노동자 1만 명, 항만노동자 1만 명, 목공노동자 1만5천 명, 인쇄노동자 1만 1,600명, 담배제조노동자 5천 명 등이 취업하고 있었다.

10월 혁명 이전에 알제리에서 전개된 조직적 노동운동은 유럽인 노동자들이 주도했고, 아랍인이나 베르베르인은 거의 참여하지 않았다. 프랑스 사회당원과 공산당원이 알제리 노동운동 발전을 위해 적극 협력했는데, 이들은 모든 노동자의 평등을 요구했고, 민족·민주적 세력들의 통일을 이루기 위한 활동을 추진했다. 노동자 파업투쟁의 동향을 보면, 1919년 파업 53건, 파업 참가자 7,800명이었고 1920년에는 파업 20건, 파업 참가자 6,300명이었다. 1920년에 일어난 파업 가운데 중대 파업은 3개월 동안 계속된 철도노동자 파업이었다. 식민지 당국은 이 파업에 대응해 노동조합의 선진 활동가와 일반 조합원에 대한 대량적인 탄압을 가했다.

1923년에는 광산노동자의 투쟁과 항만노동자의 투쟁이 발발했는데, 파업 참가자는 8시간 노동일제와 임금 인상을 요구했다. 이들 파업에서는 아랍인 또는 베르베르인 노동자와 유럽인 노동자가 처음으로 공동 행동을 취했으며, 또 정치적 요구도 제기했다(The USSR Academy of Sciences 1984, 469).


## 3. 튀니지

튀니지는 제1차 세계대전 이전 시기에 프랑스의 보호국이었으나, 사실상 프랑스의 식민지였다. 모든 권력은 프랑스 총독이 관장했으며, 대부분의 각료들은 프랑스인이었다. 프랑스 민간인 감독관이 각 지방에 배치되었으며, 프랑스 군대가 튀니지에 주둔했다. 프랑스의 독점자본가들이 경제를 장악했고 많은 토지를 소유했다.

이런 상황에서 튀니지의 민족부르주아지는 반제국주의 투쟁을 포기한 채 보호국이라는 틀 안에서 개혁 요구를 추진했다. 민족부르주아지는 제헌 의회를 소집해 헌법을 제정하고 민족정부를 수립하고자 했다. 1920년 이와 같은 요구를 실현하기 위해 사절단을 파리로 보냈다. 그러나 프랑스 정부는 이런 요구를 단호히 거부했다. 1920년에 결성된 '입헌자유당'은 프랑스 지배에 대항하는 투쟁 전개를 선언했다(Alexandrov 1986, 436).

튀니지에서 민족해방투쟁이 고양되면서 노동운동도 발전하기 시작했다. 1919년과 1920년에 튀니지에서 규모가 큰 파업이 발생했다. 제1차 세계대전 이후 민족해방운동과 노동운동이 고양되면서 식민지 당국은 유럽인 노동자들에게 본국에서 시행되는 노동법규의 일부 조항을 적용하기 시작했다. 1920년에는 프랑스노동총동맹에 가입한 튀니지노동조합연합이 설립되었다. 그러나 이 노조는 유럽인 노동자가 지도했으며, 아랍인 노동자들과 결합 정도는 취약했다. 1924년 혁명적 성향을 지닌 노동자들은 프랑스노동총동맹에서 탈퇴해 튀니지노동총동맹을 결성했으며, 여기에는 아랍인 노동자도 참가했다(Ivanov 1971, 57~79; The USSR Academy of Sciences 1984, 469~470에서 재인용).


## 4. 중앙아프리카

열대 아프리카 국가들에서는 제1차 세계대전과 그 이후 진행된 사회 정치·경제적 변화에 따라 식민지 인민의 정치적·민족적 자각이 높아졌고, 토착 노동자계급 형성이 촉진되었다. 카탕가(옛 벨기에령 콩고, 현재 콩고민주공화국)에서는 1924년에 다이아몬드, 석탄, 석유 채굴, 건설 등의 부문에 흑인 노동자 약 4만 명이 일하고 있었다. 상당히 많은 수의 노동자 집단(강제로 끌려온 노동자들이거나 계약 노동자들이었다)이 앙골라, 다호메이, 케냐, 로디지아(현재 짐바브웨), 세네갈, 그 밖의 식민지에 출현했다. 몇몇 지역에서는 파업이 일어났으나 당국은 공권력을 동원해 이를 진압했다. 노동조합운동은 겨우 출발 단계에 있었고, 노동자 정당은 미처 존재하지 않은 상태였다. 그러나 노동자들은 이미 민족해방운동에 참가했고, 자신의 권리와 요구를 주장했다.

## 에티오피아

외국 제국주의자들이 아프리카를 분할하고 있을 때, 에티오피아는 완강한 무장투쟁으로 독립을 유지했다. 그러나 북부 지방 에리트레아는 이탈리아가 점령했다. 에티오피아는 씨족제 잔재가 온존하고 있고, 노예제도가 유지되는 동시에 자본주의가 태동하고 있던 낙후된 봉건국가였다. 국민 대다수를 차지하는 농민들은 봉건적 속박에 얽매어 있었다.

1919년의 궁중혁명 이후 이중권력이 형성되었는데, 자우디투 1세 여제와 섭정 역할을 했던 타파리 마코넨이 권력을 장악했다. 타파리 마코넨은 신에티오피아당의 지도자로서 상인 부르주아지의 이익을 대변했다. 신에티오피아당은 봉건제도 토대에 영향을 주지 않는 범위에서 권력의 중앙집권화와 사회적 억압의 완화를 위한 개혁 프로그램을 제시했다.

러시아혁명 이후 에티오피아 정치 생활에서 인민대중의 활동이 점점 활발해졌다. 1918년 군인들 사이에서 정부 내 보수 세력에 반대하는 폭동이 일어났고, 노동자와 농민들이 여기에 참여했다.

## 케냐

제1차 세계대전 이전에 동아프리카의 케냐, 우간다, 잔지바르는 영국의 식민지였으며, 탕가니카는 독일의 식민지였다. 제1차 세계대전 이후에는 탕가니카도 영국의 식민지로 바뀌었다. 식민주의자는 방대한 토지를 점령하고 대규모농장을 건설해 커피, 사이잘삼, 차를 아프리카인의 값싼 노동력으로 생산했다. 제1차 세계대전 이후 영국 식민주의자들은 케냐 인민에 대한 착취를 강화했는데, 그들은 아프리카인 소작인에게 토지소유자인 지주를 위해 1년에 180일에 해당하는 노동을 강요했다. 또 농업노동자가 대규모농장에서 이탈하는 행위를 방지하기 위해 아프리카인에 대한 특별 통행 제도를 도입했다.

이와 같은 제국주의자의 착취와 억압에 대해 케냐의 인민들은 저항 투쟁을 전개했다. 신흥 토착 부르주아지와 지식인들도 저항운동에 참여했다. 1921년 여름 아프리카인은 나이로비 근교에서 임금 인하에 반대하는 집회를 열었다. 집회에 참가한 사람들은 공무원 해리 투쿠가 지도하는 '청년키쿠유협회' 설립을 선언했다. 케냐 역사상 최초의 이 반제국주의 조직은 토지 수탈에 반대하는 운동을 전개했고, 영국 국왕에게 전달할 청원서를 작성했다. 그러나 식민지 당국은 투쿠를 체포했고, 이 때문에 1922년 3월 대민의 정치적 시위가 결행되었다. 영국 식민지 당국은 케냐의 노동자 대중의 저항을 무자비하게 진압했고, 노동자 150명을 살해했다. 영국은 1921년 자신들의 지배 체제를 강화하기 위해 동아프리카의 케냐, 우간다, 탕가니카를 통합한 영국 연방 설립을 구상했다(Alexandrov 1986, 454~455).

## 나이지리아

영국 제국주의는 제1차 세계대전 이후 나이지리아에 대한 착취를 더한층 강화했다. 나이지리아 인민들은 식민주의자들에 대한 투쟁을 지속적으로 전개했다. 1918년 6월과 1919년 여름, 농촌의 많은 지역에서 농민반란이 일어났는데, 조세 부담 증가가 주요 원인이었다. 농민들은 외국인 소유 기업을 습격했으며, 철도를 파괴하고 전선을 끊었다.

반제국주의 민족운동이 고양되면서 민족운동 조직이 창설되었다. 1920년 영국령 서아프리카민족회의 지부가 나이지리아에 설치되었다. 지부는 자신들의 기관지 『서아프리카의 독립』을 발행했다. 1922년에는 '나이지리아민족민주당'이 창립되었다(Alexandrov 1986, 451).


## 5. 남아프리카연방

영국령 남아프리카연방은 1910년에 영국의 식민지였던 나탈, 케이프와 오렌지자유국, 트란스발로 구성된 보어Boer국이 합쳐져 구성되었다. 연방의 전체 인구는 약 700만 명이었고, 그 가운데 백인은 20퍼센트였고, 나머지는 아프리카인과 아시안(그 가운데 인도인이 3퍼센트였다)이었다. 토지는 전부 식민주의자들이 수탈했거나 특별 보류지로 남아 있었다. 아프리카인은 단지 전 국토의 13퍼센트에도 못 미치는 보호구역에서 농사를 지을 수 있었다. 1913년에 공포된 법률은 아프리카인이 백인 지주들을 위해 1년에 90일 이상을 일해야 하는 부역 제도를 인정했다. 농사를 지을 토지가 부족하거나 과중한 세금 때문에 아프리카인은 열악한 조건에서도 노동을 하지 않을 수 없었다.

제1차 세계대전 기간에 남아프리카연방의 경제 발전은 급속하게 이루어졌다. 이전에 수입해 오던 많은 상품을 국내에서 생산했고, 농산품의 수출도 증가했으며 다이아몬드와 금의 채굴로 광산업이 크게 발전했다. 1920년에는 제조업체 수가 7천 개로서 1915년의 4천 개에 비해 크게 늘어났다. 국가독점철강트러스트까지 출현했다.

이와 같은 산업의 발전과 더불어 노동자도 급격하게 증가했다. 영국인과 보어인은 물론이고, 아프리카인 노동자 수도 크게 늘어났다. 1920년 당시 아프리카인 광산노동자만 거의 27만 명에 이르렀다.

남아프리카연방에서는 광산업(다이아몬드, 금, 석탄, 동, 석, 백금, 은, 연) 부문 외에도 1922~1923년에는 공장 7천 개가 있었는데, 그 가운데 868개는 금속가공과 기계제조 공장이었고 1,877개는 식품, 729개는 섬유공장이었으며, 이들 대부분은 외국 독점자본 소유였다(The Profintern Handbook 1927, 251~254; The USSR Academy of Sciences 1984, 464에서 재인용).

이 영국자치령(인구 690만 명 가운데 유럽 출신자가 150만 명, 인도 출신자가 15만 명이었다)에서는 공업 프롤레타리아트와 광산노동자 등 총 노동자 수는 1923년 당시 약 50만 명이었다. 농촌 인구의 4분의 1 이상(약 80만 명)은 백인 농장에서 고용(또는 계약) 노동자로서 일하고 있었다. 광산업에서는 노동자 약 30만 명 가운데 백인은 3분의 1이 못 되었다. 그러나 기계제조, 금속가공, 조선, 보석가공, 인쇄업 등에서는 백인이 다수를 차지했다. 숙련된 유럽 노동자들 가운데는 영국인이 압도적이었다(The USSR Academy of Sciences 1984, 464).

남아프리카연방에서는 당시 아파르트헤이트[1] 체제가 엄격히 시행되고 있었다. 아파르트헤이트 체제의 경제·사회적 바탕이 된 것은 아프리카인 노동자와 유색인(혼혈인이나 아시아에서 온 이주민)에 대한 극심한 차별이었다. 비백인계 노동자 수가 증대하고 있었음에도, 아프리카인은 여전히 노동자계급 가운데 가장 심하게 착취당하면서 무권리 상태에 있었으며, 이들의 임금은 백인의 5분의 1 또는 6분의 1 정도였다.

영국 노동법을 그대로 베낀 노동법규는 백인 노동자들에게만 적용되었고, 아프리카인·유색인 노동자들은 노동법규 적용 대상에서 제외되었다. 억압과 착취를 위한 인종주의 정책은 노동운동 발전을 가로막은 요인으로 작용했으며, 노동자계급의 투쟁에서 국제 협력 문제를 전면에 제기했던 것이다.

아프리카인 노동자들은 노동법의 보호도 받지 못한 무권리 상태에서 고통당하고 있는 가운데, 1918년 5월 요하네스버그에서 백인 노동자들의 파업이 승리하게 되자 이에 영향을 받은 아프리카인 노동자들도 파업을 벌였다. 이 파업으로 노동자 100명 이상이 구속되었으나, 이것은 더 큰 투쟁의 발단이 되었다.

1918년 6월 19일 아프리카민족회의[2]의 트란스발 지부는 7월 1일까지 아프리카 노동자들에게 하루 1실링 임금을 인상하라고 요구하는 군중집회를 열었다. 6월 29일에는 열흘 전보다 더 큰 규모의 집회가 열렸고, 영국 국기인 유니온 잭이 찢어졌으며 전차와 자동차 통행이 저지되었는가 하면, 폭

---

1_남아프리카연방의 인종차별과 인종격리정책. 백인 지배를 유지하기 위해 흑인을 비롯한 유색인종의 참정권과 단결권을 인정하지 않고, 교육과 거주지 등도 분리시켰으며, 다른 인종과 결혼하는 것도 인정하지 않았다.

2_1910년 남아프리카연방이 결성된 직후, 흑인의 권리 제한을 위해 정부가 제정한 '원주민 토지법'에 반대해 1912년 요하네스버그의 아프리카인을 중심으로 '남아프리카원주민회의'가 조직되고 1923년 '아프리카민족회의'로 개칭되었다. 설립 목적은 인종차별 철폐, 아프리카인 권리 옹호, 민족운동의 전개 등이었고, 사실상 남아프리카 민족해방운동의 중심 역할을 수행해 왔다. 1994년 선거를 통해 아프리카민족회의는 집권당이 되었다.

력 사태가 벌어지기도 했다. 그 뒤 7월에도 파업이 계속되었으나 요구 조건
은 끝내 관철되지 않았다(김윤진 2006, 228).

1917년 당시 남아프리카연방의 노동운동에서는 두 개의 당, 즉 '남아프
리카노동당'과 '남아프리카노동당인터내셔널연맹'(남아프리카국제사회주의연
맹)이 활동하고 있었는데, 이 가운데 연맹은 혁명적 주장을 펴면서 조직·선
전 활동을 활발하게 추진했다. 연맹은 주간지 『인터내셔널』을 발간하고,
이를 통해 노동자 국제 연대 원칙에 대해 선전했다. 또 이 연맹이 주도해
1917년 8월에 아프리카인 노동자들이 결성한 최초의 조직인 '아프리카인산
업노동자'가 결성되었다.

1919년 3월, 요하네스버그에서 파업을 결행한 시市 전차 종업원들이 노
동자평의회를 창설하고, 시의 운수·송전·급수 관리권을 장악했다. 정부의
개입으로 파업 노동자의 요구가 실현된 뒤, 평의회는 관리권을 시市 측에 반
환했다.

1920년 2월 17~21일 사이에 비트바테르스란트 지역 21개 광산노동자
7,100명이 파업을 일으켰다. 이 파업은 원주민이 주도한 파업으로서 정부
의 강압적인 조치로 결국 패배했다. 정부는 광산노동자 주택 지구에 군대를
투입해 파업 지도자들을 체포했으며, 노동자들을 강제적인 방법으로 일터
로 복귀하도록 했다. 빌리지 딥에서는 노동자들이 저항을 계속했는데, 그
가운데 몇 명이 주택 지구 안으로 들어가다 군인의 발포로 사살되었다(김윤
진 2006, 229~230).

한편, 1920년 1월에 열린 남아프리카국제사회주의연맹 제5회 대회는
남아프리카국제사회주의연맹의 코민테른 가입을 결정하고 코민테른 제3회
대회와 프로핀테른[3] 제1회 대회에 참가했다. 1921년 7월과 8월에는 케이프
타운에서 남아프리카 연방 공산당의 창립 대회가 열렸는데, 당원은 약 500

명이었다. 당은 민주공화국 수립, 흑인을 포함한 모든 국민의 정치적 권리 보장, 반민주적·인종주의적 법률 철폐 등을 요구했다. 당은 구체적 요구로 서 노동시간 단축, 최저임금제 확립, 인종과 피부색에 관계없이 모든 노동 자의 파업권과 사회보장의 평등한 권리 보장을 제기했다.

이런 정당과 정치조직이 크게 관심을 기울인 것이 노동조합 조직화와 파업운동이었다. 1918년 당시 노동조합원 수는 77,800명이었는데 1920년 에는 13만5천 명으로 증가했다. 노동조합원의 압도적 다수가 백인 노동자 였고, 흑인 노동자는 겨우 5퍼센트 정도에 지나지 않았으며 그것도 케이프 주와 킴벌리에 국한되었다.

노동자계급의 조직성이 높아지면서 파업운동도 격화되었다. 정부 통계 가 백인 노동자의 파업만을 집계해 불완전한 것이지만, 파업의 고양 실태는 잘 드러난다. 1918년의 경우 파업 23건, 파업 참가자 2,600명이었으며, 1919 년에는 파업 45건, 참가자 2만3,300명, 1920년 파업 60건, 참가자 10만 5,600명으로 나타났다. 1921년에는 파업은 25건으로 감소했으나, 파업은 더한층 대중화되었다. 예컨대 아프리카인 광산노동자가 일으킨 파업에 노 동자 10만여 명이 참가했다(The USSR Academy of Sciences 1984, 466).

파업운동은 1922년에 특별히 치열했다. 3월에 트란스발에서 사업장 40 군데에 소속한 금광·석탄광·철도·기계공장 노동자가 총파업을 벌였는데, 파업은 곧 봉기로 전화했다. 파업의 주된 원인은 제국주의자와 남아프리카 연방 부르주아지 특유의 방법에 따른 노동자 임금 인하 방책이었다. 기업가

---

3_'적색 노동조합 인터내셔널'이라고도 일컫는다. 1921년 모스크바에서 42개국의 혁명적 노동조합 대표 들이 결성한 국제 노동조합 연맹체다. 자본주의국가의 혁명적 노동조합, 개량주의적 노동조합 내의 혁명 적 반대파, 그리고 식민지·종속 국가의 노동조합 등 혁명적 노동조합 대표들로 구성되었다.

는 상대적으로 고임금을 받는 백인 노동자들을 저임금의 흑인 노동자로 대체했는데, 이것은 인종 사이의 대립을 격화시켰으며 백인 노동조합은 노동자 해고와 노동자 교체 중지를 요구했다.

정부 당국이 '트란스발의 붉은 반란'이라 부른 이 파업은 무력 충돌까지 빚었다. 정부는 포병대, 기관총, 그리고 탱크로 무장한 군대 2만 명 이상을 동원해 광산과 파업 사업장을 습격했고, 3월 12일과 14일 이틀에 걸친 전투에서 백인 노동자들을 진압했다(김윤진 2006, 233). 파업 노동자와 군대 사이의 무력 충돌에서 153명이 죽고 687명이 부상당했는데, 군대와 경찰 측의 사망자는 72명이었고 부상자는 291명이었다. 이 봉기가 진압된 뒤 노동자 4명이 사형당했고, 많은 노동자가 박해를 당했다(The USSR Academy of Sciences 1984, 467).

1923년에는 파업 참가자 수가 2만4천 명으로 감소하기는 했으나, 파업이 점차 정치적 성격을 띠었다. 노동자들은 정치적 권리를 요구하고 탄압받는 동료들을 옹호했으며, 연대 파업을 선언하기도 했다. 이런 가운데 정부는 파업 조정 특별법 — 여러 단계의 중재를 거치는 '노동쟁의' 강제적 해결제도 — 제정에 착수했다.

# 제12부 경제 위기와 노동자계급의 통일 행동

1장 자본주의국가들의 경제 위기와 파시즘의 대두

2장 코민테른 제3, 4회 대회와 노동자계급의 통일 행동 문제

# 1장
# 자본주의국가들의
# 경제 위기와 파시즘의 대두

전쟁의 한 가지 커다란 결과는
우리보다 당시 사람들이 평가하기가 더 용이하였다는 사실이다.
······ 서부전선에서 연합군이 거둔 승리는 그 자체가 주요한 성과였다.
그러나 그들이 승리했다고는 해도,
전 유럽이 치른 희생은 엄청난 것이었다.
1913년의 유럽은 번영되고 안정되고 문명화된 곳이었지만
1919년에는 폐허가 되어 있었다.
여러 곳에서 이 말은 문자 그대로 사실이었는데,
서부전선은 북부 프랑스와 벨기에에 걸쳐
거대한 상처와 같이 남겨져 있었다.
그러나 그 말은 보다 일반적으로는 상징적인 의미를 갖는데,
유럽은 경제적인 피폐와 정치적 혼란,
그리고 심리적 불확실성에 직면하게 되었던 것이다.
진보의 시대는 끝나버렸다.

_필립 벨(벨 1995, 194)

# 1. 제1차 세계대전 이후의 경제 위기

제1차 세계대전은 교전국들의 내부 모순을 격화시켰으며, 전후 자본주의국 가들이 맞게 된 위기 양상은 과거의 그것과는 다른 구조적 특징을 드러냈다.

첫째, 러시아에서 사회주의 체제가 성립됨으로써 세계는 제1차 세계대 전 이전의 자본주의 단일권 체제에서 사회주의국가와 병존하는 양극 체제, 즉 '불안정한 균형' 상황이 조성되었다는 사실이다(The USSR Academy of Sciences 1984, 503).

둘째, 식민지에 대한 지배 체제가 민족해방투쟁의 고양으로 크게 흔들 리게 되었다는 점을 들 수 있다. 이와 같은 사실은 교전국들이 전쟁을 치르 는 동안, 경제가 황폐화했으며 식민지에 대한 희생이 강화되었을 뿐만 아니 라 전후 복구 과정에서 자국 내의 부담들을 식민지에 떠넘기면서 제국주의 와 식민지 사이의 모순이 더욱 날카로워졌기 때문이다.

셋째, 국가독점자본주의(혼합경제)[1]가 형성되기 시작했다는 사실이다. 이것은 전쟁을 수행하기 위해 경제 과정에 대한 국가의 간섭과 통제가 실시 되면서 성립되었으며, 위기 상황에 대응하기 위한 국가의 역할이 증대되면 서 더욱 강화되었다.

넷째, 자본주의경제의 불안정성 증대를 들 수 있다. 러시아가 자본주의 세계경제체제에서 벗어나게 됨으로써 세계시장이 축소되었고, 식민지·종 속 국가들에서 민족운동이 고양되면서 독점자본의 해외시장 활동이 제약되

---

**1_**국가가 관여하는 경제 기능의 범위가 점점 확대되어 결국은 공공 부문과 민간 부문에 걸쳐 국민경제에 대한 국가의 역할이 커지게 된 상태를 말한다. 소득분석 이론에서는 이 관계를 국민소득=소비＋민간투자 ＋정부 지출(Y=C+I+G)의 형태로 표시한다.

었을 뿐만 아니라 공장 설비의 만성적 유휴 상태와 실업의 상시 존재 등으로 경제의 불안정성이 증대된 것이다(김준호 1982, 187~188).

이런 상황에서 자본주의 세계에서는 두 가지의 모순된 경향이 작용했다. 한 가지 경향은 경제·사회적 위기가 심화됨으로써 노동자들이 새로운 혁명적 공세를 취하게 되었으며, 다른 한 가지 경향은 부르주아지가 자신들의 처지를 유지하기 위해서뿐만 아니라 더 나아가 반격을 개시할 채비를 갖추었다는 사실이다. 이 두 가지의 모순은 어쩔 수 없이 계급 갈등을 첨예화시킬 수밖에 없었다.

1919~1920년에 걸쳐 행해진 전쟁에서 평화로 이행은 일정한 경제적 고양 조건에서 이루어졌다. 수백만 명의 군대 동원 해제에 따른 실업은 거의 흡수되었고, '노동 예비군'도 대체로 전쟁 이전 수준에 머물렀다. 임금은 소비재 가격 상승에는 미치지 못했지만 그래도 상승한 편이었고, 노동자의 궁핍 감소와 계급적 분쟁 완화를 이끌 수 있는 자본주의 발전의 시기가 도래했다는 환상마저 불러일으켰다.

그러나 1920년에는 벌써 경제적 고양이 일시적 현상에 지나지 않았다는 표지標識들이 나타나기 시작했다. 먼저 전쟁 기간에 높은 수준의 경제 발전을 수행할 수 있었고 또 전쟁에 따른 파괴를 모면했던 나라들, 즉 미국과 일본에서 경제공황이 나타나기 시작했다.

잠시 공황의 실상과 원인 그리고 진행 과정에 대해 살펴본다.

공황은 일정한 주기를 가지고 일어나고, 그것이 정치·경제·사회적으로 큰 영향을 끼칠 뿐만 아니라 노동운동에 대해서도 중대한 도전으로 작용한다.

공황이 발생하게 되면, 자본주의경제 체제 전체가 일시적으로 마비 상태에 빠지고 생산력이 격심하게 파괴된다. 공황의 가장 일반적인 기초는 생산과잉, 즉 사람들의 구매력을 상회하는 잉여생산물로 시장이 넘쳐나는 것이다. 투매가 행해지고 물가가 하락한다. 신용은 수축된다. 자본가는 생산을 삭감하고 기업의 도산이 나타난다. 노동자의 임금이 하락하고 실업자가 증대한다. 그리하여 사람들의 빈곤과 생활고가 격심해진다(大阪市立大學經濟硏究所 1965, 169).

공황은 자본주의 운동의 필연적 귀결로서 발생하고, 경기순환의 한 국면이며 세계적인 현상일 뿐만 아니라 자본축적 조건을 새롭게 정비하는 과정이다(김기원 1984, 103~106). 여기서 공황이 자본주의 운동의 필연적 귀결로서 발생한다는 것은 자본주의는 구조적으로 공황의 잠재성을 내포하고 있다는 것을 의미한다. 즉, 자본제 생산은 개별·사적 생산자들이 이윤 동기에 따라 무정부적으로 수행하고, 자본주의의 화폐경제체제[2] 역시 공황의 가능성을 안고 있으며, 자본제 생산 체제에서는 노동자가 본질적으로 과잉생산자, 즉 과소소비자[3]라는 사실이 그것이다(김준호 2003, 343). 1920년의 공황 이전에도 1825년 최초의 공황이 영국에서 발생해 10년 내외의 규칙적인 주기를 보이면서 발발했다.

1920년의 공황이 미국과 일본에서 시작해 유럽으로 확산된 과정을 살펴본다. 제1차 세계대전 결과로서 세계 자본주의의 중심은 유럽에서 미국으

---

**2**_화폐가 유통수단으로 교환 과정을 매개함으로써 판매와 구매의 분리 심화 → 화폐 이탈↑(축장 등) → 상품 가격↓→ 생산 고용↓→불황 가능성↑으로 이어질 수 있다. 그뿐만 아니라 화폐가 지불수단으로 기능하게 됨으로써 연쇄 부도에 따른 공황 가능성도 제기된다(김준호 2003, 343)

**3**_기계제 공업에 따라 생산력이 무제한 증대해 상품의 대량생산이 실현되고, 이 상품을 생산하는 노동자 계급의 임금은 최저 필요수준에서 결정되기 때문에 소비력은 상대적으로 부족해진다. 자본주의 생산은 무정부적이므로 자본가 사이의 경쟁에 따라 소비력과는 무관하게 증대한다. 이렇게 증대된 생산력과 축소된 소비력이 충돌할 때 공황이 시작된다는 것이다.

로 이동했다. 1880년대 후반에 사실상 공업 패권을 상실한 영국은 전후 세계경제 중심국의 지위를 미국에 넘겨주어야 했다. 영국의 쇠퇴는 전쟁 자체의 타격에 의한 것이라기보다는 수출 부문에서 생긴 경쟁력 저하, 독점 체제 수립 지연 등 영국 자본주의 내부에서 오래 동안 진행된 침체의 결과였다.

반면에, 남북전쟁 종전(1865년) 이후 국내시장 확대를 기반으로 1880년대부터 세계 최대의 공업 국가로 성장한 미국은 전쟁 기간에 연합국을 대상으로 한 전시 물자 수출을 통해 농업을 포함한 모든 산업 분야에서 비약적 발전을 이룩할 수 있었다. 미국이 후방 공급 기지 역할을 수행하면서 유럽 연합국의 금과 자산이 유입되었으며, 미국은 이들에 대한 전비戰費를 제공해 전쟁 이전의 채무국에서 채권국으로 전환했다. 제1차 세계대전 이전까지는 이른바 '먼로주의'(1823년)에 따라 대외 불간섭 노선을 유지해 온 미국이 전후 세계 최강국으로 부상하면서 세계 자본주의 발전에 직접적으로 큰 영향력을 발휘하게 되었다(김준호 2003, 356).

일본은 제1차 세계대전에서 '참전국으로서 정치적 이익과 중립국으로서 경제적 이익'을 취함으로써 막대한 이익을 획득할 수 있었다. 일본은 식민지를 확장하는 동시에 동남아시아 전역에 걸쳐 대규모적인 시장 약탈을 강행했다. 전쟁 기간에 일본에서는 신흥 대자본가들이 콘체른을 형성했고, 금융과두 지배 체제가 성립되었다. 결국 제1차 세계대전 결과 일본 경제는 번영을 맞았다.

미국과 일본의 이런 번영의 이면에는 기업집중의 진전(독점 지배의 강화), 실질임금 상승률의 둔화(소득분배의 불평등 확대), 농업 부문 부진 등 여러 가지 모순이 존재했고, 이와 같은 모순은 공황을 발생시키고 격화시켰다. 공황의 직접적인 원인은 번영을 주도한 내구소비재 부문의 수요가 1920년대 후반 들어 한계점에 이르렀다는 데 있었다(마츠다 1983, 335~336).

이런 위기 국면은 차츰 유럽으로 확산되었다. 노동생산성 수준은 전쟁 이전에 비해 훨씬 저하되었는데, 이것은 생산 설비 노후화와 노동자들의 과로와 노동·생활 조건 열악성 등에서 비롯된 결과였다. 전쟁에 따른 유럽의 쇠락은 식량·원료·공업 제품 수입에 대한 수요를 증대시켰다. 그러나 수입 증대가 수출 증가로 보전補塡되지 못했기 때문에 무역 적자와 신용 부채가 증가했다(Varga 1923, 121~123; 1937, 347~349; The USSR Academy of Sciences 1984, 504에서 재인용).

유럽에서 최초로 공황을 맞게 된 나라는 영국이었고, 다음으로는 중립국들이었으며, 뒤이어 프랑스와 이탈리아가 공황을 겪었다. 패전국들의 경우에는 생산수준은 저하되었으며, 인플레이션은 격화되었다.

영국은 전쟁에서 승리했으나 손실이 막대했으며, 특히 경제적 타격은 엄청났다. 전쟁에 동원된 영국군 수는 약 900만 명이었고 그 가운데 사상자는 300만 명이었으며, 전쟁 비용은 84억 파운드에 이르렀다. 비용의 대부분이 국채로서 충당되었기 때문에 전후 영국은 국가재정상의 위기를 초래했다. 또 전쟁 수행으로 해외투자는 감소되었으며, 이미 투자된 자본마저도 약 4분의 1이 상실되어 국내 산업도 부진해질 수밖에 없었다.

한편, 러시아혁명과 미국, 일본의 번영, 그리고 식민지 국가들에서 전개된 민족해방운동, 전쟁의 피해 등으로 영국 자본의 해외시장은 크게 줄어들었다. 게다가 전쟁 기간에 독일 잠수함 공격으로 선박 톤수의 약 40퍼센트가 상실되었다는 사실도 해상국인 영국으로서는 큰 타격이 아닐 수 없었다. 그리고 영국의 자치령이나 식민지가 전쟁에 협조함으로써 그들의 지위를 높이게 되었고, 또 이들 지역에서 공업화가 진행된 것도 영국 본국의 지배력을 약화시킨 요인이었다. 이런 요인 때문에 1925년에 이르러서도 공업 총생산고는 1913년 수준의 86퍼센트에 지나지 않았다(김택현 1985, 234).

| 국가 | 1913 | | 1920 | | 1921 | | 1922 | | 1923 | |
|---|---|---|---|---|---|---|---|---|---|---|
| | 선철 | 조강 | 선철 | 조강 | 선철 | 조강 | 선철 | 조강 | 선철 | 조강 |
| 미국 | 30.6 | 31.3 | 36.4 | 42.1 | 16.5 | 19.7 | 26.8 | 35.6 | 40.0 | 44.9 |
| 영국 | 10.3 | 7.7 | 8.0 | 9.0 | 2.6 | 3.7 | 4.9 | 5.9 | 7.4 | 8.5 |
| 프랑스 | 5.1 | 4.6 | 3.4 | 3.0 | 3.3 | 3.0 | 5.1 | 4.5 | 5.3 | 5.0 |
| 독일 | 19.0 | 18.6 | 5.6 | 6.6 | 6.1 | 8.7 | 8.0 | 9.0 | 4.4 | 5.9 |
| 세계 생산 | 77.2 | 75.0 | 58.9 | 67.1 | 34.7 | 42.5 | 51.9 | 63.1 | 66.5 | 75.1 |

**표 1 | 선철과 조강[4]의 생산고**  (단위: 100만 톤)

자료: *Statistical Abstract of the United States*(1925, 690; 702); The USSR Academy of Sciences(1984, 505)에서 재인용.

이와 같은 상황에서 1920년 겨울부터 영국에도 공황이 찾아들었다. 공업생산은 저하되었고 실업자는 엄청나게 증가했으며, 그리고 노동자와 자본가 사이의 계급 대립은 전에 볼 수 없을 정도로 첨예화했다.

제1차 세계대전은 프랑스에도 크나큰 상처를 안겨 주었다. 전쟁에서 승리하기 위해서는 너무도 많은 희생을 치러야만 했다. 엄청난 인명 피해와 더불어 생산은 줄어들었고 무역은 적자 상태에 놓이게 되었다. 인플레이션은 상승세를 나타냈고, 국채는 급증했다. 그런데다 러시아혁명으로 프랑스는 해외투자액의 약 25퍼센트 이상을 상실했을 뿐만 아니라 발칸반도와 오스만제국에서 시장도 상실했다. 이런 정세에서 프랑스는 공황을 맞으면서 경제적으로 매우 어려운 형편에 놓였다.

이탈리아는 제1차 세계대전에서 전승국이기는 했으나 패전국 못지않게 정치·경제·사회적으로 심각한 위기를 겪었다. 1919년에서 1920년까지 이른바 '붉은 2년'Biennio Rosso 동안 식량 폭동, 파업, 토지 점거, 시위, 군대 내 항명, 파시스트 테러 등이 이탈리아 전역을 휩쓸었다.

---

**4_**선철(銑鐵)은 제철 과정에서 제일 먼저 나오는 것으로 무쇠라고도 한다. 용광로에서 철광석을 녹여 받

다른 유럽 국가들의 경우에도 경제적으로는 세계공황 판도에서 결코 벗어날 수는 없었다. 〈표 1〉은 전쟁 이전과 이후의 주요 각국의 경제 상황을 단적으로 보여 주고 있다. 선철과 조강으로 대표되는 철강업은 거대한 생산 설비와 막대한 원료, 그리고 방대한 노동력을 필요로 하며 생산력 발전에서 큰 역할을 하는가 하면 경제성장의 견인차 구실을 한다. 그뿐만 아니라 철강업은 세계 자본주의의 물적 기반에서 큰 기둥 역할을 한다.

먼저 선철과 조강의 생산고를 보면, 국가별로 매우 불균등한 사실을 알 수 있고 제1차 세계대전 이전에 비해 이후의 생산고가 더 저조한 편이다. 특히 공황기였던 1921년이 가장 저조했고 1922년부터는 회복세를 보이고 있다. 국가별로 보면 미국이 월등하게 생산고가 높고 프랑스가 가장 저조한 편이었다. 독일의 경우는 전전에는 생산고가 비교적 높은 편이었으나 1920년 이후에는 극히 저조한 상태에서 1923년까지는 회복세를 보이지 않고 있다.

이와 같은 경제적 상황에서 어느 정도의 위기 국면을 극복한 부르주아지 측은, 노동자계급에 대한 전면적 공격을 시작했다. 부르주아지 공격이 목표로 한 것은 전쟁이 끝난 직후 몇 년 동안에 노동자계급이 혁명적 투쟁으로 획득한 성과들을 허물어뜨리는 것이었다. 부르주아지는 '생산 합리화'의 필요를 구실 삼아 노동조합에 대한 공격을 시작했는데, 노동일제의 제한 철폐와 임금 인하 등 착취 강화를 시도했다.

자본가 측의 이런 공세에 대항하기 위해 노동자 측은 경제적 파업과 정치적 파업을 병행해 실행했다. 1920년 들어 발달한 자본주의국가들에서는

---

아낸 것으로 철 속의 탄소 함유량은 4퍼센트 정도다. 조강(粗鋼)은 평로, 전로 등 보통의 강철제조 공정에 의해 만들어진 강괴(鋼塊)로서, 그 후 성형 가공해 판(板)이나 봉(棒)을 만드는 소재가 된다. 일반적으로 한 나라의 강철 생산량을 나타낼 때는 조강의 생산량 총톤수로 표시하는 경우가 많다.

파업 건수와 파업 참가자 수가 늘어났으나, 같은 해 후반에는 파업투쟁이 오히려 후퇴했다. 이와 같은 상황은 몇 년 동안 계속되었다. 1921년 말에는 세계경제공황이 불황으로 전화하면서 노동자계급 투쟁은 점점 더 약화되었으며, 파업투쟁은 대부분 노동자 측의 패배로 끝났다.

경제공황 진행 과정과 부르주아지의 노동자계급에 대한 공격, 그리고 프롤레타리아트의 대항 행동은 자본주의국가들에서 매우 불균등하게 진행되었다.

## 2. 주요 자본주의국가의 경제 상황과 노동자투쟁

### 독일

독일은 제1차 세계대전에서 패배한 뒤, 베르사유 강화에 따라 가혹한 부담을 안게 되어 매우 곤란한 상태에 놓였다. 독일은 30년 동안에 금화 1,320만 마르크(약 330억 달러)라는, 당시로서는 천문학적 수치의 전쟁배상금을 지불해야만 했다. 또 독일은 영토의 13.5퍼센트를 프랑스, 폴란드, 덴마크, 벨기에 등 인근 국가에 할양했으며, 독일의 모든 해외 식민지를 전승 국가들에게 내주어야만 했다. 배상금 문제는 1924년 미국의 도스안Dawes Plan[5]과

---

5_1924년 제1차 세계대전 이후의 독일 배상 문제 해결을 위해 미국의 은행가 찰스 도스를 위원장으로 하는 배상전문위원회에서 결의한 안을 가리킨다. 이 안은 지불 재원의 확보와 지불 방법의 완화를 꾀했다. 배상금 총액은 확정하지 않은 채 독일이 1925년 8월까지 매년 2억 마르크는 자체 조달하고 8억 마르크는 차관으로 조달하며 이후 서서히 액수를 상향 조절해 1928~1929년에는 정상 연불액 25억 마르크를 지불하도록 규정했다. 도스안의 타결로 프랑스가 루르에서 철군하고 독일은 미국의 원조로 산업·경제를 다시 일으켜 세우려 했다.

1930년 영안Young Plan[6]을 통해 지불 규모와 방법을 독일의 경제 회복 수준에 맞추는 방향으로 조정되었다(김준호 2003, 355~356).

가장 먼저 인플레이션이 큰 재앙으로 밀어닥쳤다. 1914년의 마르크 환율은 1달러당 4.2마르크였던 것이 1921년 6월에는 62.5마르크였고, 1922년 중반에는 277.78마르크였다. 그리고 1923년 초에는 10만 마르크를 기록했다. 이와 같은 전례를 찾기 어려운 인플레이션은 화폐의 본래 기능을 정지시킴으로써 자본주의경제의 정상적인 운영마저 위태롭게 했다(김종현 2007, 494).

이런 높은 수준의 인플레이션은 약 400억 마르크에 이르는 전전戰前의 사채와 토지 담보 부채를 실질적으로 축소시킴으로써 서부 독일의 대규모 중공업 기업가와 동부 독일의 융커에게 커다란 이익을 안겨 주었다. 그뿐만 아니라 인플레이션은 기업가들에게 새로운 이익 획득의 기회를 제공했다.

이 시기에 이루어진 기업 집중은 주로 콘체른[7]의 형태를 취했는데, 이것은 수평적 또는 수직적 합병과 같이 기술적 효율을 요량한 것이 아니라 투기 차액을 노린 것이었다는 데 특징이 있었다. 그 대표적인 것이 후고 스티네스와 칼 지멘스였다. 스티네스는 독일 역사상 최대의 콘체른을 창설했는데, 이것은 1,340개에 이르는 공장, 탄광, 발전소, 운수 회사, 은행 등 일련

---

6_1929년 6월 7일 독일의 제1차 세계대전 배상 문제의 완전하고 최종적인 해결 안을 제출한 보고서다. 이 안은 독일이 지불할 수 있는 능력의 범위 내에서 연금 지불 방식으로 배상금을 각국에 지불하도록 한 것이며, 배상 사무 기관으로서 국제결제은행의 창설을 규정했다. 1930년 1월 헤이그 회의에서 정식으로 성립되었으나 미국의 주식 대폭락으로 시작된 대공황이 세계적 규모의 공황으로 확대되면서 독일은 지불이 불가능하게 되었다. 그러나 이때 창립된 국제은행 제도는 그 후로도 발전해 업무를 계속하고 있다.

7_독점의 최고 형태로서 카르텔이나 트러스트와 같이 한 가지 산업부문에서의 횡단적인 기업결합 형태와는 달리 모든 산업부문에 걸쳐 종횡으로 집중을 취해 결합의 범위를 넓혀 다수의 기업 또는 트러스트를 단일의 독점적 지배자본 하에 포섭하고, 최대한 광범하고 완전하게 자본 지배를 실현하는 것을 말한다.

의 광범한 기업군을 포괄했다. 이 '스티네스 제국'에서 일하는 노동자는 60만 명에 이르렀다. 이 거대 콘체른 말고도 티센, 크루프, 볼프 등의 콘체른도 번영을 누렸다. 그러나 인플레이션이 가파르게 상승하던 기간에 무절제하게 합병한 거대한 기업집단은 급격히 붕괴했는데, 스티네스 콘체른도 1924년 봄에 여지없이 무너졌다.

한편, 독일은 부족한 식량과 원료를 수입하고 배상금을 지불하지 않으면 안 되는 처지에서, 수출 증대야말로 필수적인 과제였다. 이를 위해서는 생산 시설을 근대화하고 경영조직을 합리화하지 않으면 안 되었다. 그런데 신용이 수축되고 국내 자금이 고갈되었기 때문에 필요한 자금 조달은 외자도입에 의존해야만 했다. 1924년 독일의 통화안정을 위해 미국의 도스안에 따라 제공된 20억 달러의 차관은 독일의 대규모 외자도입의 시발점이 되었다(김종현 2007, 492). 외자의 대량 유입에 따라 독일 공업의 근대화와 합리화, 그리고 생산능력이 크게 확장되었다. 생산증대는 특히 중공업 부문에서 두드러지게 나타났고, 탄광과 화학산업 그리고 철강 부문에서도 생산은 크게 증대되었다.

막대한 외자도입과 생산 증대, 그리고 기업합병이 진행되는 과정에서 경제적 기반을 쌓은 독점자본가는 증대된 자신들의 권력을 이용해 노동자계급이 그동안 축적한 사회적 성과들을 탈취하고자 기도했으며, 배타적 애국주의 분위기를 부추겼다. 한편, 반동적인 민족주의·군국주의·보복주의적 단체 — 슈탈헬름Stahlhelm, 올게쉬Orgesch와 같은 조직 — 들이 기세를 폈다(Ruge 1978, 163; 193; The USSR Academy of Sciences 1984, 507에서 재인용).

이와 같이 매우 불안정한 상황에서 1920년 3월 13일 카프 반란이 일어났다. 볼프강 카프와 발터 폰 뤼트비츠가 군사독재 정권의 수립을 목표로 민병대를 동원해 베를린으로 진격했다. 바이마르공화국에 대한 우익 세력의 쿠데타가 일어난 것이다. 쿠데타가 발생하자, 프리드리히 에베르트 정부는 처음에는 드레스덴으로, 다음에는 슈투트가르트로 도피했다. 한스 폰 제크트 장군 휘하의 정규군이 민병대와 싸우기를 거부했기 때문이다. 카프 반란을 막은 것은 노동자들의 총파업이었다.

노동조합과 사회민주당은 공화국 방위를 위해 총파업 제기를 호소했고, 3월 15일 전국의 노동자 1,200만 명이 총파업을 결행했다. 총파업에서 보여 준 노동자계급의 통일된 힘은 반란 수뇌부가 전혀 예상하지 못한 일이었고, 그것은 지배계급 내부의 대립과 동요를 불러일으켰다. 구체적인 정치 프로그램을 세우지 못한 카프 정권은 기대했던 지배 세력의 지지도 얻지 못한 채, 결국 4일 만에 붕괴되었다. 노동자계급은 총파업에서 결집된 역량을 바탕으로 '노동자 정부'를 구상했지만 결국 실현하지는 못했다(광민사편집부 1981, 39).

총파업은 3월 22일 중지하기로 결정되었지만, 루르 지방의 노동자들은 무장한 채, 투쟁을 계속했다. 파업위원회는 붉은 군대를 조직하고 백색테러리스트를 그 지역에서 축출했다. 정부는 특사를 파견해 노동자 측 대표와 교섭을 벌인 결과, 3월 24일 '빌레펠트 협정'이 체결되어 노동자들은 무장을 풀었다.

한편, 카프 반란에서 민병대의 봉기 진압을 거부했던 정규군은 루르와 라인 지방의 '붉은 광부군'을 진압하는 데서는 민병대와 기꺼이 협력했다. 독일군은 폰 제크트 장군의 지도 아래 사실상 공화국 이전의 프로이센 전통을 이어받아 '국가 안의 국가'를 이루고 있었다. '정치적'이라는 이유에서 공화국 지원을 거부한 그 '비정치적 태도'는 나중에 공화국을 허물어뜨리는 아주 정치적인 행위로 돌변하게 되었다(풀브룩 2000, 240~242).

이처럼 반동 보수 세력과 노동자계급 사이의 모순이 격화되는 가운데,

정치적으로도 일찍이 찾아보기 어려울 정도의 큰 변화들이 일어났다. 전승국과 패전국 사이의 모순이 두드러지게 격화되었으며, 특히 1922년 말에는 전쟁 배상 문제를 둘러싸고 독일과 프랑스 사이의 충돌이 커졌다. 프랑스의 레몽 푸앵카레 정부는 유럽에서 프랑스 패권을 강화할 목적으로 배상 지불 지연에 대한 강한 불만을 표명하고, 독일에 대해 '현물 담보' 제공을 요구하는 것과 아울러 제재制裁를 행사하겠다고 위협했다.

이에 대해 빌헬름 카를 요제프 쿠노를 수반으로 하는 독일 정부는 민족주의적인 선전을 강화하면서 배상 지불 기한을 지연시키는 한편, 미국과 영국의 국제적 중재를 요청했다. 독일 정부 측의 이런 노력이 별로 효과를 거두지는 못했다.

1923년 1월 11일에는 프랑스군과 벨기에군이 루르 공업지대에 침입했으며, 에센, 겔젠기르헨, 뷰어, 보훔, 도르트문트를 점령했다. 이 지역은 인구 약 300만 명이 살고 있는 곳이며, 독일 석탄 산출의 72퍼센트와 선철과 조강의 50퍼센트 이상이 생산되고 독일 공업노동자의 약 4분의 1이 집중되어 있는 곳이었다. 이렇게 프랑스와 벨기에는 유럽 최대의 공업지대 점유 계획을 실현했다. 세계전쟁 종결 이래 가장 심각한 위기가 유럽 열강 사이에서 일어난 것이다(The USSR Academy of Sciences 1984, 637~638).

프랑스와 벨기에의 침입 행위에 대응해 쿠노 정부는 1월 13일 배상 방출의 정지를 선언하고, 점령군에 대해 '수세적 저항' 행동을 전 독일 국민에게 요구했다. 사태가 이렇게 진전되는 가운데 석탄 산출이 감소했고 운수 부문이 마비되었다. 프랑스는 루르 지역을 관세 경계를 통해 격리시키는 따위의 압박을 강화했다.

프랑스와 독일의 이와 같은 충돌은 양국의 노동자계급에 대해서는 정치적 성숙과 국제주의 원칙 존중에 대한 중대한 시련이 아닐 수 없었다. 독일에서는 1922년 11월에 열린 '전소 독일 경영 평의회(공장위원회) 대회' — 여기에는 독일공산당·사회민주당·독립사회민주당 대표와 무당파 대표도 참가했다 — 가 정부의 반동적 정책에 대해 구체적인 강령을 발표했다. 이 강령은 인플레이션과 빈곤화를 저지할 것, 베르사유가 안긴 무거운 짐을 유산 계급에 전가시킬 것, 반혁명 세력의 활동을 제한할 것 등을 요구했다.

프랑스가 루르 지역을 점령하기 시작했을 때, 독일공산당은 '푸앵카레를 루르에서, 쿠노를 슈프레에서 때려 부수자'는 슬로건을 내세웠다. 독일공산당은 노동자 정부 수립, 노동자 무장과 반동 조직 무장해제, 공장위원회의 생산 통제 등을 요구했다. 이와는 달리 사회민주주의파 지도자들은 행동 통일을 깨뜨리고 다시 '계급 평화', '민족적 단결'의 설교자 역할을 도맡았다.

프랑스 노동자들은 파리를 비롯한 여러 도시에서 '루르 점령 반대', '독일 노동자와 함께 평화 만세'라는 슬로건을 내세우고 시위와 행진을 벌였다.

1923년 5월에는 독일의 몇몇 도시들에서 기아 행진과 반전시위가 벌어졌으며, 파업 물결이 다시 높아졌다. 루르 지역 광산·금속 노동자 3만8천 명이 참가한 파업투쟁은 전국적으로 큰 관심을 끌었다.

여름으로 접어들면서, 인플레이션이 매우 높은 수준을 유지했다. 가공할 정도의 물가 폭등, 상업과 산업 혼란, 투기, 실업 등의 사태가 노동자와 도시 중간 계층을 절망 상태로 몰아넣었다. 쿠노 정부가 시행하는 정책에 대해 국민의 분노는 점점 커졌다. 이런 국민의 불만을 이용한 세력은 반동적인 민족주의 조직이나 군국주의 조직, 테러리스트 조직이었는데, 그 가운데 가장 전면에 나선 조직은 아돌프 히틀러의 나치스 당이었다.

1923년 1월 말 뮌헨에서 '민족사회주의독일노동자당'의 제1회 전국 대회가 열렸고, 돌격대원 500명이 오케스트라의 연주를 들으며 군기를 앞세우고 행진하는 사태가 벌어졌다. 히틀러는 이 자리에서 '독일의 배신자'와 싸우자고 신경질적으로 호소했다. 그가 말한 배신자는 '마르크시스트'(그는 사회민주당원과 공산당원을 이렇게 표현했다)뿐만 아니라 공화파 정부까지를 포함해 지칭했다. 프랑스군이 독일 영토의 일부를 점령하고 있고 경제 상태가 매우 악화된 상태에서 파시스트의 배타적 애국주의 선전과 사회적 대중 선동은 특히 전선에서 돌아온 전직 군인이나 프티부르주아지 사이에서 큰 호응을 불러일으켰다. 그들은 노동자를 습격하거나 유혈 충돌을 도발하기도 했다(Gintsberg 1978, 78~98; The USSR Academy of Sciences 1984, 641~642에서 재인용).

이와 같이 반동 보수 세력의 움직임이 갈수록 거세지는 가운데, 7월 들어 노동자 수십만 명이 참가하는 '반파시즘의 날' 행사가 열렸고, 8월에는 독일공산당 중앙위원회와 혁명적 공장위원회 전全 독일위원회는 노동자들에게 전국 총파업 참가를 호소했다. 이 호소에 응답해 전국의 노동자 300여만 명이 며칠 동안 일손을 멈추었다.

1923년 8월에는 쿠노 정부가 총사퇴를 하고, 사회민주당, 중앙당, 독일민주당, 독일인민당이 공동으로 '대연합' 정부를 구성했으며, 구스타프 슈트레제만이 수반으로 들어섰다. 그는 공공연하게 군사독재 선언을 요구한 극우파의 권고를 뿌리친 채, 사회민주당 우파의 협력을 얻어 입헌적 방법으로 '강력한 정권'을 실현하겠다고 밝혔다. 프랑스에 대한 '수세적 저항' 방침을 폐기하겠다고 선언한 슈트레제만은 한편으로 노동자들의 대중운동에 대해 탄압 방침을 취했다.

9월 중순께 파업운동은 다시 활발하게 전개되었다. 베를린을 비롯한 몇몇 도시에서 벌인 기아 행진이 경찰대와 충돌을 빚었다. 드레스덴과 라이프치히에서 노동자 민병대가 행진을 하고 있는 동안, 뉘른베르크에서는 무장 파시스트 단체와 반동적 민족주의 조직 소속 7만5천 명이 시위를 벌였다.

퀴스트린에서는 비합법 단체 '검은 국방군'이 반란을 일으켰다.

이와 같은 혼란스러운 정세에 대응하기 위해 9월 26일 프리드리히 에베르트 대통령은 전국에 걸쳐 계엄령을 선포했다. 민주주의적 자유와 그 보장에 관한 효력은 정지되었으며, 집행 권력은 국방군 최고사령관 폰 제크트 장군의 손에 이양되었다. 정부는 우익 반란자들에 대한 무력 진압보다는 혁명적 노동자의 행동 분쇄를 준비하고 있었다.

한편, 1923년 10월 10일 작센에서 에리히 자이그너를 수반으로 하는 노동자 정부 — 좌파 사회민주당 5명과 공산당원 2명 — 가 출범했다. 6일 뒤에는 튀링겐에서 동일한 성격의 정부가 수립되었다. 그러나 이런 성격의 주 정부는 자기에게 주어진 임무를 충실하게 수행하지는 못했다. 사회민주당 장관들은 단호한 대책 실시를 피하기 일쑤였고, 공산당 소속 장관들도 주요한 문제, 이를테면 노동자의 무장, 국가기관의 정화, 근로인민의 고통 완화 등에 관한 정책을 과감하게 시행하지 못했다. 노동자, 농민, 실업자, 도시 중간층의 적극적인 행동을 이끌지 못한 것도 바로 이런 이유 때문이었다 (The USSR Academy of Sciences 1984, 644).

1923년 10월 하순에는 독일의 정치·사회적 정세가 매우 긴박해졌다. 슈트레제만 정부는 작센과 튀링겐 노동자 정부를 군사력을 동원해 깨뜨릴 준비를 하고 있었다. 이에 대응해 독일공산당은 전국적 무장봉기 준비를 강력히 진행하면서, 10월 20일 드레스덴에서 열린 독일공산당 중앙위원회 회의에서 전국 총파업 결행을 결의했다. 이 총파업은 슈트레제만 정부 타도와 노동자·농민 정부 수립을 목표로 하는 무장봉기를 계획한 것이었다.

봉기를 위한 군사 계획에 따라 10월 22일 밤부터 23일 새벽까지 함부르크 노동자들이 봉기를 개시했고, 이 봉기는 작센과 튀링겐을 목표로 삼은 국방군을 혼란시키기 위한 것이었다. 작센과 튀링겐에는 '프롤레타리아 대대' 세력의 3분의 1 이상이 집결해 있었기 때문에 여기가 주요한 투쟁의 장場이 될 수밖에 없었다. 무장봉기의 주된 무대가 된 이 지역은 남부(바이에른)의 파시즘과 북부(프로이센)의 반혁명 세력을 절단하는 혁명적 '방벽'을 형성하고 있었다. 총파업 호소는 켐니츠에 소집된 작센의 혁명적 공장위원회, 감시위원회, 그 밖의 프롤레타리아 조직 회의에 전달되었으며, 이 회의에는 바이에른과 브런즈윅 그리고 다른 몇 주의 대표도 참가했다(Urbricht 1966, 408~437; The USSR Academy of Sciences 1984, 644~645에서 재인용).

회의가 예정되어 있었던 10월 21일에는 국방군 부대가 이미 작센을 향해 출동했다. 켐니츠에서는 총파업에 대한 합의가 충분히 이루어지지 못한 상태에서 무장봉기 연기가 결정되었다. 그러나 10월 23일 새벽 함부르크에서는 봉기가 시작되었고, 봉기 참가자들은 몇 시간 뒤 경찰 분서分署 50군데 가운데 17곳을 점거하고 소총 170정과 탄약을 탈취했다. 그런데 이런 개별 그룹의 행동 성공은 전체적으로 계획적인 공격으로까지 진전되지는 못했다. 함부르크 북부 노동자 밀집 지구에서는 노동자들이 재빠르게 바리케이드를 구축했지만, 봉기자들과 연대해 가두에 진출한 노동자 수천 명은 거의 무기를 지니지도 못했고 적극적인 행동을 취하지도 않았다. 이와는 대조적으로 경관대는 기관총과 장갑차, 화물자동차, 정찰용 항공기까지 동원했다.

켐니츠에서 늦게 도착한 봉기 연기 지령은 이미 전투에 들어간 노동자들뿐만 아니라 투쟁 참가를 준비하고 있던 노동자들을 혼란에 빠뜨렸다. 그 결과 봉기 이틀째 되는 날, 전투가 계속된 곳은 시내의 세 지구뿐이었다. 5천 명을 헤아리는 경관대는 몇 척의 군함까지 지원받아 봉기자의 저항을 압도했다. 10월 25일 저녁 무렵 함부르크 무장봉기의 고립이 명백해지면서, 봉기 지도부는 투쟁 중지를 지령했다. 함부르크 봉기는 프롤레타리아의 대중적 투쟁으로 발전하지 못하고 결국 패배로 끝났다. 무장봉기가 실패한 뒤, 작센·튀링겐 정부도 슈트레제만 정부의 공격으로 제압되었다. 그 자리에 반동 세력이 밀치고 들어갔다.

11월 들어 독일 앞날에 매우 불길한 징조를 나타내는 사건이 발생했다. 이른바 '뮌헨 반란' 또는 '비어홀 폭동'이 그것이다. 11월 8일 히틀러가 이끄는 나치스 돌격대Sturm-Abteilung, SA 600여 명이 뮌헨의 뷔르거 브로이켈러 Bürger Bräu Keller라는 맥주 가게를 습격했다. 여기에는 바이에른 국무 장관과 군사령관 등 바이에른 지배층이 참석해 베를린 중앙정부의 계엄령 수용에 관한 대책 회의를 열고 있었다. 히틀러는 이 자리에서 '국민혁명'의 개시와 바이마르공화국 타도를 위한 '베를린 진격'을 주창했다. 바이에른의 지배층은 히틀러의 뜻에 따르겠다는 약속을 했다.

당시 뮌헨을 중심으로 한 바이에른 지방은 1920년 카프 반란 뒤 왕당파 정권이 성립해 반동 우익 세력의 근거지가 되어 있었으며, 나치도 그들로부터 무기와 자금 원조를 제공받고 있었다. 바이에른 지배층은 옛 왕실의 부활을 통해 베를린 중앙정부에서 분리·독립하기를 원했고, 히틀러는 극우 군사 단체들과 협력해 파시스트 정부를 수립하고자 했다. 히틀러는 1922년 무솔리니가 '로마 진격'을 통해 이탈리아에 파시스트 체제를 수립한 데 크게 고무되어 독일에서도 비슷한 방식으로 바이마르공화국을 무너뜨릴 수 있을 것으로 판단했다.

11월 9일 히틀러는 무장 시위대 3천 명을 인솔해 시위를 벌였다. 히틀러의 무장 행동을 돕겠다고 약속했던 구스타프 폰 카르 바이에른 주지사와 장교단은 반란이 결코 성공할 수 없을 것으로 판단해 반란 진압에 나섰다. 바이에른의 지배층뿐만 아니라 옛 왕실과 가톨릭교회 세력까지 반란을 반대해 히틀러는 고립 상태에 빠졌다. 그리하여 히틀러의 반란은 이틀 만에 불발로 끝났다. 히틀러는 체포되어 9명의 주동자와 함께 재판을 받았는데, 히틀러는 5년 형을 선고받았다. 그는 이듬해 12월 성탄절 특사로 풀려날 때까지 한 해 동안 수형 생활을 하면서 나치즘의 성전이 될 『나의 투쟁』*Mein Kampf*을 썼다. 히틀러는 뮌헨 반란의 실패를 계기로 쿠데타 전술을 포기하고 의회주의를 선택했다(풀브룩 2000, 244~245).


**프랑스**

프랑스는 제1차 세계대전에서 승리함으로써 겉으로 보기에는 유럽 대륙에서 흔들리지 않는 주요 국가로 인정받게 되었다. 프랑스는 고도로 발달한 섬유공업 지대인 알자스와 풍부한 철광석 자원을 가진 로렌 지방을 되찾았다. 그 결과 유럽 최대의 철광석 생산국이 되었으며, 프랑스의 우수한 철강공업은 강철 생산능력을 30퍼센트나 증대시켰다.

그러나 전쟁에서 획득한 승리는 너무도 많은 희생을 치렀다. 우선 지적할 수 있는 것은 엄청난 인명 피해였다. 약 800만 명이 군대에 동원되었고, 이들 가운데 16.6퍼센트인 132만2,100명이 전장에서 죽었다. 또 300만 명에 가까운 사람들이 전쟁을 치르면서 불구가 되거나 극도로 쇠약해졌다.

전쟁은 또 경제적 측면에서도 장기에 걸쳐 심각한 영향을 끼쳤다. 1919년의 농업과 공업생산은 전쟁 이전인 1913년과 비교해 45퍼센트 정도 저하되었다. 자원은 파괴되거나 군사적 목적에 유용되었다. 대부분의 농경지는 전쟁으로 황폐해졌고 마을이 피폐해졌다. 특히 독일군 점령지에서는 과도한 침탈과 무분별한 파괴로 광산과 공장의 생산력과 철도망의 수송 능력이 극심하게 저하되었다(프라이스 2001, 287).

프랑스는 전쟁 피해 복구를 위해 최대한의 노력을 기울였으며, 파괴된 지역의 재건에 역점을 두었다. 그런데 재건에 소요되는 막대한 자금과 전시의 유동공채였던 국방위채의 상환, 루르 점령에 소요된 군사비 등으로 정부 지출이 급증했는데, 독일로부터 들어오는 배상금 수입만으로는 그것을 충당할 수 없었다. 실제로 배상금은 1,300만 프랑에 이르는 총재건비의 40퍼센트를 보전했을 뿐이었다. 그래서 그 부족분은 적자재정과 민간 부분의 차입으로 충당하지 않으면 안 되었다. 이에 따라 프랑스는 상당한 기간에 걸쳐 경제적으로 큰 어려움을 겪지 않을 수 없었다(김종현 2007, 488~489).

제1차 세계대전이 끝난 뒤 프랑스는 정치적으로도 큰 변화를 겪었다. 1919년 실시된 선거에서 보수파가 압도적인 승리를 거두었다. 새로운 선거제도는 연합을 구성할 수 있는 정당에게는 유리하게 작용했는데, 이것은 보수파에 대해서는 성공적인, 좌파에게는 절망적인 영향을 끼쳤다. 사회당은 내부적으로도 러시아혁명에 대한 방침 설정을 둘러싸고 분열된 채, 부르주아 정당들과 어떤 종류의 타협도 거부했다. 한편, 급진당과 급진사회당은 보수파와 협력해 '국민 블록'Bloc national을 형성했다. 국민 블록의 창설이 의미하는 것은 보수파가 공화제를 받아들일 의사가 있다는 사실뿐만 아니라 이제 급진파 다수가 기존 질서를 진정으로 위협하는 세력으로서 좌파를 지목하게 되었다는 사실이다. 급진파와 보수파의 접근은 교회와 국가 사이에 수락할 만한 잠정적 협정이 출현했음을 의미했다(프라이스 2001, 293).

선거 결과를 반영해 처음에는 미예랑이, 그리고 1922년부터는 푸앵카레가 주도하는 정부가 성립했다. 프랑스가 1923년 독일의 루르 지역을 점령하자, 여론은 정부 정책에 반대하는 쪽으로 돌아섰고, 이에 따라 다음 선거에서 중도좌파 연합 세력인 '좌파 연합'이 승리하게 되었다.

한편, 전쟁이 종료된 직후 대중적 노동조합운동은 금속노동자를 필두로 해 여러 부문의 노동자들을 광범하게 결집시켰다. 1920년 프랑스노동총동맹은 금속노동자 25만 명, 철도노동자 25만 명, 섬유노동자 20만 명, 건축 노동자 15만 명, 광산노동자 13만 명 등 240만 명을 포괄하고 있다고 밝혔는데, 공식 통계로는 158만 명으로 발표되었다. 프랑스노동총동맹은 1919년까지 프랑스 유일의 전국 중앙 조직이었으나 1919년 11월에는 프랑스기독교노동동맹이 설립되었다. 그리고 1922년 1월에는 혁명적 소수파가 프랑스노동총동맹에서 떨어져 나와 통일노동총동맹을 따로 설립했다(Lefranc 1974(일본어판), 63; 69).

프랑스노동총동맹은 1920년 메이데이 이후 총파업을 결정했고, 철도노동조합이 이를 주도했다. 그런데 총파업은 힘 있게 전개되지 못했고, 게다가 파상적인 투쟁 방식을 취해 그 형세는 매우 취약한 편이었다. 정부는 철도노동자 2만2천 명을 해고 처분하는 것을 위시해 강도 높은 탄압으로 대응했고, 그것이 거의 15년 동안 노동조합운동을 마비 상태로 빠뜨렸다. 1921년 1월 프랑스노동총동맹 자체도 재판을 받아 해산명령을 받았다. 그러나 집행의 무기 연기를 요구하는 청구가 이루어져 법적 권리의 상실로까지 이어지지는 않았다.

이와 같이 경제·사회적인 변화가 진행되는 가운데서도 노동자들의 경제투쟁은 계속되었다. 투쟁 여건은 점점 더 곤란해졌다. 1920년 말에 리모주의 도자기공장 노동자 550명이 파업을 일으켰는데, 파업은 8주 동안 계속된 끝에 부양가족이 많은 노동자에게만 얼마 되지 않는 보너스를 지급하는 것으로 마무리되었다. 마르세유의 화학노동자, 부코의 금속노동자, 생 지론의 제지노동자 파업이 일어났다. 1921년의 파업 건수는 감소했고 노동자 측이 승리한 경우는 점점 줄어들었다.

1921년 봄 르노 지역 섬유노동자 10만여 명이 3개월 동안에 감행한 완강한 파업마저 성공을 거두지 못했다. 그해 9월에는 다시 섬유노동자가, 10월에는 파리의 건설노동자가 파업을 벌였다. 파업투쟁이 패배로 끝나는 경우가 많아지면서 이에 실망해 노동조합을 탈퇴하는 노동자들이 늘어났고, 1921년 한 해 동안 프랑스노동총동맹은 조합원의 62퍼센트를 잃었다(The USSR Academy of Sciences 1984, 510).

프랑스 노동운동이 깊은 침체 상태에 빠진 상황에서, 1922년 말에는 노동자통일전선 정책이 제기되었다. 프랑스공산당은 10월에 열린 당대회에서 노동자통일전선에 관한 결의안을 압도적 다수로 가결했다. 그리하여 공산당은 통일 행동에 대한 정책을 실행에 옮겼다. 11월 공산당 정치국은 통일노동총동맹, 프랑스노동총동맹, 무정부주의계 노동조합연합, 프랑스사회당, 출정군인공화파연맹 등 모든 노동단체를 대상으로 정치범 석방을 요구하는 공동 투쟁 전개를 제안했다. 이 제안에 대해 프랑스노동총동맹과 프랑스사회당은 거부했다. 프랑스 사회당은 공산당이 이 전술을 사회당을 깨뜨리기 위한 일시적 책략으로 이용하려 한다고 거부이유를 밝혔다. 12월에는 프랑스의 루르 점령이 임박했을 즈음 프랑스공산당 중앙위원회는 행동위원회를 조직했는데, 여기에는 통일노동총동맹, 출정군인공화파연맹, 공산주의청년동맹, 무정부주의계 노동조합연합 대표가 참가했다(The USSR Academy of Sciences 1984, 665).

1923년 가을에는 정기 선거가 치러졌다. 인터내셔널프랑스지부는 급진당, 급진사회당과 더불어 '좌파 블록'을 형성하는 문제를 검토하기 시작했다. 여기에 대응해 프랑스공산당은 '노·농 블록'이라는 슬로건을 내세웠는데, 이것은 도시와 농촌 근로인민의 선거 동맹으로서뿐만 아니라 '더욱 개선된 사회제도를 추구하는 동맹'으로 설정했다.

## 영국

제1차 세계대전 이후의 영국 경제는 전쟁에서 승리를 했는데도 침체 상태에 빠져들었다. 영국의 경우, 전쟁 때문에 입은 물질적 피해는 그다지 크지 않았지만, 전후에 경제 상황은 악화되어 전쟁 이전의 경제적 우위를 지킬 수 없는 상태에 놓였다. 세계경제에서 영국의 경제적 지위가 낮아진 데는 몇 가지 요인이 작용했다.

첫째, 세계대전 결과로서 영국은 금융상의 우위를 상실했다. 세계의 금융 중심지는 런던에서 뉴욕으로 이동했다. 그것은 영국이 미국으로부터 군수품을 구입하기 위해 전쟁 기간에 약 10억 파운드에 이르는 수익성 있는 해외투자를 청산했고, 파운드화의 가치 하락으로 금융상의 위신을 상실한 결과였다.

둘째, 영국의 무역이 정체되었다. 영국은 전쟁 기간에 종래의 수출시장에서 필요한 상품을 수출할 여유를 갖지 못했다. 일본은 극동에서, 미국은 주로 중남미에서 영국을 대신해 시장을 확대함으로써 영국의 수출은 감소했다. 그뿐만 아니라 이전에는 영국 제품의 수출시장이었던 인도, 도미니카, 중남미 국가 등 저개발 지역에서 공업화가 진전된 것도 영국 수출을 감소시킨 요인이었다. 그리고 생산 감소도 수출 축소의 요인이 되었다.

셋째, 영국의 디플레이션 정책도 영국 경제 침체를 심화시킨 또 하나의 요인이었다. 전후 영국은 파운드화의 해외투자 가치를 회복시키고 런던의 금융상 우위를 다시 세우기 위해 파운드화를 전쟁 이전 환율로 되돌리기로 결정했다. 이 결정은 기본적으로 디플레이션적인 조정을 의미하는 것이었다. 이런 조정을 통해 1925년에는 영국은 금본위제로 복귀할 수 있었지만, 그것을 위해 치른 희생은 지나치게 컸다(김종현 2007, 486~488).

제1차 세계대전 이후 영국은 정치 세력 면에서도 큰 개편을 이루었다.

1918년 영국이 독일로부터 항복을 받아 낼 수 있었던 것은 전시 내각의 전략적 사고가 아닌, 미국의 참전 때문이었다. 전쟁이 끝나자 영국은 곧바로 총선거를 실시해야만 했다. 전시경제를 이끌기 위해 설립되었던 각종 기구들은 해체되었고, 전시 내각은 정상적인 내각 정부로 복귀했다. 파리 강화 회의를 통해 로이드 조지 수상은 잠시 동안 권력의 후광을 누릴 수 있었으나, 이후 연립 정권의 한 축인 보수당이 여러 가지 정치적 부담을 안겨 줌으로써 그의 권한은 축소되었다.

1918년 총선거에서는 정당 세력의 재편이 이루어졌다. 영국 본토에서는 자유당과 보수당의 연립정부 측 입후보자들이 경쟁자들을 압도했다. 자유당 내 로이드 조지 진영이 얻은 133석과 허버트 애스퀴스 진영이 얻은 28석을 포함해 연립정부 측이 총 478석을 차지했다. 당시 재출범한 노동당은 63석을 차지했다. 보수당은 라이벌이던 자유당이 분열되면서 쇠퇴한 데 힘입어 선거구를 유리하게 설정할 수 있었다(스펙 2002, 234).

총선거를 통한 노동당의 약진은 보수당에 의존하고 있던 로이드 조지의 운신 폭을 제한했다. 그 자신은 물론이고 보수당 당수 앤드루 보나 로 역시 전쟁 이후 노동당의 급성장이 가져올 정치적 파장을 인식하고 있었다. 비록 노동당이 의석수에서는 63석밖에 차지하지 못했지만, 총득표에서는 238만 5,472표를 획득했다. 1919년 실시된 지방의회 선거에서는 런던의 경우 이전에 48석을 차지하고 있던 노동당 측이 무려 573석을 얻은 사실에서 알 수 있듯이, 보궐선거에서는 노동당이 압도적 우세를 나타냈다. 1922년 11월에 실시된 하원 선거에서는 노동당이 420만 표를 획득해 142석을 차지하게 되었고, 드디어 자유당을 제치고 제2당이 되었다.

이런 정치적 재편 과정에서 로이드 조지는 보수당과 연립정부에 가담한 자유당 의원들을 중심으로 '중앙당'을 창설해 노동당의 대두에 대응하려 했다. 그러나 이런 시도는 양측으로부터 전혀 환영을 받지 못해 무산되고 말았다. 1923년 실시된 선거에서도 노동당의 의석은 크게 불어났다. 자유당은 43석 늘어난 159석을 얻었지만, 실질적인 최대 수혜자로 떠오른 것은 1922년 선거에 비해 무려 49석을 더 얻어 191석을 차지하게 된 노동당이었다. 이와 같은 의석 증가는 이전 선거 때와 거의 동일한 득표를 했음에도 불구하고 258석으로 감소한 보수당의 의석 축소에서 나온 결과였다. 1924년 1월 스탠리 볼드윈의 보수당 정부가 실각한 뒤, 제임스 램지 맥도널드 노동당 정부가 등장했다.

처음으로 집권한 노동당 정부는 의회에서 사회주의 정책을 결정할 만한 정치 세력을 확보하지 못한 상황에서 자유당의 도움과 심지어 보수당의 지지에 의존해야만 했다. 결국 노동당 정권은 영국의 기존 정치구조를 뒤흔들 것이라던 우려와는 반대로 체제 순응적인 양상을 보였고, 사회주의 지지자들에게는 큰 실망을 안겨 주었다(스펙 2002, 240~241).

세계대전 이후 정치·경제적 격변이 진행되는 가운데, 노동자계급 투쟁도 매우 격렬하게 전개되었다. 그 가운데 자본 측의 통제와 정부의 억압에 대해 가장 완강하게 저항한 부대가 광산노동자들이었다.

1921년 3월 31일, 광산노동조합연맹과 탄광 기업주들 사이에 체결된 임시 임금협정 기한이 만료되었다. 기업주들은 이를 계기로 광산노동자의 임금을 대폭 삭감하려 했다. 정부도 그날 이후로 전쟁 기간에 시행된 석탄 산업에 대한 국가 통제를 폐지하기로 결정했다. 정부의 이와 같은 지지에 힘입은 탄광 기업주들은 4월 1일부터 전면적인 직장폐쇄를 선언함으로써 100만 명이 넘는 광산노동자들이 불시에 일터를 잃게 되었다. 정부는 곧바로 국내에 비상대권법(비상사태)을 공포했으며, 경찰과 군대가 전투태세에 들어갔고 예비역 동원이 시행되는 동시에 의용 '방위대'가 편성되었는가 하면,

탄광 지대에 군대가 파견되었다.

정부와 탄광 기업주의 이런 조치에 대응해 광산노동조합연맹은 3자 동맹에 속한 다른 노동조합원들 — 운수·철도 노조 조합원 — 에게 공동 파업 결행을 제안했다. 운수·철도 노조 지도부는 1921년 4월 15일 광산노동자들과 연대 파업을 단행할 것을 약속했으나 결코 실행으로까지 옮기지는 못했다. 노동자들은 이날을 '검은 금요일'이라 불렀다.

광산노동자들은 근 2개월 동안 투쟁을 계속했으나, 광산 기업주가 내놓은 대단히 가혹한 조건을 받아들이지 않을 수 없었다. 영국 노동자계급의 가장 전투적인 부대의 패배는 다른 부문 노동자들의 임금과 노동조건에 대한 자본가 측의 공격 수행에 길을 터주게 되었다(The USSR Academy of Sciences 1984, 510~511).


## 미국

미국은 제1차 세계대전에서 이렇다 할 피해도 입지 않았으며, 전시경제 체제를 수립한 일도 없었을 뿐만 아니라 오히려 전쟁을 통해 경제 발전의 활력을 얻은 나라였다. 전시 동원 체제가 해제되었는데도 미국에서 일어난 전쟁 경기는 전후에도 계속되었다. 그것은 주로 전후에도 정부가 계속해서 지출을 행한 결과였다. 정부 지출 일부는 연합국에 대한 차관이나 원조로 사용되어 그것이 다시 미국 상품 구입에 사용되면서 국내 생산을 자극하게 되었다. 그 나머지 일부도 아직 동원이 해제되지 않았던 조선공업이나 건설업 등의 민간 산업부문에 대한 투자로 사용되었다. 그리하여 1918년 말부터 1921년 여름에 이르기까지 왕성한 기업 활동과 전후의 호황이 일게 된 것이다(김종현 2007, 494).

미국 경제는 1920년대 들어서도 두드러진 성장을 이룩했다. 이 과정에서 산업의 생산 효율은 크게 향상되었다. 경제 회복 과정에서 도입된 신기계와 대량생산 체제의 채용, 경영 합리화, 그리고 연구 사업 확충 등에 따라 노동생산성은 크게 향상되었다. 이런 호황 국면에서도 석탄산업, 면공업, 조선공업, 피혁공업, 그리고 농업 부문은 오히려 정체하거나 쇠퇴했다. 세계 공업생산 가운데 미국이 차지한 비율은 전후의 36퍼센트에서 1920년에는 47퍼센트로 증가했고, 다른 나라의 생산이 어느 정도 회복되었던 1920년대 후반에 이르기까지 40퍼센트 이하로 떨어지지 않았다(강병식 1992, 31).

한편, 미국은 전후에 종래의 채무국에서 채권국으로 전환한 반면, 미국 이외의 국가들은 전쟁 비용과 경제 재건을 위한 재정상의 필요에 따라 외화 획득을 위해 적극적인 노력을 기울였다.

이처럼 1920년대의 미국 경제는 자본주의국가들 가운데 가장 순조롭게 발전을 이룩해 '20년대의 번영', 또는 '영원한 번영'을 누렸다. 대량소비 풍조 속에서 토지투기 붐이나 주식시장 과열 현상 등은 충분히 예상할 수 있는 일이었다. 이 처럼 사회가 전반적으로 들뜬 분위기에서는 어느 한 부문에 주어진 충격이 아주 거대한 연쇄반응을 일으키게 될 소지가 잠재되어 있기 마련이었다(양동휴 2006, 20). 이와 같은 번영의 뒤에서는 공황 가능성이 점점 커졌다. 1920년 말에 이르러 상품 판매가 격감했고 그 가격이 크게 떨어졌으며, 이에 따라 생산이 중단되고 기업도산이 속출해 실업자가 양산되는 사태가 벌어졌다.

제1차 세계대전 이후 미국의 경제적 번영을 배경으로 성장한 독점자본 측은 1918년에서 1922년까지 잔혹한 반격을 가했는데, 그것은 노동조합운동을 파괴하거나 또는 절망적일 만큼 불구로 만들려는 의도에서 비롯된 것이었다(Foster 1956, 258).

노동조합운동은 자본 측의 공격에 파업투쟁으로 대응했다. 그 투쟁을 이끈 중심 부대는 탄광·철도 노동자였다. 1920년 9월에는 중재재정에 불만을 가진 무연탄 광산노동자 14만 명이 파업을 결행해 약 3주 동안 계속하다가 파업을 거두었다. 앨라배마에서는 '오픈숍제' 시행에 반대해 갈탄 광산노동자 20만 명이 파업을 제기했다. 파업은 거의 반년 동안 계속되었으나, 결국에는 기업주에게 유리한 중재재정으로 마무리되었다.

1922년 4월 1일에는 광산노동자 60만 명이 일손을 멈추었다. 그들은 임금 인하에 항의하면서 6시간 노동시간제와 주 5일 노동제 실시를 요구했다. 정부와 기업 측은 수천 명에 이르는 파업 파괴단을 고용해 파업을 깨뜨리려 했는데도 파업이 계속되자, 계엄을 선포하고 무력 충돌을 도발했다. 광산 기업주는 완강한 태도를 누그러뜨리고 드디어 노동조합과 타협하는 협정에 조인했다.

같은 해 여름에는 철도노동자 40만 명이 일제히 파업에 돌입했는데, 직종별 노동조합 사이의 대립으로 세력이 약화되기는 했지만 전국에 걸쳐 큰 반향을 불러일으켰다. 4월에 발생한 광산노동자의 파업이 종료되면서, 철도노동자에 대한 정부의 압박이 더욱 강화되었다. 법무 장관은 그들을 '내란' 용의자로 고발했으며, 노동자투쟁은 결국 패배로 끝났다(The USSR Academy of Sciences 1984, 566).

미국의 노동자들은 매우 복잡한 조건에서 투쟁하지 않으면 안 되었다. 미국노동총연맹의 지도부는 주요한 파업투쟁들을 적극적으로 이끌지도 않았으며, 노동조합 사이의 연대 행동도 조직하지 않았을 뿐만 아니라 노동조합 합동에 대한 어떤 제안도 거부했다.

한편, 이 무렵 전국 각지에는 이른바 '회사노동조합'이 급성장했다. 1922년 말에는 이런 노동조합에 포괄된 조합원이 대략 50만 명에 이르렀다. 또 노동자들이 소액 주식을 취득함으로써 마치 기업 경영과 이윤 분배에 참가할 수 있다는 환상을 갖게 되었으며, 그것이 생산 합리화와 노동생산성 향상에 동의하는 결과를 낳았다. 자본의 공세 앞에 굴복한 노동조합 지도부의 이런 태도는 조직 역량의 약화로 이어졌다. 미국노동총연맹의 조합원 수는 1920년의 400만 명에서 1923년의 300만 명으로 줄어들었으며, 공업 부문 노동자의 경우, 15퍼센트만이 노동조합에 남게 되었다(Bimba 1970, 81~63; The USSR Academy of Sciences 1984, 566에서 재인용).

노동운동이 이 처럼 침체 국면에서 벗어나지 못하고 있는 상황에서 미국 사회 민주주의 세력은 독자적인 정치조직 결성을 시도했다. 그 가운데 하나는 1922년 초에 결성된 '진보적정치행동회의'였다. 이 조직은 사실상 철도노동조합이 주도했다. 여기에는 노동조합, 농민 단체, 그리고 여러 대중조직의 전국 조직에 속한 사람들이 참가했다. 1922년 2월과 12월에 열린 대회에서 이 조직은 독점체의 권력을 제한하고 미국 정치제도의 민주화를 목표로 하는 개혁 프로그램을 설정했다. 그러나 조직적 역량이 강고하지 못해 그다음 해 '진보적정치행동회의'는 사실상 해체되었다.


## 일본

제1차 세계대전에서 일본은 영국, 프랑스와 함께 연합국 측에 가담했고, 전쟁이 끝나자 전승국의 일원으로서 패전국인 독일로부터 남양군도를 양도받아 식민지를 확장하게 되었다(시오다 1985, 52~53). 그뿐만 아니라 일본은 중국으로부터 동남아시아 전역에 걸쳐 대대적인 시장 탈취를 강행했다.

경제체제 내에서 지도적 위치를 차지한 독점자본은 대내적으로는 봉건적 유제遺制에 기반을 둔 세력들을 제압 또는 무력화시키면서(1917년 일본 공

업 구락부 발족, 1922년 '일본경제연맹' 창립, 1924년 호헌삼파護憲三派 내각 성립 등),
대외적으로는 조선 합병(1910년)을 발판 삼아 만주를 거쳐 중국 본토까지
진출했다.

　전쟁을 치르는 과정에서 신흥 독점자본이 대두해 강력한 콘체른 체계를
갖추었다. 금융과두 지배의 중심에 자리 잡은 기존 독점자본의 지배력은 전
쟁 발발에 따른 경제 통제를 통해 점점 더 강화되었으며, 전쟁이 끝날 무렵
에는 미츠이, 미쓰비시, 스미토모, 야스다 등 4대 재벌 지배는 결정적인 힘
을 갖게 되었다(大阪市立大學經濟硏究所 1965, 857).

　세계대전의 결과로서 빚어진 일본 경제의 번영은 노동자계급의 양적 확
대와 구성의 큰 변화를 가져왔으며, 노동자투쟁도 조직적 성격을 더욱 강화
했다. 1913년 광공업노동자 수는 145만 명이었는데, 전쟁이 끝난 1918년에
는 248만 명으로 증가했다.

　일본에서는 '쌀 소동'[8] 이후, 노동자투쟁이 증대되었을 뿐만 아니라 이전
에 비해 더한층 조직적인 성격을 띠었다. 1917~1922년 동안의 파업 건수는
그 앞의 6년 동안에 비해서는 약 다섯 배가량 증가했으며, 파업 참가자 수
는 거의 여덟 배 증가했다. 요구 조건으로는 8시간 노동일제, 임금 인상, 노
동조합과 단체협약 승인 등이 제기되었다. 투쟁 과정에서 선진적 노동자들
은 노사협조적인 노동단체인 우애회友愛會를 계급적 전국 조직인 일본노동
총동맹(1921년 개칭)으로 전환시켰다.

---

8_1918년 초 쌀값이 급등하면서 그해 8월 초 도야마 현의 어촌 주부들이 '쌀을 달라'고 외치면서 관공서
로 몰려갔는데, 이 소식이 전해지자 전국적으로 소동이 일어났다. 전국 도·부·현 43군데에 걸친 대중행
동이 전개되었다. 전국에 걸쳐 노동자를 비롯해 1천만 명이 소요에 참가했고, 급기야 데라우치 마사타케
내각이 총사퇴했다.

당시 일본의 농촌에서도 소작쟁의가 거세게 일어났다. 소작쟁의 건수는 1918년의 85건에서 1921년의 1,680건으로 크게 증가했다. 소작농과 영세 토지소유 농민은 농지개혁의 실시와 소작료의 감면을 요구했다. 1922년에는 일본노동총동맹의 제창으로 일본농민조합이 결성되었고, 얼마 지나지 않아 지부 675개와 조합원 5만 명 이상을 포괄하는 대중조직으로 전환했다.

노동운동의 전개에서 노동조합 조직이 점점 체계화되고, 투쟁이 크게 고양되는 가운데, 운동 노선과 이념도 마르크스-레닌주의 지향으로 나아갔다. 러시아혁명 이전 전투적 노동자들이 지니고 있던 운동 노선은 무정부적 생디칼리즘이었다. 이 노선은 메이지 말기 고도쿠 슈스이 이래의 전통을 갖고 있는 것으로서 노동조합운동의 고양과 결합되어 상당한 영향력을 끼쳤다. 그러나 러시아혁명 이후 생디칼리즘에 대한 비판이 일기 시작하면서, 노동조합의 적극적 활동가와 진보적 지식인이 차츰 마르크스-레닌주의 사상을 널리 받아들이게 되었다. 그리하여 이른바 '아나-볼 논쟁'(아나키즘과 볼셰비키 논쟁)이 벌어지기도 했으나, 1922년 7월 일본공산당이 창립되면서 일본 사회주의 또는 공산주의운동의 사상적 기조는 마르크스-레닌주의로 정착되었다(시오다 1985, 59).

1923년 3월에 열린 일본공산당 임시대회에서 당 강령 초안이 토의되었으나, 강령 초안은 당 지도부의 검거로 미처 심의되지 못했다. 이 강령 초안은 잘 다듬어지지 못한 명제들도 포함하고 있기는 했으나, 마르크스-레닌주의를 일본의 구체적인 조건에 적용시키려는 최초의 시도라는 점에서 중요한 의의를 갖는 것으로 평가되었다. 이 강령 초안은 실현해야 할 혁명 목표로서 사회주의혁명으로 성장·전화할 전망을 갖는 부르주아혁명이라고 규정했다. 강령은 또 군주제 폐지, 추밀원과 귀족원 폐지, 군대·헌병·비밀경찰 폐지, 보통선거권과 민주적 자유 보장, 8시간 노동일제와 쟁의권의 확립,

노동조합 승인과 사회보장 실시, 대토지소유 몰수와 소작지의 경작 농민에게로 인도, 세제 민주화 등을 요구했다. 또 외국에 대한 모든 간섭 기도 중지, 중국·조선·대만·북사할린에서 일본 군대 철수를 주장했다(The USSR Academy of Sciences 1984, 669~670).

1923년 9월에는 간토대지진이 발생해 대규모적인 테러가 행해졌다. 당시 행해진 테러의 대표적인 사건으로는 재일 조선인에 대한 학살 사건,[9] 가메이도 사건,[10] 오스카 사카에 부처 학살 사건[11]을 들 수 있다. 이런 학살 사건 말고도 공산주의자, 사회주의자, 무정부주의자들이 대량으로 학살·검거당하는 참혹한 사건들이 발생했다. 그 결과로서 노동운동은 중대한 타격을 입었고, 상당수의 지도자를 잃었다. 이런 사건들 때문에 일본 노동운동은 대내적인 분열과 장기적인 쇠퇴를 겪게 되었다(시오다 1985, 64~65).


## 3. 이탈리아에서 대두한 파시즘

제1차 세계대전은 이탈리아의 정치·경제·사회적인 큰 변화를 불러일으켰다. 이탈리아는 제1차 세계대전 기간에 다른 나라와 마찬가지로 군사적으

---

**9**_간토 대지진 직후 정부 당국은 계엄령을 선포하고 사태 수습에 나섰으나 혼란이 더욱 심해지자, 국민의 불만을 다른 데로 돌리기 위해 조선인과 사회주의자들이 폭동을 일으키려 한다는 소문을 조직적으로 퍼뜨렸다. 이에 격분한 일본인이 자경단을 조직해 관헌들과 함께 수많은 조선인을 무조건 체포·구금·학살하는 만행을 저질렀다.

**10**_전투적인 노동단체였던 '낭가츠(南葛)노동회의' 간부들을 가메이도 경찰서로 연행해, 군대를 동원해 학살한 사건이다.

**11**_무정부적 생디칼리스트로서 전투적 노동자들에게 큰 영향력을 끼쳤고, 아주 매력 있고 개성적인 혁명가로 평가받고 있던 오스카 사카에를 헌병대가 그의 부인과 여섯 살 난 조카까지 함께 학살한 사건이다.

로나 정치적으로 큰 피해를 입었다. 이탈리아가 참전한 이래 3년 반 동안 500만 명이 징집되었고, 그 가운데 대략 장병 60만 명이 프리울리와 투렌티노의 높은 알프스 산기슭 참호 속에서 전사했다. 최전방에 배치된 대부분의 병사들은 남부 출신의 가난한 농부들이었다. 당시 이탈리아 군대의 무장 상태는 형편없었으며, 배급량이나 월급 수준도 매우 낮았다. 반면에, 규율은 엄격한 편이었다. 1915~1919년 사이에 병사 약 30만 명이 대부분 탈영 죄로 군법정에 회부되었다(듀건 2001, 271~272).

한편, 이탈리아는 제1차 세계대전 기간에 '경제 기적'을 이루었다. 1918년 한 해 동안 비행기 6,500대와 트럭 2만5천 대를 생산할 정도였다. 이런 경제 기적은 이탈리아의 산업동원 체제[12]의 '비용을 고려하지 않은 생산'에서 이루어진 것이었다. 산업동원 체제에서 정부의 경제에 대한 개입이 강화되고 주요 기업들이 자유 경쟁을 제한받기는 했으나, 무엇보다 극심한 희생을 강요당한 측은 노동자들이었다.[13] 산업동원위원회가 개별 기업 내의 문제 대해서는 관여하지 않았기 때문에 노동조건은 산업화 초기의 상태로 후퇴했고, 노동자들은 거의 강제노동에 가까운 노동 착취에 시달려야만 했다. 더구나 '보조 공장'stabilmento ausiliario[14]의 노동자들에게는 일체의 파업이나 선동이 금지되었으며, 공장 이동이 허용되지 않았고 임금이나 노동조건에

---

**12_** 이탈리아의 전시 '산업동원위원회'는 1915년 8월과 9월에 선포된 두 개의 비상 칙령에 따라 로마에 중앙위원회, 그리고 7개의 지방위원회를 각 지방에 설립하면서 수립되었다. 뒤에 지방위원회가 11개까지 늘어난 산업동원 체제는 네 가지의 중요한 임무를 맡았다. 군수품을 수요에 맞게 산업생산을 조정, 보조 공장 지정, 산업별 분쟁 조정, 노동자 인력 통제 등이 그것이었다.

**13_** 자본-노동 관계의 조정자 역할을 자임하고 나선 산업노동위원회가 가장 중점을 둔 활동은 노동자들을 공장에 묶어 두는 것이었다. 또 보조 공장의 인력을 군대화하는 것도 주요 임무의 하나였다.

**14_** 1918년 당시 산업동원 체제에 따라 지정된 보조 공장의 수는 총1,976개였으며, 노동자 90만3,250명이 보조 공장에 고용되어 있었다(오승근 1996, 18).

대한 교섭 권한도 주어지지 않았다(Adler 1995, 104~105; 오승근 1996, 18에서 재인용).

제1차 세계대전은 남·북 지역 사이의 경제적 불균형을 더욱 심화시켰을 뿐만 아니라 거대 독점 자본의 기형적 팽창을 낳았다. 이런 거대 독점자본의 팽창은 독점금융자본과 밀접한 유착을 가져왔고, 독점금융자본은 관료 집단과 새로운 밀착 관계를 형성했다.

또 전쟁으로 인한 정치적 폐해도 큰 편이었다. 전쟁 참가는 1914년 이전의 자유주의 체제를 위협했던 분열의 틈을 메우기는커녕, 그 어느 때보다도 심각한 국가 분열을 초래했다. 사회당은 크게 세력을 잃었고, 바티칸에 대한 불신과 증오는 고조되었으며 정부에 대한 국민의 불신도 매우 깊었다. 더욱이 군대가 정치인의 아무런 간섭도 받지 않고 전쟁을 계속 수행할 것을 고집했다는 사실[15]은 의회가 전쟁의 승리를 통해 어떤 찬사나 신망을 얻을 없다는 사실을 의미했다. 이렇듯 정부와 의회는 최악의 상황에 직면해 있었고, 카포레토 전투 이후 비토리오 오를란도가 새 수상직에 올랐다. 이탈리아의 지배계급과 자유주의 체제에 대한 여론은 전쟁으로 더욱 악화되었다(듀건 2001, 271~272).

전쟁이 끝난 뒤, 정치적으로도 큰 변화들이 일어났다. 우선 1918년 12월 이탈리아 정부는 모든 성인 남자에게 보통선거권을 부여했고, 1919년 8월에는 좀처럼 불가능할 것으로 인식되었던 비례대표제 선거가 실시되었다. 1919년 11월 실시된 선거에서 사회당이 156석을 차지했고, 가톨릭 정당인 인민당이 100석을 차지한 반면, 자유주의와 그 연합당은 전체 의석의 절반

---

**15**_1916년 8월부터 정치가들은 교전 지역에 대한 모든 간섭을 할 수 없었다.

도 획득하지 못해 세력이 크게 축소되었다.

정치적으로 안정을 되찾은 이탈리아 정부는 전쟁 승리에 따라 여러 가지 이권을 획득할 수 있는 유리한 위치에 있었다. 그런데도 평화협정에 참석한 이탈리아 대표단은 참전에 따른 정당한 대가를 요구했지만 단호하게 거절당했다. 이탈리아는 트렌토, 남부 티롤, 이스트라를 얻었으나 달마치아와 이탈리아어를 사용하는 항구도시인 피우메(현재 크로아티아의 리예카)를 확보하는 데는 실패했다. 이에 대한 불만이 증폭되는 가운데, 1919년 6월 오를란도가 수상직에서 물러나고 프란체스코 사베리오 니티가 새 수상에 임명되었다.

1919년 여름 이탈리아의 북부와 중부 지역에서는 식료품 소동이 발생했고, 상점들이 약탈당했다. 1919년 한 해 동안 100만 명 이상이 파업에 참가했고, 그 이듬해에는 더 많은 사람이 파업에 참가했다.

1919년 9월, 유명한 시인이었던 가브리엘레 단눈치오가 몇몇 군 장성들과 산업자본가들의 도움을 얻어 지원병으로 이루어진 부대를 이끌고 쿠데타를 일으켜 피우메를 점령했다. 단눈치오는 일 년 조금 넘게 이 도시를 지배했다. 1920년 12월 새로 수상이 된 조반니 졸리티는 해군을 동원해 피우메를 진압했고, 단눈치오의 항복을 받아 냈다.

이처럼 정치적인 격변이 진행되는 가운데, 1920년에는 공업생산이 축소되고 실업이 증가하면서 파업투쟁이 격화했다. 1920년의 파업 건수는 전년에 비해 더욱 불어났고, 운수노동자를 비롯해 금속·기계제조·화학산업·섬유 노동자들이 강도 높은 투쟁을 벌였다(The USSR Academy of Sciences 1984, 507).

기업주들은 정면 대응 방침을 밝히면서, 정부 측에 지원을 요청했다. 졸리티 정부는 '불간섭' 태도를 취했다. 그것은 군대 개입이 노동자투쟁을 공장에서 가두로 진출하게 할 뿐만 아니라 자칫 자본 측과 타협함으로써 혁명을 유발할지도 모른다는 우려 때문에 행한 결정이었다.

1920년 9월에는 노동자 50만 명이 4주 동안 공장과 조선소를 점거해 관리자들을 내몰고 붉은 깃발을 휘날렸던 '공장점거'로 노동자투쟁은 그 절정에 이르렀다. 여기서 이탈리아 노동운동 사상 '신화'로 불리는 '공장점거'와 '노동자 통제권'Controllo Operaio[16]에 대해 개략적으로 살펴본다.

공장점거는 당초 노동조합의 임금 교섭에서 발단되었다. 1920년 5월 20일 이탈리아금속노동조합연맹은 제노바에서 전국 대회를 열고 단체교섭을 위한 공식적인 요구안을 결정했다. 요구 내용은 임금 40퍼센트 인상(당시 평균 일당 18리라를 25.2리라로 인상할 것을 요구했다)과 각종 수당·최저임금 인상, 연 12일의 유급휴가 지급이었다. 이탈리아금속노동조합연맹 지도자들은 임금 투쟁을 통해 4월 파업 때의 '배반'[17]에 대한 대중의 불만을 달래고 노동조합의 권위를 다시 세울 필요를 절감했다. 그래서 요구 내용에는 피에몬테 총파업에서 제기된 공장 평의회Consiglio di Fabbrica[18]나 내부 위원회,

---

**16**_통제권이란 말은 억제나 제한의 의미가 강하기 때문에 원어에 정확하게 일치하는 말이라고 보기는 어렵고, 관리라는 뜻은 감시, 감독보다는 주로 경영을 의미하기 때문에 통제권과는 거리를 갖는다. 그래서 노동자 경영참가의 적극적인 의미로 해석할 수도 있겠다.

**17**_4월 파업은 임금 문제 때문에 발생한 것이 아니라 '공장 평의회'라는 노동자들의 자발적인 조직을 지키기 위한 싸움이었고, 기존 노조 지도자들이 파업을 지도한 것이 아니라 토리노의 전체 금속 사업장 작업반 대표위원들이 선출한 선동위원회가 지도했다는 점에서 전통적인 파업투쟁과는 성격을 달리했다. 이 파업은 한 달 동안이나 계속되었지만 결국 노동자들의 패배로 끝났다. 패배는 사회당과 이탈리아노동총연맹 등이 이 파업을 무분별한 모험주의적인 행동이라고 비난하면서 그람시가 이끄는 토리노의 신질서파 지도자들이 요청한 파업의 확대를 거부했기 때문이었다(송철순 1993, 194~195).

**18**_공장 평의회 운동은 내부 위원회(Commissione Interna)를 기반으로 등장했다. 내부 위원회는 전쟁 이전부터 각 사업장 차원에서 단체협약의 이행을 보장하고 노동자들의 고충을 노조나 경영진에게 전달하기 위해 만들어졌다. 1919년 그람시가 이끄는 토리노의 신질서파(Ordinovisti)는 '공장의 모든 권력을 공

공장 내의 규율에 대한 것은 담겨 있지 않았다.

　이탈리아금속노동조합연맹은 6월 18일 금속 산업의 사용자단체인 기계금속산업조합연맹에 단체교섭 요구안을 제출했다. 기계금속산업조합연맹은 이탈리아금속노동조합연맹 이외의 노동조합들도 교섭에 참여시켜야 한다며 교섭을 지연시키다가, 경기 악화를 이유로 임금동결을 주장했다. 사용자 측의 의도는 경기 침체에 따른 경제적 부담을 노동자들에게 전가하는 동시에 노사 분쟁을 정부에 대한 압력 수단으로 이용하려는 것이었다.

　8월 13일 기계금속산업조합연맹은 노조 요구를 받아들일 수 없음을 통고하면서 교섭 결렬을 선언했다. 이에 이탈리아금속노동조합연맹은 8월 16일과 17일 이틀에 걸쳐 밀라노 노동회의소에서 비상 전국 대회를 열고 8월 20일부터 모든 공장에서 '방해전술'ostruzionismo을 실시하기로 결정했다. 방해전술이란 작업 과정에서 속도를 늦추고 안전 규정을 철저하게 지켜 생산량을 줄이는 투쟁 방법이었다. 이탈리아금속노동조합연맹이 파업 대신 방해전술을 선택한 것은 '돈이 덜 드는'[19] 싸움이기 때문이었다.

　전국의 금속 산업 사업장들에서 방해전술에 따른 긴장이 고조되는 가운데, 밀라노에서 새로운 사태가 발생했다. 8월 30일 노동자 약 2천 명이 일하고 있는 로메오 공장 경영진은 노동자들 사이에 외국의 선동 분자들이 잠

---

장 평의회로!'라는 슬로건을 내걸고 내부 위원회를 공장 평의회로 발전시키기 위한 선동을 시작했다. 공장 평의회는 파업이나 시위 등을 벌일 때 노동자들을 지도하며, 공장 안에서 자본가의 권위에 대항하는 권위를 세우고 장래의 공장 경영에 대비해 노동자들을 기술·정신적으로 훈련시켜야만 했다. 공장 평의회 운동은 토리노와 피에몬테 지역에서 급속하게 확대되어 1919년 말에는 노동자 15만 명을 조직했다. 1920년 4월 파업은 결국 공장 평의회를 지키기 위한 싸움이었다.

19_1919년 8월과 9월 두 달 동안 벌어진 파업 당시에 파업 노동자 20만 명에게 1,500만 리라의 파업기금을 사용했기 때문에 이탈리아금속노동조합연맹은 또다시 대규모 파업을 전개할 여유가 없었다.

입했다고 주장하면서 공장폐쇄를 통고했다. 이런 사태에 직면한 밀라노 이탈리아금속노동조합연맹 지부는 다른 공장들도 동일한 조치를 취할 가능성이 있다고 판단해, 노동자들에게 즉각 밀라노 시와 주변 지역에 있는 작업장 약 300군데를 점거하라고 지시했다.

공장점거는 별 충돌 없이 이루어졌다. 경찰은 개입하지 않았을 뿐만 아니라 공장 접근도 하지 않았다. 정부는 이미 수차례 산업자본가들에게 무력 개입이 불가능하다고 밝혔고, 졸리티는 정부 관리들에게 개입하지 말라고 지시했다. 그리하여 드디어 공장점거가 시작된 것이다.

9월 1일 기계금속산업조합연맹은 가맹 회원들에게 공장폐쇄를 권고하기로 결정했고, 토리노 금속 산업 자본가들은 9월 2일부터 공장을 폐쇄하기로 결정했다. 다른 지역 금속 산업 협회도 공장폐쇄를 주저하지 않았다.

자본가들의 이런 조치에 맞서 금속 산업노동자들은 9월 1~4일 사이에 이탈리아 전역에서 작업장을 점거했다. 점거에 참가한 노동자 수는 며칠 만에 40만 명을 넘어섰다.[20] 토리노, 밀라노, 제노바를 잇는 공업 삼각 지역뿐만 아니라 시칠리아의 팔레르모에서 나폴리, 로마, 피렌체, 토스카나, 베네토의 시골 지역에 이르기까지 기계 공장, 제철소, 조선소 등에서 공장점거가 벌어졌다.

공장점거는 노동조합의 지시로 시작되었지만, 일단 공장이 점거된 다음에는 각 공장 차원에서는 노조 전국 지도부가 아니라 노동자 자신들이 주인공으로 등장했다. 점거된 공장에서 노동자들을 조직한 것은 4월 파업 이전까지 기존 노조 지도부에 도전했던 공장 평의회였다. 공장 평의회는 공장

---

20_작업장 점거에 참가한 노동자 수는 공장점거가 다른 산업 일부로 확대되자 50만 명으로 늘어났다.

방어를 책임져야 했으며, 노동자 적위대가 공장 안과 주변을 순찰하고 낯선 사람들을 감시했다. 노동자들은 공장 주위에 바리케이드를 쌓고 지붕에는 탐조등을 설치하는 등 외부로부터 자행되는 공격에 대비했다. 노동자들은 무장을 갖추었고 공장 방어 시설을 설치했다. 이런 가운데서도 생산은 계속되었는데, 원료·연료의 부족과 판매의 어려움 때문에 생산량은 평상시보다 적을 수밖에 없었다.

공장점거 이후 일주일 동안에도 사태 해결의 실마리는 보이지 않았다. 이탈리아노동총연맹 지도부는 이제 투쟁을 이탈리아금속노동조합연맹이 제시한 요구 차원에서만 제한할 수 없다고 판단하고 '노동자 통제권' 문제를 공식적으로 제기했다. 노동자 통제권은 전쟁 기간에도 임금 인상, 노동 시간 단축과 더불어 노동자들의 중요한 요구 사항으로 제기되었다.

9월 10일 이탈리아노동총연맹 전국협의회가 소집되었고, 이를 계기로 공장점거 운동은 더욱 확산되었다. 소도시의 금속 사업장 노동자들과 북부 대도시의 화학, 석유 등 다른 산업 공장들을 노동자들이 점거하기 시작했다. 9월 11일 열린 전국협의회에서는 '노동조합 통제권' 요구를 내걸고 자본 가들과 협상을 하자는 안과 사회당이 운동의 지도를 떠맡고 생산과 교환 수단의 사회화로 나아갈 것을 요구하는 안을 놓고 논쟁을 벌인 결과 전자의 안이 결정되었다.

졸리티는 현재의 역사적 시기, 즉 전후의 변화한 조건에서는 노사관계 도 근본적으로 변화했기 때문에 이전과 같이 대공장에서는 한 사람의 명령 에 따라 많은 사람이 움직일 수는 없는 것이다. 다른 한편으로 노동자 측도 경영 상태를 확립하는 데 협력하고 일단의 책임을 가질 필요가 있으며, 이 를 위해서는 노동자의 공장관리도 한 가지 방법으로 고려할 가치가 있다는 견해를 표명했다. 졸리티는 "노동자들에게도 알고 배우고 스스로의 지위를 높일 수 있는 권리, 즉 기업의 운영에 참여하고 일부 책임을 질 권리를 부여해야만 한다"고 주장했다. 이런 관점에서 졸리티는 '노동조합 통제권에 대한 입법안을 정부에 제출할 임무를 지닌' 노자 양측 대표 6명씩 참가하는 공동위원회를 만들 것을 제안했다(야마자키 이사오 1970, 250~251에서 재인용).

9월 19일 졸리티는 사태 해결을 위해 공식적으로 노사 당사자들을 로마로 초청해 협상을 추진한 결과, 합의를 이끌어 냈다. 임금은 일당 4리라가 인상되었고 최저임금과 생계비 수당 그리고 연장근로 수당이 인상되었으며, 연 6일의 유급휴가와 해고 보상금이 설정되었다. 또 공장점거 직전의 태업에 대해 임금을 지불하고 점거 기간의 노동에 대해서는 개별 기업이 평가해 보수를 지불하기로 결정되었다. 무엇보다 중요한 성과는 당초에는 제기하지도 않았던 노조의 산업에 대한 통제권이 인정된 것이다. 이른바 '졸리티의 걸작'이 나온 것이다.

'로마협약'에 대한 자본가 측의 반응은 대체로 강한 불만과 반발에 찬 것이었으며, 일부에서는 '협약으로 혁명의 반동과 광기가 동시에 붕괴되었다'며 지지하기도 했다. 노동자 측의 반응은 타협에 대한 실망과 반발, 안도와 기대가 뒤섞인 것이었다. 특히 토리노에서는 타협에 대한 반발이 어느 곳보다도 컸다.

1920년 9월 말 노동자들이 공장점거를 끝내고 철수한 뒤, 가장 핵심적인 문제로 떠오른 것은 노동조합 통제권에 대한 협약 규정의 실행 문제였다. 9월 19일 '로마협약'과 동시에 나온 수상 포고령에 따라 통제권의 입법 준비를 위한 이탈리아노동총연맹·이탈리아산업총연맹 공동위원회가 설치되었다.

이 위원회에서 이탈리아노동총연맹 대표는 다음과 같은 통제권 계획을 제시했다. 각 사업장에서 노동조합이 추천한 후보에 대해 18세 이상의 모든 노동자가 노동자 대표를 투표로 선출하고, 그 대표가 이사회에 감사의 자격으로 참가해 기업 활동 전반에 대해 정보를 얻고 감시를 한다는 내용이었다. 또 각 산업부문별로는 개별 기업에서 뽑힌 노동자 대표들이 선거인단을 구성해 그 선거인단이 상급 통제 위원회를 선출하고, 이 기구에 각 기업의 노동자 대표들이 정기적으로 자기 기업의 생산품 가격, 임금, 경영 방법, 생산기술, 자본구성에 대한 보고를 올려 이탈리아 산업 전체를 조정하는 근거로 삼는다는 것이었다.

이탈리아산업총연맹 대표들은 이런 이탈리아노동총연맹 계획을 경영진 없이 노동자들이 각 공장을 직접 경영하고 국가경제 전체에 대한 공산주의적 경제계획을 수립하려는 작업이라고 비난하면서, 이를 받아들이려 하지 않았다. 이에 따라 이탈리아노동총연맹은 양보안을 내놓았는데, 그것은 종업원의 고용과 해고에 대한 규정이었다. 이에 따르면, 노동자 대표만으로 구성되는 고용 사무소를 통해 노동자들을 고용하고, 노동력이 남아돌 때에는 노동자들을 해고하기 전에 먼저 주당 노동시간을 최저 36시간까지 줄이며, 징계에 따른 해고 조치인 경우 노사 양측이 합의해야 하고, 합의가 될 때까지 해고 대상자는 공장에 남아 있어야 한다는 것이었다.

공동위원회에서 협상이 결렬되자, 졸리티는 1921년 2월 9일 통제권에 대한 정부안을 의회에 제출했다. 정부안에서는 '상급 또는 산업부문별 통제권'은 배제되었고, 고용 사무소에는 사용자 대표도 참가하는 것으로 규정했으며, 해고에 대해서는 사용자의 완전한 자유가 인정되었다. 이런 정부안에 대해 자본가 측은 격렬하게 반대했다. 의회로 넘어간 졸리티의 통제권에 관한 입법안은 논의조차 되지 않았으며, 결국 사문서가 되고 말았다.

이로써 1920년 9월 한 달 동안 이탈리아 전역에 걸쳐 전개된 공장점거는 마무리되었다. 공장점거를 두고는 여러 가지 관점에서 평가가 제기되었다. 공장점거는 진정한 혁명의 시도였고, 그 속에는 이전까지의 사회주의운동과는 다른 새로움, 즉 공장 평의회의 발견이 있었기 때문에 '통일 이래 이탈리아 역사에서 가장 중요한 전환점'이라는 견해가 제시되었는데, 여기서는 공장점거를 '대항 신화'라고 평가했다. 공산당 쪽의 역사가들은 공장점거는 혁명을 일으킬 수 있는 좋은 기회였으나 대중을 지도할 진정한 혁명 정당이 없었고, 결국 개량주의자들의 배반으로 패배하고 말았다고 주장한다. 사회당 쪽에서는 공장점거는 '최대 강령주의자Massimalismo가 초래한 유감스러운 상황'이었으며, 혁명에 대한 공포가 중간계급의 반동을 불러일으켰다고 주장했다(송철순 1993, 185~229).

이런 여러 가지 엇갈리는 평가에도 불구하고 1920년의 공장점거 운동은 이탈리아 노동운동에서 중대한 교훈을 제공했다. 특히 공장 평의회 역할과 노동자 통제권 요구는 현장에서 노동자 조직과 투쟁 역량을 실질적으로 강화할 수 있다는 측면에서 중요한 시사점을 제공했다. 그람시가 노동조합 통제권이 근본적인 해결책이 아니라고 비판하면서도, 분쟁 타결에서 공장 평의회 운동의 정당성이 확인 되었다고 주장한 것은 공장점거에 대한 평가 가운데 특히 주목되는 내용이다(Gramsci 1920, 344~346; 송철순 1993, 220에서 재인용).

1920년의 대규모적인 노동자투쟁을 거친 뒤 정치 정세의 큰 변화가 진행되는 가운데, 1920년 하반기에는 파시즘[21] 운동이 점점 세력을 증대했다.

---

**21**_파시즘이란 이탈리아어인 파쇼(fascio)에서 나온 말로서, 원래 이 말은 묶음(束)이라는 뜻이었으나 결속 또는 단결의 뜻으로 전용(轉用)되었다. 좀 더 오래전으로 거슬러 올라가면 '파스게스'(fasces)라는 단어가 있는데, 이 말은 고대 로마의 집정관이 시가행진을 할 때 맨 앞에 내세웠던 나뭇가지 다발에 싸인 도끼를 가리키며 국가의 권위와 결속을 다짐하는 것을 상징했다. 파시즘은 20세기 제국주의 단계에서 후발 자본주의국가가 국내의 위기 극복을 위해 취한 폭력적인 정치체제를 총칭해서 일컫는다. 기본적으로

그 중심인물은 무솔리니였다. 그는 전쟁 기간에 밀라노에서 『이탈리아 인민』을 발간했는데, 이 신문은 그가 사회당에서 축출당한 뒤에 창간한 일간지였다. 무솔리니가 1919년 밀라노에서 새로운 운동, 즉 '전투 파쇼'Fasci di Combattimento라는 정치단체를 발족시켰으며, 그 강령은 상원제의 폐지, 유권자 모임, 전쟁 수익 몰수, 농민들을 위한 토지 분배 등을 천명했다.

그러나 1919년 선거에서 파시스트 당원들은 단 한 명도 당선되지 않았다. 이런 상황에서 남은 선택이라고는 우익으로 전환하는 것뿐이었다. 1920년에 바뀐 파시스트 강령에는 애국심, 전쟁의 정당성, 위대한 국가, 그리고 이탈리아사회당에 대한 혐오만이 남아 있었다. 이런 기치를 내걸고 파시즘은 이탈리아 사회의 보수 세력을 유혹하기 시작했다(듀건 2001, 281).

자본가들과 지주들로부터 막대한 재정적 지원을 받은 '파시스트 무장 행동대squadre'는 1921년 노동자 조직과 민주 단체에 대한 본격적인 국내 전쟁을 시작했다. 그해 상반기에 노동회의소 119군데, 인민회관 59개소, 협동조합 건물 107개소, 농민연맹 건물 83개소, 노동자 정당 지부 또는 서클이 들어 있는 141개 건물, 노동조합위원회와 노동자 신문 편집국 28군데를 부수거나 방화했다. 그리고 노동조합과 사회주의자들의 활동과 운동을 억제하기 위해 사회주의자들과 노동조합 지도자들을 폭행하거나 살해했다.

파시스트 행동대는 이제 겨우 십 대를 벗어난 젊은 사람들로 구성되었다. 그 가운데는 프티부르주아 출신 학생들이 많이 포함되어 있었고, 사회당의 토지 공유 정책에 불만을 가진 소지주와 소작인도 적지 않았으며, 대

---

는 중산층의 불만과 자본가의 위기감을 배경으로 해 사회주의 세력과 노동운동을 억압하고, 사회개혁을 위장하며 인종론과 배타적 민족주의를 고취하면서 위기를 국가주의적 독재로 극복하려는 것으로서, 대외적으로는 식민지 재분할 요구 등 침략적인 정책을 취한다.

다수가 전쟁에 직접 참가했던 사람들이었다.

파시스트 공격에 대한 저항은 수동적이고 분산적이었다. 노동자 조직은 정치적으로나 조직적으로 이에 대응할 준비가 되어 있지 못했으며, 노동자들의 투쟁은 애초부터 방위적 성격을 띠었다. 파시즘의 위험이 증대되면서 몇몇 도시에 '프롤레타리아 방위위원회'가 생겼는데, 이 위원회에는 사회당 당원, 공산당 당원, 노동조합 활동가, 무정부주의자, 가톨릭교도 등이 참가했다. 이 운동에 참가한 사람들은 스스로를 '인민의 용사'arditi del popolo라고 불렀다. 프롤레타리아 방위위원회'는 집회를 열기도 하고 시가행진을 조직하기도 했으나, 위원회 참가 조직 사이의 의견 상이와 조직적인 결집의 취약성, 그리고 위원회 참가 조직의 반파시즘 운동에 대한 소극적인 자세 때문에 운동은 점점 쇠퇴했다.

파시즘이 이처럼 도전적 활동을 펼치고 있는 상황에서 이탈리아사회당은 1921년 1월 리보르노에서 제17차 대회를 개최했다. 이 대회에서 안토니오 그람시와 아마데오 보르디가 그리고 안젤로 타스카가 탈당해 이탈리아공산당을 창설했다. 이탈리아공산당은 5월 선거에서 15석을 차지했다.

한편, 1921년 선거에서 졸리티는 무솔리니와 파시스트들이 여당 후보로 입후보하는 것을 허용했고, 이것에 힘입어 무솔리니는 다른 파시스트 의원 34명과 함께 처음으로 의회에 진출했다. 졸리티가 파시스트 측을 민족주의 측과 함께 '민족진영'에 포함시킴으로써 파시스트 측의 선거전은 한결 수월하게 치러졌다. 이것은 파시스트 측으로서는 집권층에 편승해 얻은 호응과 기기의 실질적인 첫 번째 성과였다. 그 뒤 졸리티가 시도한 연합 체계가 급격히 분열되면서 그는 사임하고, 이바노에 보노미가 그 뒤를 이었다. 파시스트는 사회당과 파시스트 사이에 맺어진 '화해의 협약'을 깨뜨리고 정부와 다른 국가기관들의 공공연한 동조에 힘입어 거리낌 없는 폭력을 자행했다.

1921년 11월 전투 파쇼는 30만 명 이상을 포괄하는 '파시스트국민당'으로 재편되었다(허인 2005, 282).

이 당의 강령은 계급투쟁과 사회주의 대신에 사회조직의 지배적 형태로서 통일적 민족 이념으로 대치하고, 강력한 정권 수립과 자유주의 국가를 '협동조합 국가'로 전환할 것을 요구했다. 또 파시즘은 '위대한 이탈리아'를 창조할 수 있는 '정치·군사·경제적 유기체'라고 선언했다.

파시스트는 1921년 파시스트계系 노동조합도 설립했는데, '전국노동협동조합연맹' ― 공업 노동, 농업 노동, 무역과 상업 노동, 중간계급, 지식인, 해양노동자조합 ― 이 그것이었다. 창립 바로 뒤, 계급 협력을 선언한 이 전국노동협동조합연맹에 무정부적 생디칼리스트 노조도 가입했다. 이 연맹은 1년 동안 네 배가량 조직 확대를 달성해 1922년 말에는 조합원이 100만 명에 이르렀다(The USSR Academy of Sciences 1984, 557).

파시스트는 1922년 10월 나폴리에서 당대회를 개최했는데, 거기서 4만여 명의 파시스트 행동 대원들이 '로마 진군'을 요구했다. 1922년 10월 28일 파시스트들은 드디어 로마 진군을 시작했고, 왕은 파시스트 운동을 호의적으로 관망하던 군과 민족주의자들의 압력 때문에 반란군 진압을 거부한 채 무솔리니에게 내각 구성을 요청했다. 이렇게 '막후 협상'에 따라 무솔리니의 첫 번째 정부가 수립되었다. 이 정부에는 파시스트 당원 외에 인민당과 자유당의 당원들이 참여했고, 공산당을 비롯해 사회당 좌파, 사회주의자들, 그리고 공화주의자들은 그 반대편에 서게 되었다.

노동운동의 처지에서 볼 때, 무솔리니가 권력을 장악한 상황인 1923년은 암흑의 해였다. 공산당뿐만 아니라 사회당, 민주주의파, 자유주의파, 가톨릭교도들까지를 대상으로 한 테러가 단순히 파시스트들만의 주도가 아니라 국가기관까지 합세한 가운데 행해졌다. 사실상 파업은 중지되었고, 임금

수준은 전쟁 이전보다 더 낮아졌다. 이탈리아노동총연맹을 포함한 노동조합은 영향력을 잃었고, 노동조합원 수는 격감했다.

이탈리아 파시즘 체제의 형성 요인에 대해서는 많은 이론적 분석이 제기되었다. 그 가운데 니코스 풀란차스와 에르네스토 라클라우의 주장이 비교적 구체적이면서 노동운동의 발전과 관련지어 접근하고 있어, 이 두 사람의 논지를 중심으로 살펴본다.

파시즘 체제 성립에 대한 풀란차스의 논지는 다음과 같이 요약될 수 있다. 이탈리아의 경우, 북부의 산업자본가들과 남부의 지주들을 포함하는 '정치권력권'power bloc이 남부 농업의 봉건적 성격을 유지함으로써 북부 산업자본가들의 헤게모니를 확립했다. 파시즘은 지배계급 내의 새로운 분파, 즉 거대 독점자본층이 헤게모니를 강점하려는 정치권력권의 재조직화다. 이런 파시즘 체제로의 이행은 여러 계급과 그들을 대표하는 정당들 사이의 연관성 파괴를 의미하는 정치적 위기와 일반적 이데올로기 위기로 발전하는 지배 이데올로기의 위기를 통해서 성취되고 있다. 그리고 파시즘이 성장하면서 부르주아지는 공격적 전략을 갖게 되고 노동운동 측에서는 방어적 조치를 취하게 된다.

파시즘의 형성은 한편으로 노동자계급의 수많은 패배를 전제로 한다. 또 이런 과정에서는 부르주아지에 대한 노동자의 투쟁이 차츰 경제투쟁으로 후퇴하는 반면, 노동자에 대한 부르주아지의 투쟁은 점점 정치적 성격을 띠어 간다. 그리고 파시즘 발생은 노동자의 이데올로기적 위기와 혁명적 조직의 위기에 해당한다. 혁명적 조직의 위기는 내부적 분열이 표면화하고 혁명적 조직과 대중 사이의 연계가 단절되는 것으로 구체화된다.

노동자계급의 이데올로기 위기는 노동조합주의, 개량주의와 같은 부르주아 이데올로기와 무정부주의, 대중 자발주의, 농민 반란 같은 프티부르주아 이데올로기의 영향력이 증대하는 현상으로 나타난다. 그리고 파시즘 발생은 프티부르주아지가 이데올로기적 위기에 봉착했을 때 발생한다(서동만 1983, 271~273).

라클라우는 파시즘의 발생을 정치권력권의 위기와 노동자계급의 위기라는 이중의 위기에서 발생한다고 설명한다.

> 첫째는 파워 블록의 위기로서, 그것은 정치적 지배계급이 전통적 방법으로는 더 이상 대중들의 모순을 흡수하고 중화시킬 수 없을 때 나타난다. 둘째는 노동자계급의 위기인데, 그것은 노동자계급이 대중투쟁의 주도권을 장악하지 못하고, 대중민주주의적 이데올로기와 노동자계급의 혁명적 계급 목표들을 하나의 일관된 정치·이데올로기적 실천으로 융합할 수 없을 때 나타난다(Laclau 1977, 82; 오승근 1996, 23에서 재인용).

정치권력권의 위기와 노동자계급의 위기가 구체적으로 어떻게 발현되었는지를 살펴본다. 이탈리아의 경우, 파워 블록 내의 헤게모니 위기는 리소르지멘토risorgimento(통일운동)의 결과로 탄생했던 파워 블록의 정치적 타협, 즉 트라스포르미스모transformismo(변환주의) 체제[22]의 붕괴에 따라 심화되었다. 통일운동 과정에서 형성된 북부의 진보적 산업 부르주아지와 남부의 전통적인 지주 사이의 '역사적 동맹'은 통일 이탈리아 국가의 가장 중요한 주축이며, 이 동맹의 기원과 결과들이 국가 통일에서부터 파시즘에 이르

---

[22]_이탈리아어 transformismo는 원래 생물학적 변이 또는 진화론의 뜻을 지니고 있으나, 이탈리아 정치사에서는 정당의 정치적 전환, 정치적 타협 능력 등의 뜻을 함께 지니는 것으로서 더구나 '졸리티 시대'를 비유적으로 표현할 때 자주 쓰는 말이다.

는 이탈리아 정치 발전을 관통하는 특성을 이루고 있었다.

역사적 동맹은 남부의 희생을 전제로 근대국가의 기틀을 마련한 것이어서 애초부터 불안정한 요소를 내포하고 있었으며, 시간이 흐를수록 내부 균열의 소지는 커졌다. 이탈리아의 산업화가 진전되면서 졸리티 정부와 자본가 집단 사이의 대립도 심화되었다.

이에 따라 트라스포르미스모 체제는 더 이상 제 기능을 발휘할 수 없게 되었다. 선거권의 확대와 사회적 이익집단의 세력 확대로 더욱 많은 대중이 정치적 경험을 획득했고, 경제적으로 성장한 독점자본은 정치적 권력을 요구하고 나섰다. 이런 세력들의 이해관계를 의회 내로 수렴하기에는 이탈리아 의회가 너무나 협소했다. 의회 밖의 세력들도 대부분 이익집단화되어 있었고, 근대적인 대중정당을 창출할 역량이 부족했다. 이탈리아 의회는 이미 본래의 정치적 역할을 수행할 수 없었다(Corner 1986, 18~19; 오승근 1996, 34에서 재인용).

이런 상황에서 정치적 헤게모니를 획득하기 위한 독점자본의 야망을 행동으로 구체화한 것이 1919년 4월 이탈리아산업총연맹 결성이었다. 독점자본은 기존의 정치체제와 대립할 수밖에 없었고, 또 정치권력권 안의 어떤 기구나 분파에서도 자신의 지지 기반을 확보하지 못했다. 독점자본이 바라는 대로 정치·경제적 구조를 재편하기 위해서는 자본주의 체제를 유지하면서 그들의 이해관계를 담보해 줄 예외적인 국가가 필요했다. 그리고 이런 예외적인 국가를 세울 수 있는 기회는 현실적으로 프티부르주아 대중운동이 대자본과 타협할 준비가 되어 있던 파시스트 지도자들에게 정권 장악의 기회를 제공할 때 비로소 확보될 수 있었다.

이와 같이 파시즘의 발생과 승리에서 결정적인 역할을 한 것은 프티부르주아 대중운동이었다. 그러나 파시스트 활동이 파쇼 전투단에서 당으로,

그리고 운동에서 체제로 진전되면서 파시즘의 프티부르주아 대중운동적 성격은 차츰 소멸되었다. 파시스트 체제가 수립되자 무솔리니는 독점자본에게 국가경제를 장악할 수 있는 권한을 주었으며, 독점자본은 무솔리니에게 파시즘 권력을 보장했다(오승근 1996, 80).

다음으로 노동자계급의 위기 상황은 구체적으로 어떠했던가를 살펴본다. 1926년 리옹에서 열린 제3회 이탈리아공산당 대회는 '리옹 테제'를 채택했는데, 리옹 테제에서 그람시는 파시스트가 집권할 당시 이탈리아 노동자계급이 당면한 위기를 다음과 같이 표현했다.

> 이와 같은 결정적인 시기(전후의 위기)의 혁명적 프롤레타리아 패배는 노동자
> 당의 정치·조직·전술, 그리고 전략적 오류 때문이었다. 이러한 오류의 결과로
> 프롤레타리아는 대다수 인민 봉기를 지도할 위치에 서거나, 그 인민 봉기를 노
> 동자 국가를 이룩하는 방향으로 이끌어 가지도 못하였다. …… 따라서 1922년
> 의 파시즘 승리는 혁명에 대한 승리가 아니라, 혁명적 세력들이 그들 자신의 본
> 질적인 취약 때문에 겪은 패배의 결과로 보인다(Gramsci 1978, 313).

풀란차스는 노동자계급의 위기를 낳은 요인이 경제주의에 있다고 보고, 경제주의의 필연적인 결과가 '대중노선의 결여'라고 지적했다. 구체적으로는 사회당과 이탈리아노동총연맹의 개량주의적이고 노동조합주의적인 활동 방식이 위기를 불렀다고 주장했다(오승근 1996, 41~42에서 재인용).

라클라우는 이탈리아 노동운동의 위기를 부른 분파주의와 지역주의 본질을 '계급 환원주의'class reductionism로 설명하고 있다. 그는 유럽의 노동운동은 계급적 장벽을 아주 비타협적으로 유지하면서 그것을 토대로 해 발전하고 성숙했다고 주장한다. 더구나 노동운동이 발전의 초기 단계에 있었던

이탈리아에서는 노동자계급의 개량주의적 지도자들이 자유주의 부르주아의 영향을 받고 있었기 때문에 노동자계급이 계급적 동질성을 확보하는 유일한 길은 노동자계급과 다른 사회 계급 사이에 계급적 장벽을 설치하는 일이 중요했다는 것이다(Laclau 1977, 126~127; 오승근 1996, 48에서 재인용).

제1차 세계대전 이후 조성된 노동자계급의 위기 극복을 위한 다양한 시도들은 결코 성공을 거두지 못했다. 이에 따라 한편으로는 노동자계급의 쇠퇴와 계급으로서의 동원 불능 상태가 빚어졌으며, 다른 한편으로는 프티부르주아지의 대중적 요구들은 사회주의적 교의와 결합되지 못한 채, 파시스트의 정치적 교의에 노출되고 흡수되었다. 결국 프티부르주아지의 대중적 요구들은 독점자본에 봉사하게 되었고, 노동자계급의 일부 사이에서도 파시즘이 침투하게 되었다. 이와 같이 노동자계급의 '패배'는 이탈리아에서 파시즘 체제가 형성된 주요한 요인으로 작용했다.

# 코민테른 제3, 4회 대회와
# 노동자계급의
# 통일 행동 문제

오늘날 코민테른 앞에 놓인

가장 중요한 문제는

노동자계급 다수에 대한

우세한 영향력을 획득하는 것이고,

그리하여 노동자계급의 중요 계층을

투쟁에 끌어들이는 것이다.

왜냐하면 객관적 상황이 혁명적인데도

…… 대다수 노동자들이

여전히 공산주의의 영향력 아래

있지 않기 때문이다.

_코민테른 제3회 대회 결의안
(핼러스 1994, 96)

# 1. 노동운동의 대내외적 정세

## 노동운동을 둘러싼 상황

앞 장에서 살펴본 바와 같이, 1920년대 들어 대부분의 자본주의국가들에서는 부르주아지와 국가권력이 노동자계급을 대상으로 본격적인 공세를 취했다. 이에 따라 노동자계급은 이제 힘겨운 방위 투쟁을 벌이지 않을 수 없었다. 더욱이 이런 투쟁은 1920년과 1921년에 걸쳐 자본주의국가들을 덮친 경제공황의 어려운 조건에서 이루어졌다.

수많은 노동자가 직장에서 쫓겨나 거리로 내몰리고, 근로인민은 임금을 깎이는 고통을 당해야만 했다. 노동자들이 그동안 쟁취했던 정치·경제·사회적 성과들은 축소되거나 폐지되었다. 자본의 공세와 함께 정치적 반동이 강화되었다. 몇몇 국가들에서는 파시스트가 대두했으며, 대부분의 자본주의국가들에서는 다양한 형태의 테러리스트 단체나 파업 파괴단이 노동자계급이 벌이는 투쟁에 끼어들어 거침없이 폭력을 행사했다. 이와 같은 조건에서 전개된 노동자투쟁은 대부분의 경우, 패배로 끝났다. 노동운동과 혁명투쟁이 쇠퇴와 침체로 접어든 것이다.

유럽과 미국의 자본가들은 직접적 탄압이나 테러 정책을 시행하는 것과 함께 그때그때의 임기응변적인 양보 정책을 교묘하게 활용했다. 여기에 발맞추어 사회개량주의자들은 노동자계급에 대해 큰 영향력을 행사했고, 이에 따라 노동자계급의 정치적 적극성은 약화되었다.

이 시기 부르주아지의 힘과 포섭 역량, 사회개량주의자들의 사상·조직적 영향력, 대중의 정치적 미성숙과 근로인민의 의식 속에 남아 있는 편견과 환상, 부르주아 민주주의를 통해 자신의 이익을 확보할 수 있다는 소박한 신뢰, 혁명적 정당의 약세와 경험 부족 등으로 근로인민의 상당한 층은 개량주의자들을 추종했다. 1921년 당시 사회민주당이나 사회주의당이 약 800만 명의 당원을 포괄하고 있었고, 개량주의 경향의 암스테르담인터내셔널[1]은 약 2,200만 명을 포괄하고 있었다(김성윤 1986, 120).

사회민주당 우파 지도자나 개량주의적 노동조합 지도자들은 '계급 평화'나 '자본주의로부터 사회주의로 평화적 성장 이행'을 주창했다. 제임스 토마스는 "노동자계급의 힘도 투표함을 통해 작용하지 않으면 안 된다. …… 투표용지는 탄환보다도 강하며, 그것이 최후의 승리를 거두게 할 것이다"라고 역설했다.

합법적 정치가 일정한 공간을 확보하면서 사회주의정당들이 1919년 2월 베른에서 제2인터내셔널을 재건하기 위한 회의를 소집했다. 이 회의에는 26개국에서 102명의 대표가 참가했는데, 칼 카우츠키를 비롯한 중앙파에 속한 사람들이 대부분이었다. 제2인터내셔널은 주로 영국, 독일, 스웨덴, 덴마크, 네덜란드, 벨기에 등 국가의 사회주의정당에 기반을 두었다. 제2인터내셔널은 전쟁에 대한 책임을 전적으로 독일 측에 돌리고 1914년 독일사회민주당이 와해된 것을 비난했으며, 연합국들의 이익을 확대하기 위한 기구였던 국제연맹을 승인했다(Foster 1956, 265~266).

한편, '좌파' 공산주의자들은 개량주의적 노동조합에서 혁명 지향 노동자들을 탈퇴시켜 독자적인 노동조합 조직을 설립하도록 부추김으로써 분열을 조장했다. 기존 노동조합을 탈퇴한 노동자들은 어쩔 수 없이 자신들의

---

1_1919년 창립된 개량주의 성격의 노동조합 국제조직이다. 1903년 유럽 여러 나라의 노동조합이 국제서기국을 설치했으며, 1913년에 암스테르담인터내셔널로 명칭을 바꾸었다. 제1차 세계대전으로 한때 조직이 해체되었다가 세계대전이 끝난 뒤 1919년 네덜란드의 암스테르담에서 다시 설립되었다. 1931년까지 본부를 암스테르담에 두었으며, 줄곧 프로핀테른과 대립했다. 제2차 세계대전이 일어나기 전에 이미 활동이 중단되었다.

노동조합을 만들었고, 그런 노동조합들은 혁명 지향 노선을 내걸었으나 개량주의적인 노동조합에 남아 있는 광범한 노동자 대중으로부터 고립되었다.

또 다른 분파인 중앙파 지도자들은 혁명적 노선을 부르짖으면서도 실제로는 개량주의적이고 분열주의적인 정책을 시행했다. 그야말로 우왕좌왕하는 양태를 보였다. 1920년 12월과 1921년 2월에 중앙파에 속하는 각 당이 오스트리아의 베른과 빈에서 열린 두 차례의 회의를 통해 '사회주의정당국제활동연합'을 결성했다. '빈Wien 연합' 또는 '제2반半인터내셔널'Tow-and-a-Half International이라는 이름으로 알려진 이 조직은 독일독립사회민주당, 체코사회민주당, 인터내셔널프랑스지부, 발칸반도의 모든 사회민주당 그룹 등을 규합했다. 1919년 여름에는 제3인터내셔널에 가입했다가 탈퇴한 스위스 사회민주당, 멘셰비키와 사회혁명당 좌파 등의 러시아 비非볼셰비키파, 영국의 독립노동당 등도 여기에 합류했다. 1919~1920년에는 양 진영 사이에서 일관되게 독립성을 유지했던 오스트리아사회민주당이 주도권을 발휘했다.

레닌은 이를 두고 "제2반半인터내셔널의 신사 여러분은 혁명가라 자칭하려 하지만, 실제로는 중대한 사태가 일어나면 언제라도 반혁명적으로 행동한다. 왜냐하면 그들은 종래의 국가기구를 힘으로 깨뜨리는 것을 두려워하고 있기 때문이며, 노동자계급의 힘을 믿지 않기 때문이다"라고 설명했다(김성윤 1986, 122에서 재인용).

이처럼 사회개량주의와 '좌파' 공산주의, 중앙파 그리고 제3 인터내셔널 등의 분열은 노동운동과 사회주의운동의 약화를 가져왔다. 그러나 이런 가운데서도 각국에서는 운동의 새로운 고양을 위한 다양한 모색들이 진행되었다.

## 새로운 당의 창립

독일에서는 독일사회민주당의 좌파 세력인 독일독립사회민주당[2]이 1920년 10월에 열린 당 대회에서 코민테른에 가입하고 독일공산당[3]과 합당하는 데 찬성하는 결정을 채택했다. 우파 세력은 대회에서 퇴장해 당을 분할했다. 독립사회민주당은 1921년 2월 베를린에서 열린 당대회에서 공산당과 합당해 독일통일공산당[4]을 창립했다.

프랑스의 경우, 사회당이 1920년 12월 투르 대회에서 코민테른 가맹을 결정했다. 비합법적으로 투르 대회에 참석한 클라라 체트킨은 코민테른 집행위원회를 대표해 혁명적 계급투쟁을 주장한 것과 아울러 전위당 창설을 호소했다. 당은 설립 당초부터 대중적인 정당이었고 노동자계급에 대해 광범위한 영향력을 발휘했으며, 몇몇 농민지구에도 견고한 기반을 구축하고 있었다.

이탈리아사회당은 1920년 코민테른에 가입했지만, 코민테른 지도 방침을 실행할 만한 역량을 갖추지는 못했다. 당 내부에는 사상·조직적 통일도, 강고한 정치적 규율도 확립하지 못하고 있었다. 1921년 1월 리보르노에서 열린 당대회에서 중앙파 그룹이 사회개량주의자와 연합해 당의 혁신을 거부하자, 혁명 지향 그룹이 퇴장해 이탈리아공산당을 창립했다. 그러나 공산당에 가입한 사람은 소수에 지나지 않았으며, 많은 혁명 지향 노동자가 사회당에 그대로 머물러 있었다. 지도 구심조차 확립하지 못한 공산당은 파시

---

**2**_1914년 독일사회민주당이 전시(戰時) 국공채 발행에 찬성표를 던지자, 이에 반발해 사회민주당을 탈당한 사람들이 만든 소수정당이었다.

**3**_1916년 독일사회민주당을 탈당한 칼 리프크네히트와 로자 룩셈부르크가 주도해 조직한 스파르타쿠스단이 1918년 12월 30일 브레멘 좌파와 합당해 독일공산당을 창립했다.

**4**_독일통일공산당은 1921년 8월 독일공산당으로 이름을 바꾸었다.

즘의 공세를 당해 어려운 투쟁을 전개해야만 했다.

루마니아 사회당은 1921년 5월 8일 당대회를 열어 코민테른 가맹과 공산당으로 당명 개칭을 결정했다. 대회에 참가했던 상당수 대의원들이 체포되고 투옥당하는 탄압을 받았다. 이런 상황에서도 당은 존속하면서 투쟁을 지속적으로 전개했다.

체코슬로바키아 사회민주당(좌파)은 1921년 5월 당대회를 열어 루마니아 사회당의 경우와 마찬가지로, 코민테른 가입과 공산당으로 당명 개칭을 결정했다. 공산당은 대중정당으로 출발했고, 창립 때의 당원 수는 러시아공산당과 독일공산당에 버금갈 정도였다.

같은 해 중국, 남아프리카, 벨기에, 캐나다, 룩셈부르크, 스위스, 팔레스타인, 포르투갈, 뉴질랜드에서 공산당이 설립되었다. 1922년에는 브라질, 일본, 칠레에서 공산당이 창립되었으며, 1923년에는 노르웨이에서 공산당이 창설되었다. 각국에서 공산당이 창립된 것은 노동운동의 발전에서 혁명적 노선이 널리 채택되고 있음을 말해 주는 것으로서, 운동 노선의 큰 전환을 단적으로 보여 주는 것이었다(김성윤 1986, 125~127).

사회주의 실현을 목표로 하는 사회당이나 사회민주당 형태는 이미 존재했지만, 막 출범한 공산당은 노동자계급이 힘겨운 방위 투쟁을 벌여야 할 상황에서 새로운 임무를 떠맡았다. 인민대중의 당면 요구나 그들의 경제적 요구를 옹호하는 일을 비롯해 민주주의적 자유와 지난날 노동자계급이 쟁취했던 경제·사회적 성과를 지키고 확대하는 일, 새로운 전쟁의 위험에 반대하고 소비에트 국가를 옹호하는 일, 혁명 사상 활동을 시원하고 주도하는 일 따위가 바로 그런 임무였다.

그러나 신생 공산당은 조직 역량도 취약했고 대중 활동의 능력도 갖추지 못했을 뿐만 아니라 정치적 지도 능력도 제대로 갖추지 못했다. 말하자면 당은 아직 잘 조직되어 있지도 않았고, 잘 훈련되지도 않았다. 그래서 당은 더없이 신중하고 엄격하게 자신을 점검하고 자기 자신의 운동 경험을 검토하면서, 당원을 적절한 방식으로 훈련하고 조직해 모든 행동과 다양한 형태의 투쟁에서 공격작전과 후퇴작전을 통해 단련시켜야만 했다.

## '대중 획득'을 둘러싼 논쟁

독일의 경우, 당이 자본의 공격에 대한 방어를 조직하고 노동자들을 결속하는 새로운 사례를 보여 주었다. 1921년 초 독일공산당은 인민대중 속에서 더한층 폭넓은 활동을 벌이는 방향으로 방침을 전환했다. 노동자계급의 행동 통일을 위해서 당은 노동자의 일상적인 경제적 요구와 민주주의적 권리, 그리고 자유의 옹호·확대에 관한 요구를 전면적으로 내세웠다. 당은 노동조합을 비롯한 프롤레타리아 대중조직 내에서 체계적으로 활동하면서 동시에 대중 동원을 위해 의회 연단을 적극적으로 활용했다(김성윤 1986, 129).

1921년 1월 7일, 독일통일공산당 중앙위원회는 독일사회민주당, 독일독립사회민주당, 독일공산주의노동자당과 독일의 모든 노동자 조직(독일노동조합총연맹, 자유직원조합연맹, 일반노동자연맹, 생디칼리스트 조직인 자유노동자연맹) 앞으로 "공개장"을 발표하고, 거기서 노동자와 근로인민의 긴요한 요구를 실현하기 위해 반동 공세에 대항하는 공동 투쟁 전개를 호소했다. 이 공개장은 프롤레타리아 통일전선 수립을 위한 투쟁에서 최초의 중요한 사례가 되었다(동녘편집부 1989c, 63~65).

"공개장"은 "자본주의 해체의 진행, 세계공황이 독일의 특수한 공황에 미치는 반작용, 화폐가치의 계속적 저하, 모든 식료품과 생활필수품 가격 등귀, 실업 증대, 광범한 대중의 빈곤화 등은 전체 프롤레타리아 계급이 방위에 나설 것, 즉 그들이 공업 프롤레타리아만을 생각할 것이 아니라 이제 차츰 자기의 프롤레타리아적 성격을 자각해 가는 모든 층을 고려할 것을 요구하고 있다"고 밝혔다.

"공개장"은 모든 사회주의정당과 노동조합 조직에 대해 당면한 주요 요구들을 실현하기 위해 공동으로 즉각 행동을 벌일 것을 제의했다. 임금·연금·은급·실업자의 급료 인상, 모든 임금생활자와 하급 봉급생활자에 대한 식료품 공급, 빈집의 징발과 노동자 주택 조건 개선, 보유 원료와 석탄 그리고 비료의 경영 평의회 관리, 생필품을 생산하는 유휴경영의 조업재개, 농장평의회와 소농평의회의 모든 농산물 경작·수확·판매 관리 등이 공동 투쟁을 위한 요구 조건이었다.

또 모든 부르주아 자위단의 무장해제와 해산, 프롤레타리아 자위단 결성, 정치범과 곤궁한 생활로 생긴 범죄인 석방·사면, 파업 금지령 폐지, 소비에트러시아와 외교·통상 관계의 즉시 수립을 위해 공동 행동을 전개하자고 호소했다.

이 문서의 발표는 독일 노동자계급 사이에서 큰 반향을 불러일으켰다. 독일 내의 많은 도시나 공업 중심지에서 노동자 집회가 열렸고, 노동자들은 공개장의 제안을 수락해야 한다고 목소리를 높였다. 그러나 사회민주당, '독립파', 개량주의적 노동조합 지도자들은 이 제안을 거부했다. 또 독일공산주의노동자당과 같은 '극좌파'도 공개장에 대해 부정적인 태도를 취했다.

한편, "공개장"은 국제적으로 관심을 집중시켰으며, 이를 둘러싸고 코민테른 내에서도 논쟁이 벌어졌다. 코민테른 집행위원회 의장 지노비예프의 집행위원 부하린이 '좌파'의 견해를 옹호해 공개장 제안을 반대하고 나섰다. 1921년 2월 22일 코민테른 집행위원회에서 독일통일공산당의 전술이 토의되었을 때, 지노비예프는 공개장을 인위적인 조작물이라고 평가하면서 거기서 제안된 전술은 전혀 실행할 수 없는 것이라고 비난했다. 부하린은 공개장을 '비혁명적인 행위'라고 평가했다. 그는 독일통일공산당이 당의 혁명적 정책에 대치시켜 노동대중의 일상적 이익을 옹호하기 위한 투쟁을 전면에 내세움으로써 참된 투쟁을 방기하고 인위적인 수단에 매달려 제멋대로 공상을 하고 있다고 했다(김성윤 1989, 131).

이와는 반대로 레닌은 공개장을 프롤레타리아 통일전선을 수립하기 위한 올바른 시도라고 평가하고, "그것은 노동자계급의 다수를 획득하는 실천적 방법의 최초 행위로서 모범적이다"라면서, 공개장의 제안을 적극 지지했다. 레닌이 공개장을 옹호하고 '좌파' 분파주의에 반대했던 것은, '좌파'가 내놓았던 분파주의·모험주의적 방침이 위험한 것이라고 보았기 때문이었다.

'좌파'는 노동자계급의 결집을 목표로 하는 투쟁 전술에 반대해 이른바 '공세 이론'을 들고 나왔다. 이 이론에 따르면, 공산당은 항상 공세적인 전술을 취해야 하고, 객관적인 조건과는 무관하게 어떤 경우에도 무장공세로 전환해 '전위전'前衛戰을 수행하지 않으면 안 된다고 주장했다. 이 이론은 당시 독일, 헝가리, 체코슬로바키아, 이탈리아, 오스트리아, 프랑스의 공산주의자들 사이에서 일정한 지지자를 확보하고 있었다. 이 공세 이론은 코민테른 제3회 준비과정에서 격렬한 토론을 불러일으키기도 했다.

## 2. 코민테른 제3회 대회와 노동자통일전선

### 대회에서 제기된 전술 문제

1921년 6월 22일~7월 12일까지 코민테른 제3회 대회가 모스크바에서 개최되었다. 대회에는 52개국의 103개 조직을 대표해 605명(그 가운데 의결권을 가진 사람은 291명)이 참가했는데, 그 중에는 48개국의 공산당과 8개의 사회당, 그리고 28개의 청년동맹 대표가 포함되어 있었다.[5] 당시 코민테른 집행위원회IKKI의 자료에 따르면, 공산당에 입당한 당원은 220만 명으로서 그 가운데 150만 명은 자본주의국가 공산당에 속해 있었다(The USSR Academy of Sciences 1984, 534~535).

대회에서 토의된 중심 의제는 '국제 정세와 코민테른의 임무'였다. 이 밖에도 코민테른의 전술 문제, 코민테른과 지부들의 조직건설 문제, 노동조합·협동조합·청년운동·여성운동과 관련한 사항, 그 밖의 테제와 보고 사항에 대한 토의 등이 의사일정에 올라 있었다.

대회는 대중의 자연발생적인 봉기, 불확실한 투쟁 방법과 목표, 그리고 지배계급의 극단적인 혼돈 상태를 특징으로 하는 전후 혁명운동의 제1기가 대체로 종료되었음을 확인했다. 또 부르주아지의 계급적 자신감과 국가기관의 외견상 안정성은 의심할 여지 없이 강화되었다고 진단했다. 그리고 대회는 권력을 획득하기 위한 프롤레타리아트의 공연한 혁명투쟁이 세계적 차원에서 정체되었고, 그 속도가 완만해진 것은 확실하다고 했다. 말하자면 대회는 부르주아지의 공세와 혁명운동의 퇴각 국면을 분명하게 확인했다.

이런 정세에서 자본주의국가의 당이 수행해야 할 임무를 대회는 다음과 같이 규정했다.

현재의 프롤레타리아트 방위 투쟁을 지도·확대·강화·통합해 — 사태의 발전에

---

**5**_조선 대표로는 이르쿠츠크파 공산당 대표인 남만춘, 한명세, 장건상, 서초, 안병찬 등 5명이었고, 앞의 두 사람은 의결권을 갖는 정식 대의원이었다. 남만춘은 심의권을 갖는 집행위원으로 확정되었다(임경석 2003, 462).

따라 — 그것을 결정적인 정치투쟁의 수준으로까지 고양시키는 것이다(The USSR Academy of Sciences 1984, 539).

레닌과 그를 지지했던 체트킨, 쿠시넨, 콜라로프, 슈메랄, 자크모트, 마이너 등 각국의 지도자들은 국제적 변혁운동의 현상과 임무에 관한 결정들을 대회에서 채택되도록 하기 위해 노력을 기울였다. 그러나 이런 방침을 관철시키는 것은 결코 쉬운 일은 아니었다. 그 이유는 대의원의 상당한 부분이 '공세 이론'을 대회에서 통과시켜, 그것을 당 활동의 기초로 삼으려 시도했기 때문이었다.

지노비예프를 비롯한 이탈리아공산당의 젠너리, 테라치니와 독일공산당의 헥케르트, 케넨, 헝가리공산당의 라코시 등의 '좌파' 그룹은 중앙주의 분파와 반중앙주의 분파에 대한 투쟁을 강화하고 그들을 당에서 배제할 것을 요구했다.

이와 같은 움직임에 대해 레닌은 7월 1일 대회에서 코민테른의 전술적 원칙 확립을 강조하면서 '좌파' 기회주의에 대해 경고했다. 그는 "만일 이런 오류에 대해, 이런 '좌파적' 어리석은 행위에 대해 대회가 단호히 공세로 나가지 않는다면, 전체 운동은 파멸을 맞게 될 것이다"라고 주장했다.

또 레닌은 광범한 대중 획득의 필요성을 설명하면서 '대중' 개념 자체도 투쟁의 성격과 수준에 따라 변화한다고 지적했다. 투쟁의 초기에는 진정으로 혁명적인 노동자가 수천 명만 있어도 대중으로 일컬을 수 있지만, 혁명이 시작된 경우에는 사태는 전혀 달라진다는 것이다. "대중이라는 개념은 변해 다수자를 가리키게 된다. 그것도 단순히 노동자의 다수자만이 아니라 모든 피착취자의 다수자를 말한다"고 밝혔다(The USSR Academy of Sciences 1984, 539에서 재인용).

대회는 '좌파' 대의원들의 '공세 이론' 제기에 따른 격렬한 논쟁을 거친 뒤 '전술에 관한 테제'를 채택했다. 대회는 프롤레타리아트의 구체적인 요구를 실현하기 위한 투쟁을 당면 임무로서 제기하는 동시에, 그와 같은 요구 전체의 실현은 부르주아지의 권력을 해체하고 프롤레타리아트를 조직하며, 권력 획득을 목표로 하는 노동자계급 투쟁의 한 단계가 된다는 방침을 발표했다. 또 테제는 '대중의 모든 필요를 혁명투쟁의 출발점으로 삼는다'는 것에 대한 의의를 처음으로 제기했다. 테제는 노동자계급 다수의 압도적 영향력을 획득하는 것이 무엇보다 중요하다고 강조하면서 "노동자 대중의 투쟁에 참가해 변혁 사상의 정신으로 이 투쟁을 지도하고 투쟁 속에서 단련된 거대하고 혁명·대중적 당을 건설하는 것"이 국제공산주의운동의 가장 중요한 임무라고 밝혔다. 대회는 '공세 이론'을 거부하고 독일통일공산당의 "공개장" 제안을 지지했다(김성윤 1986, 148~149).

코민테른 제3회 대회는 프롤레타리아 통일전선 제창과 함께 자본공세에 대항하는 광범한 일반 민주주의적 전선을 결성하기 위해 반+프롤레타리아적 또는 프티부르주아적 인민 층, 이 밖에도 프티부르주아지, 사무직 노동자, 지식인층 등을 투쟁 대열에 끌어 들이는 임무를 제기했다.

대회에서 레닌의 '러시아공산당의 전술에 관한 보고'가 있었는데, 레닌은 소비에트 국가에서 사회주의적 개조가 가지는 국제적 의의를 설명했다. 보고에서 레닌은 특히 '신경제정책'New Economic Policy, NEP의 특징을 밝혔다. 네프는 사회주의로 나아가는 과도기적 경제정책이고, 그것은 농업의 개조와 함께 공업의 전면적인 발전을 추진함으로써 사회주의경제 토대를 만들어 내는 것을 목표로 한다고 했다. 소생산 분야에서 일정한 상업의 자유를 허용하면서 상품·화폐 관계의 기구를 효과적으로 이용함으로써 노동자와 농민, 공업과 농업의 경제적 결합에 바탕을 두고 자본주의에 대한 사회주의 승리를 확보하며, 종국적으로 착취계급을 철폐하는 것이 기본 임무라고 지적했다.

레닌은 프롤레타리아독재의 최고 원칙으로서 노동자계급과 농민의 동맹이 필요하다는 것, 그리고 이 두 계급 사이의 경제적 동맹이 발전하고 강화되는 것은 합법칙적인 것이라고 했다.

## 프로핀테른의 창립

코민테른 제3회 대회는 노동조합, 협동조합, 여성단체, 청년단체 내에서 전개할 당 활동 문제를 다루었다. 1921년 7월 3일, 제3회 대회가 열리고 있는 동안에 모스크바에서 혁명적 산업별 노동조합의 제1회 국제 대회가 열렸다. 이 대회에는 유럽, 아시아, 아메리카, 아프리카, 오스트레일리아 등 41개국 노동자 1,700만 명을 대표하는 380명의 대의원이 참가했다.[6] 이 대회는 프로핀테른(적색 노동조합 인터내셔널)의 창립을 결정했다.

규약에 명시된 프로핀테른의 목표는 다음과 같다.

첫째, 자본주의를 폐지하고 억압과 착취로부터 노동자들을 해방시키며, 사회주의 공화국을 수립하기 위해 전 세계의 광범한 노동자 대중을 조직하는 일이다.

둘째, 자본주의 제도와 부르주아국가를 폐지하기 위해 혁명적 계급투쟁, 사회혁명, 프롤레타리아독재, 혁명적 대중행동 원칙들을 널리 선전하고 선동하는 일

---

6_창립 대회에는 조선 대표로 이르쿠츠크파 공산당에서 서초와 이형근이 파견되었다. 서초는 '조선노동공제회'에서 파견된 대표자 자격으로 참석했다. 서초의 신상 조사서에 따르면, 조선노동공제회 회원이 1921년 현재, 3만5천 명으로 나와 있다(임경석 2003, 463).

이다.

셋째, 세계노동운동의 핵심 부분을 갉아먹는, 타협이라는 부패병에 반대해 투쟁하고, 계급협조와 사회적 평화 아이디어에 반대해 투쟁하며, 자본주의에서 사회주의로 평화적 이행에 관한 터무니없는 희망에 반대해 투쟁하는 일이다.

넷째, 세계 노동조합운동의 혁명적 계급 요소를 통일하고 국제연맹에 부속되어 있는 국제노동기구(ILO)에 반대하며, 강령과 전술에서 세계 부르주아지의 방파제에 지나지 않은 암스테르담인터내셔널에 반대해 단호한 투쟁을 수행하는 일이다(Foster 1956, 274).

레닌은 이 대회에 보내는 격려사에서 다음과 같이 밝혔다.

노동조합 국제 대회의 중요성은 말로서 표현하기 어려울 정도다. 공산주의 사상으로 노동조합원들을 획득하는 것은 전 세계 모든 나라 어디에서도 억누를 수 없는 기세로 전진하고 있다. 각국의 특수성에 따라 불규칙하고 불균등하게 무수한 장애를 극복하는 과정을 밟고 있기는 하지만, 억누를 수 없게 전진하고 있다. 오늘의 국제노동조합대회는 이 전진의 속도를 빠르게 할 것이다. …… 세계의 어떤 세력도 자본주의의 붕괴와 부르주아지에 대한 노동자계급의 승리를 저지할 수 없을 것이다(김성윤 1986, 157~158에서 재인용).

국제노동조합대회는 코민테른과 긴밀한 협력 관계를 갖기로 결정했으니, 기존의 개량주의적 노동조합과 관련해서는 "노동조합을 깨뜨리지 말고 그것을 획득하자. 즉, 기존 노동조합에 소속해 있는 수백만 명의 대중을 획득하자. 이것이 혁명적 투쟁에서 내세워야 할 슬로건이다"라고 대회는 결의했다.

대회는 프로핀테른의 중앙평의회를 선출했는데, 사무총장에는 솔로몬 로좁스키가 선출되었다. 프로핀테른은 노동자계급의 요구를 옹호하고 자본의 공세와 파시즘·제국주의 위험에 반대하며, 소비에트 국가 노동자계급과 관계를 긴밀히 하는 동시에 노동조합 통일의 확립을 강조했다. 코민테른 대회는 특별 테제를 통해 프로핀테른에 대한 지지를 약속했다(The USSR Academy of Sciences 1984, 546~547).

코민테른 제3회 대회 기간에 프로핀테른의 창립 외에도, 7월 9~23일까지에 걸쳐 제2회 공산주의청년인터내셔널대회가 열렸으며,[7] 대회 직전인 6월에는 국제공산주의여성대회가 열렸다. 또 대회는 협동조합 내에서 추진할 당 활동에 관한 테제를 채택하기도 했다.


**노동자통일전선전술**

코민테른 제3회 대회에서 결정된 노동자통일전선의 실시, 즉 '대중 속으로!'라는 전술의 실행을 위해 코민테른은 프롤레타리아트와 모든 근로인민의 국제적 단결을 위한 방책을 찾으려고 온갖 노력을 기울였다. 가장 중요한 일은 노동자계급의 절실한 요구를 옹호하기 위한 투쟁으로 설정되었다.

1921년 8월 1일 코민테른 집행위원회는 특별 격문을 발표해 다음과 같이 호소했다.

---

**7**_조선 대표로는 이르쿠츠크당을 대표해 조훈과 배달모가 파견되었는데, 배달모가 실제로 회의에 참석했는지 여부는 기록상 확인되지 않았다. 조훈은 집행위원으로 선임되었고, 대회는 고려공산청년회 중앙기관을 조직할 것을 결의했다(임경석 2003, 462).

자본주의 공세에 대한 방위에서 모든 나라의 노동자 대중을 결집하기 위해 투쟁하고, 단결된 노동자계급의 선두에 서서 그들의 해방을 위해 투쟁하는 것이 바로 우리의 임무다. 이런 임무를 수행함에 있어 우리는 노동자계급을 부르주아지의 영향력에서 벗어나게 해 그들을 굳게 단결된 일군의 밀집부대로서 부르주아지에 대항해 정면으로 맞서게 할 수 있는 유일의 생동하는 인터내셔널, 코민테른의 주위로 노동자 대중을 결집시킬 것이다(김성윤 1986, 164에서 재인용).

노동자통일전선 슬로건은 자본주의 각국의 광범한 노동자 대중 사이에 큰 호응을 불러일으켰다. 그러나 당시 노동전선은 분열되어 있었고, 노동자통일전선 결성 작업은 심각한 곤란에 부딪쳤다. 그런 가운데서도 코민테른은 제2인터내셔널과 제2반＋인터내셔널[8], 그리고 암스테르담인터내셔널에 대해 자본에 대항하는 투쟁을 공동으로 수행하자는 제안을 반복해서 제기했다.

1921년 7월 30일 코민테른 집행위원회, 프로핀테른 집행국, 공산주의청년인터내셔널 집행위원회는 소비에트러시아가 대규모적인 자연재해 — 대한발Great Drought과 기근 — 를 당한 데 대해 만국의 노동자와 국제조직을 상대로 긴급 원조를 호소했다. 8월 12일에는 코민테른 집행위원회 제의에 따라 러시아 기근 피해자에 대한 '노동자구원재외조직위원회'가 독일 베를린에서 설립되었다. 이 위원회는 뒤에 '국제노동자구원회'로 이름을 바꾸었다.

---

**8_**중앙파에 속하는 여러 정당의 국제조직으로서, 무력에 의한 정권 탈취 가능성과 프롤레타리아독재의 승인을 강령으로 내세웠으나 러시아혁명에 대해서는 애매한 태도를 취함으로써 제2반인터내셔널이라는 이름이 붙여졌다. 세 개 인터내셔널 통일을 위한 국제회의가 실패한 뒤, 1923년 제2인터내셔널과 제2반인터내셔널이 통합해 사회주의노동자인터내셔널을 창설했는데, 제2차 세계대전 과정에서 해체되었다.

위원회의 의장에는 체트킨이, 서기에는 빌헬름 뮌첸베르크가 선임되었다. 이 위원회에는 알버트 아인슈타인, 마르틴 안데르센 넥쇠, 버나드 조지 쇼, 아나톨 프랑스, 앙리 바르뷔스 등을 포함해 많은 사람이 가입했다. 위원회는 제2인터내셔널과 제2반인터내셔널 그리고 암스테르담인터내셔널에 대해 공동 행동을 제안했으나 협력을 거부당했다. 다만 볼가 강 연안 지방의 기근 피해자 구원 운동에는 제2인터내셔널이 참가했다.

코민테른 집행위원회는 1921년 10월 헝가리와 에스파냐에서 진행되는 백색테러에 반대해 공동 행동을 전개할 것을 제2인터내셔널에 제안했고, 11월에는 에스파냐와 유고슬라비아 노동자들의 투쟁을 지지하는 '투쟁의 형태, 방법, 그리고 수단을 토의하기 위해 '특별 회의'를 열자'는 제안을 했다. 그러나 제2인터내셔널 지도부는 이런 제안을 받아들이지 않았다.

1921년 12월 18일, 코민테른은 제3회 대회의 지침을 발전시켜 '노동자통일전선에 관한, 그리고 제2인터내셔널과 제2반인터내셔널, 그리고 암스테르담인터내셔널에 소속된 노동자와 무정부주의적 생디칼리즘 조직들을 지지하는 노동자에 대한 태도에 관한 테제'를 채택했다. "노동자통일전선은 자본주의에 반대해 싸우고자 하는 모든 노동자의 통일로 이해되어야 하며, 따라서 당연히 무정부주의자, 생디칼리스트 등을 따르고 있는 노동자들도 포함해야 할 것이다"라고 밝혔다. 또 테제는 "근로인민에게 사상적으로 작용을 미칠 수 있는 완전한 자유를 확보한 뒤에는, 모든 국가의 공산당은 오늘날 모든 경우에 이들 대중의 실천적 행동의 가능한 한 광범위하며 완전한 통일을 달성하기 위해 노력하고 있다"고 천명했다(동녘편집부 1989c, 70에서 재인용).

## 세 개의 인터내셔널 회의

전국적 차원에서나 국제적 규모에서 노동자계급 연대 행동에 대해 관심을 나타내기 시작한 것은 비단 코민테른만은 아니었고, 사회민주주의 조직이나 개량주의 노동조합도 그러했다. 이렇게 된 데는 그만한 이유가 있었다. 노동자의 생활 조건과 정치적 권리에 대한 부르주아지의 공세 강화, 파시스트 운동의 활발한 전개, 군비 증대와 결합된 새로운 전쟁의 위험, 유럽 내에서 제기되는 제국주의 사이의 모순 첨예화 등이 그것이었다. 다시 말해 이런 정세들이 노동자계급의 통일 행동을 촉진했다(The USSR Academy of Sciences 1984, 574).

노동자통일전선을 창설하기 위해 노동자 당이나 노동자 조직의 세계대회를 소집해야 한다는 당위성은 독일, 체코슬로바키아, 프랑스, 영국 등 여러 나라에서 노동자 출판물 지면이나 노동자 집회에서 폭넓게 논의되었다.

제2반인터내셔널에 소속한 프랑스사회당 대회는 제2반인터내셔널 집행국의 공동회의에 제2인터내셔널과 제3인터내셔널(코민테른)의 대표를 초청하자고 제안했다. 제2반인터내셔널 지도부는 노동자 조직의 국제회의 소집을 찬성했으며, 제2인터내셔널과 제2반인터내셔널의 대표만으로 구성된 회의를 개최하자는 영국 노동당의 제안을 거부했다.

1922년 1월 13일 코민테른 집행위원회 간부회는 제노바회의[9]에서 심의될 예정이었던 국제정치상의 중요 문제들(독일과 베르사유조약 개정 문제, 소비에트러시아의 구원 문제)을 토의하기 위해 코민테른과 다른 모든 국제 노동

---

**9**_제노바회의는 1921년 4월 10일~5월 19일까지 국제연맹 주최로 열린 국제경제금융회의다. 제노바회의의 공식 목적은 전후 중부 유럽과 동부 유럽의 경제 부흥 정책을 협의했다. 독일과 러시아가 처음 공식적으로 초청을 받았다.

자 조직과 공동회의 개최 문제를 2월로 예정된 집행위원회 확대총회의 의
사일정에 포함시키기로 결정했다.

코민테른의 이런 움직임과 병행해 제2반인터내셔널 집행국은 1월 14일
과 15일 이틀 동안 독일 베를린에서 열린 회의에서 모든 노동자 정당의 공
동 회의를 소집하기로 결정하고, 1월 19일 유럽의 경제 정세와 반동의 공격
에 대항하는 노동자계급 행동 문제를 토의하기 위해 제2인터내셔널과 제3
인터내셔널 집행위원회와 공동으로 국제회의를 열자고 제안했다.

1월 21일 코민테른 집행위원회 간부회는 제2반인터내셔널의 초청을 수
락하는 것이 기본적으로 필요하다고 판단하고, 코민테른 확대 집행위원회
의 의제에 포함시킨다고 회답했다.

1922년 2월 21일~3월 4일까지 모스크바에서 열린 코민테른 제1회 확대
집행위원회 회의[10]는 격렬한 토론을 거친 뒤, 노동자통일전선에 대한 12월
테제를 승인하고 전 세계 노동자 조직 회의에 참가하기로 결정했다. 또 세
계노동자대회가 모든 노동자 조직을 전면적으로 대표할 수 있도록 모든 노
동조합, 전국적 연합체와 국제적 연합체를 회의에 참가시키자고 제안했다.
그리고 확대집행위원회는 "노동자 조직들의 세계회의는 국제 자본에 대한
노동자계급의 방위 투쟁을 조직한다는 유일한 큰 사명을 몸소 수행하지 않
으면 안 된다"고 역설했다.

세계노동자대회의 준비를 위해 4월 2~5일 사이에 독일 베를린에서 세
개 인터내셔널 집행위원회 대표들 회의가 열렸다. 대표자 회의에는 제2반
인터내셔널의 프리드리히 아들러와 제3인터내셔널의 체트킨 그리고 제2인

---

10_ 이 회의에는 36개국의 공산당 대표와 프로핀테른, 공산주의청년인터내셔널, 그 밖의 조직 대표가 참
여했다.

터내셔널의 톰 쇼가 참석했다.

아들러는 개회 연설에서 여러 조직의 통일이 아니라 공동 행동의 달성을 위해 노력하고, 특히 제노바에서 열릴 '자본주의적 제국주의 인터내셔널'에 대항해 '여러 가지 경향을 지닌 프롤레타리아 당들의 적절한 협력'으로 대치할 것을 강조했다. 체트킨은 종국적인 목적을 달성하기 위한 방법과 수단에 대해 견해가 다르더라도 행동 통일의 정신으로 세계노동자대회를 열자고 제안했다. 또 "국제회의에서는 노동자 대중의 실천적 공동 행동에 직접 관련되는 문제만을 토의하자"고 요청했다.

코민테른 대표단은 국제회의 의사일정에 자본공세에 대한 방위, 반동과 새로운 제국주의 전쟁에 반대하는 투쟁 준비, 소비에트사회주의공화국연방의 부흥을 위한 원조, 베르사유조약과 황폐화된 지역의 부흥 문제 등을 포함시킬 것을 제의했다(김성윤 1986, 175).

제2인터내셔널을 대표해 에밀레 반데르벨테는 매우 공격적인 연설을 했다. 그는 대회의 소집에 원칙적으로 동의하면서도 대회에 대한 '불신과 위구危懼를 갖고 있음을 강조했다. 그는 노동조합 내에서 세포(공산당) 조직 금지 보장, 그루지아의 멘셰비키와 사회혁명당, 아르메니아의 다쉬낙, 그리고 우크라이나 민족주의자에 대한 대회에서의 '자유로운 대표권 보장', 모스크바에서 '체포된' 사회혁명당 테러리스트의 권리 보장 및 이들에 대한 재판에서의 제2인터내셔널과 제2반인터내셔널 대표의 변호사 자격으로서 참가 보장 등 세 가지 조건을 미리 채택할 것을 요구했다. 제2반인터내셔널 대표 폴 포레는 사실상 제2인터내셔널의 요구를 지지했다(The USSR Academy of Sciences 1984, 582).

회의 벽두부터 격렬한 논쟁이 벌어지면서 회의 일정은 위기에 빠졌다. 4월 3일 코민테른 집행위원회 대표단은 회의 의장단과 제2반인터내셔널 대표단에게 서한을 보내 논쟁을 중지할 것과 모든 대표단에 대해 그들이 세계대회에 참가할 의사가 있는지를 묻는 질의서를 제출할 것을 제안했다.

4월 4일 회의에서는 맥도널드와 오토 바우어는 사실상 이전에 그들이 내놓았던 요구를 되풀이했다. 이에 코민테른 대표단은 합의를 위해 중대한 양보를 하게 되었는데, 소비에트 권력이 사회혁명당의 테러리스트에 대해 사형선고를 내리지 않을 것이며, 제2인터내셔널과 제2반인터내셔널 대표의 재판 출석을 허용하겠다고 밝혔다. 이에 대해 레닌은 자신의 글 "우리는 지나치게 비싼 대가를 지불했다"에서 다음과 같이 술회했다.

> 코민테른은 제2인터내셔널과 제2반인터내셔널 대표단의 압력을 받아 국제 부르주아지에게 정치적으로 양보했지만, 그것에 반해 우리 쪽에서는 아무런 양보도 받아 내지 못했다. …… 게다가 제2인터내셔널과 제2반인터내셔널을 대표하는 부르주아지는 코민테른 대표보다도 노련했다. 이것이 베를린회의의 교훈이다(김성윤 1986, 176에서 재인용).

복잡한 논쟁과 교섭을 거친 끝에 4월 5일 베를린회의 선언이 채택되었다. 선언은 세계노동자대회를 가능한 한 빨리 소집할 필요가 있다는 데 동의했으며, 대회의 기일은 정하지 않았지만 세 개 인터내셔널 대표들로 구성되는 조직위원회 — 9인 위원회 — 가 구성되었다. 선언은 또 제노바회의 개회 중(4월 20일 또는 5월 1일)에 '통일되고 강력한 대중시위를 조직할 것'을 결정했는데, 이때 내걸 슬로건을 다음과 같았다. 8시간 노동일제, 실업 축소 투쟁, 자본공세에 반대하는 노동자계급의 통일 행동, 러시아혁명 지지, 굶주리고 있는 러시아인 구원, 모든 나라와 소비에트러시아 사이의 정치·경제적 관계 부활, 각국에서 그리고 인터내셔널에서 프롤레타리아 통일전선 재건 등이 그것이었다.

4월 18일 코민테른 집행위원회 간부회는 베를린회의에서 체결된 협정을 승인했다. 간부회는 전쟁 위협에 대한 반대 투쟁과 자본공세에 반대하는 투쟁을 의사일정으로 올려 프로핀테른 대표와 암스테르담인터내셔널 대표가 합동회의를 여는 문제를 9인 위원회의 토의에 상정하도록 대표단에게 권고했다. 4월 20일 코민테른 집행위원회 대표는 제2반인터내셔널 지도자 아들러와 독일사회민주당 의장 오토 벨스에게 전보를 보내 코민테른 간부회 결정에 포함되어 있는 문제들을 토의하기 위해 48시간 이내에 9인 위원회를 소집할 것을 제안했다. 그러나 9인 위원회는 소집되지 않았다. 그것은 벨스가 회의를 소집할 수 있는 권한을 가지고 있지 않다는 이유에서였다.

이런 상황에서도 자본주의국가 노동자 대중은 공동 행동을 취하기로 한 베를린회의의 결정을 환영했다. 오스트리아, 독일, 스웨덴, 노르웨이에서 큰 규모의 노동자 시위가 조직되었다. 그러나 이와 같은 사태는 개량주의자의 의도와는 반대되는 것이었다. 그들은 9인 위원회의 소집을 지연시키면서 세계노동자대회의 준비에 대해 별로 열성을 보이지 않았다(김성윤 1986, 178).

제2인터내셔널 지도부는 9인 위원회의 소집을 공공연하게 거부했다. 제2반인터내셔널 대표 앞으로 보낸 코민테른의 여러 차례에 걸친 항의와 호소에도 불구하고 회의 소집은 이루어지지 않았다. 우파 사회주의 신문은 통일전선전술은 '교활한 마키아벨리적인 책략'이라 비난했으며, 코민테른을 두고 '소비에트 정부의 외교정책을 위한 도구'라고 매도했다.

제2인터내셔널과 제2반인터내셔널에 속한 몇몇 정당 대표들은 5월 21일 공산주의자들을 제외한 세계노동자회의를 헤이그에서 열기로 합의했다. 이 합의는 9인 위원회 소집 직전에 제2인터내셔널 집행위원회에서 정식으로 확인되었다.

1922년 5월 23일 베를린에서 9인 위원회가 열렸는데, 이것은 최초이자 동시에 최후의 회의가 되었다. 회의는 맥도널드가 제2인터내셔널의 성명을 낭독하는 것으로 시작되었다. 성명의 내용은 세계노동자대회뿐만 아니라 공산주의자와는 어떤 통일 행동도 거부한다는 것이었다. 제2인터내셔널 대표는 코민테른에 대해 '행동 방침' 즉 정책을 변경할 것을 요구했다. 코민테른 대표 칼 라데크는 통일 행동 거부 태도에 대해 강하게 비난했다. 제2반 인터내셔널 대표는 공개적으로 제2인터내셔널을 지지했다. 이에 따라 코민테른 집행위원회 대표단은 이미 그 존재가 무의미하게 되어 버린 9인 위원회에서 탈퇴한다고 밝혔다. 1922년 6월 18~19일 런던에서 열린 제2인터내셔널 회의는 "제3인터내셔널과 국제적 협정을 체결하기 위한 시도에는 더 이상 참가할 수 없다"고 표명했다(The USSR Academy of Sciences 1984, 587).

베를린에서 좋지 않은 분위기에서 열린 협상은 적어도 국제적 수준에서 위로부터 성립된 공동전선의 한계를 드러낸 것이었다. 이런 공동전선 또는 통일전선의 구축 과정에서 공산주의자와 사회민주주의자가 서로에게 품었던 깊은 반감은 1930년대 중반 파시즘이 도래할 때까지 상층 통일을 향한 어떤 의미 있는 조치도 할 수 없게 만들었다(맥더모트·애그뉴 2009, 67).

1922년 6월에 열린 코민테른 제2회 확대집행위원회 총회는 세계노동자대회 개최와 관련한 코민테른의 활동을 총괄하고, 통일전선 정책의 지속과 강화의 필요성을 확인했다.

## 3. 코민테른 제4회 대회와 노동자 정부의 문제

1922년 11월 5일, 코민테른 제4회 대회가 페트로그라드에서 열렸다. 그 이후의 회의는 11월 9일~12월 5일 사이에 모스크바에서 개최되었다. 대회에는 58개국의 66개 공산당과 노동자 조직을 대표하는 대표의원 408명이 참가했다.[11] 이 가운데 의결권을 가진 사람은 343명이었다. 자격심사위원회 자료에 따르면, 이 당시 각국 공산당의 대열에는 125만3천 명의 당원이 있었고, 그 가운데 당원 82만5천 명이 자본주의국가의 공산당에 소속하고 있었다는 것이다. 17개의 당은 당원 수에 대한 자료를 제출하지 않았다(김성윤 1986, 183).

대회의 제1차 회의에서는 레닌이 보낸 인사말이 낭독되었다.

> 큰 곤란이 각국 공산당의 앞길을 가로막고 있는데도 코민테른은 성장하고 강화되었다. 주요한 임무는 지금까지와 마찬가지로 노동자의 다수를 획득하는 것이다. 따라서 우리는 어떤 일이 있더라도 이 임무를 달성해야만 한다(김성윤 1986, 183에서 재인용).

대회에서는 코민테른 집행위원회의 활동 보고, '러시아혁명 5년과 세계혁명의 전망', 자본과 파시즘의 공세, 코민테른 강령, '노동자 정부' 슬로건,

---

**11**_조선 대표로는 '고려공산당' 연합 반대파(구舊이르쿠츠크파)를 대표해 한명세, 전우(본명 정재달), 정양명(본명 정태신), 세울로프(본명 김만겸)가 참석했고, 상하이파를 대표해 이동휘, 윤자영, 김성우(재러시아 동포, 김아파나시)가 참석했다. 그러나 코민테른 측은 조선의 당이 아직 통일되지 않았음을 확인하고 당초 결정했던 평의권을 취소한 채, 대회장 참석권(방청권 또는 내빈 자격)만 부여했다. 내빈으로 참석한 사람은 정재달과 김만겸 또는 한명세일 가능성이 높다(水野直樹 2007, 285~289).

통일전선전술, 노동자·농민 정부, 대중 활동 문제 등이 토의되었다.

## 집행위원회 활동 보고

대회에서 집행위원회 의장 지노비예프의 활동 보고와 라데크의 자본공세에 관한 보고에는 국제 정세에 대한 평가와 함께 노동자계급의 방위 투쟁 임무가 설명되었고, 통일전선전술을 계속 적용할 필요성이 강조되었다. 지노비예프가 한 보고 가운데 혁명의 발전 전망에 관한 보고가 논쟁을 불러일으켰다. 지노비예프는 자본주의가 현재의 상태에서 활로를 찾을 수 있는 능력이 없다는 사실과 중앙유럽 전체에 걸쳐 파시즘이 권력을 장악할 것이 예상된다고 했다. 그리고 그는 파시즘화는 모순의 첨예화를 의미하기 때문에 그것은 곧 혁명화의 과정이고, 특히 이탈리아 파시즘의 권력 장악은 역사적인 전망에서 본다면 '이 나라에서 진행되는 정세 격화, 프롤레타리아혁명의 성숙'이라고 해석했다.

대회는 '좌파'의 활발한 활동이 추진되었는데도 지노비예프의 견해를 결코 받아들이지 않았다. 대회에서 채택된 문서는 당초의 초안을 근본적으로 수정한 내용이었다. 전술에 관한 테제는 부르주아지가 '합법적인' 방법으로 근로인민의 투쟁을 탄압하는 것이 불가능해졌기 때문에, 그들은 민주주의적인 통치 제도를 파시스트적인 지배 체제로 바꾸려 하고 있다고 밝혔다. 코민테른 제4회 대회는 파시즘에 대해 조직적으로 대항하는 것을 매우 중요한 임무의 하나로 규정하면서, 노동자계급의 모든 세력을 결집하기 위한 중요한 수단으로서 일상적 요구를 전면에 제기할 필요, 통일전선의 필요, 그리고 방위 투쟁의 필요를 강조했다(The USSR Academy of Sciences 1984, 597).

## '노동자 정부', '노동자-농민 정부' 슬로건

코민테른 제4회 대회는 프롤레타리아 통일전선전술에서 도출되는 불가결한 결론으로서 '노동자 정부' 슬로건을 제기했다. 대회에서 이 슬로건이 제기되자 격렬한 토의가 벌어졌다.

지노비에프를 비롯한 '좌파'는 '노동자 정부'라는 슬로건은 '프롤레타리아독재의 다른 이름'일 뿐이라고 해석했다. 그러나 많은 대의원은 이런 견해를 비판하면서 '노동자 정부' 슬로건은 통일전선전술에서 직접적으로 도출되어 대중을 쉽게 투쟁 과정에 동참시키는 것으로, 노동자 정부는 프롤레타리아독재로 발전해 가는 과도기적 형태로 볼 수 있다고 주장했다.

코민테른 제4회 대회는 노동자 정부를 부르주아 권력과 투쟁하며, 최후에는 그것을 무너뜨리기 위해 경제와 정치 분야에서 결속된 모든 근로인민의 통일전선, 모든 노동자당의 연합으로 간주했다. 노동자 정부는 의회를 통해서도 성립될 수 있으나, 부르주아지에 대한 혁명적 투쟁을 굳게 결합시키고 대중을 중심으로 혁명운동을 강화해 가는 대중투쟁의 과정에서 비로소 성립될 수 있다고 했다. 그러나 정치적 슬로건으로서 그것이 현실적인 의의를 가지는 경우는 노동자와 부르주아지 사이의 역량 관계에서 정부 문제를 해결하는 것이 실천적인 당면 과제에 이른 국가에 한해서라는 것이었다.

이런 노동자 정부(또는 발칸반도 국가들, 체코슬로바키아, 폴란드, 그 밖의 노동자와 빈농의 정부)의 임무는 노동자계급을 무장시키고 부르주아 반혁명 단체의 무장을 해제하며, 생산 통제를 실시하는 것과 아울러 주요한 조세 부담을 유산세급에게 떠맡기고 반혁명적 부르주아지의 반항을 깨뜨리는 것이라고 밝혔다(The USSR Academy of Sciences 1984, 599~600).

'노동자 정부' 슬로건과 함께 '노동자-농민 정부' 슬로건도 제기되었다. 코민테른 제4회 대회는 '농업 행동 강령 개요'를 채택했는데, 이것은 제2회 대회에서 결정된 농업 문제 테제를 발전시키고 노동자계급과 벌이는 공동 투쟁에 농민들을 동원해 노동자와 농민의 동맹 강화를 촉진하기 위한 슬로건이었다. '노동자-농민 정부'라는 슬로건은 자본의 공세, 반동과 파시즘에 대한 전 인민적 투쟁을 전개하기 위해 무엇보다 먼저 노동자계급과 근로 농민의 동맹 필요성을 표현한 것이었다. '노동자-농민 정부'는 '노동자 정부' 슬로건을 더한층 구체화한 것이며, 통일전선전술을 실천하기 위한 기반 확대를 의도한 것이라고 해석할 수 있다.

이 '노동자 정부'나 '노동자-농민 정부' 슬로건은 1923년 독일의 작센, 튀링겐, 브런즈윅에서 존재했던 노동자 정부와 1923년 이탈리아에서 무솔리니 정부에 대항하기 위한 반파쇼 인민전선 구축의 필요성, 그리고 1923년 선거에서 '노동자-농민 블록' 또는 '코뮌' 창설 등의 경험에서 비롯된 것이다.


## 러시아혁명 5년과 세계혁명 전망

1922년 11월 13일 회의에서는 레닌이 '러시아혁명 5년과 세계혁명 전망'에 관한 보고를 했다. 제4회 대회는 레닌이 마지막 참석한 코민테른 대회였다. 레닌의 보고는 먼저 '신경제정책'NEP의 성과와 의의, 소비에트러시아에서 사회주의 건설에 관한 것이었다. 레닌은 경제 부흥의 어려움과 성공, 중공업 발전을 위한 집중적 노력에 대해 언급했다. 또 그는 러시아공산당의 가장 중요한 임무는 경제관리를 배우고, 지나치게 서두르지 않고 점진적으로 나아가며 전 세계 혁명투쟁의 주요한 요새인 소비에트 공화국을 강화하는 것이라고 지적했다(The USSR Academy of Sciences 1904, 594).

보고는 노동자계급의 투쟁에서 제기되는 몇 가지 주요 임무를 제시했다. 레닌은 노동자계급 투쟁에서 부르주아지에 대한 공세로 전환할 가능성뿐만 아니라 퇴각할 가능성과 퇴로를 확보할 필요성 또한 미리 고려하지 않으면 안 된다고 경고했다. 또 러시아 동지들뿐만 아니라 외국 동지들도 러시아의 경험을 교조적으로가 아니라 창조적으로 습득하고, 혁명 이론을 실천적으로 적용할 수 있는 능력을 갖는 것이 필요하다고 강조하면서 "혁명적 활동의 조직, 구성, 방법, 내용을 충실하게 파악"하기 위해서는 때와 장소의 구체적인 조건을 요량해 그것을 이해하는 것이 필요하다고 밝혔다.

레닌은 보고에서 내전이 끝난 뒤 소비에트국가 발전에서 제기된 근본적인 문제들과 사회주의 건설 임무, '신경제정책'의 성과를 분석했다. 그는 "우리는 노동자를 위해 권력을 탈취했다. 이 권력의 도움을 빌어 사회주의 제도를 건설하는 것이 바로 우리의 목적이다. 그러므로 우리에게 무엇보다 중요한 것은 사회주의경제를 경제적으로 준비하는 것이다"라고 설명했다(김성윤 1986, 188~189).

러시아혁명 문제와 관련해 제4회 대회는 세계 프롤레타리아트의 공동 노력만이 러시아의 프롤레타리아혁명을 지킬 수 있다고 강조하고, 전 세계 노동자들에게 소비에트러시아를 지지해 달라고 호소했다. 세계 최초의 노동자 국가인 소비에트러시아의 강화는 곧 자신의 적대계급인 부르주아지에 대한 투쟁에서 국제 프롤레타리아트를 강화하는 것이기 때문이라는 것이다.


**반파시즘 통일전선**

제4회 대회는 국제 파시즘을 노동자계급의 혁명적 지향과 지위 향상을 위한 그들의 모든 노력을 폭력적으로 억누르고자 하는 거대 부르주아지의 방편이라고 특징지었다. 대회는 동시에 파시즘을 '부르주아 민주주의 전반적 기초'에 대한 도전으로 규정했다. 따라서 반파시즘 통일전선에 비프롤레타리아층까지 끌어들이는 것이 무엇보다 중요하다고 밝혔다. 대회는 "이 활동 분야에서도 통일전선전술을 단호하게 적용하고, 반드시 비합법적 조직방법을 통해 파시스트와 벌이는 투쟁에서 노동자계급이 선두에 서야 한다"고 천명했다(The USSR Academy of Sciences 1984, 601~602).

코민테른 집행위원회 제3회 총회[12]에서는 체트킨이 '파시즘에 반대하는 투쟁' 보고를 했다. 체트킨은 파시즘을 "이 시기 세계 부르주아지가 수행하는 총공격의 가장 강력하고 가장 집중적이며 전형적인 표현"이라고 규정했다. 체트킨은 파시즘을 부르주아지의 폭력적인 테러로밖에 보지 않는 단순한 사고를 반박하면서, 파시즘이 국민의 상당 부분 — 프티부르주아지, 계급 탈락 분자, 그리고 프롤레타리아 후진층 — 에 기반을 갖고 있다는 점에서 다른 형태의 반동적인 부르주아 독재와는 구별된다고 지적했다.

체트킨은 "파시즘은 각국의 구체적인 상황에 따라 서로 다른 특징을 갖고 있지만, 일반적으로 두 가지 근본적인 특징을 가지고 있다"고 했다. 그 하나는 광범한 사회대중의 분위기·이익·요구에도 교묘하게 적용하는 사이비 혁명적 강령이고, 다른 하나는 극히 잔혹하고 극히 폭력적인 테러의 행사가 그것이라고 지적했다.

체트킨은 파시즘에 대항하기 위한 투쟁에서 프롤레타리아뿐만 아니라 중간층, 소농민, 지식인 등 한마디로 '경제·사회적 지위가 악화되면서 대자본과 점점 첨예하게 대립해 가는 층'의 지지를 획득하거나 또는 중립적인 위치에 서도록 하지 않으면 안 된다고 강조했다. 또 파시즘의 테러에 대응하기 위해서는 노동자계급의 무장된 자위自衞가 필요하다고 했다. 그리고 노

---

12_1923년 6월 12~23일 사이에 모스크바에서 26개 당 대표가 참석한 가운데 집행위원회 확대총회가 열렸다.

동자의 투쟁과 자위는 프롤레타리아 통일전선을 전제로 하며, '노동자-농민 정부' 슬로건은 반파시즘 투쟁의 불가결한 요건이라고 밝혔다(김성윤 1986, 207).

코민테른 제4회 대회와 집행위원회 제3회 총회의 통일전선 관련 결의들을 둘러싸고, 여러 부문에 걸쳐 그 실행을 위한 구체적인 방도들이 모색되었다. 그 한 가지 갈래로서 노동조합운동의 전개에서 통일 행동 모색도 치열하게 추구되었다. 1922년 11월 19일~12월 2일까지 모스크바에서 열린 프로핀테른 제2회 대회는 노동자 통일 행동 전술을 구체화했다. 노동자통일전선전술이 현실적 과제로 대두된 것은 반파쇼 통일전선 구축의 일환이라는 점에서도 중요성을 갖고 있지만, 당시 국제적 노동 전선의 분열 양상이 크게 부각되었기 때문이기도 했다.

1922년 여름, 이미 국제적 집행국을 창설했던 가장 완강한 무정부주의적 생디칼리스트는 1922년 12월 25일 독일 베를린에서 대회를 소집했다. 여기에 참가한 사람들은 독일, 프랑스, 미국, 이탈리아, 에스파냐, 포르투갈, 네덜란드, 스웨덴, 노르웨이, 덴마크, 아르헨티나, 멕시코, 칠레 등 13개국 생디칼리스트 조직의 대표였다. 이들은 대회에서 국제노동자협회를 창립했는데, 이 조직을 제1인터내셔널의 상속자라고 했으며, 스스로를 개량주의와 자본주의 반대자이고 '자주 관리 생산자' 제도의 옹호자라고 자처했다.

암스테르담인터내셔널에 속한 조직들은 조직의 감소 추세에도 불구하고 여전히 정치적 적극성을 발휘하고 있었다. 암스테르담파는 1922년 12월 10~15일까지 헤이그에서 열린 '경제회의'에 맞춰 같은 도시에서 제2인터내셔널과 제2반인터내셔널과 함께 국제평화대회를 개최했다. 대회에는 노동조합, 협동조합, 사회주의정당, 각종 평화주의 단체 대표 700명이 참석했다. 코민테른과 프로핀테른은 이 대회에 초청되지 않았으나, '전全러시아노동조합중앙평의회' 대표단은 초청을 받아 대회에 참석했다.

소비에트러시아 노동조합 대표자는 14개 항으로 구성된 노동자통일전선의 구체적 행동 강령을 제안했다. 이 강령은 특히 전쟁의 위험 반대 투쟁을 위한 국제위원회 창설, 반군국주의 선전주간 실시, 24시간 시위 총파업을 통한 투쟁 주간 마무리 등을 제안했다. 그러나 대회는 러시아 대표단의 제안을 거부했다.

그런 가운데서도 국제평화대회는 보고를 통해 전쟁과 군국주의에 반대하는 투쟁 전개에서 노동운동이 수행해야 할 임무를 천명했다. 무기 생산과 수송에 대한 감시를 비롯해 경제적 보이콧과 국제적 총파업 행사의 가능성에 대해서도 언급했다. 특별결의는 프랑스의 루르 점령과 독일 영토의 병합에 반대하고 또 국제연맹의 개조를 권고했다.


## 반제국주의 통일전선

코민테른 제4회 대회는 식민지·종속 국가들에서 전개된 민족해방운동 상황을 구체적으로 분석했다. 대회는 민족·식민지 문제에 대한 코민테른의 정책을 구체화시켜 '반제국주의 통일전선'이라는 슬로건을 내걸었다. 반제국주의 통일전선의 강령은 독립 공화국 수립, 정치제도 민주화 등 반제·반봉건 민주주의혁명의 실현을 그 내용으로 했다. 또 대회는 민족부르주아지의 불철저성을 지적하면서, 민족 혁명을 지지하고 반제투쟁의 기본 과제를 실현하는 데서 민족부르주아지가 가지는 관심을 효과적으로 이용할 가치가 있다고 강조했다.

대회는 또 반제국주의 통일전선 운동에서 제기되는 노동자계급의 임무를 지적했다.

식민지·반식민지 국가의 노동운동은 무엇보다도 전체적인 반제 전선 속에서 자주적인 혁명적 요인으로서 갖는 위치를 실천적 투쟁 속에서 획득하지 않으면 안 된다. 노동운동의 이와 같은 자주적인 의의가 인정되고 그 정치적 독립성이 유지되는 경우에만 비로소 부르주아 민주주의 세력과도 일시적인 협정이 허용될 수 있으며, 또한 그것이 필요하다(김성윤 1986, 194에서 재인용).

그리고 식민지·반식민지 국가의 노동자계급은 그들 나라의 농민과 반半프롤레타리아 대중 사이의 결합을 이룩하는 데 힘쓰지 않으면 안 된다고 주장했다.

코민테른 제4회 대회는 결론과 다름없는 다음과 같은 지침을 제시했다.

아직 크고 작은 맹아 상태에 있는 동방의 식민지·반식민지 국가의 당은 대중에게 접근할 수 있는 모든 길을 모색하며, 모든 운동에 참가하지 않으면 안 된다. 또한 식민지·반식민지의 노동자계급은 제국주의와 투쟁을 전개함으로써만 혁명적 지도자로서 역할을 담당할 수 있으며, 그리고 노동자계급이 정치·경제적으로 조직되어야만 투쟁의 혁명적 규모를 증대시키게 될 것이다(김성윤 1986, 194에서 재인용).

코민테른 제3회와 제4회 대회를 거치면서, 레닌 때의 코민테른은 다섯 가지 모순을 지닌 특징을 보였다는 케빈 맥더모트의 비판적 지적은 코민테른이 안고 있는 한계와 문제점을 파악하는 데 시사점을 제공할 수 있을 것이다. 첫째, 이른바 공산주의적 다원주의와 볼셰비키 중앙 집중주의 사이의 긴장이다. 초창기 코민테른에서 상대적으로 열려 있었던 논쟁과 의사 결정 과정은 차츰 러시아공산당 정치국과 코민테른 러시아 대표의 비밀 책략으로 대체되었다. 둘째, 레닌은 코민테른의 몇몇 결의안에 담겨 있는 '민족적 특수성'과 지나치게 '러시아적'인 본질을 인정했다. 그러나 이것은 조직적이고 이데올로기적인 볼셰비키 모델을 보편적으로 적용시키려 한 그의 주장과 충돌했다. 셋째, 노동자계급과 중간 계층을 긴밀하게 연결해서 단결된 대중적인 공산당을 강화하는 과업은 교의적 논쟁과 엄격한 규율이 부과되면서 훼손되었다. 그것은 완고한 당원을 고립시켰고, 대중정당의 창설을 방해했다. 넷째, 사회민주주의적 노동자와 공동전선을 이루려는 시도는 볼셰비키가 지닌 '유럽의 멘셰비키'에 대한 커다란 반감과 쉽사리 화해할 수 없었다. 사회주의 노동자들이 그들의 지도자가 '배신자'였음이 폭로되면 곧바로 공산주의 깃발로 몰려들 것이라는 믿음은 착각으로 드러났다. 간단히 말해 볼셰비키는 많은 노동자에게 지속적으로 영향을 끼치고 매력적으로 느껴지던 사회민주주의를 낮게 평가했다. 다섯째, 가장 중요한 것은 1921년쯤에 세계혁명에 대한 코민테른 공약은 소비에트 국가 이익과 불편해지기 시작했다. 모스크바는 각국 공산당의 전투적 행동이 소비에트러시아와 외국 정부 사이의 관계, 즉 최초의 사회주의 모국의 생존 그 자체를 위험에 빠트릴 수 있다고 인식했다(맥더모트·애그뉴 2009, 73~74).

# 제13부 소비에트러시아의 방위와 '신경제정책'

# 소비에트 공화국의 방위

유데니치가 페트로그라드로 진격할 당시에는

노동자 수천 명이 소비에트가 타전한 전보 한 통으로

도시 내 모든 구의 모든 공장에 있는 자신의 담당 구역으로 복귀했다.

페트로그라드 코뮌 초창기만 이런 것이 아니었다.

추위와 굶주림 속에서 2년을 투쟁한 이후에도 마찬가지였다.

…… 가장 고통스러웠던 이 시기에 모스크바 프롤레타리아는

일주일 동안 1만5천 명을 우리 당에 보냈다.

이들은 전방에 새로 투입되기만을 기다리고 있었다.

분명히 말할 수 있는 것은 1917년 11월 봉기의 일주일을 제외하면,

위험과 자기희생으로 가득 찬 이 고난의 시절만큼

모스크바 프롤레타리아가 혁명의 열정만으로

헌신적인 투쟁을 기꺼이 수행한 적이 없다는 사실이다.

_레온 트로츠키(트로츠키 2009, 160~161)

# 1. 외국의 군사 간섭과 내전

러시아는 매우 복잡하고 유동적인 정세에서 10월 혁명과 소비에트 권력 수립 1주년을 맞았다. 세계전쟁이 종결될 경우, 협상 국가 열강들이 군사 간섭으로 러시아 내에서 전쟁을 촉발시켜 소비에트 권력을 타도하려는 기도가 예상되는 상황이었다. 국내에서는 반혁명 세력이 외세의 지원을 받아 간섭군과 백위군의 동맹으로 혁명정부를 무너뜨리기 위한 준비를 갖추고 있는 상태였다.

이런 급박한 정세 속에서 전소러시아중앙집행위원회는 독일 패전과 오스트리아, 헝가리, 독일에서 혁명운동이 발발하면서 1918년 11월 14일 브레스트리토프스크조약의 파기 결정을 발표했다. 또 전소러시아중앙집행위원회는 러시아, 우크라이나, 벨라루스, 리투아니아, 라트비아, 에스토니아, 캅카스 등 피점령 지역 주민들에게 축사를 보내고, 독일 제국주의의 질곡에서 해방된 인민들이 결코 영국과 미국 또는 일본 제국주의 억압을 허용하지 않을 것임을 확신한다고 표명했다.

이보다 앞서 소비에트러시아 정부는 1917년 11월 2일 '러시아 각 민족의 권리선언'을 공표했다. 이 선언은 러시아에 있는 모든 민족의 자유로운 발전과 완전히 동등한 권리를 법제적으로 확립했으며, 스스로 분리해 독립국가를 창설하는 것까지 포함해 자결권 보장을 표명했다.

우크라이나의 경우, 1918년 11월 29일 '우크라이나 임시 노농 정부'가 소비에트 권력의 재건을 선포했다[1]. 벨라루스에서는 독일 점령군에 대항한

---

1_1917년 12월 하리코프에서 제1회 우크라이나 소비에트 대회가 열려 우크라이나를 소비에트 공화국이라고 선언했다. 대회는 소비에트 우크라이나와 소비에트러시아 사이의 긴밀한 동맹 수립을 발표했다.

인민전쟁이 전개되었으며, 소비에트군이 12월 민스크를 해방한 뒤 1919년 1월 1일 사회주의 공화국이 선포되었다. 리투아니아에서는 1918년 12월에 임시 혁명 노농 정부가 수립되었고, 임시정부는 독립한 리투아니아 소비에트사회주의공화국'의 창립을 발표했다. 1919년 2월 27일에는 벨라루스와 리투아니아 양 공화국의 소비에트가 각각 대회를 열어 단일의 '리투아니아-벨라루스 소비에트사회주의공화국' 수립을 결정했다. '러시아 소비에트사회주의공화국'의 군사혁명위원회는 붉은 군대 몇 개 부대를 리투아니아-벨라루스 정부 관할로 이관했다. 리투아니아-벨라루스 공화국에서는 생산에 대한 노동자 통제가 시행되었고 중·대 규모의 기업들이 국유화되었으며, 8시간 노동일제와 모든 노동자에 대한 사회보장제가 실시되었다(The USSR Academy of Sciences 1984, 304).

이들 국가에 세워진 소비에트 권력은 출범하자마자 안팎의 반동 세력으로부터 거센 공격을 받았다. 1919년 2월 말에는 독일군과 부르주아 정부군 부대의 공격이 시작되었다. 4월에는 폴란드 군단이 침입해 벨라루스의 빌뉴스를 점령했다. 1919년 8월에는 리투아니아에서 부르주아지 정권이 수립되었고, 혁명운동 참가자와 소비에트 권력의 지지자들에 대한 잔혹한 탄압이 행해졌다. 폴란드는 서西벨라루스를 점령했다.

라트비아에서는 1918년 11월 무장봉기를 지도하기 위한 군사혁명위원회가 창설되었고, 12월 4일에는 라트비아 임시 소비에트 정부가 수립되었다. 1919년 2월 들어 소비에트 권력은 리예파야 주변 지역을 제외한 라트비아 전 지역을 장악했다. 소비에트 권력은 철도와 대기업을 몰수하고 토지를 국유화해 거기에 소프호스[2] 체제를 도입했다. 또 8시간 노동일제와 사회보험제를 실시했다.

이와 같은 사회주의 체제로의 전환 시도는 독일군의 침공으로 중단되었다. 독일군 부대는 러시아의 백위군과 발트 지방 독일인 방위대, 그리고 라트비아 부르주아지 부대의 지지를 받았고, 영국 해군 소함대 사령부의 지원을 받았다. 1919년 5월 22일 리가가 함락되었는데, 간섭군은 여기서 잔인한 학살 행위를 저질렀다. 자료에 따르면, 재판이나 심문 없이 4,500명에서 7천 명 정도가 총살당했다(Sipols 1959, 130; The USSR Academy of Sciences 1984, 306에서 재인용). 1920년 1월 초에는 부르주아 권력이 라트비아 전국을 장악했다.

에스토니아에서는 1918년 11월 말, 붉은 군대가 나르바를 점령했으며, 임시혁명위원회는 '에스틀란드 노동 코뮌' 수립을 선언했다. 1919년 1월 초에는 에스토니아 국토의 대부분을 소비에트 권력이 장악했다. 에스토니아 붉은 군대가 편성되었고, 생산에 대한 노동자 통제가 실시되었으며 대기업이 국유화되었다.

에스토니아 소비에트 권력은 그다음 해 초에 붕괴되었다. 1919년 2월 영국 함대와 핀란드, 스웨덴, 덴마크 등에서 온 용병의 지지를 받은 부르주아 정부군이 공세를 취해 붉은 군대를 격퇴했다. 그리고 에스토니아 백위군은 니콜라이 유데니치 장군의 페트로그라드 공격에 참가했다.

이와 같이 발트 해 연안 국가들에서 수립된 소비에트 권력은 오래 유지되지 못한 채, 간섭군과 백위군의 공격을 받아 무너지고 말았다. 그러나 이들 국가의 노동자계급은 스스로의 경험에 따라 소비에트 권력이 갖는 정치적 의의를 확인할 수 있었다.

발트 해 연안 국가들에 대한 제국주의 세력과 반동 세력의 침탈에 이어

---

2_대규모 국영 농장을 일컫는다. 사회주의적 기업으로서 국영 농장이며, 거기서 일하는 사람들은 농민이라기보다는 일반 기업의 경우와 같은 노동자로 간주된다.

소비에트러시아에 대한 안팎의 공격이 점점 강화되었다. 먼저 협상국 열강은 세계대전의 종결과 더불어 소비에트러시아에 대한 무력간섭 강화를 결정했다. 협상국들은 이미 콩피에뉴에서 대독對獨 휴전협정(1918년 11월 11일)을 체결할 때부터, 독일 군대가 협상국군으로 대치될 때까지 '볼셰비키와 싸우기 위해' 독일군의 일부를 소비에트 영토 내에 남겨 두는 방침에 동의했다.

11월 루마니아 이아시와 파리에서 개최된 협상국 사령부 회의에서 프랑스, 영국, 미국, 그리고 러시아 백위군 조직의 대표들은 표트르 크라스노프 장군과 안톤 데니킨 장군 부대가 협력해 러시아 남부와 우크라이나에서 시행할 군사작전, 그리고 모스크바에 대한 진격 계획을 함께 논의해 구체화했다. 이 무렵 흑해의 항구에 군대와 병기를 실은 군함과 운송선이 도착하기 시작했다. 세바스토폴, 노보로시스크, 오데사, 바투미에는 육군 전투부대가 상륙했고, 무르만스크와 아르한겔스크에는 미국군과 영국군 4만 명 이상이 상륙했다. 미국과 일본은 각기 병력 1만 명을 극동에 상륙시키기로 합의하는 협정을 체결했으나, 일본은 실제로 10만 명에 가까운 병력을 상륙시켰다(황인평 1986, 77).

한편, 남부와 동부에서 백위군이 참담한 패배를 당한 뒤, 협상국은 국내 반혁명 세력에 대한 원조를 강화하는 동시에 백위군 병력의 통합을 시도했다. 1918년 11월 영국 간섭군은 알렉산드르 바시리예비치 콜차크를 시베리아 최고 통치자로 위촉했다. 협상국은 남부에서도 데니킨의 지휘에 따라 돈 코사크군[3]과 의용군[4]을 통합했다. 데니킨에게 군사 장비와 탄약이 공급되

---

**3_**돈 강 연안의 상층 코사크들은 대부분 볼셰비키 권력에 반대했고, 백위군 장교의 지휘를 받아 내전에 적극적으로 참가했다. 쿠반 지역의 코사크는 1924년까지 게릴라전을 벌였다.

기 시작했다.

협상국 열강의 이런 공세에 대해 소비에트 정부는 소련에 대한 간섭과 반혁명·반란군 지원 중지를 요구했고, 평화조약 체결을 제안했다. 1918년 11월 6일 전_소_ 러시아 노동자, 농민, 코사크, 붉은 군대 대표 제6회 임시 소비에트 대회는 러시아와 교전 중인 미국, 영국, 프랑스, 이탈리아, 일본 등의 정부에 대해 평화조약 체결을 위한 회담을 열자고 제안했다. 그러나 협상국들은 소비에트의 제안을 무시했다(The USSR Academy of Sciences 1984, 308).

이런 군사 정세에서 소비에트 정부는 당과 노동자계급 그리고 인민대중의 모든 힘과 국가 자원을 간섭군과 백위군에 대응하는 데 투입하지 않으면 안 되었다. 그런 목적을 수행하기 위해 1918년 11월 30일 레닌을 의장으로 하는 '노농국방회의'[5]가 설치되었다.

국내 전쟁에서 형성된 세력 관계는 러시아공산당의 지도를 받는 노동자계급과 근로인민을 한 축으로 했고, 국제 제국주의 세력에 의존하는 부르주아지와 지주를 다른 한 축으로 해 이루어졌다. 이 두 세력 사이에 수백만의 프티부르주아 대중, 그 가운데 압도적 부분을 차지하는 농민이 존재하고 있었다. 그래서 투쟁의 귀결은 프티부르주아층이 어느 쪽에 가세하는가에 따라 결정될 수밖에 없었다.

그런데 소비에트 권력이 개혁적인 농업정책을 실시한 결과, 빈농은 '중

---

**4_** 내전 중에 조직되어 데니킨 장군의 지휘에 따라 크리미아로부터 북상해 모스크바를 시너 오틀끼기 긴군했던 부대를 말한다.

**5_** 전(全) 러시아 중앙집행위원회가 군사정책과 일반 국내 정책을 조정하기 위해 만든 기관이다. 주된 임무는 군사 조직을 보충하는 일, 전선에 식량·피복·군수품을 보급하는 일, 그것을 위해 국가의 자원을 동원하는 일 등이었다. 혁명군사회의와는 다른 기관이다.

농화'되었다. 중농은 농민 가운데 다수자가 되었으며, 붉은 군대의 전투 능력과 단결은 노동자계급과 중농 사이의 상호 관계에 의존하게 되었다. 마찬가지로 백위군도 농민의 지지를 필요로 했다.

1918년 가을 무렵부터 '프티부르주아 민주주의파의 경제적 기초'를 이루는 주요 사회층인 중농이 소비에트 권력 쪽에 지지를 보내기 시작했다. 중농이 국내 전쟁의 참화를 겪으면서 백위군이 승리할 경우, 지주들이 복귀해 농민의 토지를 빼앗고 국가의 독립도 보장되지 않을 것이라는 사실을 인식함으로써 급속히 소비에트 권력 쪽으로 기울었다. 1918년 초가을에 레닌은 중농의 중립화[6]라는 슬로건을 내걸어 당이 중농과 굳건한 동맹을 이룩해야 한다고 주장했다.

1918년 말에서 1919년 초 사이에 간섭군은 남부[7]에 대한 공격을 개시했다. 영국군은 바투미와 바쿠를, 프랑스군은 오데사, 헤르손, 니콜라예프를 점령했다. 그러나 그들의 후방에서는 파르티잔 운동이 전개되었고, 당의 지하활동가들은 점령 지역 내에서도 선동 활동을 폈다. 한편, 소비에트 정부는 남부전선을 강화해 1918년 12월 간섭군과 백위군 공세를 저지했고, 1919년 1월 초에는 역공세를 펼치기 시작했다(The USSR Academy of Sciences 1984, 312).

협상국 군대는 붉은 군대 병력을 남부전선에서 끌어내기 위해 북부를 공격할 계획을 세웠다. 콜차크는 동부전선의 북부 구역으로 상당수의 병력

---

[6]_당시 동요하고 있던 중농에 대해 적극적 지지까지는 아니더라도 적어도 중립을 확보하는 것이 중요하다는 판단에서 나온 방침이었다.

[7]_남부전선은 데니킨 장군이 이끄는 백위군이 영국과 프랑스군으로부터 자금과 군수품을 대량으로 공급받았기 때문에 가장 강력한 반혁명 전선이 되었다.

을 이동시켜 페르미에서 코틀라스에 이르는 지역 부근에서 영국군과 미국군 부대와 합류해 단일 전선을 형성한 뒤 모스크바로 진격하려 했다. 백위군은 소비에트 제3군을 격파하고 1918년 12월 말 페르미를 탈취하는 데 성공했다. 그러나 모스크바로 진격하려던 협상국 군대와 백위군의 계획은 소비에트군의 적극적인 공세로 실현되지 못했다(황인평 1986, 82).

1919년 봄 국내 전쟁과 제국주의 간섭에서 새로운 국면이 조성되었다. 소비에트 권력 타도를 위한 주요 역할이 국내 반혁명군에 맡겨졌다. 협상국 지휘에 따라 간섭군과 백위군 연합 세력이 소비에트 권력에 대한 공격을 개시했다. 동부에서는 콜차크군이, 남부에서는 데니킨군이, 페트로그라드에서는 유데니치군이, 북부에서는 밀러군이 진격했다.

협상국 군대, 부르주아와 지주의 지지를 받는 폴란드 군대, 핀란드·에스토니아·체코슬로바키아·루마니아·그리스의 군대도 진격에 참가했다. 협상국 군사위원회의 추정에 따르면, 반反소비에트 병력 총인원 수는 130만 명을 넘었다. 영국·프랑스·미국의 장병이 31만 명이었고, 군소 국가 장병이 60만 명 이상이었으며 백위군이 37만 명이었다(*History of The USSR* vol. 7, 1967, 497~498; The USSR Academy of Sciences 1984, 313에서 재인용). 진격의 주력은 콜차크 대부대였고 고문은 프랑스 장군 쟈낭이었다. 이 군대의 보급과 무장을 담당한 것은 영국 장군 알프레드 녹스였다.

병력과 장비 측면에서 상대적으로 열세였던 소비에트군은 모든 방면에 걸쳐 응전을 했으나, 역부족으로 퇴각 하지 않을 수 없었다. 그리하여 간섭군과 백위군이 소비에트러시아를 사방에서 포위했다. 1919년 5월 콜차크군이 볼가 강에 도달해 중앙 지역과 모스크바를 위협했다.

간섭군과 백위군의 공격을 막아 내기 위해서는 소비에트 공화국의 모든 세력, 특히 노동자계급의 전 세력이 궐기할 필요가 있었다. 노동자와 농민 수십만 명이 붉은 군대에 참가했다. 붉은 군대를 굳건하게 뒷받침한 것은 당원들이었는데, 당시 당원 1만5천 명이 동부전선에 배치되었으며 공산주의청년동맹은 최초로 동맹원 총동원령을 내리고 공산주의청년동맹 회원 3천 명 이상을 전선으로 내보냈다. 노동조합은 노동자 6만 명 이상을 동원했다. 전선의 후방에서도 노동자들은 병기와 탄약 생산에 열중했다. 노동자 대중은 새로운 사회적 노동 형태인 공산주의적 토요 노동 봉사[8]를 실시했다(황인평 1986, 97).

이와 같은 당원, 노동자, 청년들이 열성적으로 참전한 결과, 1919년 여름 콜차크군은 우랄산맥을 넘어 패주했다. 페트로그라드 부근에서도 백위군은 패배했다. 협상국 군대는 아르한겔스크와 무르만스크 지역에서 철수하기 시작했다.

1919년 여름과 가을, 소비에트러시아는 또다시 위기를 맞았다. 이번에는 남부 쪽에서 데니킨군이 소비에트 공화국을 위협했다. 협상국이 입안한 새로운 공격도 연합작전이었다. 모스크바 진격을 개시한 데니킨군에 호응해 북부에서 백위군 부대가 진격했다. 유데니치도 페트로그라드 근방에서 전투 행동을 재개했으며, 서부에서는 폴란드를 비롯한 몇 개 국가의 군대가 진격했다. 영국 수상 윈스턴 처칠은 소비에트 공화국에 대한 작전에 '14개국의 원정'[9]을 조직했다고 밝혔다. 영국 한 국가가 제공한 병기와 장비만도 데니킨군에 소총 25만 정, 대포 200문, 전차 30대에 이르렀고, 그 밖의 많은

---

**8**_노동시간 외에 자발적으로 보수를 받지 않고 하는 노동을 말한다. 이 운동은 내전과 간섭군의 개입으로 인해 야기된 경제적 혼란 속에서 시작되어 빠르게 전국으로 확산되었는데, 1920년 5월에는 약 50만 명이 이 운동에 참가했다.

**9**_1919년 여름까지 다음의 14개국 군대가 소비에트 공화국을 침공했다. 영국, 프랑스, 독일, 이탈리아, 미국, 체코슬로바키아, 세르비아, 핀란드, 그리스, 폴란드, 루마니아, 오스만제국, 일본, 중국이었다.

병기와 장비도 공급되었다(The USSR Academy of Sciences 1984, 313).

1919년 6월 30일 차리친이 함락되었다. 러시아 남부와 우크라이나를 점령한 데니킨은 모스크바 진격 명령을 내렸다. 그들은 소비에트군의 후방에서 활동을 벌이고 있던 반혁명 조직인 '민족중앙부'[10]의 원조를 기대했다. 반혁명파들은 데니킨군이 모스크바로 접근해 오는 순간 폭동을 일으킬 계획을 세워 놓고 있었다.

러시아공산당 중앙위원회는 큰 위험에 직면해 기본 병력을 집결시킴과 동시에 노동자와 농민에 대해 '데니킨과 벌이는 전투에 모든 것을 경주하자'고 호소했다. 당과 소비에트의 지도적 활동가들이 남부전선으로 파견되었고, 또 붉은 군대의 신예 병력이 투입되었다. 7월 말 남부전선의 붉은 군대는 데니킨에 대한 공세를 준비했다. 그러나 공세는 실제로 취해지지는 못했다.

그 무렵 백위군의 콘스탄틴 콘스탄티노비치 마몬토프 기병대가 남부전선의 후방을 급습했다. 소비에트군은 마몬토프군을 저지하기 위해 상당수 병력을 전선에서 이동시키지 않을 수 없었다. 이 틈을 이용해 데니킨은 공격 집단을 편성해 모스크바를 공격했다. 공격 집단은 쿠르스크, 오룔을 탈취하고 투라를 위협했다. 1919년 9월경에는 백위군이 러시아의 중심 부근까지 육박했다.

9월에 열린 당 중앙위원회 총회는 당 활동가를 가능한 한 많이 군사 활동에 투입하자는 안을 채택했다. 중앙위원회는 당원 3만 명을 전선에 투입했고, 공산주의청년동맹원 1만 명을 전선으로 내보냈다. 또 당은 당의 대열

---

10_1918~1919년에 활동했던 백위군 최대의 지하 음모 조직. 장교·자본가·지주로 구성되었으며, 데니킨, 콜차크, 유데니치, 그리고 간섭군의 지원을 받다가 1919년 7월 펠릭스 제르진스키의 공격으로 소탕되었다.

을 보충하기 위해 '당 주간'을 선포했다. 중부 지구에서 노동자와 농민 20만 명이 당에 입당했다. 군대에서도 많은 전사가 입당했다.

이런 상황에서 10월 15일 열린 당 중앙위원회 정치국은 다음과 같은 결의를 채택했다. "…… 투라, 모스크바, 그리고 그곳으로 통하는 진로를 적으로부터 차단하고 겨울 동안 총공세를 준비할 것, …… 동남전선에서는 데니킨이 우랄의 코사크와 합류하지 못하게 하고 병력의 일부를 차출해 투라와 모스크바를 방위할 것"이 그 주요 내용이었다. 다른 각 전선에 대해 정치국은 '우선 첫째로 모스크바 — 투라 지구의, 둘째로 페트로그라드의 안전을 도모하는 견지에서' 북부전선, 서부전선을 검토하도록 총사령부에 제안했다(황인평 1986, 103에서 재인용).

1919년 10월 들어 압도적 다수의 근로인민과 광범한 인민의 지지를 받는 소비에트러시아군은 장병 수에서나 전투 능력 면에서 반혁명군을 압도했다. 붉은 군대가 드디어 반격을 시작했다. 간섭군과 백위군의 후방, 우크라이나, 돈, 북캅카스에서는 파르티잔 부대가 활동하고 있었다.

붉은 군대가 주요 공격 목표로 삼았던 지역은 하리코프-돈바스-로스토프를 잇는 돈 강 유역이었다. 적색 코사크 기병대, 사관학교 생도, 라트비아 사단으로 편성된 공격 부대는 10월 10~30일까지 크로미-오룔 지구의 전투에서 백위군을 분쇄했다. 붉은 군대가 오룔을 해방시켰다. 한편, 보존누이 기병 군단은 보로네시로 진격하던 도중에 시크로 마몬토프 군단의 주력을 격퇴했다.

소비에트 군부대의 계속적인 승리에 힘입어 붉은 군대는 모든 전선에서 공세를 펼 수 있었다. 우크라이나와 북캅카스가 백위군 점령에서 해방되었다. 소비에트군은 페트로그라드 부근 전투에서도 승리했다. 유데니치군은 분쇄되었고, 그 대부분이 포로가 되었다.

1919년 12월 제7회 소비에트 대회[11]가 개최되었다. 대회는 다시 영국, 프랑스, 미국, 이탈리아, 일본 등 각국의 정부에 대해 각각 개별적으로 평화 조약을 체결하자고 제안했다. 소비에트 정부는 인접 국가들에 대해서는 그들 국가의 독립을 승인하는 조건으로 강화 교섭을 제의했다. 에스토니아, 라트비아, 핀란드가 강화 교섭 체결에 동의했다(황인평 1986, 105~106).

1920년 봄 캅카스 전선의 붉은 군대는 캅카스 국경으로 접근했고, 이에 따라 아제르바이잔의 노동자는 부르주아지에 대항해 봉기를 일으켰으며 1920년 4월에는 바쿠가 소비에트 도시가 되었다. 1920년 11월 아르메니아의 노동자와 농민이 봉기를 일으켰다.

소비에트 국가는 간섭군과 백위군을 물리치고 잠시나마 휴식을 취할 수 있었다. 협상국은 봉쇄를 해제하지 않을 수 없었다. 1920년 1월 협상국 최고회의는 소비에트러시아와 통상 체결을 허용했다. 볼가 강 연안 국가들과 사이에 평화조약이 체결되고 봉쇄가 해제됨으로써 소비에트러시아의 경제 상태는 호전되었다.

그러나 협상국들은 새로운 공격을 준비했다. 1920년 4월 폴란드의 부르주아지와 지주를 중심으로 한 반소비에트 세력이 소비에트 공화국을 공격했다. 그리하여 우크라이나 수도 키예프가 점령되었다. 협상국들은 폴란드를 지원하기 위해 크리미아에 배치되어 있던 표트르 니콜라예비치 브란겔 백위군을 투입했다. 소비에트 공화국은 또다시 간섭군과 백위군을 맞아 전쟁을 치러야만 했다.

붉은 군대는 5월 중순 무렵 서부전선에서 공세를 취했다. 그러나 이 공세

---

11_1919년 12월 5~9일 사이에 모스크바에서 열린 제7회 전(全) 러시아 소비에트 대회를 말한다. 전체 대표 1,336명 가운데 공산당원은 1,278명이었다.

는 준비 부족으로 실패했다. 6월 초에는 남부에서 이동해 온 제1기병군이 우크라이나에서 백계 폴란드군의 전선을 돌파했다. 제1기병군을 시발로 서남전선의 전체 군대가 공세로 전환해 폴란드군을 격파했다. 1920년 7월 초에는 서부전선의 붉은 군대도 폴란드 영토에, 서남전선의 군대도 우크라이나에 진입했다. 그러나 백위군 사령부는 협상국의 지원을 받아 예비군을 동원해 1920년 8월 반격을 시작했다. 소비에트군은 퇴각하지 않을 수 없었다.

소비에트군은 9월 들어 새로운 공격을 준비했고, 폴란드 정부는 이 공격을 두려워해 10월이 되자 휴전협정을 체결하는 데 동의하고 곧이어 평화조약을 맺었다.

폴란드와 사이에서 전개된 전쟁이 종결되자, 소비에트 정부는 협상국 최후의 근거지였던 브란겔군을 상대로 병력을 집중할 수 있었다. 전투가 개시되자 브란겔군은 크리미아로 물러났다. 1920년 11월 페레코프 지협을 공격한 붉은 군대는 크리미아를 해방시켰다.

러시아에서 벌어진 간섭과 내전은 드디어 종결되었다. 간섭군과 백위군이 최종적으로 격퇴된 것은 1922년이었지만, 소비에트 국가가 사실상 간섭군과 백위군을 물리친 것은 1920년 말이었다(황인평 1986, 117~119).

1920년 말에는 노농 붉은 군대의 장병 수는 550만 명에 이르렀다. 붉은 군대의 중핵을 이룬 것은 노동자계급이었는데, 그들은 총동원만이 아니라 노동조합과 당 그리고 공산주의청년동맹 등의 조직들이 행한 호소에 따라 군에 입대했다. 또 당은 당원의 거의 절반에 이르는 사람들을 붉은 군대에 보냈다. 그 대부분이 노동자들이었다. 노동자 약 94만 명이 붉은 군대에 입대했는데, 그 절반이 산업노동자였다(The USSR Academy of Sciences 1984, 315).

내전이 종결된 뒤 소비에트 권력의 중심에서 당과 소비에트의 활동을 사실상 지도했던 레닌은 다음과 같이 천명했다.

> ······ 당의 경각심과 엄격한 규율, 모든 정부 부서와 기관을 결속시킨 당의 권위, 수십 명, 수백 명, 수천 명, 결국에는 수백만 명이 한 사람 같이 수용한 중앙위원회의 슬로건, 그리고 믿기 어려울 정도로 치러진 엄청난 희생, 이러한 것들이야말로 기적과도 같은 일을 만들어 낼 수 있었다. 협상국 제국주의자와 전 세계 제국주의자의 두 번, 세 번, 심지어는 네 번에 걸친 군사행동에도 불구하고 우리가 승리할 수 있었던 것은 오로지 이런 이유들 때문이었다(The USSR Academy of Sciences 1984, 318에서 재인용).

소비에트 공화국의 붉은 군대가 간섭군과 백위군과 벌인 전투에서 승리했던 원인에 대해 러시아공산당은 다음과 같이 설명하고 있다.

첫째, 소비에트러시아의 근로인민이 수행한 내전은 정의의 전쟁이었다. 러시아의 노동자와 농민은 사회주의혁명을 이룩한 뒤 내전을 벌이면서 자신들의 권력을 강화하고, 사회주의사회를 완성하기 위한 투쟁을 계속했다. 소비에트 권력의 정책이 인민의 이익을 표현했기 때문에 인민들은 그것을 자신들의 정책으로 받아들여 지지했다. 둘째, 노동자와 농민의 강고한 동맹과 모든 민족의 우호에 기초했던 사회제도와 국가 제도가 승리의 요인으로 작용했다. 셋째, 당과 소비에트 권력의 올바른 민족 정책은 간섭군과 반혁명파에 대한 투쟁 속에서 과거 억압당했던 러시아 모든 민족의 근로인민을 결집시켰다. 넷째, 적의 후방에서 활동한 파르티잔이 붉은 군대의 커다란 버팀대가 되었다. 다섯째, 소비에트의 대외정책 역시 붉은 군대의 승리를 촉진했다. 여섯째, 간섭을 반대하는 국제 프롤레타리아트의 혁명투쟁도 붉은 군대의 승리를 수월하게 했다. 일곱째, 간섭군·백위군을 상대한 투쟁 과정에서 프롤레타리아트와 광범한 근로 농민대중을 조직한 당의 지도가 붉은 군대 승리의 결정적 조건이 되었다. 그리고 간섭군과 백위군을 격퇴한 것은 소비에트 국가에서만 큰 의의를 갖는 것은 아니고, 러시아 내전의 교훈은 커다란 국제적 의의도 갖는다고 평가했다(포노말료프 1991b, 143~146).

러시아 노동운동사가 율리 마르토프는 국내 전쟁에서 붉은 군대가 승리할 수 있었던 원인을 다음과 같이 분석하고 있다.

첫째, 노동자계급과 농민의 광범한 대중이 소비에트 권력의 정책을 자신들의 정책으로 생각하고 있었기 때문에 소비에트 권력의 정책을 지지했다.

둘째, 붉은 군대는 자국 인민에게 충실하고 자국 인민에게 헌신적이었기 때문에 인민은 붉은 군대를 적극 지지했다. 군대와 인민이 굳게 결합되었다.

셋째, 소비에트 권력은 전국의 인민, 전국의 힘을 동원하여 전선의 요구에 부응하고 군대에 대한 무기, 탄약, 군복, 식량 공급, 그리고 인원 보충을 보장했다.

넷째, 붉은 군대 병사는 전쟁의 목적, 임무를 이해하고 그것이 옳다고 판단했다. 이것이 그들의 규율, 전투력을 강화하고 그들에게 자기희생의 정신과 용기를 불어넣었다.

다섯째, 붉은 군대가 승리한 것은 볼셰비키 당이 붉은 군대의 후방과 전선의 지도적 핵심이었기 때문이었다.

여섯째, 붉은 군대에는 새로운 유형의 유능한 군사 지도자가 있었고, 비범한 조직가와 선동가가 존재했다.

일곱째, 많은 유력한 당원이 무력간섭자나 백위군의 후방에서 지하활동을 전개했다.

여덟째, 소비에트 국가는 반혁명 세력과 전개한 투쟁에서 자본주의국가의 노동자계급으로부터 지원을 받았다(마르토프 1990, 181~182).

이와는 달리 붉은 군대 승리의 원인으로 먼저 간섭군이 자국 내 문제로 러시아에 대한 침공을 계속할 수 없었고, 반혁명군은 지리적 분열로 통합적인 작전 지휘 체계를 수립할 수 없었으며 정치적 분열이라는 근본적인 결함을 안고 있었음을 지적하는 견해도 있다(배영수 2000, 616).

아무튼 국내 전쟁에서 승리를 이룩한 결정적인 요소는 붉은 군대 전사들의 정신·정치적 우월성과 그들의 충만한 혁명적 열의, 그리고 계급적 연대에 바탕을 둔 단결이었다고 볼 수 있다.


## 2. 전시공산주의

협상국 열강들의 간섭과 3년에 걸친 국내 전쟁은 소비에트 공화국에 엄청난 인적·물적 손실을 가져다주었으며, 매우 어려운 상태에 놓여 있던 소비에트 경제를 더한층 심각한 지경으로 몰아넣었다. 붉은 군대는 100만 명에 이르는 군인을 잃었고, 물적 손해는 390억 금 루블에 이르렀다(*History of the Civil War in The USSR*, 1960, 370; The USSR Academy of Sciences 1984, 318~319에서 재인용). 간섭군은 소비에트 공화국의 가장 중요한 경제 지역을 침탈했으며, 장기간에 걸쳐 공화국의 원료, 광물 연료, 식량을 빼앗아 갔다. 경제봉쇄로 말미암아 외국무역은 사실상 중단되었다. 국내 전쟁의 전선이 광대한 영토에 걸쳐 여러 방향으로 이동하게 됨으로써 광공업과 운수 부문 그리고 농업이 믿기 어려울 정도로 파괴되었다(The USSR Academy of Sciences 1984, 318~319).

전쟁으로 인한 경제생활의 황폐와 그것에 따른 기아는 노동자계급의 생활에 엄청난 희생을 강요했다. 노동자들은 전선에 동원되고 식량 징발 캠페인에 동원되었으며, 운수 부문 재건에 동원되었을 뿐만 아니라 굶주림 때문에 농촌으로 이주해 그 수가 격감했다. 1918년 가을에는 전체 기업의 38퍼센트가 조업을 중단했다. 1919년에도 광공업 생산고는 계속 저하되어 1920년에는 전쟁 이전 수준의 7분의 1 정도였고, 선철은 2.4퍼센트, 철도화물 운송량은 23퍼센트였다(Strumilin 1966, 490; The USSR Academy of Sciences 1984, 319에서 재인용).

1920년 말 소비에트 공화국의 광공업에 취업하고 있던 노동자 수는 총 150만 명이었는데, 이 수치는 1913년 노동자 수의 절반 정도였다. 특히 노동자 수가 두드러지게 감소한 산업부문은 섬유산업(72.7퍼센트)과 식품산업(69.5퍼센트)이었고, 금속 산업에서는 노동자 수가 21.3퍼센트로 감소했다.

산업노동자의 상태는 극도로 어려운 지경이었다. 무엇보다도 가장 고통스러운 것은 기아였다. 배급표에 따라 지급되는 빈약한 식량 할당마저도 규칙적이지 못했으며, 그것도 할당량의 전부가 지급되지 않았다. 1919년 봄 모스크바 공업지구의 섬유노동자가 받은 배급량은 노동능력을 유지하는 데 필요한 칼로리량의 15퍼센트 또는 20퍼센트에 지나지 않았다(*Ekonomicheskaya zhizn* 6, June 1919; The USSR Academy of Sciences 1984, 320에서 재인용).

식량 부족과 육체적 피로는 질병을 만연시키는 결과를 낳았다. 수십만 명에 이르는 노동자와 그 가족이 질병 때문에 고통당해야만 했다. 주거 조건도 매우 열악했는데, 그것은 전쟁 상황에서 새로운 주택 건설이나 낡은 주택의 수리가 어려웠기 때문이었다. 발전소는 발전량이 모자라 종종 송전을 하지 못하거나 또는 먼저 기업에 송전해야 했으므로 대도시에서도 대부분의 가정에서는 전등을 밝히지 못하는 경우가 많았다. 주거의 난방도 매우 부실할 수밖에 없었다.

극도로 악화된 경제 상태에서 '노농국방회의'와 모든 국가기구는 기아와 궁핍으로 고통당하는 인민 생활의 개선을 위해 전선과 후방에서 유연하고 기동성 있게, 그리고 효과적으로 지도하기 위해 최대한의 노력을 기울였다. 국민경제의 운용은 점점 중앙집권화되었다.

소비에트 국가는 시장을 경유하는 정상적인 상품 교환에 따라 필요한 물자를 조달하는 것이 불가능했기 때문에 경제외적인(부분적으로는 군사적인) 방법으로 도시와 농촌 사이의 직접적 생산물 교환을 조직하고, 그렇게 함으로써 전선의 군대와 후방의 노동자에 대한 물자 공급을 확보했다(大阪市立大學經濟研究所 1965, 712).

소비에트 국가는 가장 절박한 문제인 식량 조달을 해결하기 위해 프롤레타리아적 비상조치를 취하지 않으면 안 되었다. 노동자 식량대 — 이것은 곧 러시아 소비에트연방사회주의공화국 식량인민위원부의 단일적인 '식량징발군'으로 결합되었다 — 는 잉여생산물을 사보타주하는 사람들과 농민들로부터 고정 가격으로 구매하거나 공출받는 방법으로 수행했다.

그러나 화폐가치가 하락했기 때문에 농민들에 대해서는 공업 제품을 통한 보상이 필요했다. 옷이나 신발, 그 밖의 상품 재고품 전부를 통합적으로 관리하기 위해 국가는 도매상업 창고와 도매 기업을 국유화했다. 또 매우 중요한 공업 상품의 사적 거래를 금지했다. 이런 조치에도 불구하고 생산이 축소된 여건에서 국가가 곡물과 교환하기 위한 상품의 예비분을 충분히 획득하지는 못했다. 이와 같은 상황에서 인민위원회의는 1919년 1월 11일 '식량할당징발 제도에 관한 포고'를 채택하지 않을 수 없었다. 이에 따라 농민은 잉여 곡물과 사료를 보상 없이 국가에 제공해야 할 의무를 지게 되었다.

국가의 이런 조치에 대해 일부 농민은 조직적으로 대항했다. 우크라이나에서 일어났던 네스토르 이바노비치 마흐노의 반란처럼 농민은 볼셰비키의 붉은 군대도 반혁명 세력의 백위군도 아닌 녹군綠軍을 자처하며 중앙의 간섭 없는 농민 자치체를 이룩하고자 했다. 그러나 대부분의 농민은 전국적인 조직이 없는 상태에서 토지를 빼앗겠다는 백위군보다는 토지를 분배해준 붉은 군대를 선택했다. 이런 처지에서 농민들은 식량 공출을 감수했다(배영수 2000, 617).

식량 징발군은 식량을 징발하는 일 말고도 농기구를 수리하기도 했으며, 농번기에는 파종이나 수확을 위해 농민을 도왔다. 1920년에는 '농민 주간'이 실시되었는데, 이 기간에는 노동자들이 무보수로 농기구나 가옥 또는 제분소를 수리했다.

한편, 당초에는 중소기업에 대한 국유화 강행은 계획되어 있지 않았으나, 군사 정세는 이와 같은 계획을 수정하지 않을 수 없게 만들었다. 전쟁의 규모가 커지고 장기화되면서 군사물자 생산의 필요를 위해서는 현존하는 모든 가동 능력을 이용해야만 했다. 공업의 대부분이 사기업 형태로 존재했고 또 많은 기업의 소유자가 소비에트 기관의 지시에 따라 활동하는 것을 바라지 않을 뿐만 아니라 원료나 자재를 은닉하고 있는 상황에서는 군사 생산을 최대화하기는 불가능했다. 이에 따라 더한층 넓은 범위의, 그것도 더욱 빠른 국유화가 불가결했다(The USSR Academy of Sciences 1984, 322).

그리하여 1919년에는 거의 모든 중규모 공업이 국유화되었고, 1920년에는 소규모 공업의 일부도 역시 국유화되었다. 모든 기업에 대한 계획과 관리가 중앙 기관들에 집중되었고, 기업에 대한 연료, 원료, 설비 등의 공급과 완성품의 배분이 화폐의 지불 없이 중앙 관리국의 지도서指導書에 따라 행해졌다. 국가가 기업들을 장악해 집중화된 관리를 조직함으로써 한정된 자원을 효과적으로 운용할 수 있었다.

소비에트 권력은 성립 초기부터 '일하지 않는 자는 먹지도 말라'는 슬로건을 선언했다. '노동 피착취 인민의 권리 선언'은 "사회의 기생충을 없애고 경제를 조직할 목적에서 전반적 노동 의무제를 실시한다"고 규정했다. 1918년 10월 5일 인민위원회의는 일하지 않는 사람들에 대해 의무적 노동에 종사하도록 하는 법률을 채택했다.

이와 같은 법률 제정에도 불구하고 국내 전쟁에 따른 노동 자원의 격감을 보전하지는 못했다. 국민경제 운용에서 노동력 부족 현상이 두드러지게 나타났다. 소비에트 국가는 경제적 방법으로는 근로인민을 생산에 끌어들일 수 없었다. 왜냐하면 국가가 노동력 동원을 위한 자금을 확보하고 있지 못했기 때문이었다. 그래서 국가는 국방에서 가장 주요한 기업이나 산업부문을 군사화했다. 또 노동자를 비롯한 피고용인은 그들 자신의 자유의사로서 직장을 그만 둘 수 없게 되었다. 그리고 주민들에 대해서는 산업부문에 근로 동원이 실시되었고, 가로 공사나 농장 일, 연료 조달을 위한 근로 동원도 시행되었다.

이런 '노동의 군사화'는 전시라는 특수한 조건에서만 예외적으로 취해질 수 있는 일시적인 조치였으며, 소비에트 국가는 이것을 경제 건설을 위한 '정상적인' 방법으로 간주하지는 않았다. 1920년 3월 29일~4월 5일에 개최된 제9회 러시아공산당(볼셰비키) 대회는 트로츠키의 주장[12] — 군사화는 노동자계급과 농민 조직의 보편적 수단으로서 새로운 사회의 건설을 위한 전全 기간에 걸쳐 적용되지 않으면 안 된다 — 을 거부했다(The USSR Academy of Sciences 1984, 323).

---

**12**_트로츠키는 노동의 강제는 자본주의에서 사회주의로 이행하는 기간에 가장 높은 강도에 이를 것이라고 주장하면서 응징 조치를 인정하라고 대회에 촉구했다. 그는 노동으로부터 이탈한 자들은 징벌 대대로 편성하거나 강제수용소에 넣어야 한다고 주장했다. 그는 또 능률적인 노동자들을 위한 인센티브 임금과 사회주의적 경쟁을 제창했다. 그리고 그는 과학적 관리와 노동조직의 미국식 개념인 테일러식 노동관리법을 채택할 필요가 있다고 말했다(도이처 2005, 650~651에서 재인용).

'전시공산주의'[13]를 위한 정책과 조치들이 시행되는 가운데서도, 간섭군과 백위군에 대응하기 위한 전쟁은 막대한 재정자금을 필요로 했다. 소비에트 국가의 지출은 수입을 훨씬 초과했다. 1920년의 국가 예산 적자는 지출총액의 86.9퍼센트였다. 이 적자액은 지폐의 발권으로 충당되었다. 소비재 생산은 줄어들었고 생활필수품은 부족했기 때문에 루블화의 가치는 급락했다. 임금 인상은 시장가격의 급등에는 미치지 못했다. 이를테면 1920년 말 모스크바 노동자의 명목임금은 1913년의 그것과 비교해서는 400배였으나 소비재 가격 쪽은 실로 2만 배나 상승했다(*Bulleten statistiki truda Moskovskoi guberni* no. 5~6, 1921, 6; The USSR Academy of Sciences 1984, 324에서 재인용).

　　러시아공산당은 이런 상황에서 벗어나기 위해 경제 관계의 현물화, 즉 생산물의 물물교환, 식량과 생활필수품의 현물 지급으로 임금을 대신하는 등의 방법을 취했다. 1920년 말 소비에트 정부는 노동자와 그 가족에 대한 식료품, 소비재, 공공서비스의 무상 제공에 관한 일련의 법령을 공포했다.

　　국내 전쟁 시기 취해진 이런 정책적 조치들(식량 할당 징발, 거의 모든 공업 생산과 분배를 국가로 집중, 사적 거래의 금지, 임금의 현물화, 균등 분배, 노동의 군사화, 관리의 중앙집권화)은 '전시공산주의' 체제를 차츰 형성했다. 소비에트 국가는 전시공산주의를 실시하는 과정에서 자본 진지에 대한 '정면공격'을 감행했다.

　　레닌은 전시공산주의를 채택하게 된 배경을 다음과 같이 설명했다.

---

**13**_'전시공산주의'라는 개념은 1918~1920년에는 사용되지 않았다. 이 개념은 1921년 4월, '신경제정책'의 도입 필요성을 강조한 레닌의 "현물세에 관해"라는 논문에서 최초로 사용되었다. 레닌은 여기서 전시공산주의를 극도의 곤란과 파괴, 그리고 전쟁 때문에 강제된 잠정 조치라고 했다(박원용 1991, 170).

우리를 전시공산주의로 몰아넣은 것은 전쟁과 피폐였다. 그것은 프롤레타리아의 경제적 과제에 상응하는 것은 아니었으며 그렇게 될 수도 없었다. 그것은 일시적인 방편이었다(김윤자 1989, 56에서 재인용).

이런 과정을 통해 소비에트 권력은 초기 단계 러시아의 경제·사회적 구성을 변화시켰다. 기본적인 생산도구와 생산수단은 전 인민적 소유가 되었으며, 모든 경지는 농민의 경작 대상으로 되었다. 부르주아지는 계급으로서 지위를 잃었고, 지주는 경제적 기반을 상실했다. 착취자 계급의 일부는 국외로 도망갔으며 남은 사람들은 새로운 조건에 적응했다. 1919년 말 러시아 영토의 유럽 지역에서 농업인구의 약 10퍼센트를 차지했던 부농(농촌 부르주아지)은 경제적으로나 정치적으로 약화되었다. 빈농은 토지를 수취해 대부분 중농(농업인구의 60퍼센트) 수준에 도달했다(Spirin 1969, 385; The USSR Academy of Sciences 1984, 327에서 재인용). 그리고 새로운 형태의 노동자계급 부대가 등장했는데, 소비에트 경영체 노동자와 농촌 지역에서 국가적 또는 사회주의적 기업에 종사하는 노동자들이 그들이었다. 1920년 말 당시에는 국가 소유로 전환된 공장제 기업에 전체 노동자의 93.4퍼센트가 취업하고 있었다. 이제 노동자계급은 지배하는 계급이 되었으며, 물질적 가치의 생산자일 뿐만 아니라 사회적 생산수단의 주인이고 그 관리자가 되었다(*Publications of the Central Statistical Administration* Issue 1, 18, 33; The USSR Academy of Sciences 1984, 328에서 재인용).

전시공산주의가 채택한 정책들은 내전과 간섭전을 승리로 이끄는 데서 매우 중대한 역할과 기능을 했지만, 다른 한편으로는 많은 모순을 가져왔다. 먼저 소비에트 체제의 가장 강력한 지지 기반이었던 노동자계급과 볼셰비키 사이의 관계도 늘 원만했던 것은 아니었다. 사회주의혁명 이후 현장

조직의 성격이 강한 공장위원회와 위계적인 성격의 노동조합 사이에 생겨난 갈등이 후자가 전자를 흡수함으로써 봉합되자, 노동자계급의 지도부와 대중의 관계는 점점 벌어졌다(배영수 2000, 617).

이와 같은 사실을 두고, 그것이 소비에트 체제의 근본을 흔들어 놓은 요인이 되었다고 해석하는 견해도 있다. 마르크스주의 관점에서 노동자관리 문제를 연구한 카르멘 시리아니는 10월 혁명 후 공장위원회들이 가장 적절한 노동자 민주주의 기구로 정착해 가는 조짐을 보이고 있었을 때, 볼셰비키가 그것을 이미 관료기구화한 노동조합에 통합시킨 것이 소비에트 정권이 노동자 국가로서 가진 명분과 내용을 상실하게 된 중요한 계기가 되었다고 풀이한다(Sirianni 1982, 40~43; 이인호 1991, 30에서 재인용).

다음으로 식량 징발제 시행과 관련해 농민들은 지주제 부활을 우려해 식량 징발제를 수용하기는 했으나, 때로는 잉여생산물이 아닌 필요생산물까지 징발함으로써 내전이 끝날 무렵 쌓이고 쌓인 농민들의 불만은 급기야 분출되었다. 농촌뿐만 아니라 도시에서도 식량난을 비롯한 곤궁한 생활로 노동자들의 파업이 잇달아 일어났다. 1921년 초에는 크론슈타트의 수병들이 노동자들과 합세해 반란을 일으키는 일까지 벌어졌다. 이와 같은 사태 진전은 노동자계급과 농민의 동맹까지를 위태롭게 했다(大阪市立大學經濟研究所 1965, 712).

전시공산주의의 이와 같은 모순을 해결하기 위해 러시아공산당은 내전이 끝난 직후, 1921년 3월에 열린 제10회 러시아공산당 대회에서 정책의 일대 전환을 결정했다. 먼저 식량할당징발제를 현물세로 바꿈으로써 노동자계급과 농민의 동맹 관계를 새롭게 정립시키고자 했으며, 전시공산주의를 '신경제정책'으로 대체했다.

# 2장
# 새로운 경제정책의 강구

자본주의는 사회주의에 비해서는 악이다.
그러나 자본주의는 봉건제, 소생산, 그리고 소생산자들의 분산성에서
기인하는 관료주의의 온갖 해악들에 비해서는 선이다.
우리는 아직 소생산으로부터 사회주의로 직접 이행할 힘이 없기 때문에
소생산과 교환의 자생적인(elemental) 산물과 같은
일정 정도의 자본주의는 피할 수 없다.
따라서 우리는 자본주의를
— 특히 그것이 국가자본주의의 궤도를 향하도록 하는 방법으로 —
소생산과 사회주의 사이의 매개 고리로 이용해야만 하며,
또 생산력 증대의 한 가지 수단, 한 가지 길,
그리고 한 가지 방법으로 삼아야 한다.

_"현물세"(레닌 1991a, 81–82)

## 1. 내전 종식 후의 국내외 정세와
   국민경제 부흥을 위한 당내의 논쟁

국내 전쟁과 외국의 무력간섭을 승리로 마무리한 뒤, 소비에트 공화국이 당장 해결해야 할 중대 과제는 다름 아닌 국민경제의 부흥을 실현하고 사회주의를 건설하는 일이었다. 평화적인 사회주의 건설로 이행하는 일은 매우 복잡한 국제·국내 정세 속에서 수행되지 않으면 안 되었다. 제국주의 국가들은 러시아 공화국에 대한 공격에서 패배하고서도 소비에트 권력의 기반을 없애려는 기도를 결코 포기하지 않았다. 그러나 그런 기도는 자본주의 진영 내 국가들 사이의 모순과 계급적 대립 때문에 쉽게 실행되지는 못했다.

1920년 경제 위기가 몰아닥쳤다. 수많은 공장과 사업장이 폐쇄되었고 거기서 일하던 노동자들은 거리로 내몰렸으며, 실업자와 반실업자의 수효가 4천만 명에 이르렀다. 경제 위기는 영국-프랑스, 미국-영국, 일본-미국, 일본-영국 사이의 갈등과 충돌을 격화시켰다. 이들 국가는 모름지기 자국 이외의 다른 나라, 특히 소비에트 국가를 희생양으로 삼아 공황을 극복하려 했다.

이런 정세에서 소비에트러시아의 국내 정세는 매우 어려운 처지에 놓였다. 국민경제는 제1차 세계대전과 내전, 그리고 외국의 군사 간섭으로 심하게 황폐화되었다. 노동자계급은 분산되었고, 그 일부는 계급에서 탈락했다. 이 때문에 프롤레타리아독재의 사회적 기반이 취약해졌다. 경제적 황폐화는 힘[편]으로 프티부르주아의 자연 성장을 부추겼다.

1921년 초 '전시공산주의' 정책이 새로운 정세와 맞부딪치면서 정치적 문제를 낳았다. 국내 전쟁과 외국의 군사 개입 시기에 가능했던 노동자계급과 농민의 동맹이라는 정치·군사적 형태가 평상시에는 그대로 유지될 수 없었기 때문에 새로운 동맹 형태, 즉 경제적 형태가 필요했다. 농민들은 자신들의 경영 발전에 대한 유인誘因을 없애 버린 식량할당징발제[1]에 대한 불만을 강하게 나타냈다. 소비에트 권력에 대한 적대행동은 탐보프 지역, 우크라이나, 돈, 시베리아 등의 지역에서 부농의 폭동으로 나타났다(황인평 1986, 129~130).

1921년 3월 초에는 크론슈타트에서 돌발적으로 반란이 일어났다. 발트 연안 크론슈타트 요새의 수병 1만6천 명이 '공산주의자 없는 소비에트'를 슬로건으로 내걸고 반란을 일으킨 것이다. 이를 두고 일찍이 볼셰비키의 강력한 지지자였던 크론슈타트 수병이 소비에트 정권에 반기를 든 것은 소비에트가 정권을 장악한 후 강경 노선을 취한 데 대한 저항이었다는 견해가 제시되기도 했다. 국제 부르주아지는 크론슈타트 반란을 '인민혁명'이라 부르기도 했다.

그러나 크론슈타트 반란에 참가한 수병의 대부분은 농촌 출신이었는데, 이들은 종전의 혁명적 수병들이 신소비에트 정권 내로 흡수된 뒤 새롭게 충원된 불만 계층들이었다. 아무튼 레닌은 이 사건을 당시 국내에 광범하게 존재했던 불만의 표출이라 해석했으며, 그는 "1921년 봄의 경제가 정치로 전화했다"라고 표현했다(The USSR Academy of Sciences 1984, 485). 반란은 급속하게 진압되었지만, 새로운 반란 요소는 그대로 남아 있었다.

크론슈타트를 위시해 시베리아와 그 밖의 다른 지역에서 일어난 사건은 국내 정치 위기의 표출이었다. 당시의 정치적 위기를 두고, 레닌은 이렇게

---

1_일정한 식량과 파종에 쓸 부분 말고는 곡물의 자유처분을 금지하고, 정부 관헌의 명령에 따라 아주 싼 가격으로 강제 공출하는 이 제도가 농민의 불만을 산 것은 당연하며, 1920년 말에서 1921년 초까지 '곡물 징발제 금지'를 슬로건으로 내건 농민반란이 탐보프 현을 비롯한 다섯 개 지역으로 파급되었다.

규정했다.

우리는 소비에트러시아의 커다란 — 내가 생각하기에는 — 굉장히 엄청난 국내 적인 정치 위기에 놓여 있다. 이 국내 위기는 대다수 농민의 불만뿐만 아니라 노동자의 불만도 표면화하고 있다는 점이다(황인평 1986, 131에서 재인용).

국내 정치 위기는 당내에도 반영되어 여러 가지 현안에 대한 논쟁이 발생했다. 당내 논쟁에서 제기된 것은 사회주의경제의 관리 형태와 방법 문제만은 아니었다. 결국 당과 국가 그리고 근로인민 사이의 상호 관계 문제, 프롤레타리아국가 체제 내에서 제기되는 노동자계급의 역할 문제였다.

1920년 11월에 열린 제5회 전소러시아노동조합대회에서 당은 노동조합의 군사적 활동 방법을 중지하고 민주주의적 활동 방식을 채택해야 한다는 의견을 제시했다. 노동조합 지도 기관 선출 방식을 호선·임명제로부터 선거제로 대체할 것, 조합원들의 집회를 정기적으로 소집할 것, 선출된 기관은 반드시 보고해야 할 의무를 질 것 등이었다.

노동조합의 민주주의적 활동 방식에 반대한 사람은 트로츠키였다.

노동조합운동이 프롤레타리아혁명 기간에도 계속 '독립'을 누리는 것은 연합 정책과 마찬가지로 불가능하다. 노동조합은 권력을 장악한 프롤레타리아의 가장 중요한 경제적 도구가 되어야 한다. 따라서 노동조합은 공산당의 지도를 받아야 한다. 노동조합운동의 원칙 문제뿐만 아니라 내부의 심각한 조직 갈등 또한 우리 당 중앙위원회에서 결정해야 한다. …… 노동조합은 노동자계급 안의 자유분방하고 무정부주의적이며 기생적인 분자에 대한 혁명적 억압의 도구가 된다(트로츠키 2009, 171~172).

트로츠키파의 주장은 한마디로 노동조합을 국가기관화해야 한다는 것이었다. 그들은 노동조합이 자치권을 박탈당한 채, 정부 기관에 통합되기를 바랐다. 이것은 트로츠키가 노동조합과 갈등을 빚으면서 이끌어 낸 최종적인 결론이었다. 이 새로운 제도 아래서 노동조합 지도자들은 국가에 대해 노동자들을 대변하기보다는 오히려 국가의 공복으로서 노동자들을 상대로 국가를 대변해야 한다고 주장했다. 또 트로츠키파는 노동조합은 산업 관리를 위해 노동자들을 훈련하고 국가경제가 나아가는 방향에 따라 동참해야 한다고 밝혔다(도이처 2005, 660~661).

노동조합 문제를 둘러싼 '실제적인 의견 상이'는 '대중에게 접근해, 대중을 획득하고, 대중과 결합하는 방법'에 관한 것이었다. 레닌은 이를 두고 "여기에 모든 본질이 있다"고 했다.

트로츠키 말고도 여러 정파가 독자적인 정강을 내걸었다. 시랴브니코프와 콜론타이를 지도자로 하는 '노동자 반대파', 사브로노프를 지도자로 하는 '민주주의 중앙집권파'[2], 부하린이 이끄는 '완충파' 등이 그것이었다.

'노동자 반대파'는 국민경제의 관리를 '전全러시아생산자대회'라는 경제 관리 기관으로 이관하고, 개별 공업 부문과 기업의 관리는 당해 노동조합과 종업원 집단이 맡아야 한다고 했다. 또 그들은 '최고국민경제회의'를 폐지하고 국가에는 순행정적 기능을, 당에는 선전·선동 기능만을 남겨야 한다고 주장했다. 노동자 반대파의 견해는 본질적으로 생디칼리즘적인 것이었다. 왜냐하면 생디칼리즘은 자본주의에서 사회주의로 이행하는 과정에서 프롤레타리아국가의 필요성을 부정하는 노선이기 때문이었다(황인평 1986, 134).

---

2_민족 독립을 인정하지 않고 중앙집권적 단일국가제를 주장하는 분파를 말한다.

트로츠키파의 요구가 노동조합을 국가기관화하는 것이라면, 노동자 반대파의 제안은 국가를 노동조합화하는 것으로 해석된다. 트로츠키파와 노동자 반대파의 주장은 언뜻 보기에 정반대인 것 같지만, 경제·사회적 개혁의 과정을 관리하는 당과 소비에트 권력의 능력을 불신하고 있다는 점에서는 일치했다.

'민주주의 중앙집권파'는 노동조합이 '최고국민경제회의'의 간부회를 추천할 것과 당내에서 분파 결성의 자유를 인정할 것, 그리고 당과 소비에트의 지도적 기관에서 당내 분파가 후보자를 추천할 수 있게 할 것을 요구했다. 또 그들은 공장에서 시행하는 단독 책임제와 엄중한 규율 그리고 관리의 중앙집권제[3]에 반대했다.

그들은 힘으로 인민의 신뢰를 얻으려는 정부 정책에 반대한 최초의 볼세비키 내 반대파였다. 그들은 당을 권좌로 끌어올린 노동자계급에게 당의 운명을 맡기라고 요구했다. 당은 내전, 굶주림, 그리고 암시장 등으로 위축되었고, 기진맥진한 상태에서 사기가 떨어진 노동자계급에게 당 운명과 공화국의 운명을 맡길 수는 없는 상황이었다(도이처 2005, 662).

부하린파는 '완충적'인 정당을 내걸었다. '완충파'[4]로 불리는 이유는 부하린이 레닌의 정강과 트로츠키파의 정강 사이에서 완충적인 역할을 담당하려 했기 때문이다. 부하린파의 주장에 따르면, 노동조합이 경제관리 기관에 대해 후보자를 뽑고, 지도 기관은 그 후보자를 의무적으로 받아들이지 않으

---

**3_**공장 운영에서 노동자관리가 실패한 후, 레닌이 제창한 단독 책임제와 중앙집권적 관리 체제를 말한다.

**4_**1920년 노동조합의 역할을 둘러싼 논쟁에서 부하린의 지도에 따라 트로츠키파, 노동자 반대파, 레닌 사이의 대립을 완충하려고 한 '좌익 공산주의자'를 가리킨다. 레닌은 완충파를 본질적으로 트로츠키파의 옹호자라고 비판했는데, 사실상 부하린은 점점 트로츠키파 쪽으로 기울었다.

면 안 되는 것이다. 부하린의 완충적 정강은 본질적으로 트로츠키주의의 옹호라고 할 수 있다. 실제로 부하린은 얼마 지나지 않아 자신의 정강을 팽개치고 트로츠키의 주장을 옹호했다(황인평 1986, 135).

이와 같이 논쟁이 계속되는 가운데, 당 중앙위원회는 루즈타크(당시 전소련시아노동조합중앙평의회 간부회 회원이며 사무총장)의 테제를 기초로 작성한 정강과 레닌을 비롯한 중앙위원 대다수가 서명한 정강을 채택했다. 이 정강은 노동조합이야말로 노동자계급의 가장 대중적인 조직이며, 이것은 국가의 조직도 아니고 강제적인 조직도 아니라고 밝혔다. 즉, 노동조합은 교육하는 조직, 포용하는 조직, 훈련하는 조직이고, 그것은 학교이며 관리의 학교, 경영의 학교, 공산주의의 학교라는 것이 레닌의 견해였다.

레닌은 사회주의 건설에서 노동조합의 기본적인 기능은 소비에트 국가의 계획 입안 기관과 경영관리 기관에 참여하는 것, 노동생산성을 향상시키고 노동규율을 강화하기 위해 투쟁하는 것, 노동자의 물질·문화적 이익을 배려하는 것, 노동자와 일반 근로인민 가운데서 국가·경제 기관의 핵심 활동가를 양성하는 것이라고 강조했다. 이런 관점에서 본다면, 노동조합의 사명은 노동자 민주주의를 전면적으로 발전시키고 대중의 창의적 활력을 고양시키는 조직이며, 활동의 주요 방식은 강제가 아니라 설득이 적용될 수밖에 없다.

격렬하고도 매우 광범위하게 전개된 논쟁에서 레닌의 견해가 당의 방침으로 채택되었고, 트로츠키와 부하린 그리고 그 밖의 주장들이 비판을 받았다. 국가를 통치하는 것, 더욱이 프티부르주아적인 국가를 통치하고 사회주의 건설에서 수백만 명의 대중을 지도하는 것은 결정적인 조건, 즉 당내의 통일과 단결, 이데올로기의 일관성, 철의 규율, 기회주의적 편향과 분파 투쟁에 대한 비타협이라는 조건을 만들어 내야만 비로소 가능하다고 보았다.

제10회 당대회는 이런 중요한 조건을 조성하는 것을 주요 목표로 설정했다 (황인평 1986, 136).


## 2. 제10회 당대회와 신경제정책의 시행

제10회 러시아공산당 대회는 1921년 3월 8~16일 사이에 모스크바에서 열렸다. 대회에서 다룬 의제는 당 건설과 통일, 노동조합, 민족문제, 식량할당징발제의 현물세로 전환 등에 관한 것이었다. 대회는 특히 식량할당징발제를 현물세로 대체하는 문제와 '전시공산주의'에서 '신경제정책'으로 이행하는 문제 그리고 두 기본계급 — 노동자계급과 농민 — 의 상호 관계에 관한 문제를 집중적으로 심의했다.

대회는 프롤레타리아트와 농민의 동맹이 신경제정책의 본질임을 강조하면서, 이런 동맹은 경제적 기반 위에서 구축되지 않으면 안 된다고 강조했다. 프롤레타리아국가는 현물세 형태로서 농민의 손에서 식량 잉여분의 전부가 아니라 그 일부를 수취하고, 나머지 잉여 식량을 농민이 자유로이 시장에서 판매할 수 있어야 한다고 결정했다. 이런 조치들은 농민 경영의 강화와 생산성 향상 그리고 농민들에게 맡겨진 국가적 의무의 정확한 확정이라는 필요에 따라 취해졌다. 또 현물세 제도의 도입은 국영 공업, 특히 국영 중공업을 부흥·발전시키고 농업을 사회주의 구조로 개조할 토대를 형성함으로써 사회주의체제에 기반을 굳고히 하기 위해서도 필요했다(The USSR Academy of Sciences 1984, 488).

이와 같은 현물세 제도의 도입은 개인 상업의 문제를 낳았다. 개인 상업의 자유는 자본주의적 시장 요소가 기능할 수 있고, 부농이 성장할 수 있을 뿐만 아니라 개인 영세기업이 생성될 수 있는 조건을 형성할 수 있었기 때문이다. 그러나 당은 공업, 은행, 운수, 외국무역, 토지 등 국민경제의 중추적 부문이 국가관리 상태에 있는 조건에서 국영 상업과 협동조합 상업의 존재가 개인 상업이 초래할 폐해를 견제할 수 있을 것으로 판단했다.

레닌은 개인 자본을 '국가자본주의'[5] 방향으로 발전시킬 것을 제안했다. 그는 대공업을 가능한 한 빨리 부흥시켜 '주요한 생산력인 노동자계급의 상태를 개선하기' 위해 개별 공기업 — 소비에트 공화국이 자력으로 착수하기 어려운 부문, 즉 임업, 광업, 석유, 전화電化 — 을 외국자본에 이권의 형태로 공여하는 것을 국가자본주의의 한 형태로 지적했다.

레닌의 국가자본주의가 구체적으로 무엇을 가리키는 것인가에 대해서는 당시에도 의견들이 엇갈렸다. 먼저 그것은 러시아의 후진적 생산력에서 비롯되는 '부르주아적 요소에 대한 일정한 양보'로서 제시되었다. 그리고 그런 양보가 '자본주의적 반동'으로 이어지지 않도록 하기 위해서는 프롤레타리아국가가 담보한다는 것이었다(김윤자 1989, 56).

이와 같은 정책에 대한 당원들의 반대도 만만치 않았다. '좌파 공산주의 그룹'은 '프롤레타리아국가의 자본주의 지도'라는 국가자본주의 방식이 관료주의적 집중화와 각종 인민위원들의 지배, 지방 소비에트의 독립성 상실 등을 초래할 것이라는 논거에서 비판했다. 또 일부에서는 국가자본주의는 본질적으로 사회주의가 아닌 자본주의의 변종일 뿐이라고 규정했다.

외국자본에 공여할 이권들은 거의 어떤 외국 투자가들도 사회주의사회

---

5_레닌은 국가자본주의의 구체적 형태로서 이권사업형(외국자본에 대한 위탁, 합작, 임대 등의 형태), 협동조합형, 중개상인형, 임대형 등 네 가지 사례를 들면서 여기서는 사회주의국가가 자본가에게 공여한 이권과 임대를 국가자본주의의 주된 내용으로 설정했다.

에서 사업을 하는 데 따르는 위험을 감수하려 하지 않았기 때문에 경제적 효과를 별로 거두지 못했다. 1928년에 외부 투자는 소비에트 총생산액의 1퍼센트도 되지 않았다(톰슨 2004, 260).

레닌은 국가자본주의에 대한 제한이 필요하다는 사실도 강조했다.

> 우리 사회는 자본주의라는 궤도를 떠난 사회이지만, 그러나 아직 새로운 궤도에는 오르지 못하고 있다. …… 이 국가자본주의는 우리가 인정할 수 있고 인정하지 않으면 안 되는 자본주의이며, 우리가 일정한 한계 안에서 제한할 수 있고 제한하지 않으면 안 되는 자본주의라는 것을 이해하는 것, 바로 이것이 문제의 핵심이다(레닌 1991b, 174~175).

그러므로 레닌의 관점에서 본 신경제정책은 '정책'이라는 명칭에도 불구하고 단순한 경제정책이 아니었다. 그것은 러시아처럼 공업노동자가 아직도 소수이고 압도적 다수가 소농민으로 구성되어 있는 후진국의 경우에는 사회주의 이행 이론이며, 이행기 특정 국면에서 이루어지는 계급 연대 또한 본질적으로는 계급투쟁의 특수 형태라는 의미에서 바로 이행기 노농동맹을 그 정치적 본질로 한다(김윤자 1989, 68).

결국 신경제정책은 프롤레타리아트와 농민의 동맹 강화를 바탕으로 해 국가를 사회주의 방향으로 발전시키고, 국민경제의 핵심 부문을 프롤레타리아국가의 통제를 받게 하면서 자본주의를 일정 정도 수용하는 것을 기본 방향으로 설정했다. 종국적으로 신경제정책은 사회주의적 요소가 자본주의적 요소와 싸워 승리를 쟁취하고 사회주의사회를 건설하는 것을 목표로 삼았다.

이런 신경제정책의 목표에도 불구하고, 공산당 내의 반反신경제정책 분위기, 그리고 영웅적으로 사회주의를 건설해야 한다는 분위기는 좌익 반대파에 국한되는 것은 아니었다.[6] 많은 당원들 사이에서 신경제정책 때문에 혁명의 이상이 손상되고 있다는 좌절감이 확산되었고, 높은 실업율과 임금·노동 조건 개선의 부진, 경영자나 전문가 위주의 임금 체계 등은 당에 대한 강한 불신을 불러일으켰다. 이와 같은 전반적인 불만 속에서도 신경제정책을 대신할 만한 마땅한 대안이 없었고, 신경제정책을 포기할 경우 노농동맹이라는 당의 공식적인 노선과 정면 대결이 불가피한 상황에서 정책은 그대로 시행될 수밖에 없었다(배영수 2000, 622).

소비에트 공화국이 경제적 후진국, 그것도 오랜 전쟁과 혁명 그리고 내전으로 경제뿐만 아니라 사회의 내적 구조 전체가 파괴된 상태에서 프롤레타리아국가를 건설하고 사회주의 체제의 기초를 공고히 한다는 것은 처음부터 상반되는 요구들을 절충해야 하는 부담을 안고 있는 일이었다. 대중적 직접민주주의 대 계급의 적을 소탕하기 위한 프롤레타리아독재 체제, 경제의 효율적 운영 대 노동자관리 체제, 문화적 재건 대 부르주아 잔재의 청산, 도시와 농촌 사이의 상충되는 이해관계 대 노농 사이의 연대 유지의 필요성 등 서로 갈등을 유발할 수 있는 명제들을 한꺼번에 충족시키기 위한 노력은 결국 일찍부터 국가권력의 비대화와 당 독재라는 현상을 빚었다는 설명도 일정 정도 설득력을 지닌다고 볼 수 있다(이인호 1991, 34~35).

신경제정책이 당대회에서 채택되기 이전에도 경제의 계획적 지도가 강화되었는데, 1921년 2월에는 '전력화계획위원회'Goelro를 토대로 '국가계획위원회'Gosplan가 설치되었다. 이 위원회의 임무는 국가경제계획을 입안하고

---

6_'노동자 반대파'는 '신경제정책'(New Economic Policy, NEF)이 프롤레타리아에 대한 새로운 착취 (New Exploitation of the Proletariat)의 약자라고 주장했다(도이처 2007, 73~74).

그 실현을 위한 일반적 통제 방침을 작성하는 일이었다. 경제계획 수립에서는 경제적 균형과 경제의 부문·지역 간 연관을 바르게 규정하고 사회적 생산의 연관 부문들, 채굴산업과 제조업, 농업과 공업, 운수 부문과 국민경제의 활동, 생산과 소비 성장 등의 조정을 확보하는 일이 대단히 중요했다. 정부는 '국가계획위원회'에 장기적 경제계획과 단기적 경제계획을 잘 결합하도록 하는 임무를 부과했으며, 당면한 계획은 '전력화계획위원회'의 장기 계획에 기초해 작성하도록 했다. '국가계획위원회'의 구성에는 중요한 경제 부문 전문가와 과학·기술 부문 활동가들이 참가했다(The USSR Academy of Sciences 1984, 489~490).

신경제정책은 현물 지급의 임금 지불 방식 폐지와 균등 임금제에서 성과급제로 이행하는 방식을 채택하도록 제안했다. 노동생산성 향상과 노동 규율 강화를 위해 물질적 자극의 중요성이 커지고, 노동자계급의 생산 활동이 적극적으로 추진되었다. 1921년 8월에 작성된 "인민위원회의의 훈령"과 "신경제정책 원리의 실시에 대해" 방침은 국유 공업에서 "노동조합이 또 노동조합을 통해 노동자 자신이 생산관리 조직과 공공 산업의 작업 조직 문제 해결"을 위해 더한층 광범하게 개입할 것을 규정하고 있다. 또 노동조합은 경제의 부흥과 발전에 대해 깊은 관심을 가져야 하고, 공장 가동의 정상화를 위해 적극 참여해야 한다고 규정했다(The USSR Academy of Sciences 1984, 490).

실세로 노동조합이 그 조직과 경제적 기능을 실현하는 데서 중요한 방편이 된 것은 생산(경영)회의였다. 이 회의에서는 개별 기업의 근본 문제, 즉 생산규율, 노동의 생산성, 설비의 이용, 장기 발전 계획 능이 심의되었다.

전시공산주의에서 신경제정책으로 전환은 1921년 7월 모스크바에서 열린 제3회 코민테른 대회에서 승인되었다. 당시에는 공산당 수가 크게 증가했다. 프랑스, 이탈리아, 체코슬로바키아, 그 밖의 몇몇 나라에서 공산당이 결성되었기 때문이었다. 이들 공산당 결성에서 큰 역할을 했던 사람은 프랑스의 카생, 쿠퇴리에, 이탈리아의 그람시, 톨리아티, 체코슬로바키아의 자포토츠키, 슈메랄 등이었다. 1921년 7월에는 중국공산당이 창설되었다. 코민테른 대회는 소비에트 공화국의 정책과 전술을 승인하고 소비에트 국가에 대한 지원을 전 세계 프롤레타리아트에게 호소했다. 대회는 또 '대중 속으로!'라는 슬로건을 내세우고 프롤레타리아 통일전선 결성이라는 전술을 채택했다. 신경제정책은 이런 측면에서 국제적 의의를 갖게 되었다.

## 3. 경제 부흥과 소비에트연방의 창설

1922년 3월 22일~4월 2일까지 열린 제11회 러시아공산당 대회는 신경제정책에 바탕을 둔 평화적인 사회주의 건설 1년 동안의 총결산을 수행했다. 레닌은 중앙위원회 정치 보고를 통해 후퇴는 끝나고 목표는 달성되었으며, 농민 경제와 결합이 확립됨으로써 프롤레타리아트와 농민의 동맹은 확고해졌고 경제적 성과가 눈앞에 보인다고 선언했다.

신경제정책은 소비에트러시아 경제에 실제로 긍정적인 영향을 가져다주었다. 농민들은 점점 경작 면적을 늘렸고, 1922년의 풍작은 그 전해의 흉작 피해를 어느 정도 극복할 수 있었다. 1924년 봄에는 곡물 경작 면적이 전쟁 이전의 80퍼센트 정도까지 회복되었다. 또 이 무렵 대규모 산업의 총산출고는 1921년에 비해 거의 두 배에 이르렀다. 기초산업의 생산고는 전쟁 이전 수준의 40퍼센트를 넘어섰으며, 석탄 산출은 44퍼센트, 석유는 57퍼센트였다. '전력화계획위원회' 계획에 따라 건설된 최초의 발전소가 송전을 개시했으며, 몇 개의 발전소가 건설 중에 있었다. 가동 발전소의 총출력은 123만 킬로와트였는데, 이것은 제정러시아 때의 수준을 초과하는 것이었다. 그러나 철강산업의 부흥은 극히 완만해 1923년의 선철, 조강, 강재鋼材 생산고는 전쟁 이전 수중의 20퍼센트에도 미치지 못했다. 이 때문에 기계제조업의 발전이 제약을 받았다. 그러나 간단한 농기구와 일반 소비재 생산은 일정 정도 궤도에 올랐다. 운수 부문에서는 화차 적재량이 1913년 수준의 40퍼센트로서 매우 부진했다(*Central Statistical Board of The USSR*, 1927, 232; The USSR Academy of Sciences 1984, 607~608에서 재인용).

국민경제의 부흥과 더불어 노동자계급의 양적 성장과 질적 구성에서도 변화들이 일어났다. 1920년대 초기에는 생산의 집적과 경제계산제로의 이행과 함께 국내 전쟁이 남긴 폐해와 굶주림 때문에 실제로 공장노동자 수는 얼마간 줄었다. 1920년을 100으로 잡으면 1921년의 공장노동자 수는 96.9, 1922년의 경우는 92.5였고, 1922~1923년이 되어서야 겨우 117.3으로 증가되었다.

초기 몇 년 동안에 공장으로 복귀한 사람은 주로 전쟁 진행 중에 기업을 떠났던 숙련노동자들이었다. 거기에다 붉은 군대에서 제대한 노동자 50만 명이 공장으로 복귀했다. 다른 한편, 근로 동원에 따라 공장에서 일했던 임시 노동자 수가 감소하기는 했으나, 이와 같은 현상은 오히려 노동자계급의 질적 구성을 개선하는 데 이바지했다(Matyugin 1962, 212; 214~216; The USSR Academy of Sciences 1984, 608에서 재인용).

이런 경제적인 부흥은 대체로 노동자계급의 정치적 적극성과 활성화된 노동 활동의 결과였다. 경제적 부흥기 초기에 노동자 스스로의 발의에 따라 여러 가지 생산적 세포 형태 — 서클, 생산 회의, 그 밖의 조직 — 가 만들어졌고, 이런 방법으로 선진적 노동자들은 생산관리에 적극 참가했다.

그러나 초기 단계에는 이와 같은 조직에 관여한 노동자는 매우 좁은 범위에 국한되었고, 실제로 대중적 참가가 이루어지지는 않았다. 차츰 생산회의 체제가 형성되면서, 회의 참가자 가운데는 경험 있는 활동가형 노동자의 수가 늘어났다. 그들은 공장관리부의 경영·활동 보고를 활발하게 토의하고 공장 활동의 개선을 위해 자신의 제안을 내놓았으며, 생산 합리화와 노동생산성 향상, 무단결근 감소와 제품 단가 인하, 원료와 연료 절약 등을 위해 새로운 가능성을 고안했다.

한편, 국민경제의 부흥에는 여러 가지 어려움이 따랐다. 공업은 농촌의 증대된 상품 수요를 충족시키지 못했으며, 상품 가격은 등귀했다. 반면에, 농산물의 경우는 그 양은 증가했으나 가격은 하락했다. 공산물과 농산물의 가격차 — 이른바 협상가격차 — 가 확대되었는데, 특히 심했던 경우는 1923년 가을이었다. 이와 같은 일을 더욱 악화시킨 것은 판매 가격을 인상하는 방법으로 공업 기업의 채산성을 높이려는 일부 경영 지도층의 잘못된 방침과, 상업 분야에서 강한 위치를 차지하고 있었던 네프 멘NEP-men 부르주아지[7]의 부족 상품에 대한 투기적 가격 책정이었다.

한편에서는 농민들이 필요한 공산품을 손쉽게 구입할 수 없었으며, 다른 한편에서는 공업 부문 쪽이 상품 판매에 곤란을 겪었다. 일이 이렇게 되자 회전자금 문제가 제기되었고 생산이 축소되었으며, 임금 체불 사태가 발생함으로써 몇몇 기업에서는 노동분쟁이 일어났다(*History of the CPSU* vol. 4, Part 1, 1970, 266~267; 293-294; The USSR Academy of Sciences 1984, 609에서 재인용).

---

7_신경제정책의 시행에 따라 형성된 자본가와 관료를 일컫는데, 1922~1923년에 사적 자본이 소매 상업의 매상고에서 차지했던 비율은 75퍼센트 이상이었다.

공업과 농업 발전에서 생긴 불균형은 도시와 농촌의 경제적 결합을 가로막았다. 1923년 4월에 열린 제12회 당대회는 모든 문제를 노동자계급과 농민의 동맹 강화라는 관점에서 해결하고자 했다. 대회는 "국가의 경제 부흥이 시작되었음을 나타내는 최초의 징후가 존재한다"고 했고, "신경제정책의 시행으로 경제 운영의 정확화와 구체화의 시기가 시작되고 있다"고 지적했다. 대회는 또 농업은 앞으로도 장기간에 걸쳐 경제의 기반이 되어야 하고, 동시에 노동자계급은 "도시에 있는 국유 공업, 특히 중공업 부문의 국유 공업 발전을 위해 정력적인 노력을 기울여야 하며, 중공업이야말로 사회주의 건설의 강고한 토대가 될 수 있다"고 밝혔다(The USSR Academy of Sciences 1984, 609).

당대회는 또 농민의 생활 상태를 개선하고 국내의 상품 교환을 늘리기 위해 농민들로부터 징수했던 직접국세(식량세, 호주할당 금납세, 하역 마역[8])와 직접 지방세를 통합해 단일한 직접 농업세로 바꿀 것을 권고했다. 그리고 대회는 국가에 속하는 주요한 생산수단인 공업과 운수업에서 계획원리를 강화할 것을 강조했으며, 경제적 지도 방법을 행정적 방법으로 대체해서는 안 된다고 천명했다.

1923년 9월에 열린 당 중앙위원회 총회는 제르진스키(곧 '최고국민경제회의' 의장이 되었다)의 보고에 기초해 파국적인 가격 격차의 극복과 임금 지불의 표준화 대책을 수립하고 그것을 긴급하게 실시할 목적으로 위원회를 설치했다. '국가계획위원회'의 권리와 기능 확대를 위한 대책, 소비에트 상업의 조정과 협동조합의 강화 ― 자발적 가입제 원칙의 부활을 포함해 ― 에

---

**8**_1919년 11월 실시된 노동의무로 연료, 식량, 군비 물자의 운반에 종사하는 의무다. 1921~1922년에는 하마차 운반세로 대체되었다.

관한 대책 등이 세워졌다. 통화 안정을 위한 화폐 개혁이 단행되었다. 시장의 지배력에 대한 국가 통제와 투기 억제가 강화되면서 판매 곤란은 점점 극복되었다. 이리하여 공업과 농업은 다시 생산 확대에 들어갔다.

제12회 당대회에서는 경제 부흥을 둘러싸고 치열한 논쟁이 전개되었다. 트로츠키는 일부 기업을 폐쇄해 공기업을 집중화[9]해야 한다고 주장했다. 트로츠키는 대회 직전에도 적자 경영을 이유로 프틸로프, 브리안스크, 그 밖의 몇몇 대공장을 폐쇄할 것을 제안한 적이 있었다. 당 중앙위원회는 트로츠키의 제안은 소비에트 공화국의 패배를 의미한다는 이유를 들어 부결시켰다.

당내 정세가 복잡한 상황에서 트로츠키와 '46인 정강'[10] 주위에 결합한 이전의 반대파들이 다시 활발한 움직임을 보였다. 그들은 당 중앙위원회를 비난하고 당기관의 관료화를 공격했으며, 신경제정책은 전면적인 퇴각이고 자본주의 궤도로 전락한 것이라고 했다. 반대파는 공업화 정책의 실시를 위한 자금 원천을 농민 수탈에서 추구했는데, 이런 방침은 소비에트 권력의 기초인 노동자계급과 근로 농민의 동맹을 어쩔 수 없이 깨뜨리게 될 것은 분명했다.

이 논쟁의 총괄은 1924년 1월 개최된 제13회 당협의회[11]에서 수행되었

---

**9_**트로츠키가 저가격 농산물과 협상가격차를 보이고 있는 공업 제품의 고가격을 내리는 방법으로 제창한 공업의 합리화·집중화 안이다.

**10_**1923년 10월 15일 발표된 당원 46인 서명의 정책 비판문을 가리킨다. 정작 트로츠키 자신은 서명에 참가하지 않았고, 트로츠키와는 의견을 달리 했던 '노동자 반대파'나 '민주주의 중앙집권파'의 지지자들이 참가했는데도 그 내용이 트로츠키의 비판적 견해를 충실히 반영했기 때문에 트로츠키에 대한 스탈린, 지노비에프, 카메네프 3인으로 구성된 이른바 '삼두체제'의 의혹과 적의를 받았다.

**11_**1924년 1월 16~18일 사이에 개최되었다. 레닌과 트로츠키가 참석하지 않고, 스탈린이 트로츠키에 대해 심한 비난을 가한 회의다. 스탈린은 제10회 당대회가 채택한 "당의 통일에 대해"라는 결의의 제7항

다. 이 당협의회는 트로츠키파의 반당 행위를 비난하고 "현재의 반대파는 볼셰비즘을 수정하려는 시도이고 레닌주의에서 명백하게 이탈한 행동일 뿐만 아니라 분명한 프티부르주아적 편향이다"라고 밝혔다(황인평 1986, 193).

한편, 경제 부흥과 활성화를 위한 당 활동에서 빼놓을 수 없는 부분은 여전히 자본주의국가들과 정치·경제적 관계를 정상화하기 위한 방책의 강구였다. 현실은 관계 정상화와는 정반대 방향으로 나아가고 있었다. 자본주의국가들의 정부는 소비에트러시아의 경제적 곤란을 이용하려 했으며, 소비에트러시아에 대한 내정 개입과 권력 타도를 위한 새로운 시도를 하고 있었다. 무엇보다 먼저 프랑스 정부와 미국 정부가 차르 시대의 부채 인정을 요구했다. 대화의 시작을 바랐던 소비에트 정부는 일정한 양보를 하겠다는 데 동의했다.

소비에트 공화국은 이미 1921년 3월 16일 영국과 통상협정을 체결했고, 같은 해 5월 6일에는 독일과, 12월 2일에는 노르웨이와, 12월 7일에는 오스트리아와, 1922년 5월 9일에는 스웨덴과, 6월 5일에는 체코슬로바키아와 각각 잠정 통상협정을 맺었다.

소비에트 정부는 1921년 10월 28일 영국, 프랑스, 이탈리아, 일본, 미국 정부 앞으로 다음과 같은 각서를 발송했다.

소비에트 정부는 어떤 국민도 수세기에 걸쳐 짊어지고 온 족쇄의 대가를 지불할 의무는 없다고 굳게 확신하고 있음을 천명한다. 그러나 다른 열강들과 완전한 협정을 맺으려는 확고한 결의를 지닌 러시아 정부는 몇 가지 실질적이고 의

---

을 공표하는 동시에 트로츠키의 여섯 가지 잘못을 지적했다.

미 있는 양보를 할 용의가 있다(The USSR Academy of Sciences 1984, 611).

각서가 의미하고 있는 것은 자본주의 열강이 소비에트 정부 측의 '반대 요구'를 수용하고 소비에트러시아에 대한 적대행동을 중지하는 동시에 소비에트 공화국을 완전하게 승인한다면, 차르 정부의 전쟁 이전 채무를 인정[12]할 가능성이 있으며 그 때문에 국제회의 소집이 제안되었다는 것이다. 각서는 이 밖에도 소비에트 정부가 "사적 상업, 소기업의 사적 소유, 이권과 대기업 임차 권리를 부활한다"는 것과 "외국자본에 대해 법률상의 보장과 이윤의 상당 부분을 제공하고 …… 모든 국가와 경제협정을 체결하기 위해 노력한다"라고 천명했다(*Soviet Foreign Policy Documents* vol. 4, 1960, 235~236; 240-241; The USSR Academy of Sciences 1984, 611에서 재인용).

1922년 1월 드디어 이탈리아 칸에 모인 협상국 대표들은 제노바에서 협상국 수뇌들이 참가하는 경제·재정회의를 열기로 결정했다. 여기에 협상국 말고도 소비에트러시아, 독일, 오스트리아, 헝가리, 불가리아 대표도 초청하기로 했다. 협상국들은 경제공황 때문에 경제적 곤란을 겪고 있던 상황에서 '유럽의 경제 부흥을 촉진하기 위해'라는 명분으로 소비에트러시아와 패전국 독일까지 포함한 전 유럽 국가들의 경제·재정회의를 소집할 것을 결정하게 된 것이다.

이 회의 소집을 위한 첫 번째 조건은 어느 국가도 별도의 소유 제도, 국내 경제 제도, 통치 제도를 다른 국가에 강제해서는 안 된다는 것이었다. 이것은 자본주의적 소유 제도와 공산주의적 소유 제도가 공존할 수 있는 가능

---

12_1918년 2월 10일 파기 선언을 했던 제정(帝政) 정부와 임시정부의 외채를, 협상국들이 소비에트 정권을 승인하고 소비에트 정부에 대한 차관 제공을 조건으로 해 재인정할 용의가 있음을 밝힌 것이다.

성을 사실상 승인하는 것을 의미했다.

전소러시아중앙집행위원회는 제노바회의 개최를 환영하고 레닌을 단장으로 하는 대표단을 임명했으나, 뒤에 레닌은 전권을 외무인민위원 게오르기 치체린에게 위임했다. 다른 소비에트 공화국 대표들은 그들의 이익을 대변 하도록 사회주의 공화국 연방에 위임했다.

1922년 4월 10일 제노바회의 제1회 전체회의에서 치체린은 다음과 같은 성명을 발표했다.

러시아 대표단은 공산주의의 원칙적 관점을 현재에도 고수하고 있지만, 구사회체제와 신사회체제 사이의 공존이 가능한 현재의 역사적 시기에는, 이 두 개의 체제를 대표하는 여러 국가 간의 경제협력이 전반적 경제 부흥에서 필수 불가결한 일이라는 것을 인정한다(황인평 1986, 158~159에서 재인용).

그는 또 "러시아 정부는 세계경제와 그 생산력 발전의 요구에 응답해 의식적으로 또 자주적으로 국제 횡단철도를 위해 국경을 개방할 것이며, 수백만 데샤티나(1데샤티나는 1,092헥타르)의 비옥한 토지와 풍부한 삼림 자원, 탄전과 광산을 이권 개발에 내놓을 용의가 있다"는 사실을 성명으로 밝혔다. 그리고 소비에트 대표단은 차르 정부와 임시정부의 채무 지불 및 그 이자 지불에 관한 요구와 기업 국유화에 따른 외국 기업가의 손실 보전 요구(통틀어 180억 금 루블)에 대해 반대 요구를 제기했다. 외국의 군사 간섭과 경제봉쇄로 소비에트 공화국이 입은 손실은 문서 자료상으로도 총 390억 금 루블이 된다는 논거에서였다(The USSR Academy of Sciences 1984, 613).

협상 국가들, 특히 영국과 프랑스는 소비에트 공화국과 대등한 처지에서 협력할 것을 원치 않았다. 러시아 대표단은 협상국 측의 요구를 거절하고, 4월 6일 이탈리아 라팔로에서 마침내 독일과 조약을 체결했다. 양국의 외교·통상 관계가 부활된 것이다. 소비에트러시아와 독일은 각각 상대국에 대한 청구권, 즉 베르사유조약에 따라 러시아에 주어졌던 배상청구권, 구채무의 지불, 국유화된 재산의 보상을 차례로 폐기했다. 양국은 군사 지출과 손실의 보전, 그 밖의 모든 요구를 서로 방기했다. 라팔로조약의 체결에 따라 소비에트러시아는 정치·경제적 봉쇄를 돌파했고, 독일은 전후 최초로 동등한 권리에 바탕을 둔 조약을 체결했다. 라팔로조약 체결은 협상 국가들에 대해서는 청천벽력과도 같은 일이 아닐 수 없었다.

제노바회의에서는 별다른 성과는 이루어지지 않았고, 1922년 6월 15일~7월 26일 사이에 헤이그에서 경제 전문가 회의가 열렸다. 이 회의에서도 국유화된 재산의 반환 문제가 제기되었으나 결론 없이 끝났다.

1922년에는 독립을 위해 싸우던 오스만제국과 영국의 지원을 받았던 그리스 사이에 벌어진 전쟁이 오스만제국의 승리로 끝났다. 평화조약을 체결하기 위해 스위스의 로잔에서 국제회의[13]가 열렸다. 자본주의 열강들은 해협 문제[14]만 심의한다는 조건으로 참가 대상 가운데 소비에트러시아를 초청했다. 소비에트 정부는 해협에 대한 오스만제국의 주권, 오스만제국 군함

---

**13**_1922년 11월~1923년 7월까지 술탄제를 폐지한 신생 터키와 프랑스·영국·일본 그 밖에 연합국 사이에 열렸던 강화회의를 말한다. 회의 결과 연합국이 술탄 터키에 부과했던 세브르조약이 폐지되고 다시 로잔조약이 성립되었다.

**14**_로잔회의의 주요 의제의 하나로서 다르다넬스해협, 보스포루스해협 및 흑해의 통행권에 관한 문제를 가리킨다. 소비에트 공화국과 터키가 외국 군함에 대한 다르다넬스해협의 봉쇄, 즉 열강의 군함이 마음대로 해협을 통과해 흑해로 들어오는 것을 금지할 것을 주장한 데 반해 영국, 프랑스, 이탈리아는 나르다넬스해협, 보스포루스해협, 흑해에 대한 군함의 자유 통행을 주장했다. 1923년 7월 24일 타결·조인된 로잔조약의 규정에 따라 다르다넬스해협, 마르모라해(海), 보스포루스해협이 모든 선박에 대해 개방되었고, 국제연맹 해협위원회의 관리를 받게 되었다.

을 제외한 모든 군함의 해협 통과 금지, 통상과 항해의 완전한 자유를 주장했다. 로잔회의는 소비에트러시아의 항의를 무시하고 해협과 흑해에서 모든 군함의 행동 자유가 보장된다는 결의를 채택했다. 이렇게 함으로써 자본주의 열강들은 자신들의 무력 병력을 소비에트의 남부 국경으로 보낼 통로를 유지한 것이다(황인평 1986, 161~162).

1923년 들어서는 소비에트 공화국에 대한 자본주의 열강의 공격적 행동이 더한층 강화되었다. 유럽 열강들 사이의 모순이 증대되고 독일의 루르 분쟁이 발발한 가운데 새로운 유럽 전쟁의 위협이 커진 상황에서 소비에트 공화국에 대한 새로운 압력이 강화되었다. 1923년 5월 8일 영국 외상 카즌은 영국 스파이 사살과 다른 공작원 체포에 대한 보상, 그리고 '반영국 선전'을 행한 소비에트 대사를 아프가니스탄과 이란에서 소환할 것을 최후통첩 형식으로 요구했다. 소비에트 정부는 분쟁 문제를 평화적으로 해결하기 위해 '영국·러시아 회의'를 제안했다. 그러나 회의는 이루어지지 않았다.

소비에트 정부는 대외 무역 관계를 발전시키기 위해 적극적인 노력을 기울였다. 1922년 소비에트러시아는 18개국과 무역 관계를 갖게 되었고, 1923년에는 그것이 23개국으로 증가되었다. 대표적인 국가로는 영국, 독일, 발트 해 연안 국가, 네덜란드, 터키였다.

소비에트러시아가 당면한 여러 가지 정치·경제적 과제 — 생산력 부흥, 방위력 강화, 주권 옹호, 자본주의 세계 사이의 외교·통상 관계 확대, 노동자 생활 조건 개선 등 — 의 총체는 러시아 모든 민족, 소비에트러시아를 구성하는 민족 공화국의 협력 강화를 절실하게 필요로 했다. 공동의 목적을 달성하기 위해서는 정치·경제·군사적 자원의 통합과 노동자계급의 공동 투쟁이 요구되었다.

다민족적 연방인 러시아 공화국은 국제주의, 민족적 동등권, 후진 위치에 있는 민족에 대한 원조 등의 원칙을 견지해 왔다. 1919~1922년에 이르는 기간에 '러시아 소비에트연방사회주의공화국' 구성 내에서 새로운 자치공화국(바슈키르, 타타르, 카렐리아, 키르기스, 산악 지방, 다게스탄, 크리미아)과 자치주(추바슈, 보챠그, 마리, 칼미크, 코미, 브리아트-몽골, 카바르디노-발카르, 야쿠트, 오이오트, 체첸, 카라차예보-체르케스카야)의 창설이 이어졌다.

한편, 러시아 공화국은 독립한 소비에트 공화국 ― 우크라이나와 벨라루스 ― 과 밀접한 정치·군사적 관계를 수립했다. 붉은 군대의 지지를 얻어 인민민주주의혁명이 승리한 결과, 1920년 2월 히바한국의 영토에 호라즘 인민공화국이 탄생했다. 10월에는 부하라 인민 소비에트 공화국이 수립되었는데, 이 국가도 사회주의 공화국으로 가는 이행 단계에 있었다. 이들 공화국은 러시아 공화국과의 동맹조약이나 정치·군사적 협정 또는 경제적 협정을 맺었다.

1920년 자카프카지예(남캅카스)가 해방되었다. 4월에는 공산당이 무장 투쟁을 벌인 끝에 아제르바이잔의 무사바티스트 정부가 타도되고, 독립소비에트사회주의공화국이 선포되었다. 1920년 11월 아르메니아에서 봉기가 일어나 다쉬낙 정부가 물러나고 권력은 소비에트로 이행되었다. 그루지야의 멘셰비키 정부는 비교적 오래 유지되었으나, 1921년 2월 다른 소비에트 공화국의 지지를 받은 인민 봉기로 물러났다. 권력은 소비에트로 이행되었다(The USSR Academy of Sciences 1984, 618).

이런 상황에서 당은 국가적 통합을 바라는 소비에트 민족들의 의지를 구체화했다. 국가적 통합과 그 형식(공화국 연합으로 할 것인가 또는 공화국 연방으로 할 것인가의 문제)에 관한 문제가 당 중앙위원회에서 전면적으로 검토·심의되었다. 1922년 10월에 열린 중앙위원회 총회는 다음과 같은 결정을 채택했다.

우크라이나, 벨라루스, 캅카스 공화국 연방,[15] 러시아 소비에트연방사회주의공화국을 '소비에트사회주의공화국연방'으로 통합하고, 각각의 공화국에게 '연방'에서 탈퇴를 자유로이 할 수 있는 권리를 가지게 하는 조약[16]을 체결할 필요가 있다고 인정한다(포노말료프 1991b, 195-196).

1922년 10~12월 사이에 우크라이나, 벨라루스, 아제르바이잔, 그루지야, 아르메니아의 각 공산당은 중앙위원회 총회에서 소비에트연방으로 통합하는 것에 찬성했다. 1922년 12월에는 모든 공화국에서 일제히 개최된 소비에트 대회가 민중의 분위기를 반영해 소비에트연방 수립에 찬성한다는 의사를 표명했다(포노말료프 1991b, 195~196).

소비에트사회주의공화국연방Union of Soviet Socialist Republics: USSR이 출범할 때의 구성체는 러시아, 우크라이나, 벨라루스, 우즈베키스탄, 카자흐스탄, 아제르바이잔, 몰다비아, 키르기스, 타지크, 아르메니아, 투르크멘, 그루지야, 에스토니아, 라트비아, 리투아니아의 15개 공화국이었다. 소비에트연방에 살고 있는 많은 소수민족에게는 공화국 안에서 자치가 허용되었는데, 연방에는 20개의 자치공화국, 8개의 자치주, 10개의 민족 관구가 있었다.

---

**15**_1922년 4월, 아제르바이잔, 아르메니아, 그루지야의 세 공화국 사이의 군사·경제 동맹 체결에 따라 형성되어, 같은 해 12월 소비에트사회주의공화국연방 수립에 참여했던 네 개 공화국 가운데 하나다.

**16**_단일국가가 아닌 복합국가의 일종으로, 연합국가라고도 한다. 1922년 전(全) 소비에트연방 제1회 대회 석상에서 내건 기간에 공수동맹을 맺었던 일곱 개 공화국이 결합해 '소비에트사회주의공화국연방'을 선언하고 1923년 헌법, 1924년의 소비에트 제2회 대회에서 비준된 이래 채용되고 있다. 참가하는 각 공화국은 연방의 의사 결정에 참여하고, 법률상으로는 탈퇴권까지 갖고 있으며, 소비에트의 조직에서도 연방제를 일관해 채용해 왔다. 연방은 1991년 공산주의 포기와 공산당 해체를 계기로 각 공화국이 독립을 강행함으로써 급속히 붕괴되었다. 연방 해체 후 에스토니아, 라트비아, 리투아니아 등 발트삼국을 제외한 12개 독립 공화국이 1992년 1월 1일을 기해 '독립국가연합'을 형성함으로써 소련은 정식으로 해체되었다.

1922년 12월 30일 모스크바에서 소비에트연방 제1회 소비에트 대회가 열렸다. 대회는 소비에트사회주의공화국연방 수립에 관한 선언과 연방 조약을 채택하고, 최고입법기관인 소비에트연방 중앙집행위원회[17]를 선출했다. 중앙집행위원회 제2회기 중에 소비에트연방 인민위원회의(소브나르콤 sovnarcom)[18]가 설립되고, 그 의장에 레닌이 추대되었다. 1924년 제2회 소비에트 대회는 최초의 소비에트연방 헌법[19]을 채택했다.

소비에트사회주의공화국연방 창설을 두고 러시아공산당(볼셰비키)은 다음과 같이 평가했다.

소비에트사회주의공화국연방의 형성은 레닌주의와 공산당의 레닌적 민족 정책의 승리였다. 민족문제를 해결하고, 국가와 민족의 불평등을 없애는 길, 사회주의와 공산주의를 건설하기 위해서 여러 민족을 단일한 형제적 공동체로 통합하는 길이 전 세계의 진보적 인류의 눈앞에 제시되었다(포노말료프 1991b, 197).

소비에트 공화국이 경제 부흥과 새로운 경제정책을 추진하는 한편, 소비에트 공화국의 결합을 진행하는 가운데 1922년 11월에는 사회주의혁명 5주년을 맞았다. 이 무렵 레닌의 병세는 더욱 악화되었다. 레닌은 11월 20

---

**17**_1924~1937년의 최고권력기관이었다. 연방회의와 민족회의라는 두 부분으로 구성되어 법전, 포고, 결정을 공포하며, 입법과 행정에 관한 활동을 통일하고 또 소련 중앙집행위원회 간부회와 인민위원회의 활동범위를 결정했다.

**18**_소련 정부. 1946년 이후의 각료 회의.

**19**_1923년 7월 6일, 제2회 중앙집행위원회의 승인을 받아 사실상 발효되고, 1924년 1월 31일의 제2회 전(全) 소비에트연방의 소비에트 대회 결정에 따라 성립, 공포된 소비에트연방 성립 후 최초의 헌법이다. 소비에트 국가가 성립된 뒤부터 치면 1918년 7월 10일 채택된 러시아 소비에트연방사회주의공화국 헌법에 뒤이은 두 번째 헌법이다. 1936년 12월 5일, 스탈린 헌법이 채택될 때까지 국가의 기본법이 되었다.

일 '모스크바소비에트' 본회의에서 연설을 했는데, 이것은 레닌이 공식 석상에서 행한 최후의 연설이었다. 레닌은 "우리는 일상생활 속에서도 사회주의 건설을 이룩했다"면서 "신경제정책의 러시아는 사회주의의 러시아가 될 것이다"라고 주장했다(포노말료프 1991b, 200).

레닌은 1922년 12월부터 1923년 3월까지 최후의 논문, "일기 몇 페이지"Pages From Diary,[20] "협동조합에 대해"On Co-operation, "우리는 노농 감독국[21]을 어떻게 재편해야 하는가"How We Should Reorganize the Workers' and Peasants' Inspection, "우리 혁명에 대해"Our Revolution,[22] "양은 적더라도 질이 좋은 것을"Better Fewer, But Better[23]과 서한 "대회에 보내는 편지"Letter to the Congress,[24] "국가계획위원회에 입법기능을 부여하는 것에 대해"Grating Legislative Functions to the State Planning Commission, "민족문제 또는 자치공화국 문제에 대해"The Question of Nationalities of 'Autonomisation'를 구술했다(Lenin 1977). 이들 논문과 서한은 레닌이 당과 세계 사회주의운동 앞날에 남긴 일종의 정치적 유언[25]

---

**20**_1923년 1월 2일 자 레닌의 일기.

**21**_노농 감독 인민위원부 산하 기관으로서 1920년에 설치된 소비에트 기관의 통제 기관이었다.

**22**_1923년 1월 16~17일에 집필했다.

**23**_1923년 3월 2일, 국가기구의 개선에 대한 견해를 서술한 것이다.

**24**_레닌이 1922년 12월 23~26일 사이에, 그리고 1923년 1월 4일에 구술한 것으로, 이른바 레닌의 유언으로 알려진 문서다. 거기에는 중앙위원 증원, 스탈린, 트로츠키 등 레닌의 후계자로 지목되던 인물들에 대한 성격묘사와 그것에 기초한 제안 등 중요한 사항이 포함되어 있었다. 그러나 스탈린이 이 문서들을 폐기해 제12회 당대회에는 제출되지 않았다(포노말료프 1991b, 201).

**25**_레닌이 1922년 12월~1923년 1월 4일 사이에 구술한 유언과 추서다. 1922년 말 무렵의 부분에는 트로츠키와 스탈린의 양극단적인 개성 때문에 초래될지도 모를 당 중앙위원회의 분열을 우려하면서 조속히 중앙위원을 대폭 증원해 두 경쟁자의 정면충돌을 피해야 할 필요를 강조했다. 그러나 그 뒤 레닌의 부인 크룹스카야가 스탈린에게 모욕을 당한 사건이 일어난 뒤, 1923년 1월 4일 레닌은 "조야한 스탈린은 서기장이 되기 어렵고, 좀 더 관대하고 충실하며 예의 바른 동지, 그리고 사려 깊고 극단적이지 않은 인물을

이었다.

레닌은 10월 혁명 이후에 쓴 논문과 서한을 통해 소비에트 공화국에서 추진할 사회주의 건설 계획의 기초를 마련하고 그것을 발전시켰다. 레닌이 설정한 사회주의 건설 계획의 기본 명제는 다음과 같다.

첫째, 소비에트 국가에는 완전한 사회주의사회를 건설하는 데 필요한, 그리고 충분한 조건이 구비되어 있다.

둘째, 노동자계급은 근로 농민을 사회주의 건설에 참여시켜 근로 농민의 분산되어 있는 개인 경영을 대규모 공동경영으로 개조하는 사업을 돕지 않으면 안 된다. 농민을 사회주의 건설과 결합시키는 최선의 방법은 협동조합이다.

셋째, 사회주의를 승리로 이끌기 위해서는 문화혁명을 실행할 필요가 있다. 문화혁명의 목적은 소비에트 사회 속에 사회주의 문화와 마르크스주의적 세계관을 심기 위한 것이다.

넷째, 사회주의 건설의 기본 조건은 프롤레타리아독재다. 프롤레타리아독재를 유지하고 강화하기 위해서 당은 노동자와 농민의 동맹을 끊임없이 강화해 나가지 않으면 안 된다.

다섯째, 사회주의 건설은 소비에트사회주의공화국연방에 살고 있는 여러 민족의 변치 않는 우호 관계가 실현될 때 비로소 실현된다.

여섯째, 소비에트사회주의공화국연방에서 추진할 사회주의 건설은 국제적인 관점에서 보더라도 충분히 보장되어 있다. 자본주의 세계에 존재하는 계급적 모순과 국가 간의 모순 증대, 프롤레타리아트와 부르주아지 사이

---

서기장에 임명하는 방법을 찾아보자"고 제안한 추신을 달았다(포노말료프 1991b, 201).

의 계급투쟁 격화, 식민지·반식민지에서 전개되는 민족해방운동의 발전 등이 그 근거다.

일곱째, 당과 소비에트 정부는 극히 현명한 대외정책을 구사해 부르주아국가들과 군사적으로 충돌하는 것을 미리 방지하는 데 힘쓰지 않으면 안된다. 평화를 위한 사회주의와 자본주의의 평화공존, 경제 경쟁을 위한 집요한 투쟁이야말로 당의 한결같은 정책이어야 한다.

여덟째, 사회주의 건설의 지도력은 공산당이다.

이것이 레닌이 제시한 소비에트사회주의공화국연방에서 밀고 나갈 사회주의 건설 계획의 기본 명제이고, 그것을 실현하기 위한 조건들이었다(포노말료프 1991b, 209~212).

# 제14부 제1차, 제2차 세계대전 사이의 노동 상황과 자본주의 일시적 안정기의 노동운동

1장 자본주의국가 노동자계급의 정치·사회적 상황

2장 자본주의 일시적 안정기의 유럽 노동운동

3장 미국·캐나다·일본의 노동자계급 투쟁

# 자본주의국가 노동자계급의 정치·사회적 상황

우리의 세기(20세기)는 정의와 평등이라는 이상의 승리가

언제나 오래 가지 못한다는 것뿐만 아니라

우리가 자유를 어떻게든 유지한다면,

언제나 처음부터 다시 시작할 수 있다는 것을 보여준다.

…… 가장 절망적인 상황에서조차

전혀 절망할 필요가 없다.

_레오 발리아니(Hobsbawm 1996에서 재인용)

세계 자본주의가 독점 단계로 진입한 이후 국가들 사이의 불균등한 발전은 더욱 심화되었고, 제국주의 국가들의 대외 팽창은 더욱 강화되었다. 한편, 제1차 세계대전은 제국주의 열강들이 안고 있던 내부 모순을 격화시켰을 뿐만 아니라 러시아에서 사회주의혁명을 가능하게 하는 주요 계기로 작용했다.

제1차 세계대전은 세계경제의 세력 배치를 변화시켰다. 그것은 첫째, 유럽의 쇠퇴, 특히 독일의 패전과 혁명 그리고 영국의 정체, 둘째, 미국의 약진(세계의 중심 국가로 부각), 셋째, 러시아혁명(세계 자본주의 체제에서 이탈)이라는 세 가지 국면으로 정리될 수 있다(나가오카·이시사카 1986, 210~212).

1920년대 후반에는 전쟁으로 입은 물질적 피해가 거의 복구되고, 자본주의경제는 전반적으로 번영의 국면으로 접어들었다. 그러나 번영은 그리 오래 지속되지 못하고 결국에는 대공황이라는 파국으로 이어졌다. 경제적 회복과 번영 속에 이미 기본적인 모순이 조성되고 있었다. 그런 모순은 생산과 소비의 불균형, 독점의 확대·강화와 국제금융 관계에서 드러났다(김종현 2007, 496~497).

제1차 세계대전에서 제2차 세계대전까지의 시기에 나타난 세계 자본주의의 특징을 단계별로 개괄하면 대략 다음과 같이 요약될 수 있다. 제1단계(1917~1923년)는 선진 자본주의국가들이 제1차 세계대전으로 막대한 타격을 입은 데다 전쟁 직후 격렬한 혁명적 분위기가 고양되었다. 이런 상황에서 자본주의의 위기 극복을 위해 다양한 방책들이 동원됐으며, 그 과정에서 세계시상이 새분할되었다. 제2단계(1924~1927년)는 세계경제가 대전 이후의 정치·경제적 혼란을 넘어서서 '상대적 안정기'로 접어든 시기로서, 이런 상대적 안정은 자본주의국가의 '산업 합리화'에 따른 공업생산의 불균등 확대를 주축으로 국내시장 대·소 규모 사이의 모순, 세계시장에서 국제경쟁력 우열을 둘러싸고 국제적 모순을 심화시킨 특징을 보였다. 제3단계(1929 년 세계공황~제2차 세계대전)는 자본주의의 상대적 안정이 무너지고 1929년 일찍이 경험하지 못했던 대공황의 발발에 따라 세계경제가 파국으로 접어 든 시기로서, 제국주의 열강들은 공황에서 탈출하기 위한 길을 뉴딜이나 파 시즘 통제로 상징되는 국가독점자본주의 강화와 군비 확대 경쟁, 그리고 전 시경제에서 찾고자 했다(김준호 1982, 188~190).

이런 큰 변화들을 겪은 자본주의 세계질서는 1929년 대공황 이후 10여 년 동안 지속된 장기 불황을 맞으면서, '자본주의의 전반적 위기'로 표현되 는 새로운 단계로 들어섰다. 이 단계의 자본주의 체제는 과거와는 다른 몇 가지 위기적 성격을 드러냈다. 첫째, 자본주의경제 제도와 함께 사회주의경 제 제도가 존재·발전하고 있다는 점, 둘째, 식민지·종속 국가들에서 제국주 의 토대가 흔들리고 있다는 점, 셋째, 국가독점자본주의 형성으로 경제 과 정에 대한 국가의 간섭과 통제가 강화되었다는 점, 넷째, 기업의 만성적 유 휴 상태와 대량 실업의 상시적 존재 등 자본주의경제의 불안정성이 커졌다 는 점 등이 그것이었다(大阪市立大學經濟硏究所 1965, 504).

1920년대와 1930년대에 걸친 이와 같은 경제적 격변과 더불어 파시즘 의 공격과 새로운 세계대전 위험이 증대되면서, 이에 대응해 노동자계급과 사회주의정당들은 반파시즘 운동과 반전운동을 전개했다.

한편, 생산과 자본의 집중이 강화되고 자본주의적 합리화가 빠르게 진 행될 뿐만 아니라 경제생활에 대한 국가의 개입이 강화되면서 그것이 노동 자계급의 구성과 상태에도 중대한 영향을 끼쳤다. 또 생산력과 착취 방법의 국제화, 자본주의적 국제분업의 발전, 자본수출에 바탕을 둔 식민지·종속 국가에서의 자본주의 관계 확대, 이민의 증가 등은 노동자계급의 국제적 결 합을 촉진했다.

# 1. 노동자계급의 수와 구성 변화

1920~1930년대 선진 자본주의국가들에서는 일반 국민의 프롤레타리아화가 계속되었다. 20세기 초 선진 자본주의국가들의 고용 노동자 수는 8,500만 명이었는데, 제2차 세계대전 초에는 1억4,120만 명으로 증가했으며 경제활동인구의 65.9퍼센트를 차지했다.

주요 자본주의국가들의 경우, 경제활동인구에서 차지하는 임금노동자의 비중 증대 양상은 〈표 1〉에서 보는 바와 같이, 1920~1930년대에는 임금노동자가 인구의 압도적 부분을 차지했다. 그런데 자본주의 발전의 불균등성은 여러 국가에서 임금노동자 증가 속도와 그 비중의 불균등성을 초래한 요인으로 작용했다. 예컨대 미국, 영국, 독일에서는 임금노동자가 경제활동인구에서 차지하는 비중이 압도적으로 높은 반면, 이탈리아, 스웨덴, 일본의 경우는 그 비중이 절반에도 미치지 못했다.

임금노동자의 구성에서도 중요한 변화가 일어났다. 농업 부문에서는 임금노동자 수가 계속 감소한 반면, 상업과 서비스 부문에 고용된 노동자는 급증했고, 특히 화이트칼라층이 대폭 증가했다. 이와 같은 노동자계급의 구성이 변화했는데도 불구하고 임금노동자의 중핵을 이루었던 것은 역시 공장노동자였다. 공장노동자는 전체 노동자의 절반 이상을 차지했다.

공장 프롤레타리아트 수의 증대도 국가별로 불균등했다. 미국, 덴마크, 캐나다, 영국, 스웨덴, 오스트리아의 경우는 공업노동자의 증가가 매우 빠르게 진전되었으며, 이탈리아, 에스파냐, 그리스의 경우는 비교적 완만하게 진행되었고 프랑스, 벨기에, 스위스에서는 공업 프롤레타리아트의 승가가 두드러진 양상을 나타내지는 못했다.

공업노동자 증가와 더불어 기업별 집중도[1]가 높아졌다. 공업노동자의

| 표 1 \| 경제활동인구에서 차지하는 임금노동자 비중 | | 단위: % |
|---|---|---|
| 국별 | 연도 | |
| | 1920 | 1940 |
| 미국 | 68.3 | 77.5 |
| 영국 | 86.8 | 89.1 |
| 독일 | 66.5 | 68.3 |
| 프랑스 | 56.0 | 59.7 |
| 이탈리아 | 45.2 | 51.9 |
| 일본 | 37.8 | 46.0 |

자료: "Statistics: The Working Population and the Working Class in the Developed Capitalist Countries," *Mirovaya Ekonomika i Mezhdunarodnye Otnosheniya* no. 7(1970); The USSR Academy of Sciences(1985, 98)에서 재인용.

많은 부분이 500인 이상의 기업에 집중되었다. 일본에서는 이 규모의 기업에 고용된 취업자의 비중이 1930년의 25.5퍼센트에서 1939년의 34.4퍼센트로, 독일에서는 1925년의 35.8퍼센트에서 1939년의 43.8퍼센트로, 이탈리아에서는 1927년의 17.3퍼센트에서 1939년의 22.5퍼센트로, 프랑스에서는 1921년의 19.2퍼센트에서 1936년의 20.7퍼센트로, 스웨덴에서는 1920년의 19.7퍼센트에서 1945년의 28.0퍼센트로 각각 증가했다(The USSR Academy of Sciences 1985, 99).

이처럼 공업노동자의 집중도가 높아지는 가운데서도 여전히 수많은 소기업과 영세기업이 존속했다. 오히려 소기업과 영세기업의 절대 수는 증가하는 양상을 보였다. 자본주의적 독점화의 과정은 모순되는 결과를 낳았다. 즉, 독점화는 소규모 기업의 몰락을 수반했지만, 경제의 여러 분야에서 새로운 소기업의 형성을 촉진했다. 이를테면 독점화된 자동차산업의 형성은 낡은 형태의 수송 수단 생산과 서비스를 영위하고 있던 수많은 기업을 몰락하게 만들었지만, 자동차 독점자본 자체는 개별적인 부품 생산 공장, 자동차 수리 공장, 주유소 등 수십만에 이르는 소기업과 영세기업 설립의 발판이 되었다.

---

**1_** 20세기 초에는 종업원 50명 이상의 기업을 대기업으로 간주했으나, 그 후 몇 년 동안에 생산과 자본의 집중, 공업의 부문 구성과 생산기술의 변화에 따라 중규모의 기업은 100~300명 이상 기업으로, 대규모 기업은 500명 또는 그 이상의 종업원을 고용한 기업으로 설정되었다.

이와 함께 공업 프롤레타리아트의 부문별 구성에도 큰 변화가 생겼다. 공업 프롤레타리아트 형성의 초기 단계에서 가장 빠르게 발달했던 '오래 전부터 내려온' 부문, 예컨대 채굴, 식품, 섬유, 피혁과 제화 부문 등에 종사했던 노동자는 그 수에서나 비율에서 감소했다. 이와는 대조적으로 철강산업, 금속가공, 화학공업의 프롤레타리아트는 급속하게 증가했다. 노동자 수에서 가장 빠른 증가율을 나타낸 부문은 기계제조, 자동차, 항공기, 전기공업이었다.

대규모적인 기계제 생산의 뒤이은 발전은 컨베이어의 출현을 가져왔고, 이것은 공장 프롤레타리아트의 작업 신화에 직접적인 영향을 끼쳤다. 새로운 기술공정과 생산조직 시스템의 도입은 노동 그 자체의 성격을 변화시켰으며, 그것은 일관작업을 담당할 새로운 노동자 집단의 출현과 기술 발전을 촉진했다.

공업 프롤레타리아트의 직업 숙련도별 구성도 매우 복잡해졌다. 노동자계급 구성에서 최상층을 차지한 것은 새로운 직종의 고도 숙련노동자(직장, 감독, 컨베이어 조정자, 품질 검사자 등)였다. 이 그룹은 생산에서 차츰 큰 역할을 수행하게 되었다. 이 그룹 다음에는 '오래 전부터 내려온' 대표적 직종, 즉 제철·압연·주형鑄型제작·채탄·모형제작·인쇄 노동자와 철도기관사 등이 자리 잡고 있었다.

숙련도에서 중간층에 속하는 노동자는 금속가공·보일러제조·기계설치 노동자·기계제조·수리·전기 노동자와 같은 숙련노동자였다. 노동자의 수직인 면에서 가장 빠르게 증가된 부분은 컨베이어 생산이었는데, 이 층은 반숙련 또는 좁은 범위의 전문적인 노동자였다.

직종·숙련도별 구성에서 최하층에 속하는 것은 잡역 노동자(부두·하역·보조 노동자 등)로서 그들은 가장 단순한 작업을 수행했다. 이 부류의 노동자 비중은 상대적으로 저하되었다.

자본주의적 생산 요구와 기술의 발전은 교육 정도가 높은 노동력을 필요로 했다. 1930년대 유럽 국가들의 공업노동자 대부분은 대개 4~6년의 교육과정을 이수했고 미국의 경우는 7~9년 동안 교육을 받았으며, 일본에서는 중등교육을 받은 노동자가 전체 노동자의 약 3분의 1을 차지했다(Masanori 1965, 116; The USSR Academy of Sciences 1985, 103에서 재인용).

공업 프롤레타리아트의 성별·연령별 구성에서도 괄목할 만한 변화가 일어났다. 여성노동자 수가 증가했으며, 산업부문별 고용 비중도 변화했다. 많은 국가의 경우, 섬유·봉제·식품·피류 공업에서 여성노동자가 여전히 전체 노동자의 과반수를 차지하고 있었다. 컨베이어 생산이 확대되면서 여성은 다른 제조 공업 부문에도 고용되었다. 여성은 컨베이어 관계의 조립·분류·포장 부문이나 보조 부문 등 점점 새로운 영역으로 고용되었다.

공업 프롤레타리아트 구성에서 여성노동자가 차지하는 비중은 대체로 안정적이었다. 미국·프랑스·이탈리아·벨기에에서는 4분의 1, 캐나다·영국·체코슬로바키아에서는 5분의 1 정도였다. 스칸디나비아 국가들에서는 여성노동자의 비중이 상대적으로 낮았고, 반대로 일본에서는 여성노동자가 제2차 세계대전 이전에 공업노동자 수의 약 3분의 1을 차지했다(The USSR Academy of Sciences 1985, 103).

아동노동자의 경우는 일정한 규제가 이루어졌다. 많은 국가에서 노동자의 강한 요구에 따라 14세 미만의 아동노동을 산업에서 사용하지 못하도록 하는 법률이 제정되었다. 그러나 섬유, 피혁, 식품 등의 부문에 걸친 소규모 기업들에서는 법률을 어긴 채 아동노동을 고용하는 관행이 남아 있었지만, 20세기 초기에 비해서는 그와 같은 사례는 점점 축소되었다. 이런 가운데서도 14~16세 미만 미성년 노동의 고용이 특히 일본, 프랑스, 독일, 이탈리아 등의 국가들에서 증가하는 경향을 보였다.

이 시기에 화이트칼라 노동자층은 계속 증가되었다. 미국에서는 1920년 대부터 제2차 세계대전 말에 이르기까지 상업과 서비스 분야에 종사하는 노동자들의 수가 배로 늘어났다(*The Handbook of Basic Economic Statistics* no. 7, 1963; *Employment and Earnings* vol. 9, no. 12, 1963; The USSR Academy of Sciences 1985, 104에서 재인용). 프랑스에서도 경제활동인구에서 차지하는 화이트칼라의 비중이 1900~1940년 사이에 거의 두 배로 증가했다. 덴마크에서는 1920~1940년까지 20년 동안 화이트칼라 노동자 수는 상업과 금융업에서 두 배, 서비스 분야와 정부 기구에서 세 배가량 늘어났다. 대부분의 자본주의국가들에서 화이트칼라 노동자 수는 서비스 분야와 상업, 정부부문뿐만 아니라 산업부문에서도 증가했다.

한편, 노동력의 국제 이동도 꾸준히 확대되었으며, 노동 이민의 주요한 방향도 변화했다. 미국의 경우, 이민노동자의 유입은 1920년대에도 계속되었지만 이전에 비해서는 축소되었다. 1920년대 들어서는 아시아 국가들에서 서유럽과 미국으로, 유럽의 덜 발전한 국가들에서 더 발전한 국가로, 북아프리카에서 유럽으로, 라틴아메리카와 중앙아메리카에서 미국으로 들어가는 이민의 수가 크게 증가했다.

독점자본은 노동운동을 분열시키기 위해서나 또는 인종·민족적 편견을 부추기기 위해 외국인 이민노동자들을 이용했다. 미국과 서유럽 국가들의 경우, 외국인 노동자는 대부분 석탄, 광산, 농업, 하역 등의 노동집약적인 부분이나 가사 서비스, 거리 청소와 같은 일에 종사했다(The USSR Academy of Sciences 1985, 105).

## 2. 노동자계급의 상태

자본주의가 고도의 독점 단계로 진입하면서 중화학공업화와 독점적 거대 기업을 중심으로 생산과 노동의 집적·집중이 이루어졌고, '과학적 관리' 방식의 노동 지배가 더욱 강화되었다. 이와 더불어 세계적 차원에서 국가독점 자본주의의 침략과 종속 상태에 놓이게 된 국가들의 노동자계급과 인민대중은 가혹하게 수탈당했고 억압당했다.

자본의 거대 축적·집중·독점화 과정은 노동의 사회화 — 생산의 사회화 과정에서 생산수단의 존재 양태 변화에 대응하는 노동의 존재 양태 변화, 즉 노동의 사회적 결합 — 를 수반했다. 이런 자본축적과 독점화에 따른 노동의 사회화는 자본이 취하는 잉여노동 취득의 확대·강화 과정이며, 자본이 수행하는 노동의 실질적인 포섭·지배의 발전 과정인 것이다.

이 과정은 필연적으로 여성과 아동노동의 확대, 노동력 가치의 분할과 저하, 노동일의 연장과 노동강화, 자본의 노무 지배와 통제 강화, 노동자의 상대적 과잉에 따른 실업 증대와 고용 불안 심화, 실질적인 임금 저하 경향 등을 초래했다. 이와 같은 현상은 곧 노동자계급의 빈곤화 과정으로 이어졌다.

자본의 집중과 독점화가 대규모로 진행되면서 독점체 상호 간의 경쟁이 격화될 수밖에 없었으며, 노동자계급의 투쟁도 점점 산업 차원 또는 전국 차원에서 통일적으로 전개되었다. 이런 조건에서 기계화와 장치의 대규모화 등 생산수단 체계의 가속적인 발전이 진행되었고, 노동자에 대한 착취와 지배의 강화를 위한 '근대적'인 또는 '합리적'인 방식이 고안·도입되었다. 이른바 근대적 노무관리의 확립이 그것이다.

근대적 노무관리 생성의 기초가 된 것은 '과학적 관리'(테일러 시스템)이었다. 프레드릭 테일러가 창안한 과학적 관리는 요소 동작의 시간연구에 기초해 창안되었다. 요소 시간 연구는 작업을 가장 간단한 요소 동작으로 분해해 공학적 수법으로 그 요소 동작의 시간을 측정하고 그 결과를 기초로 잘못된 동작, 느린 동작, 불필요한 동작을 가려내 최적의 작업 시간·방법·용구 등의 표준화를 책정해 표준 작업 시간을 결정하는 방법이다. 이 표준 작업 시간을 기초로 1일 표준작업량(과업)이 설정된다. 이런 과정을 통해 첫째, 적정한 1일의 작업, 둘째, 표준적 조건들, 셋째, 성공에 대한 고임금, 넷째, 실패에 대한 손실 등의 과업 관리가 성립한다.

테일러가 고안한 과학적 관리는 요소 시간 연구 말고도 직능적 직장職長 제도, 작업 지도표 제도, 기획부 제도, 성과별 차별 임금제도 등을 주요 내용으로 하고 있다(大阪市立大學經濟研究所 1965, 69).

이런 과학적 관리를 두고 노동자계급은 착취와 지배·억압의 강화 방책으로 보고 다음과 같은 관점에서 대응했다. 첫째, 과학적 관리는 생산과정에 존재하는 인간 요소를 무시하고 노동자를 기계시하고 있다는 점, 둘째, 산업 독재제를 지향한다는 점, 셋째, 소득의 불평등한 분배를 목적으로 한다는 점, 넷째, 노동조합의 존재를 부정한다는 점 등이 그것이다. 실제로 노동조합은 1911년 워터타운 병기창에서 '과학적 관리법 배격 운동'을 벌였고, 1913년과 1914년에 미국노동총연맹은 연차 대회에서 과학적 관리법 배격에 관한 결의를 실행했다.

테일러의 과학적 관리를 계기로 성립된 '근대적 관리 방식'은 제1차 세계대전 이후 경제공황을 맞이해 이를 극복하기 위한 자본의 '산업합리화' 추진 과정에서 새로운 진전을 이루었다. 조립라인 또는 연속공정에 기초한 대량생산방식 도입을 비롯해 산업합리화가 강력히 추진되었다.

이 과정에서 도입된 포드 시스템은 개별 부분 작업을 작업의 순서에 따라 배열하고, 작업 사이를 컨베이어를 통해 연결해 그 컨베이어의 속도를 빠르게 작동함으로써 개별 부분 작업뿐만 아니라 전체 작업 속도를 빠르게 하는 생산공정의 자동화·유동화를 바탕으로 하는 생산 기구다.

그런데 생산과정의 자동화와 유동화에는 개별 작업의 특수화·전문화·단순화의 추진이 전제된다. 또 생산의 유동화는 작업의 특수화가 추진되어야 하고, 작업의 특수화는 '표준화'와 결합해 촉진된다. 그 결과, 작업은 점점 단순 작업으로 분화되어 컨베이어의 빠른 속도에 따라 수행됨으로써 노동강도는 더욱 강화되고 또 강제된다. 노동의 단순 반복화·타율화에 따른 노동밀도의 강화는 극단적인 상태에 이르게 되고, 피로의 만성화, 조로早老, 질병, 산업재해, 실업 등의 상태가 확대재생산되고 빈곤화는 더한층 확대·심화되었다(木元進一郎 1974, 59~60).

자본의 강도 높은 산업화 추진은 한편으로는 방대한 자본축적을 이룩하는 동시에 다른 한편으로는 노동자의 빈곤화를 증대시켜 생산력과 소비 능력 사이의 모순을 키운 결과, 1929년의 대공황이 발생했다. 공황 극복을 위한 방책으로 동원된 관리 방식이 미국식 '근대적' 노동조합 대책인 노동관계와 인간관계 관리였다.

근대적 노동조합 대책은 미국 '전국기획협회'National Planning Association의 '단체교섭에서의 산업평화 요인 규명 위원회' 실태 조사를 토대로 다음과 같은 내용을 골격으로 하고 있다(木元進一郎 1974, 65~66).

첫째, 노동조합주의를 기초로 한 노동조합 존재의 승인.

둘째, '경영권'의 확립과 단체교섭의 규제.

셋째, 노사협력위원회의 설치.

넷째, 노동소합의 의사소통.

다섯째, 상세한 단체협약의 체결.

여섯째, 고충처리제도의 확립.

이와 같은 '근대적' 노동조합 대책은 노동조합이나 노동운동에 대한 불인정이나 노골적인 탄압이나 통제와 같은 낡은 방식과는 달리 노동조합을 인정하면서 경제주의와 반공주의로 유도하는 한편, 노사 협력적인 노동조합 존재를 '적극적'으로 육성하는 것을 목표로 하고 있다. 또 이와 같은 대책과 방식은 노동조합 간부들의 노동귀족화를 부추기고 고충처리제도를 통해 노동자의 불평과 불만을 완화하려 시도했다.

한편, 인간관계 관리는 1927~1932년 동안 웨스턴일렉트릭사의 호손 공장에서 행한 실험 결과를 바탕으로 도출된 관리 방식이다. 인간관계 관리 방식의 주요 내용은 다음과 같다.

첫째, 자본가의 노동자에 대한 의사소통: 사내보, 게시판, 직장 간담회 등.
둘째, 노동자의 자본가에 대한 의사소통: 제안제도, 사내보 투고, 직장 간담회, 각종 위원회 참가.
셋째, 종업원의 태도·의견 조사.
넷째, 인사 상담 및 면접 제도.
다섯째, 고충처리제도·노사협의제.
여섯째, 교육제도.
일곱째, 종업원지주제도.
여덟째, 종업원 가족이나 지역사회에 대한 의사소통.

이런 '사회적 기능'(의사소통)을 원활히 하기 위해 여러 가지 제도와 방법을 채택한 인간관계론은 기업 경영에 대한 노동자의 협력을 증대 목표로 설

| 표 2 | 미국·영국·독일의 공업 및 광산업의 생산성 | | | | | | 1900년=100으로 한 지수 | |
| --- | --- | --- | --- | --- | --- | --- | --- | --- |
| 미국 | | | 영국 | | | 독일 | | |
| 연도 | 지수 | 상승률 | 연도 | 지수 | 상승률 | 연도 | 지수 | 상승률 |
| 1897~1908 | 104 | 20 | 1904~1908 | 101 | 2 | 1903~1909 | 109 | 13 |
| 1908~1914 | 116 | 12 | 1909~1914 | 103 | 2 | 1909~1914 | 121 | 11 |
| 1915~1921 | 127 | 10 | - | - | - | 1914~1923 | - | - |
| 1922~1933 | 187 | 47 | 1924~1932 | 111 | 8 | 1924~1932 | - | 17 |
| 1933~1939 | 228 | 22 | 1933~1939 | 135 | 23 | 1933~1939 | 166 | 18 |

자료: Kuczynski(1958, 233).

정하고 있고, 노동조합의 존재를 무시하고 있을 뿐만 아니라 인간과 집단 사이의 관계나 직무 관계를 도외시하고 있다는 것이 노동자 측의 주장이었 다. 그런 점에서 인간관계론은 과학적 관리 방식과 마찬가지로 착취와 지 배·억압 기능의 강화를 목적으로 하고 있음은 분명하다. 이와 같은 '근대적' 노무관리는 미국에서 먼저 고안되고 실시되었으나, 거의 동시적으로 선진 자본주의국가들에서 보급되거나 독자적인 방식으로 도입되었다.

이와 같은 관리 방식은 노동생산성의 증대, 즉 노동 착취의 강화로 이어 졌다.

〈표 2〉를 통해 볼 수 있는 바와 같이, 생산성(노동능률)이 상승되지 않은 경기순환은 찾을 수 없다. 즉, 생산성은 각 경기순환마다 대폭 상승하고 있 음을 알 수 있다. 특히 미국의 경우, 생산성은 파상적으로 상승하고 있다. 초기에는 큰 폭으로 상승했고 다음 단계에서는 상대적으로 상승폭이 저하 했다가 다시 큰 폭으로 향상되는 양상을 볼 수 있다. 그리고 자본주의의 어 느 시기에서 다음 시기로 이행하는 과도기에는 생산성의 상승이 완만하게 진행된다.

독점자본이 자본주의적 합리화 방식으로 노동강화와 지배·통제를 강화해 초과 착취를 획득하면서 산업재해와 직업병이 대량적으로 그리고 다발적으로 발생했다. 1938년 당시 주요 각국의 산업재해 피해자 수를 보면, 미국의 경우는 160만 명 이상이었고, 독일은 150만 명 이상, 프랑스는 70만 명 이상, 이탈리아는 약 50만 명, 영국은 30만 명 이상이었다(The USSR Academy of Sciences 1985, 110).

표 3 | 주당 노동시간

| 기간 | 시간 |
| --- | --- |
| 1900~1909 | 61 |
| 1910~1919 | 58 |
| 1920~1929 | 52 |
| 1930~1939 | 49 |

자료: Kuczynski(1967, 97); The USSR Academy of Sciences(1985, 111)에서 재인용.

생산과 기술이 점점 복잡해지고 노동강도가 강화되는 한편, 노동자 1인당 생산고가 증대되는 가운데, 노동력 활용에서 점점 육체적 한계가 가시화되었다. 또 노동자계급의 지적·사회적 욕구의 증대는 자유시간의 증가를 필요로 했다. 이와 같은 정황을 배경으로 노동시간의 단축을 위한 노동자계급의 투쟁이 거세게 일어났고, 투쟁의 결과로서 노동시간이 일정하게 단축되었다. 영국의 경우, 1930년대 '통상'의 노동시간은 대부분의 공업도시에서 주당 47~48시간이었다. 프랑스의 경우는 1930년대 전반 공업 부문에서 실시된 실제 주당 노동시간은 약 45시간이었다. 미국 제조업의 경우, 주당 노동시간은 1924년의 44.2시간에서 1936년의 39.2시간으로 단축되었다(ILO 1956~1959; The USSR Academy of Sciences 1985, 111에서 재인용).

노동시간 규제에 대한 국가의 관여는 증대되었다. 국가의 규제 대상이 된 것은 노동일제의 일반적인 시간만이 아니라 시간외노동과 여러 가지 범주의 주당 노동시간 단축이었다. 그러나 이 규제에는 중요한 예외가 설정되어 있었다. 대부분의 자본주의국가에서는 농업노동자나 계절노동자, 국가공무원이나 군수공업노동자, 보건이나 서비스 분야의 노동자들에 대해서는 이 규제가 적용되지 않았다.

〈표 3〉에서 보는 바와 같이 노동시간은 단축되는 경향을 나타내고 있지

**표 4 | 영국·미국·독일의 실업률 동향**

| 영국 | | 미국 | | 독일 | |
|---|---|---|---|---|---|
| 연도 | 실업률 | 연도 | 실업률 | 연도 | 실업률 |
| 1895~1903 | 3.5 | 1897~1908 | 10.2 | 1894~1902 | 2.8 |
| 1904~1908 | 5.2 | - | - | 1903~1909 | 2.3 |
| 1909~1914 | 4.0 | 1908~1914 | 10.5 | 1909~1914 | 2.1 |
| 1915~1923 | 5.6 | 1915~1921 | 10.1 | 1914~1923 | 2.5 |
| 1924~1932 | 13.7 | 1922~1933 | 13.5 | 1924~1932 | 19.2 |
| 1933~1939 | 14.0 | 1933~1939 | 19.2 | - | - |

자료: Kuczynski(1958, 230).

만, 노동시간 단축 문제는 여전히 노동자계급의 주요한 투쟁 대상이었다. 몇몇 국가들에서는 독점자본이 노동자들의 사회적 획득물에 대해 집중적인 공격을 가했으며, 경기후퇴 시기에는 독점의 공격이 특별히 강했다. 예컨대 독일에서는 1923년 말에서 1924년 초까지 노동시간 문제를 둘러싼 노동과 자본 사이의 투쟁이 자본 측에 유리하게 종결되었다. 새로운 협정에서는 54시간 또는 59시간 노동이 결정되기도 했다.

노동자의 취업 수준 변동도 노동자계급의 상태에 중대한 영향을 끼쳤다. 노동자의 상태는 실업이 만성적이고 대중적인 성격을 띠면서 더욱 악화되었다. 특히 자본주의가 '전반적 위기' 단계에 들어서면서 각국의 실업률은 급격하게 상승했다. 그런 사실은 〈표 4〉를 통해서도 잘 드러난다.

〈표 4〉에서 나타난 각국의 실업률은 큰 편차를 보이고 있다. 그것은 각국의 경제 상황이 서로 다르다는 사실을 반영하는 것이기도 하지만, 실업률의 산출 방식이 다른 것도 중요한 원인으로 작용한다. 그래서 이런 수치를 비교해 어떤 결론을 도출하기는 어려울 수밖에 없다. 그러나 각국의 실업률 변동 상황은 쉽게 파악할 수 있다.

영국의 경우, 1895~1923년까지의 실업률은 3.5퍼센트와 5.6퍼센트 사이를 오르내렸고, 미국에서는 1897~1921년까지의 실업률이 10.1퍼센트와 10.5퍼센트 사이를 오르내렸다. 독일의 경우는 1894~1923년까지의 실업률이 2.1퍼센트와 3.7퍼센트 사이를 오르내렸다. 그런데 1929~1933년의 공황기에는 실업이 방대한 규모로 증대되었다. 노동자계급의 상태가 상대적으로나 절대적으로 다 같이 악화된 것은 바로 이 시기였다. 이 당시 6대 자본주의국가(미국, 독일, 프랑스, 영국, 이탈리아, 일본)의 실업자 수는 1929년에는 536만 명, 1932년에는 2,218만 명, 1938년에는 1,332만7천 명이었다(Koltunov 1977, 127; The USSR Academy of Sciences 1985, 112에서 재인용).

자본주의의 발전에 따라 노동자계급과 인민의 욕망 수준은 불가피하게 증진된다. 노동강도의 증대는 노동력의 회복을 위한 지출을 비롯해 식료, 의료 등을 위한 지출 증대를 필요로 한다. 노동자계급의 생활상 욕구와 함께 문화적 욕구도 크게 변화했다. 신문·잡지 구독, 영화 감상, 필수적인 생활 설비와 전기·가스·수도 등을 갖춘 정상적인 주거 조건도 노동자의 새로운 욕구 대상이 되었다.

노동자계급은 이런 욕구를 투쟁 요구 사항에 포함했고, 그 결과로서 주택 조건이나 의식衣食 면에서 일정 정도 개선을 가져왔다. 그러나 총체적으로 볼 때 생산력이나 욕구 증대와 노동자계급의 기본적 생활수준 사이의 격차는 그대로 유지되기보다는 오히려 확대되었다. 특히 과잉생산 공황은 노동자계급의 상태를 무참하게 악화시켰다. 자본주의 전반적 위기의 제1단계에서는 노동자계급의 실질임금이 장기간에 걸쳐 20세기 초의 수준에 머물러 있거나 그 이하로 저하되었다.

자본주의 4대 국가(독일, 영국, 프랑스, 미국)의 경우, 1920~1930년대 노동자의 실질임금 변화 추이는 〈표 5〉에서 보는 바와 같다.

노동자계급의 상태에 관한 연구에서 저명한 학자로 잘 알려진 위르겐

| 표 5 | 독일·영국·프랑스·미국의 실질임금 변화 추이 | | | | | | 1900년=100으로 한 지수 | |
|---|---|---|---|---|---|---|---|---|
| 독일 | | 영국 | | 프랑스 | | 미국 | | |
| 기간 | 지수 | 기간 | 지수 | 기간 | 지수 | 기간 | 지수 |
| 1894~1902 | 97 | 1895~1903 | 99 | 1895~1903 | 97 | | |
| 1903~1909 | 98 | 1904~1908 | 95 | 1903~1908 | 104 | 1897~1908 | 102 |
| 1909~1914 | 96 | 1909~1914 | 93 | 1909~1914 | 105 | 1908~1914 | 104 |
| 1914~1923 | 70 | 1915~1923 | 87 | 1914~1923 | 96 | 1915~1921 | 113 |
| 1924~1933 | 86 | 1924~1932 | 91 | 1924~1934 | 99 | 1922~1933 | 117 |
| 1933~1939 | 88 | 1933~1939 | 96 | 1934~1939 | 95 | 1933~1939 | 117 |

자료: Kuczynski(1958, 206).

쿠진스키는 실질임금의 변동 추이에 대해 다음과 같이 주장했다. 첫째, 실질임금은 산업자본주의 시기에는 저하했으며, 그 후에는 정체했다가 자본주의가 역동적으로 발전하기 시작했을 때 상승했다. 둘째, 자본주의가 쇠퇴하기 시작한 시기의 경우, 첫 선행 시기 이후에는 상승했으나 독점자본이 지배권을 장악하기에 이르면 정체했다. 셋째, 자본주의의 전반적 위기 시기에는 저하했다(Kuczynski 1958, 205).

〈표 5〉는 독일·영국·프랑스·미국 4개국의 실질임금 변동 추이(1894~1939년)를 보여 주고 있다. 먼저 독일의 경우, 20세기 초기에는 실질임금이 정체 현상을 나타냈고 그 후 전쟁과 인플레이션을 겪으면서 급격히 저하했다. 1924년 이후에는 회복세를 나타냈다. 영국의 경우에는 실질임금이 20세기 들어 최고치를 보였다가 그 이후 계속 저하했다. 1915~1923년 기간에는 크게 저하했다가 1924년 이후 회복세를 나타냈다. 프랑스의 경우, 20세기 초기에는 실질임금이 그 이전에 비해 매우 높은 수준으로 상승했다가 1914년 이후 저하된 상태에서 정체되는 현상을 보였다. 미국의 경우, 실질임금은 다른 국가들에 비해 높은 지수를 유지했으며, 1915년 이후에는 상승세를 나타냈다. 이것은 미국이 제1차 세계대전 기간에 연합국에 대한 전

쟁 물자 수출을 통해 산업 분야에서 비약적인 발전을 이룬 결과인 것으로 보인다.

1920년대 들어와서는 실업보험을 포함해 국가보험 제도가 창설되기 시작했는데, 이것은 부르주아지가 노동자계급의 적극적인 요구를 받아들여 '양보'를 한 데서 이루어진 것이었다. 1920년대에는 오스트리아, 불가리아, 영국, 독일, 아일랜드, 이탈리아, 폴란드, 오스트레일리아, 스위스의 12개 주에서 강제 실업보험제도가 도입되었다. 벨기에, 노르웨이, 체코슬로바키아, 프랑스 등에서는 실업보험이 임의제로 시행되고 있었다.

이런 실업보험제도가 노동자들의 요구를 결코 만족시킨 것은 아니었다. 실업보험제도는 주로 산업노동자를 중심 대상으로 실시되었고, 실업보험 급부금은 매우 짧은 기간에 한해서만 지급되었다. 또 급부금도 노동자 임금의 매우 적은 부분에 상당하는 수준이었다.

노동자계급의 제도 개혁에 관한 요구는 노동운동의 고양과 침체 국면에 따라 그 실현 정도가 결정되었다. 독일에서는 노동자계급이 1918년의 혁명 시기에 실업에 대한 국가 제공 급여금의 권리를 획득했다. 그러나 혁명의 파고가 후퇴한 1923년 가을에는 보험지출액의 일부가 바로 노동자의 부담으로 전가되었다. 1927년 7월에는 국가 지급 급여금 제도가 노동자 임금의 3퍼센트 공제와 그것과 같은 액수의 기업가 갹출금으로 운용되는 실업보험 제도로 바뀌었다. 그러나 이 제도는 250만 명에 이르는 농업노동자와 견습공들을 그 적용 대상에서 제외했다. 1930년 12월 1일 정부의 긴급 법령은 실업보험 기금에 대한 국가보조금의 대폭적인 삭감을 결정했다. 이와 동시에 이 기금에 대한 노동자의 납부금이 6.5퍼센트로 인상되었다(*German History in Morden and Recent Times* vol. II, 1970, 105~106; The USSR Academy of Sciences 1985, 115~116에서 재인용).

세계경제공황 시기(1929~1933년)에는 부르주아지가 실업보험 지출의 '사회적' 부담 경감의 필요성을 역설하면서 보험 제도의 '개악'에 착수했고, 그 결과 많은 노동자층이 사회보험 보조의 수급권을 박탈당했다. 또 실업급부금의 액수가 삭감되었는가 하면, 노동자가 부담하는 납부금은 오히려 증액되었다(*The Position of the Working Class in the Capitalist Countries Over Twenty Years(1917~1937)*, 148~149; The USSR Academy of Sciences 1985, 116에서 재인용).

노동자계급이 벌이는 투쟁의 전개 양상이 노동자 상태에 직접적인 영향을 끼친다는 사실은 여러 사례를 통해 분명하게 확인된다. 이를테면 1926년 5월의 총파업이 패배한 뒤, 영국 부르주아지는 이를 악용해 노동자의 권리에 대한 광범한 공격을 개시한 데서도 드러난다. 가장 어려운 지경에 놓인 것은 광산노동자들이었다. 웨일스 남부의 많은 탄광이 폐쇄되고 수천 명의 탄광노동자가 직장을 잃게 되었다.

반대로 인민전선이 승리한 시기, 프랑스에서는 프랑스 노동자계급의 상태가 개선되었을 뿐만 아니라 그들의 정신적 자신감도 고양되었다. 1936년 6월 23일의 단체협약에 관한 법률은 특별한 의의를 갖는 것으로 평가되었다. 이 법률에 따라 임금, 노동조건, 산업안전·산업보건 기준의 준수, 기업 내에서의 노동조합 활동 자유, 직업훈련의 조직 등이 단체협약 내용에 포함되었다. 1936년 6~9월까지 700건의 단체협약, 1936년 12월까지는 2,326건의 단체협약, 1937년 중반에는 4,595건의 단체협약이 체결되었고, 그 가운데 약 600건의 단체협약은 한 지역 전체 또는 한 산업부문 전체 규모에까지 적용되었다(Yegorov 1972, 160; The USSR Academy of Sciences 1985, 116에서 재인용).

인민전선 정부[2]는 임금수준을 그대로 유지하면서 주 40시간 노동일제 법률을 채택했다. 또 휴가에 관한 법률도 제정했는데, 1년 이상 한 기업에서 종사한 노동자에게는 유급으로 2주 동안의 여름철 휴가를 보장하는 내용이었다. 1936년 8월에는 수백만 명의 노동자가 역사상 처음으로 유급휴가 권리를 행사했다.

이와는 대조적으로 파시즘이 정권을 장악한 나라에서는 노동자계급이 매우 곤란한 상태에 놓이게 되었다. 이탈리아의 경우, 제2차 세계대전 전까지 전체 노동자들의 실질임금이 1921년 수준보다 10~25퍼센트 정도 낮았다. 이탈리아의 실업자 수는 호황기에도 50만 명 수준을 유지했다. 상시적 실업자와 더불어 공업 부문에서, 특히 농업부문에서 수많은 부분적 실업자가 존재했다(The USSR Academy of Sciences 1985, 117).

독일에서는 나치 정부가 1933년 임금률을 1932년 대공황 때 수준으로 '동결'하는 결정을 내렸다. 시간외노동이 광범위하게 시행되었으며, 법적으로도 10시간 노동일제가, 결국은 12시간 노동일제가 제정되었다. 노동강도의 증대, 노동시간의 연장, 노동력의 수탈적 이용이 초래한 직접적 결과는 독일 노동자의 산업재해 건수가 파시즘 지배 12년 동안 약 70퍼센트 증가한 것으로 나타났다(Galkin 1967, 224; The USSR Academy of Sciences 1985, 117에서 재인용).

'제3제국'[3]에서는 노동자계급이 일체의 정치적·경제적 권리를 박탈당했

---

2_1936년 4~5월 의회 선거에서 사회당, 공산당, 급진사회당이 다수 의석을 확보한 뒤 레옹 블룸을 수반으로 성립된 정부를 말한다. 공산당은 내각 구성에 참여하지는 않았으나 외곽에서 협력했다. 프랑스노동총동맹 등의 노동단체도 적극적인 지지를 보냈다. 1938년 11월 사회당과 급진사회당이 분열됨으로써 인민전선 정부는 해체되었다. 제18부 3장에서 상세히 살펴볼 것이다.

3_히틀러가 권력을 장악한 시기의 독일(1934~1945년)을 말한다. 1933년 정권을 장악한 나치가 1934년 대통령 파울 폰 힌덴부르크의 사망을 계기로 사용한 명칭이다. 전체주의적 이념을 실현하기 위한 목적으

다. 당시의 독일 노동자들은 이동의 자유, 직업과 고용 선택의 자유, 그리고 파업권을 행사하지 못했다. 1935년에는 청년의 강제 근로봉사제가 도입되었고, 1938년에는 그것이 전 국민으로 확장되었다. 노동법은 완전히 전쟁 준비를 위한 방편으로 활용되었고, 일련의 법률은 노동력을 신속히 전쟁 목적을 위해 동원하는 데 적용되었다.

파시스트 독재는 계급적 테러와 폭력 기구라고 할 수 있었다. 독재 권력은 노동자계급의 선진적 부대를 억압하고 노동자계급의 정당이나 노동조직 활동을 금지했을 뿐만 아니라 기본적인 민주주의 권리와 자유마저 박탈했다. 파시즘이 지배했던 시기에 독일, 이탈리아, 에스파냐, 포르투갈의 노동자들은 오랜 투쟁 과정에서 쟁취한 중요한 성과들을 무위로 돌리는 아픔을 겪어야만 했다.


## 3. 투쟁과 조직

1920년대와 1930년대에 걸쳐 전개된 노동자투쟁의 양상과 성격을 개괄적으로 살펴본다. 노동자계급은 혁명의 파고가 퇴조한 상황에서도 자본과 그 동조 세력에 대항해 투쟁을 계속했다. 노동자들은 때로는 정치적 파업을 제기하기도 했으며, 몇몇 대규모적인 경제 파업이 정치투쟁으로 전화되기도 했다. 1926년 영국에서 발생한 총파업이 그런 성격의 것이었다. 이 파업 과정에서 노동자계급의 정치·경제적 조직과 노동조합 그리고 협동조합 조직

---

로 나치가 제3제국의 완성을 제창한 데서 비롯되었다. 962~1806년의 신성로마제국을 제1제국이라 하고, 1871~1918년의 독일제국을 제2제국, 1933~1945년의 나치 지배 체제를 제3제국이라 일컬었다.

표 6 | 1920년대 자본주의국가들에서 전개된 파업운동(1924~1928년)

단위: I은 파업 건수, II는 파업 참가자 수(1천 명), III은 노동손실일수(1천 일)

| 국가 | 1924년 | | | 1925년 | | | 1926년 | | |
|---|---|---|---|---|---|---|---|---|---|
| | I | II | III | I | II | III | I | II | III |
| 오스트리아 | 426 | 294 | 2,770 | 314 | 66 | 1,152 | 179 | 21 | 74 |
| 벨기에 | 188 | 84 | - | 112 | 82 | - | 140 | 77 | - |
| 영국 | 710 | 613 | 8,424 | 603 | 441 | 7,952 | 323 | 2,734 | 162,233 |
| 독일 | 1,614 | 682 | 13,584 | 1,541 | 510 | 11,268 | 339 | 60 | 869 |
| 이탈리아* | 361 | 183 | | 614 | 304 | | - | - | - |
| 캐나다 | 70 | 34 | 1,295 | 87 | 29 | 1,193 | 77 | 24 | 267 |
| 네덜란드 | 239 | 27 | 3,156 | 262 | 32 | 781 | 212 | 9 | 281 |
| 미국 | 1,249 | 655 | - | 1,301 | 428 | - | 1,035 | 330 | - |
| 프랑스 | 1,083 | 275 | 3,863 | 931 | 249 | 2,046 | 1,660 | 349 | 4,072 |
| 스웨덴 | 261 | 24 | 1,204 | 239 | 146 | 2,560 | 206 | 53 | 1,711 |
| 일본 | 333 | 54 | 638 | 292 | 39 | 351 | 495 | 67 | 122 |

| 국가 | 1927년 | | | 1928년 | | |
|---|---|---|---|---|---|---|
| | I | II | III | I | II | III |
| 오스트리아 | 216 | 35 | 687 | 266 | 38 | 658 |
| 벨기에 | 186 | 45 | 1,659 | 192 | 78 | 2,254 |
| 영국 | 308 | 108 | 1,174 | 302 | 124 | 1,388 |
| 독일 | 759 | 232 | 2,946 | 691 | 329 | 8,520 |
| 이탈리아* | - | - | - | - | - | - |
| 캐나다 | 74 | 22 | 153 | 98 | 18 | 224 |
| 네덜란드 | 230 | 14 | 220 | 205 | 17 | 648 |
| 미국 | 707 | 330 | 26,219 | 604 | 314 | 12,632 |
| 프랑스 | 396 | 110 | 1,046 | 816 | 204 | 6,377 |
| 스웨덴 | 189 | 9 | 400 | 201 | 71 | 4,835 |
| 일본 | 383 | 47 | 1,177 | 397 | 46 | 584 |

주: 1926년부터 파시스트 정권 시기에 발생한 파업과 직장폐쇄는 비합법이었다. 그 후에 공표된 개별 자료들은 파업운동의 실제적 규모를 반영하지 못하고 있다. 파업 참가자 수는 형사소추된 경우만을 나타낼 뿐이기 때문이다.

자료: *The Strike Movement of The Working People(Late 19th Century to 1970s) 1980*, The USSR Academy of Sciences(1985, 122)에서 재인용.

의 대표들로 구성된 행동위원회가 생겨났고, 그것은 파업 때 권력기관으로 행동하기도 했다.

생산기술과 생산방식의 변화에 따라 파업투쟁의 형태도 바뀌었다. 때때로 서양장기인 '체스판 방식'의 파업이 일어났는데, 이것은 처음 한 작업장의 노동자들이 파업에 돌입하고 이어서 다른 작업장의 노동자들이 파업에 들어가게 되면 결국에는 기업 전체가 장기간 동안 작업을 멈추게 되는 방식

**표 7 | 1930년대 자본주의국가들에서의 파업운동**

단위: I은 파업 건수, II는 파업 참가자 수(1천 명), III은 노동손실일수(1천 일)

| 국가 | 1929년 I | II | III | 1930년 I | II | III | 1931년 I | II | III | 1932년 I | II | III |
|---|---|---|---|---|---|---|---|---|---|---|---|---|
| 오스트리아 | 226 | 30 | 388 | 88 | 7 | 49 | 68 | 10 | 133 | 33 | 7 | 190 |
| 벨기에 | 168 | 61 | 799 | 93 | 65 | 782 | 74 | 23 | 399 | 63 | 163 | 581 |
| 영국 | 431 | 533 | 8,287 | 422 | 307 | 4,399 | 420 | 490 | 6,983 | 389 | 379 | 6,488 |
| 독일 | 431 | 151 | 1,852 | 345 | 208 | 3,602 | 473 | 137 | 1,572 | 643 | 129 | 1,127 |
| 캐나다 | 90 | 13 | 152 | 67 | 14 | 92 | 88 | 11 | 204 | 116 | 23 | 255 |
| 네덜란드 | 226 | 17 | 994 | 217 | 11 | 273 | 215 | 21 | 856 | 216 | 32 | 1,773 |
| 미국 | 921 | 289 | 5,352 | 637 | 183 | 3,317 | 810 | 342 | 6,893 | 841 | 324 | 10,502 |
| 프랑스 | 1,213 | 240 | 2,765 | 1,093 | 582 | 7,209 | 286 | 48 | 950 | 362 | 72 | 2,244 |
| 스웨덴 | 180 | 13 | 667 | 264 | 21 | 1,021 | 193 | 41 | 2,627 | 182 | 50 | 3,095 |
| 일본 | 576 | 77 | 572 | 907 | 81 | 1,085 | 998 | 65 | 980 | 893 | 55 | 619 |

| 국가 | 1933년 I | II | III | 1934년 I | II | III | 1935년 I | II | III | 1936년 I | II | III |
|---|---|---|---|---|---|---|---|---|---|---|---|---|
| 오스트리아 | 27 | 6 | 79 | 4 | 137 | - | 3 | - | - | 5 | 1 | 2 |
| 벨기에 | 87 | 39 | 664 | 79 | 37 | 2,441 | 150 | 104 | 623 | 999 | 565 | |
| 영국 | 357 | 136 | 1,072 | 471 | 134 | 959 | 553 | 271 | 1,955 | 818 | 216 | 1,829 |
| 독일 | - | - | - | | | | | | | | | |
| 캐나다 | 125 | 27 | 318 | 191 | 46 | 575 | 120 | 33 | 284 | 156 | 35 | 277 |
| 네덜란드 | 184 | 13 | 534 | 152 | 6 | 114 | 152 | 12 | 262 | 96 | 10 | 95 |
| 미국 | 1,695 | 1,168 | 16,872 | 1,856 | 1,467 | 592 | 2,014 | 1,117 | 15,456 | 2,172 | 789 | 13,902 |
| 프랑스 | 343 | 87 | 1,199 | 385 | 101 | 2,393 | 376 | 109 | 1,182 | 16,907 | 2,423 | - |
| 스웨덴 | 140 | 32 | 3,434 | 103 | 14 | 760 | 98 | 17 | 788 | 60 | 3 | 438 |
| 일본 | 610 | 49 | 385 | 626 | 50 | 446 | 590 | 38 | 301 | 547 | 31 | 163 |

| 국가 | 1937년 I | II | III | 1938년 I | II | III | 1939년 I | II | III |
|---|---|---|---|---|---|---|---|---|---|
| 오스트리아 | 5 | - | - | - | - | - | - | - | - |
| 벨기에 | 209 | 82 | 648 | 126 | 33 | 241 | 68 | 46 | 157 |
| 영국 | 1,129 | 597 | 3,413 | 875 | 274 | 1,334 | 940 | 337 | 1,356 |
| 독일 | - | - | - | - | - | - | - | - | - |
| 캐나다 | 278 | 72 | 886 | 147 | 20 | 149 | 122 | 41 | 225 |
| 네덜란드 | 95 | 5 | 39 | 141 | 6 | 136 | 90 | 5 | 97 |
| 미국 | 4,740 | 1,861 | 28,422 | 2,772 | 688 | 9,148 | 2,613 | 1,171 | 17,812 |
| 프랑스 | 2,616 | 324 | - | 1,220 | 1,333 | | - | - | - |
| 스웨덴 | 67 | 31 | 861 | 85 | 29 | 1,284 | 45 | 2 | 159 |
| 일본 | 628 | 124 | 338 | 262 | 18 | 41 | 358 | 73 | 35 |

자료: *The Strike Movement of The Working People(Late 19th Century to 1970s)* 1980; The USSR Academy of Sciences(1985, 122)에서 재인용.

이었다. 또 이른바 '이탈리아식 파업'도 많은 나라에 널리 보급되었는데, 이 것은 노동자들이 현장을 떠나지 않은 채 실제로는 작업을 하지 않는 방식이 었다.

1920년대와 1930년대에 자본주의국가들에서 일어난 파업의 양상은
〈표 6〉과 〈표 7〉에서 보는 바와 같이, 이 시기의 파업운동은 매우 불균등
했다. 특기할 만한 일은 1929~1933년 세계공황 시기에도 파업은 정지되지
않았을 뿐만 아니라 연도에 따라서는 대규모적인 파업이 발생하기도 했고,
이전에 비해 훨씬 더 위력적인 경우도 있었다. 예컨대 프랑스에서는 1930~
1933년에 노동자들이 파업에서 큰 승리를 거두었다. 1930년에는 파업의
30퍼센트가 노동자 측의 승리로 끝났고 1931년과 1932년에는 파업의 60퍼
센트 정도가 노동자의 승리로 마무리되었다(Piolot & Bruhat 1958, 124; The
USSR Academy of Sciences 1985, 124에서 재인용).

파업 참가자의 사회적 구성도 확대되었다. 국가공무원을 비롯해 공기업
노동자와 서비스 부문 노동자도 파업에 적극 참가했다. 파업운동은 더한층
공격적 성격을 띠었다. 파업 노동자에 대한 실업자의 지지도 이 시기 파업
투쟁의 새로운 양상이었다. 이를테면 경제공황의 가장 어려운 시기에 미국,
영국, 프랑스, 체코슬로바키아, 벨기에, 폴란드 등 여러 국가에서는 실업자
가 파업이나 시위, 그 밖의 프롤레타리아트가 벌이는 행동을 적극적으로 지
지했다. 이와 같은 공동 행동은 실업자들을 파업 파괴에 이용하려 했던 부
르주아지의 기도를 막을 수 있었다. 실업자의 지지를 비롯해 이런 통일 행
동이 없었다면 공황 때의 파업투쟁은 결코 성공을 거두기 어려웠을 것이다.

실업자의 대중적 운동은 프롤레타리아 투쟁의 새로운 형태가 되었다.
실업자들은 실업보험제도에 대한 자본의 공격이나 실업수당의 수급권을 제
한하려는 긴급 법령에 반대했고 피보험자 수의 확대, 일자리 보장, 월동 보
조금의 지급, 집세나 석탄·가스 요금의 지불 면제 등의 요구를 제기했고 주
거 퇴거 조치에 항의했다. 또 실업자들은 실업 반대 시위, 기아 행진, 정부
당국을 대상으로 한 청원서 제출 운동 등을 조직했다.

노동자계급의 파업운동과 실업자들의 투쟁이 진행되는 가운데, 노동자들의 노동조합 조직률이 상승했다. 제1차 세계대전 직전의 노동조합원 수가 약 1,400만 명이었는데 1939년에는 6천만 명을 헤아릴 정도로 증가했다. 노동조합 조직률은 이 기간에 10퍼센트에서 30퍼센트로 높아졌다. 그리고 1920년대와 1930년대에는 대부분의 선진 자본주의국가들에서 비숙련·저숙련 노동자의 노동조합 가입이 두드러지게 증가했다(The USSR Academy of Sciences 1985, 125).

노동조합의 조직 원칙과 활동 방식도 변화했다. 직업별 조직 원칙에서 산업별 원칙으로 조직 원칙의 전환이 이루어졌다. 영국에서조차도 직업별 원칙이 뿌리 채 흔들렸다. 이 나라에서는 아직 직업별 노동조합이 존속했지만, 산업별 원칙에 따른 노동조합의 설립이 시작되었다. 이전에는 직업별 노동조합이 지배적이었던 미국에서도 1930년대에는 산업별 노동조합의 성장이 빠르게 이루어졌다.

노동조합 조직 구성 변화와 더불어 노동운동의 집중화 경향, 전국 중앙 조직(내셔널 센터)의 역할이 커졌다. 많은 국가에서 노동조합의 지역 조직이나 부문 조직이 자치권을 갖고 있었지만, 전국 노동조합 센터의 지도 기관은 점점 권한을 넓히면서 차츰 결정권을 인정받았다.

1920년대 중반과 1930년대에는 노동조합 국제조직의 역할이 강화되었다. 프로핀테른, 암스테르담인터내셔널, 국제노동자협회(아나르코생디칼리즘 계인 베를린 노동조합 인터내셔널), 국제기독교노동조합연합 등이 활동을 강화했다.

이 밖에도 여성운동, 노동청년운동, 협동조합운동 등이 노동조합운동과 직간접적으로 협력 관계를 맺고 공동 행동을 펼쳤다.

# 자본주의 일시적 안정기의
# 유럽 노동운동

이제 문제의 두 번째 측면, 그것의 본질,

즉 무솔리니 수상이나 군대 또는 마테오티 재판이나

다른 사건들이 아니라

부르주아가 프롤레타리아 운동세력을 깨부수기 위하여

사용할 수밖에 없는 정체에 대해 살펴보자.

…… 결국 마테오티의 암살은 파시즘이

단순한 부르주아의 '도구'이기를 멈추고

그 자신의 논리에 따라 일련의 폐해, 폭력,

그리고 범죄로 나가는

경향의 표현이자 직접적 결과다.

_안토니오 그람시
(벨라미 외 1996, 115에서 재인용)

# 1. 자본주의 안정 속의 모순 증대

1922년과 1923년 미국을 비롯한 몇몇 국가들에서 진행된 자본주의의 부분적 안정은 1924년 무렵에는 자본주의 세계의 거의 전 지역으로 확산되었다. 자본주의국가들은 경제순환의 고양 국면에 들어갔으나, 이런 과정은 어김없이 자본의 집적과 집중을 수반했다. 1925년에는 이미 세계 공업생산지수가 제1차 세계대전 이전 수준을 20퍼센트 정도 초과했다.

이 과정에서 독점체의 경제력이 급속하게 성장했는데, 공업생산의 모든 주요 부문에서 차지하는 국민생산의 압도적 부분은 독점체에 집중되었다. 공업의 주도적 부문에서는 거대 독점체가 출현했다. 독일에서는 이.게 파르벤 인더스트리와 철강 트러스트, 영국에서는 임페리얼 케미컬 인더스트리가 그것들이었고, 자동차 공업 부문에서는 미국의 포드, 프랑스의 르노와 시트로엥 등의 거대한 자동차 기업이 그러했다. 농업에서도 자본의 집적 과정이 비교적 빠르게 진행되었다(The USSR Academy of Sciences 1985, 136).

자본주의의 부분·일시적 안정은 국제 관계의 변화를 가져왔다. 베르사유조약 체제가 수립된 결과, 세계는 제국주의 열강의 새로운 역관계를 기초해 분할되고 재편성되었다. 1924년에 채택된 '도스안案'은 독일 배상 지불의 상당한 부분을 면제했으며, 독일과 전승戰勝 국가들 사이의 격렬한 대립은 일시적으로 완화되었다. 도스안이 노린 것은 소비에트연방을 독일 공업 제품의 판매 시장으로 전화시켜 소련의 공업화를 저지하려는 것이었다. 또 로카르노조약[1]에 따라 협상국 열강은 독일의 서쪽 국경에 대한 불가침을 보

---

[1] 1925년 10월 16일 영국, 프랑스, 이탈리아, 독일, 벨기에, 체코슬로바키아, 폴란드의 대표가 스위스의 로카르노에서 체결한 일련의 국지적 안전보장조약이다. 다섯 개의 조약과 두 개의 협정으로 구성되었으

장하는 동시에 동쪽 국경에 대해서는 독일의 이후 확장 방향을 제시했다. 이것은 반反소련 공모를 통해 열강 사이에 존재하는 모순의 일부분을 해소하기 위한 정책이었다.

자본주의의 부분적 안정은 대중들에게 부르주아 의회주의적 또는 개량주의적 환상을 키우는 결과를 가져왔다. 그 근거가 된 것은 자본주의경제의 일시적 번영이었고, 도시와 농촌 프티부르주아지 일부의 물질적 상태의 개선, 일부 노동자 계층의 임금 상승이었다.[2]

사회민주주의 정당들은 이와 같은 안정화의 과정을 자본주의의 점진적이고 개량주의적인 개혁으로 가는 시대적 출발로 보았다. 1924~1927년에 나온 칼 카우츠키, 루돌프 힐퍼딩, 그 밖의 사회민주주의 진영 여러 이론가의 주장에 따르면, 독점체와 국가독점자본주의의 성장은 경쟁을 제한하게 되고 이에 따라 생산의 무정부성 극복을 통한 '조직된 자본주의'로의 이행을 촉진하게 된다는 것이었다. 이 과정에서 국가는 점점 초계급적인 기관으로 전화한다고 주장했다. 사회민주당이 펴는 주장의 논거는 국가 조직이나 독점체의 경제적 조직 내에서 노동자계급의 대표권을 확장하는 방법을 통해 '조직된 자본주의'에서의 지배권을 차츰 사회 자체로 이행하는 것이 가능하며,

---

며, 그 가운데서도 영국, 프랑스, 독일, 이탈리아, 벨기에 5개국 사이의 집단 안전보장조약은 가장 중요한 규정으로서 독일과 벨기에, 독일과 프랑스의 국경 안전보장, 그리고 라인란트의 영구 비무장화를 규정하고 있다. 1924년의 '제네바 의정서'의 정신을 계승한 것으로 제1차 세계대전 후의 집단 안전보장조약으로서 최대의 성과라 할 수 있으며, 조약의 효력 발생과 함께 독일의 국제연맹 가입이 승인되었다.

2_노동자의 실질임금은 영국에서는 1924~1929년에 87퍼센트에서 92퍼센트로(1920년=100으로 한 지수), 프랑스에서는 105퍼센트에서 109퍼센트로(1914년=100), 독일에서는 74퍼센트에서 98퍼센트로(1913/14년=100) 각각 상승했다. 스칸디나비아 국가들, 특히 스웨덴에서는 노동자의 생활 조건이 개선되었는데, 다만 이것은 주로 고도 기능을 가진 노동자만이었다(*Real Wages in the Period of the General Crisis of Capitalism* 1962, 48; 163; 246; The USSR Academy of Sciences 1985, 137에서 재인용).

그것이 곧 사회주의로의 이행을 의미한다는 것이다(*Sozialdemokratischer Parteitag 1925 in Heidelberg, Protokoll mit dem Bericht der Frauenkonferenz*, 1925, 7; 283; *Sozialdemokratischer Parteitag 1927, in Kiel, Protokollmit dem Bericht der Frauenkonferenz*, 1927, 166~170; Kautsky 1927, 469~470; 474~ 475; Hilferding 1928, 106~108; The USSR Academy of Sciences 1985, 137~ 138에서 재인용).

이런 주장과는 달리, 마르크스주의자들과 코민테른 진영은 자본주의 안정이 자본주의의 전반적 위기의 틀 안에서 형성된 것이고, 따라서 안정은 부분·일시적인 것이며 새로운 사회적 폭발과 제국주의 사이의 충돌 가능성을 필연적으로 내포하고 있다고 주장했다.

현실에서 볼 때, 자본주의경제의 순환적 고양 국면, 생산의 증대와 기술 진보는 자본주의의 전반적 위기의 결과에 따라 더욱 심화된 내적 모순을 수반했다. 새로운 생산능력의 창출, 자본의 계속적인 집중과 독점체 강화, 독점체 소유의 부와 국민소득에서 차지하는 분배분의 집중 증대, 착취 규모 확대, 국가독점자본주의적 경향 강화, 국제 독점체의 출현, 이들 모든 양상은 필연적으로 자본주의 모순의 확대재생산으로 이어질 수밖에 없었다.

이런 상황에서 코민테른은 1928년에 자본주의적 안정이 동요하기 시작했다고 지적하면서 심각한 경제공황의 도래를 예견했다. 그 근거로서는 인구의 많은 부분이 프롤레타리아화되고 있는 현상을 비롯해 생산 설비의 불완전 가동 증대, 경제 균형 파괴의 확대, 만성적 실업, 생산의 성장에 대비한 유효수요 부족 등이 제시되었다.

제국주의의 식민지 체제 위기가 심화된 것도 자본주의 안정을 깨뜨리는 요인이었다. 식민지 착취의 강화와 민족해방운동에 대한 제국주의의 억압 조치는 제국주의와 피억압 국가들 인민들 사이의 모순을 첨예화했다.

그리고 자본주의국가들의 발전이 불균등하게 진행됨으로써 경제적 안정이 일시적이고도 불확실한 성격을 띠게 되었다. 자본주의 세계 중심이 미국으로 옮겨 가게 되었다는 점, 세계 자본주의 생산에서 영국의 비중이 저하되고 프랑스가 정체되고 있다는 점, 베르사유조약에 따라 타격을 받은 독일이 제국주의 정책을 다시 추구하게 되었다는 점, 일본의 경제력이 급성장했다는 점, 석유를 비롯한 원료 산지를 둘러싸고 투쟁이 격화되고 경제가 군사화되었다는 점, 이와 같은 모든 과정은 불가피하게 제국주의 국가들 사이의 모순 심화와 새로운 군사 블록의 형성으로 이어졌다(The USSR Academy of Sciences 1985, 140).

대부분의 자본주의국가들에서는 이 시기 부르주아지의 정치 지배 강화가 부르주아 민주주의 제도의 틀 안에서 이루어지고 있었다. 그러나 몇몇 국가들에서는 1920년대 초에 수립된 파시스트적 또는 군사독재 체제가 존재했는데, 이탈리아, 불가리아, 헝가리, 에스파냐 등이 그러했다. 이들 국가에서는 시민의 권리가 엄격하게 제한되었고 의회가 해산되거나 파쇼화되었으며, 노동자 정당과 투쟁적인 노동조합은 금지되거나 활동을 통제당했다. 파시즘의 이데올로기는 반민주주의, 반공주의, 배타적 애국주의, 군국주의였고, 선전과 교육의 통일적 반동 체제를 지향했다.

자본주의의 부분적 안정기에는 선진 공업국들에서 시행되는 정책에서 일정한 변화가 있었다. 노동운동과 노동자 정당 활동에 대해 정면에서 폭력적 방법을 사용하기보다는 양보와 노동운동의 분단, 개량주의적 노동운동 지도자 포섭 등의 유화적 방법과 강압 수단을 결합하는 방법을 채택했다.

이런 상황에서 노동운동이 강하게 추구한 것은 노동자계급의 사상·정치적 자립성을 견지하고 사회진보·민주주의·평화를 위한 노동자계급의 투쟁 요구를 실현하는 전략이었다.

## 2. 서유럽 국가들에서 전개된 노동운동

**영국**

영국은 다른 자본주의국가들과는 달리 자본주의의 부분·일시적 안정기에 산업 발전을 큰 폭으로 이룩하지는 못했다. 공업 발전은 1929년이 되어서야 겨우 1913년 수준을 회복했다. 그러나 실업자 수는 100만 명 이상을 헤아렸다.

정치적으로는 큰 변화가 일어났는데, 보수당과 자유당의 양당 체제가 붕괴되었고, 여당인 보수당에 이어 노동당이 제2당의 지위로 진출했다. 1923년 12월의 의회 선거에서 보수당은 하원의 259개 의석을 획득했고, 자유당은 155개 의석을, 그리고 노동당은 191개의 의석을 확보했다. 노동당 지도자 맥도널드가 내각을 구성하게 되었고, 1924년 1월 23일 제1차 노동당 정부가 수립되었다. 이와 같은 정치적 변화는 영국의 노동자계급이 러시아 10월 혁명 이후 계급투쟁 고양에 따라 점점 정치 세력화를 강화함으로써 이루어진 결과였다.

노동당의 정치 노선은 1927년에 채택된 강령적 문서인 "노동과 국가" Labour and the Nation에서 명시화되었다. 이 문서에서 "계획적인 성취로서 — 실험적 방법으로, 어떤 폭력이나 혼란도 없이 과학적 지식과 행정적 기술의 전면적 이용을 토대로 해 — 유일한 목적, 즉 사회의 전체 구성원들에게 최대한의 경제적 복지와 개인적인 자유를 보상한다는 목적에 따라 사회의 사원이 조직되고 관리되는 사회질서를 수립한다"는 캠페인에 참여할 것을 당원들에게 호소했다(*The Labour Party, Labour and the Nation*, 1927, 6; The USSR Academy of Sciences 1985, 165~166에서 재인용).

제1차 노동당 정부는 1924년 2월 소비에트연방과 외교 관계를 수립했고, 시영 주택 건설의 확대를 규정한 법률을 도입했으며 실업보험제도와 노령연금, 신체장애자 연금의 배분을 개선했다. 또 농업노동자의 임금에 관한 법이 채택되었고 공공사업이 확장되었다. 그러나 노동당 정부의 시책은 한계를 지니는 것이었고, 부르주아지의 특권이나 소유에 대해서는 아무런 조치를 취하지 않았다.

노동당 정부가 시행한 정책은 대중의 깊은 실망을 불러일으켰다. 보수당은 이를 기회 삼아 총선거에서 압승을 거두었다. 1924년 가을에 실시한 선거에서 노동당은 40개 의석을 잃었고, 선거에서 승리한 보수당은 스탠리 볼드윈 내각을 출범시켰다.

이 시기에 영국 노동자계급이 벌인 파업투쟁은 이런 정치 정세를 배경으로 해 전개되었다. 당시 영국에는 막강한 영향력을 지닌 노동조합이 존재하고 있었다. 1920년대 중반 무렵 영국노동조합회의는 노동자 약 500만 명을 조합원으로 포괄했다. 그러나 영국노동조합회의의 지도부는 경제적 노동조합주의를 표방하는 개량주의자들이 장악하고 있었다. 그래서 노동 현장에서 일어나는 대중행동에 대해 적대감을 지닌 지도부와 현장 활동가 간에 심한 갈등이 빚어지기도 했다.

1920년대 중반에 일어난 파업 동향을 보면, 1923년에는 628건의 파업이 발생했고, 파업 참가자 수는 40만5천 명이었으며 1924년에는 710건의 파업이 일어났고 파업 참가자 수는 61만3천 명이었다. 철도·조선·도시교통 노동자들이 임금 인상을 요구했으며, 고용 확대를 요구하는 투쟁이 광범위한 규모로 전개되었다. 1924년에 전개된 실업자 운동은 '실업자 헌장'을 채택했다. 헌장은 공공사업의 조직, 고용 확대를 위한 국영기업 창설, 노동시간 단축, 직업교육 조직을 요구했다(The USSR Academy of Sciences 1985, 168).

자본주의의 부분·일시적 안정기에 발생한 최대 규모의 투쟁은 1926년 총파업이었다. 1925년 7월로 단체협약이 만료되는 것을 기회 삼아, 탄광 기업주 측이 1925년 6월 탄광노동조합과 체결한 전국적 단체협약을 각 지역 단위의 협약 체제로 대체하고 임금을 각 직종에 따라 4~13퍼센트까지 인하하며, 최저임금제를 폐지할 계획을 발표했다. 이에 노동조합 집행위원회는 1925년 6월 30일 특별회의를 열어 6월 말 이후 석탄 수입 저지를 위한 영국 노동조합회의 총평의회의 계획에 동의하고, 탄광노동자의 요구를 지지하는 파업을 선언할 전권을 총평의회에 부여했다.

　　이와 같은 사태 전환을 미처 예견하지 못했던 정부는 일정한 양보를 했는데, 정부는 탄광 기업주들에게 국고보조금을 제공해 그들이 앞으로 9개월 동안 지금까지 지급해 왔던 액수의 임금을 탄광노동자들에게 지불할 수 있도록 보장했다. 이 결정이 발표된 것은 7월 31일 금요일이었다. 노동자 측의 이 부분적 승리를 '붉은 금요일'[3]이라 표현했다.

　　그러나 정부는 이와 같은 조치로 사실상 탄광노동자 대투쟁에 대비할 시간을 벌 수 있었다. 이후 몇 개월은 스탠리 볼드윈 정부가 맹렬한 파업 파괴 공작을 준비하기 위한 기간이었다. 정부는 트럭을 동원했고 기관차의 특별 차고를 설치했으며, 비상시에 이용할 자동차를 준비했는가 하면 파업 파괴 계획을 세웠다. 또 산업의 주요 지점에 배치할 요원을 훈련시켰다. 그리고 전국을 열 개 지역으로 분할하고, 각 지역에 비상시에 대처할 정치·경제 기구를 설치했다. 군대가 전략적 요충지에 배치되었다. 정부는 혁명이라도 격퇴시킬 준비를 갖추었던 것이다(Foster 1956, 300~301).

---

3_'붉은 금요일'과 대조되는 '검은 금요일'은 1921년 4월 광산노동자의 파업 실패를 표현한 것이다.

1926년 3월 11일, 석탄 산업의 상황을 조사한 왕립위원회의 보고가 발표되었다. 보고는 탄광 기업주의 요구를 상당 부분 반영한 내용이었다. 즉, 탄광 국유화 금지, 석탄 산업에 대한 정부 보조금 정지, 임금 인하, 노동시간 연장 등에 관한 것이었다. 몇 주 동안 교섭이 진행되었으나 별 진전을 보이지 않았다. 결국 5월 3일 자정에 전국 총파업이 선언되었다.

철도, 운수, 인쇄, 그 밖의 공업 부문 노동자들이 파업에 들어갔다. 노동자들의 투쟁이 이처럼 큰 규모의 대중적 성격을 띤 경우는 영국 역사상 처음 있는 일이었다. 파업 참가자 수는 무려 300만 명에 이르렀다.

총평의회는 파업을 경제적 목적에만 한정하려 의도했고, 파업 지도부는 두려움을 안고 몹시 당황했다. 결국 그들은 파업이라는 무기를 두려워해 오직 억누르려고만 했다. 혼란 자체는 바로 다름 아닌 탄광노동조합과 총평의회 그 자체에 있었다(Foster 1956, 302~303).

현장에서 투쟁을 지도하기 위해 공장위원회와 행동평의회가 조직되었는데, 이들 조직의 행동 지침은 때로 총평의회 방침과 어긋나기도 했다. 또 파업 기관이 대중의 창의로 만들어지기도 했고, 대중집회에서 노동자 자신들이 파업위원회를 조직하기도 했다. 행동평의회는 노동조합대표회의에서 선출되었고, 몇몇 지구에서는 투쟁의 통합적 지도를 위해 '통일파업위원회'와 같은 큰 규모의 조직이 꾸려졌다.

행동평의회는 피케팅을 조직하고 노동자 자위대를 편성했으며, 파업 노동자를 지원하기 위한 모금 운동을 벌이기도 했고 주민들을 상대로 한 선동 활동을 전개했다. 행동평의회는 현지 권력기관 역할을 행한 경우도 있었다. 행동평의회는 철도, 항민, 기업들을 통제했고, 도시의 정상적인 기능을 유지하도록 했다. 뉴캐슬에서는 파업위원회가 식당을 개설하고 주민들의 식량 확보를 위해 지역 협동조합의 지원 통로를 확보했다(*The Labour Monthly* vol. 8, no. 6, June 1926, 383; The USSR Academy of Sciences 1985, 170에서 재인용).

총파업이 진행되면서 정부 측은 파업 지도부가 평화와 온건 그리고 질서 유지를 권고한 것과는 아주 대조적으로, 처음부터 끝까지 매우 강경하게 파업에 대처했다. 정부는 총파업을 국가와 통치권에 대한 결정적인 도전으로 규정했기 때문이었다. 그래서 정부는 이 총파업을 내전의 발단으로 간주하고 그것을 철저히 진압하려 했다.

파업 지도부가 정부의 이런 강경 방침에 대처해 총파업을 승리로 이끌기 위해서는, 기간산업을 완전히 멈추게 해 정부로 하여금 노동자 측의 요구를 받아들일 수밖에 없게 만드는 결연한 투쟁 방침이 필요했다. 그러나 기회주의적인 노동조합 지도부는 그런 대담한 전술을 구사하기는커녕 두려움에 떨고 있었다.

마침내 총평의회 지도자들은 5월 12일 볼드윈 수상과 회담을 마친 뒤, 파업 중지를 선언했다. 총평의회는 광산노동자들이나 파업 참가자들과는 아무런 협의도 없이, 또 정부로부터 어떤 양해도 얻지 않은 채, 파업 중지를 선언했고 파업에 참가한 각 노동조합 집행부를 통해 직장 복귀를 명령했다 (Cole 1947, 420).

노동조합 지도부의 결정은 파업 노동자들에게 혼란과 분노를 안겨 주었다. 노섬벌랜드와 더럼의 통일파업위원회는 다음과 같은 성명을 발표했다. "총평의회가 현지 광업주와 기업주의 혹심한 박해 앞에 노동자들을 무방비 상태로 방치했다"(Gurovich 1959, 163; The USSR Academy of Sciences 1985, 171에서 재인용).

총평의회의 지령을 거부한 채 많은 공업 기업의 노동자가 며칠 동안 파업을 계속했으며, 탄광노동자들은 11월 패배로 끝날 때까지 몇 개월 동안 파업을 계속했다. 총평의회와 노동조합의 지지를 상실한 탄광노동자들은 직장으로 돌아가지 않을 수 없었다. 1921년의 '검은 금요일'이 되풀이된 셈이다. 파업의 패배 뒤에는 혹독한 보복이 뒤따랐다. 노동자 활동가들의 대량 해고가 시작되었고, 수백 명에 이르는 조직 활동가와 열성적인 파업 참가자가 체포되고 투옥되었다.

1926년의 영국 총파업이 패배로 끝나게 된 원인에 대해 스탈린은 다음과 같은 논지를 폈다.

첫째, 영국의 자본가와 보수당은 …… 일반적으로 영국의 노동자와 그들의 지도자보다도 경험이 많고 잘 조직되어 있으며, 결의에 차 있어서 좀 더 강력하다는 사실을 보여 주었다. 둘째, 영국의 자본가와 보수당은 완전하고 확실하게 준비를 갖추고 아주 큰 사회적 분쟁에 임했던 데 반해서, 영국 노동운동 지도자는 …… 불시에 휩쓸리게 되었다. 셋째, 노동운동의 참모부가 …… 내부적으로 사기가 떨어지고 부패해 있었음에 반해서 …… 자본가의 참모부인 보수당은 단결해 조직적인 투쟁을 전개했다. 넷째, 자본가들은 이번 투쟁을 본질적으로 정치투쟁으로 간주하고 싸운데 반해서, 노동자의 지도자는 경제투쟁으로 보고 지도하려 했다. 역사가 보여 주고 있듯이 총파업은 정치투쟁의 궤도로 옮겨지지 못하면 반드시 패배한다. 다섯째, 자본가는 완전한 국제적 원조를 획득했던 데 비해 노동자의 지도부는 그렇게 하지 못했다. 여섯째, 암스테르담인터내셔널이 이 파업을 적극적으로 원조하지 않았다는 것이 실패의 결정적 요인 가운데 하나였다. 일곱째, 영국공산당[4]은 '절대 올바른' 정책을 추진했는데도 아직 파업의

---

[4]_총파업이 실패로 끝난 뒤 체포된 공산당원은 1,200명 이상이었다(The USSR Academy of Sciences 1985, 172).

방향에 영향을 줄 만큼 성장하지도 못했고, 대중에 대한 권위도 갖고 있지 못했다(Foster 1956, 306에서 재인용).

총파업의 패배가 가져다준 결과는 영국 노동자계급에 대해 매우 가혹한 편이었다. 1926년 여름 의회는 탄광노동자의 노동일을 7시간에서 8시간으로 연장하는 법령을 통과시켰다. 또 1927년에는 의회가 '노동쟁의 및 노동조합법'을 채택했는데, 노동자계급은 이 '악법'을 철폐하기 위해 20년에 걸친 투쟁을 벌이게 된다.

이 법률은 정치 파업과 연대 파업을 엄격히 금지했고, '비합법' 파업을 조직하거나 거기에 참가한 사람에 대해서는 벌금이나 2년 이상의 금고형에 처하도록 규정했다. 또 대중적인 피케팅을 금지했고, 일반 피케팅도 엄격하게 제한했으며, 손해에 대한 민사소송의 지불 의무를 부담하기 위해 노동조합 기금을 조성하도록 했다. 그리고 공공 부문의 노동조합에 대해서는 영국노동조합회의와 노동당 가입을 금지했으며, 노동조합의 정치자금 모금 활동을 금지했다.

총파업의 배반에 따른 반동의 시기가 도래한 것이다. 이런 상황에서 영국의 노동자계급이 점진적인 그러나 지속적인 진보를 추진하기 위해서는 몇 년이라는 세월이 필요했다(Cole 1947, 424).


## 프랑스

제1차 세계대전은 프랑스에 대해 엄청난 피해를 남겼다. 그러나 프랑스에는 독일의 전쟁배상금으로 상당한 자금이 유입되었으며, 공업생산은 1924년 이후 전쟁 이전 수준을 상회했다.

정치적으로는 1924년 5월 11일 실시된 의회 선거에서 급진당과 사회당이 압도적인 다수 의석을 획득해 '좌파 연합'을 형성했다. 좌파 연합이 제기한 정치적 프로그램은 혁명운동 참가자에 대한 특사, 국가공무원의 노동조합 단결권 승인, 1920년 파업으로 해고된 철도노동자 복직, 기업주 부담의 통일적 사회보험제도 실시, 8시간 노동일의 법제화, 국가로부터 교회의 분리 등을 포함했다.

급진당의 에두아르 에리오를 수반으로 하는 좌파 연합의 정부는 몇 가지 민주주의적인 정책을 실시했지만, 당초 내세웠던 프로그램의 대부분은 실시하지 않았다. 게다가 이 정부는 모로코와 시리아에서 식민지 전쟁을 일으켰다.

좌파 연합의 정부가 실시한 정책 실패의 결과는 이 블록 지지 세력에게 큰 환멸을 안겨 주었고, 결국은 연합의 붕괴를 가져왔다. 그 자리에 1926년 레몽 푸앵카레를 수반으로 하는 우파 연합의 '국민동맹'Union Nationale 정부가 정권을 장악했다. 이 정부는 실제로 모든 부르주아 정당의 지지를 받고 있었다. 푸앵카레가 병으로 사임한 이후에는 앙드레 타르디외가 정부를 이끌었고, 이어서 피에르 라발이 등장해 1928년에는 질병에 관한 사회보장법을 채택했다. 1928년의 의회 선거는 우파 세력의 승리를 굳혔다(프라이스 2001, 294).

자본주의의 부분적 안정기에는 노동운동의 일시적 후퇴가 진행되었다. 이 시기에 일어난 파업은 주로 경제적 성격을 띠었다. 1924년 셰르부르와 생테티엔의 금속노동자, 루앙의 섬유노동자, 파리의 시트로엥 자동차공장 노동자들이 파업을 일으켰다. 1925년에는 건축·섬유 노동자 그리고 세라믹 산업노동자가 파업을 벌였다. 또 은행노동자 4만 명이 6주 동안 파업을 제기했다. 노동자계급은 임금 인하와 착취 강화에 반대했고, 산업안전·산업보건의 개선을 요구해 투쟁했다. 파업이 정치적 성격을 띤 경우도 있었다. 이런 양상이 명료하게 나타난 경우는 정부의 식민지정책에 반대하는 노동자투쟁이었다(The USSR Academy of Sciences 1985, 173).

이와 같은 파업투쟁은 자본가 측의 집중적인 공격을 받는 가운데 전개되었기 때문에 많은 경우 효과적인 성과를 거두기는 어려웠다. 노동조합운동 내부에서 분열 경향이 첨예하게 나타난 것도 노동자투쟁을 곤란하게 했다. 이런 경향은 주로 프랑스노동총동맹의 개량주의 지도부의 지도 방침에서 연유했다. 프랑스노동총동맹은 1919년까지는 프랑스에서 유일한 전국 중앙 조직이었다. 그러나 프랑스노동총동맹은 1919년 11월 프랑스기독교 노동동맹이 설립되면서 독점적 지위를 잃었다. 또 1920년 이후 개량주의에 대한 비판이 높아지면서 1922년에는 사회주의 그룹과 생디칼리스트 중심의 혁명적 노동조합이 새로운 전국 중앙 조직 ― 통일노동총동맹 ― 을 결성했다. 통일노동총동맹은 제3회 대회(1925년 말~1926년 초)의 결의에 따라 조직을 재편성했는데, 그 기초 조직은 공장 노조 조직이 되었고 이 혁명적 노동조합 단체는 대중적 규모의 조직으로 발전했다.

이 당시 통일노동총동맹이 벌인 활동의 특징은 다음과 같은 세 가지로 요약될 수 있다.

첫째, 계급의 화해를 목표로 한 당시의 국제노동기구ILO의 방침을 부정했다. 통일노동총동맹은 이들 국제노동기구가 부르주아지의 지배를 받고 있는 것으로 긴주했기 때문이다.

둘째, 자본 측이 추진하는 경영 합리화 반대 투쟁을 중요시했다. 또 반농적 입법의 전형이라 해 사회보장제도 제정을 반대했다.

셋째, 조직 활동 영역에서 공산당의 영향을 받아 비조합원과 지역 동맹에 대해 개방적이었다. 예컨대 공장위원회를 그들에게 개방했다(광민사편집부 1980, 38~39).

통일노동총동맹은 노동조합운동의 통일을 최대의 과제로 설정하고, 두 총동맹의 결합을 목표로 하는 합동 대회 개최를 제안했다. 프랑스노동총동맹 지도부는 이 제안을 거부했다. 그러나 혁명적 노동조합들의 제안에 따라 두 총동맹의 대표로 구성되는 합동위원회가 구성되었고, 합동위원회는 노동자들의 요구를 지지하고 옹호했다.

자본주의 안정기에 프랑스 노동운동 내에서 조성된 정치 세력 역관계는 사회당 측이 우위를 보였다. 그러나 프랑스 노동자계급의 혁명적 성향을 고려하지 않으면 안 되었던 '인터내셔널프랑스지부' 지도부는 국제 사회민주주의 운동 우파의 특징이었던 극단적인 반공주의에는 동조하지 않았다. '인터내셔널프랑스지부' 지도부는 연립 정권 참가에 대한 부르주아 정당의 제안을 거부했는데, 이것은 당이 부르주아 정책에 대해 일정한 독립성을 유지할 수 있는 기반이 되었다. 1924~1929년에 '인터내셔널프랑스지부' 지도부는 때로 좌파 조류와 블록을 형성했는데, 이에 대해서는 당내 우파가 반대파의 처지에 섰다.

'인터내셔널프랑스지부' 지도부는 모로코에서 프랑스 제국주의 식민지 전쟁(1925~1926년)이 전개되던 시기에 의회나 선전 활동을 통해 전쟁을 비난하거나 분쟁의 평화적 해결을 주장했다. 그러나 동시에 그들은 독자적으로 대중적인 반전운동을 행하지도 않았으며, 프랑스공산당과 협력해 반전운동을 벌이는 것도 반대했다.

사회당은 유권자의 약 18~20퍼센트의 지지를 확보하고 있었고, 최대의 노동조합 프랑스노동총동맹과 긴밀한 관계를 유지해 왔던 유력한 정치 세력이었다. 그러나 대중투쟁이 의회투쟁의 틀을 넘어설지도 모른다는 '인터내셔널프랑스지부' 지도부의 우려는 노동자계급의 경제·사회적 이익을 옹호하는 투쟁에서 당의 잠재적 가능성을 현저하게 저하시킴과 동시에 노동자계급의 전투력을 약화시켰다.

노동운동의 발전과 관련해 중요하고도 복잡한 임무의 실현을 위한 프랑스공산당의 노력은 여러 측면에서 주요한 특징을 보여 주었다. 먼저 프랑스공산당은 1924년 공장 세포를 바탕으로 새로운 유형의 당 편성을 완료했다. 이것은 당세포를 대중의 정치적 구심과 조직의 거점으로 바꾸어 당내에서 프롤레타리아 중핵을 튼튼히 꾸리기 위해서였다. 이 재편성 과정에서 당내 우파와 생디칼리스트 그룹의 반대가 완강했다.

프랑스공산당이 모로코와 시리아에 대한 프랑스 제국주의 식민지 전쟁 반대를 위한 대중투쟁을 조직한 것은 큰 성과로 평가될 수 있었다. 1925년 봄 모로코에서 군사행동이 시작된 직후 프랑스공산당은 즉시 강화, 리프 공화국의 독립, 모로코에서 프랑스군 철퇴를 요구했다. 식민지 전쟁 반대 투쟁을 조정하기 위해 모리스 토레즈를 책임자로 하는 행동위원회가 설치되었다. 여기에는 프랑스공산당, 통일노동총동맹, 출정군인공화파연맹, 선진적 지식인을 결합한 '클라르테Clarté그룹'이 참가했다. 행동위원회는 반전 집회를 조직하고 하역노동자들에게 모로코로 가는 군수물자의 수송을 거부할 것을 호소했으며, 모로코로 떠나기 위해 대기하고 있던 군인을 대상으로 선동 활동을 폈다.

사회당과 프랑스노동총동맹 지도부의 분열주의적 방침과 정부의 탄압 조치는 반전 캠페인의 수행을 곤란하게 했지만, 그러나 결코 이를 가로막지는 못했다. 1925년 10월 12일에 예정되었던 모로코 전쟁 반대의 대중적 성치 파업은 결행되었다. 이 파업에는 90만 명의 노동자가 참가했고, 프랑스노동총동맹 산하의 몇몇 지방 노동조합도 반전 파업을 지지했다(The USSR Academy of Sciences 1985, 177).

공산당이 지도한 모로코 전쟁 반대 캠페인은 프랑스 노동운동 사상 중요한 전환점이 되었다. 식민주의와 배타적 애국주의 이데올로기와 결별한 노동자계급의 선진 부대는 이 나라의 역사상 처음으로 식민지 인민의 민족해방운동에 효과적인 원조를 행했다(*An Outline History of the Labour Movement in France(1917~1967)*, 1968, 79~80; The USSR Academy of Sciences 1985, 177에서 재인용).

프랑스공산당은 1924년 의회 선거에서 전체 유효표의 약 10퍼센트(75만5천 표)를 획득해 당원 26명을 당선시켰다. 1924년 선거 이후 공산당의 선거 전술은 상당한 정도의 유연성을 발휘했다. 1925년 1월 클리시에서 열린 공산당 제4회 대회는 당면한 자치체 선거에서 '좌파 블록'을 지지하기로 결정했다. 사회당과 급진당 사이의 부분적 협정을 인정한 것이 새로운 전술의 기초가 되었으며, 이것은 그 후 '클리시 전술'로 불리었다.

자본주의의 부분적 안정기에 진행된 부르주아 지배의 정치·경제적 기초 강화는 반대 세력에 대한 탄압으로 이어졌다. 1929년 여름 정부의 탄압은 정점에 이르렀으며, 1929년 7월 말에는 정부 당국이 토레즈를 비롯한 공산당 지도부를 체포하고 『뤼마니테』지의 자금원이었던 노농은행의 영업을 봉쇄하는 동시에 중앙위원회와 뤼마니테 건물을 차압했다. 프랑스공산당은 반합법 상태에 놓이게 되었다. 그러나 공산당은 정부가 금지한 1928년 8월 일일 반전 시위를 결행했으며, 경찰의 탄압에 반대해 대중적 항의 운동을 조직했다.

## 독일

1923년 말 혁명적 대중투쟁이 퇴조한 뒤, 다른 자본주의국가들과 마찬가지로 독일도 역시 상대적 안정기를 맞았다. 그러나 독일은 여전히 유럽 자본주의 체제의 가장 약한 고리였다. 바이마르공화국은 매우 불안정한 기반 위에 서있었다. 이런 구조는 비단 노동과 자본의 적대 관계가 만들어 내는 사회적 모순 때문만이 아니라 부르주아 민주주의적 의회 제도에 대한 지지 세력과 반대 세력 사이의 심한 갈등 때문에도 끊임없이 흔들리고 있었다.

이런 불안정성은 궁극적으로 공화국의 장래에 대해서도 중대한 영향을 끼쳤다. 1918년 11월 바이마르공화국이 출범하고 불과 며칠 만에 합의되었던 사회적 타협의 향방이 바로 그런 사실을 잘 반영해 주었다. 자본가들은 자신들의 지위가 취약했던 혁명 시기에 노동 측에 몇 가지 양보를 했다. 임금과 노동조건, 그리고 8시간 노동일제에 대한 합의가 이루어졌고, 이는 다시금 중앙노동공동체Zentral-Arbeits-Gemeinschaft라는 조합주의적인 합의체, 즉 노동조합과 사용자단체가 서로 협력하는 가운데 국가는 필요할 경우에만 중재하는 체제가 제도화되었다.

1920년에는 경영 평의회법의 제정으로 독일의 노사공동결정권 전통의 기초가 만들어졌고, 1920년대 후반에는 경제민주주의에 대한 논의가 활발하게 전개되었다. 1924년 통화 안정 이후 주택 건설 사업이 추진되고 1927년 실업보험법이 마련됨으로써 사회정책에서 일정한 진전이 이루어졌다(풀브룩 2000, 251).

그러나 산업 관계와 사회정책에서 온전하게 진보적인 요소만 있었던 것은 아니었다. 부르주아지는 1923년의 위기를 이용해 8시간 노동일제를 비롯한 몇몇 합의 사항을 폐기했고, 이에 따라 노동조합은 중앙노동공동체에서 탈퇴했다. 1923년부터 노동조합은 노동조합원과 자금·세력·신뢰를 상실하기 시작했다. 이 과정에서 수세에 몰린 노동조합은 사용자들로부터 일정한 양보를 얻어 내기 위해서는 국가의 개입에 의존해야만 했다. 그러나 자본가 측은 1923년부터 1918년 타협을 고수하고 있던 바이마르 체제에 대해 공세를 취했고, 그 공세의 연속선상에서 루르 철강 분쟁[5]이 일어나, 그 것이 공화국 자체에 치명적 타격을 가하게 되었다.

1924년부터는 공화국 초기의 혼돈이 정리되고 상황은 호전되기 시작했다. 1925년의 로카르노조약은 독일·프랑스·벨기에가 기존의 국경을 무력으로 변경시키지 않는다는 보장을 담았다. 한편, 배상금 문제는 도스안으로 잠정적인 해결을 보았다. 도스안은 다름 아닌 독일의 이해관계와 미국의 경제적 팽창주의를 결합시킨 것이었다. 연간 지불 액수가 과거의 협정과 달리 지불 가능한 한계 내에서 정해졌고, 특히 독일 경제가 회복하는 초기 국면에서는 연간 지불액의 5분의 1만을 독일 국내에서 동원하고, 나머지는 독일에서 '착수 자금'으로 제공된 해외 차입금에서 동원한다는 합의가 이루어졌다(풀브룩 2000, 247).

이런 상황에서 독일사회민주당과 개량주의적인 독일노동조합총연맹 지도부는 경제의 안정화, 경제민주주의, 특히 '자본주의적 합리화'가 당면한 사회문제 해결을 가능하게 할 것이라고 노동자들에게 설득하는 일에 상당한 노력을 기울였다. 1924년 여름 베를린에서 열린 사회민주당 대회는 '경제 부흥', 도스안 지지, 부르주아 정당과의 협력·지지 결의를 채택했다. 1925년 8~9월 브레슬라우에서 열린 독일노동조합대회에서는 노사 대등의 '경제 회의소' 운영과 그 속에서의 협력, 자본주의적 합리화 지지 결의가 채택되었다(The USSR Academy of Sciences 1985, 179~180).

사회민주당과 독일노동조합총연맹이 내세운 '경제민주주의'란 무엇인

---

5_철강산업 자본가들이 1928년 루르 철강 공장 전체를 폐쇄함으로써 사회적 간섭 국가를 제거하겠다는 그들의 의도를 공공연하게 드러냈던 사건을 말한다.

가. 이것은 '조직된 자본주의 시대'에는 계획에 따라 자본주의의 모든 '어두운 면'(공포, 실업, 빈곤화)이 극복될 수 있다는 논리에 근거하고 있다. 경제민주주의는 무엇보다도 일차적으로 사회정책을 의미했던 것으로 경영상의 공동결정의 성취, 초경영적인 자치기관의 도입, 공영사업, 산업조합, '노조의 본질에 맞는 자본주의' 촉진 등을 주요 내용으로 했다. 이런 주장은 노동조합의 지도를 받는 노동자계급은 자본주의를 타도할 것이 아니라 '개량'해야 한다고 역설한다(Warnke 1952, 76; 181).

사회민주당은 공화국의 질서와 안정을 유지하고, '주어진 세력 상황에서 최대한 가능한 전진'을 실현하기 위해 책임 있는 결정적인 세력으로서 역할을 수행하려 했다. 1925년 9월의 사회민주당 하이델베르크 대회에서 행한 빌헬름 카일의 연설은 사회민주당의 노선을 선명하게 드러냈다.

> 우리 사회민주당원은 본래 민주주의 공화국의 수호자임을 자부하며, 전력을 다하여 이를 옹호한다. 내적으로 사회민주주의는 가난한 사람, 일하는 사람, 그리고 무산자의 대변인이다. 우리는 자본가의 호의에 대항하여 노동자와 자본주의 경제의 무죄한 희생자의 생활이익을 보호하기 위하여 사회생활의 전체 영역에서 전력을 경주한다. 우리는 궁핍에 시달리는 자에게 아무런 도움을 주지 못하는 거짓 재판을 제공하는 것이 아니라, 주어진 권력관계 아래서 가능한 최고의 진전이 이룩될 수 있도록 우리의 요구를 심사숙고하고 우리의 전략을 취해야 한다. 여기에서 우리가 야당이 될 때에도 우리의 요구가 정부에 대해 복안을 가지고 있는 이상, 유보해 두어야 할 한계를 넘어서는 안 된다는 결론이 나온다 (그레빙 1985, 161에서 재인용).

이와 같은 정치 방침에 대해서는 지그문트 노이만의 "눈에 보이는 가장 작은 성공에 대한 자만과 무모한 모험심과 안정에 대한 강한 욕구로 결국 정치 경직화의 위험 속으로 몰고 갔다"는 비판과 율리우스 레버의 "정체된 기회주의의 자만한 방심으로 유도해 갔다"는 평가, 그리고 사회민주당을 두고 "국가와 협력해 새로운 정치적 과업을 수행해야 한다는 임무 아래 전통적인 당의 보수성을 지켜 나갈 수밖에 없었으며, 특히 당 기구가 변하지 않고 존속되었다"는 설명이 상당한 설득력을 지니는 것으로 해석된다(그레빙 1985, 161; 165~166).

1920년대 중반 들어 독일에서는 11월 혁명 후에 타도된 구왕실의 자산 반환에 반대하는 항의 운동이 일어났다. 프로이센의 사회민주당 정부가 구 황제와 프로이센 왕 호엔촐레른의 가족에게 1억8,500만 마르크의 보상금(매년 60만 마르크의 연금 추가)을 지불하는 법안을 제출했을 때, 인민대중 사이에서 분노가 치솟았다. 독일공산당은 구舊제후의 자산을 모두 무상으로 몰수하고, 그 자금을 실업자, 환자, 전상자, 전사자 유족에 대한 급부금과 구제를 위해 그리고 빈궁한 농민의 상태 개선을 위해 사용할 것을 내용으로 하는 법안을 의회에 제출했다.

1925년 12월 2일 독일공산당 중앙위원회는 사회민주당과 독일노동조합총연맹 집행부에 보낸 공개장을 통해 구舊제후 소유 자산의 무상몰수에 대한 국민투표 실시를 위해 공동 투쟁을 벌이자고 제안했다. 공식적인 회답이 없는 상태에서 공산당의 많은 지방조직은 사회민주당의 지방조직, 대중적 노동단체, 여러 민주 단체에 공동으로 행동할 것을 제안했다. 전국 각지에서 합동위원회가 결성되었다. 많은 지식인이 이 캠페인에 참가했고, 쿠진스키 교수를 의장으로 하는 특별위원회가 설치되었으며 운동은 선 인민적 성격을 띠었다.

캠페인이 이렇게까지 진전되자, 사회민주당과 독일노동조합총연맹 지도부는 공산당의 여론조사 실시 요구를 지지하지 않을 수 없었다. 1926년 1월에는 공산당, 쿠진스키위원회, 사회민주당, 독일노동조합총연맹의 공동 행동에 관한 협정이 체결되었다. 같은 해 3월에는 투표권을 가진 시민 1,250만 명이 공식 명부에 서명을 하고 제후의 자산 무상몰수에 대한 법률 제정을 요구했다. 또 6월 20일에는 1,450만 명의 유권자가 구왕실 자산의 무상몰수를 요구했다. 국민투표에서는 헌법상 필요한 요건인 2천만 명까지 이르지는 못했으나 이 수치는 운동의 성과를 잘 보여 주었다(The USSR Academy of Sciences 1985, 181~182).

1926년 가을에는 자본주의적 합리화가 초래한 사회적 결과에 대해 투쟁을 전개할 방침이 모색되었다. 10월에 일어난 함부르크 조선소 노동자들 1,800명이 참가한 파업은 반합리화 투쟁이었다. 1926년 12월 3~5일 사이에 베를린에서 열린 노동자대회는 자본주의적 합리화에 반대하는 투쟁 강령을 채택했다. 대회는 '트러스트 독재 타도'라는 슬로건을 내걸고 은행과 트러스트의 국유화, 주 47시간 노동시간제, 임금 인상과 경영 평의회의 권한 확대를 요구했으며, 자본주의에 대한 투쟁에 노동자, 농민, 도시 중간층의 참가를 호소했다. 이 대회에는 사회민주당, 공산당, 무당파 노동자, 농민 조직의 대표 등 2천 명이 참가했다.

이런 노동 진영의 노력에도 불구하고 반동 세력의 결합이 이루어졌다. 에베르트가 사망한 뒤 치러진 1925년의 대통령 선거에서 완강한 군주주의자이며 이전의 독일군 원수였던 파울 폰 힌덴부르크가 당선되었다. 이것은 '어제의' 제2제정에 대한 동경이 여전히 널리 퍼져 있음을 보여 주는 것이었다.

힌덴부르크는 쿠르트 폰 슐라이허 — 1926년부터 사실상의 독일군 총사령관이었다 — 와 함께 의회와 사회민주당의 영향력을 배제한 권위주의적인 우익 통치 체제를 수립할 계획에 부심하고 있었다. 더욱이 다수파 연립

내각을 성사시키는 것이 늘 문제였다. 비례대표제와 수많은 군소 정당의 난립으로 하나의 정당이 다수를 차지하지 못했음은 물론, 거대 정당들의 정강이 극단적으로 달랐기 때문에 안정된 연립내각을 구성하는 것조차 대단히 어려웠다(풀브룩 2000, 252).

1926년 초에는 '제국부흥동맹'이 창설되었는데, 이것은 대통령과 정부의 권력을 더욱 강화하고 혁명적 조직에 대한 탄압을 강화하는 하는 프로그램을 제기했다(Ruge 1977, 240~241; The USSR Academy of Sciences 1985, 182에서 재인용). 이 당시 반동적 군국주의층의 중심은 '강철 헬멧'Stahlhelm 조직이었는데, 여기에는 50만 명이 참가했다.

1923년의 '나치 폭동' 실패 이후 한동안 모습을 드러내지 않았던 히틀러 일당은 세력 재편성에 들어갔다. 1925년 히틀러는 민족사회주의독일노동자당의 부활을 선언하고 의회 내에 나치당 의원단을 구성했다. 1924년부터 1929년까지 독점자본의 중요한 정치적 예비군이었던 히틀러와 그 일당은 은행과 콘체른, 나아가 군부와 융커 대표들과 관계를 강화하면서 권력 장악을 위한 준비를 진행했다.

사회민주당이 1924년 2월 '공화국 헌법을 지키기' 위해 조직한 '공화파 참전자 동맹'은 반군국주의와 반군주주의를 주장하는 노동자와 사무 노동자를 조직했다. 그러나 이 조직은 군국주의와 파쇼 운동에 대항해 과감한 투쟁을 전개하지는 못했다.

공산당은 1924년 노동자계급의 대중적 전투조직인 '적색전사동맹'과 청년 조직인 '적색청년돌격대'를 창설했다. 1927년 봄에 이르러서는 적색전사동맹은 지방 그룹 1,640개를 포괄하게 되었고 동맹원 10만 명을 조직했다. 동맹원은 노동자 집회나 시위에서 반동파의 습격을 막고 파업투쟁을 지원했으며, 노동자들에 대한 설득 활동을 폈다(The USSR Academy of Sciences

1985, 183).

1927년 들어 파업투쟁이 두드러지게 강화되었다. 파업 참가 노동자 수가 1926년에는 6만 명이었던 데 비해 1928년에는 32만9천 명으로 크게 증가했으며, 노동손실일수도 9.5배 증가한 850만 일을 기록했다. 노동자들은 단체협약 갱신과 임금 인상 그리고 8시간 노동일제의 부활을 요구했다.

노동자계급의 파업투쟁 강화에 대응해 자본가 측은 대량 해고로 맞섰다. 1928년 11월 '독일주철鑄鐵·철강업연맹' 북서 지역 단체는 임금 인상과 8시간 노동일제 부활에 대한 노동자 측의 요구를 단호히 거부하고, 제철 노동자 21만3천 명의 즉시 해고를 선언했다. 이것은 노동자의 노동·생활 조건에 대한 타격이었을 뿐만 아니라 노동법령에 대한 직접적인 침해였고 나아가 공화국에 대한 도전이었다. 북서부 철강산업의 노사 분쟁, 1929년 초 헤닝스도르프 금속노동자의 14주간에 걸친 파업, 그리고 이 시기에 일어난 경제적 파업들은 매우 완강한 양상을 보였다(Ruge 1978, 324; The USSR Academy of Sciences 1985, 184에서 재인용).

노동자계급의 투쟁 격화는 1928년 봄에 치러진 의회 선거 시기와 거의 일치했다. 이 선거에서 사회민주당은 910만 표(29.8퍼센트)를 획득해 153석을 확보했고, 공산당은 320만 표(10.6퍼센트)를 얻어 54석을 획득했으며, 히틀러 일당은 81만 표를 획득했다. 그리하여 '대연합' 정부의 조각이 사회민주당의 허먼 멀러에게 맡겨졌다. 사회민주당은 부르주아 블록 정부의 정책을 계승했다.

바이마르공화국 시기, 노동운동의 전개와 관련해 사회민주당과 공산당의 운동 노선과 역할이 어떠했는지에 대해서는 헬가 그레빙의 설명이 주요 사실들을 적시해 주고 있다.

1919~1930년까지 사회민주당은 혁명적인 사회주의 노선이나 자유민주

주의 노선을 지속적으로 추구하지는 않았다. 즉, 과격한 이론과 개혁주의적인 현실 사이의 차이, 반드시 실현되어야 할 국가정책과 이에 대응하는 당 정책 사이의 간극, 집요한 전통 고수와 때때로 주어지는 가능성에 대한 기회주의적 적응 사이의 모순이 연결되지 않은 채 당의 목표는 그대로 존속되었다. "근로인민의 정신·정치·경제적 해방을 위해 투쟁한다"는 목표는 그대로였지만, 사회민주당이 국민의 지지를 받는 당으로 공고한 위치를 확립해 간다거나, 정치·사회적 민주주의를 실현시키는 책임 있는 정당으로서 위상을 확립하지는 못했다.

공산당도 역시 그들이 설정한 목표에는 이르지 못했다. 다시 말해 공산당도 독일 노동자 다수를 자기편으로 끌어들이면서 민주공화국을 건설한다는 목표에는 도달하지 못했다. 1918년 12월 말 독일공산당이 창립되었을 때에는 소수의 노동자층과 지식인만이 참가했다. 혁명적인 프롤레타리아의 반란을 요구했던 생디칼리스트적인 극좌파는 칼 리프크네히트와 로자 룩셈부르크 등의 당 지도부에 항의해 공산당 창립 때 이미 자신들의 의지를 관철시켰고 국민대회의 투표 참여를 거부했다. 리프크네히트와 룩셈부르크가 피살된 뒤로 폴 레비가 1919년 우파 대표로서 당 의장직을 맡을 때까지 공산당은 극좌파가 주도권을 행사했다.

1920년 봄 극좌파 측이 공산당에서 이탈해 독일공산주의노동당을 조직함으로써 사실상 당원은 절반으로 축소되었고, 그 대신 공산당은 독립사회민주당과 통합했다. 1924년 들어서야 공산당은 40만 명을 포괄하는 대중정당이 되었으며, 다른 정치 세력과 공동전선 전략을 취했다. 1925년 코민테른 집행위원회의 입력을 받아 좌파 지도부가 물러나고, 에른스트 텔만을 중심으로 한 새로운 지도부가 들어섰다. 의지의 집약, 통일전선 전략, 의회와 노조의 대립이라는 그들의 진로는 1929년까지 적용되었다(그레빙 1985,

173~175).

1929년부터 바이마르 민주주의는 일련의 공격을 받았고, 공화국을 둘러싼 환경은 공화국이 상처 없이 극복하기는 기대할 수 없을 정도로 악화되었다. 1930년 이후 문제는 더 이상 민주주의의 몰락이 아니라, 그 몰락이 어떤 형태를 띠게 될 것인가 하는 점이었다(풀브룩 2000, 253).


## 오스트리아

오스트리아 자본주의는 다른 자본주의국가들에 비해 매우 불안정한 양상을 나타냈다. 1927년의 석탄 산출고는 1923년에 견주어서는 114퍼센트였으나, 이것은 전체 수요의 3분의 1 정도에 지나지 않았다. 철광석 산출은 1913년 수준의 81.3퍼센트였다.

이런 상황에서 경제 안정을 위한 무거운 짐이 노동자의 어깨에 올려졌다. 국가재정의 균형을 위한 상품거래세가 부과되었다. 이것은 소비자에 대한 간접세의 일종이었다. 노동자의 임금은 전반적으로 저하했다. 오스트리아 정부의 이런 경제정책은 국민의 저항을 불러일으켰다. 정부는 이에 대처하기 위해 때로는 파시스트적 테러를 사용했다. 파시스트 무장 부대 — 호국단Heimwehr — 가 활동을 개시했는데, 그들은 이탈리아의 파시스트 정책이나 독일 파시즘을 지지했으며, 오스트리아와 독일의 합병을 주장하는 국가사회주의자의 성책을 찬성했다.

한편, 오스트리아사회민주당은 1926년 당시 당원 60만 명을 포괄했고, 그 가운데 52퍼센트가 노동자들이었다. 통상적으로 이 당을 지지한 유권자는 150만 명 정도였고, 사회민주노동당은 의회에서 여당보다 조금 적은 의석을 확보한 제2당이었다. 이 정당은 선언이나 강령에서는 매우 급진적인 노선을 채택했다. 그러나 노동운동의 전투적이고 계급적인 잠재 역량을 발휘하게 하는 데는 일정한 한계를 보였다. 오스트리아공산당은 당원 4천 명정도를 포괄하고 있었고, 오래도록 분파 대립을 겪은 끝에 1927년에야 겨우 이를 극복할 수 있었다(The USSR Academy of Sciences 1985, 186).

파시스트적 폭력이 차츰 거세지면서 광범한 근로인민의 투쟁 기세도 높아졌다. 작은 산업도시 샤텐도르프에서 일어난 사건은 오스트리아 전국에 걸쳐 노동자들의 격분을 불러일으켰다. 1927년 1월 30일 금요일 이 도시에서 파시스트들이 무장하지 않은 노동자 시위를 향해 발포를 해 노동자 한명과 여덟 살의 어린이가 죽고 시위대 일부가 부상을 당했다. 2월 2일 월요일에는 수도 빈의 기업들에서 파업이 일어났고, 빈의 노동자 거주 지구인플로리드스도르프에서는 시위가 벌어졌다. 시청 앞에서 대중적 항의 집회가 열렸고, 거기서 사회민주노동당은 샤텐도르프에서 희생당한 사람의 장례식 날 15분 동안의 작업 중지를 호소했다.

사회민주노동당은 의회 선거에서 승리할 것을 기대하고 전력을 기울였다. 그러나 1927년 4월 24일 선거에서 기독교사회당이 승리했고, 사회민주노동당은 기대와는 달리 패배했다. 사이펠을 수반으로 하는 새 내각은 이전의 내각보다 더 반동적인 정책을 폈다.

이런 가운데 7월 14일 빈 형사재판소는 샤텐도르프 사건 때 발포한 사람들에 대해 무죄를 선고했다. 그다음 날부터 빈에 있는 공장들에서 자연발생적인 집회가 열렸고, 법원 건물을 에워싸고 항의 시위가 벌어졌다. 경찰이 비무장 상태의 시위대를 향해 발포했다. 노동자들은 투석전을 벌여 경찰대를 제치고 법원 건물 안으로 밀고 들이기 칭문 밖으로 문서 서류를 내던졌다. 경찰 지원대가 도착해 집회 참가자들을 향해 다시 총을 쏘았다. 바리케이드가 설치되었다. 슈츠분트[6] 구성원을 포함한 노동자 2만 명이 빈의 가두에서 전투를 벌였다. 철도노동자들은 지방으로부터 파견되는 군대 투입을 막으려고 백방으로 노력했다(Kopeinig 1951, 24~25; The USSR Academy of Sciences 1985, 188에서 재인용).

사회민주노동당과 노동조합 집행부는 24시간 총파업을 선언했다. 이 선언은 항의 파업운동의 기간을 제한하려는 의도를 드러낸 것이었다. 당과 노동조합은 시위 중지를 호소했고, 7월 18일 밤에는 철도·우편·전신·전화 분야 노동자의 파업을 중지시켰다. 1927년 7월 전투가 벌어진 이틀 동안에 빈의 노동자 85명이 경찰의 총격으로 죽었고, 노동자 1천 명 이상이 부상당했다.

빈에서 전개된 노동자 행동은 한 가지 목적, 즉 파시스트 테러에 대한 분노를 표출하기 위한 것이었다. 이 행동은 혁명적 요구를 제기한 것도 아니었고, 부르주아 민주주의의 옹호를 목표로 한 것이었다. 노동자투쟁은 조직성과 지도 역량도 충분히 갖추지 않았다. 노동자계급은 패배했지만, 7월 투쟁은 오스트리아 노동운동과 국제노동운동 발전에서 중요한 계기가 되었다. 이것은 최초의 대중적 반파시즘 행동이었고, 이 행동 전개 과정에서 사회민주노동당과 공산당 사이에 노동자통일전선의 필요성과 가능성이 확인되었다. 1927년 7월은 반파시즘 통일 행동을 위한 최초의 시험 기간이었다(The USSR Academy of Sciences 1985, 186).

---

6_공화주의 방위동맹이다. 오스트리아사회민주노동당이 1923년 4월 파시스트의 습격으로부터 노동자 집회와 시위를 방위하기 위해 당원의 요구에 따라 창설한 노동자 자위대를 가리킨다.

## 3. 중앙유럽과 동남 유럽 국가들에서 전개된 대중투쟁

### 폴란드

폴란드는 1923년 말 경제공황을 맞았으며, 이에 따라 생산은 격감했고 많은 기업이 폐쇄되었으며 실업자가 대량으로 불어났다. 불황은 1926년까지 계속되었다. 이 시기 폴란드 정치체제에서 드러난 특징은 의회 민주주의의 위기가 점점 증대되었고, 사회제도의 민주화도 충실하지 못했을 뿐만 아니라 1921년에 제정된 헌법마저 제한된 범위에서만 시행되었다는 사실이었다.

지배계급은 경제 안정을 구실 삼은 반노동자 정책과 폴란드 인구의 3분의 1을 차지하는 소수민족에 대한 억압정책을 폈다. 1924~1928년에 지배세력은 노동자계급이 그동안 획득했던 권리와 투쟁 성과에 대해 집중적인 공격을 가했다. 정부는 1924년 1월 노동자계급 특정 부류에 대한 노동시간 연장을 허가했으며, 1924년 여름 슐레지엔의 석탄·철강업에서 10시간 노동일제가 시행되었다. 이 부문의 노동자 임금은 인하되었다. 정부와 자본의 이런 정책과 조치는 노동자들의 완강한 저항을 불렀다. 노동자 50만 명 이상이 1924년 발생한 파업에 참가했다(Kowalski 1967, 350~351; The USSR Academy of Sciences 1985, 198에서 재인용).

대규모적인 투쟁은 보리소프, 스타니슬라부흐, 크로스노에서 발생한 석유 노동자 1만1천 명 파업, 로지와 인접 지역에서 일어난 섬유노동자 12만 명의 파업 — 이 파업은 로지 노동자들이 일으킨 총파업의 지지를 획득했다 — 이었는데, 이런 대규모 투쟁으로 노동자들은 종래의 임금수준을 유지할 수 있었다. 또 파업투쟁의 결과로서 산재보험법, 실업보험법, 여성·청년의 노동보전법이 채택되었다.

1925년에는 파업투쟁이 퇴조를 보였으나, 1개월 동안에 걸쳐 완강하게 전개된 바르샤바 금속노동자 파업은 노동자 측에 유리한 조건으로 단체협약이 체결됨으로써 마무리되었다. 12월에는 실업자의 대중행동이 전국에 걸쳐 벌어졌다.

한편, 비非프롤레타리아 근로자층과 소수민족의 행동이 점점 적극적으로 전개되었다. 가망 없는 토지 부족 상태와 정부의 농업개혁 포기, 무거운 세금 부담과 높은 인플레이션은 농민의 불만을 키웠다. 1924년 봄에는 코르노와 오스트롤렝카 지역에서 농민과 경찰대 사이에 유혈 충돌이 벌어졌다. 농민 정당과 농민 조직의 행동이 활발해지는 가운데 독립농민당이 결성되었다. 이 당은 노동자·농민 정부의 수립과 지주 소유지 무상 분할, 삼림의 국유화, 벨라루스와 우크라이나의 소수민족 자유, 무상교육 등의 투쟁 슬로건을 내걸었다. 1925년 6월에는 공산당 의원단, 독립농민당 의원, 벨라루스 그로마다Hromada(농민·노동자단) 공동으로 무상분배를 골자로 하는 토지개혁법을 국회에 제출했다(The USSR Academy of Sciences, 1985, 201).

정부는 프롤레타리아트와 농민의 투쟁이 강화되고 민족해방운동이 고양되는 정세에서 노동조합 활동의 금지, 좌파 활동가의 대량 검거 등 다양한 형태의 탄압을 가했다. 통치자 그룹이 정치·경제적 안정을 보장할 능력을 갖고 있지 않다는 사실이 명백해지고, 정부가 자주 교체됨으로써 의회 제도의 위기가 심각한 지경에까지 이르렀다.

1926년 5월 12일, 요제프 피우수트스키 원수가 쿠데타를 감행했다. 피우수트스키는 군대의 힘으로 무능한 빈첸티 비토스 내각을 퇴진시킬 수 있을 것으로 판단했다. 이에 대통령 스타니와브 보이체호프스키는 정부군을 동원해 쿠데타를 막고자 했다. 정부는 우파의 영향력이 강한 서부 폴란드로부터 원군이 출동하기를 기대했으나, 사회당이 주도해 시작된 철도노동자의 파업으로 원군은 움직일 수가 없었다. 정부는 마침내 패배했으며, 우파 중심의 내각이 총사퇴했다.

새 내각은 형식적으로 3월 헌법에 따라 구성되었으나, 모든 실권은 피우수트스키가 장악했다. 5월 말 대통령 선거에서 좌파 후보자 피우수트스키가 당선되었으나, 그는 취임을 거부하고 대신 이그나치 모시치츠키를 지지했다. 모시치츠키 대통령의 지시에 따라 카지미에즈 바르텔이 새 내각을 구성했다(이정희 2005, 386).

애초부터 피우수트스키의 선동적인 선언들은 근로인민을 비롯한 광범한 주민층을 혼란 상태에 빠뜨렸다. 사회당은 피우수트스키의 쿠데타를 무조건 지지했고, 폴란드공산당은 피우수트스키를 프티부르주아지의 이익을 대변하는 사람으로 간주하면서 그의 권력 장악은 민주화를 향한 일정한 진보라고 평가했다. 그러나 1926년 6월에 열린 당 중앙위원회 총회는 5월의 피우수트스키에 대한 평가의 오류를 바로잡았으며, 독재 권력의 타도와 노동자·농민 정부의 수립을 위해 투쟁할 것을 대중들에게 호소했다(The USSR Academy of Sciences 1985, 202).

부단한 공격과 박해에도 불구하고 공산당 의원단, 독립농민당, 벨라루스·그로마다·우크라이나 농민조합과 '인민의 의지' 그룹은 국회 안에서 통일전선을 꾸려 행동했으며, 노농 동맹을 위한 투쟁 방침, '사나치아'sanacjia 체제[7]에 대한 투쟁 전개에서 민주주의 세력들의 결합, 그리고 근로인민과 소수민족의 권리 수호를 위한 투쟁 방침을 실행했다.

피우수트스키 정권의 본래 모습은 금융자본과 산업자본 사이의 밀접한

---

[7]_행정부의 권한을 극대화시킨 체제로서 독일 히틀러의 나치 독재 체제와는 상당한 거리가 있는 것으로서, 그것은 오히려 19세기 나폴레옹 3세와 군부에 의한 권위주의 체제나 20세기의 라틴아메리카의 독재 정부와 유사한 체제를 말한다(이정희 2005, 389).

협력 조성, 노동자의 희생을 강요하는 자본주의적 합리화 지지, 국가가 행하는 강제조정의 엄격한 적용 등을 통해 명백하게 드러났다. 사나치아 체제는 탄압 수단을 폭넓게 행사했다. 노동자 집회는 금지되었고, 출판물은 몰수되었으며 대중집회나 시위는 강제로 해산당했다. 진보적 조직 활동가 수천 명이 투옥되었다.

사회주의운동 진영 내에서는 여러 세력 간의 복잡한 분화 과정이 진행되었다. 1926년 6월 폴란드사회당과 노동조합 내의 좌파는 독립정당 — 폴란드사회당 좌파 — 으로 분열되었고, 이 당은 공산당과 협력 관계를 선언했다. 1926년 말에는 폴란드사회당 지도부가 사나치아 체제에 대한 반대 결정을 채택했으며, 사회당 우파는 친 사나치아 정당을 결성했다.

1926년부터 경기가 나아지고 실업이 감소하며 임금이 어느 정도 인상되면서 파업투쟁은 일시적으로 후퇴 경향을 나타냈다. 1927년 들어서는 노동자들은 다시 반격을 시작했다. 노동조합원의 수가 증가하고 노동자계급의 전투력이 고양되는 동시에 탄압 반대를 위한 캠페인과 정치범 석방 요구 캠페인이 확대되었다. 파업투쟁 가운데 가장 큰 규모의 파업은 로지 섬유노동자 15만 명이 벌인 3월 파업으로서 경찰대와 사이에 격렬한 충돌까지 벌이면서 얼마간의 임금 인상을 획득할 수 있었다.

1928년에는 파업 참가 노동자 수가 35만4천 명에 이르렀고, 파업의 4분의 3이 승리를 거두었다. 가장 대중적이고 비타협적이었던 파업은 3주간에 걸쳐 로지 섬유노동자 10만 명이 참가한 파업이었다. 파업 참가 노동자들은 가두시위와 대중집회를 열고 반전 슬로건을 내걸었다(Kowalski 1967, 394; The USSR Academy of Sciences 1985, 203에서 재인용).

1928년 3월 실시된 의회 선거에서는 피우수트스키 지지의 '초정당 연합 블록'이 27.6퍼센트, 우파가 8.4퍼센트, 중간파가 12.1퍼센트, 좌파가 29.2

퍼센트, 소수민족인 16.9퍼센트를 각각 차지했다. 1929년 9월에는 의회의 중도파와 좌파가 제출한 내각 불신임안이 통과되어 카지미에시 시비탈스키 내각이 사퇴했다. 피우수트스키는 타협적 경향의 바르텔 내각을 등장시켰으나 사회당의 강력한 반발로 곧 물러나게 되었고 발레리 스바벡 내각이 들어섰다. 스바벡 내각은 의회를 휴회 상태로 두었으며, 이에 의회의 중도파와 좌파는 '피우수트스키 독재 정부 퇴진'과 '헌법에 충실한 새 정부 구성'을 주장했다. 이와 같은 움직임에 대해 피우수트스키는 자신이 직접 수상직을 맡으면서 유력한 반대파 의원의 체포를 명령했다(이정희, 2005, 387~388).

결국 1924~1928년에 일어난 파업투쟁과 사회적 갈등은 완화되기보다는 오히려 1930년대 계급투쟁의 새로운 폭발을 위한 전단계적 토대 구실을 했다(The USSR Academy of Sciences 1985, 204).


## 체코슬로바키아

체코슬로바키아는 중유럽과 동남유럽 대부분의 국가들과는 정치·경제적으로 매우 다른 양상을 나타냈다. 높은 수준의 산업 발달을 이룩한 이 나라에는 노동자계급이 300만 명 이상에 이르러 사회 구성에서 가장 많은 부분을 차지하고 있었다. 정치적으로 부르주아 민주주의 제도가 정착된 체코슬로바키아에서 노동자들은 1918~1923년까지의 혁명적 고양기에 획득한 민주적 권리를 나름대로 누리고 있었다. 이 나라에서는 근로인민의 노동조합 조직, 정치조직, 그 밖의 다른 대중조직이 합법적으로 존재하고 활동했다(The USSR Academy of Sciences 1985, 204).

1925년 당시의 체코슬로바키아 공업생산은 전쟁 이전 수준에 접근했으며, 경제성장은 인민대중의 경제 상태를 일정 정도 개선했다. 1924년 의회가 사회보험 관련법을 제정했는데, 이것은 근로인민에 대한 일종의 양보였다. 이것은 지배층이 전 국민적 통일과 계급적 이익의 조화 방침을 대중 속에 널리 퍼뜨리려는 의도에서 행해진 것이었다.

이 당시 체코슬로바키아에서는 전체 노동자의 40~45퍼센트가 노동조합에 조직되어 있을 정도로 노동조합 조직률이 매우 높은 편이었다. 그러나 노동조합이 여러 조직으로 분열되어 있었고, 노동운동은 난맥상을 드러냈다. 이 나라에는 전국 중앙 조직이 12개 또는 15개가 존재했는데, 이 조직들은 각각 다른 정당 조직과 연계되어 있었다. 이 가운데 최대 노동조합 조직은 암스테르담인터내셔널 가맹의 '체코슬로바키아노동조합연맹'으로서 우파 사회민주당의 사상적 영향을 받고 있었으며, 노동조합원은 35만 명에 가까웠다. 혁명적 노동조합은 '국제일반노동조합' 가맹 노동조합으로서 1924년 당시 20만 명 이상의 노동조합원을 포괄했고 프로핀테른에도 참가했다.

1924년 무렵 노동자계급은 주로 경제 요구 위주의 투쟁을 전개했다. 많은 공업 부문에서 파업이 일어났는데, 1923년과 비교해서는 파업 건수는 증가했지만, 파업 참가자 수는 반으로 줄어들었다. 노동자 측의 승리로 마무리된 것은 전체 파업 건수의 8분의 1 정도에 지나지 않았다. 1925년 들어 파업운동이 활발하게 전개되었는데, 노동자들은 임금 인상과 단체협약 갱신을 요구했으며, 일련의 파업 사례에서는 노동자의 생산 통제가 요구 조건으로 제기되기도 했다. 1925년 2월 10일 프라하에서 노동자 시위가 거행되어 경찰대와 충돌을 빚었고, 이 과정에서 시위자 6명이 중상을 입었다. 1925년에 발생한 파업 가운데 오스트라바 노동자 5만 명이 참가한 파업투쟁은 가장 대중적인 파업이었는데, 정부 당국의 테러와 개량주의자들의 분열 책동 때문에 패배로 끝났다(Melnikova 1962, 166~170; The USSR Academy of Sciences 1985, 206에서 재인용).

1926년에는 파업운동이 침체 양상을 보였는데, 이것은 경기 침체와 그 것에 따른 실업 증대에서 비롯된 것이었다. 파업 건수와 파업 참가자 수는 전년에 견주어 반으로 줄어들었고, 노동자가 승리한 경우는 겨우 4퍼센트 밖에 되지 않았다. 그 이후에는 투쟁이 다시 격화되었으며, 완강하면서도 공격적 성격을 띠었다.

노동운동의 전진을 위해서는 노동자계급의 통일, 노동자계급과 농민 그 리고 민주적인 사회 세력과 동맹을 달성하는 일이 불가결한 조건이었다. 더 욱이 체코와 슬로바키아 사이의 갈등은 노동운동의 발전을 가로막는 요인 으로 작용했기 때문에 체코와 슬로바키아의 통일 수행 또한 노동운동의 중 대 과제가 아닐 수 없었다.

체코와 슬로바키아는 4세기 동안 분리된 채 외국의 지배 상태에 있었기 때문에 여러 가지 정치·사회·문화적으로 큰 차이를 나타냈다. 정치적 영역 에서 대표적인 두 인물이 대립적인 주장을 폈다. 즉, 앤드류 흘린카는 가톨 릭 성직자 출신으로 슬로바키아의 자치를 주장했다. 이에 반해 바브로 스로 바르는 친체코적이며 진보적 노선을 바탕으로 중앙집권주의를 지지했다. 슬로바키아에서 정치적 분열을 거듭하는 동안 헝가리는 슬로바키아가 체코 로부터 탈퇴하도록 배후에서 선동했다.

이런 가운데 1927년의 행정 개혁은 대단히 중요한 역할을 수행했다. 밀 란 호자는 슬로바키아 농민당을 지지해 극단적인 흘린카와는 달리 현실적 인 방법으로 슬로바키아의 자치권을 획득했다. 또 그는 안토닌 스벨라 내각 에서 개인적으로 큰 영향력을 갖고 있었기 때문에 슬로바키아와 체코의 갈 등을 해소하는 데도 큰 역할을 했다(이정희 2005, 404~405).

## 헝가리

헝가리는 1918년 11월 16일 공식적으로 오스트리아 제국으로부터 분리를 선언하고 공화국임을 천명했다. 곧이어 민주적인 선거법, 토지 개혁 실시를 비롯한 각종 개혁적인 정책이 발표되었고, 국내에서는 공산당에서 극우파 정치조직에 이르기까지 많은 정당이 결성되었다. 그 가운데 특기할 만한 것은 1919년 봄에 구체제의 정치적 지도자들이 '반볼셰비키위원회'와 '반혁명정부'를 조직하고, 미클로시 호르티 장군 주도로 국민군 부대를 창설한 것이었다(이정희 2005, 412).

1920년 3월 1일부터 제2차 세계대전이 끝날 때까지 무려 25년 동안 헝가리의 최고 권력자로서 군림하게 된 호르티는 칼뱅교를 신봉하는 민족주의자이며 반유태주의적 성향을 가진 인물로서 매우 보수적인 정책을 폈다.

1920년 6월 4일, 베르사유 강화 회의의 일환으로 헝가리에 대한 전쟁 책임을 묻는 조약이 베르사유의 트리아농 궁에서 체결되었다. 트리아농조약의 체결에 따라 헝가리는 민족사상 큰 비극을 겪게 되었다. 트리아농조약에 따라 헝가리 영토의 70퍼센트와 국민의 60퍼센트 — 순수 헝가리인의 비율은 28퍼센트 — 를 상실했다. 결국 헝가리 국토는 9만3천 제곱킬로미터로 축소되었고, 국민의 수도 1,820만 명에서 760만 명으로 감소되었다. 그리고 전체 헝가리인의 약 3분의 1 정도가 타민족이 지배하는 국가에서 소수민족의 운명을 맞게 된 것이다(이상협 1996, 242~243).

1920년 1월에 실시된 선거에서는 보수적인 기독교민족통일당과 소지주당이 다수파로 등장했다. 그리하여 반혁명 임시 정권은 많은 주요 과제를 안고 정권 이양 작업에 착수했다. 4년 동안의 전쟁으로 헝가리는 수많은 사상자를 냈으며, 두 차례에 걸친 혁명과 루마니아 점령 기간의 약탈 등으로 그 타격은 엄청난 것이었다.

헝가리가 트리아농조약의 충격으로부터 벗어나 서서히 사회의 안정을 되찾게 된 시기는 이스트반 베틀렌이 수상으로 재임한 1921년부터 1931년까지였다. 1920년의 토지개혁을 통해 농민들에게 토지를 분배함으로써 가난한 농민의 생활이 어느 정도 향상되었으며, 이에 따라 베틀렌은 농민층의 지지를 획득할 수 있었다. 또 농민층의 상당수가 선거권과 피선거권을 갖게 되면서 농민당도 의회에 진출할 수 있었고, 이 농민당은 여당과 합당해 베틀렌 정부를 지지했다. 베틀렌은 이를 바탕으로 해 사회민주당을 합법화했다. 사회민주당과는 달리 공산당은 불법화되어 철저하게 탄압을 받았다(이상협 1996, 248~249).

헝가리가 전후 경제 위기로부터 벗어나는 데는 오랜 시간이 걸렸다. 부분적인 안정기에도 헝가리 경제는 미처 안정성을 확보하지 못했다. 헝가리의 지배층은 외채의 도움과 근로인민과 농촌의 광범한 프티부르주아층에 대한 수탈을 통해 금융 시스템을 일정 정도 안정시키고 공업과 농업의 발전을 이룩할 수 있었다.

헝가리의 지배계급은 헝가리인 전체의 '전 국민적'인 '단일'의 이해가 계급적 이해보다 우선한다는 환상을 심어 주기 위해 민족주의·배타적 애국주의 사상을 국민에게 보급하려 노력했다. 이에 따라 제1차 세계대전과 제2차 세계대전 사이의 기간에는 민족주의적인 강박관념이 지배계급이나 도시와 농촌의 프티부르주아지뿐만 아니라 근로인민의 상당한 부분에까지 파고들었다(The USSR Academy of Sciences 1985, 213).

이런 상황에서 헝가리의 급진 사회주의자들은 지하활동을 유지해야 하는 곤란한 조건에서 공산당의 재건을 준비했다. 1925년 8월 빈에서 헝가리공산당 제1회(재건) 대회가 열렸는데, 대회 결의는 반혁명 정권의 타도와 노동자·농민 정부의 수립을 위한 투쟁 방향을 제시했다. 헝가리공산당의 주요한 전략 목표는 이전의 내용과 크게 달라진 것은 아니었다. 즉, 1919년 헝가리 소비에트가 무너지고 반혁명 정권이 들어선 뒤로 헝가리의 정세는 근본적으로 변화했으며, 이제 긴급한 과제는 민주주의혁명의 실행이고 이 혁명의 성공적인 실현이야말로 사회주의혁명을 위한 투쟁을 촉진시킬 수 있다는 것이었다. 대회는 보통선거권을 요구하는 투쟁, 민주공화제와 토지개혁, 큰 재산 소유자에 대한 과세 강화 요구 투쟁을 제기할 것을 당원들에게 호소했다(*Dokumentumok a magyar forradalmi munkásmozgalom történéből 1919~1929*, 1964, 270~279; The USSR Academy of Sciences 1985, 214에서 재인용).

1925년 4월 헝가리사회민주당 지도부의 협조주의 정책에 반대해 헝가리사회민주당과 노동조합에서 제명 또는 탈당한 좌파 헝가리사회민주당원들이 헝가리사회주의노동당을 창립했는데, 이 당은 합법적 노동자 정당이었다. 이 당의 강령이 제기한 주요 임무는 민주주의적 권리 — 집회·결사의 권리, 보통선거권 — 를 쟁취하기 위한 투쟁이었다. 헝가리사회주의노동당은 전반적인 정치적 대사면과 헝가리공산당 활동의 자유를 요구했으며, 또 실업자에 대한 국가부조의 보장, 실질임금의 인상, 8시간 노동일제 법의 제정, 여성·아동 노동의 보호, 누진 재산세의 도입, 민주적 토지개혁을 주장했다.

정부는 형식상으로는 사회주의노동당의 활동을 금지하지는 않았지만, 실제로는 당 지도부와 하부 조직을 마비시키기 위해 모든 수단을 다 동원했다. 당 지도부와 활동가들이 수시로 투옥당했다. 결국 당은 1928년 활동 정지를 당했다. 당원의 일부는 비합법 상태에서 활동했고, 공산당에 합류하기도 했다. 다른 부분은 노동조합이나 사회민주당의 하부 조직, 또는 문화·교육 단체 등에서 활동을 계속했다.

## 유고슬라비아

제1차 세계대전과 제2차 세계대전 사이의 기간에 유고슬라비아의 정치발전은 3단계의 과정을 밟았다. 1921~1928년까지는 중앙집권주의와 연방주의 사이의 교착상태 기간이며, 1929~1934년까지는 알렉산더 왕의 독재 기간이었으며, 1934년에서 동맹국 점령이 시작된 1941년까지는 섭정 시기였다.

첫 번째 단계에서는 베오그라드의 중앙집권주의자들이 군부의 지지를 기반으로 국가권력을 장악하고 있었다. 급진당의 니콜라 파시치는 크로아티아농민당과 당 지도자 스체판 라디치가 볼셰비키를 지지하고 있다는 이유로 1925년 크로아티아농민당의 해산을 명령했다.

이런 가운데 1926년 급진당의 파시치가 사망하자, 급진당은 구심점을 잃게 되어 알렉산더가 정당 정치에 개입할 수 있는 구실을 찾았다. 한편, 라디치가 급진당의 하수인으로부터 암살당하자, 유고슬라비아는 베오그라드에 반대하는 크로아티아인의 저항과 개헌 요구로 혼란에 빠져들었다. 이에 알렉산더는 1929년 1월 6일, 쿠데타를 일으켜 헌법을 폐지하고 의회와 자치체 기관을 해산했으며, 모든 정당과 진보적 단체의 활동을 금지했다. 알렉산더는 불가리아의 보리스 왕이나 루마니아의 카롤 1세가 했던 것처럼 각 정당에서 대표를 뽑아 기용했다. 알렉산더의 권위주의 체제가 세르비아와 크로아티아 사이의 반목을 키워가는 가운데, 마케도니아의 한 폭력 혁명주의자가 알렉산더를 암살하는 사태가 벌어졌다(이정희 2005, 455~456).

알렉산더가 죽고 난 뒤, 세르비아에서는 파시스트인 유고슬라비아 민족당이 생겨나 크로아티아인에 대해서는 어떤 양보도 하지 않았고, 크로아티아인 가운데서도 극단적인 테러리스트들은 지하운동을 벌였다. 자유주의자들은 독재가 완화되기만을 기대하고 있었다.

유고슬라비아는 1920년대 중반부터 경제적으로 상대적인 호황기에 들어섰다. 고용이 어느 정도 증가했고, 실질임금은 1926년 당시에도 아직 1913~1914년 수준에 미치지 못했으나 일부 직종에 종사하는 노동자의 임금은 상승했다. 이와 동시에 저숙련노동자와 여성·아동 노동자에 대한 착취는 오히려 강화되었으며, 노동자의 사회적 획득물에 대한 자본의 공격은 거세졌다.

정치권력은 진보적 노동단체를 엄격하게 탄압했으며, 노동권을 봉쇄하려는 자본가의 공격에 대항하고자 하는 프롤레타리아트의 어떤 기도도 용납하지 않았다. 파시스트적 '의용단'이 공업 중심지나 탄광 지역의 노동자 거주 지구와 노동조합 건물을 습격했다.

이와 같은 정치적 탄압이 가해지고 있는데도 1924년 여름에는 경찰과 파시스트의 테러 행위에 항의하는 집회와 파업이 전국에 걸쳐 일어났으며, 자그레브에서는 파업이 총파업으로 진전되었다. 그 뒤에도 임금 인상을 요구하는 대중투쟁과 노동조건 개선을 위한 파업이 잇따라 발생했다. 이 시기 노동운동의 주요 임무로 제기된 것은 노동자계급의 세력 통일, 민족적 반목의 극복, 그리고 근로 농민과 도시 중간층 사이의 동맹 확립 등이었다(The USSR Academy of Sciences 1985, 220).

1928년 무렵 유고슬라비아의 국내 정세는 날카로운 대립 양상을 보였다. 민족 동등권을 요구하는 피억압 민족의 투쟁이 격화되었고, 같은 해 여름에는 슬로베니아와 크로아티아에서 반反왕정과 반파시즘 대중운동이 일어났다. 학생을 비롯한 중간층 대표들이 파업 노동자들과의 연대를 공공연하게 표명했다. 연말에는 청년노동자의 시위가 벌어졌고, 슬로베니아에서는 광산노동자들의 투쟁이 일어났다.

# 4. 북유럽 국가들에서 전개된 노동운동

스칸디나비아 국가들에서는 제1차 세계대전 후의 공황이 각국의 경제성장, 산업의 집적, 그리고 독점화 진전과 더불어 진행되었다. 가장 높은 경제지표를 나타낸 나라는 스웨덴이었는데, 공업성장률(연율 7퍼센트 상당) 면에서 스웨덴은 1920년대 후반에 미국을 비롯한 모든 유럽 국가를 앞질렀다. 노동자계급의 비중이 계속 증가했고, 1920년대 말에는 공업·농업 노동자가 인구의 50퍼센트 이상을 차지했다(Kan 1964, 79; 86; The USSR Academy of Sciences 1985, 237에서 재인용).

경제적 호황 조건에서 높은 이윤을 획득한 부르주아지는 사회적 갈등을 완화하고 계급협조주의를 촉진하기 위해 일정한 양보 정책을 취했다. 이런 정책은 노동자가 행사하는 권리를 제한하는 법률들의 시행 방침과 서로 맞물려 도입되었다. 1920년대 말에는 모든 스칸디나비아 국가의 정부는 법체계를 정비했는데, 그것은 대부분 반노동자적인 방향에서 이루어졌다(The USSR Academy of Sciences 1985, 238).

1927년 노르웨이 의회는 새로운 법안을 채택했다. 이것은 단체협약의 해석을 둘러싼 노동재판소의 설치를 규정한 것이었다. 법률은 또 '비공인 파업'wild cat strike을 행한 노동조합에 대해 처벌을 강화했다. 1928년 스웨덴에서는 두 개의 반노동자적인 법 — 단체협약법과 노동쟁의강제조정법 — 이 채택되었는데, 이 법의 제정 목적은 파업을 비롯한 여러 가지 형태의 경제투쟁에 대한 노동자의 권리를 제한하기 위한 것이었다.

자본주의의 부분·일시적 안정기에 스칸디나비아 국가들의 사회민주당은 정부 참가를 경험했다. 1924~1926년까지 세 번에 걸쳐 스웨덴 정부의 수반이 되었다. 1924년의 신거 결과 스웨덴 사회민주당은 처음으로 하원에서 100석 이상의 의석을 획득했다.

덴마크사회민주당도 자본주의의 부분·일시적 안정기에 두 번에 걸쳐 정권을 장악했다. 1924년 이 당은 선거에서 40퍼센트의 표를 획득해 제1당이 되었으며, 당 지도자 토르발 스타우닝이 최초의 사회민주당 내각(1924~1926년)을 구성했다. 그러나 상원에서 안정적 다수를 차지한 부르주아지 당이 사회민주당 정부의 정책 시행을 가로막았다.

1927년에 노르웨이노동당은 노르웨이사회민주당과 통합했는데, 새 정당은 노동당이라는 명칭을 그대로 유지했다. 1927년 선거에서 이 당은 37퍼센트의 표를 획득했으며, 1928년 초에는 노르웨이 역사상 처음으로 크리스토페르 호른스루드를 수반으로 하는 노동당 정부가 성립되었다. 노동자계급과 모든 근로자의 이익을 위해 '사회주의사회로의 이행을 용이하게 하고 준비한다'는 정부의 성명은 부르주아지의 금융 방해에 부딪쳤고, 결국 이 정부는 18일 만에 물러나야만 했다(The USSR Academy of Sciences 1985, 238).

북유럽에서 추진된 경제 안정화와 부르주아지 간의 협조라는 사회민주당 노선은 노동운동과 민주화 운동의 발전을 크게 촉진하지는 못했으며, 파업을 비롯한 대중투쟁을 크게 촉진하지도 못했다.

그러나 이 기간에 북유럽 국가들에서는 노동자투쟁이 지속적으로 발생했다. 스웨덴에서 이 기간의 최대 노동손실일수를 기록한 것은 1925년(256만 일)과 1928년(483만5천 일)이었다(*Statistisk årsbok för Sverige*, 1932, 242; The USSR Academy of Sciences 1985, 242에서 재인용). 노동조합에 조직되지 않은 노동자의 투쟁도 큰 주목을 끌었다. 이를테면 1927년의 경우 이들 노동자들이 파업 노동자 총수의 38퍼센트를 차지했다. 1926년 스트리파라는 작은 촌락의 광산에서 장기적인 파업투쟁이 일어났다. 1928년 노르보텐의 광산노동자들이 직장폐쇄 때문에 해고된 중부 스웨덴 노동자들과 연대 관계를 표명하고 반년 동안 파업을 제기했다.

덴마크에서는 1920년대 중반에 파업 노동자와 직장폐쇄를 당한 노동자의 수가 10만 명을 넘었다(Karlsson 1975, 28; The USSR Academy of Sciences 1985, 242에서 재인용). 이 시기의 가장 잘 알려진 파업은 덴마크 비숙련노동자조합이 지도한 운수노동자의 16일 동안의 파업이었다. 이 파업으로 농산물의 수출이 혼란 상태에 빠져들었으며, 기업주는 노동자들에 대한 압력을 늦출 수밖에 없었다.

노르웨이에서는 1924년 몇 건의 대규모 파업이 일어났는데, 그것은 기업주의 임금 삭감 기도에서 비롯되었다. 파업에서 특기할 만한 것은 '불법' 파업이라는 사실이었다. 노동자 6만3,100명이 파업에 참가했고, 파업과 직장폐쇄에 따른 노동손실일수는 520만 일이었다(E. Lorenz, *Arbeiderbevegelsens historie* vol. 2, 213; The USSR Academy of Sciences 1985, 242에서 재인용).

핀란드에서는 1924~1927년 사이에 파업이 220건 발생했으며, 파업 참가자 수는 2만9,600명이었고 파업의 대부분은 노동자 측의 승리로 끝났다. 1927년에는 금속노동자의 총파업이 일어났는데, 이것은 투르쿠 조선소에서 기업주가 직장폐쇄를 단행하려는 데 대응해 비롯된 것이었다. 노동자들은 임금 인상을 요구하며 일으킨 투쟁은 30주 동안 계속되었다. 파업은 승리로 마무리되었다. 1928년에는 파업 참가 노동자 수가 전년의 두 배로 증가해 2만7천 명에 이르렀다. 고무공업과 항만노동자의 파업이 제기되어 완강한 양상을 보인 가운데 근 1년 동안 계속되었다(The USSR Academy of Sciences 1985, 238).

# 5. 파시즘과 반동에 대한 저항

## 이탈리아

1922년 10월 무솔리니가 권력을 장악한 이후 이탈리아에는 거대 독점자본의 이익을 옹호하는 파시스트 정치체제가 수립되었다. 초기에는 의회와 다당제가 유지되기는 했으나, 실제로 부르주아 민주주의 제도는 테러 정책을 은폐하기 위한 것에 지나지 않았다.

파시스트는 노동조합과 노동자계급의 정치조직을 엄격히 탄압했다. 공산당은 비합법 상태로 전환했으며, 이탈리아노동총연맹의 조합원 수도 격감했다. 1924년 12월 당시의 노동조합원 수는 27만 명에 지나지 않았다 (Spriano 1967, 338; The USSR Academy of Sciences 1985, 225에서 재인용).

한편, 파시스트 노동조합 조직은 점점 영향력을 키우고 있었는데, 이 노조에 가입하면 노동자들은 직장을 보장받을 수 있었다. 이런 상황에서 노동자들의 전투력은 자연 감퇴되고 파업투쟁의 수준도 대폭 저하되었다. 파시스트 정부의 지지를 받는 기업주는 노동자들이 혁명적 고양기에 획득한 경제적 성과를 허물어뜨리기 위해 공격을 시작했다.

이탈리아의 노동자계급은 파시즘을 극복하지 않고서는 그들 자신의 경제적 이익을 지키기는 불가능했다. 그러나 반파시즘 저항을 조직하는 임무는 매우 복잡한 양상을 나타냈다. 부르주아 민주주의 정당들이 파시즘 세력의 공격으로부터 부르주아 민주주의적 자유와 제도를 지키는 데서 소극적인 자세를 취했으며, 또 사회민주주의파가 일정 정도 여기에 동조했기 때문이었다. 이들 정당과 정파가 이와 같은 정치적 방침을 설정한 것은 파시즘 속에서 사회주의혁명의 위협에 대한 방벽을 발견했기 때문이었다(The USSR Academy of Sciences 1985, 235).

부르주아 민주주의 정당들이 파시즘에 대한 소극적 자세 또는 항복 선언을 한 상황에서 반파시즘 저항 방침을 결연하게 유지한 것은 이탈리아공산당이었다. 1923년 6월 코민테른 집행위원회 확대총회의 결의를 받아들여 이탈리아공산당의 새 지도부가 구성되었다. 여기에는 안토니오 그람시, 팔미로 톨리아티, 마우로 스코치마로, 에디지오 젠나리 등이 집행위원으로 선출되었다. 그람시가 사무총장으로 선임되었다.[8] 그람시는 베네치아 지역의 국회의원으로 선출된 바로 뒤인 1924년 5월 12일 이탈리아로 돌아왔고, 코모에서 열린 당대회에서 아마데오 보르디가의 분파주의와 극좌주의에 도전했다(벨라미 외 1996, 109).

그람시와 톨리아티는 이탈리아에 조성된 정세를 분석하고 파시즘 정치 체제의 특수성을 규명한 것과 아울러 반파시즘 투쟁을 위한 전술을 세우기 위해 노력했다. 이 시기의 파시즘을 그람시는 기본적으로 다음과 같이 파악했다. 즉, 파시즘이란 자유주의 국가를 해체하는 요소(그리고 또한 새로운 형태로 그것을 재편하는 요소)인 것이다. 그것은 자유주의 국가가 전체주의적 방향으로 변형된 것이며, 따라서 그 국가의 해체와 과거와는 다른 차원에서 이루어진 재편인 것이다. 거기에는 파시즘 전체가 부르주아 민주주의 체제를 대체하기 때문에 국가형태의 변형이 이루어졌다는 것이다(젠시니 외 1992, 38).

그람시는 이탈리아에서 행해진 반파시즘 투쟁의 성격과 투쟁의 원동력에 대해 설명하면서, 반파시즘 투쟁이 의회를 통해서 가능하다는 생각은 환상이라고 주장했다. 그는 파시즘에 대해서는 '직접적 행동의 방법'으로, 즉 혁명적 방법으로 무너뜨리지 않으면 안 된다는 것과 파시즘에 실제로 대항

---

8_그람시는 1922년 5월~1923년 11월까지는 모스크바에 머물러 있었고, 1923년 12월~1924년 5월까지는 빈에 체류했다.

할 수 있는 세력은 노동자계급뿐이라는 것을 강조했다.

1924년 들어 이탈리아공산당은 코민테른의 결의에 따라 통일전선전술의 실천을 시도했는데, 1월에는 두 개의 사회당(최대 강령파인 이탈리아사회당과 개량주의파인 통일사회당)에 대해 다가오는 선거에서 3당의 '통일 선거 블록'을 형성하자고 제안했다. 그러나 두 정당은 이를 거부했다. 이런 가운데서도 1924년 2월 당초의 계획보다는 좁은 범위이기는 하지만 '제3인터내셔널 그룹'이 형성되었다. 이것은 이탈리아공산당과 이탈리아사회당 좌파 일부 — 지아친토 세라티, 파브리치오 머피를 중심으로 한 코민테른 지지파 — 가 만든 선거 블록이었다. 1924년 4월에 실시한 의회 선거에서 공산당은 '제3인터내셔널그룹'과 더불어 하원에서 19석을 획득했다(The USSR Academy of Sciences 1985, 228~229).

1924~1925년 파시즘 정치체제의 중대한 정치적 위기 — '마테오티 위기'로 알려진 — 의 시기에 이탈리아공산당의 신지도부는 큰 시련을 맞았다. 위기의 직접적 발단이 된 것은 1924년 6월 초 사회당 간부이며 하원 의원이었던 자코모 마테오티를 파시스트 과격파들이 납치해 살해한 사건이었다. 그 사건이 벌어지기 불과 며칠 전에 마테오티는 의회에서 선거 기간에 자행된 파시스트들의 폭력을 목록으로 작성해 공개하면서 이를 비난하는 연설을 했다. 이 사건으로 무솔리니에 대한 신뢰는 위기를 맞았다(듀건 2001, 296).

파시스트의 이런 만행에 대한 항의의 표시로 야당 의원 — 급진적·자유주의적 부르주아지의 대표자, 가톨릭, 두 개의 사회당 — 은 의회에서 퇴장해 '반정부파위원회' 설치를 선언했다. 6월 13일 구성된 이 '반파시즘 연합'은 '아벤티노 블록'[9]으로 불리었다.

이 시기 이탈리아의 도시들, 특히 남부 도시들에서는 파시즘에 대한 불만이 비등했다. 이런 분위기를 반영하듯 제노바의 노동자, 로마의 건설노동자, 나폴리의 금속·조선소 노동자, 바리의 금속노동자가 파업을 일으켰다. 또 남부 지역 카타니아와 포자에서는 자연발생적인 인민대중시위가 벌어졌다(Spriano 1967, 390; The USSR Academy of Sciences 1985, 229에서 재인용). 그리고 나폴리에서는 파시즘의 잔혹한 행위에 대한 대중적 항의 집회가 열렸고, 시위대와 '검은 셔츠단'과의 충돌이 일기도 했다. 많은 학생과 교수가 반파시즘 성명을 발표했고, 대학 구내에는 파시즘의 테러로 희생당한 사람들을 추도하는 조기가 걸리기도 했다. 북부에서는 정치적 위기의 초기 몇 개월 동안에는 대규모적인 노동자투쟁은 일어나지 않았는데, 이것은 파시스트가 대중에 대한 통제를 엄격히 시행했기 때문이었다.

1924년 6월 14일에 열린 아벤티노 블록 제1회 회의에서 그람시는 아벤티노 블록을 권력의 중심으로 전화하고 효과적인 대중행동, 즉 총파업 투쟁을 전개하자고 제안했다. 이 제안은 채택되지 않았고, 반정부파위원회는 그람시의 제안에 대한 심의를 거부했다. 1925년 9월과 10월, 아벤티노 블록은 사회당과 공화파가 탈퇴한 뒤로 사실상 해체되었다.

이런 상황에서 이탈리아공산당 지도부는 공산당원이 파시스트 의회에 복귀해 의회의 연단을 파시즘 실체 폭로를 위해 이용할 것을 결정했다. 이와 동시에 노동자·농민위원회 결성에 착수했다.

한편, 노동운동의 발전을 위한 전략 문제와 관련해 1919년부터 그람시의 공장 평의회 운동이 고양되었다. 여기서 그람시의 공장 평의회에 관한 이론적 기초와 공장 평의회의 재평가 논의를 살펴본다.

---

9_고대 로마의 평민이 도시 귀족과 싸우는 동안 깊숙이 들어갔던 아벤티노 언덕의 전설을 떠올린 표현이다.

1919년 토리노 공장 대표자들의 총회에서는 공장 평의회 조직에 대한 일반 개념들과 개별 규정들이 토론되고 승인되었다. 공장 평의회 운동은 처음에는 이미 5만 명이 넘는 노동자들을 포괄하고 있었던 토리노에서 시작되었다가, 마침내 이탈리아 전역으로 확산되었다.[10] 이 프로그램은 11월 8일자 『신질서』에 게재되었는데 거기에는 평의회에 관한 그람시의 이데올로기적 구상이 직접 반영되었다.

제1차 세계대전이 끝날 무렵 이탈리아의 노동조합은 네 개의 총연합으로 조직되어 있었는데, 그 가운데 가장 큰 조직은 이탈리아노동총연맹이었다. 1920년 당시에 조합원 약 200만 명을 포괄하고 있었다. 이탈리아노동총연맹은 이탈리아사회당과 느슨한 제휴 관계를 맺고 있었다. 이탈리아노동총연맹은 다수의 농업·공공 부문 노동자들도 포괄하고 있었지만, 조직의 핵심은 토리노의 거대한 산업 중심부에 집중되어 있는 이탈리아금속노동조합연맹이었다. 노동조합의 구성원은 대체로 숙련노동자들이었고, 반숙련 또는 비숙련 노동자들은 여전히 조직된 노동자들의 대열 바깥에 남아 있었다. 1919년 이전의 주요한 작업장 노동조합 조직은 투표로 선출되는 공장 고충처리위원회 '내부 위원회'가 유일한 것이었다(켈리 1995, 362).

그람시는 1919년부터 1920년 초반까지 노동조합의 기능적 한계를 지적하면서 공장 평의회를 정치와 이데올로기의 새로운 형식이라고 규정했다. 또 그는 노동조합은 역사적으로 자본주의사회의 일부로서 출현했다는 것이다. 즉, 노동조합은 하나하나의 직능별로 분리되어 생겨났으며, 노동의 분할 내에서 창출되는 다양한 직업 각각을 소식했나. 나시 밀해 노동조립의

---

**10**_토리노에서 세워진 최초의 평의회는 1919년 9월 초 브레베티-피아트(Brevetti-Fiat) 공장에서 형성되었는데, 거기에서는 7개의 산업구를 대표하는 32명의 평의회 위원들이 선출되었다.

역사적 전개는 노동조합에 대해 노동자들의 일반적인 계급 위치에 따라서가 아니라 특정한 고용에 기초해 조직되는 부문적 성격을 부여했다는 것이다. 노동조합이 계급 조직임에는 틀림없으나, 노동조합은 노동자계급의 작은 부분만을 조직할 뿐이며, 나머지 임시 고용 노동자, 소규모 기업 취업자, 많은 여성노동자, 실업자 등은 조직노동자 대열 바깥에 남겨진다는 것이다(Gramsci 1919; 켈리 1995, 364에서 재인용).

그람시는 노동조합은 본질적으로 자본주의적인 이데올로기에 물들게 된다고 주장한다.

객관적으로 노동조합은 순수한 자본주의적 형태의 상업 회사와 다를 바 없다. 노동조합은 프롤레타리아트의 이해에 기반해 노동이라는 상품의 최대 가격을 보장하고 이 상품이 국가·국제적 영역에서 독점을 확보하도록 하는 것을 목적으로 한다. 노동조합은 자본주의적 상업주의와 단지 주관적으로만 구별된다(Gramsci 1921a, 76; 켈리 1995, 364에서 재인용).

또 그람시는 노동조합이 그 내부 구조에 따라서, 특히 유급 간부와 노동조합원 사이의 분할을 통해 조직의 혁명적 역량이 약화된다고 보았다.

이러한 인간들은 더 이상 계급투쟁을 위해 살지 않으며, 대중들과 동일한 열정, 동일한 열망, 동일한 희망을 느끼지도 않는다. 그들과 대중들 사이에는 결코 넘을 수 없는 심연이 생겨난다. 그들과 대중들의 유일한 접촉이란 회계장부와 조합원 명부철뿐이다. 이러한 인간들은 더 이상 부르주아지를 적으로 보지 않으며, 공산주의자들 가운데서 적을 발견한다. 그들은 경쟁을 두려워한다. 그들은 지도자가 되는 대신, 독점적 상황에서 인간의 은행가가 되어 버린 것이다(Gramsci

1921b, 17~18; 켈리 1995, 365에서 재인용).

사용자에 대한 노조의 기능적 역할은 그람시의 저작에서 핵심적인 테마이며, 단체교섭이라는 제도 역시 노동조합 관료제의 본질과 그 역할에 요구되는 자격에 중요한 영향을 미친다는 것이다. 그람시는 여러 산업에 걸쳐 그리고 이것이 포괄하는 이슈의 범위에서 단체교섭이 확대되면서 노동조합 교섭위원은 점점 준법적 문서와 협약, 그리고 임금에 대한 산술적 계산, 생산 비용, 이윤 등에 관해 전문가가 된다고 지적했다.

그렇다면 노동조합의 이런 한계들은 어떻게 극복할 수 있을까. 1919년 6월, 그람시와 톨리아티는 생산의 지점에서 자본의 권력에 대항하는, 전체 노동자 세력을 대변하는 범공장 평의회를 창출해 내야 한다는 강령 요구를 제출했다.

오늘날 내부 위원회는 공장 내에서 자본가의 권력을 제한하고 조정과 규율의 기능을 수행하고 있다. 이들은 더욱 발전하고 풍부하게 되어 미래에는 경영과 관리에 대한 자본가의 모든 유용한 기능들을 대체함으로써 프롤레타리아 권력의 기관이 되어야 한다(Gramsci 1919, 66; 켈리 1995, 368에서 재인용).

공장 평의회에 대한 그람시의 강령 요구에는 두 가지 중심 테마가 함축되어 있었다. 자본의 권력은 본질적으로 자본주의 기업 내부에 존재한다는 것, 그리고 평의회는 자본에 대한 공격의 일부로서 혁명 이전에라도 경영의 기능을 떠맡기 시작해야 한다는 것이다.

공장 평의회는 공장의 노동력 전체를 하나의 단일체로 조직함으로써 노동조합의 제한된 포괄 범위와 직종별 또는 직업별로 노동자들을 조직하는 부문적 조직화 모두를 극복하게 되고, 노동자평의회의 독특한 구조는 정치와 이데올로기의 새로운 형식을 만들어 낸다고 그람시는 주장했다.

그람시의 이와 같은 주장은 일정한 지지를 받고 있었는데도 맹렬한 비판을 받았다. 그람시의 이론은 상대적으로 아나르코생디칼리즘이며 자본주의국가에서 존재하는 권력 문제를 간과했다는 점에서 계급 타협이라고 비난받았다. 보르디가는 자본가가 국가의 무장력으로 공장을 간단히 포위해 버릴 수 있다면 공장을 접수하는 것은 아무런 소용도 없는 것이라고 주장했다. 1920년 중반 이후 그람시는 공장 벽을 넘어서는 정치조직의 중요성과 이에 조응한 강력한 정당의 필요성을 더욱 분명하게 인식했다. 실제로 1921년 2월 그는 공장 평의회를 단순히 프롤레타리아 권력의 기관으로서가 아니라 자본주의 체제에 대항하는 반란의 모든 대중적 힘을 주위로 집결시키는 반자본주의 투쟁의 거점으로 인식했다(Gramsci 1921c, 11; 켈리 1995, 371에서 재인용).

그람시는 『오르딘 누오보』를 통해서 매우 중요한 두 가지 개념을 발전시켰다. 첫째, 새로운 국가를 건설해야 할 노동자계급의 사명이 역사적 실천의 문제로 대두되었다는 점이며, 둘째, 이런 새로운 국가를 수립하기 위해서는 공장에서부터, 또 생산력의 문제에서부터 출발해 기존의 현실을 변혁하는 과정을 밟아야 한다는 것이었다(펠리스 1984, 220)

반파시즘 투쟁에서 프롤레타리아트의 주도성 문제가 논의되는 가운데 1926년 11월 무솔리니는 일련의 긴급조치법을 공표했다. 이들 법에 따라 파시스트 독재는 모든 반정부적 성격의 정당과 그 기관지를 금지시켰으며, 대량 체포를 감행했다. 당은 그람시의 스위스 망명을 계획했으나 그람시는 떠나려 하지 않았다. 그람시는 옥중에서 쓴 "자전적 주해"에서 이렇게 피력했다.

선장은 배가 난파되었을 때 자신의 배를 떠나는 최후의 사람이 되어야 하며, 배를 탔던 다른 모든 사람들이 무사하게 된 후에만 배를 떠날 수가 있다는 규범이 전해져 온다. 어떠한 사람들은 그러한 경우 선장은 배와 함께 '침몰해야' 한다고까지 주장한다. 이러한 주장은 보기만큼 그렇게 비합리적인 것은 아니다. …… 규범 없이 집단적인 생활은 불가능하다. 왜냐하면 그것 없이는 아무도 자신의 생명을 남의 손에 맡겨야 하는 책무를 지거나 수행하려 하지 않을 것이기 때문이다(그람시 1986, 112).

그람시를 비롯한 이탈리아공산당 간부들도 구속되었다. 그람시는 20년 형을 언도받았다.

새로운 정치 정세에서 사회당과 프티부르주아 반정부 정당들은 국내에서는 적극적인 투쟁을 포기하고 당 중앙을 국외로 옮겼다. 이들 정당은 파리에서 반파시즘 연합으로 결합되었으며, 그 주요 활동은 주로 프랑스와 그 밖의 국가들에서 이탈리아 망명자들이 벌인 반파시즘 선전이었다.

노동조합운동의 개량주의적 간부들 가운데 많은 사람이 파시즘 체제를 공공연하게 지지했다. 1927년 1월 4일 이탈리아노동총연맹 집행위원회는 이탈리아노동총연맹의 자기 해체를 선언했으며, 이탈리아노동총연맹 간부였던 일곱 사람은 1월 16일 파쇼 체제와 협력할 용의가 있음을 밝혔다. 이들은 이 목적을 위해 '노동문제연구회'를 설립했다.

1927년 1월 이탈리아공산당의 재외 중심이 파리에서 만들어졌는데, 톨리아티가 그 대표자였다. 오래지 않아 톨리아티는 이탈리아 국내에서 비합법 활동을 계속했던 당 조직과 연락을 확립한 가운데 반파시즘 국내 투쟁을 지도했다(The USSR Academy of Sciences 1985, 233).

이탈리아 국내에서 벌이는 지하활동은 차츰 궤도에 올랐다. 극심한 탄압이 자행되는데도 밀라노에서 공산당의 비합법 국내 본부가 활동을 계속했고, 이것이 반파쇼 지하운동을 직접 지도했다. 토리노-밀라노-제노바의 공업 삼각지대에서 벌이는 공산당의 반파쇼 투쟁이 가장 활발했다.

1927년 2월 비합법 상태에서 새로운 혁명적 노동조합 조직이 건설되었는데, 이 조직은 이탈리아노동총연맹이라는 전통적 명칭을 계속 사용했다. 한편, 프랑스에 망명하고 있던 이탈리아노동총연맹 지도자들은 재외 중심 지도의 총동맹이 파리에서 재건되었다고 발표했다. 그리하여 동일한 명칭을 갖는 두 개의 이탈리아 노동단체가 활동을 전개했다.

혁명적 이탈리아노동총연맹은 파시스트 독재의 탄압과 테러가 벌어지고 있는데도 파업투쟁을 조직했다. 당시에 전개된 최대 규모의 파업은 포 계곡의 쌀 재배 지역에서 여성노동자들이 벌인 파업이었다(*Thirty Years in the Life and Work of the Communist Party of Italy*, 1953, 644; The USSR Academy of Sciences 1985, 235에서 재인용).


## 에스파냐

에스파냐 노동자계급의 투쟁도 매우 어려운 조건에서 전개되었다. 1923년 9월 13일 카탈루냐 지구 군사령관인 미겔 프리모 데 리베라가 쿠데타를 일으켰다. 그다음 날 가르시아 프리에토 총리는 사표를 제출했다. 당시 알폰스 13세 치하에서 사회적 혼란이 지속되는 가운데 군부, 우익 정치가, 부르주아지, 지주, 교회, 언론이 쿠데타를 지지했다. 그러나 공화주의자, 사회주의자, 공산주의자, 무정부주의자들은 군사독재 정권을 반대했다.

당시 에스파냐 최대의 진보 정당은 에스파냐사회주의노동당이었으며, 사회당은 가장 큰 노동조합 중앙 소식인 노동총동맹UGT을 지도했다. 제2의 유력한 세력은 자연발생적 인민 봉기와 국가 폐절의 방법으로 수립되는 '자유 공산주의' 지향의 이베리아아나키스트연맹이었다. 이 조직은 제2의 노동조합 내셔널 센터인 전국노동연합을 지도했다. 전국노동연합은 군주제를 반대하는 동시에 부르주아 민주주의국가 체제에도 부정적 태도를 취했다.

리베라는 1923년 9월 15일 총리로 임명된 뒤, 군 수뇌부 회의의 의장을 겸임해 비상사태를 선언하고 의회와 지방의회를 해산했으며, 군사독재에 반대하지 않았던 사회당(사회주의노동당)을 제외한 모든 정당의 활동을 금지했다. 에스파냐공산당원 5분의 1 이상과 노동운동가 수백 명이 투옥되었고, 전국노동연합은 지하로 잠입했다.

1925년 9월에는 에스파냐군이 모로코에 상륙했고, 1927년에는 모로코의 전 지역을 점령했다. 리베라는 1925년 12월 3일, 군인 4명과 민간인 6명으로 실무 내각을 구성했다. 또 '최고국민회의'를 소집해 입헌적인 외형을 갖추고 공공사업, 재정, 치안유지 등에서 일정한 성과를 보였다.

리베라 정부는 협동주의적 성격의 국가 체제를 추구했다. 노동 분담과 임금률의 표준화를 위해 노동자와 경영주 대표로 구성되는 '혼합위원회'가 각 공장에 설치되었다. 사회민주주의 진영 지도자들과 협력 관계를 구축하려 한 리베라의 기도는 노동운동을 협력 체제 내로 통합시키려는 의도에서 비롯된 것이었다. 1924년 10월 노동총동맹UGT 사무총장 프란시스코 라르고 카바예로는 군사독재의 국가평의회 고문으로 영입되었다(Pozharskaya 1966, 6; The USSR Academy of Sciences 1985, 235에서 재인용). 1927년에 설치된 국민회의에는 노동총동맹과 사회당 의원 6명이 배정되었다. 사회민주주의 진영 지도자들은 리베라의 협동조합 정책을 지지했고, 혼합위원회의 중재기관에도 참가했다. 그러나 사회당의 일반 당원과 많은 당 활동가는 독재에 대해 적대 의식을 나타냈고, 그 때문에 리베라 군사독재의 위기 징후가 나타나자마자 사회당은 반정부 자세를 취했다(The USSR Academy of Sciences 1985, 235).

1926~1927년 사이에는 노동자계급의 파업투쟁이 활발하게 전개되었다. 1927년 10월에는 바스크 지방에서 협동조합법과 헌법 개정에 반대하는 24시간 총파업이 벌어졌다. 1928년에는 바르셀로나와 세비야에서 총파업이 제기된 결과, 노동자들은 정부로부터 8시간 노동일제와 임금에 대한 소득세 철폐 결정을 쟁취했다. 노동총동맹 산하 온건한 노동조합에 속한 노동자들도 파업에 참가하기 시작했다.

에스파냐공산당은 지하에서도 리베라 독재에 대항해 끊임없이 투쟁했다. 1929년 8월 에스파냐공산당은 지하에서 제3회 대회를 열었다. 대회는 에스파냐 국내 정세의 정치적 전망을 수행하고 에스파냐에서 부르주아민주주의혁명이 성숙했다는 것, 이 혁명은 노동자계급이 혁명에서 주도적 역할을 수행할 때만 성공할 수 있을 것이라고 지적했다.

1929년에는 세계경제공황에 따른 재정 위기와 대학생들의 대규모 시위, 그리고 대량 실업으로 위기가 고조되었으며, 이런 상황에서 리베라는 군부의 신임을 물었으나 거부당함으로써 1930년 1월 28일 사임했다(강석영·최영수 2005, 315).

리베라가 사임한 뒤, 다마소 베렝게르 장군이 새 내각을 구성해 1931년 4월 공화국 선포 때까지 집권했다. 베렝게르 내각은 정치 기구의 개편을 비롯해 의회 소집, 그리고 헌법의 근본적인 개정 등을 시도했다. 이 과정에서 많은 자유주의자가 정치 무대에 복귀해 공화제를 주장하고 나섰고, 많은 지식인이 적극적으로 공화정을 지지했다. 또 주요 노동조합인 진국노동연맹과 노동총동맹도 급속히 재편되었으며, 바스크와 카탈루냐에서는 민족주의자늘이 활동을 시작했다.

1930년 8월 공화주의자, 사회주의자, 좌·우익 자유공화파, 카탈루냐 자치주의자 등이 공화국 수립 과정에서 행동 통일을 취하기 위해 '산세바스티안 협약'을 체결하고 '실행위원회'를 구성했다. 이 위원회는 곧 혁명위원회로 탈바꿈했다. 1931년 4월 12일 시행된 지방선거에서 공화파와 사회당이 통일 후보를 내세워 41개 시에서 공화파가 승리했고, 몇몇 지방에서는 군주파가 우세했다. 선거 결과가 공표되자마자, 많은 대도시 자치체가 공화제를 선언했다. 1931년 4월 14일 국왕 알폰스 13세는 퇴위해 외국으로 도망했다. 이날 코르도바 출신의 가톨릭 신자이자 지주였던 니세토 알칼라 사모라를 수반으로 하는 혁명위원회가 제2공화국[11] 임시정부로 전환했다. 곧이어 사모라가 국가수반이자 총리로 취임했다. 카바예로는 노동·사회안전부 장관으로 입각했다.

1931년 6월에 실시된 제헌의회 선거에서 공화파와 사회당이 압도적 다수를 차지했고, 8월 말에 "에스파냐는 모든 종류의 노동자들로 이루어진 민주공화국이다"라는 선언이 포함된 공화제 헌법이 제정되었다. 이 헌법에서는 남녀평등의 보통선거권, 단원제 의회, 대통령 임기 6년, 귀족제 폐지, 교회와 국가의 분리, 지방자치제에 따른 연방주의 등을 규정했다.

공화국 정부는 농업개혁, 비타협적인 군부 문제, 카탈루냐와 바스크의 자치, 그리고 가톨릭교회와 국가 사이의 관계 등 에스파냐가 안고 있는 뿌리 깊은 난제들을 해결하지 않으면 안 되었다. 정부는 또 '시민들의 공화국' 건설 목표를 달성하기 위한 교육제도 개혁도 해결해야 할 중대 과제였다(비

---

11_에스파냐 제1공화국(República Española)은 에스파냐에서 최초로 왕정을 종식시키고 세워진 공화국이다. 1873년 2월 11일 에스파냐 의회의 선언으로 수립되었으며, 1874년 12월 29일 마티네스 캄푸스 장군의 왕정복고에 따라 해체되었다.

버 2009, 59).


## 포르투갈

포르투갈은 1920년대 중반 들어 정치·경제적 위기를 겪었다. 집권당인 민주당은 부르주아 민주주의의 발전을 보장하기 어려운 정당으로 평가받았다. 광범한 근로대중, 농민, 일부 도시 부르주아지가 포르투갈의 정치·경제적 상태를 정상화하는 데서 무능력을 드러낸 민주당에 대해 실망을 표명했다.

정부가 실시하는 경제정책은 노동자들의 이해와 권익을 침해했으며, 노동자계급은 파업투쟁으로 이에 대응했다. 포르투갈 노동운동의 주요 기조는 아나르코생디칼리즘이었으며, 최대 노동조직인 노동총동맹은 약 10만 명의 조합원을 포괄하고 있었다. 노동운동의 노선이 무정부주의에 기초하고 있다는 사실은 근로인민의 행동을 자립적인 정치운동으로 전환하는 데서 제약 조건으로 작용할 수 있다(Cunhal 1975, 6; The USSR Academy of Sciences 1985, 236에서 재인용).

대토지소유자와 금융·산업 엘리트의 지원을 받는 반동적인 조직은 공화파 진영 내의 모순을 잘 이용했다. 1926년 5월 28일 군대는 파시스트 쿠데타를 일으켜 독재 체제를 수립했다. 민주당 정권에 대해 야당의 처지에 있었던 공화주의 정당들은 새로운 정권을 환영했다. 노동총동맹은 중립적인 태도를 취했다. 군사독재의 반동적 본질이 곧 정체를 드러냈으며, 무정부주의적 조직이나 사회당 그리고 그 밖의 정당들은 스스로 해산하거나 또는 탄압을 받아 해체되었다.

아직 약체였던 포르투갈공산당 조직은 크게 동요했고, 대부분의 당 지도자들은 활동을 중지했다. 1929년부터 당은 벤투 곤살베스 지도부를 중심으로 비합법 상태에서 당 활동을 재건했다(The USSR Academy of Sciences 1985, 237).

# 3장

# 미국·캐나다·일본의
# 노동자계급 투쟁

1920년대는 '광란의 20년대'(Roaring Twenties)
또는 '재즈시대'(Jazz Age)라고도 한다.
번영과 즐거움의 시대라는 뜻으로, 표현 속에 진실이 존재하고 있다.
실업률은 감소했고, 일반적인 노동자들의 임금수준도 올라갔다.
국민들은 자동차나 라디오, 냉장고 같은 물건들도 구입할 수 있게 되었다.
수백만 사람들의 생활수준이 질적으로 향상되었다.
그러나 대부분의 부는 사회라는
피라미드의 꼭대기에 자리한 소수의 수중에 있었다.
한편, 피라미드의 맨 아래에는 흑인들,
변경에서 가난하게 사는 백인 소작농들,
그리고 일자리를 구하지 못했거나 생필품 살 돈도 벌지 못하는
도시의 이민자 가족들로 구성되어 있었다.
뉴욕 시에서만도 200만 명의 사람들이
화재에 취약한 빈민아파트에서 살고 있었다.

_하워드 진 & 레베카 스테포프
(진·스테포프 2008, 190)

# 1. 미국

미국의 부르주아지는 자본주의의 일시·상대적 안정을 미국 자본주의의 '영원한 번영의 시대' 시작으로 평가했다. 1922년 말 철도노동자 50만 명이 참가한 파업이 패배로 끝날 즈음, 볼티모어 앤드 오하이오 철도회사는 나중에 '볼티모어 앤드 오하이오 계획'을 내놓았다. 이 제안은 만일 노동자가 생산능률을 높이는 데 협력한다면, 노동자에게는 큰 이익이 돌아가게 될 것이라는 내용을 뼈대로 하고 있었다. 결국 임금은 자동적으로 상승하고 노동시간은 단축되며, 노동조건은 개선될 뿐만 아니라 실업도 없어진다는 것이었다.

1918~1922년에 파업이 빈번하게 발생하고 오픈숍제가 널리 활용되던 시기에 침묵을 지키던 미국노동총연맹 간부들이 자본 측의 합리화 제안에 적극 매달렸다. 1925년에 열린 미국노동총연맹 대회는 이와 같은 제안을 '신임금정책'이라는 명분으로 받아들였다. 개별 노동조합은 생산을 증대시키기 위해 유능한 기술자들을 고용했으며, 파업은 낡은 방식으로서 노동자의 이익을 손상시키는 것이라고 단정했다(Foster 1956, 282).

노동관료들은 이른바 '노동의 고등 전술'을 발전시켰다. 이에 따르면 조직노동자는 이제 새롭고 더욱 높은 단계에 들어서고 있으며, 노동자는 대량생산과 계급협조에 바탕을 두고 자동적이고 계속적으로 자신의 생활수준을 개선할 수 있다는 것이다.

그러나 '합리화'의 실제적인 결과는 노동조합의 주장과는 크게 달랐다. 한마디로 노동자의 상태는 더욱 악화되었다. 1920~1930년 사이의 10년 동안 미국의 국민소득은 곱절 가까이 증가했고 기업주의 이윤은 더한층 증대했으며, 노동생산성은 순조롭게 향상된 데 비해 실질임금은 1923~1926년 동안 2퍼센트 정도 인상되었을 뿐 거의 변동이 없었다(The USSR Academy of Sciences 1985, 245).

이런 상황에서 지배계급은 노동자계급에 대한 정치적 압력을 강화했으며, 노동조합 지도부는 계급협조 정책을 추구함으로써 대중투쟁은 크게 위축되었다. 1924~1926년 사이의 파업 건수와 파업 참가자 수는 1918~1920년 사이의 그것에 비해 3분의 1 수준으로 감소했다. 그런데도 파업투쟁은 계속되었으며, 연평균 파업 참가 노동자 수는 약 50만 명에 이르렀다(*Recent History of the Labour Movement in the USA* vol. 1, 1970; The USSR Academy of Sciences 1985, 245에서 재인용).

이 시기 노동자투쟁의 주요 무대는 탄광 지대였다. 1925년 9월 무연탄광노동자 15만 명이 파업을 벌였다. 이 파업은 1년 전에 체결한 단체협약을 탄광 기업주가 파기한 데서 비롯되었다. 1927년 4월에는 미국 10개 주의 탄광에서 파업이 일어났다.

광산노동조합 좌파가 제기한 것은 주 5일 노동일제와 6시간 노동일제의 확립, 실업자 원조 기금의 창설, 중재재정의 폐지 등이었다. 개량주의적인 노동조합 간부들은 이 요구를 지지하지 않았으나, 탄광노동자 17만5천여 명은 요구 실현을 위해 15개월 이상 파업을 전개했다. 파업 진행 과정에서 탄광노동자의 새로운 현장 노동조합이 결성되었다(*The American Labor Year Book 1929*, 1929, 137; The USSR Academy of Sciences 1985, 244에서 재인용).

탄광 회사는 파업을 깨뜨리기 위해 경찰과 파업 파괴단을 동원했다. 파업 노동자 가족 약 7만 명이 한겨울에 기업주 소유의 가옥으로부터 축출당했다. 탄광 지대에서 저질러진 이런 무법 행위는 거센 반대 여론을 불러일으켰다. 1928년 초 탄광 지역 실태를 조사하기 위해 상원의 한 위원회가 설치되었다. 이 위원회는 파업 발발 지역에서 회사 측의 테러가 자행되었다는 사실과 시민석 자유가 짐해당했다는 사실을 인정했으나, 파업 노동자에 대한 지원은 실제 이루어지지 않았다. 탄광 기업주는 끝내 파업을 힘으로 제압하는 데 성공했다.

대규모 파업이 섬유산업에도 파급되었다. 당시 섬유산업의 노동조건은 지극히 열악했다. 특히 남부의 섬유노동자 상태가 아주 곤란한 편이었다. 이 지역 노동자들의 노동조합 조직률은 극히 저조했는데, 이것은 기업주가 노동조합 권리를 난폭하게 유린했기 때문이었다. 섬유노동조합의 간부들은 노사협조주의 방침을 취하면서 파업에는 반대했다. 이런 상황에서 파업은 대부분 노동조합 간부의 의지와는 반대로 자연발생적으로 일어났다.

1926~1927년에 뉴저지 주 퍼세이익의 양모공장 노동자가 임금의 유지와 주 40시간 노동제, 그리고 노동조합 권리의 승인을 요구하며 파업을 일으켰다. 파업투쟁의 진행 과정에서 새로운 노동조합이 결성되었는데, 상급 조직인 통일섬유노동조합은 이 노동조합의 가입을 승인하지 않았다. 미국 노동총연맹의 지도부는 신노동조합의 지도부에서 공산주의자들을 배제할 것을 요구했다. 경찰은 피켓 집회를 해산시키기 위해 최루탄을 사용했으며, 노동자 200명 이상을 체포했다.

그러나 노동자들은 결코 굽히지 않았다. 노동조합이 주도해 자금과 음식물의 모집이 행해졌고, 파업 노동자와 가족을 위한 식당이 개설되었다. 미국노동총연맹 지도부도 파업 노동자들을 지원하지 않을 수 없었다. 결국 기업주는 노동조합 단결권을 인정했고, 임금수준은 그대로 유지되었다(Marks 1927, 34~35; The USSR Academy of Sciences 1985, 246에서 재인용).

당시 미국의 노동조합운동은 경제투쟁의 수준에서 미처 벗어나지 못하고 있었다. 미국에서는 다른 나라들에 비해서는 '황색' 회사노동조합이 더욱 널리 뿌리내리고 있었다. 이런 노동조합에 가입한 조합원 수는 1920년대 말 당시 약 150만 명 또는 전체 조직노동자의 40퍼센트에 이르렀다(The USSR

Academy of Sciences 1985, 246).

조직 노동자의 대부분은 미국노동총연맹에 가입하고 있었는데, 그 지도부는 부르주아지의 영향을 강하게 받고 있었다. 노동조합 간부들은 부르주아 경제학자 토마스 카버의 '노동의 최고 전략'을 신봉했다. 카버의 이론에 따르면, 노동조합은 노사협조를 실현하기 위해 노력해야 하며 그것이 생산의 성장과 노동생산성 향상을 촉진하게 될 것이며, 그것에 따라 임금은 자동적으로 인상될 수 있다는 것이다. 그리고 그는 노동자들이 높은 임금을 저축해 산업을 사들이고 있으며, 그리하여 조용한 혁명이 일어나고 있다고 주장했다(Foster 1956, 283에서 재인용).

미국노동총연맹 지도부는 많은 기업에서 임금을 생산의 이윤율에 종속시키는 데 동의했다. 철도운수 부문에서는 기업주와 노동조합 간부 사이의 교섭에서 철도 파업을 금지하는 협정이 체결되었다. 이 협정은 1926년에 채택된 왓슨 파커 법Watson Parker Law의 기초가 되었다.

이런 상황에서 미국 사회당은 부르주아 이론을 수용하고 계급투쟁의 원칙을 방기했다. 1928년 사회당 대회에서는 당원의 조건을 계급투쟁을 승인하는 사람이라고 규정한 조항이 삭제되었다. 그 결과 사회당은 기본적으로 정치·사회적 문제의 해결을 방관하게 되었고, 당의 영향력은 급속히 축소되었다. 1919년에는 당원 수가 10만4천 명이었던 것이 1928년 당시에는 당원 수가 7천 명 정도에 지나지 않았다. 1920년 대통령 선거에서는 사회당 후보자가 92만 표(3.5퍼센트)를 획득했는데, 1928년 대통령 선거에서는 26만7천 표(0.73퍼센트)를 획득했을 따름이었다. 사회당 지도자 모리스 힐퀏은 자본주의의 상대적 안정기 사회당의 상태를 다음과 같이 특징지었다. "무관심과 불확실성의 풍조가 우리의 노력을 무력화시켰다"(*New Leader* 24, Ⅷ, 1929; The USSR Academy of Sciences 1985, 247에서 재인용).

한편, 공산당은 우파적 편향과 극좌적 편향 때문에 사상·조직적 발전을 추진하는 데서 큰 장해에 부딪쳤다. 루트비히 로어가 지도하는 기회주의 그룹은 공산당의 조직을 지역과 생산에 바탕을 두고 재편성하는 것에 반대했고, 프롤레타리아트의 동맹자로서 근로 농민의 역할을 경시했다.

또 제이 러브스톤과 존 페퍼는 미국 자본주의의 '특유성' 이론을 선전했다. 그들의 주장에 따르면, 미국 자본주의의 특유성으로 미국에는 확고한 안정화가 이룩되었고, '제2차 산업혁명'의 발생으로 계급 모순이 완화되었다는 것이다.

한편, 제임스 캐넌을 중심으로 한 트로츠키주의자 그룹은 통일전선전술에 반대했으며, 공산당 당원은 개량주의적 노동조합에서 탈퇴해야 한다고 주장했다. 1928년 가을, 캐넌과 그 지지자들은 공산당과 코민테른에 반대한 분파적 활동 때문에 미국공산당에서 축출당했다(Alexandrov 1986, 501).

1928~1929년 우파 당원들이 당에서 제명되면서 공산당은 통일을 이룩할 수 있었다. 1920년대 후반 들어 당은 공장 세포와 지역 지부를 기초로 조직적 재편성을 단행했다. 당원은 1만4천여 명에 지나지 않았으나 대중 활동의 적극성은 높은 편이었다. 당원들은 탄광·섬유·의류 산업의 파업을 조직했으며, 새로운 진보적 노동조합의 결성을 비롯해 시민권의 확보, 그리고 자유 수호를 위한 운동에 적극적으로 참가했다(The USSR Academy of Sciences 1985, 248).


## 2. 캐나다

캐나다의 경제 발전은 자본주의의 상대적 안정기에 급속하게 진행되었다.

기술과 경제구조의 변화, 그리고 독점체의 지배 강화는 캐나다 자본주의가 독점 단계로 전화했음을 반영했다. 1920~1923년 동안 경제공황과 경기 침체를 거친 뒤, 이 나라는 호황 국면에 들어섰다. 주로 직접투자 형태를 취한 미국 자본의 광범한 팽창은 미국에 대한 일방적 의존성을 높였으며, 원료 채취의 특화 경향과 미국 시장에 대한 지향성을 강화했다. 경제적 회복은 고용 증가를 촉진했지만, 실업과 노동력 수요의 계절적 변동은 그대로 존재했다. 포디즘이라는 노무관리 방식도 미국 기술과 함께 도입되었다.

이런 상황에서 전개된 노동운동은 방위적 성격을 띠었다. 파업투쟁은 1920년대 중반 이후 특히 저조했는데, 연평균 동향을 보면 파업 건수는 80건, 파업 참가자 수는 2만5천 명이었다(*Strikes and Lockout in Canada 1969*, 1971, 12; The USSR Academy of Sciences 1985, 249에서 재인용). 노동쟁의의 원인은 임금 인하 반대, '오픈숍제' 반대, 단체협약 유지와 노동조합의 권리 승인 등이었고, 이들 요구는 파업투쟁의 성격을 그대로 나타냈다.

캐나다 노동자계급의 가장 전투적인 노동자는 탄광노동자들이었다. 1920년대에 발생한 전체 파업 참가자 수와 노동손실일수에서 탄광노동자의 파업이 차지하는 비율은 약 절반에 이르렀다. 인쇄·봉제·조선소·목재 부문 등에 종사하는 노동자들도 파업을 일으켰다. 자동차, 화학, 그 밖의 몇몇 대량생산 산업에서는 오픈숍제가 지배적이었고, 기업주가 노동조합의 승인이나 단체협약의 승인에 완강히 반대했기 때문에 파업은 거의 일어나지 않았다(Jamieson 1970, 192~213; The USSR Academy of Sciences 1985, 249에서 재인용).

노동자계급의 조직적 투쟁은 몇 가지 객관적 요인으로 곤란을 겪었다. 공업 기업의 배치가 '거점' 성격을 띠고 있었고, 그것도 광범한 지역의 사지에 분산되어 있다는 점과 많은 언어를 사용하는 이주민으로 구성된 노동자계급의 내부적 결합 과정이 아직 완료되지 않았다는 점이 그런 요인이었다.

주체적 요인 가운데 가장 중요한 것은 무엇보다 낮은 조직률이었다. 1920년대 전반에 걸쳐 캐나다 노동조합은 조합원 30만 명을 포괄했는데, 조직률은 12퍼센트에 지나지 않았다. 더욱이 조직된 노동자도 매우 분산적이었다. 국제직업조합(동시에 미국노동총연맹에도 가입하고 있었다), 캐나다직업·노동회의, 퀘벡의 프랑스계 캐나다 노동자를 조직 대상으로 한 가톨릭 조합, 그리고 각 민족 공동체가 설립한 독립적인 노동조합 등 수많은 노동조합이 설립되어 있었다. 조직노동자의 대부분은 직업조합에 가입해 있었고, 숙련노동자를 포괄한 이들 조직의 행동은 이른바 '실리적 노동조합주의'의 틀 속에 묶여 있었으며, 계급협조주의를 추구했다. 고도로 세련된 착취 방법의 보급, 부르주아 민족주의의 선전, '미국 예외성' 이론 등은 노동조합 내에서 기회주의와 개량주의적 환상을 키우는 토양이 되었다(The USSR Academy of Sciences 1985, 249).

1927년 3월, '전소캐나다노동회의'의 결성은 노동운동 발전에서 중요한 계기가 되었다. 회의는 몇 개의 민족 그룹을 대표하는 노동조합을 결합했으며, 산업별 노동조합을 조직 원칙으로 선언하는 동시에 정치 활동의 필요성을 강조했다. 그러나 이 새로운 노동조합 기구의 개량주의적 지도부는 그런 계획의 실현을 보장하지 못했다. 전캐나다노동회의는 다른 노동조합 센터와의 관계에서 분파적 자세를 취했다(Soroko-Tsyupa 1977, 67~97; The USSR Academy of Sciences 1985, 250에서 재인용).

1920년대 전반에 캐나다에서는 노동자계급의 통일전선의 기초가 형성되기 시작했다. 여러 지방 단위 노동자 정당과 노동조합의 지역 지부는 전통적으로 선거운동에 참가해 왔는데, 차츰 주, 시, 그리고 전국적 차원에서 연방 캐나다 노동당의 틀 내에서 그 활동을 조정했다. 1922년 캐나다 노동당의 한 분파로 참가한 캐나다공산당 대표는 온타리오, 브리티시컬럼비아, 앨버타, 그리고 그 밖의 몇 개 주 노동당 지부에서 중요한 직책을 맡았다. 이와 관련해 팀 벅은 "이 통일이 계속적으로 발전했더라면, 조직된 노동운동을 강력한 의회 세력으로 전화시킬 수 있었을 것이다"라고 지적했다(Buck 1952, 33; The USSR Academy of Sciences 1985, 250에서 재인용).

그러나 1920년대 후반 들어 시작된 노동운동의 좌파 세력에 대한 공격과 공산당에 대한 박해는 캐나다 노동당의 기반마저 허물었다. 캐나다직업·노동회의 우파와 미국노동총연맹의 노동관료는 캐나다 노동당으로부터 수십 개의 노동조합을 탈퇴시켰고, 이어서 온건파 그룹과 사회민주주의 그룹이 노동당에서 탈퇴했다. 그리하여 1929년 초에는 캐나다 노동당의 모든 주 지부가 기능을 멈추었다.

1930년대 후반기 들어 파업운동은 활발하게 전개되었다. 1937년에는 278건의 파업이 발생했으며, 여기에 노동자 7만2천 명이 참가했다. 특히 퀘벡에서 면직물노동자의 투쟁이 대단히 광범한 규모로 전개되었다. 이 과정에서 노동조합 수는 다시 증가해 조합원 수는 1938년 당시 38만2천 명에 이르렀다. 1936~1939년에는 산업별노조가 출현했다(Alexandrop 1986, 528).


## 3. 일본

일본에서는 자본주의의 상대적 안정이 지배 세력 내부의 새로운 세력 배치를 가져왔다. 8년 동안의 이른바 '헌정'기가 시작되었으며, 두 개의 부르주아·지수당 — 헌정회憲政會와 정우회政友會 — 의 지도자가 번갈아 가며 총리를 역임했다. 그러나 일본의 부르주아지는 군주제에 대한 투쟁을 일관되게 추진하지는 않았다. 이와 동시에 정치적 자유의 확대를 목표로 온건한 강령을 제기한 부르주아 정당은 노동자계급에 대한 혹독한 탄압 정책을 시행하고자 한 반동적 군주주의 세력을 지지했다. 1925년 4월에 '치안유지법'이 제정되었는데, 이 법률은 제정 당시의 공산주의운동 단속이라는 명분을 뛰어넘어 사회민주주의자와 자유주의자, 나아가서는 노동운동과 민주주의 운동을 탄압하는 방편으로 사용되었다.

진보적 정치 세력과 노동운동에 대한 탄압 정책은 사회주의운동과 노동운동 발전을 크게 제약했다. 그뿐만 아니라 탄압 정책은 정당과 노동운동 조직 지도자의 동요와 확신의 상실을 가져왔다.

일본공산당 내부에서도 패배주의적 경향이 짙게 나타났다. 당시 당 지도자였던 야마카와 히토시와 아카마츠 가츠마로 등은 공산당의 결성 자체가 시기상조라고 주장하고, 그 대신 합법적 무산정당(공동전선당)을 창설해야 한다(야마카와이즘)면서 일본공산당의 해산을 제안했다. 그리하여 1924년 당 지도부는 당의 해체를 결정했다(『日本 共産黨の 60年』 1982, 31; The USSR Academy of Sciences 1985, 251에서 재인용).

공산주의와 사회민주주의의 대립은 노동운동 진영에까지 파급되었다. 노동조합의 우파 간부들은 공산당원의 대량 검거와 당 해산에 따른 좌파 조류의 약화를 기화로 공세를 취했다.

당시 최대의 노동조합 조직이었던 일본노동총동맹은 우애회를 모태로 해 성장한 노동단체로서 노동조합원 3만 명을 포괄하고 있었다. 일본노동총동맹의 지도부는 창립자들 가운데 한 사람이었던 스즈키 분지를 비롯해 마츠오카 고마기치, 니시오 수에히로 등 우파 사회민주주의자들이 장악하고 있었다. 이런 경향을 띤 지도부는 러시아혁명 이후 공산주의의 영향을 받은 좌파 활동가들이 세력을 강화하자 차츰 위협을 느꼈다. 당시에는 와타나베 마사노스케, 야마모토 겐조, 노사카 산조, 다니구치 젠타로 등이 지도적 좌파 활동가들이었다(시오다 1985, 67).

1924년 2월에 열린 일본노동총동맹 정기 대회에서 우파 지도부는 '현실주의로의 방향 전환'이라는 선언 초안을 제안했다. 이것은 노동조합운동의 투쟁 목적을 협소한 노동조합주의의 틀 안에 한정하려는 의도를 담고 있었다. 그들은 혁명운동과 완전히 결별할 것과 노동조합에서 혁명 분자들을 추방해야 한다고 주장했다. 우파 지도부의 이런 새로운 방침에 대해 관서 지방의 좌파 노동조합들이 반대 의사를 표명했다. 일본노동총동맹의 새로운 방침에 동의하지 않는 각지의 노동조합들은 반대파 조직인 '총동맹혁신동맹'을 결성했다.

1925년 5월 총동맹 지도부 내에서 지위 상실을 우려한 우파 간부들은 '총동맹혁신동맹'에 참가한 32개 노동조합의 제명을 강행했다. 제명된 32개 노동조합(노동조합원 1만2,500명)은 '일본노동조합평의회'를 결성했다. 총동맹에 남은 노동조합 세력은 35개 조직, 조합원 1만3천 명이었다. 이리하여 일본의 노동조합운동은 두 개의 조류로 분열되었다. 그 후 1926년 말에는 총동맹에서 제명하는 것은 반대했지만, 평의회에는 참가하지 않은 몇몇 중간파 노동조합은 총동맹을 탈퇴해 '일본노동조합동맹'을 결성했다(The USSR Academy of Sciences 1985, 252).

일본노동조합평의회는 1926년의 '태양이 없는 거리'로 불린 공동 인쇄 파업, 105일이라는 장기 파업 기록을 세운 하마마츠의 일본 악기 파업 등을 지도했다. 또 일본노동조합평의회는 공장 대표자 회의 설치, 산업별 정리·합동 운동, 실업 반대 운동 등 새로운 형태의 조직 운동을 전개하는 등 노동운동의 발전을 위해 적극적인 노력을 기울였다(시오다 1985, 74).

한편, 1925년 보통선거법이 제정되면서 '합법 무산정당' 결성 운동이 활기를 띠었다. 1889년 '대일본 제국' 헌법이 제정되어 다음 해인 1890년(메이지 23년)에 총선거가 행해지고 국회가 개원되었는데, 당시 선거권을 행사할 수 있었던 사람은 직접국세 15엔 이상 납부한 사람에만 한정되었으므로 상당한 재산가가 아니면 선거권을 갖지 못했다. 당시 선거권을 가진 사람은 전 국민 4천만 명 가운데 45만 명 안팎에 지나지 않았다. 그런데 제1차 세계대전 이후 정세가 크게 변화하면서 1925년에 이르러서야 보통선거권이 통과되어 25세 이상의 남성에 한해 선거권이 주어지게 된 것이다.

이런 정치 정세의 변화에 따라 합법적인 노동자·농민 정당 건설 운동이 구체적으로 진행되었다. 1925년 말 '농민노동당'이 결성되었으나 결성 대회 세 시간 만에 해산당했다. 치안유지법이 농민노동당 결성에 적용되었는데, 공산주의자의 참가가 해산 이유였다. 그다음 해인 1926년 3월 좌파 인사들을 배제한 가운데 새로이 '노동농민당'이 창설되었다. 그러나 같은 해 10월 좌파 단체들을 입당시키는 문제(이른바 '문호 개방' 요구)를 둘러싼 논쟁에서 소수파였던 총동맹은 노동농민당에서 탈퇴해 1926년 12월에 사회민주주의 정당 '사회민중당'을 결성했다. 같은 해에 노동농민당의 좌파적 성격과 사회민중당의 우파적 성격을 지양한다는 명분으로 중간파가 '일본노농당'을 결성했다. 노동농민당은 우파의 탈당 이후 저명한 학자 출신인 오야마 이구오를 위원장으로 해 재조직을 단행했으며, 좌파적 정당을 채택해 활발한 활동을 전개했다(시오다 1985, 71).

이와 같이 합법적 무산정당이 분열을 진행하는 가운데, 1926년 12월 일본공산당이 다시 창립되었다. 그러나 많은 지도적 당 활동가가 투옥당하던 그 당시, 야마카와이즘에 대한 반동으로서 좌파 기회주의 조류 — 그 주창자인 후쿠모도 가즈오의 이름을 따서 후쿠모도이즘으로 불렀다 — 가 당내에서 우세를 보였다. 후쿠모도는 혁명 정당을 협소하고 폐쇄적인 지식인 조직, 즉 '마르크스주의적으로 사고하는' 사람들의 조직으로 해석했다. 그는 실천 활동의 의의를 과소평가했으며, 이론 활동만이 진정한 '마르크스주의 의식'을 형성할 수 있고 동시에 혁명당도 창조할 수 있다고 주장했다. 후쿠모도와 야마카와의 정강은 서로 다른 이데올로기 경향을 나타내고 있었으나, 마르크스-레닌주의를 일본의 현실에 적용하는 데는 다 같이 큰 한계를 보였다(The USSR Academy of Sciences 1985, 252).

이런 편향의 극복을 위한 실행 과정에서 코민테른의 개입이 크게 작용했다. 1927년 7월 코민테른 집행위원회는 일본공산당 대표 ― 와타나베 마사노스케, 도쿠다 다마이치, 후쿠모도 가즈오 ― 와 협력해 일본 문제에 관한 테제를 채택했는데, 이것은 1927년 12월에 열린 일본공산당 중앙위원회 확대총회에서 만장일치의 동의를 얻었다. 이 테제는 야마카와이즘이나 후쿠모도이즘은 마르크스-레닌주의의 원칙과는 맞지 않는 편향으로 규정해 거부했다. 테제는 야마카와이즘이 프롤레타리아트의 계급적 당을 노동조합이나 대중적 노동농민당으로 전환하고자 했고, 후쿠모도이즘은 이론 투쟁의 의의를 과대시하고 대중적 혁명운동을 과소평가해 대중으로부터 당을 분리하거나 당을 고립화시켰다고 지적했다(Kovalenko 1979, 231~233; The USSR Academy of Sciences 1985, 253에서 재인용).

테제는 당의 조직·이데올로기적 강화를 위한 계기가 되었다. 처음으로 일본 자본주의의 특수성에 관한 과학적 분석이 행해졌고, 혁명의 단계적 목표는 사회주의혁명으로 성장·전화할 경향을 갖는 부르주아민주주의혁명으로 규정했다. 혁명의 제1단계 주요 임무로 설정한 것은 일본 국가의 민주화, 천황제의 폐지, 토지개혁 실시 등이었다.

1928년 2월 일본에서 최초의 보통선거가 실시되었다. 노동농민당을 비롯한 사회주의 진영은 선거 과정에서 군주제의 폐지, 민주공화제의 수립,

18세 이상 남녀의 보통선거권, 언론·출판·집회·결사의 자유, 8시간 노동일
제, 대토지소유의 몰수, 제국주의 전쟁 반대, 식민지 독립 등의 정강을 내걸
었다.

'합법적 무산정당'은 복잡한 정세 속에서도 선거에서 일정한 성과를 거
두었다. 이른바 무산정당은 약 49만 표(약 4.7퍼센트)를 획득해 의원 8명을
당선시켰다. 노동농민당의 득표는 19만 여 표에 지나지 않았다.

1928년 3월 15일 다나카 기이치 내각은 공산당원과 당 지지자들을 대량
검거해 1천 명 이상을 체포했다. 또 노동농민당, 일본노동조합평의회, 전全일
본무산청년동맹 등 3개 정당과 단체의 영향을 받고 있던 조직들은 활동을
금지당했다. 1926년 6월 정부는 긴급 칙령으로 치안유지법 개정을 공포하
고 공산당에 가입한 사람에 대해서는 사형 또는 무기징역에 처할 수 있도록
보완했다. 또 정부는 비밀경찰, 즉 특고特高망을 확대하고 노동운동과 민주
주주의 운동에 대한 탄압을 더욱 강화했다(The USSR Academy of Sciences
1985, 254).

경제공황의 징후가 명백해지면서 노동자 파업과 실업자 운동, 그리고
농민의 저항이 고양되었다. 노동쟁의가 1929년에는 1,420건, 1931년에는
2,456건 발생했다. 파업 진행 과정에서 노동자들은 경찰 또는 파업 파괴자
들과 충돌을 빚기도 했다. 1931년에는 농촌 지역에서 2,700건의 소작쟁의
가 일어났다.

공황기에 일본에서는 급격한 파시즘화 과정이 시작되었다. 군부와 왕정
산하의 군대와 경찰 기구가 그 과정에서 중요한 역할을 수행했다. 진보적인
정치 세력이나 조직에 대한 탄압이 자행되었고, 수많은 사람이 체포되었다
(Alexandrov 1986, 322).

# 참고문헌

가이어, 디트리히. 1990. 『러시아혁명』. 이인호 옮김. 민음사.

강만길. 2004. 『한국노동운동사』 제1권. 지식마당.

강만길·성대경. 1996. 『한국 사회주의운동 인명사전』. 창작과비평사.

강병식. 1992. "파시즘체제의 성립조건." 성균관대학교 석사 학위 논문.

강석영. 1996. 『라틴아메리카사』 제2권. 대한교과서주식회사.

광민사편집부. 1980. 『프랑스 노동운동사』. 광민사.

_____. 1981. 『독일 노동운동사』. 광민사.

그람시, 안토니오. 1986. 『그람시의 옥중수고 1: 정치편』. 이상훈 옮김. 거름.

그레빙, 헬가. 1985. 『독일 노동운동사』. 박강서 옮김. 한벗.

김경일. 2004. 『한국노동운동사』 제2권. 지식마당.

김광진 외. 1988. 『조선에서 자본주의적 관계의 발전』. 열사람.

김기원. 1984. "공황이론의 현대적 전개와 스태그플레이션." 이대근·정운영. 『세계자본주의론』. 까치.

김성윤. 1986. 『코민테른과 세계혁명』 제1권. 거름.

김영식. 1989. 『세계민중운동사』 제1권. 거름.

김윤자. 1989. "1920년대 소련의 신경제정책 논쟁에 관한 연구." 서울대학교 박사 학위 논문.

김윤진. 2006. 『남아프리카 역사』. 명지출판사.

김인걸·강현욱. 1989. 『일제하 조선노동운동사』. 일송정.

김종현. 2007. 『경제사』. 경문사.

김주한. 1998. 『서양의 역사』. 역사교양사.

김준호. 1982. 『경제사 입문』. 백산서당.

_____. 2005. 『경제사』. 나남출판.

김택현. 1985. 『세계사: 제1차 세계대전』 제2권. 중원문화.

나가오카 신키치 & 이시사카 아키오(長岡新吉 & 石坂昭雄). 1986. 『일반경제사』. 이병천 옮김. 동녘.

다이크, 루츠 판. 2005. 『처음 읽는 아프리카의 역사』. 안인희 옮김. 웅진지식하우스.

도이처, 아이작. 2005. 『무장한 예언자 트로츠키: 1879~1921』. 김종철 옮김. 필맥.

_____. 2007. 『비무장의 예언자 트로츠키: 1921~1929』. 필맥.

동녘편집부. 1989a. 『코민테른 자료선집』 제1권. 동녘.

_____. 1989b. 『코민테른 자료선집』 제2권. 동녘.

_____. 1989c.『코민테른 자료선집』제3권. 동녘.

듀건, 크리스토퍼. 2001.『미완의 통일 이탈리아사』. 김정하 옮김. 개마고원.

레닌, V. I. 1991a. "현물세: 신정책의 의의와 그 조건들."『신경제정책(NEP)론: 레닌의 노동자 통제 및 국유화론』제2권. 새길.

_____. 1991b.『신경제정책론』. 백승욱 편·해설. 새길.

르마크, 요하임. 1976.『제1차 세계대전의 기원』. 원철 옮김. 탐구당.

리드, 존. 2005.『세계를 뒤흔든 열흘』. 서찬석 옮김. 책갈피.

마르코프. 1989.『소비에트 노동조합운동사』. 최규엽 옮김. 친구.

마오쩌둥. 1989.『지구전론·신민주주의론』. 이등연 옮김. 두레.

_____. 2001.『모택동 선집』제1권. 김승일 옮김. 범우사.

_____. 2002.『모택동 선집』제2권. 김승일 옮김. 범우사.

_____. 2007.『모택동 선집』제3권. 김승일 옮김. 범우사.

_____. 2008.『모택동 선집』제4권. 김승일 옮김. 범우사.

마츠다 토모오(松田智雄). 1983.『서양경제사 강의』. 장상환 옮김. 한울.

맥더모트, 케빈 & 제레미 애그뉴. 2009.『코민테른』. 황동하 옮김. 서해문집.

박구병. 1994. "멕시코 혁명기(1910~1920) 사빠따 운동(Zapatismo)의 성격."『서양사 연구』16집. 한국서양사연구회.

박남일. 1994.『반역의 세계사』제2권. 계백.

박원용. 1991. "소비예트권력 초기의 최고국민경제회의(Vesenkha): 1917~1920년을 중심으로." 서울대학교 석사 학위 논문.

배영수. 2000.『서양사 강의』. 한울.

벨, 필립. 1995. "1차대전과 그 영향." 폴 헤이즈 외.『유럽 현대사의 제문제 1890~1945』. 강철구 외 옮김. 명경사.

벨라미, 리차드 외. 1996.『그람시와 민족국가』. 윤민재 옮김. 사회문화연구소.

변광수. 2006.『북유럽사』. 대한교과서주식회사.

보, 미셸. 1987.『자본주의의 역사』. 김윤자 옮김. 창작사.

보이어, 리처드 O. 외. 1981.『미국노동운동비사: 알려지지 않은 이야기』. 박순식 옮김. 인간사.

비버, 엔터니. 2009.『스페인 내전』. 김원중 옮김. 교양인.

서동만. 1983.『파시즘 연구』. 거름.

성대경. 1977. "3·1운동 시기의 한국노동자의 활동에 대하여." 윤병석 외.『한국근대사론』제2권. 지식산업사.

세르주, 빅토르. 2011.『러시아혁명의 진실』. 황동하 옮김. 책갈피.

송철순. 1993. "1920년 9월 이탈리아의 공장점거와 노동자통제권."『서양사 연구』. 서울대학교서양사연구회.

송충기. 1992. "제1차 세계대전의 발발과 사회주의자." 서울대학교 석사 학위 논문.

스칼라피노·이정식. 1986.『한국공산주의운동사』제1권. 한홍구 옮김. 돌베개.

스터름탈, 아돌프. 1983.『유럽 노동운동의 비극』. 황인평 옮김. 풀빛.

554

스펙, W. A. 2002.『진보와 보수의 영국사』. 이내주 옮김. 개마고원.

시오다 쇼오베에(鹽田庄兵衞). 1985.『일본 노동운동사』. 우철민 옮김. 동녘.

신용하. 1986. "조선노동공제회의 창립과 노동운동." 한국사회사연구회.『한국의 사회신분과 사회계층』3집. 문학과 지성사.

_____. 1989. "1922년 조선노동연맹회의 창립과 노동운동." 한국사회사연구회.『한국근대의 민족문제와 노동운동』15집. 문학과 지성사.

아벤드로트, 볼프강. 1983.『유럽 노동운동사』. 신금호 옮김. 석탑.

양동휴. 2006.『20세기 경제사』. 일조각

양승윤. 2005.『인도네시아사』. 대한교과서주식회사.

양승윤 외. 2007.『필리핀』. 한국외국어대학교출판부.

엘리스, 존. 2005.『참호에서 보낸 1460일』. 정병선 옮김. 마티.

오승근. 1996. "제1차 세계대전후의 위기와 이탈리아 파시즘의 발생." 성균관대학교 석사 학위 논문.

웨일스, 님. 1981.『중국노동운동사』. 청사편집부 옮김. 청사.

유인선. 2002.『새로 쓴 베트남의 역사』. 이산.

이계현. 1996. "아르헨티나 노동운동과 페로니즘(Peronism)의 기원."『서양사 연구』19집. 서울대학교서양사연구회.

이상협. 1996.『헝가리사』. 대한교과서주식회사.

이성형. 2005. "멕시코 혁명의 파노라마." 엔리케 크라우세.『멕시코 혁명과 영웅들』. 이성형 옮김. 까치.

이인호. 1991. "러시아혁명과 노동자."『서양사 연구』제12권. 서울대학교서양사연구회

_____. 1992.『러시아혁명사론』. 까치.

이정희. 2003.『러시아 혁명과 노동자』. 느티나무.

_____. 2005.『동유럽사』. 대한교과서주식회사.

일리, 제프. 2008.『The Left 1848~2000 미완의 기획, 유럽좌파의 역사』. 유강은 옮김. 뿌리와 이파리.

임경석. 2003.『한국사회주의의 기원』. 역사비평사.

정병기. 2000.『이탈리아 노동운동사』. 현장에서 미래를.

젠시니, G. 외. 1992.『그람쉬, 어떻게 읽을 것인가?』. 박동진 옮김. 백두.

조길태. 2000.『인도사』. 민음사.

조선총독부. 1924.『조선총독부 통계연보』3-1편.

조선총독부 경무국. 1933.『最近に於ける朝鮮治安狀況』.

조선총독부 내무국 사회과. 1923.『會社 及 工場に於ける勞動者の調査』.

중화전국총공회. 1999.『중국노동조합운동사: 중화전국총공회 70년』. 김영진 옮김. 신서원.

진, 하워드 & 레베카 스테포프. 2008.『살아있는 미국 역사』. 김영진 옮김. 추수밭.

진, 하워드 & 앤서니 아노브. 2011.『『미국 민중사』를 만든 목소리들』. 황혜성 옮김. 이후.

천샤오추에. 2007.『쿠바, 잔혹의 역사 매혹의 문화』. 양성희 옮김. 북돋움.

켈리, 존. 1995. 1995. "공장평의회와 이데올로기 문제." 페리 앤더슨 외. 『안토니오 그람시의 단층들』. 김현우·신진욱·허준석 편역. 갈무리.

크라우세, 엔리케. 2005. 『멕시코 혁명과 영웅들』. 이성형 옮김. 까치.

클리프, 토니. 2009. 『레닌 평전 2: 모든 권력을 소비에트로』. 이수현 옮김. 책갈피.

톰슨, 존 M. 2004. 『20세기 러시아 현대사』. 김남섭 옮김. 사회평론.

트로츠키, 레온. 2009. 『테러리즘과 공산주의』. 노승영 옮김. 프레시안북.

펠리스, 프랑코 드. 1984. "혁명과 생산." 앤 S. 사쑨. 『그람시와 혁명전략』. 녹두.

포노말료프, B. N. 1991a. 『소련 공산당사』 제2권. 거름편집부 옮김. 거름.

_____. 1991b. 『소련 공산당사』 제3권. 거름편집부 옮김. 거름.

푸엔테스, 카를로스. 1997. 『라틴아메리카의 역사』. 서성철 옮김. 까치.

풀브룩, 메리. 2000. 『분열과 통일의 독일사』. 김학이 옮김. 개마고원.

프라이스, 로저. 2001. 『혁명과 반동의 프랑스사』. 김경근·서이자 옮김. 개마고원.

한국노동조합총연맹. 1979. 『한국노동조합운동사』. 한국노동조합총연맹.

한국철학사상연구회. 『철학대사전』. 1989. 동녘.

핼러스, 던컨. 1994. 『우리가 알아야 할 코민테른 역사』. 오현수 옮김. 책갈피.

허  인. 2005. 『이탈리아사』. 대한교과서주식회사.

황인평. 1985. 『볼셰비키와 러시아혁명』 제2권. 거름.

_____. 1986. 『볼셰비키와 러시아혁명』 제3권. 거름.


Adler, Franklin Hugh. 1995. *Italian Industrialists from liberalism to fascism: the political development of the industial bourgeoisie, 1906~1934.* New York.

Alexandrov, V. 1986. *A Contemporary World History 1917~1945.* Progress Publisher[『세계현대사』. 홍성곤·박용민 옮김. 태암. 1990].

Aluf, I. A. 1967. "On Some Problems of the February Revolution." *Voprosy istori KPSS* no. 1.

Barltel, W. 1957. *Der Janualstreik 1918 in Berlin.*

Bimba, Anthony. 1970. *Recent History of the US Labour Movement* vol. 1.

Braginsky, M. I. 1974. *The Moulding of the African Proletariat.* Moscow.

Braunthal, J. 1967. *History of the International, 1914~1943* vol. 2. London.

Buck, Tim. 1952. *Thirty Years 1922~1952: The Story of the Communist Movement in Canada.* Toronto.

Carr, E. H. 1951. *The Bolshevik Revolution 1917~1923* vol. 1. New York: The Macmillan Company[『볼셰비키 혁명사』. 이지원 옮김. 화다. 1985].

_____. 1979. *The Russian Revolution from Lenin to Stalin: 1917~1929.* Macmilan Press[『러시아혁명: 레닌에서 스탈린까지(1917~1929)』. 나남편집부 옮김. 나남. 1983].

Central Statistical Board of The USSR. 1927. *Results of the Decade of Soviet Government in*

*Figures, 1917~1927.* Moscow.

Cole, G. D. H. 1947. *A Short History of The British Working-Class Movement, 1789~1947.* London: George Allen & Unwin Ltd[『영국 노동운동사』 전 2권. 김철수 외 옮김. 광민사. 1980].

Corner, Paul. 1986. "Liberalism, Pre-Fascism, Fascism." David Forgacs ed. *Rethinking Italian Fascism: capitalism, populism, and culture.* London.

Cunhal, A. 1975. *Algumas experiéncias de 50 anos de luta do Partido Comunista Portuguess.* Lisbon.

Dias, Everado. 1962. *Historia das lutas sociais no Brazil.* Edaglit São Paulo.

Foster, William Z. 1956. *Outline History of the World Trade Union Movement.* International Publishers[『세계노동운동사』 전 2권. 정동철 옮김. 백산서당. 1986].

Fridman, L. A. 1963. *The Capitalist Development of Egipt(1882~1939).* Moscow.

Galkin, A. A. 1967. *German Fasism.* Moscow.

Gankin, O. H. & H. H. Fisher. 1940. *The Bolsheviks and the World War: Origin of the Third International.* Stanford.

Ghioldi, R. 1974. *Selected Articles and Speeches.* Moscow.

Ghose, Sankar. 1989. *The Renaissance to Militant Nationalism in India.* Calcutta.

Gintsberg, L. I. 1978. *The Labour and Communist Movement of Germany in the Fight against Fascism (1919~1923).* Moscow.

Gramsci, A. 1919. "The develop of the Revolution." *PW I* (1977).

_____. 1921a. "Masses and Leaders." *PW I*.

_____. 1921b. "Offialdom." *PW I*.

_____. 1921c. "Worker's control." *PW II*.

_____. 1978. *Selection from Political Writings 1921-1926.* London: Lawrence and Wishart Ltd.

_____. 1920. "Five month later." *Avanti!*(피에몬트 판, 9월 14일자 사설). *Selections from Political Writing 1910~1920.*

Gramsci, A & Palmiro Togliatti. 1919. "Worker's Democracy." *PW I*.

Guber, A. A. 1976. *Selected Works.* Moscow.

Gurovich, P. V. 1959. *The General Strike of 1926 in Britain.* Moscow.

Harman, Chris. 2008. *A People's History of The World.* Verso[『민중의 세계사』. 천경록 옮김. 책갈피. 2004].

Hilferding, R. 1928. *Capitalism, Socialism and Social Democracy.* Moscow: Leningrad.

U.S. Govt. Printing Office. 1949. *Historical Statistics of the United States, 1789~1945.* Wasington, D.C.

Hobsbawm, Eric. 1989. *The Age of Empire.* New York: Vintage Books a Division of Random House, Inc.[『제국의 시대』. 김동택 옮김. 한길사. 1998].

_____. 1996. *The Age of Extremes: A History of the World, 1914~1991*. New York: Pantheon Books a Division of Random House Inc.[『극단의 시대: 20세기 역사』 전 2권. 이용우 옮김. 까치. 1997.].

ILO. 1956~1959. *Yearbook of Labour Statistic*. Geneva.

The USSR Academy of Sciences, The Institute of The International Working-Class Movement. 1980. *The International Working-Class Movement: Problems of History and Theory* vol. 1. Moscow: Progress Publishers.

_____. 1983. *The International Working-Class Movement: Problems of History and Theory* vol. 3. Moscow: Progress Publishers.

_____. 1985. *The International Working-Class Movement: Problems of History and Theory* vol. 5. Moscow: Progress Publishers.

Ivanov, N. A. 1971. *Crisis of the French Protectorate in Tunisia*. Moscow.

Jamieson, S. M. 1970. *Times of Trouble: Labour Unrest and Industrial Conflict in Canada, 1900~1966*. Ottawa.

Kan, A. S. 1964. *A Contemporary History of Sweden*. Moscow.

Karlsson, H. 1975. *Dansk arbeijderbevaegelse 1871~1939*. Copenhagen.

Kautsky, K. 1927. *Die Materialistische Geschichsauffassung* vol. II. Berlin.

Koltunov, V. M. 1977. *Modern Catitalism: The Position of the Working Class*. Moscow.

Kopeinig, J. 1951. *Reden und Aufsätze, 1924~1950*. Vienna.

Koval, B. I. 1963. *A History of the Brazilian Proletariat*. Moscow: Nauka.

Kovalenko, I. I. 1979. *Outlines of the History of the Communist Movement in Japan before the Second World War*. Moscow: Appendix.

Kowalski, J. 1967. *Historia polskiego robotniczego, 1864~1964* vol. 1. Warsaw.

Kuczynski, Jürgen. 1958. 『絕代的 窮乏化 理論: 資本主義 下의의 勞働者の狀態史』. 新川士郎 옮김. 有斐閣[*Die Geschichte der Lage der Arbeiter unter dem Kapitalismus*. Berlin: Tribüne Verlag und Druckereien des FDGB. 1955].

_____. 1967. *Die Geschichte der Lage der Arbeiter unter dem Kapitalismus* vol. 37 of *Eine Wertübersicht über die Geschichte Lage der Arbeiter*. Berlin.

Kun, Béla. 1962. *La République Hongroise des Conseils*. Budapest: Éditions Corvina.

Laclau, Ernesto. 1977. *Politics and Ideologie in Marxist Theory: Capitalism-Fascism-popuism*. London.

Lefranc, Georges. 1953. *Le Syndicalisme En France*. Presses Universitaires de France[『フランス勞働組合運動史』. 谷川 稔 옮김. 白水社. 1974].

Lenin, V. I. 1914~1915. *Collected Works*. Translated From the fourth Russian edition (hence forth referred to as works), Vol. 21.

Levinson, G. I. 1972. *The Philippines on the Road to Independence(1901~1940)*. Moscow: Nauka.

Levkovsky, A. I. 1956. *Features of the Development of Capitalism in India before 1947.* Moskow.

Liptai, E. 1968. *Az agység okmányai.* Budapest.

March, Lucien. 1925. *Mouvement des prix et des salaires pendant la guerre.* Paris: Les presses universitaires de France.

Marks, I. 1927. *The History of One Big Strike in the United States.* Moscow: Leningrad.

Masanori, Horie. 1965. *The Working Class of Japan.* Moscow.

Matyugin, A. A. 1962. *The Working Class of The USSR in the years of Economic Reconstruction (1921~1925).* Moscow.

Melnikova, I. N. 1962. *The Class Struggle in Czechoslovakia between 1924~1929.* Moscow.

Miliband, Ralph. 1961. *Parliamentary Socialism.* London: Allen & Unwin.

Ministry of Labour. 1927. *The Eighteenth Abstract of Labour Statistics of the United Kingdom.* London.

Paxton, Robert O. 2005. *The Anatomy of Fascism.* New York: Vintage Books a Division of Random House, Inc.[『파시즘: 열정과 광기의 정치혁명』. 손명희·최희영 옮김. 교양인. 2005].

Piolot, M. & J. Bruhat. 1958. *Esquisse d'une histoire de la C.G.T.* Paris.

Pozharskaya, S. P. 1966. *The Socialist Workers' Party of Spain,1931~1939.* Moscw.

Reed, J. 1961. *Ten Days That Shook the World.* London[『세계를 뒤흔든 열흘』. 서찬석 옮김. 책갈피. 2005].

Reisberg, A. 1974. *Februar 1934.* Vienna.

Ruge, Wolfgang. 1977. *Hindenburg. Poträt eines Militaristen.* Berlin.

_____. 1978. *Deutschland von 1917 bis 1933.* Berlin: Deutscher Verlag der Wissenschaften.

Sadesai, S. G. 1967. *India and the Russian Revolution.* New Delhi: Communist Party Publication.

Segall, J. 1927. *The Labour Movement in Scandinavian Countries.* Moscow.

Sidorov, K. 1927. "The Labour Movement in Russia during the Years of the Imperialist War." Pokrovsky ed. *Ocherki po istorii oktiabrskoi revoliutsii* vol. 1. Moscow: Leningrad.

Sipols, V. J. 1959. *Behind the Scenes of the Foreign Intervation in Latvia 1918~1920.*

Sirianni, Carmen. 1982. *Workers Control and Socialist Democracy: The Soviet Experience.* London.

Smirnov, V. 1933. *From the Revolutionary History of Finland in 1905. 1917 and 1918.* Leningrad.

Soroko-Tsyupa, O. S. 1977. *The Labour Movement in Canada(1929~1939).* Moscow.

Spirin, L. M. 1969. *Class and Parties in the Civil War in Russia.* Moscow.

Spriano, P. 1967. *Storia del partito comunista Italiano.* Turin.

Strumilin, S. G. 1966. *Essays in the Economic History of Russia and The USSR*. Moscow.

Sukhanov, N. N. 1955. *The Russian Revolution 1917. A Personal Record*. London.

The Committee on Elimination of Waste in Industry of the Federated American Engineering Societies. 1921. *Waste in Industry.* Washinton.

The Profintern Handbook. 1927. *The World Trade Union Movement* Vol. 7. Moscow: Leningrad.

Troncoso, Moisés poblete & Ben G. Burnett. 1962. *The Rise of the Latin-America Labor Movement.* New Haven, Conn: College & University Press·Publishers.

Trotsky, Leon. 1960. *My Life*. London.

_____. 1961. *History of the Russian Revolution.* The University of Michigan[『러시아혁명사』 전 3권. 최규진 옮김. 풀무질. 2003].

U.S. Govt. Printing Office. 1951. *Analysis of Work Stoppages During 1950.* Wasington, D.C.

Urbricht, Walter. 1966. *Geschichte der deutschen Arbeiterbewegung* Vol. 3. Berlin.

Varga, Eugene. 1923. "*The World Economy Since the War.*" *Ezhegodnik Kominterna*(Comintern Yearbook). Petrograd and Moscow.

Warnke, Herbert. 1952. *Überblick über die Geschichte der deutschen Gewerkschaftsbewegung 2.* Berlin: Tribüne Verlag und Druckereien des FDGB[『ドイツ勞動組合運動小史』. 国民文庫 옮김. 大月書店. 1970(초판은 1954)].

Yegorov, Yu. V. 1972. *The Popular Front in France.* Leningrad.

Zakaznikova, E. P. 1971. *The Working Class and the Nation Liberation Movement in Indonesia.* Moscow.


大阪市立大學經濟研究所. 1965.『經濟學辭典』. 岩波書店.

鄧中夏. 1952. *A Short History of the Trade Union Movement in China.* Moscow.

木元進一郎. 1974.『勞務管理と勞働組合』. 勞働旬報社.

山崎功. 1970.『イタリア勞動運動史』. 靑木書店.

細井肇. 1921.『朝鮮と滿州の經營: 朝鮮問題の根本解決』.『統治策論』. 自由討究社.

巢山靖司. 1981.『ラテンアメリカ變革の歷史』. 三省堂.

水野直樹. 2007. "初期コミンテルン大會における朝鮮代表の再檢討." 初期コミンテルンと東アジア研究 會.『初期コミンテルンと東アジア』. 不二出版.

# 인명 찾아보기

# 조직명 찾아보기